高等学校"十四五"医学规划新形态教材
（药学类系列）

供药学类、护理学类、中医学类、中药学类、医学技术类及其他相关专业使用

# 人体解剖生理学

主　编　朱大诚　卢　娜
副主编　唐中生　王觉进　崔　巍　姜国华

编　者（按姓氏拼音排序）

| | | | |
|---|---|---|---|
| 崔　巍 | 沈阳药科大学 | 崔　勇 | 辽宁中医药大学 |
| 甘贤兵 | 安徽中医药大学 | 高　杰 | 山东中医药大学 |
| 贾淑伟 | 哈尔滨医科大学 | 姜国华 | 黑龙江中医药大学 |
| 金　洁 | 首都医科大学 | 李美平 | 湖北中医药大学 |
| 刘　燕 | 长治医学院 | 刘　真 | 山东大学 |
| 刘坤祥 | 遵义医科大学 | 刘梅芳 | 济宁医学院 |
| 刘页玲 | 南昌医学院 | 刘羽丹 | 中国医科大学 |
| 卢　娜 | 中国药科大学 | 念　红 | 牡丹江医科大学 |
| 孙宝飞 | 贵州医科大学 | 唐中生 | 贵州中医药大学 |
| 王　维 | 华中科技大学 | 王觉进 | 南京医科大学 |
| 武祥龙 | 西北工业大学 | 杨爱红 | 南京中医药大学 |
| 袁良杰 | 山东第一医科大学 | 张义伟 | 宁夏医科大学 |
| 赵　凯 | 中国药科大学 | 赵云鹤 | 山西医科大学 |
| 周正丽 | 西南医科大学 | 朱大诚 | 江西中医药大学 |

中国教育出版传媒集团
高等教育出版社·北京

## 内容简介

本教材共22章，由解剖学和生理学两部分组成。上篇为解剖学，包括绪论、基本组织、运动系统、消化系统、呼吸系统、泌尿系统、生殖系统、循环系统、内分泌系统、感觉器、神经系统等11章内容，主要阐述人体的大体形态结构和组织器官的微细结构特点，为生理学的学习奠定基础。下篇为生理学，包括绪论、细胞的基本功能、血液、血液循环、呼吸、消化和吸收、能量代谢和体温、尿的生成与排出、内分泌、神经系统的功能、感觉器官的功能等11章内容，主要阐述人体的生命活动规律。

本教材语句精练，层次分明，重点突出，通俗易懂；重要名词配有英文，并用粗体表示，以便学生掌握；图文并茂，紧密衔接，插图清晰，简单明了，且全书插图均为彩色绘制，图像生动、形象、逼真，立体感强，可增强学生理解和记忆。全书数字资源内容丰富、呈现形式多样，主要包括编者导学、教学课件、微课、拓展阅读、思维导图，以及自测题等模块。

本教材适合药学类、护理学类、中医学类、中药学类、医学技术类专业及其他相关专业学生使用，也可作为研究生及青年教师的参考用书。

### 图书在版编目（CIP）数据

人体解剖生理学 / 朱大诚，卢娜主编． -- 北京：高等教育出版社，2024.8（2025.8重印）
ISBN 978-7-04-062407-6
Ⅰ. R324
中国国家版本馆 CIP 数据核字第 2024ZF9338 号

Renti Jiepou Shenglixue

项目策划　吴雪梅　张映桥

策划编辑　崔　萌　　　　责任编辑　崔　萌　　　　封面设计　李卫青　　　　责任印制　赵　佳

| | | | |
|---|---|---|---|
| 出版发行 | 高等教育出版社 | 网　　址 | http://www.hep.edu.cn |
| 社　　址 | 北京市西城区德外大街4号 | | http://www.hep.com.cn |
| 邮政编码 | 100120 | 网上订购 | http://www.hepmall.com.cn |
| 印　　刷 | 涿州市星河印刷有限公司 | | http://www.hepmall.com |
| 开　　本 | 889mm×1194mm　1/16 | | http://www.hepmall.cn |
| 印　　张 | 23.75 | | |
| 字　　数 | 675 千字 | 版　　次 | 2024 年 8 月第 1 版 |
| 购书热线 | 010-58581118 | 印　　次 | 2025 年 8 月第 3 次印刷 |
| 咨询电话 | 400-810-0598 | 定　　价 | 88.00元 |

本书如有缺页、倒页、脱页等质量问题，请到所购图书销售部门联系调换
版权所有　侵权必究
物 料 号　62407-00

新形态教材·数字课程（基础版）

# 人体解剖生理学

主　编　朱大诚　卢　娜

**登录方法：**
1. 电脑访问 http://abooks.hep.com.cn/62407，或微信扫描下方二维码，打开新形态教材小程序。
2. 注册并登录，进入"个人中心"。
3. 刮开封底数字课程账号涂层，手动输入20位密码或通过小程序扫描二维码，完成防伪码绑定。
4. 绑定成功后，即可开始本数字课程的学习。

绑定后一年为数字课程使用有效期。如有使用问题，请点击页面下方的"答疑"按钮。

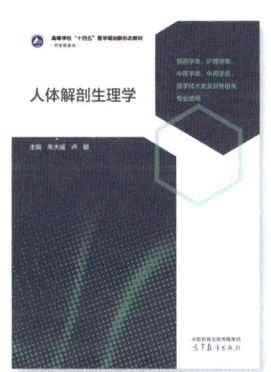

人体解剖生理学数字课程与纸质教材一体化设计，紧密配合。数字课程包括编者导学、教学课件、微课、拓展阅读、思维导图、自测练习等，在提升课程教学效果的同时，为学生学习提供思维与探索的空间。

http://abooks.hep.com.cn/62407

# 人体解剖生理学数字课程编委会

主　　编　朱大诚　卢　娜
副 主 编　欧阳厚淦　唐中生　王觉进　崔　巍　崔　勇　杨爱红

编　　者（按姓氏拼音排序）

崔　巍　沈阳药科大学
崔　勇　辽宁中医药大学
甘贤兵　安徽中医药大学
高　杰　山东中医药大学
贾淑伟　哈尔滨医科大学
金　洁　首都医科大学
李美平　湖北中医药大学
刘　燕　长治医学院
刘　真　山东大学
刘坤祥　遵义医科大学
刘梅芳　济宁医学院
刘页玲　南昌医学院
刘羽丹　中国医科大学
卢　娜　中国药科大学
念　红　牡丹江医科大学
欧阳厚淦　江西中医药大学
孙宝飞　贵州医科大学
唐中生　贵州中医药大学
王　维　华中科技大学
王觉进　南京医科大学
武祥龙　西北工业大学
杨爱红　南京中医药大学
袁良杰　山东第一医科大学
张　弘　沈阳药科大学
张义伟　宁夏医科大学
赵　凯　中国药科大学
赵云鹤　山西医科大学
周正丽　西南医科大学
朱大诚　江西中医药大学

# 前　言

为认真贯彻落实党的二十大报告对教材建设与管理作出的新部署、新要求，全面推进习近平新时代中国特色社会主义思想和党的二十大精神进教材，打造一批将信息技术与教育教学深度融合的医药类专业本科新形态教材，助力高校人才培养，高等教育出版社启动了高等学校"十四五"医学规划新形态教材建设工作。

人体解剖生理学是一门研究正常人体形态结构和生理功能的学科，是医学类、药学类、中医药类等多专业的必修课。通过本课程的学习，学生能够掌握人体形态结构与功能活动规律的基本知识，为学习其他医药学课程打下必要的基础。

受高等教育出版社委托，我们联合来自近30所医药院校长期从事人体解剖生理学科研及教学工作的专家、学者，编写了这本《人体解剖生理学》新形态教材，旨在结合最新教育信息技术，夯实医药卫生类专业学生的基础知识，培养其良好的实践操作能力，并为其后学课程奠定坚实的基础。

本教材的编写采用纸质教材+数字课程融合的新形态教材形式，坚持以学生为中心的编写理念，积极满足高等教育医药类人才培养要求；在编写思路上着力保持本学科知识的系统性与完整性，努力体现基础教材的科学性；在教材写作上力求做到删繁就简，精益求精，名词术语统一规范，形态与功能前后呼应。

本教材由解剖学和生理学两部分组成。上篇为解剖学，包括绪论、基本组织、运动系统、消化系统、呼吸系统、泌尿系统、生殖系统、循环系统、内分泌系统、感觉器、神经系统等11章内容，主要阐述人体的大体形态结构和组织器官的微细结构特点，为生理学的学习奠定基础。下篇为生理学，包括绪论、细胞的基本功能、血液、血液循环、呼吸、消化和吸收、能量代谢和体温、尿的生成与排出、内分泌、神经系统的功能、感觉器官的功能等11章内容，主要阐述了人体的生命活动规律。

本教材语句精练，层次分明，重点突出，通俗易懂；重要名词配有英文，并用粗体表示，以便学生掌握；图文并茂，紧密衔接，插图清晰，简单明了，且全书插图均为彩色绘制，图像生动、形象、逼真，立体感强，可增强学生的理解和记忆。全书数字资源内容丰富、呈现形式多样，主要包括编者导学、教学课件、微课、拓展阅读、思维导图，以及自测练习等模块。编者导学，为学生怎样学好课程知识指明了方向；教学课件和微课，可加强学生对课堂知识的理解；拓展阅读，增强了教材内容的趣味性和前沿性，便于学生了解本学科的新技术、新方法和新成果；思维导图，培养学生对所学知识的归纳和总结的能力；自测练习，便于学生课后复习、自我检测和反馈。

在教材编写过程中，编委会全体成员集思广益、积极配合、尽心尽责，一丝不苟，力求将本教材打造为适应医药类人才培养需求的精品示范教材。教材编写也得到了全国多家兄弟院校的帮助和支持，在此一并表示诚挚的谢意！由于编者水平和时间所限，教材中难免存在疏漏或不当之处，在使用过程中如发现不妥之处，敬请广大读者提出宝贵意见，以便再版时修订和提高。

朱大诚　卢　娜<br>
2024年4月

# 目 录

## 上篇 解剖学

### 第一章 绪 论 ... 3
第一节 解剖学的研究内容和学习方法 ... 3
 一、解剖学的研究内容 ... 3
 二、解剖学的学习方法 ... 3
 三、人体的组成 ... 4
第二节 解剖学发展史 ... 4
 一、国外解剖学发展史 ... 4
 二、我国解剖学发展史 ... 4
第三节 常用解剖学术语 ... 5
 一、解剖学姿势 ... 5
 二、常用方位术语 ... 5
 三、人体的轴和面 ... 6

### 第二章 基本组织 ... 8
第一节 上皮组织 ... 8
 一、被覆上皮 ... 8
 二、腺上皮 ... 11
第二节 结缔组织 ... 12
 一、疏松结缔组织 ... 12
 二、致密结缔组织 ... 13
 三、脂肪组织 ... 13
 四、网状组织 ... 13
 五、软骨组织 ... 13
 六、骨组织 ... 14
 七、血液 ... 14
第三节 肌组织 ... 14
 一、骨骼肌 ... 14
 二、心肌 ... 15
 三、平滑肌 ... 15
第四节 神经组织 ... 16
 一、神经元 ... 16
 二、神经胶质细胞 ... 19
 三、神经纤维与神经 ... 20
 四、神经末梢 ... 21

### 第三章 运动系统 ... 22
第一节 骨学 ... 22
 一、概述 ... 22
 二、躯干骨 ... 23
 三、上肢骨 ... 27
 四、下肢骨 ... 29
 五、颅骨 ... 30
第二节 骨连结 ... 33
 一、概述 ... 33
 二、躯干骨的连结 ... 35
 三、上肢骨的连结 ... 36
 四、下肢骨的连结 ... 37
 五、颅骨的连结 ... 39
第三节 肌学 ... 39
 一、概述 ... 39
 二、躯干肌 ... 40
 三、上肢肌 ... 42
 四、下肢肌 ... 44
 五、头颈肌 ... 46

### 第四章 消化系统 ... 49
第一节 概述 ... 49
 一、消化系统的组成和功能 ... 49
 二、消化管的一般结构 ... 49
 三、胸部标志线和腹部分区 ... 50
第二节 消化管 ... 51
 一、口腔 ... 51
 二、咽 ... 53
 三、食管 ... 54

四、胃 ……………………………………… 55
五、小肠 …………………………………… 57
六、大肠 …………………………………… 58
第三节 消化腺 ………………………………… 60
一、肝 ……………………………………… 60
二、肝外胆道 ……………………………… 61
三、胰 ……………………………………… 62
附 腹膜 ⓔ ………………………………… 63

## 第五章 呼吸系统 …………………………… 64
第一节 肺外呼吸道 …………………………… 65
一、鼻 ……………………………………… 65
二、咽 ……………………………………… 65
三、喉 ……………………………………… 66
四、气管和主支气管 ……………………… 67
第二节 肺 ……………………………………… 68
一、肺的位置和形态 ……………………… 68
二、肺的组织结构 ………………………… 68
第三节 胸膜和纵隔 …………………………… 70
一、胸膜 …………………………………… 70
二、纵隔 …………………………………… 71

## 第六章 泌尿系统 …………………………… 72
第一节 肾 ……………………………………… 72
一、肾的位置和形态 ……………………… 72
二、肾的大体结构 ………………………… 72
三、肾的组织结构 ………………………… 73
四、肾的被膜 ……………………………… 75
第二节 输尿管、膀胱、尿道 ………………… 76
一、输尿管 ………………………………… 76
二、膀胱 …………………………………… 76
三、女性尿道 ……………………………… 76

## 第七章 生殖系统 …………………………… 78
第一节 男性生殖系统 ………………………… 78
一、内生殖器 ……………………………… 78
二、外生殖器 ……………………………… 80
三、男性尿道 ……………………………… 82
第二节 女性生殖系统 ………………………… 82
一、内生殖器 ……………………………… 83
二、外生殖器 ……………………………… 86
附 会阴、乳房 ⓔ ………………………… 86

## 第八章 循环系统 …………………………… 88
第一节 概述 …………………………………… 88
一、循环系统的组成和功能 ……………… 88
二、血液循环的路径 ……………………… 89
三、血管的种类及其结构特点 …………… 90
第二节 心血管系统 …………………………… 91
一、心 ……………………………………… 91
二、肺循环的血管 ………………………… 95
三、体循环的血管 ………………………… 95
第三节 淋巴系统 ……………………………… 100
一、淋巴管道 ……………………………… 100
二、淋巴器官 ……………………………… 101

## 第九章 内分泌系统 ………………………… 104
一、甲状腺 ………………………………… 104
二、甲状旁腺 ……………………………… 106
三、肾上腺 ………………………………… 106
四、垂体 …………………………………… 108
五、松果体 ………………………………… 110
六、胸腺 …………………………………… 110
七、胰岛 …………………………………… 111

## 第十章 感觉器 ……………………………… 112
第一节 视器 …………………………………… 112
一、眼球 …………………………………… 112
二、眼副器 ………………………………… 115
第二节 前庭蜗器 ……………………………… 117
一、外耳 …………………………………… 117
二、中耳 …………………………………… 118
三、内耳 …………………………………… 119
附 皮肤 ⓔ ………………………………… 121

## 第十一章 神经系统 ………………………… 122
第一节 概述 …………………………………… 122
一、神经系统的区分 ……………………… 122
二、反射和反射弧 ………………………… 123
三、常用术语 ……………………………… 123
第二节 脊髓和脊神经 ………………………… 124
一、脊髓 …………………………………… 124
二、脊神经 ………………………………… 127
第三节 脑和脑神经 …………………………… 132
一、脑 ……………………………………… 132

二、脑神经 ………………………… 137
第四节　传导通路 ………………… 141
　　一、感觉传导通路 ………………… 141
　　二、运动传导通路 ………………… 144
第五节　内脏神经系统 …………… 145
　　一、内脏运动神经 ………………… 146
　　二、内脏感觉神经 ………………… 147
第六节　脊髓和脑的被膜 ………… 148
　　一、脊髓的被膜 …………………… 148
　　二、脑的被膜 ……………………… 148
第七节　脑室和脑脊液 …………… 149
　　一、脑室 …………………………… 149
　　二、脑脊液 ………………………… 150
第八节　脑的血管 ………………… 150
　　一、脑的动脉 ……………………… 150
　　二、脑的静脉 ……………………… 151

## 下篇　生理学

### 第一章　绪论 ……………………………… 155
第一节　生理学的研究内容和方法 ……… 155
　　一、生理学的研究内容 …………… 155
　　二、生理学的研究方法 …………… 156
第二节　生理学发展史 …………… 156
　　一、国外生理学发展史 …………… 156
　　二、我国生理学发展史 …………… 157
第三节　生命活动的基本特征 …… 158
　　一、新陈代谢 ……………………… 158
　　二、兴奋性 ………………………… 158
　　三、适应性 ………………………… 159
　　四、生殖 …………………………… 159
　　五、衰老 …………………………… 159
第四节　机体的内环境与稳态 …… 159
　　一、体液和内环境 ………………… 159
　　二、稳态 …………………………… 160
第五节　机体功能的调节 ………… 160
　　一、机体功能的调节方式 ………… 160
　　二、机体功能调节的控制论原理 … 161

### 第二章　细胞的基本功能 ……………… 164
第一节　细胞膜的基本结构和功能 ……… 164
　　一、细胞膜的基本结构 …………… 164
　　二、细胞膜的物质跨膜转运方式 … 165
　　三、细胞膜的跨膜信号转导 ……… 169
第二节　细胞的生物电现象 ……… 170
　　一、静息电位及其产生机制 ……… 171
　　二、动作电位及其产生机制 ……… 172
　　三、细胞兴奋的引起和传导 ……… 174
第三节　肌细胞的收缩功能 ……… 176
　　一、骨骼肌的收缩机制 …………… 177
　　二、骨骼肌的收缩形式 …………… 180

### 第三章　血液 ……………………………… 182
第一节　血液的理化特性及血量 … 182
　　一、血液的组成 …………………… 182
　　二、血液的理化特性 ……………… 183
　　三、血量 …………………………… 184
第二节　血浆 ……………………… 184
　　一、血浆的成分及其作用 ………… 184
　　二、血浆渗透压 …………………… 186
第三节　血细胞 …………………… 187
　　一、红细胞 ………………………… 187
　　二、白细胞 ………………………… 188
　　三、血小板 ………………………… 191
第四节　血液凝固与纤维蛋白溶解 … 193
　　一、血液凝固 ……………………… 193
　　二、抗凝系统 ……………………… 195
　　三、纤维蛋白溶解系统 …………… 196
第五节　血型 ……………………… 197
　　一、ABO 血型系统 ………………… 197
　　二、Rh 血型系统 …………………… 198
　　三、输血原则 ……………………… 199

### 第四章　血液循环 ……………………… 201
第一节　心脏生理 ………………… 201
　　一、心动周期与心率 ……………… 201
　　二、左心室泵血过程 ……………… 202
　　三、心脏泵血功能的评价 ………… 204
　　四、影响心脏泵血功能的因素 …… 205
　　五、心肌细胞的生物电现象 ……… 207
　　六、心肌的生理特性 ……………… 209

七、心音和心电图 ……………… 213
第二节 血管生理 ………………… 214
　一、各类血管的功能特点及分类 …… 214
　二、血流量、血流速度、血流阻力和
　　　血压 ……………………………… 215
　三、动脉血压和动脉脉搏 …………… 216
　四、微循环 …………………………… 218
　五、组织液生成和回流与淋巴循环 … 219
　六、静脉血压与静脉血流 …………… 221
第三节 心血管活动的调节 ……… 222
　一、神经调节 ………………………… 222
　二、体液调节 ………………………… 225
　三、自身调节 ………………………… 227
　四、动脉血压的短期调节和长期调节 … 227
第四节 器官循环 ………………… 228
　一、冠脉循环 ………………………… 228
　二、肺循环 …………………………… 228
　三、脑循环 …………………………… 229

## 第五章 呼吸 ……………………… 232
第一节 肺通气 …………………… 233
　一、肺通气的动力 …………………… 233
　二、肺通气的阻力 …………………… 235
　三、肺容积和肺容量 ………………… 237
　四、肺通气量 ………………………… 238
第二节 呼吸气体的交换 ………… 239
　一、气体交换的原理 ………………… 239
　二、肺换气 …………………………… 240
　三、组织换气 ………………………… 241
第三节 气体在血液中的运输 …… 241
　一、氧的运输 ………………………… 242
　二、二氧化碳的运输 ………………… 243
第四节 呼吸运动的调节 ………… 244
　一、呼吸中枢与呼吸节律的形成 …… 244
　二、呼吸运动的反射性调节 ………… 245

## 第六章 消化和吸收 ……………… 248
第一节 概述 ……………………… 248
　一、消化道平滑肌的特性 …………… 248
　二、消化道的神经支配 ……………… 249
　三、胃肠激素 ………………………… 250
第二节 口腔内消化 ……………… 251

　一、唾液及其分泌 …………………… 251
　二、咀嚼和吞咽 ……………………… 251
第三节 胃内消化 ………………… 252
　一、胃液及其分泌 …………………… 252
　二、胃的运动 ………………………… 255
第四节 小肠内消化 ……………… 256
　一、胰液的分泌 ……………………… 256
　二、胆汁的分泌与排出 ……………… 258
　三、小肠液的分泌 …………………… 259
　四、小肠的运动 ……………………… 259
第五节 大肠的功能 ……………… 260
　一、大肠液和肠内细菌的活动 ……… 260
　二、大肠的运动和排便反射 ………… 260
第六节 吸收 ……………………… 261
　一、吸收的部位和途径 ……………… 261
　二、小肠内主要物质的吸收 ………… 262

## 第七章 能量代谢和体温 ………… 265
第一节 能量代谢 ………………… 265
　一、机体的能量来源与利用 ………… 265
　二、能量代谢的测定 ………………… 266
　三、影响能量代谢的因素 …………… 269
　四、基础代谢 ………………………… 270
第二节 体温及其调节 …………… 271
　一、体温 ……………………………… 271
　二、机体的产热与散热 ……………… 272
　三、体温调节 ………………………… 274

## 第八章 尿的生成与排出 ………… 278
第一节 概述 ……………………… 278
　一、排泄 ……………………………… 278
　二、肾的血液循环特点 ……………… 278
第二节 尿生成的过程 …………… 279
　一、肾小球的滤过 …………………… 279
　二、肾小管和集合管的重吸收与分泌 … 282
第三节 尿液的浓缩和稀释 ……… 287
　一、肾髓质渗透压梯度 ……………… 287
　二、尿液浓缩和稀释的过程、机制及
　　　生理意义 ……………………………… 289
第四节 尿生成的调节 …………… 290
　一、肾内自身调节 …………………… 290
　二、体液调节 ………………………… 291

三、神经调节 ………………………… 293
第五节　血浆清除率 …………………… 293
　　一、血浆清除率的计算方法 ………… 293
　　二、测定血浆清除率的意义 ………… 294
第六节　尿的排放 ……………………… 295
　　一、膀胱和尿道的神经支配 ………… 295
　　二、排尿反射 ………………………… 295

## 第九章　内分泌 …………………………… 297
第一节　概述 …………………………… 297
　　一、激素的概念和传递方式 ………… 297
　　二、激素的分类 ……………………… 298
　　三、激素的作用机制 ………………… 299
　　四、激素作用的一般特征 …………… 299
第二节　下丘脑与垂体 ………………… 300
　　一、下丘脑的内分泌功能 …………… 300
　　二、下丘脑促垂体区分泌的调节肽 … 300
　　三、下丘脑与垂体的结构功能联系 … 301
第三节　甲状腺 ………………………… 304
　　一、甲状腺激素的合成与代谢 ……… 304
　　二、甲状腺激素的生理作用 ………… 306
　　三、甲状腺功能的调节 ……………… 306
第四节　甲状旁腺和甲状腺C细胞 …… 307
　　一、甲状旁腺激素 …………………… 307
　　二、降钙素 …………………………… 308
　　三、维生素 $D_3$ ……………………… 308
第五节　肾上腺 ………………………… 308
　　一、肾上腺皮质激素 ………………… 308
　　二、肾上腺髓质激素 ………………… 310
第六节　胰岛 …………………………… 310
　　一、胰岛素 …………………………… 311
　　二、胰高血糖素 ……………………… 312
第七节　性腺与生殖 …………………… 312
　　一、睾丸的内分泌和男性生殖 ……… 312
　　二、卵巢的内分泌和女性生殖 ……… 314

## 第十章　神经系统的功能 ………………… 319
第一节　神经元的信息传递 …………… 319
　　一、神经元和神经纤维 ……………… 319
　　二、突触传递 ………………………… 321
　　三、神经递质与受体 ………………… 324
第二节　神经中枢活动的一般规律 …… 327
　　一、反射活动与反射中枢 …………… 327
　　二、中枢神经元的联系方式 ………… 327
　　三、反射中枢内兴奋传递的特征 …… 328
　　四、中枢抑制 ………………………… 329
　　五、中枢易化 ………………………… 331
第三节　神经系统的感觉功能 ………… 331
　　一、脊髓的感觉传导功能 …………… 331
　　二、丘脑及其感觉投射系统 ………… 331
　　三、大脑皮层的感觉分析功能 ……… 333
　　四、痛觉 ……………………………… 334
第四节　神经系统对躯体运动的调节 … 335
　　一、脊髓对躯体运动的调节 ………… 335
　　二、脑干网状结构对肌紧张的调节 … 337
　　三、小脑对躯体运动的调节 ………… 338
　　四、基底神经节对躯体运动的调节 … 339
　　五、大脑皮层对躯体运动的调节 …… 339
第五节　神经系统对内脏活动的调节 … 341
　　一、自主神经系统的结构和功能特点 … 341
　　二、各级中枢对内脏活动的调节 …… 343
第六节　脑的高级功能 ………………… 344
　　一、脑电图和皮层诱发电位 ………… 344
　　二、觉醒与睡眠 ……………………… 346
　　三、学习与记忆 ……………………… 347
　　四、大脑皮层的语言中枢和功能的
　　　　一侧优势 ………………………… 348

## 第十一章　感觉器官的功能 ……………… 350
第一节　概述 …………………………… 350
　　一、感受器与感觉器官 ……………… 350
　　二、感受器的一般生理特性 ………… 351
第二节　视觉器官 ……………………… 352
　　一、眼的折光与调节 ………………… 352
　　二、眼的感光换能系统功能 ………… 354
　　三、与视觉有关的几种生理现象 …… 357
第三节　位听觉器官 …………………… 358
　　一、外耳和中耳的传音作用 ………… 358
　　二、内耳（耳蜗）的感音换能作用 … 359
　　三、内耳前庭器官的位觉 …………… 360

## 参考文献 …………………………………… 363
## 中英文名词对照索引 ……………………… 364

上 篇

# 解剖学

# 第一章 绪 论

编者导学

**本章导航**
第一节 解剖学的研究内容和学习方法
第二节 解剖学发展史
第三节 常用解剖学术语

## 第一节 解剖学的研究内容和学习方法

### 一、解剖学的研究内容

**人体解剖学**（human anatomy）是一门研究正常人体形态结构的学科，属于生物学中的形态学范畴。广义的人体解剖学包括大体解剖学、组织学和胚胎学。大体解剖学主要用刀剖割和肉眼观察的方法研究人体的形态结构，通常分为系统解剖学和局部解剖学。**系统解剖学**（systematic anatomy）主要按照人体各功能系统来描述各器官的形态结构；**局部解剖学**（regional anatomy）则是按照人体自然分区（如头、颈、胸、腹、上肢、下肢等）阐述各器官结构的层次排列、毗邻关系、血液供应、神经支配、体表标志和体表投影。本书上篇属于系统解剖学，重点介绍各系统的组成、各器官的位置和形态结构。学习人体解剖学的目的，在于理解和掌握人体形态结构的基本知识，为学习其他医药学课程打下必要的基础。

### 二、解剖学的学习方法

学习人体解剖学，要坚持进化与发展的观点、局部与整体统一的观点、形态与功能统一的观点及理论联系实际的观点，才能正确认识和理解人体的形态结构及其发生发展的规律。人体解剖学是一门形态科学，名词多、描写多，死记硬背，必将枯燥无味，应充分运用分析、归纳、理解的学习方法，并做到三个结合：①图文结合，文字和图形结合起来，将名词概念形象化，利于理解和记忆；②理论学习与实物观察相结合，通过对标本和模型的观察、辨认和识别及活体触摸，建立形态概念，形成形象记忆；③理论知识与临床应用相结合，激发学习兴趣，增强对某些结构重要性的认识。

## 三、人体的组成

人体结构和功能的基本单位是**细胞**（cell）。细胞之间存在一些不具细胞形态的物质，称为**细胞外基质**（extracellular matrix）。许多形态和功能相似的细胞与细胞外基质共同构成**组织**（tissue）。人体组织包括上皮组织、结缔组织、肌组织和神经组织，是构成器官和系统的基础，故称为基本组织。几种组织互相结合，成为具有一定形态和功能的结构，称为**器官**（organ），如心、肝、脾、肺、肾等。结构和功能密切相关的一系列器官联合起来，共同执行某种生理活动，便构成一个**系统**（system）。人体可分为运动、消化、呼吸、泌尿、生殖、循环、内分泌、感觉器及神经九个系统。在神经系统的支配和调节下，各系统既分工又合作，实现各种复杂的生命活动，使人体成为一个完整统一的有机体。

## 第二节　解剖学发展史

### 一、国外解剖学发展史

现代医学对解剖学的记载始于古希腊时代。古希腊医学家希波克拉底认为心有 2 个心房和 2 个心室。古希腊哲学家和自然科学家亚里士多德进行了动物解剖，提出心是血液循环的中心，并把神经和肌腱区别开来；但他将动物解剖所得的结论应用于人体，错误较多。古希腊医学家赫罗菲拉斯命名了"十二指肠""前列腺""睫状体""视网膜""乳糜管"和"淋巴"等器官。

古罗马医学家和解剖学家盖伦编写了《医经》，为 16 世纪以前西方医学的权威医著。书中有许多解剖学记载，如血管内运行的是血液，神经按区分布等，但这些知识主要是来自动物解剖，与人体相差较大。

15—16 世纪欧洲文艺复兴时期，科学艺术的发展促进了解剖学蓬勃发展。近代人体解剖学的创始人维萨里亲自进行尸体解剖，于 1543 年出版了《人体构造》一书，为医学的新发展开辟了道路，奠定了人体解剖学的科学基础。17 世纪，英国医生哈维发现了血液循环原理，并证实心血管是一个密闭的管道系统，为生理学从解剖学中划分出去开辟了道路。意大利的马尔比基研究了动植物的微细结构，为组织学从解剖学中派生出来并形成一门新学科奠定了基础。

19 世纪，施莱登和施旺提出了细胞学说。19 世纪末，结合临床医学的发展，人体解剖学的研究达到了极盛时代。

20 世纪以后，大体解剖学随着科学技术的发展、研究方法的改进，以及现代科学技术在医学上的应用而不断前进。计算机体层成像（CT）、正电子发射体层成像（PET）等先进科学技术的应用，促进了影像解剖学、数字解剖学和虚拟解剖学等新学科的产生；免疫学的发展和显微外科的进步，推动了显微外科解剖学、器官移植解剖学和组织工程学等学科的发展。

### 二、我国解剖学发展史

我国文化历史源远流长，传统医学中的解剖学起源很早。春秋战国时期，我国第一部医学经典著作《黄帝内经》中已有关于人体解剖学知识的广泛记载。《黄帝内经》中提到："若夫八尺之士，皮肉在此，外可度量切循而得之，其死可解剖而视之，其藏之坚脆，府之大小，谷之多少，脉之长短……皆有大数。"当时已明确提出"解剖"一词，并载有内脏器官的形态、位置、大小、容积和重量等调查数据。书中心、肝、脾、肺、肾、胃、大肠、小肠等脏器名称，为我国现代解剖学和医学所沿用。

目前，这是世界上最早的人体解剖学知识。

东汉末年，著名医学家华佗使用麻沸散作麻醉剂，为患者进行腹部手术。《三国志》中记载："华佗……若病结积在内，针药所不能及，当须刳割者，便饮其麻沸散，须臾便如醉死，无所知，因破取。病若在肠中，便断肠清洗，缝腹膏摩，四五日瘥，不痛，人亦不自寤，一月，即平复矣。"

两宋时期，有尸体解剖的记载和《五脏六腑》《存真图》的绘制。王惟一铸造的针灸铜人，为最早的人体解剖模型和针灸直观教具，在医学史上具有重要意义。宋慈所著的《洗冤录》广泛地描述了解剖学知识，对人体骨骼和胚胎的记载更为详细，并附有检骨图，是我国现存的第一部法医学专著，也是世界上较早的法医学专著。

清代名医王清任亲自解剖观察30余具尸体，编著绘有脏腑图谱的《医林改错》。该书描述了各系统器官的形态结构，纠正了古代医书的某些错误，特别对脑的看法与现代医学的论述相近，如"灵机记性不在于心在于脑""听之声归于脑""所见之物归于脑"等。

我国的现代解剖学自19世纪现代医学由西欧传入我国之后，才逐步发展起来。中华人民共和国成立之前，我国解剖学工作者仅百余人。如今已形成一支集教学、科研、社会服务为一体，蓬勃发展的高水平学术队伍。各医学院校具备教学实验室及相关设备、标本、模型、图谱和数字解剖人等，编写适用于我国国情的解剖学教材及专著，取得了丰硕的教研成果。

我国中医院校解剖学科研、教学工作者在经穴断面解剖、经穴层次解剖、经穴影像解剖、穴位显微结构、穴位立体构筑、穴位三维重建、穴位数字化虚拟人等方面开展了大量的研究、教学工作，出版了《腧穴解剖学》《局部解剖学》《神经解剖学》等具有中医特色的创新系列解剖学教材，开设了相应课程，为中医药走向世界和传播中医药做出了贡献。

## 第三节 常用解剖学术语

### 一、解剖学姿势

为了便于叙述人体各器官结构的位置关系，人体解剖学规定了标准的解剖学姿势：身体直立，两眼向前平视，双下肢靠拢，足尖朝前，双上肢自然下垂于躯干两侧，手掌朝前。

### 二、常用方位术语

以人体解剖学姿势为准，规定了下列表示方位的成对名词术语。

微课1-1-1 人体解剖学常用方位术语

1. **上（superior）和下（inferior）** 是描述器官或结构距颅顶或足底相对远近关系的术语。近颅者为上，近足者为下。

2. **前（anterior）和后（posterior）** 是描述器官或结构距身体前、后面相对远近关系的术语。近胸腹者为前，也称**腹侧**（ventral）；近背腰者为后，也称**背侧**（dorsal）。

3. **内侧（medial）和外侧（lateral）** 是描述器官或结构距身体正中矢状面相对远近关系的术语。近正中矢状面者为内侧，远离正中矢状面者为外侧。前臂的内侧又称**尺侧**（ulnar），外侧又称**桡侧**（radial）；小腿的内侧又称**胫侧**（tibial），外侧又称**腓侧**（fibular）。

4. **内（internal）和外（external）** 是描述空腔器官相互位置关系的术语。近内腔者为内，远离内腔者为外。

5. **浅（superficial）和深（profundal）** 是描述与皮肤表面相对距离关系的术语。近皮肤者为浅，远离皮肤者为深。

6. **近侧（proximal）和远侧（distal）** 在描述四肢各结构的方位时，距肢体根部较近者为近侧，距肢体根部较远者为远侧。

### 三、人体的轴和面

轴和面是描述人体器官的形态，特别是描述关节运动时常用的术语。人体可设计互相垂直的3种轴，即垂直轴、矢状轴和冠状轴；依据3种轴，人体还可设计互相垂直的3种面，即矢状面、冠状面和水平面（图1-1-1）。

（一）轴

1. **垂直轴（vertical axis）** 呈上下方向，是与身体长轴平行，与地面相垂直的轴。
2. **矢状轴（sagittal axis）** 呈前后方向，是与身体长轴和冠状轴相垂直的轴。
3. **冠状轴（frontal axis）** 又称**额状轴**，呈左右方向，是与身体长轴和矢状轴相垂直的轴。

（二）面

1. **矢状面（sagittal plane）** 即从前后方向，将人体纵切为左、右两部分的切面。经过身体前、后正中线，将人体纵切为左、右对称两半的切面，则称为**正中矢状面（median sagittal plane）**。
2. **冠状面（frontal plane）** 也称**额状面**，即从左右方向，将人体纵切为前、后两部分的切面。
3. **水平面（horizontal plane）** 即从水平方向，将人体横切分为上、下两部分的切面。

在描述器官的切面时，则以其自身的长轴为准，与其长轴平行的切面称为**纵切面**，与其长轴相垂直的切面称为**横切面**。

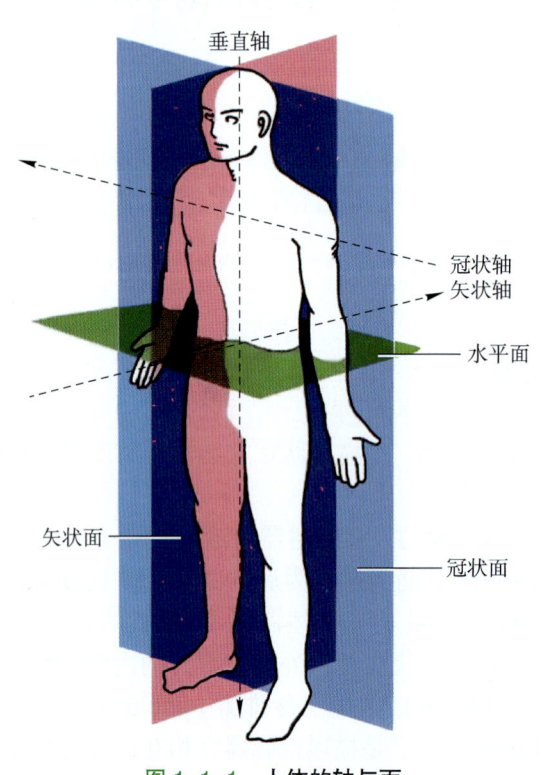

图1-1-1 人体的轴与面

（高 杰）

### 思考题

1. 什么是人体解剖学姿势？
2. 举例说明常用的解剖学方位术语。

### 新形态教材网更多数字资源

思维导图　　教学课件　　微课　　自测题　　思政元素

# 第二章 基本组织

编者导学

**本章导航**
第一节　上皮组织
第二节　结缔组织
第三节　肌组织
第四节　神经组织

## 第一节　上皮组织

上皮组织（epithelial tissue）简称上皮（epithelium），绝大部分分布于体表和有腔结构的腔面，由大量密集排列的细胞和少量细胞外基质构成。朝向体表或有腔结构腔面的一面为游离面；另一面为基底面，一般借**基膜**（basement membrane）与深侧的结缔组织相连。基膜为薄膜状的细胞外基质。上皮大多无血管，营养可由深侧结缔组织的血管供给（营养物质透过基膜渗入上皮）。上皮可分布有丰富的感觉神经末梢。依据功能，上皮分为被覆上皮和腺上皮等。被覆上皮分布广泛，主要功能为保护、吸收和排泄；腺上皮的主要功能为分泌。

### 一、被覆上皮

**被覆上皮**（covering epithelium）为覆盖于人体外表面，或衬于体内各种管、腔及囊的内表面的上皮，其主要功能是保护机体、吸收营养等。依据细胞的层数和表层细胞的主要形状，被覆上皮主要有以下几种（表1-2-1）。

表1-2-1　被覆上皮的主要类型及分布

| 类型 | | 主要分布 |
| --- | --- | --- |
| 单层上皮 | 单层扁平上皮 | 内皮：心、血管及淋巴管的腔面 |
| | | 间皮：心包膜、胸膜及腹膜的腔面 |
| | | 其他：肺泡 |

续表

| 类型 | | 主要分布 |
|---|---|---|
| | 单层立方上皮 | 肾小管、小叶间胆管和甲状腺滤泡 |
| | 单层柱状上皮 | 胃、肠及子宫的腔面 |
| | 假复层纤毛柱状上皮 | 气管的腔面 |
| 复层上皮 | 复层扁平上皮 | 未角化的：食管、阴道的腔面<br>角化的：皮肤的表面 |
| | 变移上皮 | 膀胱、输尿管的腔面 |

## （一）单层扁平上皮

**单层扁平上皮**（simple squamous epithelium）最薄，主要由一层不规则的扁平细胞构成。细胞核呈扁卵圆形，位于细胞的中央。衬贴于心、血管和淋巴管腔面的单层扁平上皮称**内皮**（endothelium）。内皮薄而光滑，有利于血液及淋巴液的流动和物质的透过。衬贴于心包膜、胸膜和腹膜腔面的单层扁平上皮称**间皮**（mesothelium）。间皮薄而光滑，表面湿润，有利于器官的活动（图1-2-1）。

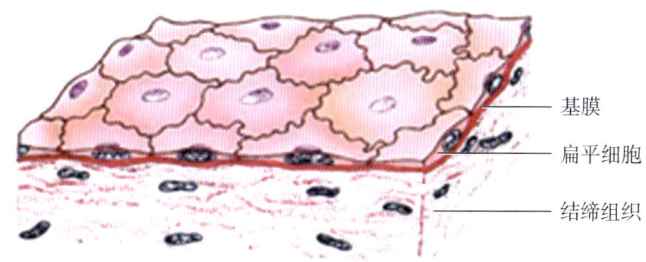

图1-2-1 单层扁平上皮模式图

## （二）单层立方上皮

**单层立方上皮**（simple cuboidal epithelium）由一层立方形细胞构成。细胞核呈圆形，位于细胞的中央（图1-2-2）。

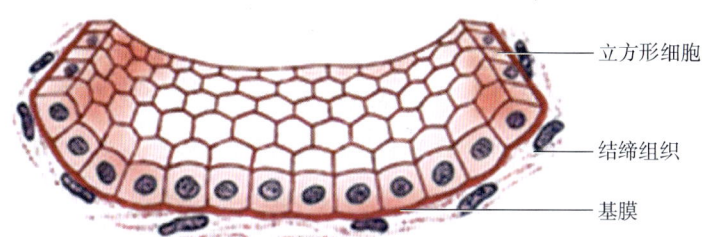

图1-2-2 单层立方上皮模式图

## （三）单层柱状上皮

**单层柱状上皮**（simple columnar epithelium）由一层柱状细胞构成。从垂直切面观察，细胞核呈长椭圆形，位于细胞的基底部。肠的单层柱状上皮散在分布有杯状细胞，形似高脚酒杯，膨大的顶部充满分泌颗粒。分泌物在上皮表面可形成黏液，有润滑和保护的作用（图1-2-3）。

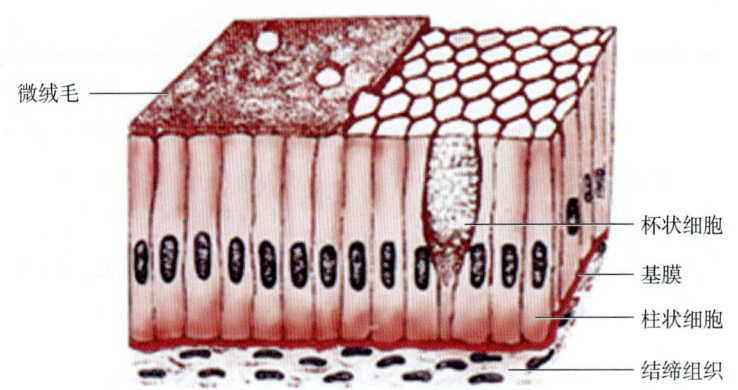

图 1-2-3 单层柱状上皮模式图

### （四）假复层纤毛柱状上皮

**假复层纤毛柱状上皮**（pseudostratified ciliated columnar epithelium）中有柱状细胞、杯状细胞、梭形细胞和锥形细胞。这些细胞高矮不同，细胞核的位置不在同一水平面上，看似复层排列，但所有细胞基底面均附着于基膜，实为单层细胞。游离面有大量**纤毛**（cilium）的柱状细胞，为上皮的主体细胞。纤毛为细胞伸出的一种突起，可进行节律性的定向摆动。假复层纤毛柱状上皮主要衬贴于呼吸道的相应腔面。杯状细胞分泌的黏液可黏附空气中的尘埃和细菌等。纤毛的协调摆动像风吹麦浪一样，将黏液及其黏附的颗粒物定向推送。锥形细胞较矮，埋于上皮的最深处，可增殖分化为上皮的其他细胞。其中，梭形细胞为还未最终分化为柱状细胞和杯状细胞的过渡细胞（图1-2-4）。

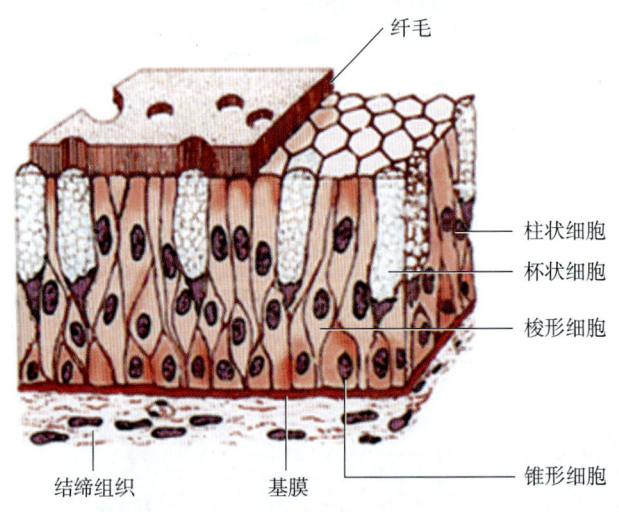

图 1-2-4 假复层纤毛柱状上皮模式图

### （五）复层扁平上皮

**复层扁平上皮**（stratified squamous epithelium）在临床上也称鳞状上皮，细胞层次多，较厚，自深向浅大致分为基底层、中间层和表层。基底层主要为一层矮柱状的干细胞，可增殖分化为中间层的细胞。从垂直切面观察，中间层的上皮细胞呈多边形，越靠近表层越扁。表层为几层扁平的细胞（图1-2-5）。皮肤等处复层扁平上皮的表层细胞发生角化——细胞核和细胞器消失，细胞内充满角蛋白，使得细胞变得干硬。未角化的复层扁平上皮衬贴于口腔、食管、肛管和阴道等的相应腔面。复层扁平上皮具有耐摩擦和阻碍物质透过的功能。

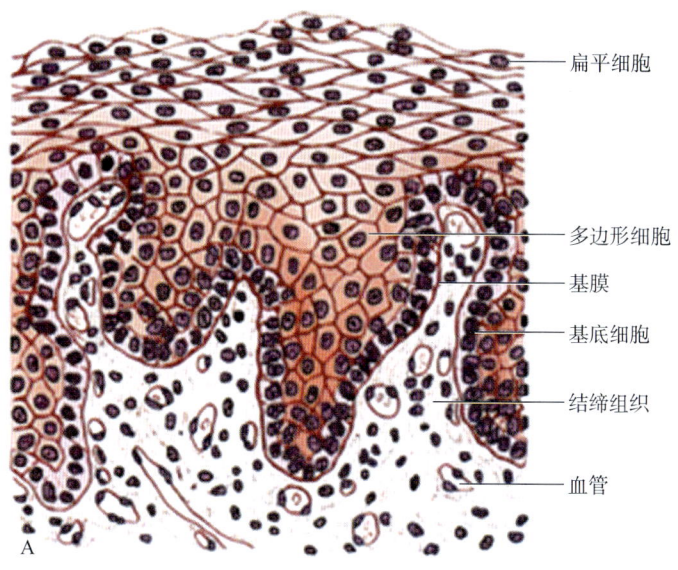

图 1-2-5　复层扁平上皮模式图

### （六）变移上皮

**变移上皮**（transitional epithelium）衬贴于排尿管道的相应腔面，自深向浅亦可分为基底层、中间层和表层。基底层与复层扁平上皮的相似。中间层多由几层立方形的细胞构成。表层由一层大立方形的细胞（盖细胞）构成，具有防止尿液侵蚀的作用（图1-2-6）。变移上皮的一个很重要的特点是当器官充盈时可随之延展。此时，细胞变扁，层数减少。

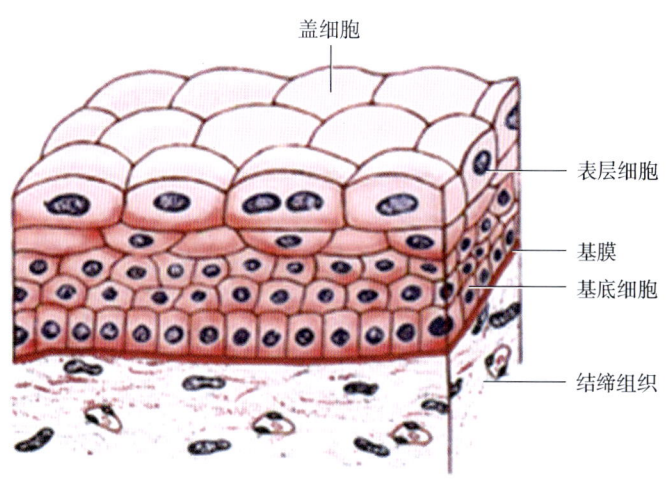

图 1-2-6　变移上皮模式图

## 二、腺上皮

**腺上皮**（glandular epithelium）由被覆上皮向深侧的结缔组织内伸入形成。以腺上皮为主要结构构成的器官称腺。腺上皮与被覆上皮相连续、分泌物从体表或有腔器官的腔面排出的腺称**外分泌腺**，如汗腺和消化腺；否则，称**内分泌腺**，分泌物主要通过血液作用于体内的细胞，如甲状腺和肾上腺。

（金　洁）

## 第二节 结缔组织

**结缔组织**（connective tissue）分布广泛，形态和功能多样，但共同的特点一般是：细胞散在；细胞外基质丰富，包括丝状的**纤维**（fiber）和无定形的**基质**（ground substance）。结缔组织均来源于胚胎时期的间充质，其细胞称**间充质细胞**（mesenchymal cell）。间充质细胞呈梭形，两端有突起，可增殖分化为结缔组织中固有的细胞及肌组织的细胞和少数上皮细胞。一般所说的结缔组织指疏松结缔组织和致密结缔组织，此外还有脂肪组织、网状组织、软骨组织、骨组织、血液和淋巴液等。

### 一、疏松结缔组织

**疏松结缔组织**（loose connective tissue）基质丰富，纤维含量较少。如基质流失，细胞和纤维构成立体的网架结构，形似蜂窝，故也称**蜂窝组织**（areolar tissue）。疏松结缔组织富含血管，广泛填充于各组织和器官之间，起支持、连接、保护和营养的作用。此外，疏松结缔组织含有的细胞种类较多，还可具有相应的其他功能（图1-2-7）。

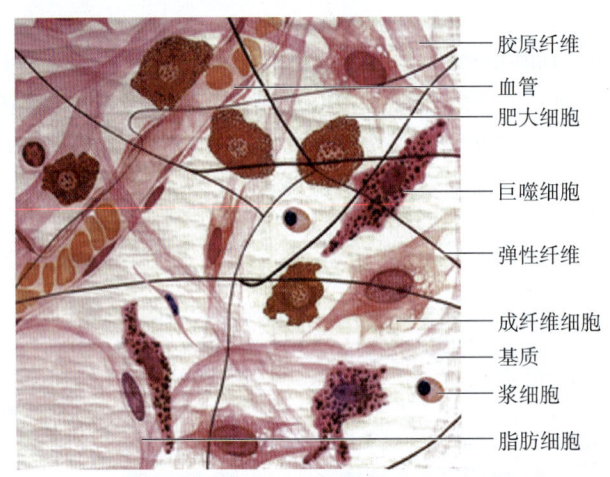

图1-2-7 疏松结缔组织模式图

（一）细胞

除保留下来的一些间充质细胞（在生理性再生、炎症和创伤修复中，不仅可增殖分化为结缔组织的细胞，还可形成血管壁的细胞）外，疏松结缔组织中还有成纤维细胞、巨噬细胞、浆细胞、肥大细胞和脂肪细胞等。各种细胞的分布和数量随所在的部位及其功能状态而不同。

1. **成纤维细胞**（fibroblast） 是最主要的细胞，形似间充质细胞，分泌物构成纤维和基质。

2. **巨噬细胞**（macrophage） 因是机体内吞噬能力强的细胞而得名。细胞形态多样，随功能状态而改变，如在功能活跃时形态不规则。巨噬细胞来源于血液中的单核细胞，可吞噬异物、病原体和异常细胞等。

3. **肥大细胞**（mast cell） 呈卵圆形，体积较大，细胞质内充满分泌颗粒。来自分泌颗粒（如组胺）和细胞质（如白三烯）的分泌物可激发机体针对病原体的炎症反应。此外，肥大细胞还可通过其分泌物在机体的超敏反应中扮演重要角色。

拓展阅读1-2-1 超敏反应

4. **浆细胞**（plasma cell） 呈圆形或卵圆形，来源于B细胞，故又称效应B细胞，一般数量很少，可合成和分泌抗体。

5. **脂肪细胞**（fat cell） 体积大，呈圆形、卵圆形或多边形，细胞质内常有一个大脂滴，将细胞质的其余部分和细胞核推挤到细胞的边缘。脂肪细胞有合成和储存脂肪的功能。

（二）细胞外基质

1. **纤维** 疏松结缔组织中有胶原纤维、弹性纤维和网状纤维。

（1）**胶原纤维**（collagenous fiber）：含量多，常集合成束，因新鲜状态时呈白色，也称白纤维。肌腱即主要由大量胶原纤维构成。胶原纤维具有很强的韧性，抗拉能力强。

（2）**弹性纤维**（elastic fiber）：较细，新鲜时呈黄色，又称黄纤维。黄韧带和项韧带即主要由大量弹性纤维构成。弹性纤维富于弹性。

（3）**网状纤维**（reticular fiber）：亦较细，但分支多，主要分布于网状组织。

2. **基质** 由聚糖、蛋白聚糖及糖蛋白等生物大分子和填充在它们之间的组织液构成。这些生物大分子可形成分子筛，限制大分子物质和细菌等的扩散。

## 二、致密结缔组织

**致密结缔组织**（dense connective tissue）的主要特征是胶原纤维或弹性纤维特别丰富，构成肌腱、韧带和一些器官的被膜等。

## 三、脂肪组织

**脂肪组织**（adipose tissue）主要由大量聚集的脂肪细胞构成，被疏松结缔组织分隔为小叶，分布于皮下组织和器官的被膜等处。

## 四、网状组织

**网状组织**（reticular tissue）主要由**网状细胞**（reticular cell）和网状纤维构成。网状纤维分支相互交错连接，形成立体的网架。网状细胞附着其上，为特化的成纤维细胞。网状组织构成造血组织和淋巴组织的支架，网孔内的细胞和液体可自由流动，为血细胞的发生和淋巴细胞的发育提供适宜的微环境。

## 五、软骨组织

**软骨组织**（cartilage tissue）由软骨细胞及含高浓度的聚糖和蛋白聚糖的细胞外基质构成一种固态的结缔组织。此外，一定量的组织液使得软骨组织同时还具有一定的缓冲功能。软骨组织构成胚胎早期的主要支架，后逐渐被骨组织取代而散在分布于骨连接、呼吸道和耳郭等处。软骨组织一般无血管，以渗透的方式获得营养。软骨组织也无神经。

软骨由软骨组织及其外的软骨膜构成。软骨膜为致密结缔组织，在与软骨组织相贴的部位有一层间充质干细胞，可增殖分化为位于软骨组织表面的一层**成软骨细胞**（chondroblast）。成软骨细胞狭长，仅含细胞核的部位略厚，具有分泌的能力。成软骨细胞的分泌物构成纤维和基质，将成软骨细胞包埋，使之转变为位于软骨组织内的**软骨细胞**（chondrocyte）。

幼稚的软骨细胞体积小，呈扁圆形，单个分布，越靠近软骨组织的中央越成熟。成熟的软骨细胞不仅体积增大而呈圆形，且因软骨细胞的分裂而成群分布。越成熟的软骨细胞形成细胞外基质的能力越强。

## 六、骨组织

**骨组织**（osseous tissue）由4种细胞和钙化的细胞外基质（又称骨质）构成。

### （一）细胞

骨组织中的4种细胞是骨祖细胞、成骨细胞、骨细胞和破骨细胞。其中骨细胞数量最多，位于骨质内，是一种扁椭圆形的星形细胞，有许多突起。骨细胞的胞体在细胞外基质内所占据的空腔称为**骨陷窝**。骨祖细胞、成骨细胞、破骨细胞均位于骨质的边缘。

### （二）骨质

骨质由有机质和无机质组成。有机质包括大量的胶原纤维和少量无定形的基质。基质呈凝胶状，主要化学成分是糖胺多糖，有黏合胶原纤维的作用。无机质主要是大量的钙盐。

## 七、血液

详见下篇生理学部分第三章血液。

（金　洁　朱大诚）

## 第三节　肌　组　织

**肌组织**（muscular tissue）主要由肌细胞组成，肌细胞之间有少量的结缔组织，以及血管和神经。因肌细胞呈细长纤维状，所以又称**肌纤维**，其细胞膜称为**肌膜**，细胞质称为**肌质**，肌质内含有大量的呈细丝状结构的**肌原纤维**或肌丝，它是肌纤维收缩、舒张活动的物质基础。根据结构和功能特点，可将肌组织分为骨骼肌、心肌和平滑肌3种。骨骼肌和心肌都有横纹，故又称**横纹肌**。骨骼肌受躯体神经支配，属随意肌；心肌和平滑肌受内脏神经支配，属不随意肌。

## 一、骨骼肌

**骨骼肌**（skeletal muscle）由骨骼肌纤维组成，主要分布于头颈、躯干和四肢，绝大多数借肌腱附着于骨骼上。骨骼肌收缩快而有力，易疲劳。骨骼肌纤维呈长圆柱状，细胞核数量较多，核呈椭圆形、染色浅，位于肌纤维周边，靠近肌膜。肌质内有大量的肌原纤维，与肌纤维长轴平行，呈细丝状（图1-2-8）。

每条肌原纤维上都有明显的明暗相间的横纹，分别称为**明带**（light band）和**暗带**（dark band）。相邻肌原纤维的明、暗带排列在同一平面上。在暗带中间色淡的区域称为H带，在H带中央有1条深色的线称为**M线**，在明带中央有1条深色的线称为**Z线**。2个相邻Z线之间的1段肌原纤维称为1个**肌节**（图1-2-9）。每个肌节由1/2明带+1个暗带+1/2明带组成，它是骨骼

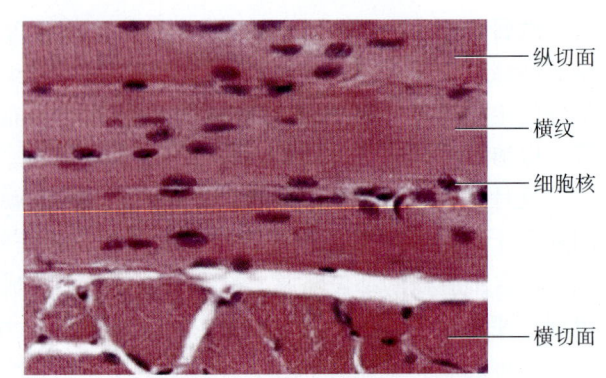

**图1-2-8**　骨骼肌纤维纵、横切面

肌纤维结构和功能的基本单位。骨骼肌的收缩是依据肌丝滑动原理进行的，收缩时，细肌丝滑入粗肌丝之间，明带长度变短，暗带长度不变，肌节缩短，肌纤维收缩。

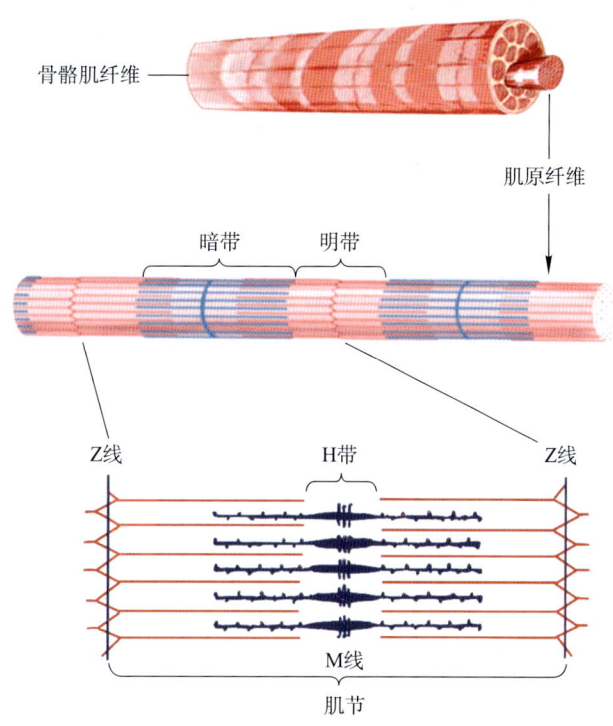

图 1-2-9　骨骼肌肌原纤维结构模式图

## 二、心肌

**心肌**（cardiac muscle）由心肌纤维组成。心肌纤维收缩缓慢而持久，有自动节律性，不易疲劳。心肌纤维呈不规则的短圆柱状，多有分支，互相连接成网；细胞核呈卵圆形，有 1~2 个，位于肌纤维中央。心肌纤维也有横纹，但不如骨骼肌明显。在相邻心肌纤维的相接处，有一染色较深的带状结构，称为**闰盘**（intercalated disk）（图 1-2-10），是心肌细胞间传递兴奋的结构。肌质较丰富，内含线粒体、糖原及少量脂滴和脂褐素，脂褐素随年龄增长而增多。心肌纤维主要分布于心脏及邻近心脏的大血管壁上。

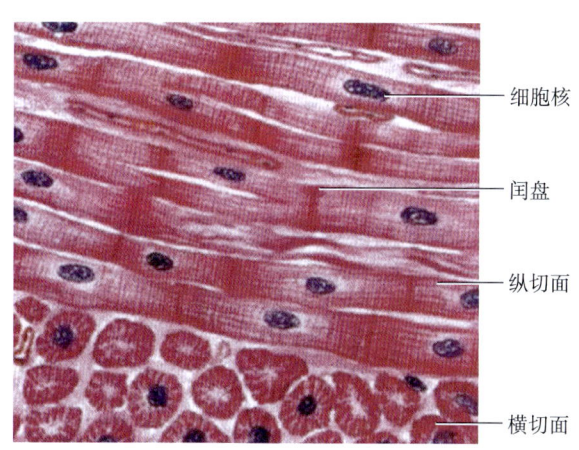

图 1-2-10　心肌纤维

## 三、平滑肌

**平滑肌**（smooth muscle）由平滑肌纤维组成，广泛分布于血管壁和内脏器官的管壁。平滑肌纤维呈长梭形，无横纹，细胞核多为 1 个，呈椭圆形或杆状，位于细胞中央，肌膜薄而不明显（图 1-2-11）。平滑肌纤维收缩缓慢而持久，且有较大的伸展性。

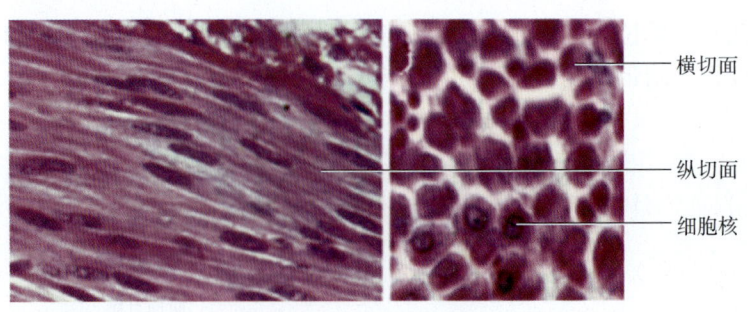

图 1-2-11 平滑肌纤维

（朱大诚）

## 第四节 神经组织

神经组织（nervous tissue）是神经系统的基本组织，由**神经细胞（nerve cell）**和**神经胶质细胞（neuroglial cell）**组成。神经细胞是神经系统结构和功能的基本单位，又称神经元。神经元具有接受刺激、整合信息和传导冲动的功能，有些神经元还有内分泌功能。神经胶质细胞主要分布于神经元之间，数量为神经元的 10~50 倍。神经胶质细胞对神经元具有支持、保护、营养、绝缘和防御作用，并具备分裂增殖和再生修复能力。

### 一、神经元

神经元（neuron）由胞体和突起两部分组成（图 1-2-12）。胞体是神经元的代谢和营养中心。突起是自胞体伸出的细胞突起，一般可分为树突和轴突两种。神经元彼此以突触相连接，形成复杂的神经通路和网络。

#### （一）神经元的结构

1. **胞体（cell body）** 位于中枢神经系统的灰质和周围神经系统的神经节内。其形态、大小不一，有圆形、梭形、星形和锥体形等，直径为 4~150 μm，由细胞膜、细胞质和细胞核所组成。细胞膜具有接受刺激、整合信息、产生及传导神经冲动的功能；细胞质除含有一般的细胞器外，还含有大量的尼氏体和神经原纤维。**尼氏体（Nissl body）**呈嗜碱性的颗粒或小块状。电镜下，尼氏体由平行排列的粗面内质网和游离核糖体构成。尼氏体的主要功能是合成蛋白质，包括构成细胞器的蛋白质及与产生神经递质有关的蛋白质。在镀银染色切片中可见神经元内含有很细的棕黑色**神经原纤维（neurofibril）**，在胞体内交织成网，并且伸入树突和轴突中。神经原纤维构成神经元的骨架，并参与物质运输。细胞核一个，大而圆，位于胞体中央，着色较浅，核仁大而明显（图 1-2-13）。

2. **树突（dendrite）** 为胞体发出的突起，可有一个至多个，有接受刺激和将冲动传向胞体的功能，其结构

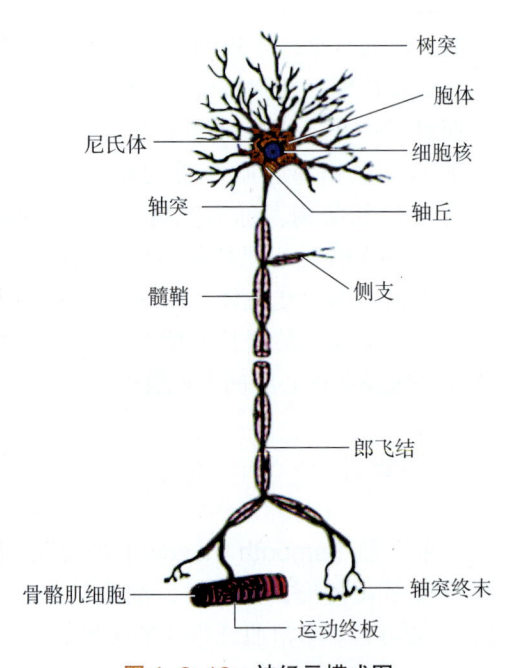

图 1-2-12 神经元模式图

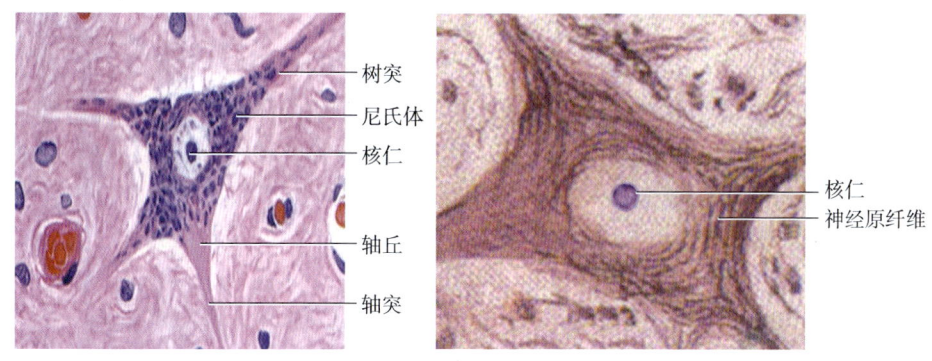

图 1-2-13 神经元的主要结构

与胞体基本相似。树突表面常有许多棘状的小突起，称树突棘。树突棘是神经元之间形成突触的主要部位。树突和树突棘可以扩大神经元接受刺激的表面积。

3. **轴突**（axon） 每个神经元只有一个轴突。胞体发出轴突的部位常呈圆锥形，着色较浅，称轴丘。轴突长短不一，短者仅数微米，长者可达 1 m 以上。轴突直径较均一，分支较少，可有呈直角分出的侧支。轴突表面光滑，内无尼氏体和高尔基复合体，一般不合成蛋白质。轴突的主要功能是将神经冲动传导至其他神经元或效应器。

（二）神经元的分类

微课 1-2-1 神经元的分类

1. **根据神经元突起数目分类** 分为以下三类（图 1-2-14）。

（1）**多极神经元**（multipolar neuron）：从胞体发出一个轴突和多个树突。在人体内多极神经元数量最多，如脑皮质、脊髓灰质和自主神经节内的神经元。

（2）**双极神经元**（bipolar neuron）：从胞体发出两个突起，一个抵达感受器，为树突；另一个抵达中枢部，为轴突。双极神经元的胞体主要位于视网膜、鼻腔黏膜的嗅部、内耳前庭神经节和蜗神经节内。

（3）**假单极神经元**（pseudounipolar neuron）：从胞体发出一个突起，在离胞体不远处再分为两支，一支进入脑或脊髓，称中枢突，类似轴突；另一支分布至周围器官或组织，称周围突，起树突的作用。

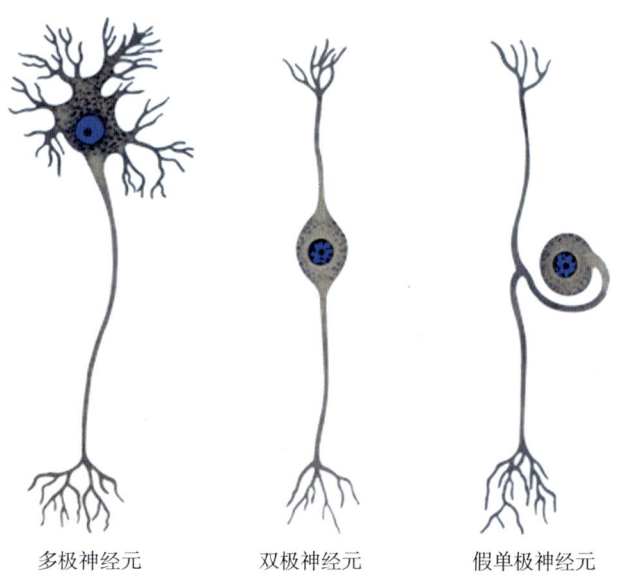

多极神经元　　双极神经元　　假单极神经元

图 1-2-14 神经元的分类

**2. 根据神经元功能分类**　分为以下三类（图1-2-15）。

（1）**感觉神经元**（sensory neuron）：又称传入神经元，其周围突分布到各器官和组织中，末端分支形成感觉神经末梢，可接受内外环境的刺激，并将神经冲动传向中枢。假单极神经元和双极神经元一般为感觉神经元，如位于内耳的前庭神经节、螺旋神经节和脊神经节内的神经元。

（2）**运动神经元**（motor neuron）：又称传出神经元，胞体位于脑、脊髓和自主神经节内，其轴突进入各器官组织中，末端分支形成运动神经末梢，将冲动传给肌纤维或腺细胞，使肌纤维收缩或腺细胞分泌。

（3）**联络神经元**（association neuron）：又称中间神经元，分布在脑和脊髓内，位于感觉和运动神经元之间，起联络作用。动物进化越高级，中间神经元就越多。

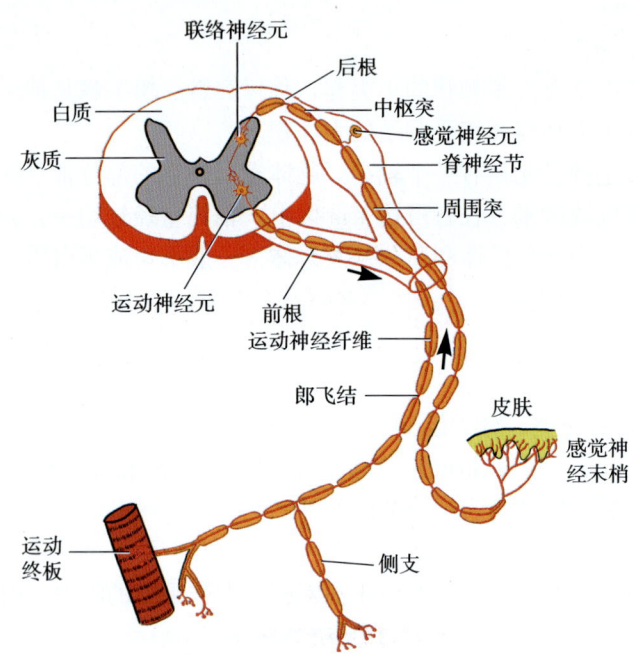

图1-2-15　感觉神经元、运动神经元和联络神经元及其之间的联系

**3. 根据神经元释放的神经递质分类**

（1）胆碱能神经元：位于中枢神经系统和部分外周运动神经元中，释放乙酰胆碱。

（2）去甲肾上腺素能神经元：释放去甲肾上腺素。

（3）胺能神经元：释放5-羟色胺、多巴胺、组胺等。

（4）氨基酸能神经元：释放γ-氨基丁酸、谷氨酸、甘氨酸等递质，主要分布于中枢神经系统。

（5）肽能神经元：释放各种肽类物质，如P物质、脑啡肽、神经降压素等。

（三）突触

**突触**（synapse）指神经元之间或神经元与非神经元之间一种传递信息的特化连接结构。通过突触，神经元间连接形成复杂的神经网络和神经通路。突触可分为化学突触和电突触两大类。化学突触是以化学物质（神经递质）作为传递信息的媒介，电突触是通过缝隙连接传递电信息。神经元之间彼此相邻的任何部位几乎都能形成突触，最常见的突触形式是一个神经元的轴突终末与另一个神经元的树突、树突棘或胞体表面，分别构成轴-树、轴-棘和轴-体突触，此外还有轴-轴和树-树突触等。

化学突触由突触前成分、突触间隙和突触后成分三部分组成（参见图2-10-3）。

**1. 突触前成分**（presynaptic element）　是突触前神经元轴突末端的细胞膜特化增厚的部分，与突触后成分相对应的细胞膜称为突触前膜。靠近突触前膜的胞质内含有许多突触小泡、线粒体、微丝和微管等。突触小泡内含有神经递质。

2. **突触间隙**（synaptic cleft） 是突触前成分和突触后成分之间宽 15～30 nm 的狭窄缝隙。

3. **突触后成分**（postsynaptic element） 是与突触前成分相对的部位，此部位特殊分化的膜为突触后膜。突触后膜上有与相应神经递质结合的特异性受体。

当神经冲动传至突触前膜时，突触前膜对钙离子的通透性增大，促使突触小泡贴附在突触前膜上，以胞吐方式将突触小泡内的神经递质释放到突触间隙，并作用于突触后膜上的相应受体，使突触后膜发生兴奋或抑制。使突触后膜发生兴奋的，称兴奋性突触；而使突触后膜发生抑制的，称抑制性突触。化学突触传递神经冲动是单向的，但电突触可双向传递神经冲动。

## 二、神经胶质细胞

神经胶质细胞广泛分布在神经元之间，种类较多，包括中枢神经系统的神经胶质细胞和周围神经系统的神经胶质细胞（图 1-2-16）。

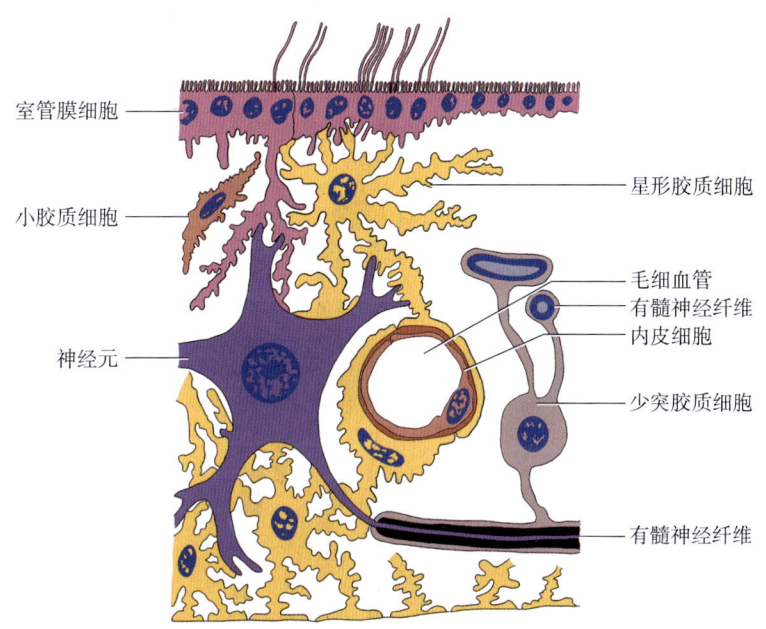

图 1-2-16 中枢神经系统神经胶质细胞与神经元和毛细血管的关系示意图

### （一）中枢神经系统的神经胶质细胞

1. **星形胶质细胞**（astrocyte） 体积最大，胞体呈星形，伸出多个突起与中枢神经系统内毛细血管相连，构成血脑屏障，并在中枢神经系统损伤后起到修复作用。

2. **少突胶质细胞**（oligodendrocyte） 胞体小，核呈卵圆形、染色质致密，包卷神经元的长突起形成髓鞘。

3. **小胶质细胞**（microglia） 体积最小，来源于血液中的单核细胞，具有吞噬功能。当中枢神经系统损伤时，小胶质细胞可转变为巨噬细胞，吞噬细胞碎屑。

4. **室管膜细胞**（ependymal cell） 分布在脑室系统和脊髓中央管腔面，形成室管膜。室管膜细胞具有产生脑脊液的功能。

## （二）周围神经系统的神经胶质细胞

1. **施万细胞**（Schwann cell） 也称神经膜细胞，是周围神经系统的髓鞘形成细胞，包裹在神经元的长突起周围，形成髓鞘。

2. **卫星细胞**（satellite cell） 又称**被囊细胞**（capsular cell），位于神经节内，包裹在神经元胞体周围，有支持、保护作用。

## 三、神经纤维与神经

### （一）神经纤维

**神经纤维**（nerve fiber）是由神经元的长突起和包在它外表的神经胶质细胞所组成的纤维状结构。根据神经纤维有无髓鞘，可分为有髓神经纤维和无髓神经纤维两种（图 1-2-17）。

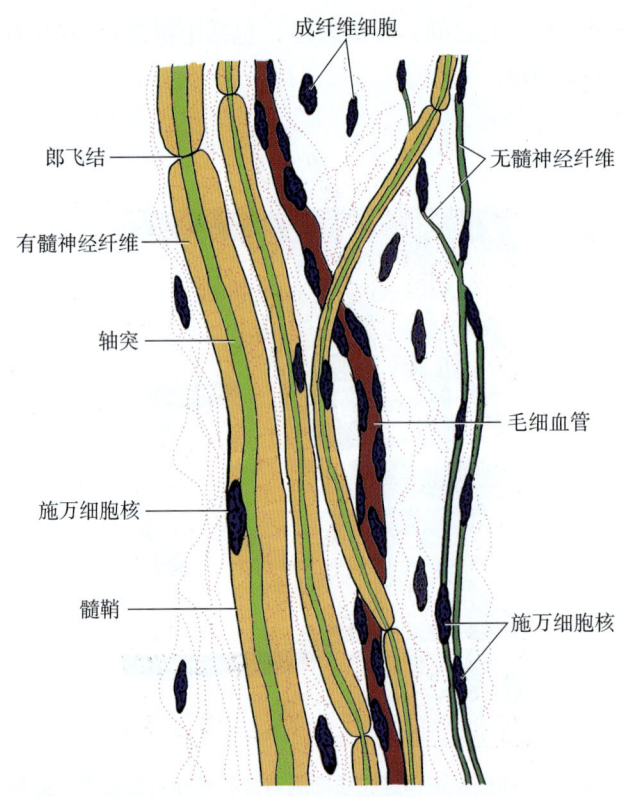

图 1-2-17　周围神经纤维模式图

1. **有髓神经纤维**（myelinated nerve fiber） 周围神经系统的有髓神经纤维是由施万细胞的细胞膜呈阶段性包卷在轴突表面形成的多层膜结构。相邻的两个神经膜细胞不完全相连，节段与节段之间的缩窄部位称**郎飞结**（Ranvier node）。相邻两个郎飞结之间的一段神经纤维称**结间体**（internode）。中枢神经系统的有髓神经纤维是由少突胶质细胞伸出的多个叶片状突起包绕神经元的轴突形成的。有髓神经纤维神经冲动的传导是从一个郎飞结跳到相邻的郎飞结，呈跳跃式传导，因此传导速度快。

2. **无髓神经纤维**（unmyelinated nerve fiber） 周围神经系统的无髓神经纤维由一串神经膜细胞包绕数条轴突形成，由于相邻的施万细胞衔接紧密，所以无郎飞结。中枢神经系统的无髓神经纤维轴突外无神经胶质细胞包绕，因此轴突是裸露的。因为无髓鞘和郎飞结，无髓神经纤维的神经冲动的传导是连续的，因此传导速度较慢。

## （二）神经

周围神经系统的神经纤维集合形成神经纤维束，若干神经纤维束聚集构成神经。神经分布于全身绝大部分器官和组织。包裹在神经表面的致密结缔组织称神经外膜。组成神经的众多神经纤维，又被结缔组织分隔成大小不等的神经纤维束，包裹在神经纤维束表面的致密结缔组织称神经束膜。神经纤维束内的每条神经纤维周围的薄层疏松结缔组织称神经内膜。神经内的血管较丰富。

## 四、神经末梢

神经末梢（nerve ending）指周围神经纤维的终末部分，遍布全身，形成各种末梢装置，根据功能的不同可分为感觉神经末梢与运动神经末梢两类。

1. **感觉神经末梢（sensory nerve ending）** 是感觉神经元周围突的终末部分，分布到皮肤、内脏和肌等处，与其附属结构共同构成感受器（receptor）。感觉神经末梢可感受机体内、外环境的各种刺激，并转化为神经冲动。感受器包括游离神经末梢、触觉小体、环层小体和肌梭等。游离神经末梢感受疼痛和冷热的刺激，触觉小体感受触觉，环层小体感受压觉，肌梭感受肌张力变化和调控骨骼肌的活动。

2. **运动神经末梢（motor nerve ending）** 是分布于肌组织和腺体内的运动神经纤维的终末结构，支配肌纤维的收缩和调节腺体的分泌。运动神经末梢和所支配的结构共同组成效应器。运动神经末梢可分为躯体运动神经末梢和内脏运动神经末梢两大类。**躯体运动神经末梢（somatic motor nerve ending）**又称运动终板，分布于骨骼肌，支配骨骼肌的运动。**内脏运动神经末梢（visceral motor nerve ending）**分布于内脏及血管壁的平滑肌、立毛肌、心肌和腺细胞等处，其神经纤维较细，无髓鞘，分支末段呈串珠样，称**膨体（varicosity）**，支配平滑肌、心肌的运动和调节腺体的分泌。

（唐中生）

### 思考题

1. 简述被覆上皮的分类及其分布。
2. 疏松结缔组织中的细胞种类及细胞外基质成分主要有哪些？
3. 简述肌组织的分类及其分布。
4. 神经元如何分类？各自有何特点？
5. 中枢神经胶质细胞有哪些？各自有何特点？
6. 神经末梢包括哪些？各自有何功能？

### 新形态教材网更多数字资源

思维导图　教学课件　微课　自测题　拓展阅读　思政元素

# 第三章 运动系统

编者导学

**本章导航**
第一节 骨学
第二节 骨连结
第三节 肌学

**运动系统**（locomotor system）由骨、骨连结和骨骼肌组成，约占成人体重的60%，在神经系统的支配下，起着支持、保护和运动功能。全身各骨以不同形式连接构成骨骼，在运动中，骨起杠杆作用，关节是运动的枢纽，骨骼肌是动力器官。

## 第一节 骨 学

### 一、概述

成人骨共206块，按其在人体的位置不同分为躯干骨、上肢骨、下肢骨和颅骨4部分（图1-3-1）。骨的重量约占成人体重的20%。每块骨都具有一定的形态和功能，是既坚硬又有弹性的器官。

#### （一）骨的形态

骨具有不同的形态，分为长骨、短骨、扁骨和不规则骨4类（图1-3-2）。

1. **长骨**（long bone） 呈长管状，有一体和两端，分布于四肢。长骨的体又称骨干，骨质致密，内有骨髓腔，容纳骨髓；端又名骺，较膨大，有光滑的关节面，由关节软骨覆盖。

2. **短骨**（short bone） 多呈立方形，成群分布于连结牢固且运动较灵活的部位，如腕骨和跗骨。

3. **扁骨**（flat bone） 呈板状，分布于头、胸等处，构成颅腔、胸腔的壁，对腔内器官有保护作用，如颅盖骨、胸骨、肋骨等。

4. **不规则骨**（irregular bone） 形态不规则，如椎骨。有些不规则骨内有含气的空腔称为含气骨，如上颌骨、额骨等。

#### （二）骨的构造

每块骨都由骨质、骨膜和骨髓等构成，并有神经和血管分布（图1-3-3）。

1. **骨质**（osseous substance） 是骨的主要成分，分为骨密质和骨松质。骨密质致密坚硬，抗

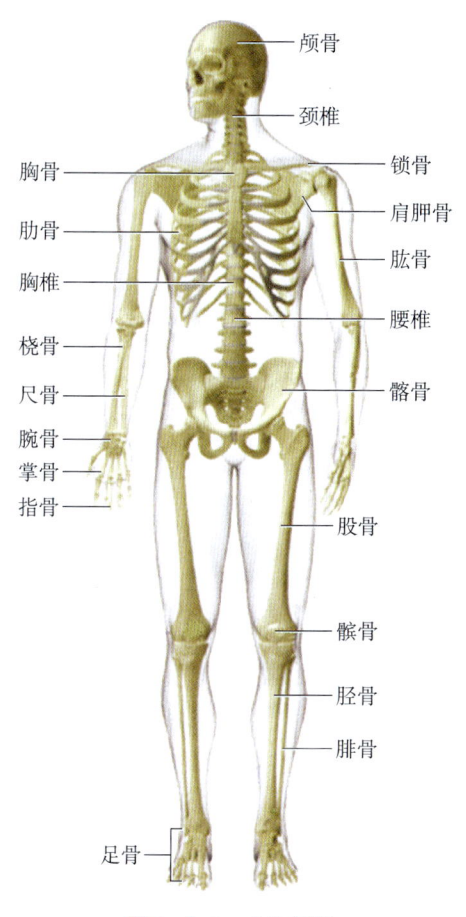

图 1-3-1　人体骨骼

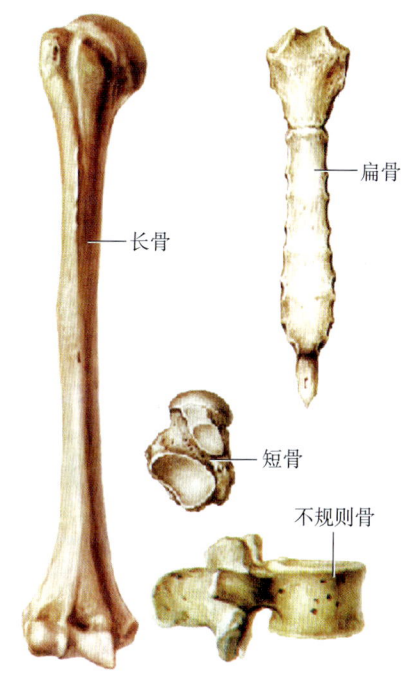

图 1-3-2　骨的形态

压、抗扭曲性强，分布于骨的表面。骨松质由片状的骨小梁相互交织排列呈蜂窝状，分布于骨的内部。

2. **骨膜**（periosteum）　包裹除关节面以外的整个骨面的致密结缔组织薄膜，内含丰富的神经、血管和成骨细胞，感觉敏锐并对骨的营养和生长有重要作用。

3. **骨髓**（bone marrow）　充填于长骨骨髓腔及骨松质腔隙内，分为红骨髓和黄骨髓。**红骨髓**含大量不同发育阶段的红细胞和其他幼稚型血细胞，呈红色，有造血和免疫功能；**黄骨髓**为大量脂肪组织，呈黄色，无造血功能。胎儿和幼儿的骨内全是红骨髓，6 岁以后，长骨骨髓腔内的红骨髓逐渐转化为黄骨髓，但骨松质内的红骨髓继续保持造血功能。

## 二、躯干骨

躯干骨由 24 块椎骨、1 块骶骨、1 块尾骨、1 块胸骨和 12 对肋组成，共计 51 块，参与构成脊柱、骨性胸廓和骨盆。

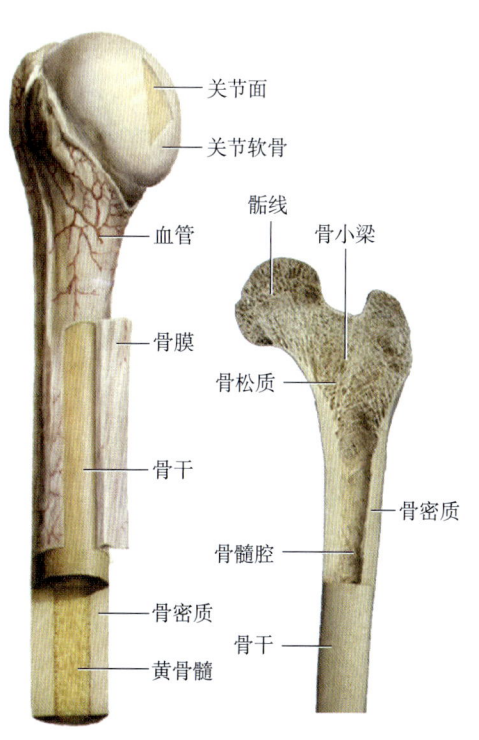

图 1-3-3　骨的构造

## (一)椎骨

幼儿时期,**椎骨**(vertebrae)总数为33~34块,即颈椎7块、胸椎12块、腰椎5块、骶椎5块和尾椎4~5块。成年后,5块骶椎连结成1块骶骨,4~5块尾椎连结成1块尾骨。

**1. 椎骨的一般形态** 每块椎骨一般都由椎体和椎弓组成(图1-3-4)。

(1)**椎体**(vertebral body):为椎骨的前部,呈短圆柱状,是椎骨负重的主要部分。

(2)**椎弓**(vertebral arch):为附在椎体后方的弓形骨板。椎弓与椎体连接的部分较细称为**椎弓根**,其上、下缘各有一切迹,分别称为**椎上切迹**和**椎下切迹**。相邻椎骨的椎上、下切迹围成**椎间孔**,内有脊神经和血管通过。椎弓与椎体围成椎孔,全部椎骨的椎孔叠连形成的纵行管道称为**椎管**,其内容纳脊髓和脊神经根等。椎弓伸出7个突起:向上、下分别伸出1对上关节突和1对下关节突,向两侧伸出1对**横突**,向后伸出1个**棘突**。

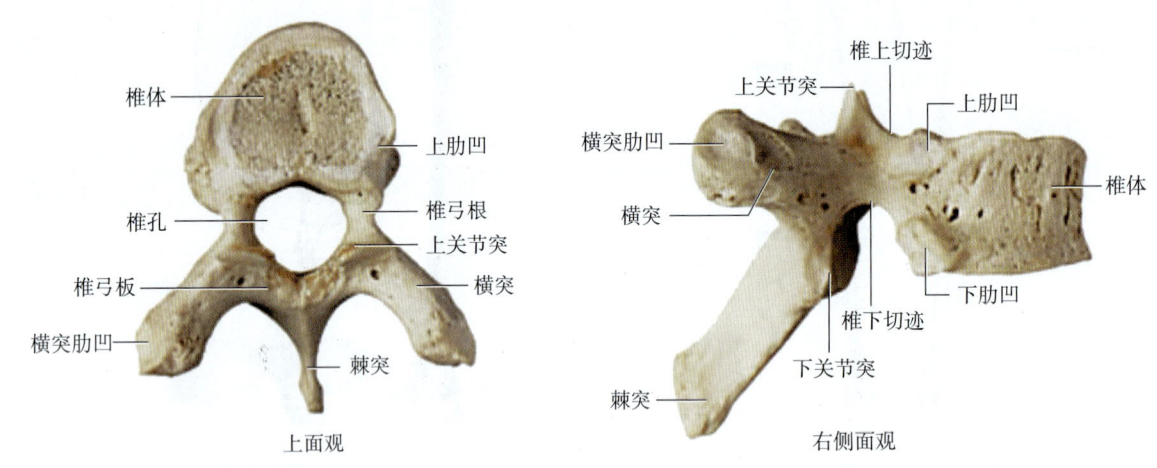

图 1-3-4 胸椎

**2. 各部椎骨的主要特征**

(1)**颈椎**(cervical vertebrae):共7块,其特点是横突的根部有**横突孔**,第6至第1颈椎的横突孔内有椎动、静脉通过。

1)第1颈椎:又称**寰椎**(atlas)(图1-3-5),无椎体、棘突和关节突,由前弓、后弓及2个侧块组成,近似环形。

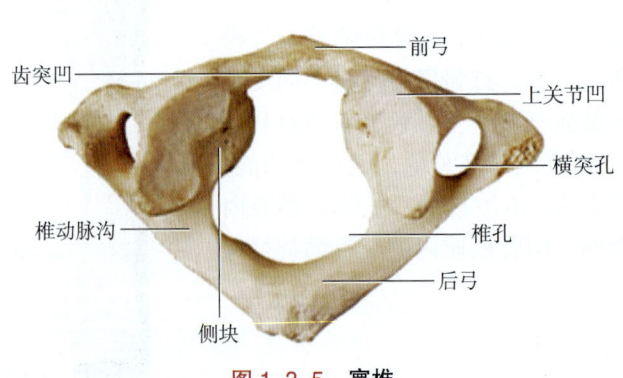

图 1-3-5 寰椎

2)第2颈椎:又称**枢椎**(axis)(图1-3-6),椎体向上伸出一指状突起称为**齿突**。

3)第7颈椎:又称**隆椎**(vertebra prominens)(图1-3-7),棘突特别长且末端不分叉。头前屈时,隆椎棘突明显隆起,是计数椎骨序数的标志。

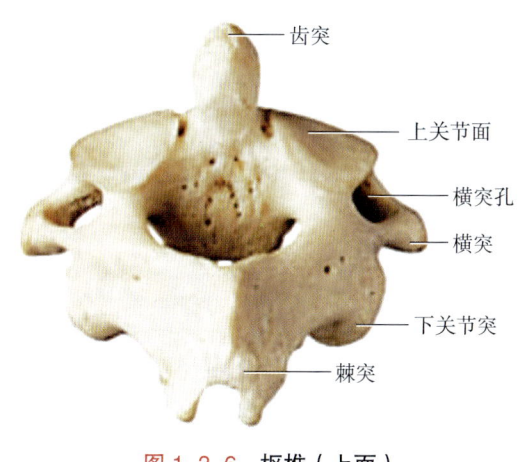

图 1-3-6　枢椎（上面）

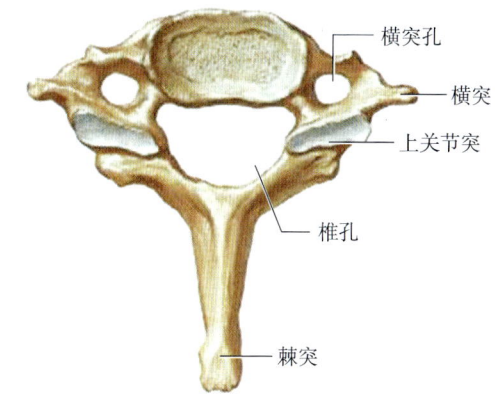

图 1-3-7　隆椎（上面）

（2）胸椎（thoracic vertebrae）：共 12 块，椎体侧面和横突末端前面分别有**肋凹**和**横突肋凹**（图 1-3-4），与肋骨后端相连结。

（3）腰椎（lumbar vertebrae）：共 5 块，椎体肥厚，棘突呈板状且水平伸向后（图 1-3-8），相邻棘突之间的间隙较大，临床上常在第 3、第 4 腰椎棘突之间进行腰椎穿刺。

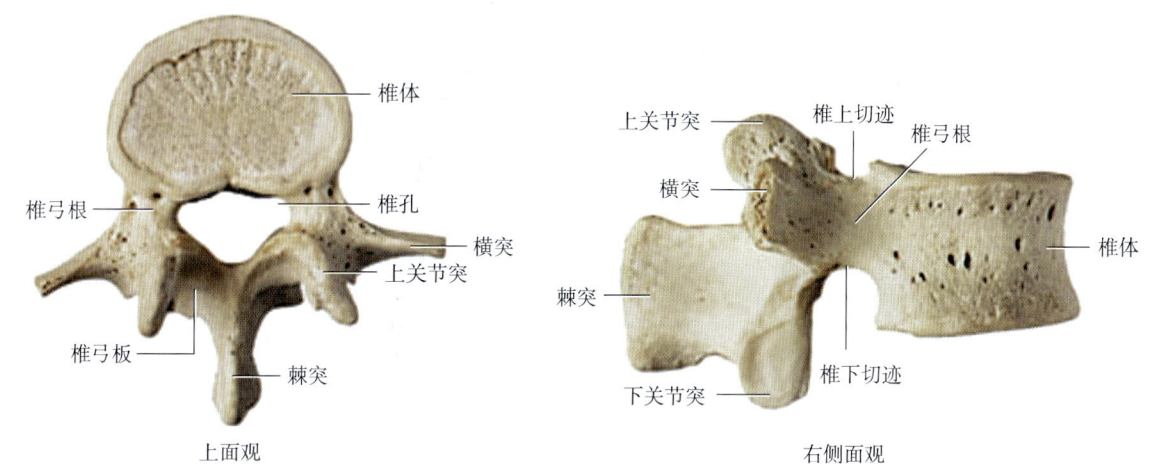

图 1-3-8　腰椎

（4）**骶骨**（sacrum）：呈三角形，底向上，尖朝下，与尾骨相连（图 1-3-9、图 1-3-10）。骶骨底的前缘中部向前隆凸称为**岬**，两侧有**耳状面**。骶骨的中部有一纵贯全长的管道称为**骶管**，向上连通椎管，向下开口形成**骶管裂孔**，骶管裂孔两侧有向下突出的**骶角**。骶骨前面略凹而平滑，有 4 对骶前孔；后面隆凸粗糙，有 4 对骶后孔。

（5）**尾骨**（coccyx）：呈三角形，底朝上，借软骨和韧带与骶骨相连；尖向下，下端游离（图 1-3-9、图 1-3-10）。

（二）胸骨

**胸骨**（sternum）位于胸前壁正中，属扁骨，自上而下分为胸骨柄、胸骨体和剑突 3 部分（图 1-3-11）。胸骨上部较宽称为**胸骨柄**，中部呈长方形称为**胸骨体**，其两侧缘连接第 2~7 肋软骨。胸骨柄与胸骨体连接处形成突向前方的横行隆起称为**胸骨角**，平对第 2 肋软骨，是计数肋序数的重要标志。胸骨下端为一薄骨片称为**剑突**。

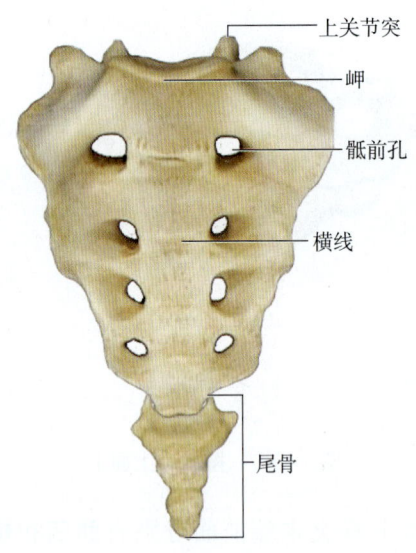

图 1-3-9 骶骨和尾骨（前面）

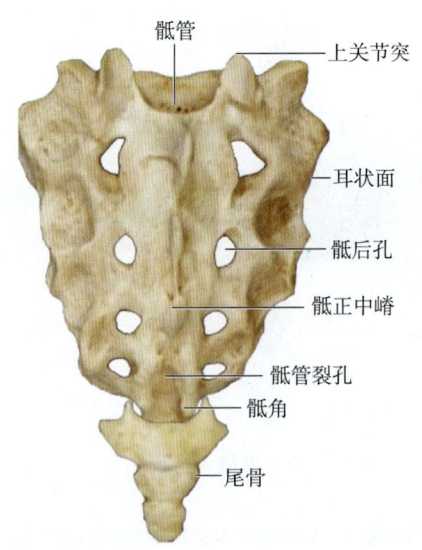

图 1-3-10 骶骨和尾骨（后面）

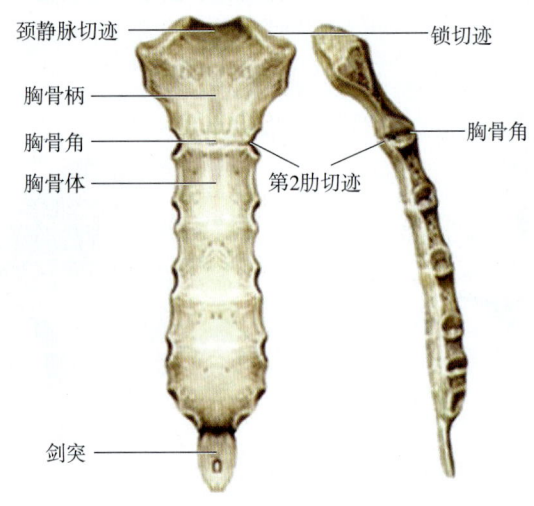

图 1-3-11 胸骨（前面和侧面）

## （三）肋

**肋**（ribs）共12对，由**肋骨**和**肋软骨**组成（图1-3-12）。肋骨为细长弓状的扁骨，分为体及前、后两端。肋骨前端接肋软骨，后端膨大称为**肋头**，**肋体**分为内、外两面和上、下两缘。其内面近下缘处有**肋沟**，肋间血管和神经沿此沟走行。

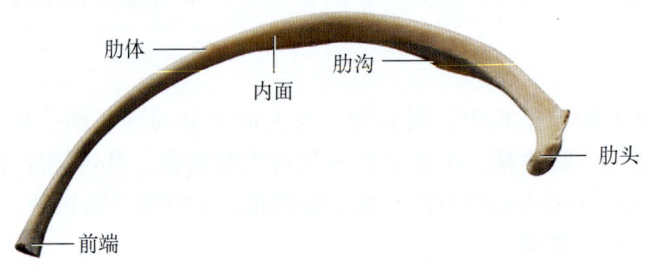

图 1-3-12 肋骨

## 三、上肢骨

上肢骨分为上肢带骨和自由上肢骨，共 64 块。上肢带骨包括锁骨和肩胛骨，自由上肢骨包括肱骨、桡骨、尺骨和手骨，除手骨的腕骨外，其余均属长骨。

### （一）锁骨

**锁骨**（clavicle）呈"～"形，位于胸廓前上部的两侧（图 1-3-1），全长可在体表扪及，是重要的骨性标志。内侧端粗大为**胸骨端**，与胸骨柄相关节。外侧端扁平为**肩峰端**，与肩胛骨的肩峰相关节。锁骨位置表浅，受外力作用易发生骨折。

### （二）肩胛骨

**肩胛骨**（scapula）为三角形扁骨，位于背外侧上部，第 2~7 肋之间，分为两面、三缘和三角（图 1-3-13）。前面对向胸廓，有一个大的浅窝称为**肩胛下窝**。后面的横嵴称为**肩胛冈**，其上、下方的浅窝分别称为**冈上窝**和**冈下窝**，肩胛冈外侧端向外侧延伸的扁平突起称为**肩峰**，上缘外侧向前的指状突起称为**喙突**，二者在体表均可触及。内侧缘薄而长、靠近脊柱，又称脊柱缘。外侧缘肥厚邻近腋窝，又称腋缘。外侧角膨大，有朝向外侧的浅窝称**关节盂**，与肱骨头相关节。**上角**和**下角**为内侧缘的上端和下端，分别平对第 2 肋和第 7 肋，体表可触及，可作为计数肋序数的标志。

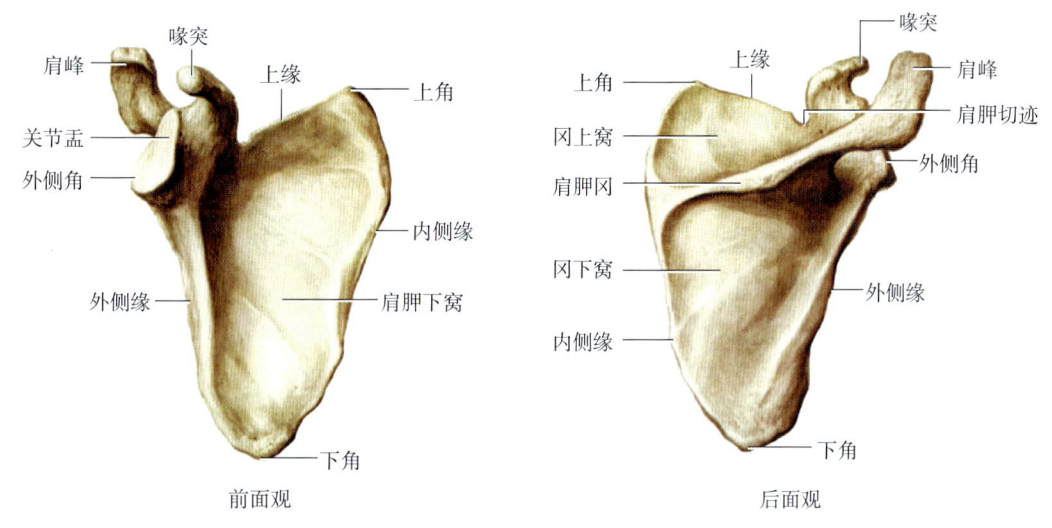

图 1-3-13　肩胛骨

### （三）肱骨

**肱骨**（humerus）位于臂部，分为肱骨体和上、下两端（图 1-3-14）。上端朝向内侧的半球形膨大称为**肱骨头**，与肩胛骨的关节盂相关节。肱骨头的外侧和前下方的突起分别称为**大结节**和**小结节**，大、小结节之间的纵行浅沟称为**结节间沟**，内有肱二头肌长头肌腱通过。肱骨上端与体交界处稍细称为外科颈，是骨折的好发部位。肱骨体中部外侧面 V 形的粗糙隆起称为**三角肌粗隆**，为三角肌的附着处；体后面有自内上斜向外下的螺旋形浅沟称为**桡神经沟**，内有桡神经和肱深动脉通过，故肱骨中部骨折可伤及桡神经。肱骨下端前后扁平，外侧份有半球形的**肱骨小头**，与桡骨相关节；内侧份有滑车状的**肱骨滑车**，与尺骨相关节。肱骨小头的外上方和滑车的内上方的突起，分别称为外上髁和内上髁；内上髁后方的浅沟称**尺神经沟**，尺神经由此经过。

### （四）桡骨

**桡骨**（radius）位于前臂外侧，分一体两端（图 1-3-15）。上端呈圆形膨大称**桡骨头**，其上面的

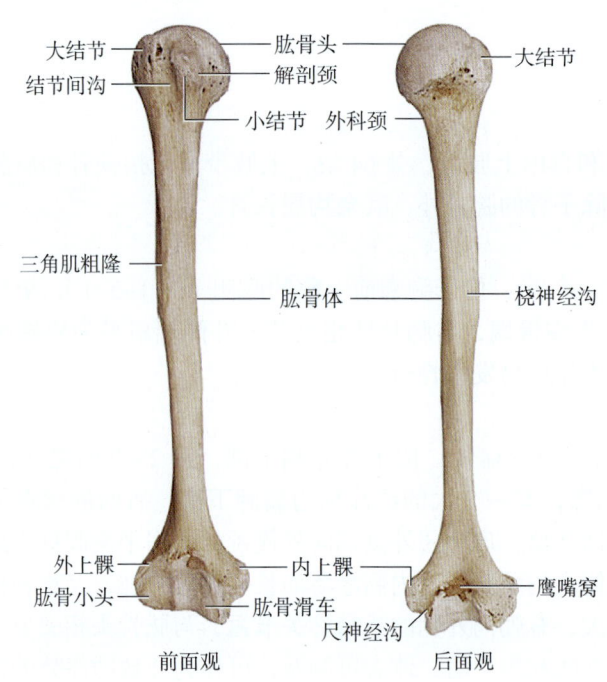

图 1-3-14　肱骨

关节凹与肱骨小头相关节，头的周缘有**环状关节面**与尺骨的桡切迹相关节；头下方缩细的部分称为**桡骨颈**，颈的内下方有一粗糙隆起称为**桡骨粗隆**。下端呈扁平膨大，内侧有关节面称为尺切迹，与尺骨头相关节；下端的外侧向下突起称为**桡骨茎突**；下端的下面为**腕关节面**，与腕骨相关节。

（五）尺骨

尺骨（ulna）位于前臂内侧，分一体两端（图 1-3-15）。上端较为粗大，其前面的半环形深凹称

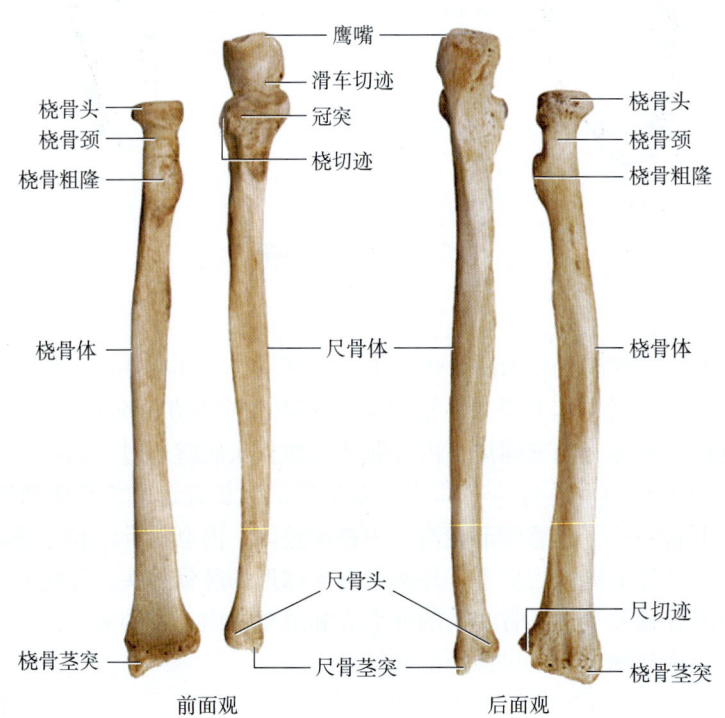

图 1-3-15　桡骨和尺骨

为**滑车切迹**，与肱骨滑车相关节。滑车切迹的上、下方各有一突起，分别称为**鹰嘴**和**冠突**。冠突外侧有**桡切迹**，与桡骨头相关节；冠突前下方的粗糙隆起称为**尺骨粗隆**。下端为**尺骨头**，与桡骨的尺切迹相关节；尺骨头的后内侧向下突起称为**尺骨茎突**。

（六）手骨

**手骨**（bone of hand）分为腕骨、掌骨和指骨（图1-3-1）。①**腕骨**（carpal bones）：共8块，属短骨，排成两列，每列各有4块。由桡侧向尺侧，近侧列依次为手舟骨、月骨、三角骨和豌豆骨，远侧列依次为大多角骨、小多角骨、头状骨和钩骨。②**掌骨**（metacarpal bones）：共5块，按桡侧向尺侧，分别命名为第1～5掌骨。③**指骨**（phalanx）：共14节，拇指有近节和远节指骨，其余各指有近节、中节和远节指骨。

## 四、下肢骨

下肢骨分为下肢带骨和自由下肢骨，共62块。下肢带骨为髋骨；自由下肢骨包括股骨、髌骨、胫骨、腓骨和足骨，除髌骨和足跗骨外，其余均属长骨。

（一）髋骨

**髋骨**（hip bone）位于盆部，左右各有1块，构成骨盆的侧壁（图1-3-16）。其外侧面的深窝称为**髋臼**，与股骨头相关节；前下方有一大孔称为闭孔。幼儿时期，髋骨由上部的**髂骨**、后下部的**坐骨**和前下部的**耻骨**组成。成年后，3骨融合成为1块髋骨。髂骨上缘增厚增粗形成弓形的**髂嵴**，髂嵴的前、后端分别称为**髂前上棘**和**髂后上棘**。髂前上棘后方5～7 cm处，髂嵴向外突起称为**髂结节**。坐骨下端后部肥厚隆起称为**坐骨结节**。耻骨内侧部向前的突起称为**耻骨结节**。

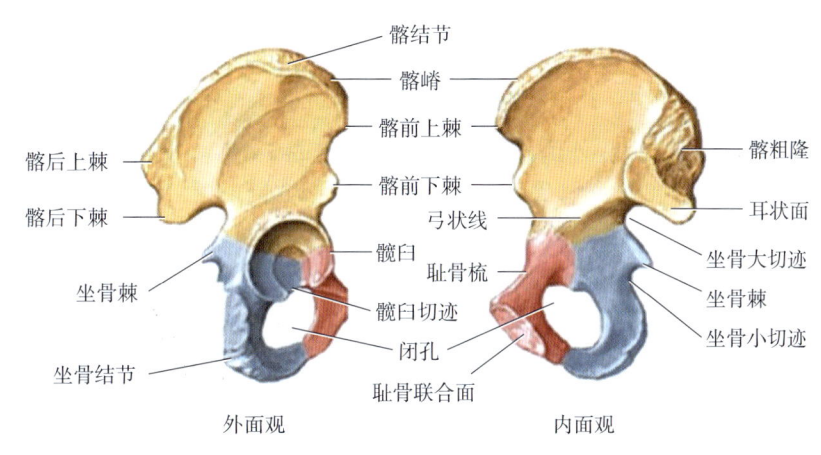

图1-3-16 髋骨

（二）股骨

**股骨**（femur）位于大腿，是人体最长的长骨，其长度约为体高的1/4，分一体两端（图1-3-17）。上端朝向内上的球形膨大称为**股骨头**，与髋臼相关节。头下外侧的狭细部为**股骨颈**；颈与体连接处上外方的隆起为**大转子**，内下方的隆起为**小转子**；大转子可在体表扪及。股骨体略向前凸，后面的纵行骨嵴称为**粗线**，粗线向上外延续为粗糙的**臀肌粗隆**。股骨下端向内、外侧膨大分别称为**内侧髁**和**外侧髁**，内、外侧髁的侧面最突起处分别称为**内上髁**和**外上髁**，均可在体表触及。

（三）髌骨

**髌骨**（patella）是全身最大的籽骨，位于股四头肌腱内，上宽下尖，前面粗糙，后面为关节面（图1-3-1，图1-3-32）。

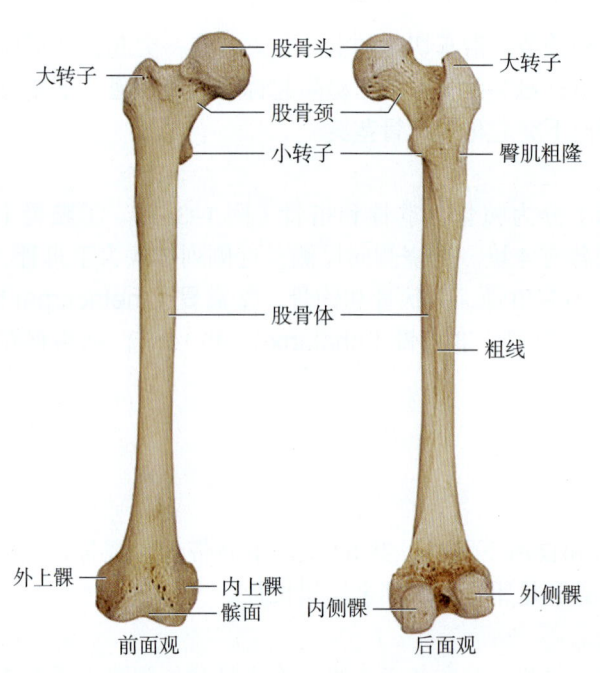

图 1-3-17　股骨

### （四）胫骨

胫骨（tibia）位于小腿内侧，较粗壮，分一体两端（图 1-3-18）。上端膨大，向内、外突起，分别称为**内侧髁**和**外侧髁**，两髁上面各有关节面与股骨髁相关节；上端与体移行处的前面有粗糙的**胫骨粗隆**。胫骨体呈三棱柱状，其前、后缘和内侧面紧贴皮下。胫骨下端内下方的突起称为**内踝**，体表可触及。

### （五）腓骨

腓骨（fibula）细长，位于小腿外侧，分一体两端（图 1-3-18）。上端略膨大称为**腓骨头**，其内侧面与胫骨相关节；头下方狭细处称**腓骨颈**。腓骨下端膨大为**外踝**，体表可触及。

### （六）足骨

足骨（bone of foot）分为跗骨、跖骨和趾骨。①**跗骨**（tarsal bones）：属于短骨，共 7 块，包括距骨、跟骨、骰骨、足舟骨及 3 块楔骨（内侧楔骨、中间楔骨和外侧楔骨）。②**跖骨**（metatarsal bones）：共 5 块，由内侧向外侧依次为第 1~5 跖骨。③**趾骨**（phalange of toe）：共 14 节，拇趾 2 节，其余各趾 3 节。形态和命名与指骨相同。

## 五、颅骨

颅骨（cranial bone）有 29 块（其中 6 块听小骨详见第十章感觉器），分为脑颅骨和面颅骨。脑颅骨位于颅的后上部，围成颅腔，容纳脑。面颅骨位于颅的前下部，形成面部的轮廓，并参与眶、鼻腔和口腔的组成。

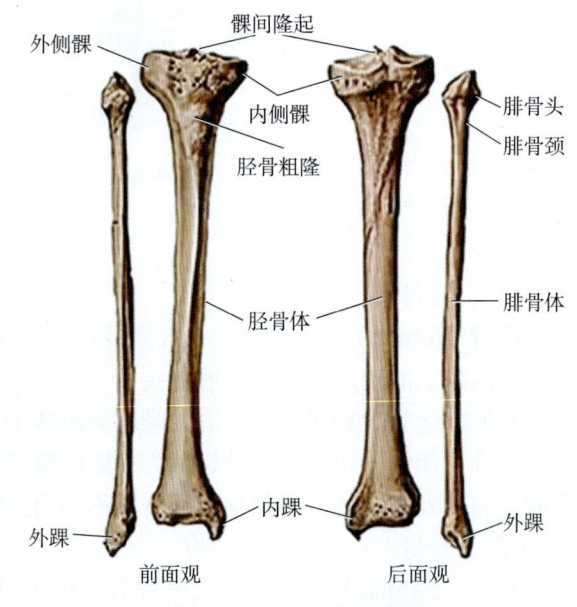

图 1-3-18　胫骨和腓骨

（一）脑颅骨

脑颅骨（bone of cerebral cranium）共 8 块，包括位于颅盖前部的 1 块额骨、中部的 2 块顶骨、后部的 1 块枕骨和颅底中部的 1 块蝶骨、两眶之间的 1 块筛骨、颅两侧的 2 块颞骨（图 1-3-19、图 1-3-20）。

（二）面颅骨

面颅骨（bone of facial cranium）共 15 块，包括犁骨、下颌骨和舌骨各 1 块，上颌骨、鼻骨、泪骨、颧骨、下鼻甲和腭骨各 2 块（图 1-3-19、图 1-3-20）。

1. **上颌骨**（maxilla） 位于面颅中央。骨内的含气空腔称为**上颌窦**；上颌骨下缘游离，有容纳上颌牙根的牙槽。

2. **下颌骨**（mandible） 位于上颌骨的下后方，分为一体两支。**下颌体**呈马蹄铁形，其上缘有容纳下颌牙根的牙槽。**下颌支**由下颌体后部向后上方伸出，其末端有 2 个突起，前方的为**冠突**，后方的为**髁突**，髁突上端的膨大称为**下颌头**，与颞骨的下颌窝相关节。下颌支后缘与下颌体下缘相交处称为**下颌角**。

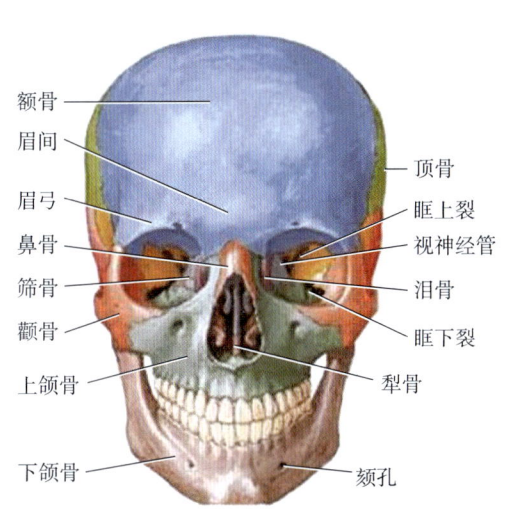

图 1-3-19 颅的前面观

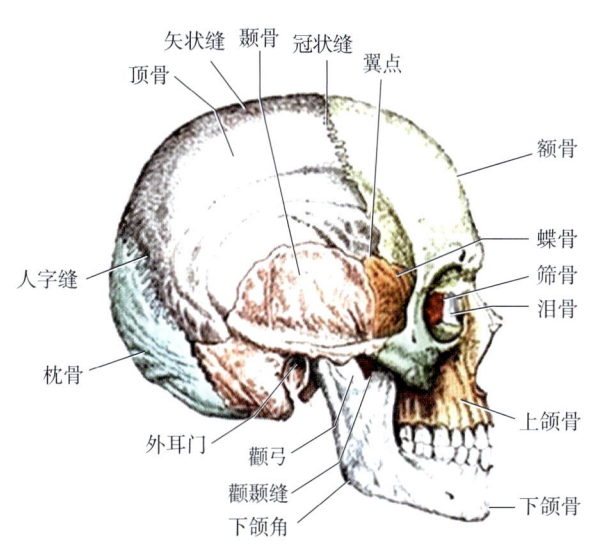

图 1-3-20 颅的侧面观

（三）颅的整体观

1. **颅顶（颅盖）** 在额骨与顶骨之间有**冠状缝**，两侧顶骨之间有**矢状缝**，顶骨与枕骨之间有**人字缝**（图 1-3-20）。

2. **颅底** 分为内、外两面。

（1）颅底内面：由前向后分为呈阶梯状的颅前窝、颅中窝和颅后窝（图 1-3-21），各窝内有许多孔、裂和管，它们大多连通颅内外。①颅前窝：中央低凹部分为筛骨的**筛板**，其上有许多**筛孔**。②颅中窝：中央部为蝶骨体，体上面的凹窝为**垂体窝**，容纳垂体。垂体窝前方的两侧有视神经管，管的外侧有眶上裂，二者均通入眶腔。蝶骨体的两侧，由前内向后外有**圆孔、卵圆孔**和**棘孔**。③颅后窝：中央有**枕骨大孔**，孔的前外侧缘有舌下神经管。枕骨大孔的前方为斜坡，后方中部的骨性突起称为**枕内隆凸**，其两侧续于**横窦沟**；横窦沟折向前下称为乙状窦沟，末端终于**颈静脉孔**；颈静脉孔前上方的颞骨岩部后面有**内耳门**。

（2）颅底外面：前部有上颌骨的牙槽和硬腭的骨板，骨板后缘的上方有被犁骨分隔的 1 对**鼻后孔**；后部的中央有**枕骨大孔**，孔的两侧有椭圆形隆起的**枕髁**；枕髁的外侧有**颈静脉孔**，孔的前外侧细长的骨突称为**茎突**，孔后外侧有颞骨的**乳突**，茎突与乳突之间有**茎乳孔**（图 1-3-22）。

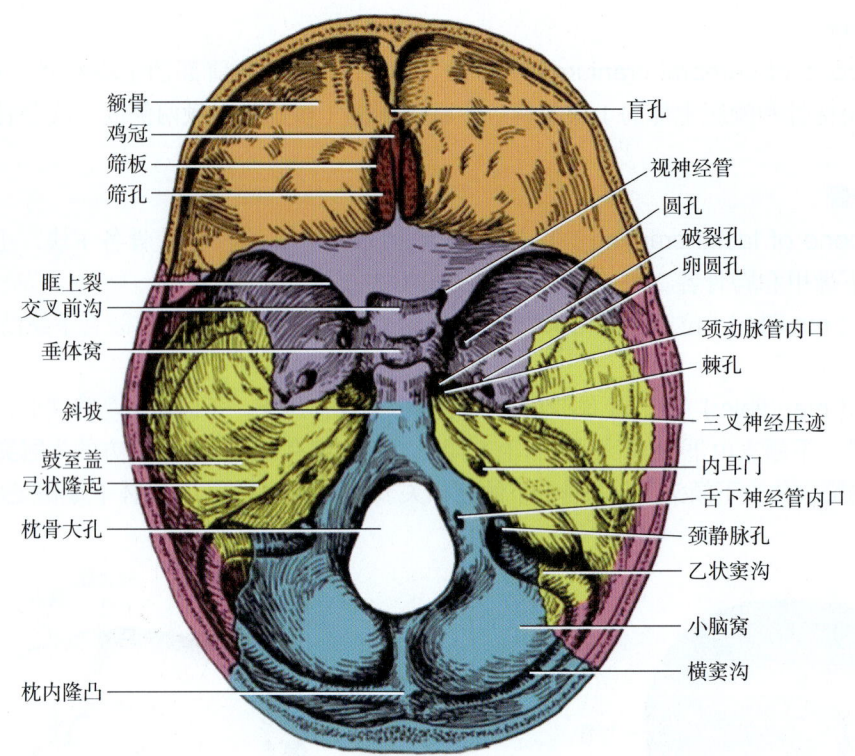

图 1-3-21 颅底内面

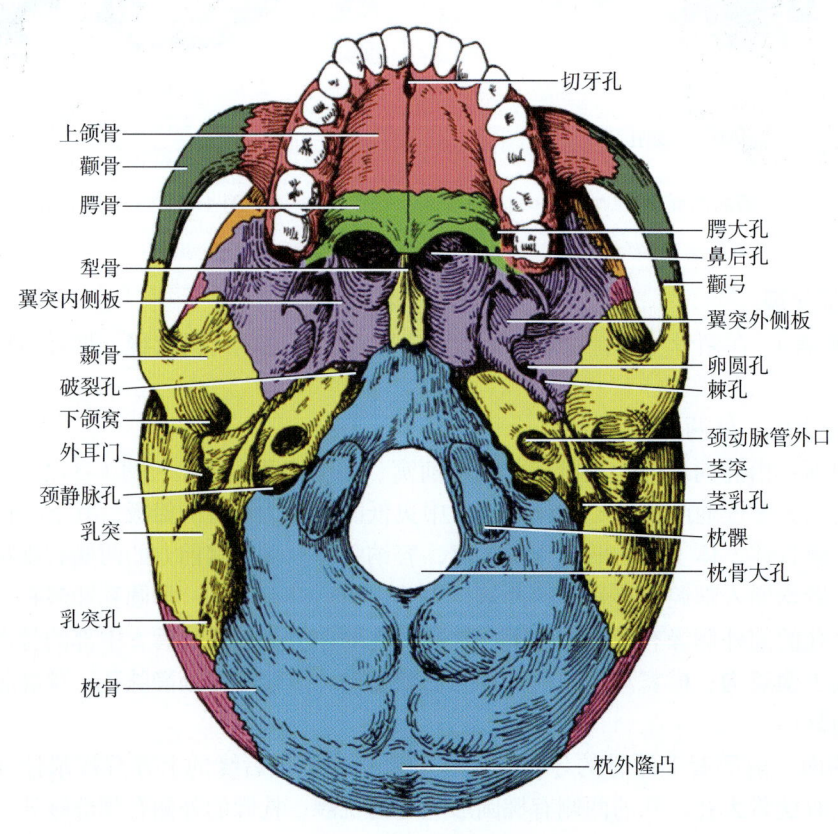

图 1-3-22 颅底外面

3. **颅的前面** 由大部分面颅和部分脑颅构成，并围成眶和骨性鼻腔。

（1）**眶**（orbit）：呈锥体形，分上、下、内侧和外侧四壁，容纳眼球及其附属结构。眶尖朝向后内，经视神经管通入颅腔。眶底朝向前外，其上、下缘分别称为**眶上缘**和**眶下缘**。眶上缘中、内 1/3 交界处有**眶上切迹**或**眶上孔**，眶上缘上方的弓形隆起称为**眉弓**，两侧眉弓之间的平坦部为**眉间**。眶下缘中点的下方有**眶下孔**（图 1-3-19）。

（2）**骨性鼻腔**（bony nasal cavity）：位于面颅中央，由犁骨和筛骨垂直板构成的骨性鼻中隔分为左、右两半（图 1-3-23）。鼻腔外侧壁有 3 个卷曲的骨片分别称为**上鼻甲**、**中鼻甲**和**下鼻甲**，每个鼻甲下方的空间分别称**上鼻道**、**中鼻道**和**下鼻道**（图 1-5-2）。骨性鼻腔前方开口为梨状孔，后方经鼻后孔通咽腔。

（3）**鼻旁窦**（paranasal sinuses）：包括上颌窦、额窦、蝶窦和筛窦 4 对，是位于鼻腔周围同名骨内的含气空腔，开口于鼻腔（图 1-3-23、图 1-5-2）。**额窦**位于额骨内，开口于中鼻道。**上颌窦**位于上颌骨内，开口于中鼻道，窦腔大，窦口高于窦底，直立位时不易引流。**筛窦**位于筛骨内，分前、中、后 3 群筛小房，前、中群筛小房开口于中鼻道，后群筛小房开口于上鼻道。**蝶窦**位于蝶骨体内，开口于上鼻甲后方的**蝶筛隐窝**。

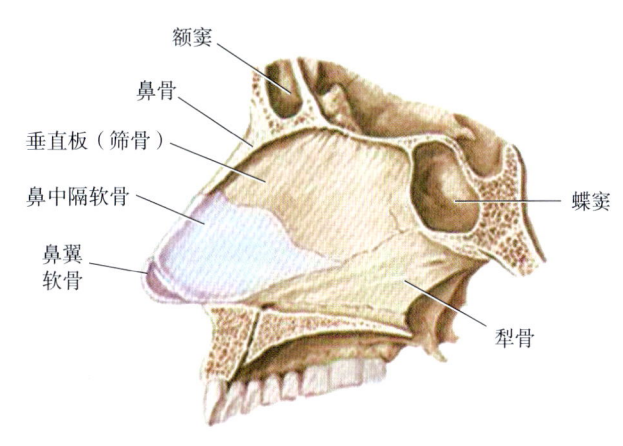

图 1-3-23 骨性鼻腔

4. **颅的侧面** 中部有**外耳门**，向内延续为**外耳道**。外耳门后方为乳突，前方为**颧弓**，体表均可触及（图 1-3-20、图 1-3-22）。颧弓上方的凹陷为**颞窝**，容纳颞肌。在颞窝内侧壁，额、顶、颞、蝶 4 骨会合处称为**翼点**（图 1-3-20），该处骨质较薄弱，其内面有脑膜中动脉前支通过，故翼点处骨折时易伤及该动脉，引起颅内血肿。

## 第二节 骨 连 结

### 一、概述

骨与骨之间借纤维结缔组织、软骨或骨相连，形成**骨连结**。按骨连结的不同方式，可分为直接连结和间接连结。

**（一）直接连结**

直接连结指骨与骨之间借纤维结缔组织或软骨相连（图 1-3-24），其间无间隙，不能活动或仅少许活动，如颅骨之间的缝、椎体之间的椎间盘等。

## （二）间接连结

间接连结又称**关节**（joints），指骨与骨之间借膜性囊相连，其间有腔隙及滑液，通常有较大的活动性。组成关节的结构有基本结构和辅助结构两部分。

微课 1-3-1　关节

**1. 关节的基本结构**　包括关节面、关节囊和关节腔（图 1-3-24），是构成关节的必备结构。

（1）**关节面**（articular surface）：指参与组成关节的各相关骨的接触面，其中凸面称**关节头**，凹面称**关节窝**。关节面覆盖光滑的关节软骨，可减少运动时的摩擦。

（2）**关节囊**（articular capsule）：为由结缔组织构成的膜性囊，附着于关节面的周缘并封闭关节腔。关节囊分内、外两层，内层为**滑膜**（滑膜层），薄而光滑，可分泌滑液；外层为**纤维膜**（纤维层），厚而坚韧。

（3）**关节腔**（articular cavity）：为由关节囊的滑膜层与关节面的关节软骨共同围成的密闭腔，呈负压，内含少量滑液。

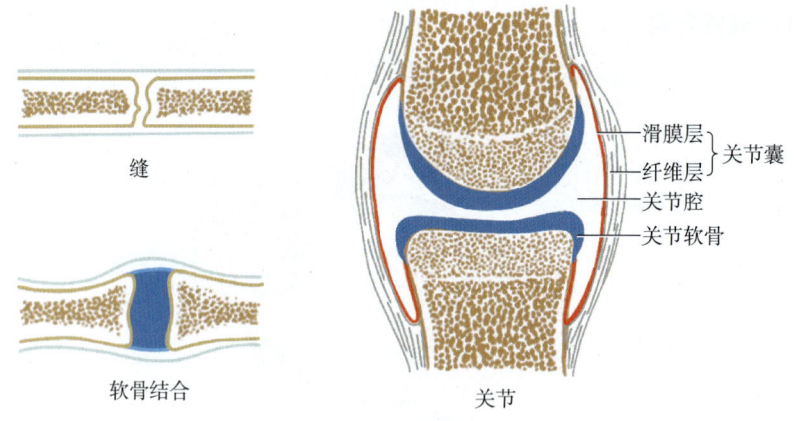

图 1-3-24　骨连结的分类和关节的构造

**2. 关节的辅助结构**　包括韧带、关节盘和关节唇等。

（1）**韧带**（ligament）：连于相邻两骨间的致密结缔组织束，分囊内和囊外韧带，分别位于关节囊内和关节囊外，增加关节的稳固或限制关节过度运动。

（2）**关节盘**（articular disc）：位于两骨关节面之间的纤维软骨板，其边缘附着于关节囊，将关节腔分成两部。膝关节内的纤维软骨板呈半月形，故称半月板。关节盘使两关节面更为合适，可增加关节的运动形式和范围。

（3）**关节唇**（articular labrum）：附着于关节窝周缘的纤维软骨环，加深关节窝，增大关节面，进而增加关节的稳固性。

**3. 关节的运动形式**　关节通常沿着三个相互垂直的轴进行运动。

（1）屈和伸：沿冠状轴进行的运动。运动时，关节的两骨之间的角度减小称为屈；反之，角度增大的称为伸。

（2）内收和外展：沿矢状轴进行的运动。运动时，骨向躯干或正中矢状面靠拢的称为内收；反之，远离躯干或正中矢状面的称为外展。

（3）旋内和旋外：沿垂直轴进行的运动。运动时，骨的前面转向内侧的称为旋内；反之，转向外侧的称为旋外。

（4）环转：关节头在原位转动，骨的远端做圆周运动。运动时，全骨描绘成一个圆锥形的轨迹。

## 二、躯干骨的连结

（一）椎骨间的连结

1. **椎间盘**（intervertebral disc） 位于相邻两椎体之间的纤维软骨盘，由外周的**纤维环**和中央的**髓核**构成（图1-3-25）。坚韧而具弹性，除连结相邻椎体外，可承受压力和缓冲震荡，也可增加脊柱的运动幅度。

2. **韧带** 主要有前纵韧带、后纵韧带、黄韧带和项韧带等。①**前纵韧带**：位于椎体和椎间盘的前面，宽而坚韧，可限制脊柱过度后伸和防止椎间盘向前脱出。②**后纵韧带**：位于椎管内椎体和椎间盘的后面，较窄，可限制脊柱过度前屈和防止椎间盘向后脱出。③**黄韧带**：位于椎管内相邻椎弓板之间，可限制脊柱过度前屈。④**项韧带**：位于项部正中线上，连结颈椎棘突尖之间的纵行韧带，可限制头部过度前屈。

3. **关节** 包括关节突关节、腰骶关节等。①关节突关节：由相邻椎骨的上、下关节突构成，仅做微小运动。②腰骶关节：由第5腰椎的下关节突与第1骶椎的上关节突构成。

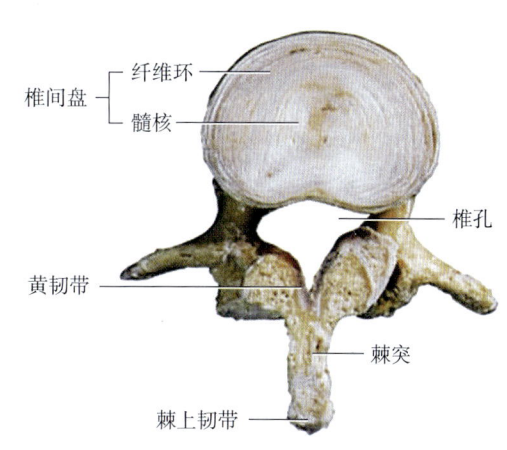

图 1-3-25 椎间盘

（二）脊柱

1. **脊柱的组成** 脊柱（vertebral column）由24块椎骨、1块骶骨和1块尾骨，借椎间盘、韧带和关节紧密连结而成（图1-3-26）。

2. **脊柱的整体观** 成人男性脊柱长约70 cm，女性及老年人的略短。脊柱前面观，椎体自上而下随负载增加而逐渐增大，至骶骨上部最为宽阔。脊柱后面观，棘突在背部正中线形成纵嵴；颈椎棘突短而分叉，近水平位；胸椎棘突细长，斜向后下方呈叠瓦状；腰椎棘突呈板状，水平伸向后方。脊柱侧面观，有4个生理弯曲：**颈曲**、**胸曲**、**腰曲**和**骶曲**（图1-3-26）；颈曲和腰曲凸向前，胸曲和骶曲凸向后。

3. **脊柱的功能** 有支持体重、保护脊髓和运动的功能。脊柱的运动：在冠状轴上做前屈和后伸运动，在矢状轴上做侧屈运动，在垂直轴上做旋转运动，在冠状轴和矢状轴上做环转运动。脊柱颈部、腰部的运动较为灵活，故损伤也较为多见。

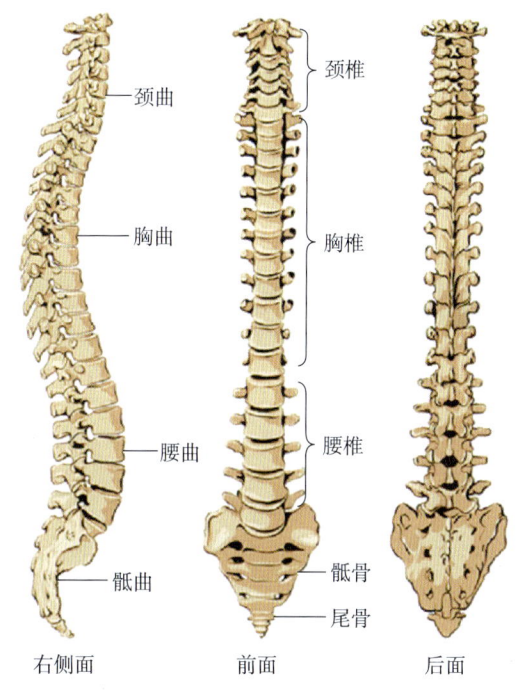

图 1-3-26 脊柱

（三）胸廓

1. **胸廓的组成** 胸廓（thoracic cage）由1块胸骨、12块胸椎和12对肋借椎间盘、韧带和关节连结而成（图1-3-27）。

📖 拓展阅读1-3-1 胸外心脏按压

2. **胸廓的连结** 肋头关节面与相应胸椎的肋凹构成**肋头关节**，肋结节关节面与相应胸椎的横突肋凹构成**肋横突关节**。第1肋软骨与胸骨柄直接连结；第2～7肋软骨与胸骨侧缘的肋切迹构成**胸肋**

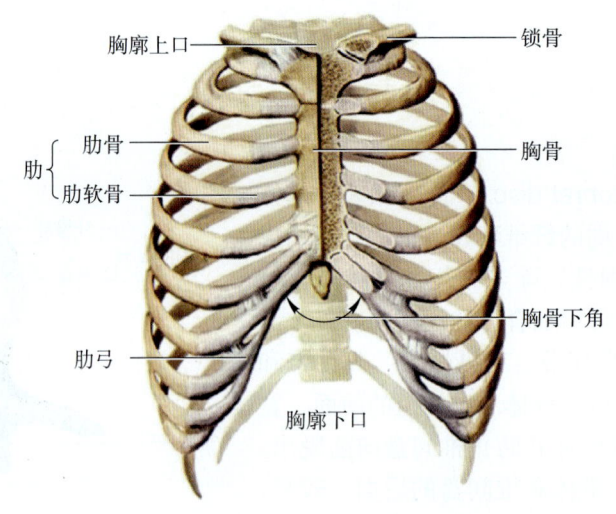

图 1-3-27 胸廓

关节；第 8~10 肋软骨前端不直接连于胸骨，而是依次连于上位肋软骨，形成肋弓。第 11、12 肋软骨前端游离于腹壁肌中，又称浮肋。

3. **胸廓的形态** 成人胸廓近似圆锥形，容纳胸腔脏器，其横径长，前后径短，有上、下两口。**胸廓上口**由第 1 胸椎、第 1 肋和胸骨柄上缘围成；**胸廓下口**宽而不整齐，由第 12 胸椎、第 12 肋、第 11 肋、肋弓和剑突围成。

4. **胸廓的功能** 保护和支持胸腔脏器，并参与呼吸运动。吸气时，肋的前部上提，增大胸腔容积；呼气时肋的前部下降，胸腔容积减小。

## 三、上肢骨的连结

上肢骨的连结分为上肢带连结和自由上肢骨连结。上肢带连结包括胸锁关节和肩锁关节，自由上肢骨连结包括肩关节、肘关节、前臂骨间连结、桡腕关节、腕骨间关节、腕掌关节、掌骨间关节、掌指关节和指骨间关节。

### （一）肩关节

**肩关节**（shoulder joint）由肱骨头与肩胛骨的关节盂组成（图 1-3-28）。其特点是肱骨头大而圆，关节盂小而浅，关节囊薄而松弛，囊内有肱二头肌长头肌腱通过，临床上以前下方脱位较为多

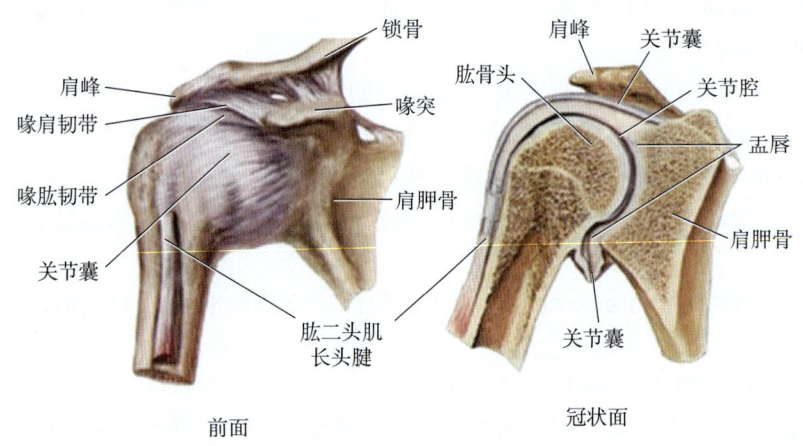

图 1-3-28 肩关节

见。肩关节是人体运动最灵活的关节，可做屈、伸、内收、外展、旋内、旋外和环转运动。

拓展阅读1-3-2　肩关节

### （二）肘关节

**肘关节**（elbow joint）由肱骨下端和桡、尺骨上端组成（图1-3-29），包括**肱尺关节**、**肱桡关节**和**桡尺近侧关节**。肱尺关节由肱骨滑车与尺骨的滑车切迹构成，肱桡关节由肱骨小头与桡骨头上关节凹构成，桡尺近侧关节由桡骨头环状关节面与尺骨的桡切迹构成。其特点是上述3个关节共同包在关节囊内，关节囊的前、后壁薄而松弛，内、外两侧分别有尺侧副韧带和桡侧副韧带加强，还有桡骨环状韧带包绕桡骨颈。肘关节主要做屈、伸运动。

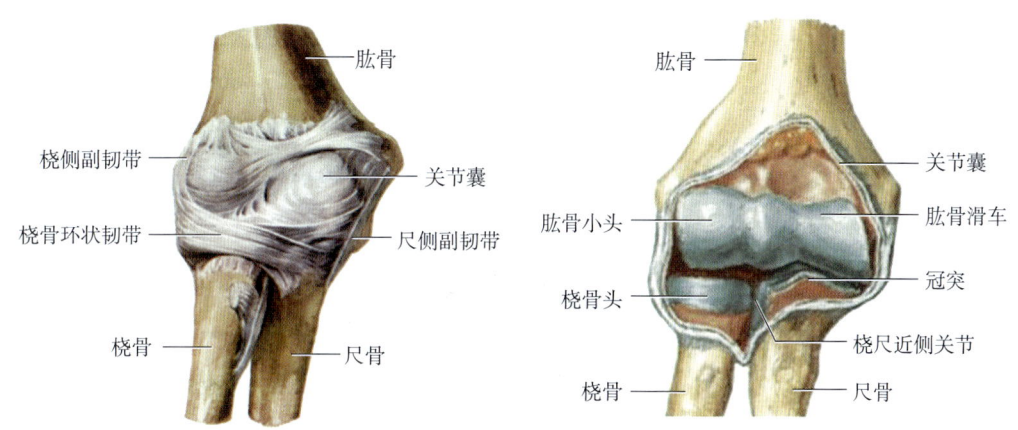

图1-3-29　肘关节

### （三）桡腕关节

**桡腕关节**（radiocarpal joint）又称腕关节，由桡骨下端下面的腕关节面和尺骨下端下方的关节盘构成的关节窝，与手舟骨、月骨、三角骨的近侧面构成的关节头共同组成。其特点是关节囊松弛，囊外有韧带加强。桡腕关节可做屈、伸、收、展和环转运动。

## 四、下肢骨的连结

下肢骨的连结分为下肢带连结和自由下肢骨连结。下肢带连结包括骶髂关节、骶结节韧带、骶棘韧带和耻骨联合等。自由下肢骨连结包括髋关节、膝关节、小腿骨间连结、距小腿关节、跗骨间关节、跗跖关节、跖骨间关节、跖趾关节和趾骨间关节。

### （一）骨盆

**1. 骨盆的组成**　骨盆（pelvis）由骶骨、尾骨及左、右髋骨借关节和韧带连结而成（图1-3-30）。支持体重和保护盆腔脏器，女性骨盆还是胎儿娩出的产道。

**2. 骨盆的分部**　骨盆以骶骨岬至耻骨联合上缘的环形连线为界线，分为上方的**大骨盆**（假骨盆）和下方的**小骨盆**（真骨盆）；小骨盆的内腔为**骨盆腔**。

**3. 骨盆的性别差异**　女性骨盆为适应妊娠和分娩的功能，与男性骨盆的形态有明显差异。男性骨盆窄而长，骨盆腔近似漏斗形，耻骨下角70°~75°。女性骨盆宽而短，骨盆腔呈圆桶状，耻骨下角90°~100°（图1-3-30）。

### （二）髋关节

**髋关节**（hip joint）由股骨头与髋臼连结而成（图1-3-31）。其特点是股骨头大而圆，髋臼较深，关节囊厚而坚韧，囊外有**髂股韧带**、**耻股韧带**和**坐股韧带**加强，囊内有**股骨头韧带**和**轮匝带**，临床

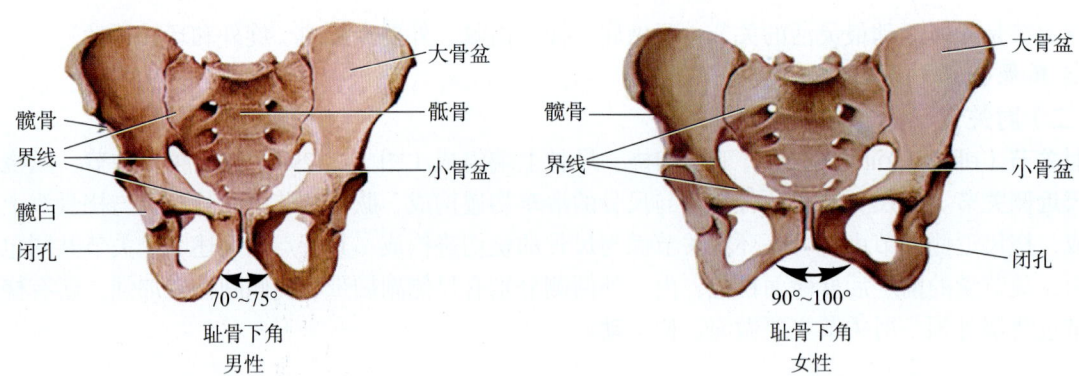

图 1-3-30　骨盆

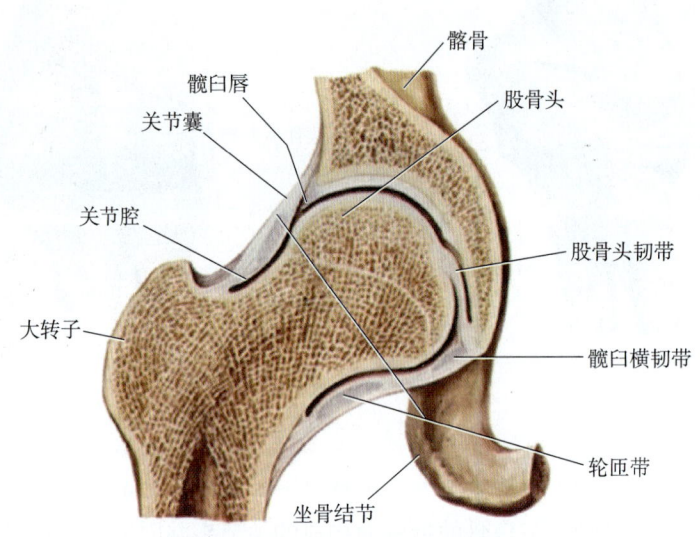

图 1-3-31　髋关节（冠状面）

上髋关节脱位易发生在后下方。髋关节可做屈、伸、内收、外展、旋内、旋外和环转运动，但运动幅度较肩关节小。

（三）膝关节

**膝关节**（knee joint）由股骨内、外侧髁，胫骨内、外侧髁和髌骨共同组成（图 1-3-32），是人体最大、最复杂的关节。其特点是关节囊薄而松弛，前方有**髌韧带**，后方有腘斜韧带，内、外侧分别有**胫侧副韧带**和**腓侧副韧带**，囊内有连接股骨和胫骨的**前交叉韧带**和**后交叉韧带**，在股骨和胫骨的内、外侧髁之间还有纤维软骨构成的**内侧半月板**和**外侧半月板**。膝关节主要做前伸和后屈运动。

（四）距小腿关节

**距小腿关节**（talocrural joint）又称踝关节，由胫、腓骨下端和距骨滑车组成。其特点是关节

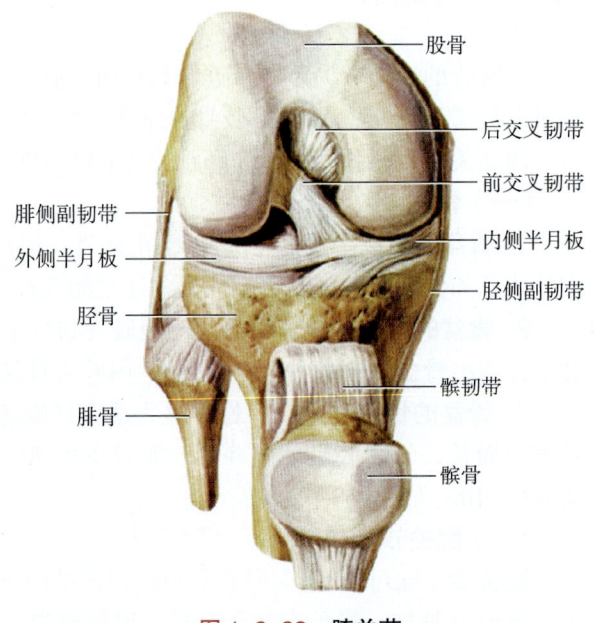

图 1-3-32　膝关节

囊前、后壁薄而松弛，内侧有**内侧副韧带**（或称**三角韧带**），外侧有**距腓前韧带、距腓后韧带和跟腓韧带**加强。距小腿关节可做背屈（伸）和跖屈（屈）运动，跖屈位时，因较窄的距骨滑车后部进入关节窝而不稳定，易发生扭伤。

## 五、颅骨的连结

🅔 拓展阅读 1-3-3　颅囟

各颅骨之间大多数借缝或软骨相连结，彼此连接牢固，唯一可活动的关节是颞下颌关节。

**颞下颌关节**（temporomandibular joint）又称**下颌关节**，由下颌骨的下颌头与颞骨的下颌窝和关节结节组成。其特点是关节囊松弛，囊外有外侧韧带加强，关节内有关节盘。颞下颌关节属联合关节，可做张口、闭口、前进、后退和侧方运动。

# 第三节　肌　　学

## 一、概述

骨骼肌是运动系统的动力器官。人体的许多动作，是在神经系统的支配下，骨骼肌收缩和舒张，牵引所附着的骨围绕关节运动而形成的。人体骨骼肌共 600 多块，分布广，约占体重的 40%。每块骨骼肌都具有一定的形态、结构和功能，并有丰富的血管和淋巴管分布，受神经的支配。

🅔 拓展阅读 1-3-4　肌内神经阻滞

### （一）肌的形态和结构

骨骼肌按形态可分为长肌、短肌、阔肌和轮匝肌（图 1-3-33）。**长肌**多见于四肢，收缩时显著缩短而产生大幅度的运动，部分长肌起端有 2 个以上的头而称为二头肌、三头肌或四头肌。**短肌**多分布于躯干的深层，有明显的节段性，收缩时运动幅度较小。**阔肌**扁而薄，多分布于胸、腹壁，收缩时除运动外，还保护和支持内脏。**轮匝肌**多呈环形，位于孔、裂的周围，收缩时关闭孔、裂。

每块骨骼肌由肌腹和肌腱 2 部分构成。**肌腹**多位于肌的中部，由大量的肌纤维（肌细胞）构成，

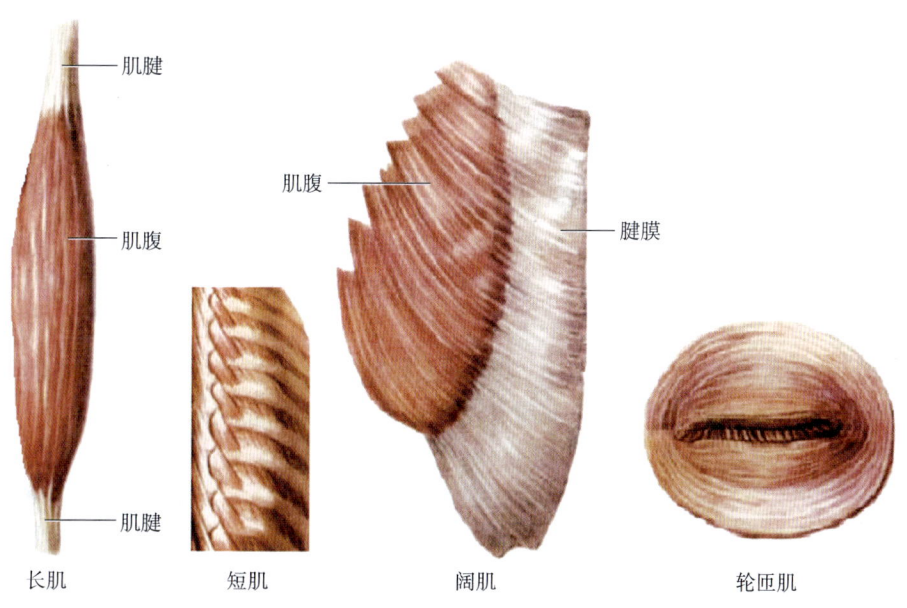

图 1-3-33　肌的形态

色红,柔软而有收缩能力;**肌腱**多位于肌的两端,附着于骨的表面,由致密的胶原纤维束构成,色白,坚韧而无收缩能力,可抵抗较大的张力。

### (二)肌的起止和作用

骨骼肌一般以两端附着于2块或2块以上的骨,中间跨过1个或多个关节。骨骼肌收缩使关节运动时,其中一骨的位置相对固定,而另一骨的位置相对移动。通常将肌在固定骨上的附着点称为起点,在移动骨上的附着点称为止点。一般接近身体正中线或肢体近端的附着点是起点,反之为止点。肌的起止点在一定条件下可以互换。

骨骼肌有2种作用:一种是静力作用,即肌张力,以维持身体姿势,如站立、坐位和体操中的静止动作;另一种是动力作用,即收缩力,使身体完成各种动作,如伸手取物、行走和跑跳等。

### (三)肌的辅助结构

骨骼肌的辅助结构有筋膜、滑膜囊和腱鞘等,这些结构由骨骼肌周围的结缔组织转化而成,具有保持肌的位置、保护和协调肌运动的作用。

1. **筋膜(fascia)** 遍布全身,分为浅筋膜和深筋膜(图1-3-34)。

(1)**浅筋膜(superficial fascia)**:又称**皮下筋膜**,位于真皮下,包被全身,由疏松结缔组织构成,内含脂肪、浅动脉、浅静脉、皮神经、浅淋巴结和淋巴管等。临床上进行皮下注射时,即将药物注入浅筋膜内。

(2)**深筋膜(deep fascia)**:又称**固有筋膜**,位于浅筋膜的深面,由致密结缔组织构成。深筋膜包被整块肌,并深入各肌之间或包绕血管、神经、腺体形成肌间隔、筋膜鞘、被膜等。

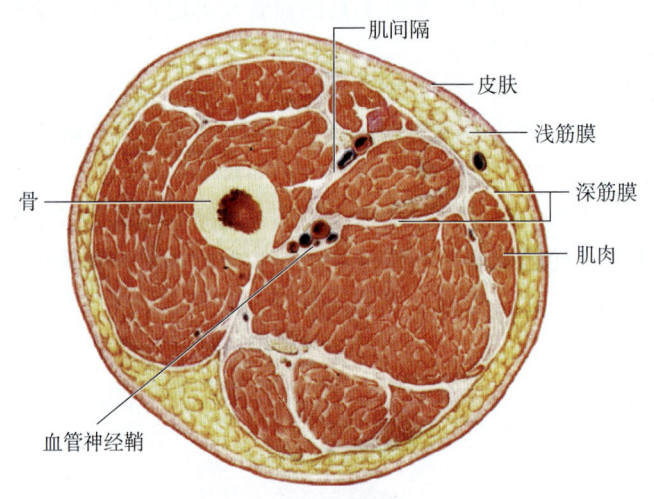

图1-3-34 筋膜示意图

2. **滑膜囊(synovial bursa)** 为密闭的结缔组织扁囊,内有少量滑液。多位于肌腱与骨面相接触处,以减少两者之间的摩擦。有的与关节腔相通,有的则独立存在。滑膜囊在慢性损伤或感染时,形成滑膜囊炎。

3. **腱鞘(tendinous sheath)** 为套在长肌腱外面的鞘管,多位于手足摩擦较大的部位,如腕部、踝部、手指掌侧和足趾跖侧等处,可约束肌腱并减少肌腱与骨面的摩擦。

## 二、躯干肌

### (一)背肌

背肌位于躯干的后面,可分为浅、深两层。浅层主要有斜方肌、背阔肌、肩胛提肌和菱形肌,深层主要有竖脊肌（图 1-3-35）。

**1. 斜方肌**（trapezius） 是位于项部和背上部浅层的三角形阔肌，两侧相合呈斜方形而得名。起自枕外隆凸、项韧带和全部胸椎棘突，止于锁骨外侧 1/3、肩峰和肩胛冈。上部肌束收缩可上提肩胛骨，下部肌束收缩可下降肩胛骨，整肌收缩拉肩胛骨向脊柱靠拢。

**2. 背阔肌**（latissimus dorsi） 位于背下部和胸的后外侧，起自下 6 个胸椎和全部腰椎的棘突、骶正中嵴和髂嵴后部，止于肱骨小结节嵴。收缩时，使肩关节内收、旋内和后伸；当上肢上举固定时，可引体向上。

**3. 竖脊肌**（erector spinae） 又称骶棘肌，纵列于棘突两侧的沟内，起自骶骨背面、髂嵴后部，肌纤维向上，沿途止于肋骨、椎骨及颞骨乳突。一侧肌收缩时脊柱向同侧屈；两侧同时收缩可使脊柱后伸和仰头，对人体直立姿势起重要作用。

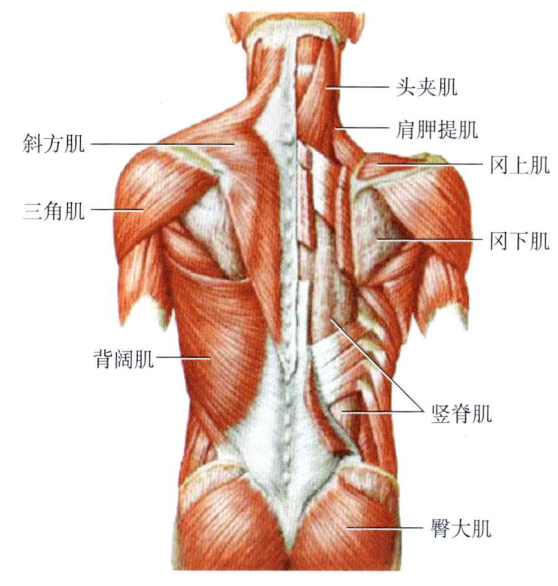

图 1-3-35　背肌

### （二）胸肌

胸肌主要有胸大肌、胸小肌、前锯肌和肋间肌。

**1. 胸大肌**（pectoralis major） 位于胸廓前上部浅层，呈扇形（图 1-3-36）。起自锁骨内侧半、胸骨和第 1~6 肋软骨等，以扁腱止于肱骨大结节嵴。收缩时，使肩关节前屈、内收和旋内；上肢上举固定时，可上提躯干，并提肋助吸气。

**2. 肋间肌** 包括肋间外肌和肋间内肌（图 1-3-36）。**肋间外肌**（intercostale externi）位于肋间隙浅层，起自肋骨下缘，肌束斜向前下，止于下一肋骨上缘。**肋间内肌**（intercostale interni）位于肋间外肌深面，起自肋骨上缘，肌束斜向内上，止于上位肋骨下缘。肋间外肌可提肋助吸气，肋间内肌可降肋助呼气。

### （三）膈

**膈**（diaphragm） 位于胸腔与腹腔之间，由膈肌及其上、下两面的筋膜共同构成，呈向上膨隆的

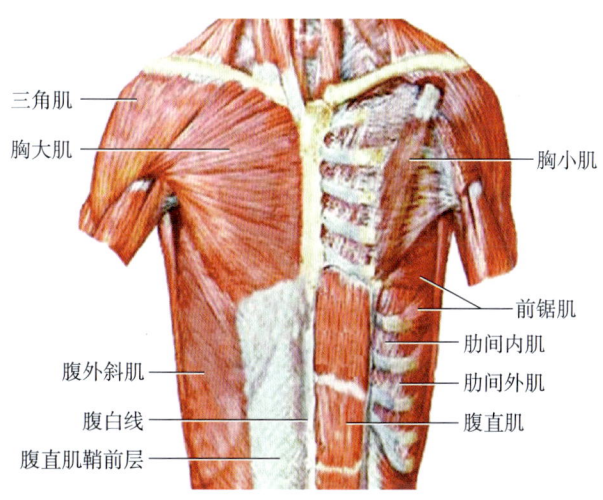

图 1-3-36　胸腹壁肌

穹隆状。膈肌起自胸廓下口内面及腰椎前面，各部肌束向中央集中移行为**中心腱**（图1-3-37）。膈有3个裂孔：①**主动脉裂孔**：位于第12胸椎前方，有主动脉和胸导管通过；②**食管裂孔**：位于主动脉裂孔的左前方，约平第10胸椎水平，有食管和迷走神经通过；③**腔静脉孔**：位于食管裂孔的右前方，约平第8胸椎水平，有下腔静脉通过。膈肌为主要的呼吸肌，收缩时膈穹隆下降，胸腔容积扩大，以助吸气；舒张时膈穹隆上升，胸腔容积减小，以助呼气。也可协助咳嗽、呕吐、排便和分娩等活动。

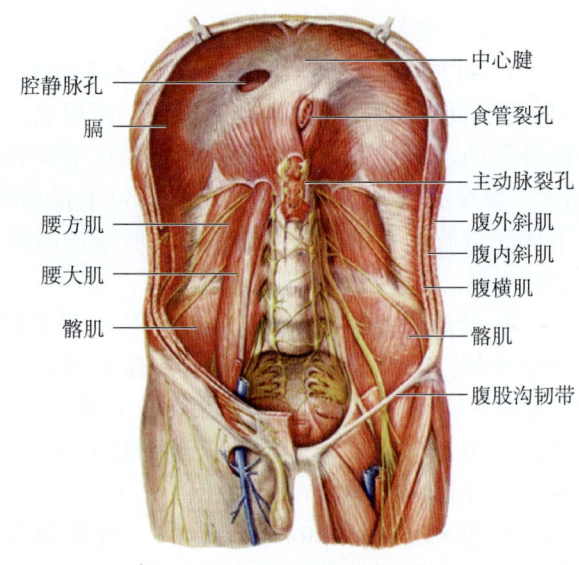

图 1-3-37　膈和腹后壁肌

（四）腹肌

腹肌分为前外侧群和后群。前外侧群构成腹的前外侧壁，主要有腹直肌、腹外斜肌、腹内斜肌和腹横肌；后群有腰大肌和腰方肌（图1-3-36、图1-3-37）。

拓展阅读1-3-5　腹股沟疝

1. **腹直肌**（rectus abdominis）　位于腹前壁正中线的两侧，居于腹直肌鞘内，上宽下窄。肌的全长被3~4条横行的腱划分成多个肌腹。

2. **腹外斜肌**（obliquus externus abdominis）　位于腹前外侧壁的浅层。该肌的部分肌束向下止于髂嵴前部，其余肌束向内前下移行为腱膜。腱膜向内侧参与腹直肌鞘前层的构成，止于**白线**；腱膜的下缘卷曲增厚连于髂前上棘与耻骨结节之间，形成**腹股沟韧带**。

3. **腹内斜肌**（obliquus internus abdominis）　位于腹外斜肌的深面。该肌的大部分肌束斜向内上方，在腹直肌外侧缘移行为腱膜。上部腱膜在腹直肌外侧缘分为前、后2层包裹腹直肌，参与构成腹直肌鞘的前层及后层；下部腱膜全部行于腹直肌前面，参与构成腹直肌鞘前层。

4. **腹横肌**（transversus abdominis）　位于腹内斜肌的深面。该肌向前内横行至腹直肌外侧缘移行为腱膜，行于腹直肌后面（上部）或前面（下部），参与构成腹直肌鞘后层或前层。

腹前外侧群肌具有保护和支持腹腔脏器的作用。收缩时，增加腹压，协助呼气、咳嗽、呕吐、排便和分娩等活动；还可使脊柱前屈、侧屈和旋转等。

5. **腰方肌**（quadratus lumborum）　位于腹后壁、腰椎两侧，呈长方形，其后方有竖脊肌。起自髂嵴，止于第12肋和腰椎横突。可下降第12肋并使脊柱腰部侧屈。

6. **腹直肌鞘**（sheath of rectus abdominis）　位于腹前壁正中线两侧，由腹外侧壁3块扁肌的腱膜构成，分为前、后2层包裹腹直肌。

## 三、上肢肌

（一）肩肌

**肩肌**位于肩关节周围，主要有三角肌、冈上肌、冈下肌、小圆肌、大圆肌和肩胛下肌（图1-3-38）。

1. **三角肌**（deltoid）　位于肩部，呈三角形。起自锁骨外侧份、肩峰和肩胛冈，肌束逐渐向外下方集中，止于肱骨的三角肌粗隆。主要作用是使肩关节外展。

2. **冈上肌**（supraspinatus）　位于斜方肌的深面。起自冈上窝，肌束向外，经肩峰深面，跨过肩关节上方，止于肱骨大结节上部。收缩时，使肩关节外展。

3. **冈下肌**（infraspinatus）　位于冈下窝内，大部分被斜方肌和三角肌遮盖。起自冈下窝的骨面，

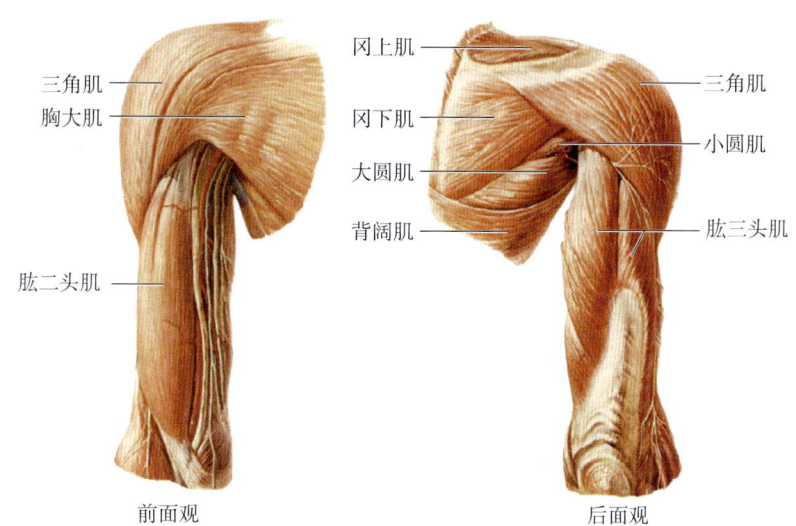

图 1-3-38 肩肌和臂肌

肌束向外跨过肩关节后方，止于肱骨大结节中部。收缩时，使肩关节旋外。

4. **肩胛下肌**（subscapularis） 位于肩胛骨前面。起自肩胛下窝，肌束向外经肩关节前方，止于肱骨小结节。收缩时，使肩关节内收和旋内。

（二）臂肌

**臂肌**位于肱骨周围，分为前群和后群。前群包括肱二头肌、肱肌和喙肱肌，后群有肱三头肌（图 1-3-38）。

1. **肱二头肌**（biceps brachii） 位于臂前面浅层。起端有长、短 2 头，其中长头起自肩胛骨关节盂的上方，穿经肩关节囊；短头起自肩胛骨喙突。长、短头在臂中部合成肌腹，向下延续为肌腱，止于桡骨粗隆。主要作用是屈肘关节。

2. **肱三头肌**（triceps brachii） 位于臂后面。起端有 3 个头，长头起自肩胛骨关节盂的下方，内、外侧头分别起自肱骨桡神经沟内下方、外上方的骨面，3 个头合成肌腹，向下以扁腱止于尺骨鹰嘴。主要作用是伸肘关节。

（三）前臂肌

**前臂肌**位于桡、尺骨周围，分为前群和后群。各肌的肌腹大多位于前臂的上半部，向下形成细长的肌腱，使前臂呈现近端较粗而远端逐渐变细的外形。

1. **前群** 位于前臂前面，分为浅、深 2 层，共 9 块（图 1-3-39）。浅层：自桡侧向尺侧依次为**肱桡肌、旋前圆肌、桡侧腕屈肌、掌长肌、指浅屈肌**和**尺侧腕屈肌**；深层：桡侧有**拇长屈肌**，尺侧有**指深屈肌**，该二肌深面与桡、尺骨远段的前面之间还有**旋前方肌**。前群肌多起自肱骨内上髁，主要作用是屈腕、屈指和使前臂旋前。

2. **后群** 位于前臂后面，分为浅、深 2 层，共 11 块（图 1-3-40）。浅层：由桡侧向尺侧依次为**桡侧腕长伸肌、桡侧腕短伸肌、指伸肌、小指伸肌、尺侧腕伸肌**和**肘肌**；深层：由近侧向远侧依次为**旋后肌、拇长展肌、拇短伸肌、拇长伸肌**和**示指伸肌**。后群肌多起自肱骨外上髁，主要作用是伸腕、伸指和使前臂旋后。

（四）手肌

手指活动由许多肌参与，除有来自前臂的长肌腱外，还有许多短小的手肌，这些肌均位于手掌面，分为外侧群（鱼际肌）、中间群和内侧群（小鱼际肌）。

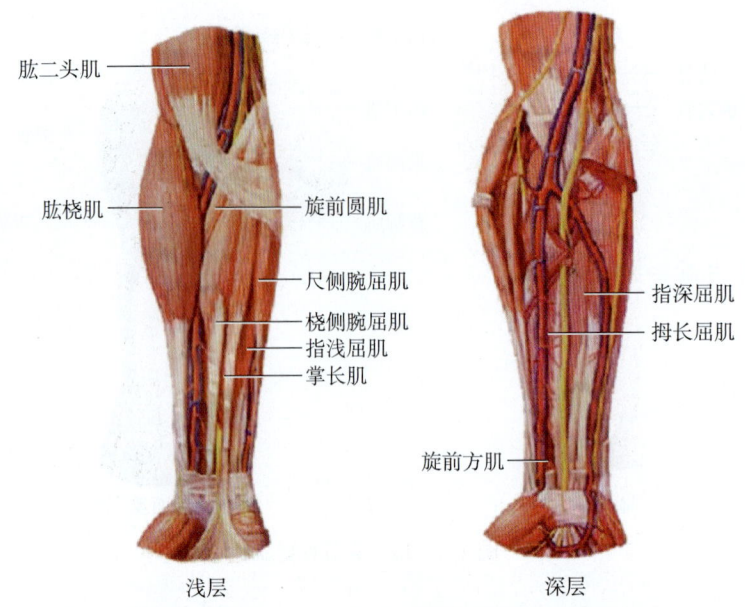

图 1-3-39 前臂肌前群

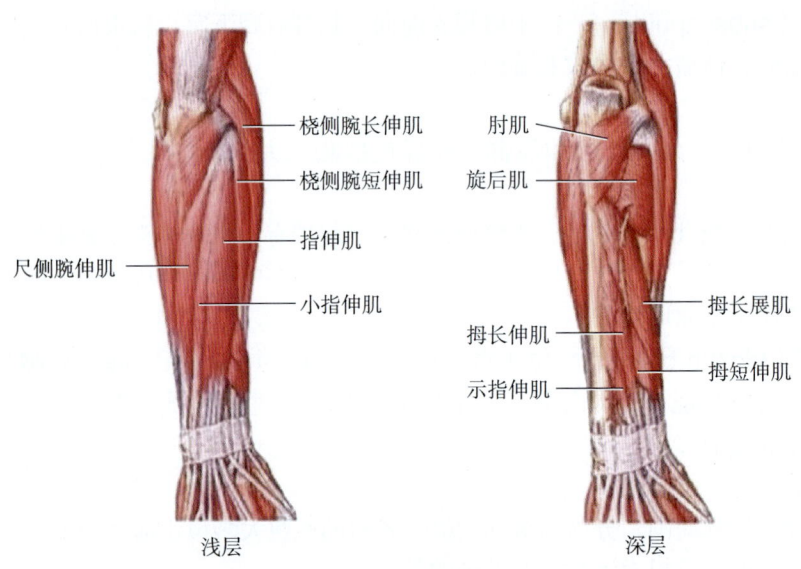

图 1-3-40 前臂肌后群

## 四、下肢肌

### (一) 髋肌

**髋肌**位于髋关节周围，分为前群和后群。前群有髂腰肌和阔筋膜张肌，后群主要有臀大肌、臀中肌、臀小肌、梨状肌、闭孔内肌、闭孔外肌（图 1-3-37，图 1-3-41）。

1. **髂腰肌（iliopsoas）** 由腰大肌和髂肌组成。**腰大肌（psoas major）**起自腰椎体侧面和横突，**髂肌（iliacus）**起自髂窝，两肌向下结合，经腹股沟韧带深面下行，止于股骨小转子。可使髋关节前屈和旋外。

2. **臀大肌（gluteus maximus）** 位于臀部皮下，大而肥厚，形成特有的臀部膨隆。起自髂骨外面和骶、尾骨的后面，肌束斜向下外，经髋关节后方，止于臀肌粗隆。主要作用是伸髋关节，对维持人体直立姿势有重要作用。

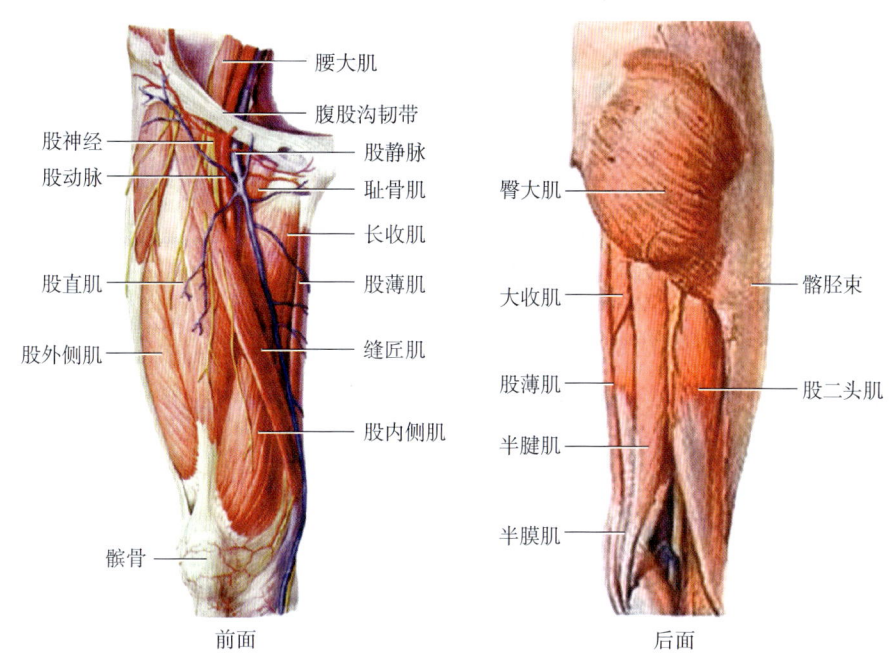

图 1-3-41　髋肌和大腿肌（浅层）

3. **梨状肌**（piriformis）　起自骶骨前面，止于股骨大转子。梨状肌向外穿过坐骨大孔而将其分为梨状肌上孔和梨状肌下孔，内有血管和神经通过。可使髋关节外展和外旋。

（二）大腿肌

**大腿肌**位于股骨周围，分为前群、后群和内侧群（图 1-3-41）。前群有缝匠肌和股四头肌；内侧群也称内收肌群，包括耻骨肌、长收肌、短收肌、大收肌和股薄肌；后群有股二头肌、半腱肌和半膜肌。

1. **股四头肌**（quadriceps femoris）　位于大腿前面，起端有 4 个头，即**股直肌**、**股内侧肌**、**股外侧肌**和**股中间肌**，其中股直肌起自髂前下棘；股内、外侧肌分别位于股直肌的内、外侧，起自股骨粗线的内、外侧唇；股中间肌位于股直肌的深面，起自股骨体前面。4 个头合成肌腱，包绕髌骨前面和两侧缘，向下延续为髌韧带，止于胫骨粗隆。主要作用是伸膝关节。

2. **股二头肌**（biceps femoris）　位于大腿后面外侧。有长、短 2 头，长头起自坐骨结节，短头起自股骨粗线，两头会合后止于腓骨头。

3. **半腱肌**（semitendinosus）　位于大腿后内侧浅层，下部肌腱细长，约占肌全长的一半。起自坐骨结节，止于胫骨上端内侧。

4. **半膜肌**（semimembranosus）　位于半腱肌的深面，上部为扁薄的腱膜，约占肌腹宽的一半。起自坐骨结节，止于胫骨内侧髁的后面。

股二头肌、半腱肌和半膜肌又总称**腘绳肌**，均可屈膝关节和伸髋关节。

（三）小腿肌

**小腿肌**位于胫、腓骨周围，分为前群、外侧群和后群（图 1-3-42）。前群位于胫、腓骨的前方，自胫侧向腓侧依次为**胫骨前肌**、**𧿹长伸肌**、**趾长伸肌**和**第三腓骨肌**。外侧群位于腓骨的外侧，有**腓骨长肌**和**腓骨短肌**。后群位于胫、腓骨的后方，包括浅层的**小腿三头肌**和深层的**趾长屈肌**、**𧿹长屈肌**、**胫骨后肌**及**腘肌**。

**小腿三头肌**（triceps surae）由浅层的腓肠肌和深层的比目鱼肌组成。**腓肠肌**有内、外侧 2 个头，分别起自股骨内、外侧髁后面，两头会合下行约在小腿中点移行为肌腱。**比目鱼肌**位于腓肠肌的

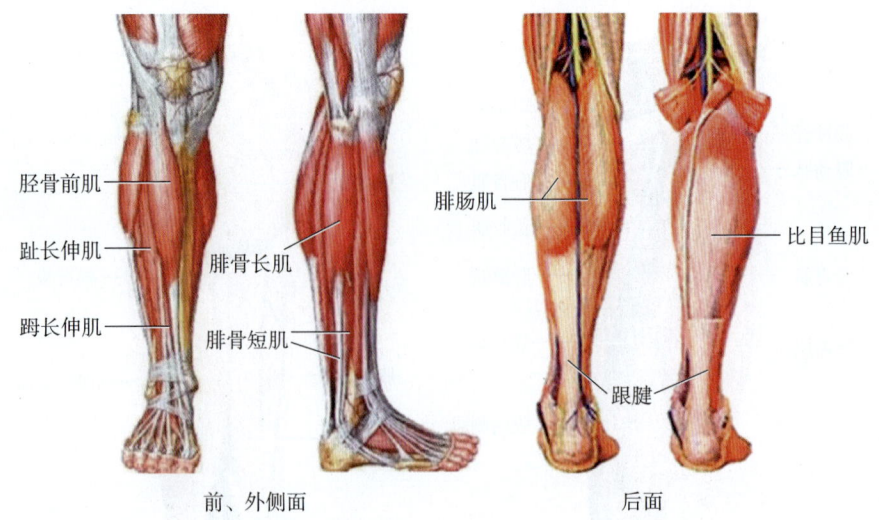

图 1-3-42 小腿肌

深面，起自胫、腓骨后面的上部。两肌的肌腱向下合成粗大的跟腱，止于跟骨结节。主要作用是屈膝关节和屈踝关节（足跖屈），对维持人体直立姿势亦有重要作用。

（四）足肌

足肌分为足背肌和足底肌。足背肌较弱小，为伸跗趾和伸第2~4趾的小肌。足底肌的配布和作用与手掌的肌相似。

## 五、头颈肌

（一）头肌

头肌分为面肌和咀嚼肌2部分。面肌为扁薄的皮肌，除可闭合或开大口、眼、鼻等孔裂外，亦可牵动面部皮肤显示各种表情，故又称**表情肌**，主要有枕额肌、眼轮匝肌、口轮匝肌和颊肌等（图1-3-43）。咀嚼肌位于颞下颌关节周围，主要有咬肌和颞肌等，参与咀嚼运动。

1. **枕额肌（occipitofrontalis）** 覆盖颅顶阔而薄的肌，左、右各一，由枕腹、额腹及中间的帽状腱膜组成。**枕腹**起自枕骨，止于帽状腱膜，牵拉腱膜向后下；**额腹**起于帽状腱膜，止于额部皮肤，收缩时可扬眉、皱额。**帽状腱膜**坚韧，借纤维束垂直穿经浅筋膜与浅层的皮肤相连，三者紧密结合构成头皮；帽状腱膜与深面的骨膜则隔以疏松结缔组织。头皮外伤时，常在腱膜深面形成血肿或撕脱。

2. **眼轮匝肌（orbicularis oculi）** 肌纤维环绕眶和眼裂周围，呈扁椭圆形。收缩时可使眼裂闭合。

3. **口轮匝肌（orbicularis oris）** 肌纤维环绕口裂。收缩时可使口裂闭合。

4. **颊肌（buccinator）** 位于口角两侧面颊的深部，紧贴于口腔侧壁的黏膜外面。收缩时可使唇、颊与牙紧贴，帮助咀嚼和吸吮。

5. **咬肌（masseter）** 呈长方形，起自颧弓，向下止于下颌角的外面。

6. **颞肌（temporalis）** 呈扇形，起自颞窝骨面，肌束向下汇聚，通过颧弓的内侧，止于下颌骨冠突。

咬肌和颞肌主要作用是上提下颌骨，使上、下颌牙咬合。

（二）颈肌

颈肌分为颈浅肌群、颈中肌群和颈深肌群（图1-3-43、图1-3-44）。颈浅肌群有**颈阔肌**和胸锁

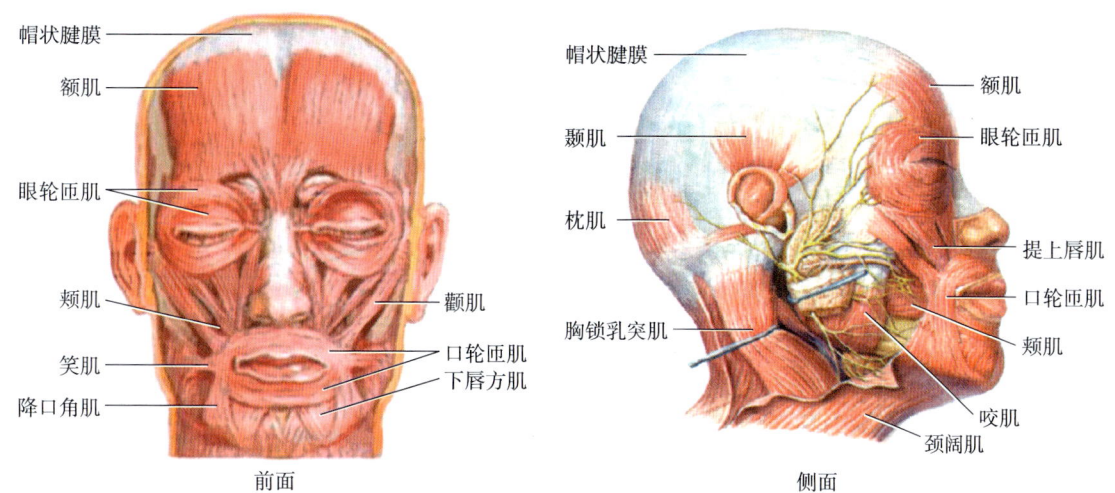

图 1-3-43 头肌

乳突肌；颈中肌群包括舌骨上肌群（二腹肌、茎突舌骨肌、下颌舌骨肌和颏舌骨肌）和舌骨下肌群（胸骨舌骨肌、肩胛舌骨肌、胸骨甲状肌和甲状舌骨肌）；颈深肌群包括**前、中、后斜角肌**及椎前肌。

**胸锁乳突肌**（sternocleidomastoid）为斜列于颈部两侧的一对强有力的肌，是颈部重要的肌性标志。起自胸骨柄和锁骨的胸骨端，肌束斜向后上方，止于颞骨的乳突。两侧胸锁乳突肌同时收缩，可使头后仰；单侧收缩，使头向同侧屈，面转向对侧。

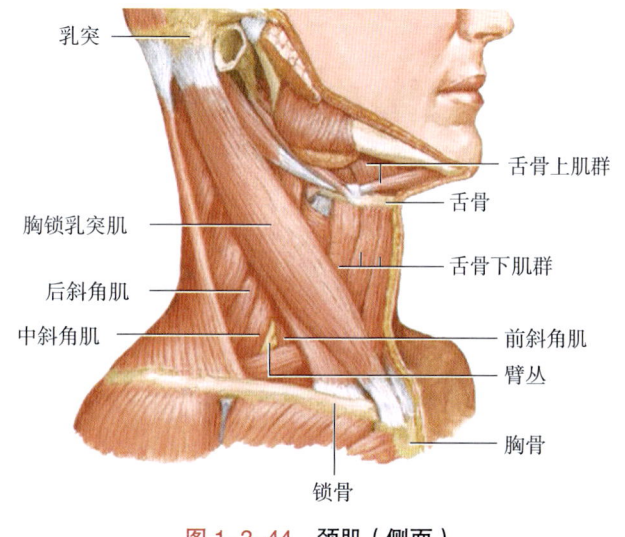

图 1-3-44 颈肌（侧面）

（刘坤祥　朱大诚）

### 🔍 思考题

1. 简述颈、胸、腰椎的主要形态差异。
2. 桡、尺骨上端的关节面及其参与组成的关节有哪些？
3. 简述鼻旁窦的名称、位置及其开口部位。
4. 简述脊柱的组成、生理弯曲和运动形式。

5. 简述胸廓的组成及胸廓上、下口的围成。
6. 主要的呼吸肌有哪些？其作用如何？
7. 参与膝关节屈、伸的主要肌分别有哪些？

### 新形态教材网更多数字资源

思维导图　　教学课件　　微课　　自测题　　拓展阅读

# 第四章 消化系统

编者导学

**本章导航**
第一节 概述
第二节 消化管
第三节 消化腺
附 腹膜

## 第一节 概 述

### 一、消化系统的组成和功能

**消化系统**（alimentary system）由消化管和消化腺组成（图1-4-1）。其功能是消化食物、吸收营养，排出食物残渣。此外，口腔、咽等还与呼吸、发音等活动有关。

**消化管**（alimentary canal）包括口腔、咽、食管、胃、小肠（十二指肠、空肠和回肠）及大肠（盲肠、阑尾、结肠、直肠和肛管）。临床上通常把从口腔至十二指肠的消化管称**上消化道**，空肠及其以下的部分称**下消化道**。

**消化腺**（alimentary gland）是分泌消化液的腺体，分为大消化腺和小消化腺。大消化腺是独立于消化管壁外的消化器官，如大唾液腺、肝和胰。小消化腺是分布于消化管壁内的许多小腺体，如胃腺、肠腺等。

### 二、消化管的一般结构

消化管呈管状或囊状，内部均有空腔，管壁由内向外依次由黏膜、黏膜下层、肌层和外膜等4层结构组成（图1-4-2）。

1. **黏膜** 是进行消化和吸收的重要部分。黏膜向管腔内突出，形成环行或纵行的皱襞。黏膜内有腺体，分泌消化液和黏液，帮助消化食物、湿润和保护管壁。

2. **黏膜下层** 为一层疏松结缔组织，可使黏膜有一定移动性，内含丰富的血管、淋巴管、淋巴组织、神经和黏膜下层腺体。

3. **肌层** 消化管的食管上部以上和肛门周围为横纹肌，其余部分为平滑肌。平滑肌层一般排列

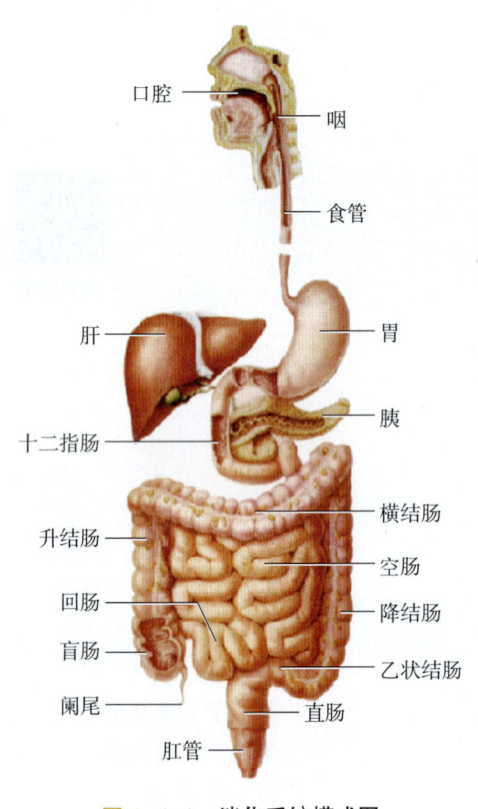

图 1-4-1　消化系统模式图

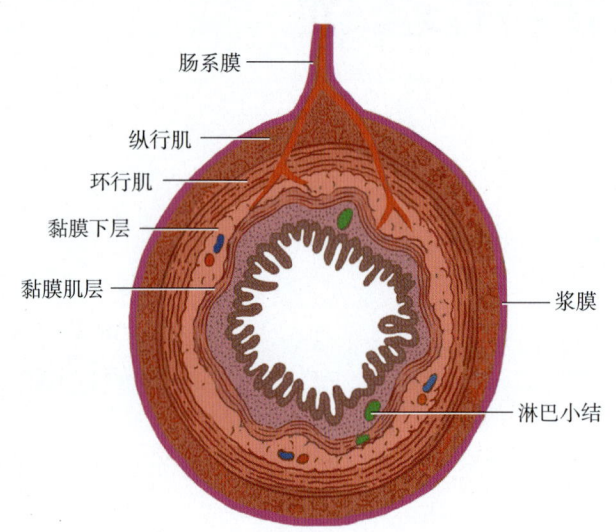

图 1-4-2　消化管的一般构造模式图

成两层，内层环行、外层纵行。肌层收缩与舒张，产生消化道蠕动。

4. 外膜　为薄层结缔组织，若外膜表面覆盖一层间皮，则称浆膜，其表面光滑，可减少消化管蠕动时的磨擦。

## 三、胸部标志线和腹部分区

为了便于描述胸、腹腔器官的位置及其体表投影，通常在胸、腹部表面确定若干标志线和分区（图 1-4-3）。

（一）胸部的标志线

1. 前正中线（anterior median line）　沿身体前面正中所作的垂直线。
2. 胸骨线（sternal line）　沿胸骨最宽处的外侧缘所作的垂直线。
3. 锁骨中线（midclavicular line）　通过锁骨中点所作的垂直线。
4. 胸骨旁线（parasternal line）　经胸骨线与锁骨中线之间连线的中点所作的垂直线。
5. 腋前线（anterior axillary line）　沿腋前襞向下所作的垂直线。
6. 腋后线（posterior axillary line）　沿腋后襞向下所作的垂直线。
7. 腋中线（midaxillary line）　沿腋前、后线之间连线的中点所作的垂直线。
8. 肩胛线（scapular line）　通过肩胛骨下角的垂直线。
9. 后正中线（posterior median line）　沿身体后面正中所作的垂直线。

（二）腹部分区

为便于描述腹腔脏器位置，将腹部划分为 9 个区或 4 个区。在腹部前面，用两条横线和两条纵线将腹部分为 9 区。上横线一般采用左、右侧肋弓最低点的连线。下横线多采用左、右侧髂结节连线。

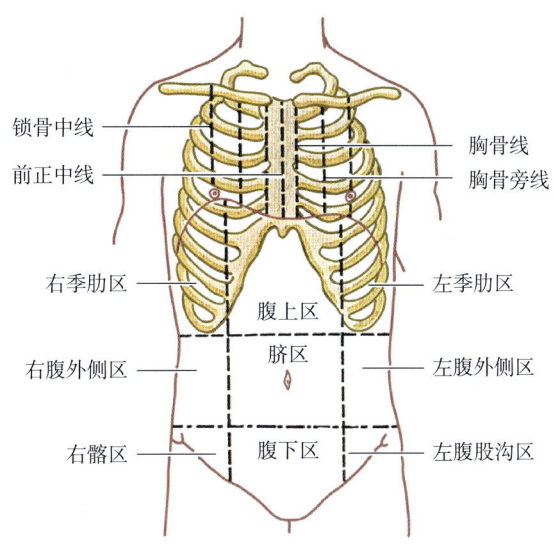

图 1-4-3　胸部的标志线和腹部分区

两条纵线为通过腹股沟韧带中点与上述两条横线垂直相交的线。上述 4 条线将腹部分成 9 区：左、右两侧自上而下为左、右季肋区，左、右腹外侧区（腰区），左、右腹股沟区（髂区）；中间自上而下为腹上区，脐区，腹下区（耻区）。在临床上，常通过脐作横线与垂直线，将腹部分为左、右上腹和左、右下腹 4 个区。

## 第二节　消　化　管

### 一、口腔

口腔（oral cavity）是消化管的起始部，向前经口裂通向外界，向后经咽峡与咽相通（图 1-4-4）。其前壁为口唇，侧壁为颊，顶为腭，底为口底软组织。口腔以牙弓和牙龈为界分为**口腔前庭**（oral vestibule）和**固有口腔**（oral cavity proper）。当上、下牙列咬合时，口腔前庭与固有口腔之间借最后磨牙后方的间隙相通，故牙关紧闭的病人可经此间隙插管。

#### （一）口唇

唇（oral lip）分为上、下唇，由皮肤、黏膜和口轮匝肌等构成。上、下唇游离缘之间的裂隙称口裂。口裂两端，上、下唇结合处为口角。唇游离缘为皮肤与黏膜的移行部，呈红色，称唇红，当机体缺氧时呈绛紫色，临床上称发绀。上唇前面正中的纵行浅沟称**人中**。上唇两侧与颊部交界处的弧形浅沟称**鼻唇沟**。

#### （二）颊

颊（cheek）构成口腔的侧壁，由黏膜、颊肌和皮肤等构成，在上颌第二磨牙牙冠相对的颊黏膜上有腮腺管乳头，为腮腺管开口。

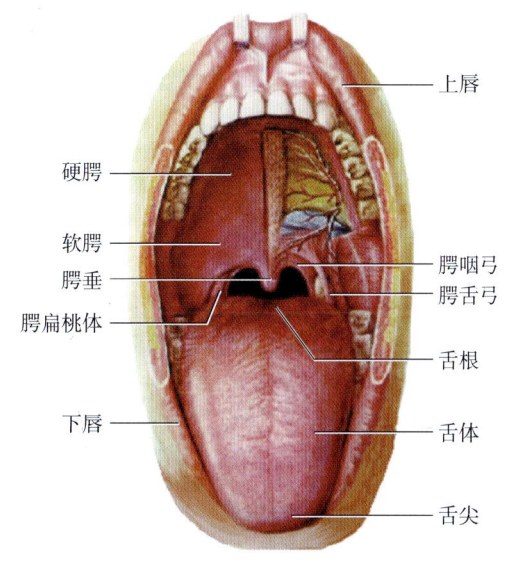

图 1-4-4　口腔及咽峡

## (三)腭

**腭**(palate)构成口腔的顶,分隔鼻腔与口腔。腭分硬腭和软腭两部。

1. **硬腭**(hard palate) 位于前2/3,由骨腭覆以黏膜而成,黏膜与骨结合紧密。

2. **软腭**(soft palate) 位于后1/3,主要由腭肌构成。软腭斜向后下的部分为腭帆。腭帆后缘游离,正中有一向下突起,称**腭垂**。自腭帆两侧向下方分出两对黏膜皱襞,前方一对延伸至舌根的外侧,称**腭舌弓**。后方的一对延伸至咽侧壁,称**腭咽弓**。腭垂、腭帆游离缘、两侧的腭舌弓及舌根共同围成**咽峡**(isthmus of fauces),是口腔与咽的分界。

## (四)牙

**牙**(teeth)嵌于上、下颌骨牙槽内,是人体最坚硬的器官,具有咀嚼食物和辅助发音功能。

1. **牙的形态** 牙在外形上分为牙冠、牙颈和牙根三部。暴露在口腔内的为**牙冠**(crown of tooth),嵌入牙槽内的为**牙根**(root of tooth),牙根与牙冠交界部为**牙颈**(neck of tooth)。牙内的腔隙称牙腔(dental cavity)。

2. **牙的构造** 牙由牙质、牙釉质、牙骨质和牙髓构成。牙质(dentine of tooth)构成牙的主体,**牙釉质**(enamel)覆盖在牙冠部牙质的外面,**牙骨质**(cement)包在牙根和牙颈部牙质的外面。牙腔内有**牙髓**(dental pulp),由牙的神经、血管和结缔组织等构成。

3. **牙的分类** 根据牙的形态和功能,可分为切牙、尖牙、前磨牙和磨牙。人的一生中,先后有两副牙,第一副牙为**乳牙**(deciduous teeth),一般在出生后6~7个月开始萌出,到2岁左右出齐,共20颗(图1-4-5)。第二副牙为**恒牙**(permanent teeth),在6~7岁时,乳牙开始脱落,恒牙中的第一磨牙最先长出,除第三磨牙外,其他各牙在13岁左右出齐。第三磨牙20岁左右长出,因此恒牙数28~32颗均属正常(图1-4-6)。

4. **牙式** 临床上为了记录牙的位置,常以被检查者的解剖方位为准,以"十"记号划分四区表

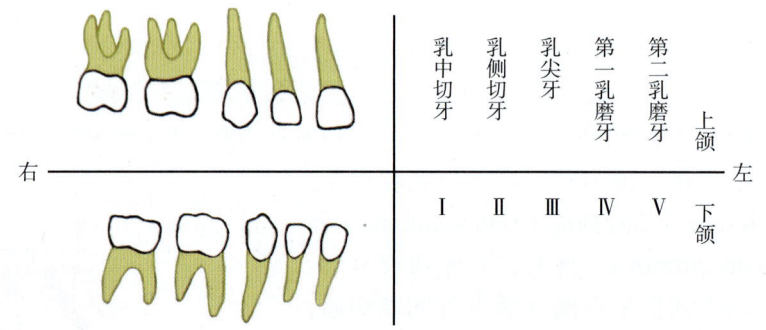

图1-4-5 乳牙的名称及符号

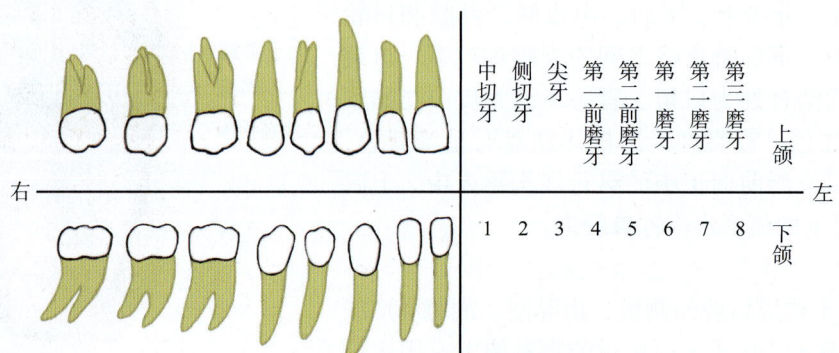

图1-4-6 恒牙的名称及符号

示左、右侧上、下颌的牙位，并以罗马数字"Ⅰ~Ⅴ"表示乳牙，用阿拉伯数字"1~8"表示恒牙。

5. **牙周组织**　对牙有支持、保护、固定的作用，包括**牙周膜**、**牙槽骨**和**牙龈**三部分。牙槽骨属于上、下颌骨的牙槽突。牙周膜是连于牙根和牙槽骨之间的致密结缔组织。牙龈是富含血管、呈淡红色覆盖在牙颈及牙槽突的口腔黏膜。

（五）舌

**舌**（tongue）以骨骼肌为基础，表面被覆黏膜，具有协助咀嚼和吞咽、感受味觉及辅助发音的功能。

1. **舌的形态**　舌分上、下两面。上面称舌背，其后部可见"∧"形的界沟，将舌分为前2/3的**舌体**和后1/3的**舌根**。舌体的前端称舌尖（图1-4-4）。

2. **舌的构造**

（1）舌黏膜：淡红色，覆于舌的表面。在舌体上面及两侧缘的黏膜上有许多小突起称**舌乳头**（papilla of tongue）。按其形状可分为4种：**丝状乳头**（filiform papillae），数量最多，如丝绒状，几乎遍布舌背前2/3，具有一般感觉功能；**菌状乳头**（fungiform papillae），位于舌尖及舌体两侧缘，呈红色点状；**叶状乳头**（foliate papillae），位于舌外侧缘的后部，人类不发达；**轮廓乳头**（circumvallate papillae），最大，排列于界沟前方，有7~11个。菌状乳头、叶状乳头和轮廓乳头均含有味觉感受器，称味蕾，具有感受酸、甜、苦、咸等味觉功能。舌根背部黏膜内，有许多淋巴组织，称**舌扁桃体**。舌下面的黏膜在中线上形成一黏膜皱襞，向下连于口腔底前部，称**舌系带**。舌系带根部两侧有黏膜隆起，称**舌下阜**，是下颌下腺和舌下腺大管的开口。由舌下阜向后外侧延续成**舌下襞**，舌下腺位于舌下襞深面（图1-4-7）。

（2）舌肌：为骨骼肌，分为舌内肌和舌外肌。**舌内肌**：起止点均在舌内，收缩时可改变舌的形状。**舌外肌**：起自舌外止于舌内，收缩时可以改变舌的位置。

（六）唾液腺

**唾液腺**（salivary gland）位于口腔周围，分泌唾液，有清洁口腔和帮助消化食物的功能。分大、小唾液腺两种。小唾液腺属黏膜腺，如腭腺、颊腺、唇腺等。大唾液腺有3对，包括腮腺、下颌下腺和舌下腺。

1. **腮腺**（parotid gland）　唾液腺中最大的一对，位于外耳门前下方，呈不规则的三角形，分浅部与深部。腮腺管自腮腺前部发出，在颧弓下方一横指处横过咬肌浅面，在咬肌前缘向内斜穿颊肌，开口于上颌第二磨牙相对颊黏膜上的腮腺管乳头。

2. **下颌下腺**（submandibular gland）　位于下颌下三角内，其导管开口于舌下阜。

3. **舌下腺**（sublingual gland）　位于舌下襞深面。腺管分大、小两种，舌下腺小管有5~15条，开口于舌下襞；舌下腺大管与下颌下腺管共同开口于舌下阜（图1-4-7）。

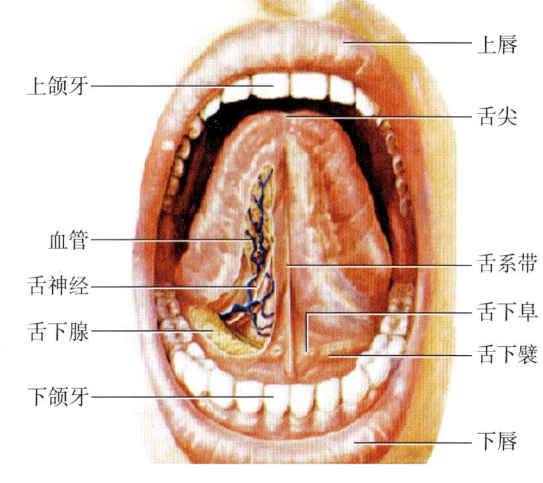

图1-4-7　舌下面

## 二、咽

（一）咽的位置和形态

**咽**（pharynx）是消化与呼吸的共同通道，为前后略扁的漏斗形肌性管道，位于第1~6颈椎前

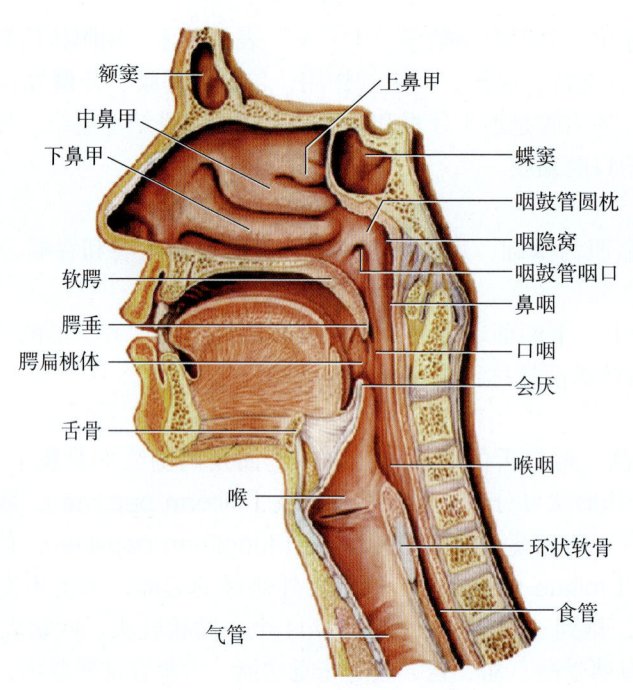

图 1-4-8 头颈部正中矢状面

方，上附于颅底，向下于第 6 颈椎下缘续食管（图 1-4-8）。咽前壁不完整，由上而下分别经鼻后孔通鼻腔，经咽峡通口腔，经喉口通喉腔。

（二）咽的分部

咽以软腭和会厌上缘为界，自上而下依次分为鼻咽、口咽和喉咽。

1. **鼻咽**（nasopharynx） 位于颅底与软腭之间。在鼻咽顶壁后部黏膜内有丰富的淋巴组织，称**咽扁桃体**，在婴幼儿较为发达，6～7 岁后开始萎缩，10 岁以后完全退化。两侧壁上相当于下鼻甲后方 1.5 cm 处有**咽鼓管咽口**，借咽鼓管通鼓室。咽鼓管咽口的前、上、后方有半环形隆起，称**咽鼓管圆枕**，是寻找咽鼓管咽口的标志。在咽鼓管圆枕后方与咽后壁之间有一凹陷，称**咽隐窝**（pharyngeal recess），为鼻咽癌的好发部位。

2. **口咽**（oropharynx） 位于软腭与会厌上缘之间。在口咽的外侧壁上，腭舌弓与腭咽弓之间的凹陷称扁桃体窝，容纳腭扁桃体。腭扁桃体由淋巴组织构成，呈扁卵圆形。

3. **喉咽**（laryngopharynx） 位于会厌上缘至环状软骨下缘平面之间，向下与食管相续。喉咽是咽腔最狭窄的部分，在喉口的两侧各有一个深凹，称**梨状隐窝**（piriform recess），是异物易滞留的部位。

咽扁桃体、咽鼓管扁桃体、腭扁桃体和舌扁桃体共同环绕于消化道和呼吸道的起始部，称咽淋巴环，是呼吸道和消化道的防御结构。

## 三、食管

（一）食管的位置和分部

微课 1-4-1 食管和胃

**食管**（esophagus）为一前后略扁的肌性管道，上端接咽，下行穿过膈的食管裂孔，下端在第 11 胸椎水平与胃相接，全长约 25 cm（图 1-4-9）。按其行程可分为颈部、胸部和腹部三段。**颈部**较短，约 5 cm，上起环状软骨下缘，下至胸骨颈静脉切迹水平。**胸部**较长，长约 18 cm，自颈静脉切迹平面至食管裂孔。**腹部**最短，长约 2 cm，从食管裂孔至贲门。

### （二）食管的狭窄

食管管径粗细不一，全长有 3 个生理性狭窄：第一个狭窄位于食管的起始部，距上颌中切牙约 15 cm；第二狭窄位于食管与左主支气管交叉处，距上颌中切牙约 25 cm；第三狭窄位于食管穿过膈的食管裂孔处，距上颌中切牙约 40 cm（图 1-4-9）。食管的这些狭窄常为异物滞留的部位，也是肿瘤好发部位。

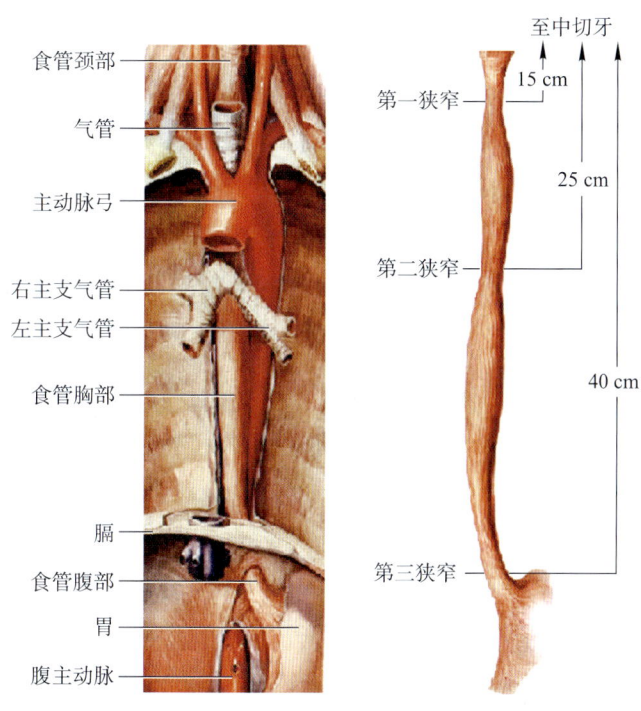

图 1-4-9 食管的位置及狭窄

## 四、胃

胃（stomach）是消化管中最膨大的部分，有容纳食物、分泌胃液和初步消化食物的功能。

### （一）胃的形态和分部

胃有出、入两口，上、下两缘，前、后两壁。胃的入口接食管称**贲门**（cardia），出口与十二指肠相连称**幽门**（pylorus）；胃的上缘凹向右上，称**胃小弯**（lesser curvature of stomach），胃小弯最低处称**角切迹**（angular incisure）。胃的下缘隆凸，称**胃大弯**（greater curvature of stomach），胃大弯上端与食管左侧壁之间形成贲门切迹。

胃可分为四部，即贲门部、胃底、胃体和幽门部（图 1-4-10）。位于胃贲门周围的部分称**贲门部**（cardiac part），位于贲门切迹平面以上的部分称**胃底**（fundus of stomach），位于胃底与角切迹之间的部分称**胃体**（body of stomach），角切迹右侧的部分称**幽门部**（pyloric part）。在幽门部的大弯侧有一浅沟称中间沟，将幽门部分为左侧的幽门窦和右侧的幽门管。胃溃疡和胃癌多发生于幽门窦近胃小弯处。临床上所称的"胃窦"即幽门窦，或是包括幽门窦在内的幽门部。

### （二）胃的位置

胃中等充盈时，大部位于左季肋区，小部位于腹上区。贲门位于第 11 胸椎体左侧，幽门位于第 1 腰椎体右侧。胃的前壁在右侧与肝左叶贴近，在左侧与膈相邻，为左肋弓所掩盖。胃后壁与胰、横结肠、左肾和左肾上腺等相邻，胃底与膈和脾相邻。

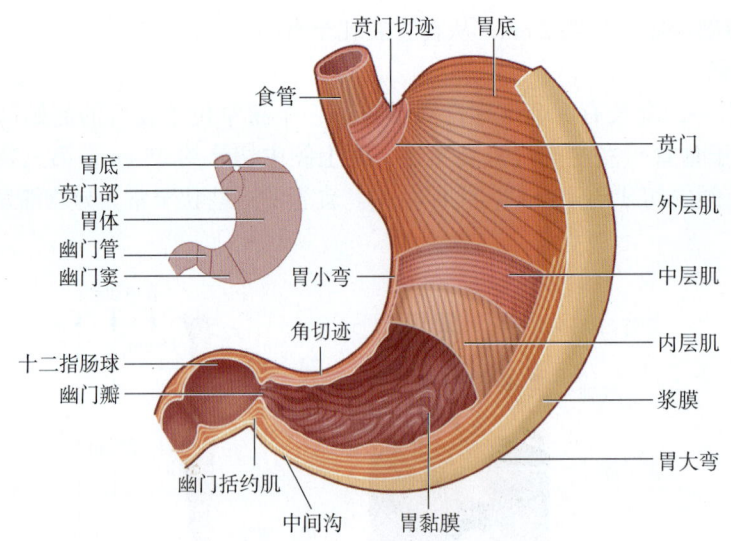

图 1-4-10　胃的形态、分部及胃壁结构

## （三）胃壁的结构

胃壁具有消化管典型的四层结构，即黏膜、黏膜下层、肌层和外膜（图1-4-10）。

**1. 黏膜**　表面有许多浅沟，将黏膜分成许多直径2～6 mm的胃小区。黏膜表面还遍布约350万个不规则的小凹陷，称**胃小凹**（gastric pit）。每个胃小凹底部与3～5条腺体通连（图1-4-11）。

（1）上皮：为单层柱状，主要由表面黏液细胞组成。上皮细胞分泌物中富含中性糖蛋白，分泌至细胞表面形成一层保护性的黏液膜，可防止高浓度盐酸与胃蛋白酶对黏膜的消化，以及食物对上皮的磨损。相邻柱状细胞在近游离面处形成紧密连接，起屏障作用，防止胃腔内的化学物质进入胃壁，黏液膜和紧密连接共同组成屏障，起保护作用。

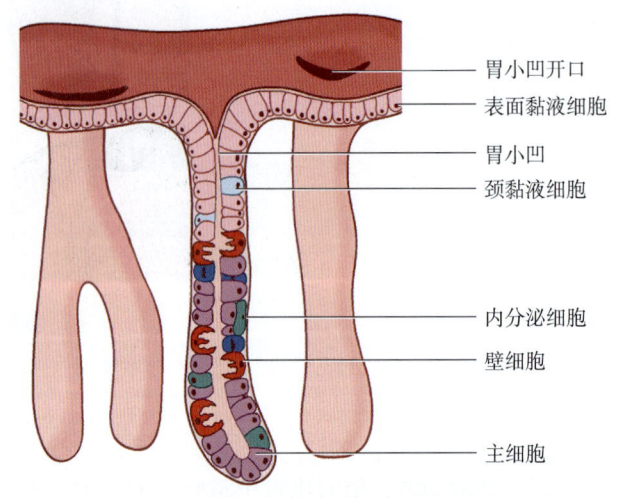

图 1-4-11　胃上皮和胃底腺模式图

（2）固有层：内有排列紧密的大量管状腺，根据所在部位和结构的不同，分为胃底腺、贲门腺和幽门腺。腺之间及胃小凹之间有少量结缔组织，其细胞成分除成纤维细胞外，还有较多淋巴细胞及一些浆细胞、肥大细胞、嗜酸性粒细胞及散在的平滑肌细胞。

（3）黏膜肌层：由内环行与外纵行两薄层平滑肌组成。

**2. 黏膜下层**　由较致密结缔组织构成，内含丰富的血管、淋巴管、神经丛。

**3. 肌层**　由三层平滑肌组成，自外向内依次为纵行、环行与斜行，胃的环行肌在幽门处增厚，形成**幽门括约肌**（pyloric sphincter）。幽门括约肌与幽门瓣一起配合，有延缓胃内容物排空和防止肠内容物逆流至胃的作用。

**4. 外膜**　胃的外膜为一层浆膜。

## 五、小肠

 微课 1-4-2 小肠

小肠（small intestine）是消化管中最长的一段，也是进行食物消化吸收的重要部分。上起幽门，下接盲肠，成人全长 5~7 m，可分为十二指肠、空肠和回肠三部分。

### （一）十二指肠

**十二指肠**（duodenum）长 20~25 cm，紧贴腹后壁，呈 C 形包绕胰头，按其位置可分为上部、降部、水平部和升部（图 1-4-12）。

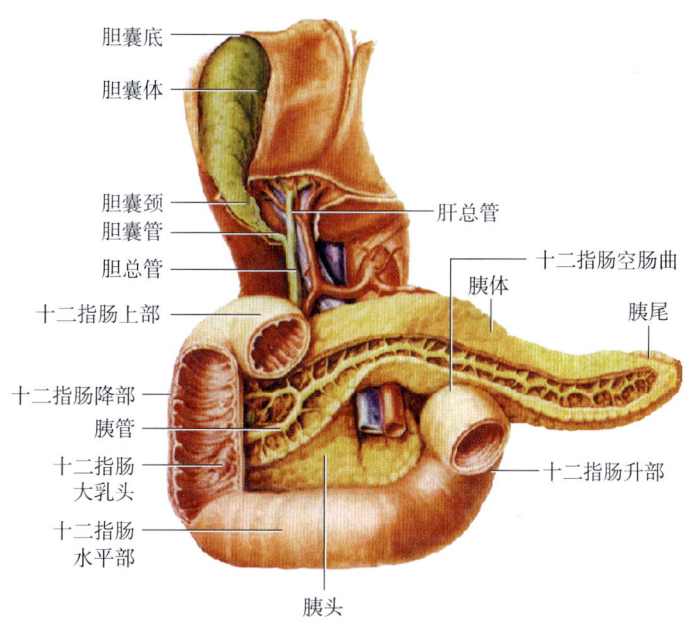

图 1-4-12　十二指肠、肝外胆道和胰

1. **上部**　起自胃的幽门，行向右后，达肝门下方急转向下移行为降部。弯曲处形成**十二指肠上曲**。十二指肠上部与幽门相接的一段肠壁较薄，黏膜面光滑而无环状皱襞，在 X 线下似球形，称**十二指肠球**（duodenal bulb of duodenum），是十二指肠溃疡好发部位。

2. **降部**　起自十二指肠上曲，于第 3 腰椎的平面向左续水平部，转折处称**十二指肠下曲**。降部后内侧壁上有一纵行的皱襞，纵襞下端有一突起，称**十二指肠大乳头**（major duodenal papilla），是肝胰壶腹的开口。

3. **水平部**　自右向左横行，经下腔静脉、腹主动脉前方，至第 3 腰椎左侧续于升部。肠系膜上动、静脉紧贴此部前面通过。

4. **升部**　自第 3 腰椎左侧向上，至第 2 腰椎左侧转折向前下方形成**十二指肠空肠曲**，续于空肠。十二指肠空肠曲由**十二指肠悬韧带**（suspensory ligament of duodenum，又称 Treitz 韧带）连于右膈脚，该韧带是临床确认空肠起端的重要标志。

### （二）空肠和回肠

**空肠**（jejunum）上端起自十二指肠空肠曲，**回肠**（ileum）的下端接盲肠。空、回肠间无明显的界限。空、回肠壁具有消化管典型的四层结构，其黏膜形成许多**环状襞**，襞上有大量小肠绒毛，极大地增加了小肠的吸收面积。黏膜和黏膜下组织内含有淋巴滤泡，分**孤立淋巴滤泡**与**集合淋巴滤泡**两类（图 1-4-13）。

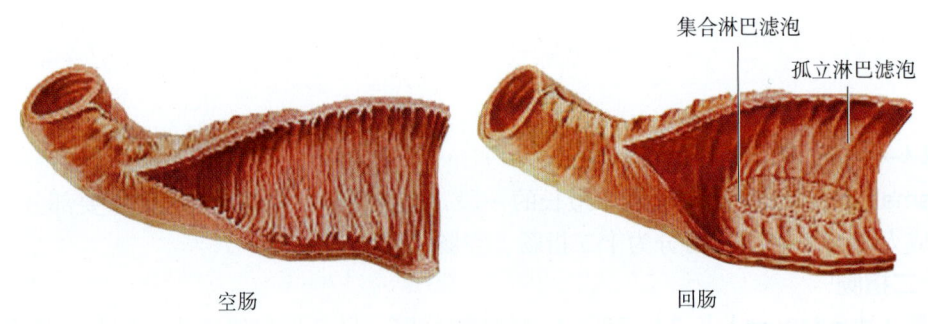

图 1-4-13　空、回肠内面观

就位置而言，一般空肠居腹腔左上部，占全长的 2/5；外观上，空肠管径较粗，管壁较厚，血管较多，颜色较红；管腔内黏膜形成许多环状襞，黏膜和黏膜下组织内含有孤立淋巴滤泡。回肠位于腹腔的右下部，占全长的 3/5；管径较细，管壁较薄，血管较少，颜色较浅；黏膜皱襞低而疏，黏膜内除孤立淋巴滤泡外，还有集合淋巴滤泡，尤其在回肠下部多见，它是伤寒杆菌易侵犯的部位，易发生溃疡、出血，甚至引起肠穿孔。

（三）小肠的组织结构

小肠的管壁均由黏膜、黏膜下层、肌层和外膜组成（图 1-4-14）。

1. **黏膜**　表面有许多细小的指状突起，称**肠绒毛**，是由黏膜的上皮和固有层向肠腔内突出而成。小肠各部分的绒毛形状也不完全相同，十二指肠绒毛较宽，呈叶状；空肠绒毛呈舌状；回肠绒毛较细，呈指状。相邻绒毛基部的上皮下陷至固有层内，形成管状的**小肠腺**，开口于相邻绒毛之间。

2. **黏膜下层**　由疏松结缔组织构成，十二指肠黏膜下层内有大量**十二指肠腺**，为黏液腺，分泌黏液、溶菌酶与碳酸氢盐，分泌物呈碱性，可保护十二指肠免受胃液的侵蚀。

3. **肌层**　由内环、外纵两层平滑肌组成。

4. **外膜**　除十二指肠后壁为纤维膜外，其余部分均为浆膜。

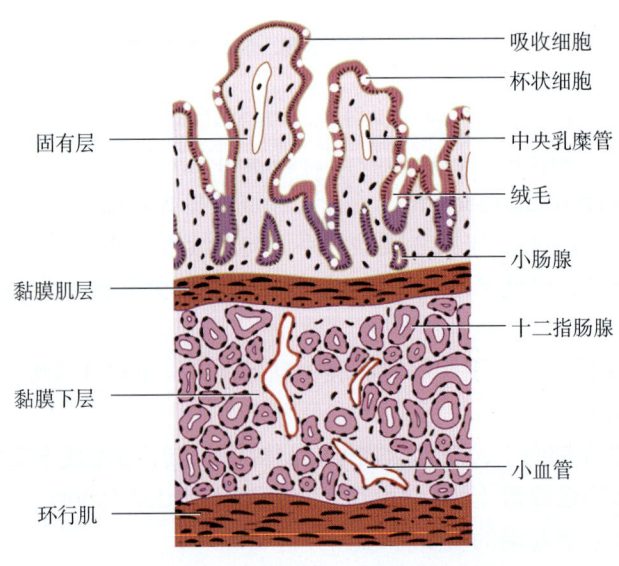

图 1-4-14　十二指肠组织结构模式图

## 六、大肠

**大肠**（large intestine）为消化管的末段，全长约 1.5 m，起自右髂窝处的回肠末端，止于肛门。

可分为盲肠、阑尾、结肠、直肠和肛管五部分（图 1-4-1）。大肠的主要功能是吸收水分、分泌黏液，使食物残渣形成粪便排出体外。除直肠、肛管与阑尾外，结肠和盲肠具有三种特征性结构：①**结肠带**（colic bands）：有 3 条，由肠壁的纵行肌增厚而成，沿肠的纵轴排列。三条结肠带汇集于阑尾根部，故临床手术中常以此寻找阑尾。②**结肠袋**（haustrum of colon）：结肠袋的形成是由于结肠带较肠管短，使肠管皱褶呈袋状。③**肠脂垂**（epiploic appendices）：为沿结肠带两侧分布的许多脂肪突起。这三种特征性结构是腹部手术区别大肠和小肠的主要依据。

（一）盲肠和阑尾

1. **盲肠**（cecum） 位于右髂窝内，是大肠的起始部，下端呈盲袋状，向上与升结肠相续，左侧与回肠末端相连，全长 6~8 cm（图 1-4-1）。回肠末端于盲肠的开口称**回盲口**，口上、下两片唇样黏膜皱襞，称**回盲瓣**（ileocecal valve），此瓣既可防止小肠内容物过快流入大肠，又可防止盲肠内容物逆流到回肠。

2. **阑尾**（vermiform appendix） 为一蚓状肠管，长 6~8 cm，根部连于盲肠后内侧壁，远端游离。阑尾位置变异较大，但根部位置较恒定，其体表投影位于脐与右髂前上棘连线的中、外 1/3 交点处，称**麦氏点**（McBurney point）。在急性阑尾炎时，麦氏点处有明显的压痛，具有一定的诊断价值。

（二）结肠

结肠（colon）围绕在小肠周围，始于盲肠，终于直肠，可分为四部（图 1-4-1）。

1. **升结肠** 在右髂窝内起于盲肠，沿右侧腹后壁上升至肝右叶下方，转折向左前下方移行为横结肠，转折处称**结肠右曲**（right colic flexure），又称**肝曲**。

2. **横结肠** 起自结肠右曲，向左横行至脾下方转折向下移行为降结肠，转折处称**结肠左曲**（left colic flexure），又称**脾曲**。

3. **降结肠** 起自结肠左曲，沿左侧腹后壁下行，至左髂嵴处移行为乙状结肠。

4. **乙状结肠** 全长呈"乙"字弯曲，在左髂嵴处接降结肠，沿左髂窝转入盆腔，自第 3 骶椎平面续直肠。

（三）直肠

**直肠**（rectum）长 10~14 cm，位于盆腔内，在骶骨前方续乙状结肠，沿骶骨前面下行穿过盆膈，移行为肛管。直肠并非笔直，在矢状面上有两个弯曲：上段与骶骨前面弯曲一致，凸向后，称**骶曲**（sacral flexure）；下段是直肠绕过尾骨尖形成凸向前方的弯曲，称**会阴曲**（perineal flexure）。临床上进行直肠镜或乙状结肠镜检查时，必须注意直肠的两个弯曲，以免损伤肠壁。直肠下部显著膨大，称**直肠壶腹**（ampulla of rectum）。直肠内面常有 2~3 个半月形皱襞，称**直肠横襞**，其中最大而且位置最恒定的一个横襞在直肠右前壁上，距肛门约 7 cm，可作为直肠镜检的定位标志（图 1-4-15）。

（四）肛管

**肛管**（anal canal）是消化管的末端，长约 4 cm，上端与直肠相续，末端终于**肛门**（图 1-4-15）。肛管内面黏膜形成 6~10 条纵行的黏膜皱襞，称**肛柱**。肛柱下端，彼此借半月形的黏膜皱襞相连，这些黏膜皱襞称**肛瓣**。肛瓣和肛柱的下端共同围成的小隐窝称**肛窦**，窦口向上，窦内往往积存粪屑，易感染而发生肛窦炎。

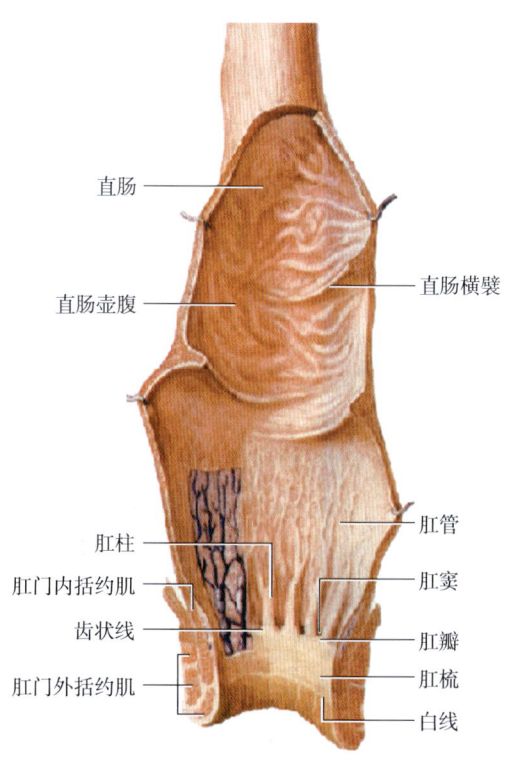

图 1-4-15　**直肠和肛管内面观**

肛柱下端与肛瓣边缘连成锯齿状的环行线称**齿状线**（dentate line），为肛管黏膜和皮肤的分界线。齿状线下方有宽约 1 cm 的光滑环状带，称肛梳。肛梳下缘有一条环状的白线，此线恰为肛门内、外括约肌的分界处，肛门指诊时可触得一环形浅沟。

肛门周围有肛门括约肌环绕，根据位置及其性质的不同，分为肛门内括约肌和肛门外括约肌。

## 第三节 消 化 腺

人体的消化腺除口腔腺和胃腺、肠腺等外，还有肝和胰。消化腺的主要功能是分泌消化液，参与食物的消化。

### 一、肝

**肝**（liver）是人体内最大的消化腺，活体呈红褐色，质软而脆。肝的主要功能是分泌胆汁、参与代谢、储存糖原、解毒及吞噬防御等，在胚胎时期还能造血。

#### （一）肝的形态

肝呈不规则楔形，分上、下两面，前、后、左、右四缘（图 1-4-1、图 1-4-16）。

肝的上面与膈相贴，又称**膈面**，被镰状韧带分为小而薄的肝左叶和大而厚的肝右叶。

肝的下面凹凸不平，与腹腔器官邻接，故称**脏面**。脏面有一近似 H 形的沟，即左、右纵沟和横沟。左纵沟的前部称肝圆韧带裂，内有**肝圆韧带**，是胎儿时期脐静脉闭锁而成；左纵沟的后部称静脉韧带裂，内有**静脉韧带**，是胎儿时期静脉导管的遗迹。右纵沟前部为胆囊窝，容纳胆囊；后部为腔静脉沟，有下腔静脉经过。横沟称为**肝门**（porta hepatis），是肝左、右管，肝固有动脉左、右支，肝门静脉左、右支，以及神经和淋巴管等进出之处。出入肝门的这些结构被结缔组织包裹，共同构成**肝蒂**。肝的脏面被 H 形沟分为四叶，右纵沟右侧为**肝右叶**，左纵沟左侧为**肝左叶**，左、右纵沟之间在横沟前方为**方叶**，横沟后方为**尾状叶**。

肝的四缘中前缘薄而锐利，在肝前缘与胆囊底及肝圆韧带接触处有胆囊切迹与肝圆韧带切迹。

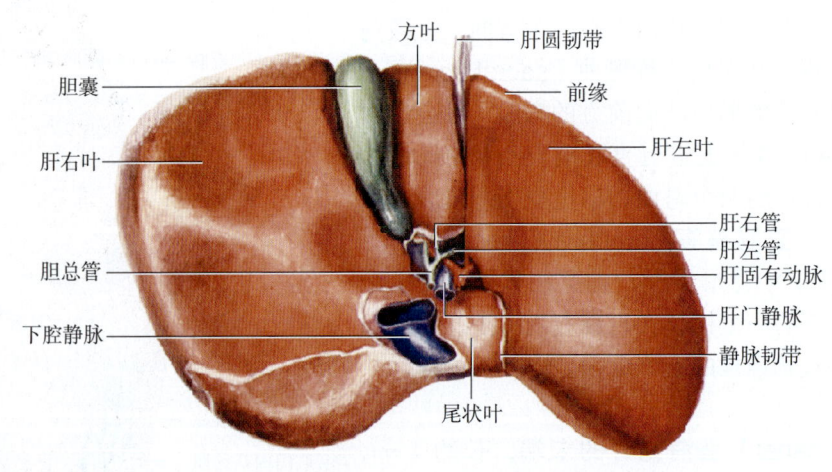

图 1-4-16 肝的脏面

#### （二）肝的位置

肝大部分位于右季肋区和腹上区，小部分位于左季肋区。肝大部分被胸廓所掩盖，仅在腹上区左、右肋弓之间的部分直接与腹前壁接触。

## （三）肝的组织结构

肝门的结缔组织随肝门静脉、肝固有动脉、肝静脉和肝管的分支伸入肝实质，将实质分成许多肝小叶。肝小叶之间各种管道密集的部位为门管区（图1-4-17）。

**1. 肝小叶** 为肝的基本结构单位，呈多角棱柱体，长约2mm，宽约1mm，成人肝有50万~100万个肝小叶。每个肝小叶由中央静脉、肝板、肝血窦、窦周隙和胆小管组成。

（1）**中央静脉**：肝小叶中央有一条沿其长轴走行的小静脉，称**中央静脉**。其管壁有很多肝血窦的开口，故管壁不完整。肝血窦的血液汇入中央静脉，中央静脉再汇聚为**小叶下静脉**。

（2）**肝板**：由肝细胞单层排列成凹凸不平的板状结构，其切面呈索状，故也称肝索。肝板上还有孔，是相邻肝血窦连通的通道。

（3）**肝血窦**：为位于肝板之间的窦状毛细血管。含各种肠道吸收物的门静脉血液和含氧的肝动脉血液，通过在门管区的小叶间动脉和小叶间静脉注入肝血窦，由于在血窦内血流缓慢，血浆得以与肝细胞进行充分的物质变换，然后汇入中央静脉。血窦可经肝板上的孔相互通连。肝血窦内有定居的肝巨噬细胞，肝巨噬细胞由血液单核细胞分化而来，在清除从门静脉入肝的抗原异物、衰老的血细胞和监视肿瘤等方面均发挥重要作用。

（4）**窦周隙**：为肝血窦内皮与肝板之间的狭窄间隙，宽约0.4μm。由于肝血窦内皮通透性大，故窦周隙充满血浆，肝细胞血窦面的微绒毛伸入窦周隙，浸入血浆之中。窦周隙是肝细胞和血液之间进行物质交换的场所。

（5）**胆小管**：是相邻两个肝细胞之间局部胞膜向胞质内凹陷形成的微细管道，在肝板内连接成网。靠近胆小管的相邻肝细胞膜形成由紧密连接、桥粒等组成的连接复合体，可封闭胆小管周围的细胞间隙，防止胆汁外溢至细胞内或窦周隙。当肝细胞发生变性、坏死或胆道阻塞而内压增大时，胆汁则溢入窦周隙，继而进入肝血窦，导致机体出现黄疸。

**2. 门管区** 相邻肝小叶之间呈三角形或椭圆形的结缔组织小区，称**门管区**，门管区内有小叶间静脉、小叶间动脉和小叶间胆管（图1-4-17）。小叶间静脉是肝门静脉的分支，管腔较大而不规则，管壁薄；小叶间动脉是肝固有动脉的分支，管腔小，管壁相对较厚。小叶间胆管为胆小管汇聚形成，管壁为单层立方上皮，它们向肝门方向汇集，最后形成肝左、右管出肝。

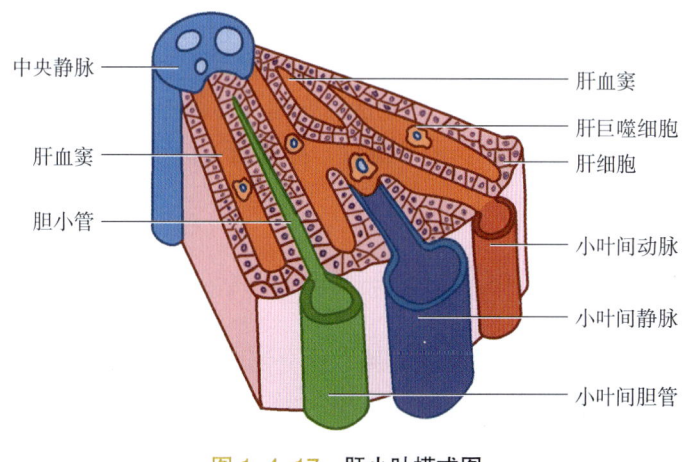

图1-4-17 肝小叶模式图

## 二、肝外胆道

肝外胆道包括胆囊和输胆管道（图1-4-12）。

### (一)胆囊

**胆囊**(gallbladder)呈长梨形,位于肝下面胆囊窝内,有贮存、浓缩胆汁及调节胆道压力的作用。胆囊可分为底、体、颈、管四部。前下端膨大称**胆囊底**,中间为胆囊体,后端狭细称胆囊颈,颈移行于胆囊管。胆囊内面衬以黏膜,其中胆囊颈和胆囊管的黏膜呈螺旋状突入腔内,形成螺旋襞,可控制胆汁的进出,胆囊结石易嵌顿于此。胆囊底露于肝前缘,与腹前壁相贴,其体表投影在右锁骨中线与右肋弓相交处。

### (二)输胆管道

输胆管道是将胆汁输送至十二指肠的管道。肝内的胆小管逐步汇合成肝左、右管,两管在肝门附近合成**肝总管**(common hepatic duct)。肝总管和胆囊管汇合成**胆总管**(common bile duct)。胆总管直径0.6~0.8 cm,在肝十二指肠韧带内下降,经十二指肠上部后方,至胰头附近与胰管汇合,共同斜穿十二指肠降部后内侧壁,在壁内两管合并,形成**肝胰壶腹**(hepatopancreatic ampulla),开口于十二指肠大乳头。在胆总管末段、胰管末段及肝胰壶腹周围有环形的平滑肌,称**奥迪括约肌**(Oddi sphincter),可调控胆汁的排出。

未进食时,奥迪括约肌保持收缩状态,由肝分泌的胆汁,经肝左、右管,肝总管,胆囊管进入胆囊贮存;进食后,胆囊收缩,奥迪括约肌舒张,胆囊内的胆汁经胆囊管、胆总管、肝胰壶腹、十二指肠大乳头,排入十二指肠。

## 三、胰

**胰**(pancreas)是人体第二大消化腺,由外分泌部和内分泌部组成,外分泌部分泌胰液,有分解消化蛋白质、糖类和脂肪的作用。内分泌部即胰岛,主要分泌胰岛素和胰高血糖素,参与调节血糖代谢。

### (一)胰的位置

胰呈长条形,质软,色灰红,位置较深,在第1、2腰椎水平横贴于腹后壁。

### (二)胰的形态

胰可分为头、体、尾三部(图1-4-12)。**胰头**较膨大,位于第2腰椎右侧,被十二指肠包绕。胰头的下部有一向左后上方的突起,称**钩突**(uncinate process)。胰头后方有胆总管通过,因此胰头癌或慢性胰腺炎时常压迫胆总管而出现阻塞性黄疸。**胰颈**为胰头与胰体交接处,其后有肝门静脉通过。**胰体**为胰的中间部,横跨第1腰椎体前面,向左逐渐变细,移行于胰尾。**胰尾**向左达脾门。

胰实质内,有一条从左向右横贯全长的排泄管,称**胰管**(pancreatic duct)。胰管与胆总管汇合成肝胰壶腹,开口于十二指肠大乳头。

### (三)胰的组织结构

胰腺实质由外分泌部和内分泌部组成(图1-4-18)。

**1. 外分泌部**

(1)腺泡:每个腺泡含40~50个**胰腺泡细胞**,能分泌多种消化酶,如胰蛋白酶原、胰糜蛋白酶原、胰淀粉酶、胰脂肪酶、核酸酶等,它们分别消化食物中的各种营养成分。胰蛋白酶原和胰糜蛋白酶原在进入小肠后,被肠激酶激活,成为有活性的胰蛋白酶和胰糜蛋白酶。胰腺泡细胞的分泌活动受小肠I细胞分泌的缩胆囊素-促胰酶素的调节。胰腺腺泡腔面还可见一些较小的扁平或立方形的**泡心细胞**,泡心细胞是延伸入腺泡腔内的闰管起始部上皮细胞。

(2)导管:由闰管、小叶内导管、小叶间导管和主导管组成。闰管细而长,管壁为单层扁平或立方上皮,其伸入腺泡的一段由泡心细胞组成。闰管远端逐渐汇合形成小叶内导管。小叶内导管在小叶间结缔组织内汇合成小叶间导管,后者再汇合成一条主导管,贯穿胰腺全长。

**2. 内分泌部（胰岛）** 胰岛（pancreatic islet）是由内分泌细胞组成的球形细胞团，分布于腺泡之间，HE 染色浅。成人胰腺约有 200 万个胰岛，约占胰腺体积的 1.5%，于胰尾部较多。胰岛大小不等，小的仅由十几个细胞组成，大的有数百个细胞。人胰岛主要有 A、B、D、PP 四种细胞。

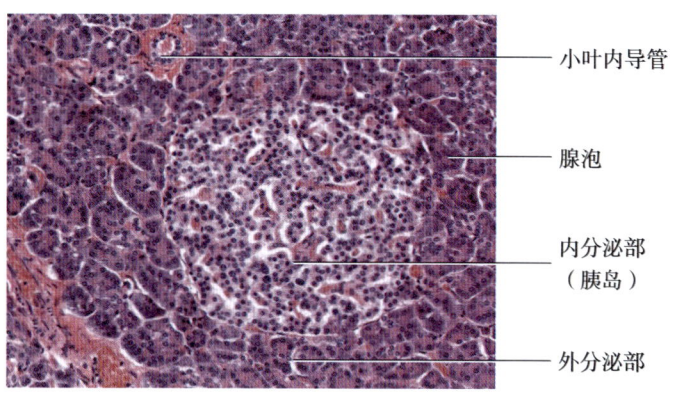

图 1-4-18　胰的光镜图

## 附　腹膜

（周正丽）

### 思考题

1. 什么是上、下消化道？
2. 三对唾液腺各位于何处，其导管分别开口于何处？
3. 食管分哪几部，三个狭窄位于何处？
4. 简述胃的位置、形态和分部。
5. 大肠分哪几部分，各部的形态特点是什么？
6. 简述肝小叶的结构。
7. 试述胆汁的产生及排泄途径。

### 新形态教材网更多数字资源

思维导图　　教学课件　　微课　　自测题　　思政元素

# 第五章 呼吸系统

编者导学

**本章导航**

第一节　肺外呼吸道

第二节　肺

第三节　胸膜和纵隔

**呼吸系统**（respiratory system）由肺外呼吸道和肺组成。肺外呼吸道包括鼻、咽、喉、气管和主支气管（图1-5-1），临床上常将鼻、咽、喉称为**上呼吸道**，气管和各级支气管称为**下呼吸道**。肺由肺内各级支气管及肺泡等构成。肺外呼吸道和肺内各级支气管是气体进出肺的通道，肺泡则是进行气体交换的主要场所。呼吸系统的主要功能是进行气体交换，即吸入氧气，呼出二氧化碳。

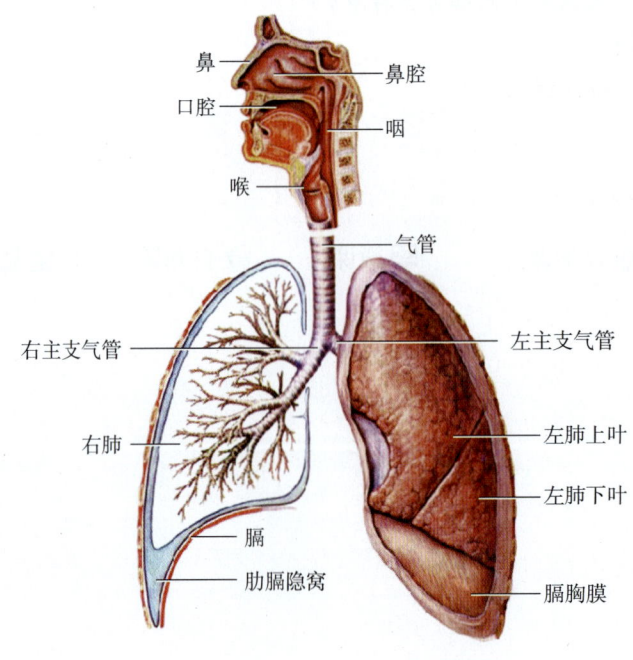

图1-5-1　呼吸系统模式图

## 第一节 肺外呼吸道

### 一、鼻

鼻（nose）是呼吸道的起始部，又是嗅觉器官，由外鼻、鼻腔和鼻旁窦三部分组成。

#### （一）外鼻

**外鼻**（external nose）位于面部中央，以骨和软骨为支架，外面覆以皮肤、内面覆以黏膜构成。上端为**鼻根**，下延为**鼻背**，末端为**鼻尖**。鼻尖两侧膨隆部分为**鼻翼**。在平静呼吸的情况下，鼻翼无明显活动，在呼吸困难时可出现鼻翼扇动。

#### （二）鼻腔

**鼻腔**（nasal cavity）以骨和软骨为支架，内衬黏膜和皮肤。鼻中隔将鼻腔分为左、右两腔，鼻腔向前以鼻孔通外界，向后经鼻后孔通鼻咽。鼻腔分为鼻前庭和固有鼻腔两部分。**鼻前庭**（nasal vestibule）为鼻腔的前下部，由鼻翼和鼻中隔的前下部所围成，其内衬皮肤，生有鼻毛，可过滤、净化空气。**固有鼻腔**（proper nasal cavity）为鼻腔的后上部，在其外侧壁上可见上鼻甲、中鼻甲和下鼻甲（图1-5-2）。各鼻甲下方的间隙，分别称为上鼻道、中鼻道和下鼻道。鼻腔的内侧壁为鼻中隔。鼻中隔由骨性鼻中隔和鼻中隔软骨覆以黏膜构成。

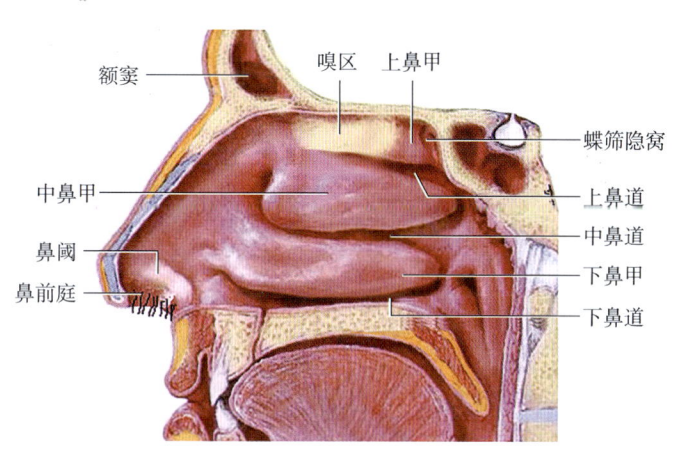

图1-5-2　鼻腔外侧壁（右侧）

固有鼻腔的黏膜分为嗅区和呼吸区。**嗅区**位于上鼻甲及其相对应的鼻中隔部分，黏膜内含有嗅细胞，能感受嗅觉刺激。**呼吸区**为嗅区以外的部分，黏膜内含丰富的血管、黏液腺，黏膜上皮有纤毛，可调节吸入空气的温度和湿度。

#### （三）鼻旁窦

见上篇解剖学部分第三章运动系统第一节相关内容。

### 二、咽

见上篇解剖学部分第四章消化系统第二节相关内容。

## 三、喉

喉（larynx）既是呼吸道，又是发音器官。位于颈前部正中，上连舌骨，下接气管，成人的喉平对第 4~6 颈椎。由喉软骨、喉软骨间连结、喉肌和黏膜构成。

1. **喉软骨**（laryngeal cartilages） 是喉的支架，包括甲状软骨、环状软骨、会厌软骨和成对的杓状软骨等（图 1-5-3）。甲状软骨是最大的喉软骨，由左右对称的两个方形软骨板构成，形成喉的前壁和两侧壁。环状软骨由前部低窄呈弓形的环状软骨弓和后部高宽呈板状的环状软骨板构成，位于甲状软骨下方，构成喉的底座。杓状软骨位于环状软骨板上方，左右各一，呈三棱锥体形，尖朝上，底朝下，底与环状软骨板上缘构成环杓关节。会厌软骨形似树叶，下端狭细，附着于甲状软骨前角的后面，上端宽阔，位于舌根后方，构成喉口的前界。

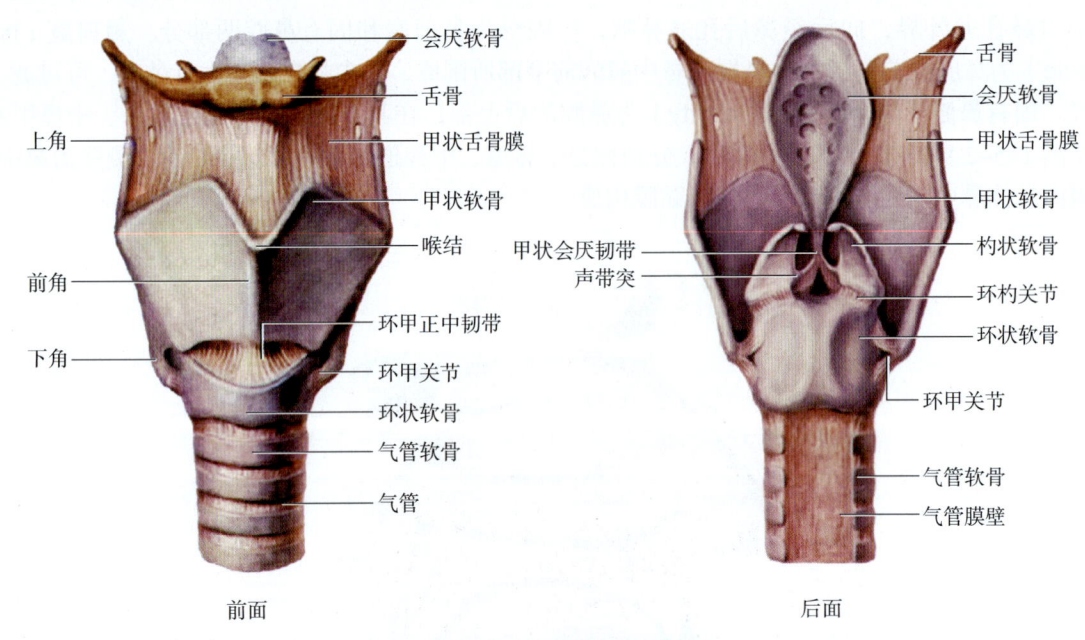

图 1-5-3　喉和喉软骨

2. **喉软骨间连结** 包括环甲关节和环杓关节等。环甲关节主要与声带的紧张和松弛有关，环杓关节主要与声门裂的开大和缩小有关。

3. **喉肌**（muscle of larynx） 属于骨骼肌，附着于喉软骨，是发音的主要器官。喉肌主要通过作用于环甲关节和环杓关节，调节声门裂的开大和缩小、声带的紧张和松弛及喉口的开大和关闭等。

4. **喉腔**（laryngeal cavity） 为喉的内腔，由喉软骨及其连结、喉肌和喉黏膜共同围成的不规则形管腔（图 1-5-4），向上经喉口通喉咽，向下通气管。喉腔内衬黏膜，喉腔的黏膜与咽和气管的黏膜相延续。喉腔两侧壁的中部可见上、下两对呈矢状位的黏膜皱襞。上方的一对称为**前庭襞**或**室襞**，在活体时呈粉红色，其间的裂隙称为**前庭裂**。下方的一对称为**声襞**，在活体时颜色较白。两侧声襞之间的裂隙称为**声门裂**。声门裂是喉腔最狭窄的部位，当气流通过声门裂时振动声带而发音。声襞及其所覆盖的声韧带和声带肌三者共同组成**声带**。

喉腔借前庭裂和声门裂分为三部分。前庭裂平面以上的部分称为**喉前庭**，前庭裂和声门裂之间的部分称为**喉中间腔**，其两侧的隐窝称为**喉室**。声门裂平面以下的部分称为**声门下腔**。

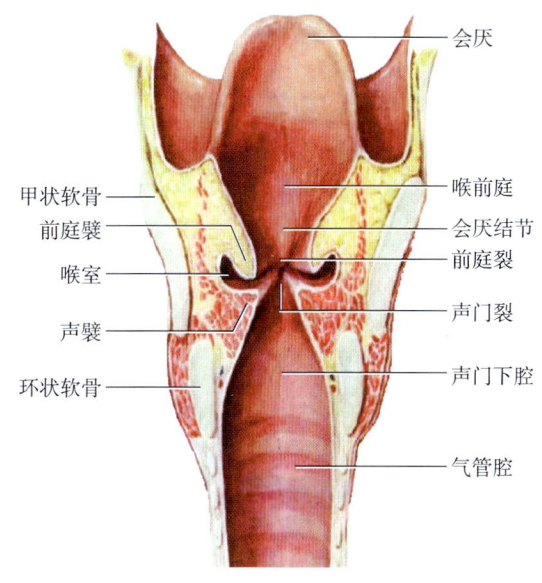

图 1-5-4 喉腔

## 四、气管和主支气管

**气管**和**主支气管**是连于喉和肺之间的管道，由 C 形的气管软骨环及连接各气管软骨环之间的结缔组织和平滑肌构成，内衬黏膜（图 1-5-5）。它们的后壁缺少软骨，由平滑肌和结缔组织构成的膜壁封闭。

1. **气管**（trachea） 位于食管前方，上端于第 6 颈椎下缘平面接环状软骨，经颈部正中，下行入胸腔。根据行程和位置，气管可分为颈、胸两部。气管在平对第 4 胸椎下缘处分为左、右主支气管，分叉处称**气管杈**。

2. **主支气管**（main bronchus） 位于气管杈与肺门之间，左右各一。左主支气管细长，走向较

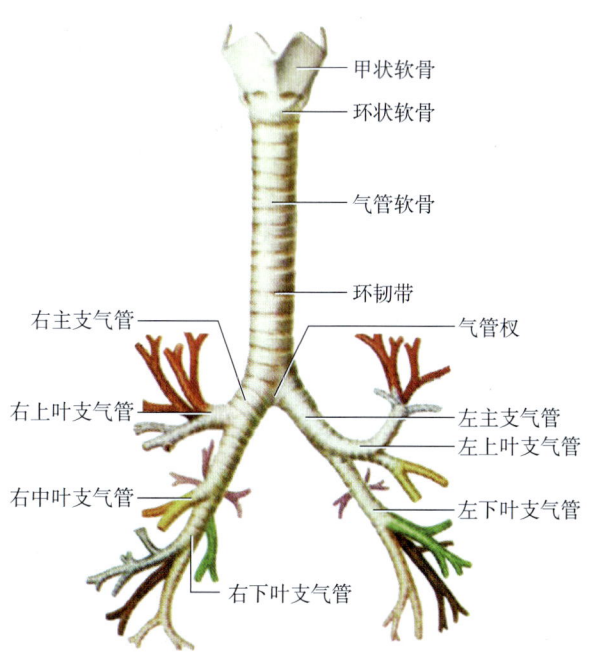

图 1-5-5 气管和主支气管

水平。右主支气管粗短，走向较垂直，故误吸入气管的异物多坠入右主支气管或右肺内。

## 第二节 肺

### 一、肺的位置和形态

📱 微课 1-5-1 肺的位置和形态

**肺**（lung）为呼吸系统最重要的器官，也是进行气体交换的场所。幼儿的肺呈淡红色，成人的肺因为吸入灰尘多为暗红色，老年人的肺则为蓝黑色。

📱 拓展阅读 1-5-1 中医学对肺的认识

肺位于胸腔内，纵隔的两侧，膈的上方，左右各一。肺近似半圆锥形，有一尖、一底、两面和三缘。肺尖圆钝，经胸廓上口突入颈根部。肺底邻接膈，又称膈面，稍向上凹。肋面邻接肋和肋间肌。内侧面朝向纵隔，其中部有一长圆形凹陷，称为**肺门**，为主支气管、肺血管、淋巴管和神经出入的部位。肺的**前缘**和**下缘**锐薄，而**后缘**钝圆。左肺前缘下部有**心切迹**。左肺由斜裂分为上、下 2 叶，右肺由斜裂和水平裂分为上、中、下 3 叶（图 1-5-6）。

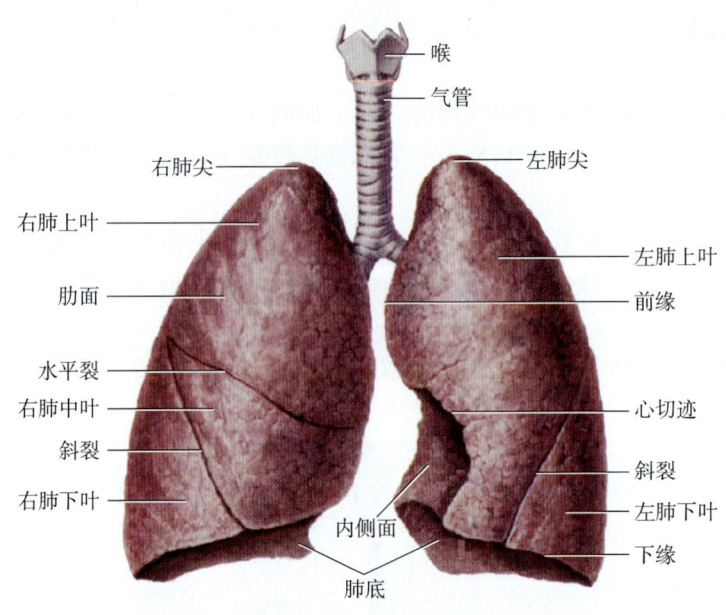

图 1-5-6　气管和肺

左、右主支气管从肺门入肺后首先分出**肺叶支气管**，肺叶支气管入肺叶后再分为**肺段支气管**，以后反复分支，越分越细，呈树枝状，故称为**支气管树**。支气管分支可达 23~25 级，最后连于肺泡。肺泡是进行气体交换的主要场所。

在肺门处，有两种血管进入肺内，其中肺动脉为肺的功能性血管，运送血液进入肺内，终止于肺泡表面的毛细血管，进行气体交换。支气管动脉为肺的营养性血管，输送营养物质入肺。

### 二、肺的组织结构

肺的表面覆以浆膜。肺组织分为实质和间质两部分，实质即肺内的各级支气管和肺泡等，间质为肺内的结缔组织、血管、淋巴管和神经等。肺内的叶支气管、段支气管、小支气管、细支气管和终末细支气管称为肺的导气部。终末细支气管以下为肺的呼吸部，包括呼吸性细支气管、肺泡管、肺泡囊和肺泡。每一个细支气管连同以下各级分支和肺泡组成一个**肺小叶**，呈锥体形，尖端朝向肺门，底朝向肺的表面（图 1-5-7）。

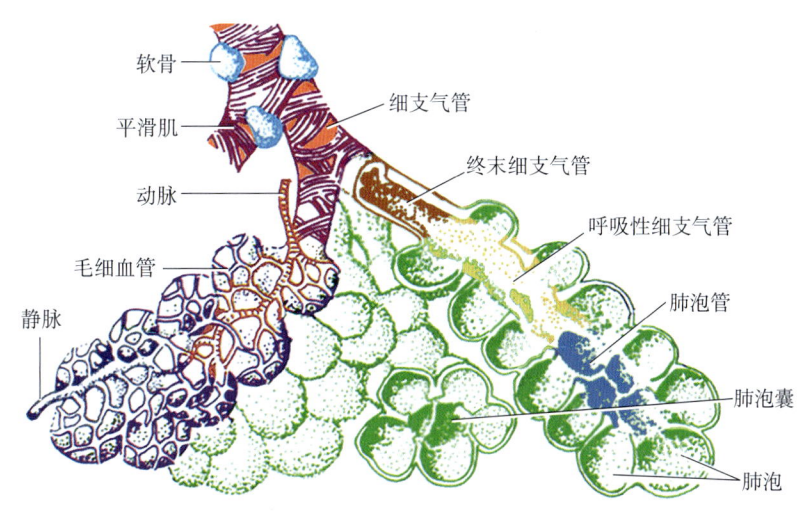

图 1-5-7　肺小叶模式图

### （一）肺的导气部

导气部是支气管进入肺内后连续性分支的气体通道。组成管壁的黏膜、黏膜下层和外膜，随着管道的不断分支，管径渐细，管壁渐薄，管壁结构也逐渐变化。细支气管和终末细支气管外膜的环行平滑肌，在自主（内脏）神经支配下收缩或舒张，以调节进入肺泡的气流量。在正常吸气时，平滑肌松弛，管腔扩大；呼气时，平滑肌收缩，管腔变小。在支气管哮喘等病理情况下，平滑肌发生痉挛性收缩，管径变窄，进出肺泡的气流量减少，导致呼吸困难。

### （二）肺的呼吸部

呼吸部的共同特点是都有肺泡开口，是肺组织完成气体交换的部位。

1. 呼吸性细支气管　是肺的导气部和呼吸部之间的过渡性管道。

2. 肺泡管　每个呼吸性细支气管分支成 2~3 个肺泡管。它是由许多肺泡围成的管道。

3. 肺泡囊　与肺泡管相连续，由众多肺泡围成，并且是若干肺泡的共同开口处。

4. 肺泡　为支气管树的终末部分，是进行气体交换的主要场所。肺泡壁薄，由单层肺泡上皮围成，有基膜（图 1-5-8）。每个肺有 3 亿~5 亿个肺泡。相邻肺泡之间仅隔以薄层结缔组织，即**肺泡隔**。

（1）肺泡上皮：由 I 型和 II 型两种肺泡细胞组成。

**I 型肺泡细胞**：细胞呈扁平形，表面光滑；细胞核为扁圆形，含核部分略厚，其余部分薄；胞质内细胞器少，有许多吞饮小泡。其主要作用

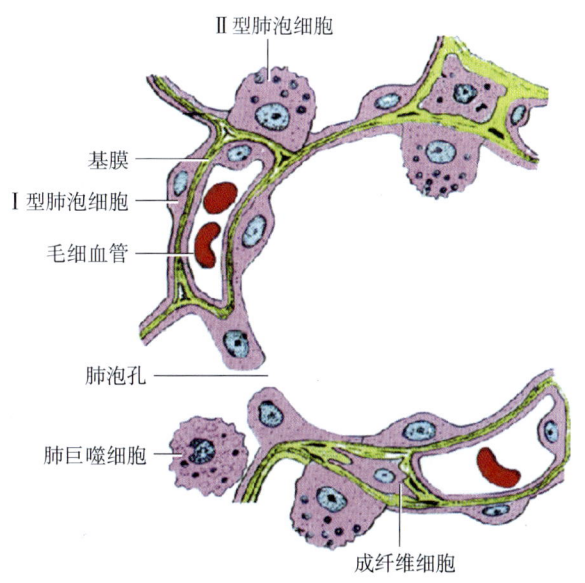

图 1-5-8　肺泡及肺泡孔模式图

是参与气体交换。

**Ⅱ型肺泡细胞**：细胞呈立方体或圆形，镶嵌于Ⅰ型肺泡细胞之间；细胞核为圆形；细胞质着色较浅，呈泡沫状。电镜下可观察到细胞游离面有少量的微绒毛，胞质内粗面内质网和高尔基复合体等细胞器发达，还有许多大小不一的分泌颗粒，颗粒内的物质进入肺泡腔，在肺泡上皮的表面铺展成一层薄膜，称为表面活性物质，可降低肺泡的表面张力和稳定肺泡大小。Ⅱ型肺泡细胞是一种分泌细胞，能分泌**肺表面活性物质**，还有分裂增殖并转化为Ⅰ型肺泡细胞的潜能。

（2）肺泡隔：由相邻两肺泡之间的薄层结缔组织构成，属于肺间质。内有丰富的连续型毛细血管网、弹性纤维和肺巨噬细胞等，有利于肺泡内 $O_2$ 与血液中的 $CO_2$ 进行气体交换。

（3）肺泡孔：相邻肺泡之间有小孔相通，每个肺泡可以有一个或多个肺泡孔，直径为 10~15 μm，是沟通相邻肺泡腔的通道。

（4）气-血屏障：是肺泡与血液间气体交换所通过的结构，又称呼吸膜。气-血屏障依次由下列结构组成：①肺泡内表面的液体层；②Ⅰ型肺泡细胞及其基膜；③薄层结缔组织；④毛细血管基膜与内皮。有些部位的肺泡上皮与毛细血管内皮之间没有结缔组织，两层基膜直接相贴而融合。气-血屏障厚 0.2~0.5 μm，有利于气体交换。

## 第三节　胸膜和纵隔

### 一、胸膜

**胸膜**（pleura）为被覆于胸廓内面及肺表面的浆膜，可分为脏、壁两层（图1-5-9）。**脏胸膜**被覆在肺的表面，与肺实质紧密结合，并伸入肺裂中，故又称**肺胸膜**。**壁胸膜**覆于胸壁内面、纵隔两侧和膈上面，可分为**胸膜顶**、**肋胸膜**、**膈胸膜**、**纵隔胸膜** 4 部分。胸膜的脏、壁两层在肺门周围相互移行，围成两个完全封闭的潜在性间隙，称为**胸膜腔**。胸膜腔内为负压，压力随呼吸运动而变化，是肺扩张的重要因素。腔内含有少量浆液，可减少呼吸时两层胸膜之间的摩擦。

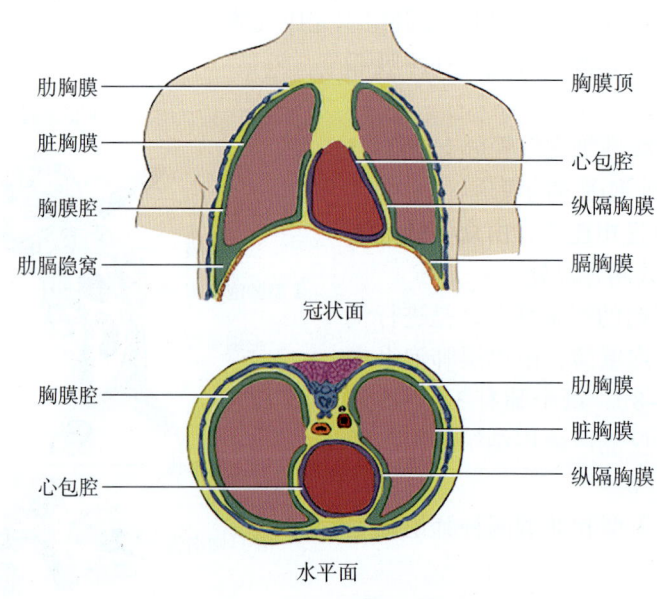

图 1-5-9　胸膜模式图

## 二、纵隔

纵隔（mediastinum）是左、右纵隔胸膜之间全部器官、结构和结缔组织的总称，呈矢状位，上窄下宽，且显著偏左，这是由于心偏左的缘故。它的前界为胸骨，后界为胸椎体，两侧界为纵隔胸膜，上界至胸廓上口，下界达膈。纵隔通常以胸骨角平面分为上纵隔和下纵隔。下纵隔又以心包为界分为前纵隔、中纵隔和后纵隔。前纵隔位于胸骨和心包前壁之间；后纵隔位于心包后壁与脊柱之间；中纵隔位于前、后纵隔之间，即相当于心包的位置（图1-5-10）。

上纵隔内主要含有胸腺、左右头臂静脉、上腔静脉、膈神经、迷走神经、喉返神经、主动脉弓及其三大分支、食管、气管、胸导管和淋巴结等。前纵隔仅含有少量结缔组织和淋巴结。中纵隔主要含有心包、心及出入心的大血管根部等。后纵隔内主要含有胸主动脉、奇静脉及其属支、主支气管、食管、胸导管、迷走神经、胸交感干和淋巴结等。

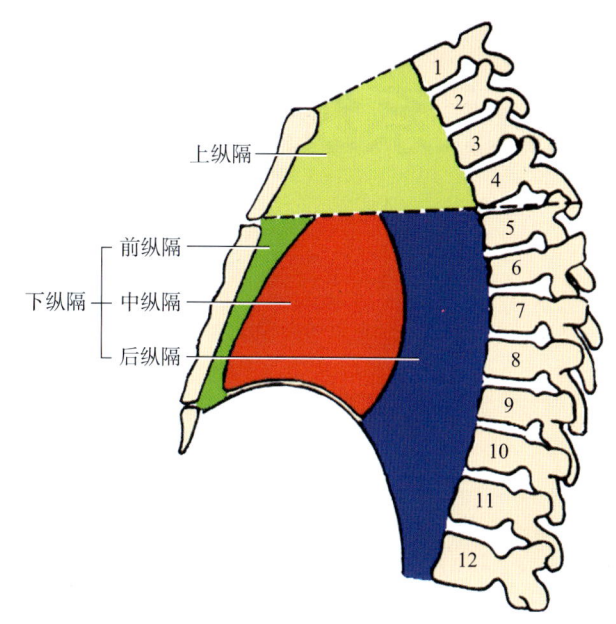

图1-5-10 纵隔的分部示意图

（唐中生）

### 思考题

1. 什么是上、下呼吸道？
2. 什么是鼻前庭和固有鼻腔？
3. 喉软骨有哪几种，各自有什么特点？
4. 喉腔是怎么形成的？有哪些结构？分为哪几个部分？
5. 肺位于何处？呈什么形状？分为哪些结构？
6. 什么是胸膜？分为哪几个部分？什么是胸膜腔？
7. 什么是纵隔？分为几个部分？各部分有哪些结构？

### 新形态教材网更多数字资源

思维导图　　教学课件　　微课　　自测题　　拓展阅读

# 第六章 泌尿系统

编者导学

**本章导航**
第一节 肾
第二节 输尿管、膀胱、尿道

**泌尿系统**（urinary system）由肾、输尿管、膀胱和尿道组成（图 1-6-1）。其主要功能是排出机体新陈代谢中产生的废物和多余的水，保持机体内环境的稳定。此外，肾还有内分泌功能。

## 第一节 肾

🅔 微课 1-6-1　肾的形态和结构

### 一、肾的位置和形态

（一）肾的形态

肾是实质性器官，左、右各一，形似蚕豆（图 1-6-2）。肾分上、下两端，前、后两面及内、外侧两缘。内侧缘中部凹陷称**肾门**（renal hilum），为肾的血管、神经、淋巴管及肾盂出入之门户。肾门诸结构被结缔组织包裹称**肾蒂**（renal pedicle）。由肾门伸入肾实质的腔称**肾窦**（renal sinus），为肾门出入的结构所占据。

（二）肾的位置

**肾**（kidney）位于脊柱两侧，腹后壁上部，属腹膜外位器官。因受肝的影响，左肾较右肾约高出一个椎间盘高度。左肾在第 11 胸椎体下缘至第 2 腰椎体下缘之间，右肾则在第 12 胸椎体上缘至第 3 腰椎体上缘之间。两肾上端相距较近，下端相距较远，左、右两肾的排列在前、后面观呈"八"字形。肾门约在第 1 腰椎体平面。肾门的体表投影点在竖脊肌外侧缘与第 12 肋的夹角处，称**肾区**（renal region），肾病患者肾区可出现压痛和叩击痛。

### 二、肾的大体结构

在肾的冠状切面，肾实质可分为浅表的肾皮质和深层的肾髓质。肾皮质新鲜标本为红褐色，富含

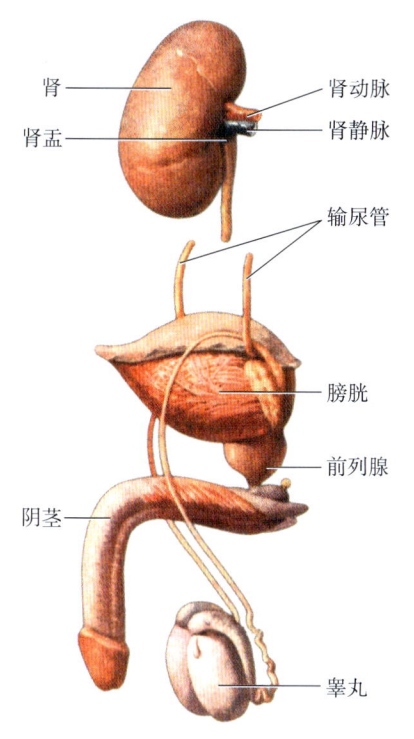

图 1-6-1　泌尿生殖系统模式图（男性）

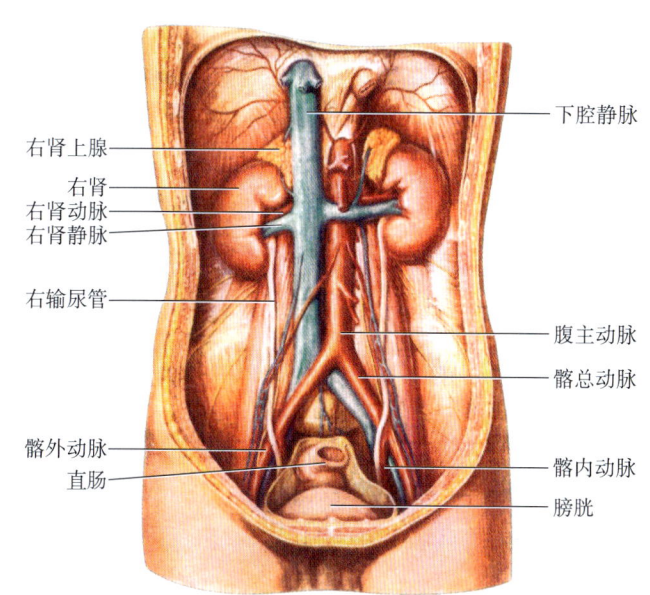

图 1-6-2　肾的位置（后面）

血管，可见许多红色点状细小颗粒。肾髓质色淡红，由 15～20 个圆锥形的**肾锥体**构成。肾锥体尖端钝圆伸向肾窦称**肾乳头**。伸入肾锥体之间的皮质称**肾柱**。2～3 个肾乳头合并突入漏斗形扁囊即**肾小盏**，2～3 个肾小盏合成一个**肾大盏**，2～3 个肾大盏汇合形成一个**肾盂**。肾盂离开肾门向下弯行逐渐变细与输尿管相移行（图 1-6-3）。

## 三、肾的组织结构

肾实质由大量肾单位和集合小管组成，其间有少量结缔组织、血管、淋巴管和神经等构成肾间质。

### （一）肾单位

**肾单位**（nephron）是尿液生成的结构和功能单位，由一个肾小体和一条肾小管构成，肾小管汇入集合管，与集合管共同行使泌尿功能。浅层皮质中的肾单位占总数的 85% 称**浅表肾单位**（皮质肾单位），在生成原尿中发挥主要作用；深层皮质中的肾单位占总数的 15% 称**髓旁肾单位**（近髓肾单位），在尿液浓缩中发挥主要作用（图 1-6-4）。

1. **肾小体**（renal corpuscle）　呈球形，由肾小球和肾小囊构成。肾小体有两极：微动脉出入的一端称血管极，对侧一端与近曲小管相连称尿极（图 1-6-5）。

（1）**肾小球**（renal glomerulus）：是由一条**入球微动脉**（afferent arteriole）（入球小动脉）从血管

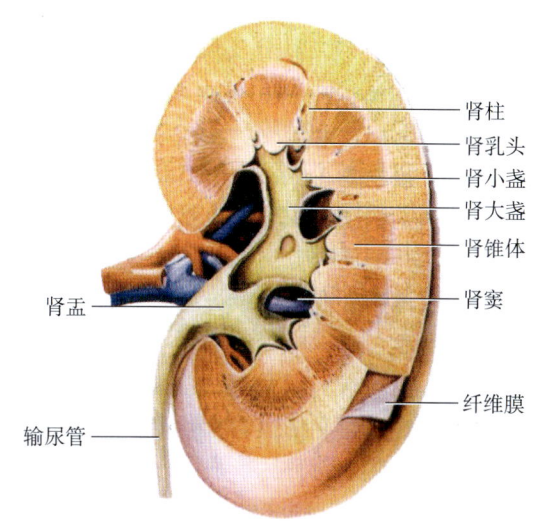

图 1-6-3　肾冠状剖面模式图

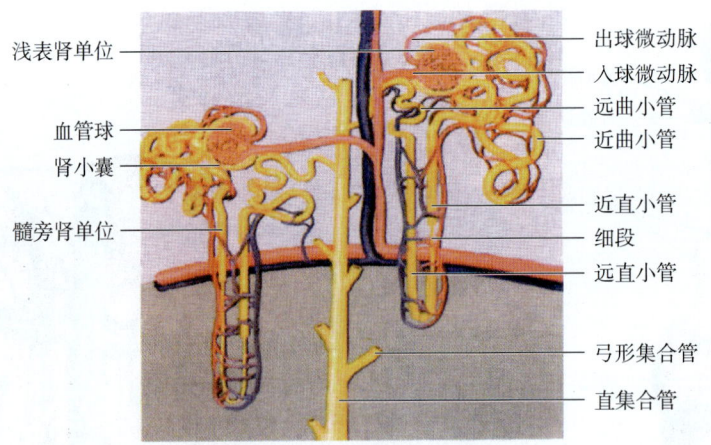

图 1-6-4　肾单位模式图

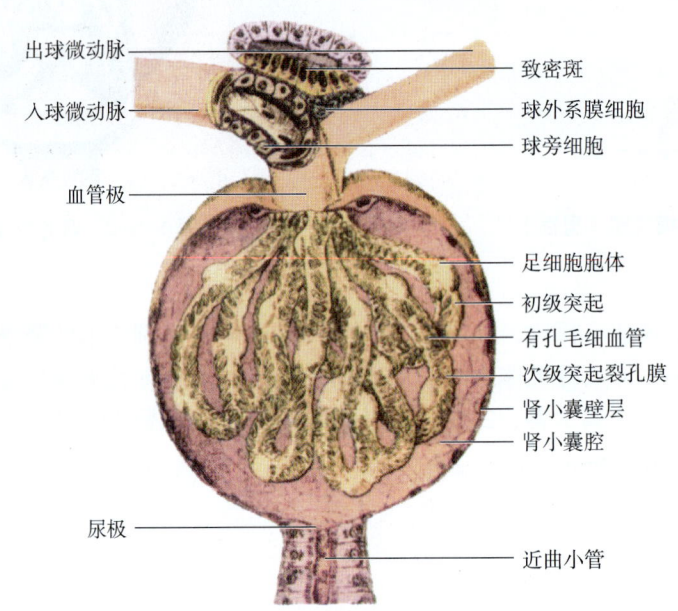

图 1-6-5　肾小体立体结构模式图

极进入肾小囊内,其分支反复袢状反折形成特殊的一团毛细血管袢,继而汇合再由一条**出球微动脉**（efferent arteriole）（出球小动脉）在血管极离开血管球。入球微动脉粗短,出球微动脉细长,形成高效的毛细血管滤过压。

（2）**肾小囊**（renal capsule）：为肾小管起始部膨大凹陷而成的杯状双层囊,分脏层和壁层。脏、壁两层间的狭窄腔隙称**肾小囊腔**,与近端小管相通。脏层由一层**足细胞**构成,足细胞胞体发出粗大的初级突起,继而再分出指状的次级突起,相邻的次级突起相互穿插成指状相嵌,形成栅栏状,包围在毛细血管基膜外面,次级突起间的裂孔膜参与滤过膜。壁层为单层扁平上皮,与近端小管的单层立方上皮相延续。

（3）滤过膜：又称**滤过屏障**（filtration barrier）,当血液流经血管球毛细血管时,血浆中的某些成分选择性通过毛细血管有孔内皮、基膜、足细胞次级突起裂孔膜滤入肾小囊腔形成原尿,这三层结构统称滤过膜。每日约形成 180 L 的原尿。

**2. 肾小管**（renal tubule）　为单层立方上皮性小管,近端接肾小囊,远端接**集合管**,分为近端小管（近曲小管、近直小管）、细段和远端小管（远直小管、远曲小管）。近直小管、细段和远直小管形成 U 形髓袢（肾单位袢），有重吸收原尿中大部分成分和分泌、排泄的作用。

### （二）集合管

**集合管**（collecting duct）可分为弓形集合管、直集合管和乳头管 3 段（图 1-6-4）。乳头管开口于乳头孔。集合管管壁由单层立方上皮过渡到单层柱状上皮。集合管有重吸收水、$Na^+$ 与排 $K^+$ 的功能，使原尿进一步浓缩。

### （三）球旁复合体

球旁复合体位于肾小体血管极，由球旁细胞、致密斑、球外系膜细胞组成（图 1-6-5）。**球旁细胞**是肾小体血管极处的入球微动脉管壁的上皮样细胞，胞内含分泌颗粒，能合成和释放肾素，促进远端小管保 $Na^+$ 排 $K^+$，升高血压。**致密斑**为远端小管靠近肾小体一侧的高柱状上皮细胞，排列紧密，形成一椭圆形的斑，能感受远端小管内 $Na^+$ 浓度变化，将信息传递给球旁细胞并促进其分泌肾素。**球外系膜细胞**位于致密斑、入球和出球微动脉组成的三角区内，起信息传递作用。

## 四、肾的被膜

肾的被膜分为 3 层，由内向外依次为纤维囊、脂肪囊和肾筋膜（图 1-6-6、图 1-6-7）。

### （一）纤维囊

**纤维囊**（fibrous capsule）为肾的固有膜，内含少量弹性纤维，薄而坚韧，被覆于肾的表面，易与肾实质分离。病理情况下，则与肾实质发生粘连，不易剥离。肾破裂修补术或肾部分切除时，需缝合此膜。

### （二）脂肪囊

**脂肪囊**（fatty renal capsule）又称肾床，为纤维囊外周的脂肪组织，包绕肾和肾上腺，在肾的后面和周缘处脂肪较多，并通过肾门与肾窦内的脂肪组织相连续。脂肪囊对肾起弹性垫的保护作用。肾囊封闭即将药物经腹后壁注入此囊内。

### （三）肾筋膜

**肾筋膜**（renal fascia）位于脂肪囊的外面，包被肾上腺和肾的周围，由它发出的一些结缔组织小梁穿脂肪囊与纤维囊相连，结缔组织小梁越接近下端越坚韧，是固定肾的主要结构。肾筋膜分为前、后两层，在肾的上方和外侧，两层互相融合。在肾的下方两层分离，其间有输尿管通过。在肾的

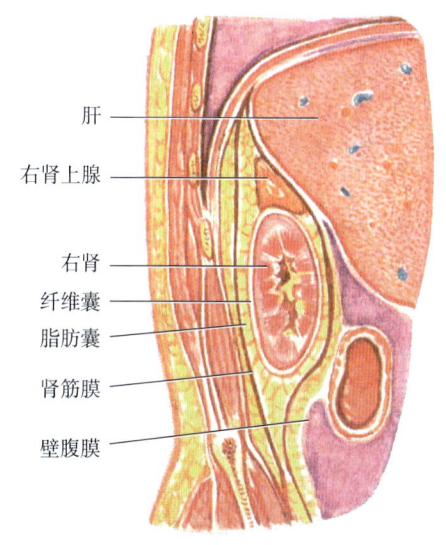

图 1-6-6　肾的被膜（右肾矢状切面，右侧面观）

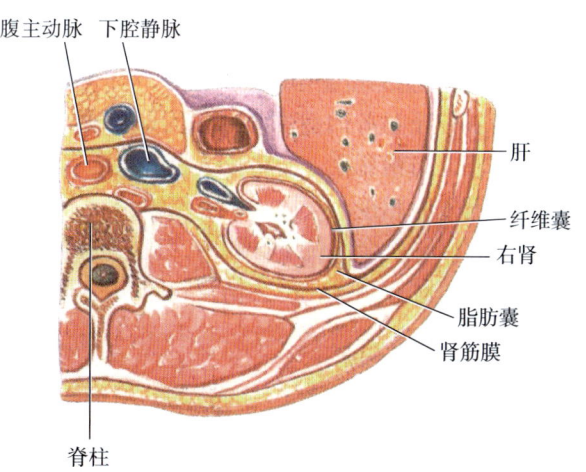

图 1-6-7　肾的被膜（平第 1 腰椎水平切面观）

内侧，前层延续至腹主动脉与下腔静脉的前面，与对侧肾筋膜前层相连续，后层与腰大肌筋膜融合。由于肾筋膜下方完全开放，当腹壁肌的力量减弱、肾周脂肪少、肾的固定结构薄弱时，可产生肾下垂或游走肾。

## 第二节　输尿管、膀胱、尿道

### 一、输尿管

**输尿管**（ureter）是一对扁而细长的肌性管道（图 1-6-1、图 1-6-2），长约 25 cm，属于腹膜外位器官。根据行程全长分 3 部：①输尿管腹部，起自肾盂，经腰大肌前面下行达骨盆入口即跨过髂血管处；②输尿管盆部，经盆腔侧壁走向前内下至膀胱底外上角向内下穿入膀胱壁；③输尿管壁内部，斜行穿经膀胱壁开口于输尿管口，终于膀胱。输尿管全程有 3 处狭窄：上狭窄位于肾盂输尿管移行处，中狭窄位于跨过髂血管处，下狭窄位于膀胱壁内部。狭窄部位是结石易于滞留的地方。结石滞留出现绞痛和血尿症状，常并发梗阻和感染，应尽早解除病痛，保护肾功能。

### 二、膀胱

**膀胱**（urinary bladder）是储存尿液的肌性囊状器官，其形状、大小、位置和壁的厚度随尿液充盈程度而异。一般正常成年人的膀胱容量为 350～500 mL，最大容量为 800 mL。

#### （一）膀胱的形态、分部

膀胱空虚时呈三棱锥体形，充盈时呈卵圆形，分尖、体、底和颈四部。膀胱尖细小朝向前上方，膀胱后面膨大朝向后下方，称膀胱底，尖与底之间为膀胱体，膀胱的最下部称膀胱颈。膀胱颈的下端有一开口称尿道内口，通向尿道（图 1-6-8）。

在膀胱底内面，有一个呈三角形的区域，位于左、右输尿管口和尿道内口之间，此处膀胱黏膜与肌层紧密连接，缺少黏膜下层组织，无论膀胱充盈或收缩，始终保持平滑状态而无黏膜皱襞，称**膀胱三角**（trigone of bladder）（图 1-6-9），是肿瘤、结核和炎症的好发部位。

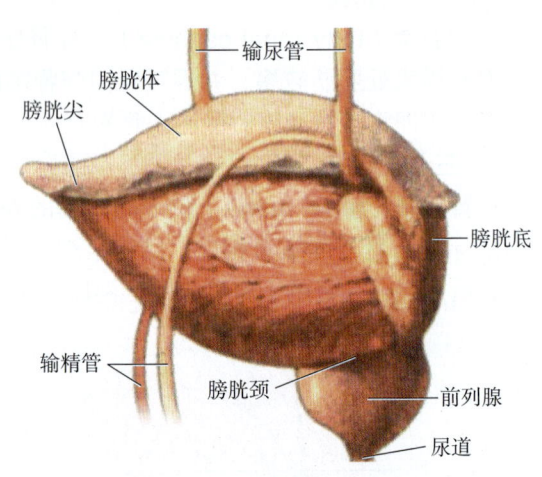

图 1-6-8　膀胱侧面（男性）

#### （二）膀胱的位置与毗邻

膀胱位于盆腔的前部，前方为耻骨联合。膀胱后方在男性，与精囊腺、输精管壶腹和直肠相毗邻；在女性，与子宫颈和阴道相贴。膀胱下方的膀胱颈男性与前列腺相接，女性与尿生殖膈相接。

空虚时膀胱全部位于盆腔内，充盈时膀胱腹膜返折线可上移至耻骨联合上方，此时，可在耻骨联合上方行膀胱穿刺术，不会伤及腹膜和污染腹膜腔。

### 三、女性尿道

**女性尿道**（female urethra）起自尿道内口，开口于阴道前庭的尿道外口，长 3～5 cm，直径约 0.6 cm。女性尿道较男性尿道短、宽而直，故易发生逆行性尿路感染。男性尿道见上篇解剖学部分

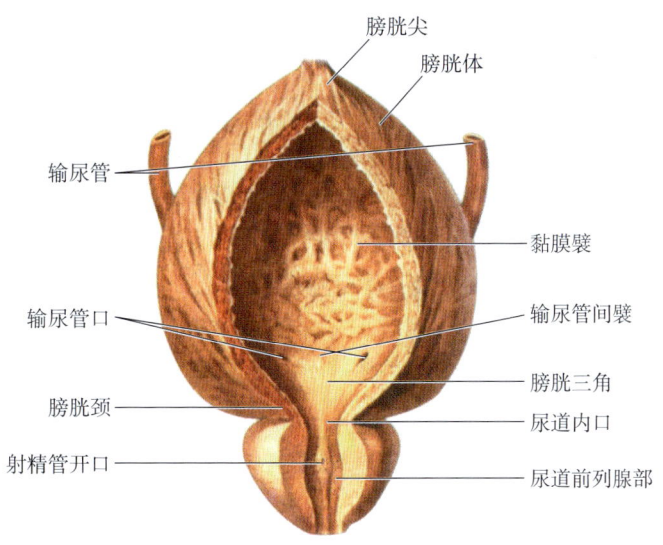

图 1-6-9　膀胱冠状面（内面，男性）

第七章第一节男性生殖系统。

（张义伟）

## 思考题

1. 膀胱三角位于什么部位？有什么特点？
2. 输尿管分几部？有几处狭窄？各位于何处？
3. 肾冠状剖面能见到哪些结构？

## 新形态教材网更多数字资源

思维导图　　教学课件　　微课　　自测题　　思政元素

# 第七章 生殖系统

编者导学

**本章导航**
第一节 男性生殖系统
第二节 女性生殖系统
附　会阴、乳房 📎

生殖系统（reproductive system）包括男性生殖系统和女性生殖系统。二者均由**内生殖器**（internal genital organs）和**外生殖器**（external genital organs）两部分构成。内生殖器由生殖腺、生殖管道和附属腺组成，外生殖器则以两性交媾器官为主。生殖系统的功能是繁殖后代和形成并保持第二性征。

## 第一节　男性生殖系统

男性内生殖器由生殖腺（睾丸）、输精管道（附睾、输精管、射精管、男性尿道）和附属腺（精囊、前列腺、尿道球腺）组成。睾丸产生精子和分泌男性激素，精子先贮存于附睾内，当射精时经输精管、射精管和尿道排出体外。精囊、前列腺和尿道球腺的分泌物参与精液的组成，并供给精子营养，有利于精子的活动。男性外生殖器为阴茎和阴囊，前者是男性交媾器官，后者容纳睾丸和附睾（图 1-7-1）。

📎 微课 1-7-1　男性内生殖器

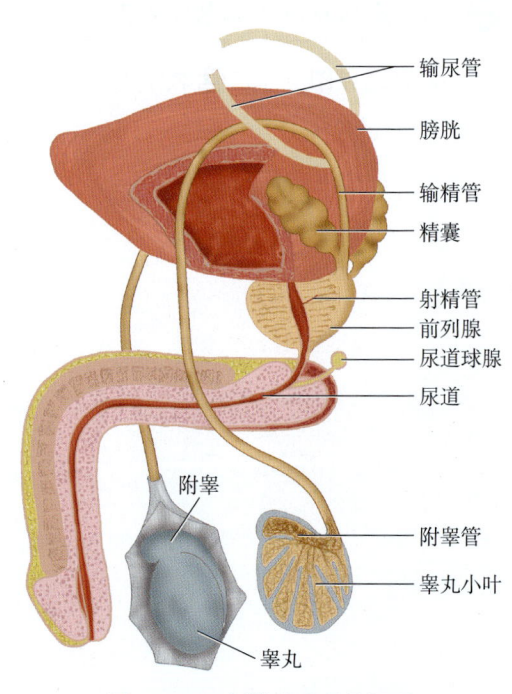
图 1-7-1　男性生殖系统概观

### 一、内生殖器

#### （一）睾丸

**睾丸**（testis）位于阴囊内，左、右各一，一般左侧略低于右侧。睾丸呈微扁的椭圆形，表面光滑，分前、后两缘，上、下两端和内、外侧两面。前缘游离，后缘有血管、神经和淋巴管出入，并与附睾和输精管睾丸部相接触。上端被附睾头遮盖，下端游离。外侧面较隆凸，与阴囊壁相贴；内侧面较平坦，与阴囊中隔相依。睾丸在胚胎发育的下降过程中如滞留在腹部或腹股沟管等处，称为隐睾。

睾丸表面有一层坚韧的白膜。白膜在睾丸后缘增厚，并突入睾丸内形成睾丸纵隔。从纵隔发出许多睾丸小隔，呈扇形伸入睾丸实质并与白膜相连，它们将睾丸实质分为100~200个锥体形的睾丸小叶。每个小叶内含有2~4条盘曲的**精曲小管**（contorted seminiferous tubules），其管壁较厚，主要由生精上皮构成，上皮能产生精子。小管之间的结缔组织内有分泌男性激素的间质细胞。精曲小管向睾丸纵隔方向集中并汇合成**精直小管**（straight seminiferous tubules），进入睾丸纵隔后交织成**睾丸网**（rete testis）。从睾丸网发出12~15条**睾丸输出小管**（efferent ductule of testis），出睾丸后缘的上部进入附睾（图1-7-2）。

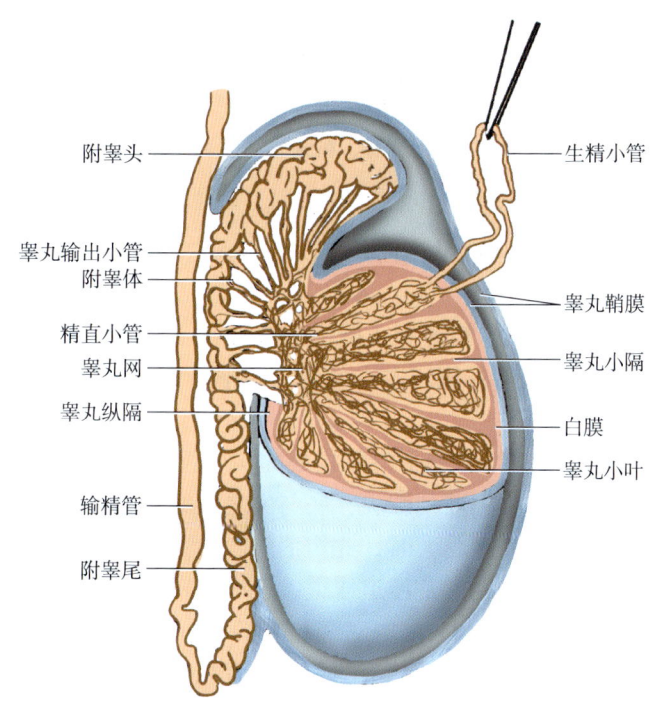

图1-7-2 睾丸和附睾的结构

### （二）附睾

**附睾**（epididymis）呈新月形，紧贴睾丸的上端和后缘而略偏向外侧。上端膨大为附睾头，中部为附睾体，下端为附睾尾。睾丸输出小管进入附睾后，弯曲盘绕形成膨大的附睾头，附睾尾返折弯向上移行为输精管（图1-7-2）。附睾可暂时储存精子，并分泌附睾液营养精子，促进精子进一步成熟。

### （三）输精管和射精管

**输精管**（duct deferent）是附睾尾的直接延续，长约50 cm。输精管按行程可分为4部：睾丸部，最短，较弯曲，始于附睾尾，沿睾丸后缘上行至睾丸上端；精索部，介于睾丸上端与腹股沟管浅环之间，又称皮下部，易于触及；腹股沟管部，位于腹股沟管的精索内；盆部，最长，由腹股沟管深环离开腹股沟管，沿盆腔侧壁行向后下，经输尿管末端的前内方转至膀胱底的后面，在此两侧输精管逐渐接近，并膨大成**输精管壶腹**（ampulla of deferent duct），末端变细，与精囊的排泄管汇合成**射精管**（ejaculatory duct）。射精管长约2 cm，向前下穿前列腺实质，开口于尿道的前列腺部（图1-7-3）。

**精索**（spermatic cord）为柔软的圆索状结构，从腹股沟管深环穿经腹股沟管，出腹股沟管浅环后延至睾丸上端。精索内主要有输精管、睾丸血管、输精管血管、神经、淋巴管和腹膜鞘突的残余

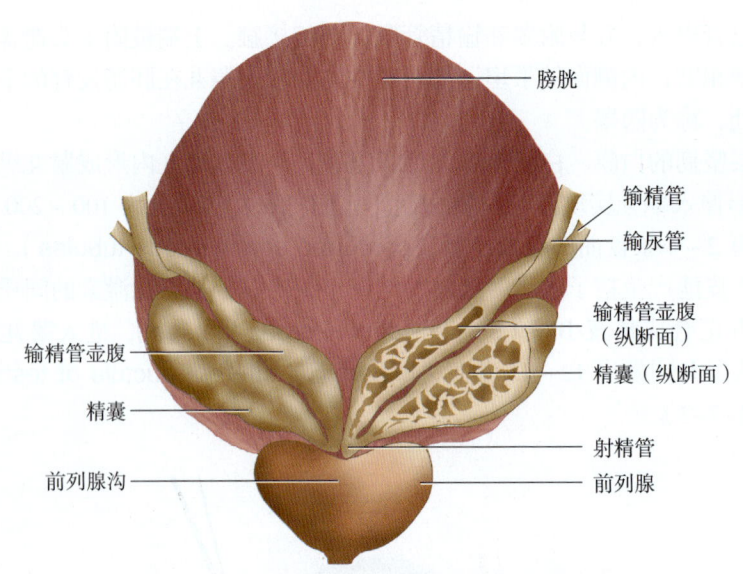

图 1-7-3　前列腺、精囊的位置（后面观）

（鞘韧带）等。精索表面包有 3 层被膜，从内向外依次为精索内筋膜、提睾肌和精索外筋膜。

（四）附属腺

1. 精囊（seminal vesicle）　又称精囊腺（图 1-7-3），为长椭圆形的囊状器官，表面凹凸不平，位于膀胱底的后方，输精管壶腹的下外侧，左右各一，其排泄管与输精管壶腹的末端汇合成射精管。精囊的分泌物参与精液的组成。

2. 前列腺（prostate）　是由腺组织和平滑肌构成的实质性器官，呈前后稍扁的板栗形。前列腺上端宽大称为前列腺底，下端尖细称为前列腺尖，底与尖之间的部分为前列腺体。体的后面平坦，中间有一纵行浅沟，称前列腺沟。前列腺肥大时，此沟消失。男性尿道在前列腺底近前缘处穿入前列腺即为尿道的前列腺部。老年人前列腺肥大常压迫尿道，造成排尿困难。

3. 尿道球腺（bulbourethral gland）　是一对豌豆大的球形腺体，位于会阴深横肌内。腺的排泄管开口于尿道球部。尿道球腺的分泌物参加精液的组成，有利于精子的活动。

**精液**（semen）由输精管道及附属腺，特别是前列腺和精囊的分泌物组成，内含精子。精液呈乳白色，弱碱性，适于精子的生存和活动。正常成年男性一次射精 2～5 mL，含精子 3 亿～5 亿个。

## 二、外生殖器

（一）阴囊

**阴囊**（scrotum）是位于阴茎后下方的囊袋状结构，被阴囊中隔分为左、右两腔，分别容纳左、右睾丸、附睾及部分精索等。阴囊壁由皮肤和肉膜组成（图 1-7-4），肉膜含有平滑肌纤维，可随外界温度的变化而舒缩，以调节阴囊内的温度，有利于精子的发育与生存。阴囊深面由浅入深依次为精索外筋膜、提睾肌、精索内筋膜、睾丸鞘膜。睾丸鞘膜分为壁层和脏层，两层互相返折移行，之间的腔隙为鞘膜腔，内有少量浆液。若腹膜鞘突上部闭锁不全或鞘膜腔感染而发炎时，可形成鞘膜积液。

（二）阴茎

**阴茎**（penis）为男性的性交器官，由前向后可分为头、体和根 3 部分。阴茎头的尖端有**尿道外口**（external orifice of urethra），头后较细的部分称阴茎颈。阴茎主要由 2 条**阴茎海绵体**（cavernous body of penis）和 1 条**尿道海绵体**（cavernous body of urethra）组成，外包筋膜和皮肤（图 1-7-5）。

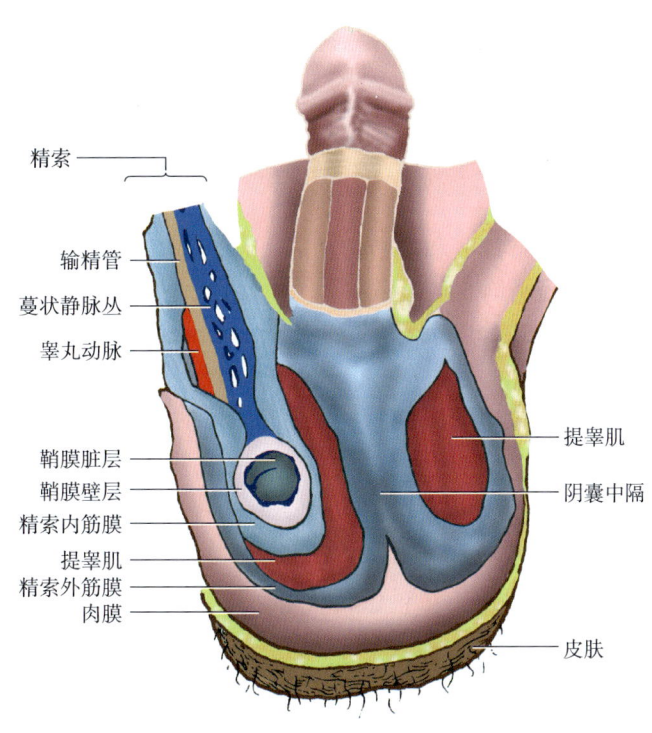

图 1-7-4 阴囊的结构

阴茎海绵体位于背侧，左、右各一，后端左、右分离，称阴茎脚，附于两侧的耻骨下支和坐骨支。尿道海绵体位于腹侧，尿道贯穿其全长。尿道海绵体前端膨大为阴茎头，后端膨大为**尿道球**（bulb of urethra）。海绵体内部由许多海绵体小梁和腔隙构成，腔隙与血管相通。当腔隙充血时，阴茎即变粗变硬而勃起。阴茎的皮肤在阴茎颈的前方形成双层游离的环形皱襞，包绕阴茎头，称为**阴茎包皮**

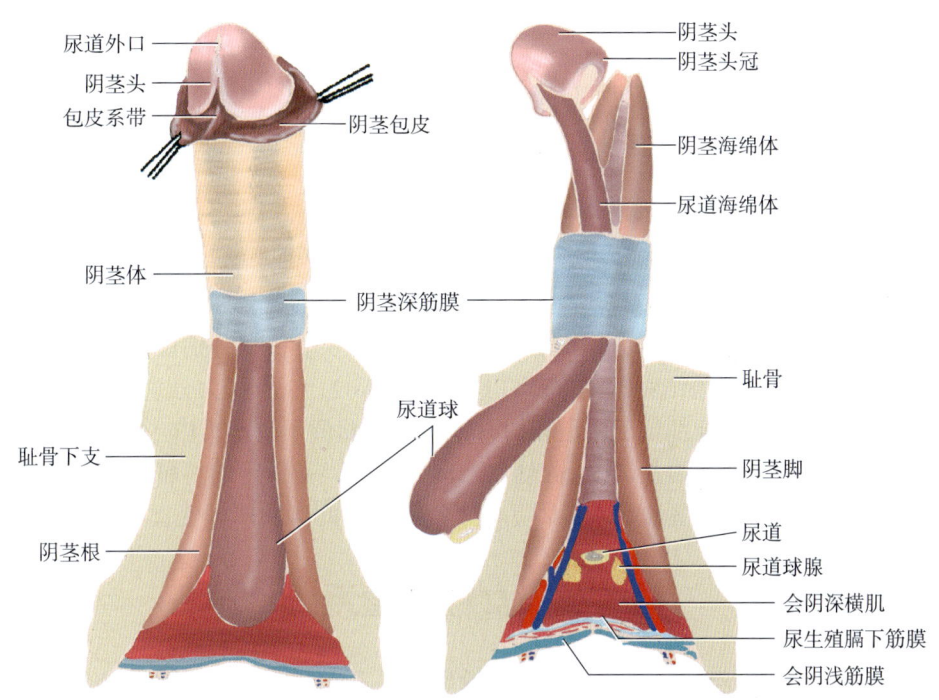

图 1-7-5 阴茎的结构

(prepuce of penis)。包皮前端围成包皮口。阴茎包皮与阴茎头的腹侧中线处连有一条皮肤皱襞，称包皮系带。

### 三、男性尿道

**男性尿道**（male urethra）兼有排尿和排精的功能。起自膀胱的尿道内口，止于阴茎头的尿道外口，成人尿道长 16～22 cm，管径平均 5～7 mm。

男性尿道可分为**前列腺部**（prostatic part）、**膜部**（membranous part）和**海绵体部**（cavernous part）3 部分（图 1-7-6）。前列腺部为尿道穿过前列腺的部分，长约 3 cm。膜部为尿道穿过尿生殖膈的部分，长约 1.5 cm，是 3 部分中最短的部分，其周围有尿道括约肌环绕。海绵体部为尿道穿过尿道海绵体的部分，是尿道最长的一段。

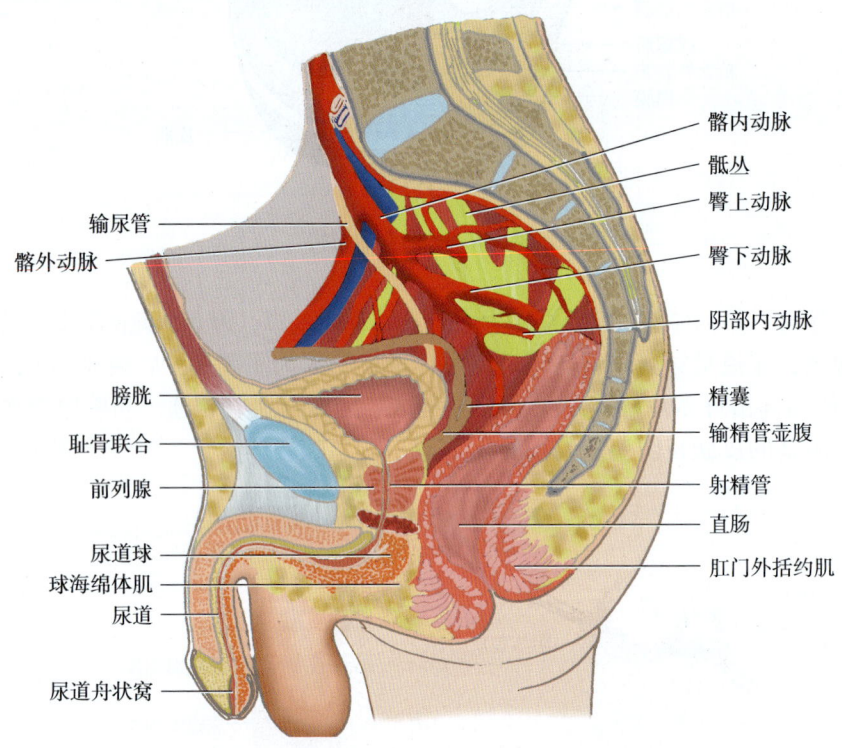

图 1-7-6　男性盆腔正中矢状切面（示尿道的形态）

男性尿道粗细不一，有 3 个狭窄、3 个膨大和 2 个弯曲。3 个狭窄分别位于尿道内口、尿道膜部和尿道外口，以外口最窄。尿道结石常易嵌顿在这些狭窄部位。3 个膨大分别位于尿道的前列腺部、尿道球部和尿道舟状窝。尿道球部位于尿道球内，尿道舟状窝位于阴茎头内。2 个弯曲是耻骨下弯和耻骨前弯。耻骨下弯位于耻骨联合下方 2 cm 处，凸向下后方，是恒定的。耻骨前弯位于耻骨联合前下方，阴茎根与阴茎体之间，阴茎勃起或将阴茎向上提起时，此弯曲即可变直而消失。

## 第二节　女性生殖系统

女性内生殖器由生殖腺（卵巢）、输送管道（输卵管、子宫和阴道）及附属腺（前庭大腺）组成（图 1-7-7）。外生殖器即女阴。卵巢产生的卵子成熟后，排至腹膜腔，经输卵管腹腔口进入输卵管，

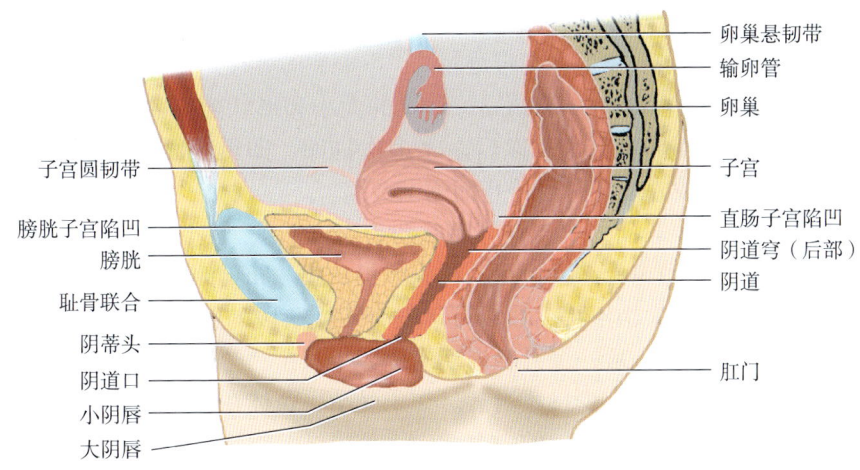

图 1-7-7 女性盆腔正中矢状切面

在输卵管内受精后移至子宫，植入子宫内膜，发育成胎儿。分娩时，胎儿由子宫口经阴道娩出。

## 一、内生殖器

微课 1-7-2 女性内生殖器

### （一）卵巢

1. **卵巢的位置和形态** 卵巢（ovary）是女性生殖腺，左右各一，位于盆腔内，贴靠小骨盆侧壁相当于髂内、外动脉的夹角处的卵巢窝（图 1-7-7、图 1-7-8）。卵巢呈扁卵圆形，可分为内、外侧两面，前、后两缘和上、下两端。外侧面与卵巢窝相依，内侧面朝向盆腔。后缘游离，称卵巢独立缘；前缘借卵巢系膜连于子宫阔韧带，称卵巢系膜缘，其中部有血管、神经等出入，称卵巢门；上端

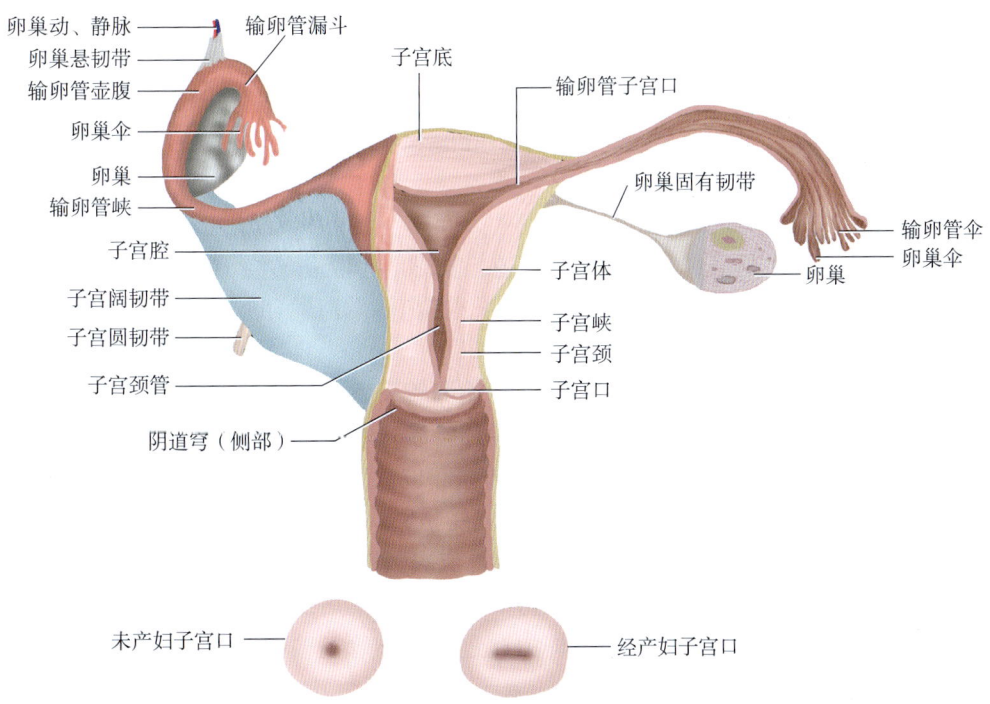

图 1-7-8 女性内生殖器

与输卵管伞相接触,又称输卵管端,并有卵巢悬韧带相连;下端借卵巢固有韧带连于子宫,又称子宫端。卵巢在盆腔内的正常位置主要靠上述韧带维持。

成年女子的卵巢大小约 4 cm×3 cm×1 cm。卵巢的大小和形状随年龄增长呈现差异:幼女的卵巢较小,表面光滑;性成熟期卵巢最大,以后由于多次排卵,卵巢表面出现瘢痕,显得凹凸不平;35~40 岁卵巢开始缩小;50 岁左右随月经停止而逐渐萎缩。

**2. 卵巢的微细结构** 卵巢表面的上皮在胚胎时期为立方上皮,是卵细胞的生发处,成年后变为扁平上皮。上皮的深面为一层致密的结缔组织,称为卵巢**白膜**。卵巢的实质分为浅层的皮质和深层的髓质(图 1-7-9)。皮质内含有大小不等、数以万计发育不同阶段的**卵泡**。成熟的卵泡经卵巢表面以破溃的方式将卵子排至腹膜腔。一般一个月经周期两侧卵巢只排一个卵子。排出卵细胞后的卵泡形成**黄体**,黄体能分泌孕酮(黄体酮)和少量雌激素。如未受孕,黄体在 2 周后开始退化,逐渐被结缔组织代替,形成白体。卵巢的髓质位于卵巢的中央部,由疏松结缔组织、血管、淋巴管和神经等组成。

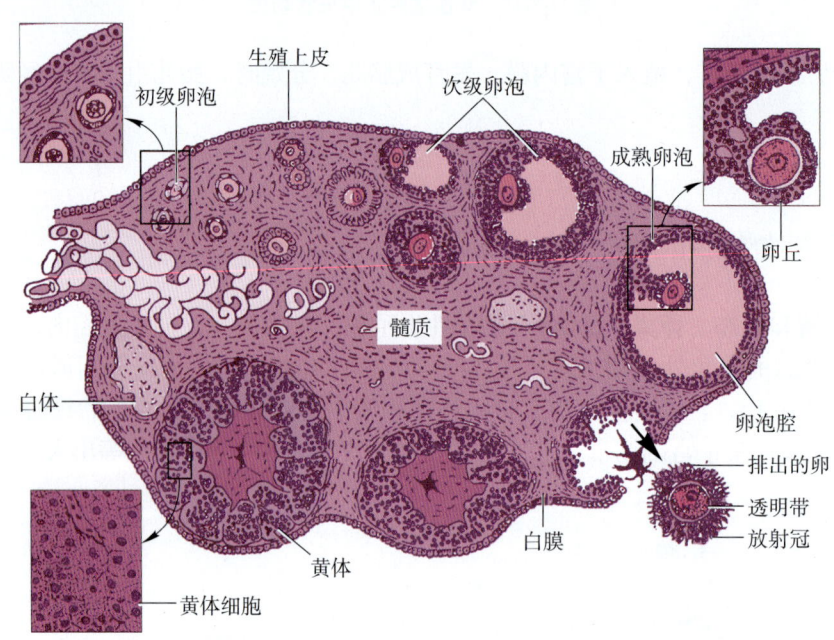

图 1-7-9 卵巢组织结构模式图

### (二)输卵管

**输卵管**(uterine tube)是输送卵子的肌性管道,长 10~14 cm,左、右各一,由卵巢上端连于子宫底的两侧(图 1-7-8),位于子宫阔韧带的上缘内。其内侧端以输卵管子宫口与子宫腔相通,外侧端以输卵管腹腔口开口于腹膜腔。

输卵管较为弯曲,由内侧向外侧分为 4 部。①**输卵管子宫部**:为输卵管穿过子宫壁的部分,直径最细,约 1 mm,以输卵管子宫口通子宫腔。②**输卵管峡**:短而直,管腔狭窄,壁较厚,血管较少,水平向外移行为壶腹部。峡部是输卵管结扎术的常选部位。③**输卵管壶腹**:约占输卵管全长的 2/3,粗而弯曲,血管丰富,卵子通常在此部与精子结合成受精卵,经输卵管子宫口入子宫,植入子宫内膜中发育成胎儿。若受精卵未能迁移入子宫而在输卵管或腹膜腔内发育,即异位妊娠。④**输卵管漏斗**:为输卵管外侧端呈漏斗状膨大的部分,向后下弯曲覆盖在卵巢后缘和内侧面。漏斗末端的中央有输卵管腹腔口开口于腹膜腔,卵巢排出的卵子即由此进入输卵管。输卵管腹腔口周围,输卵管末端的边缘形成许多细长的指状突起,称为**输卵管伞**,盖于卵巢表面,其中一条较大的突起连于卵巢,称卵巢伞。

## （三）子宫

**子宫**（uterus）是壁厚腔小的肌性器官（图1-7-7、图1-7-8），胎儿在此发育生长。

**1. 子宫的形态** 成人未孕子宫呈前后稍扁，倒置的梨形，长7～9 cm，最宽径4～5 cm，壁厚2～3 cm。子宫分为底、体、颈3部。**子宫底**（fundus of uterus）为输卵管子宫口以上的部分，宽而圆凸。**子宫颈**（neck of uterus）为下端较窄而呈圆柱状的部分，由突入阴道的子宫颈阴道部和阴道以上的子宫颈阴道上部组成。子宫底与子宫颈之间为**子宫体**（body of uterus）。子宫与输卵管相接处称子宫角。子宫体与子宫颈移行部之间较为狭细的长约1 cm部分称**子宫峡**（isthmus of uterus），非妊娠时不明显；妊娠期，子宫峡逐渐伸展变长，形成"子宫下段"。

子宫内的腔隙较为狭窄，可分为上部的**子宫腔**（cavity of uterus）和下部的**子宫颈管**（canal of cervix of uterus）两部分。子宫腔在子宫体内，呈底在上，前后略扁的三角形。子宫颈管在子宫颈内，呈梭形，上口通子宫腔，下口称**子宫口**（orifice of uterus），通阴道。

**2. 子宫的位置和固定装置** 子宫位于小骨盆中央，膀胱与直肠之间，下端接阴道，两侧有输卵管和卵巢。当膀胱空虚时，成人子宫呈轻度的前倾前屈位。前倾指整个子宫向前倾斜，子宫的长轴与阴道的长轴形成一个向前开放的钝角，稍大于90°。前屈指子宫体与子宫颈之间形成的一个向前开放的钝角，约为170°。子宫有较大的活动性，膀胱和直肠的充盈程度都可影响子宫的位置。

子宫借韧带、阴道、尿生殖膈和盆底肌等维持其正常位置。子宫的韧带有子宫阔韧带、子宫圆韧带、子宫主韧带、子宫骶韧带。如果子宫的固定装置薄弱或受损伤，可导致子宫位置异常。如子宫口低于坐骨棘平面，甚至脱出阴道，则形成子宫脱垂。

**3. 子宫壁的构造** 子宫壁由内向外可分为3层（图1-7-10）。内层为黏膜层，又称为子宫内膜。子宫内膜可分为功能层和基底层，具有周期性变化。中层由强厚的平滑肌和少量纤维组织构成。外层最薄，为浆膜，是腹膜的脏层。

## （四）阴道

**阴道**（vagina）为连接子宫和外生殖器的肌性管道，是女性的性交器官，也是排出月经和娩出胎儿的管道，富于伸展性。阴道的长轴由后上方伸向前下方，下端以**阴道口**（vaginal orifice）开口于阴道前庭，处女的阴道口周围有处女膜附着。阴道的上端包绕子宫颈阴道部，两者之间的环形凹陷称**阴道穹**（fornix of vagina）。阴道穹分为前部、后部和两侧部，以阴道穹后部最深，其后上方即为**直肠子宫陷凹**（图1-7-7）。临床上可经阴道穹后部穿刺以引流直肠子宫陷凹内的积液。

## （五）前庭大腺

**前庭大腺**（greater vestibular gland）形如豌豆，位于前庭球后端的深面，其导管向内侧开口于阴道口两侧的阴道前庭内，分泌液有润滑阴道口的作用。如因炎症导致导管阻塞，可形成前庭大腺囊肿。

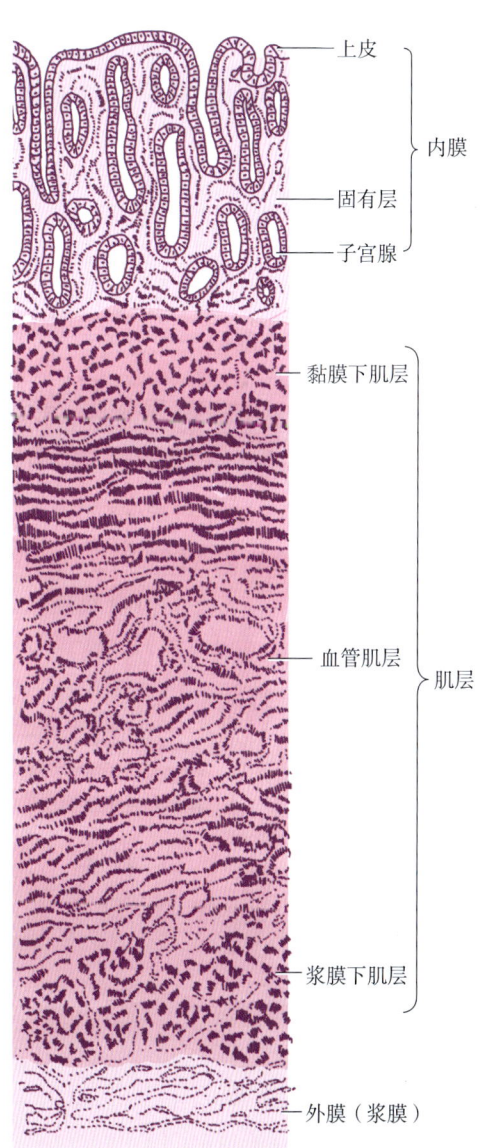

图1-7-10 子宫壁组织结构模式图

## 二、外生殖器

女性外生殖器即**女阴**（female pudendum）（图 1-7-11），包括以下结构。

### （一）阴阜

**阴阜**（mons pubis）为耻骨联合前方的皮肤隆起，皮下富有脂肪。性成熟期以后，生有阴毛。

### （二）大阴唇

**大阴唇**（greater lip of pudendum）为一对纵长隆起的皮肤皱襞。大阴唇的前端和后端左右互相连合，形成唇前连合和唇后连合。

### （三）小阴唇

**小阴唇**（lesser lip of pudendum）位于大阴唇的内侧，为一对较薄的皮肤皱襞，表面光滑无毛。其前端各形成两个小皱襞，外侧的在阴蒂上方与对侧相连形成阴蒂包皮，内侧的在阴蒂后下方左、右两侧结合，形成阴蒂系带；后端两侧互相会合，形成阴唇系带。

### （四）阴道前庭

**阴道前庭**（vaginal vestibule）是位于两侧小阴唇之间的裂隙。阴道前庭的前部有尿道外口，后部有阴道口，阴道口两侧各有一个前庭大腺导管的开口。

### （五）阴蒂

**阴蒂**（clitoris）由两个阴蒂海绵体组成，分脚、体、头3部。阴蒂脚附着于耻骨下支和坐骨支，向前与对侧的阴蒂脚汇合形成阴蒂体。阴蒂头露于表面，含有丰富的神经末梢。

### （六）前庭球

**前庭球**（bulb of vestibule）相当于男性的尿道海绵体，呈马蹄铁形，分为较细小的中间部和较大的外侧部。中间部位于尿道外口与阴蒂体之间的皮下，外侧部位于大阴唇的皮下。

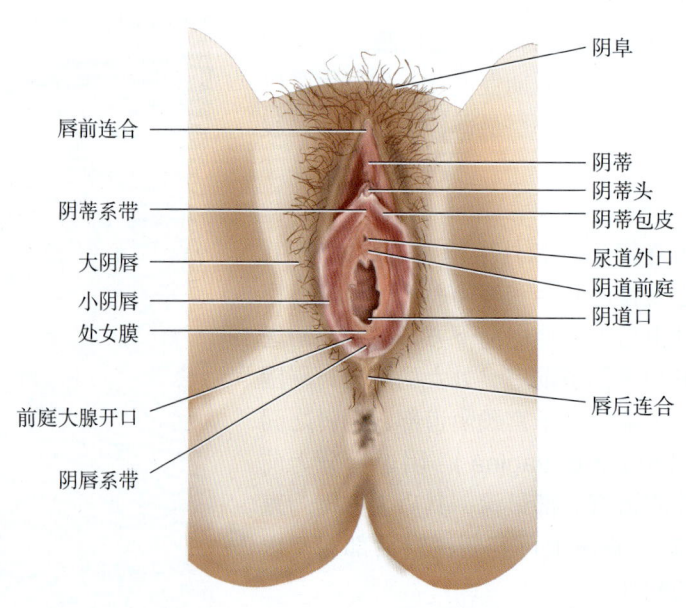

图 1-7-11　女性外生殖器

## 附　会阴、乳房

（刘　真）

### 思考题

1. 男性生殖系统和女性生殖系统分别是由哪几部分组成的?各部分包括哪些器官?各器官的主要功能是什么?
2. 男性尿道分几部分?有哪些弯曲和狭窄?
3. 简述精子产生的部位和排出途径。
4. 简述子宫的形态、位置和固定装置。

### 新形态教材网更多数字资源

思维导图　　教学课件　　微课　　自测题　　思政元素

# 第八章 循环系统

编者导学

**本章导航**
第一节 概述
第二节 心血管系统
第三节 淋巴系统

## 第一节 概 述

### 一、循环系统的组成和功能

循环系统是一套连续、封闭的管道系统，由心血管系统和淋巴系统组成。通常所说的循环系统指的是血液循环系统。所谓循环指的是体液在体内按一定的路径周而复始地流动，在这个过程中体液的成分及性质可能发生改变。例如，血液在心血管系统内的流动就是血液循环，而当血液中的一些成分出毛细血管进入组织时就成为组织液，组织液进入淋巴管就成为淋巴液；另外，脑脊液、房水等体液专门有生成和回收部位，但都来自血液。这些体液按一定的路径流动都称为循环，故也存在组织液循环、淋巴液循环、脑脊液循环、房水循环等。其共同的特点是，除了血液循环外其他所有体液的循环都必须借助血液循环才能形成一个闭合的回路。

#### （一）心血管系统的组成和功能

**心血管系统**（cardiovascular system）由**心脏**（heart）、**动脉**（artery）、**静脉**（vein）和**毛细血管**（capillary）组成。其中，心脏是血液循环的动力器官，为血液的流动提供动能；动脉将心脏泵出的血液运送到全身各器官；毛细血管存在于组织中，是位于小动脉和小静脉间的微细管道，管壁薄且有通透性，是血液与组织间进行物质和气体交换的场所；静脉则把全身各器官的血液带回心脏。**血液循环**（blood circulation）即是血液在心血管腔内按一定的路径从心脏→动脉→毛细血管→静脉→心脏周而复始地流动。血液循环系统的主要功能是通过流动的血液进行各种物质的运输，运送营养物质和氧分到全身，运送代谢产物到排泄器官，从而保证机体新陈代谢的不断进行和内环境理化特性的相对稳定；运送内分泌激素、各种生物活性物质到全身和相应的靶细胞，实现体液调节和血液的免疫、防卫功能。血液循环一旦停止，机体所有器官和组织将失去氧及营养供应，新陈代谢将不能正常进行，造成体内一些重要器官的损害而危及生命。

### （二）淋巴系统的组成和功能

淋巴系统由淋巴管道、淋巴组织和淋巴器官组成，是血液循环的辅助系统，协助静脉运回体液入循环系统。淋巴系统还具有免疫和防御功能。

## 二、血液循环的路径

根据血液在心血管系统中的循环途径和功能不同，可将血液循环分为**体循环**（systemic circulation）（也称大循环）与**肺循环**（pulmonary circulation）（也称小循环）两部分（图1-8-1）。血液由左心室射出，经主动脉及其各级分支流向全身毛细血管网，然后流经小静脉、大静脉，汇集成上、下腔静脉和冠状窦，最后回流到右心房的过程是体循环。这个过程把血液中的$O_2$和营养物质运送到身体各部组织，同时又把各部组织在新陈代谢中所产生的$CO_2$和代谢产物通过血液运送到肺和排泄器官。故在体循环的过程中，血液由体循环动脉中的动脉血（含氧量较高、含$CO_2$量较低的血液）变成体循环静脉中的静脉血（含氧量较低、含$CO_2$量较高的血液）；而肺循环则是指血液由右心室射出，经肺动脉及其各级分支，再经肺泡壁毛细血管网，最后经肺静脉回流到左心房的过程。通过这个过程，血液中的$CO_2$扩散至肺泡经呼吸道排出体外，而$O_2$则经肺泡扩散进入血液。故血液中$O_2$、$CO_2$含量的变化刚好与体循环相反，血液由肺动脉中的静脉血转变为肺静脉中的动脉血。

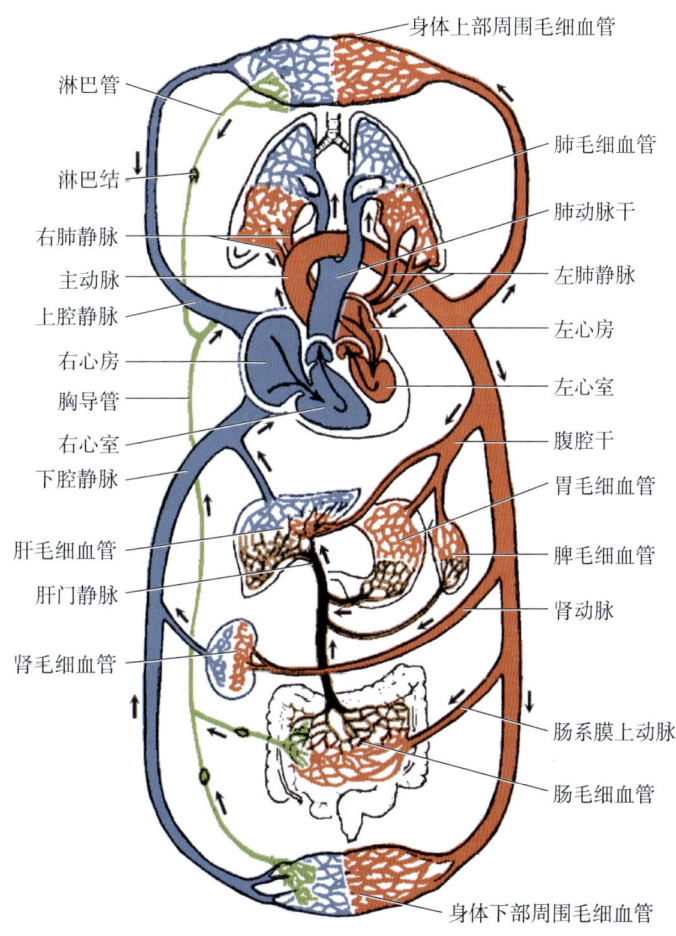

图 1-8-1　全身血液循环模式图

## 三、血管的种类及其结构特点

血管系统由动脉、静脉和毛细血管组成。

### （一）动脉

动脉是把血液从心脏输送到毛细血管的管道，大动脉分成若干中动脉，中动脉再分成若干小动脉，这样几级分支最后形成微动脉，管径也随分支由大逐渐变细，大动脉的内径约为 25 mm，而微动脉的内径仅为 20～30 μm。动脉管壁较厚，可分为内、中、外三层（图 1-8-2）。内膜的表层为单层扁平内皮，内皮下是一薄层结缔组织，接近中膜处往往有一层由弹性纤维组成的弹性膜。中膜较厚，主要由环行平滑肌及弹性膜组成。外膜由结缔组织组成，主要有血管和神经等。因大动脉的中膜厚、弹性纤维多而弹性大，故又称弹性动脉、弹性贮器血管。心室射血时管壁扩张，心室舒张时管壁回缩，促使血液继续向前流动。中动脉的管壁主要由平滑肌组成，平滑肌纤维之间夹杂着一些弹性纤维和胶原纤维，收缩性强，故又称肌性动脉；而小动脉的中膜肌层较厚，管腔相对狭窄，因此可通过改变管径来控制血流，血流阻力大，并能使搏动性流动变成稳定流动，故称为阻力血管。随着动脉分支增多，其管壁越来越薄，口径减小，弹性纤维逐渐减少而平滑肌成分增多，管径在 0.3 mm 以下、管壁弹性纤维基本消失后称为微动脉。

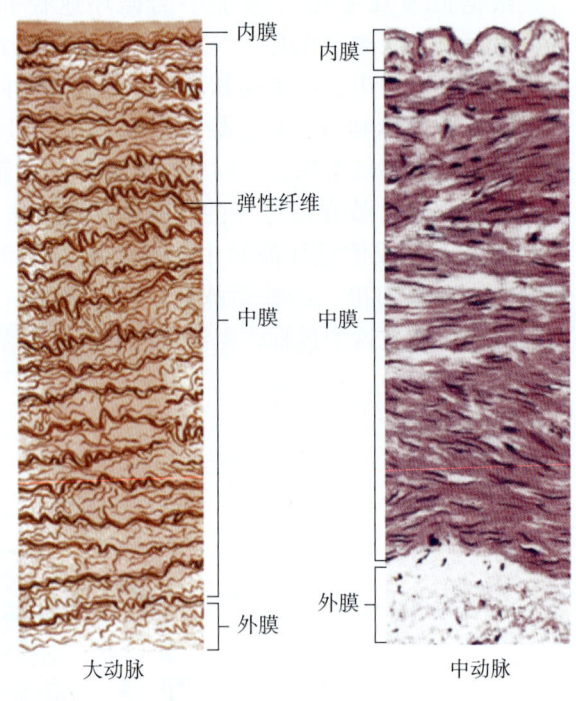

图 1-8-2  大、中动脉的组织结构

### （二）静脉

静脉是输送血液返回心脏的管道，又称为容量血管，可容纳 60%～75% 的循环血容量，可作为血液的存储器。静脉较动脉壁薄，可扩张，数量多且不规则。静脉也可分大、中、小三种，管壁同样也可分外膜、中膜与内膜三层。一般静脉对血流的阻力很小，故静脉端产生的压降很小，但微静脉因口径小也对血流产生一定阻力。总的来讲，静脉内血压很低，尤其上、下腔静脉内的血压是全身血压最低的部位。静脉有深、浅静脉之分，且相互连通。深静脉常与同名动脉伴行，如肾动脉、肾静脉、股动脉、股静脉等。浅静脉则位于皮下，常用于注射、输液或抽血，如上肢皮下的肘正中静脉、头静脉等。静脉内常有瓣膜，可防止血液倒流，尤其下肢静脉，受重力影响，静脉瓣最多；胸腹腔内的大静脉，如门静脉、肝静脉、上下腔静脉则没有静脉瓣，这是因为心脏的舒张和吸气时的胸腔内压下降，腹内压升高等，可促进上述静脉血回流入心脏。

### （三）毛细血管

毛细血管是极细微的血管，管径平均为 6～9 μm，连于动、静脉之间，互相连接成网状，穿行于组织中。毛细血管是体内分布最广、管壁最薄、口径最小、血流很慢、通透性较大的血管，一般仅能容纳 1～2 个红细胞通过。正因其血管壁薄、有较高通透性，因此允许液体、营养物质和气体在血液和组织间液之间进行交换，血液与组织之间的物质交换就发生在这一级，故又称交换血管。除软骨、角膜、毛发上皮和牙釉质外，毛细血管遍布全身。其管壁主要由单层内皮细胞构成，在其起始部位有杯口状平滑肌，可调节血流。在内皮外面有一薄层结缔组织。另外还常可见到一种扁而有突起的细胞贴在毛细血管的管壁外面，称为周细胞。这种细胞的性质还不清楚，有人推测周细胞具有收缩作用，可控制毛细血管管径，但尚未证实。毛细血管中最重要的是真毛细血管，又称为交换血管，通透性很高，成为血管内血液和血管外组织间液进行物质交换的场所。在真毛细血管的起始部常有平滑肌环绕，称为毛细血管前括约肌，它的收缩或舒张可控制毛细血管的关闭或开放，因此可决定某一时间内毛细血管开放的数量。

## 第二节　心血管系统

### 一、心

（一）心的位置和外形

心位于胸腔内，膈的上方，两肺之间，大约 2/3 居正中矢状面的左侧，1/3 居右侧，其大小似本人拳头，其外形为一倒置的、前后略扁的圆锥体形，锥体底称**心底**，锥体尖称**心尖**（图 1-8-3）。它是一个专门用于泵送血液使血液获得动能的中空肌性器官，其泵出的血液通过动脉流向肺及全身其他器官。心尖朝向左前下方，游离，由左心室构成，位于左侧第五肋间隙、左锁骨中线内侧 1~2 cm 处，故在此处可看到或摸到心尖冲动；心底朝右后上方，较宽，与大血管（主动脉、肺动脉、腔静脉、肺静脉）相连，将心固定在胸腔中。心脏的表面有三条浅沟：近心底处的环形**冠状沟**是心室、心房的分界；从冠状沟发出两条纵行的浅沟，其一自心的前面（胸肋面）向下至心尖右侧，称**前室间沟**；另一自心脏的膈面向下至心尖右侧称**后室间沟**。前、后室间沟是左、右心室在心表面的分界。左心房、左心室和右心房、右心室的正常位置关系呈现轻度由右向左扭转现象，即右心偏于右前上方，左心偏于左后下方（图 1-8-4、图 1-8-5）。冠状沟和室间沟内均有血管经过。

（二）心的结构

心主要由心腔、心壁、瓣膜、血管等组成。

**1. 心腔**　心是一中空的肌性器官，内有四腔：后上部为**左心房**、**右心房**，二者之间有**房间隔**分隔；前下部为**左心室**、**右心室**，二者间隔以**室间隔**。正常情况下，因房、室间隔的分隔，左半心与右半心不直接交通，但左、右半心的心房和心室是相通的，其连通口称为**房室口**，连通口部位存在的瓣膜称**房室瓣**（图 1-8-5 至图 1-8-8）。

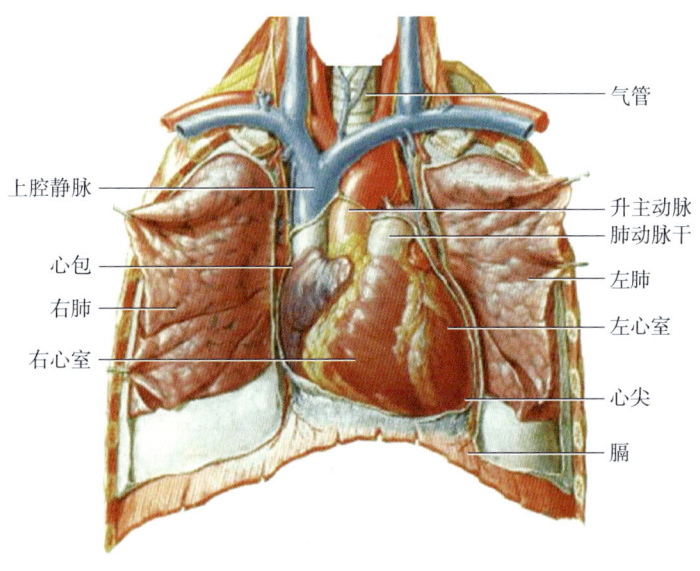

图 1-8-3　**心的位置**

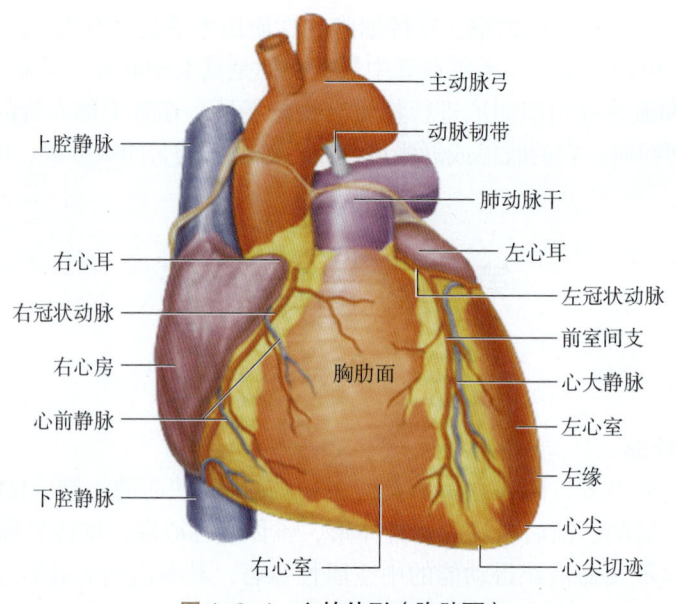

图 1-8-4　心的外形（胸肋面）

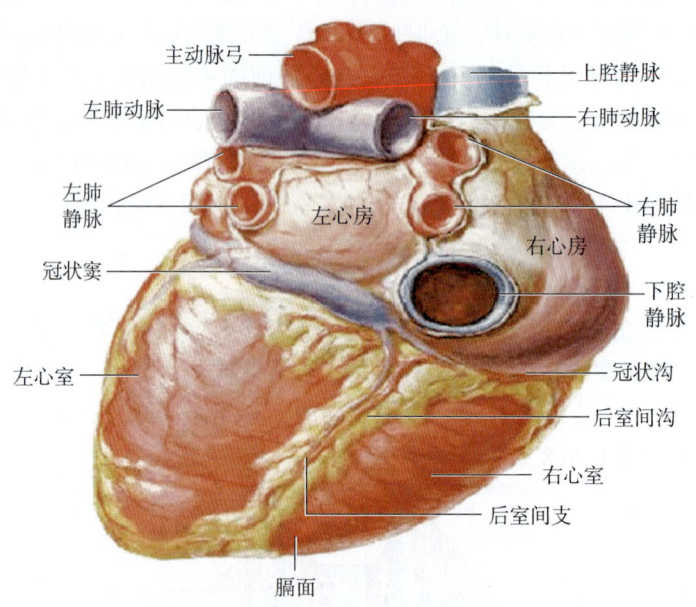

图 1-8-5　心的外形（膈面）

根据血流方向，右心房有三个入口，一个出口。入口即**上、下腔静脉口**和**冠状窦口**。冠状窦口为心壁静脉血回心的主要入口。出口即右房室口，右心房借助其通向右心室。房间隔后下部的卵圆形凹陷称**卵圆窝**，为胚胎时期连通左、右心房的卵圆孔闭锁后的遗迹。右心房上部向左前突出的部分称**右心耳**。右心室有出入两口，入口即右房室口，出口称**肺动脉口**，其周缘有肺动脉瓣。

左心房构成心底的大部分，有四个入口，一个出口。在左心房后壁的两侧，各有一对**肺静脉口**，为左、右肺静脉的入口；左心房的前下有**左房室口**，通向左心室。左心房前部向右前突出的部分，称**左心耳**。最近的研究表明，左心耳具有调节心脏前负荷、分泌心房钠尿肽等功能。心房由较薄的肌性**房间隔**隔开，心室则由较厚的肌性**室间隔**隔开。左心室也有出入两口，入口即左房室口，出口称**主动脉口**（位于左房室口的右前上方），其周缘有主动脉瓣。

**2. 心壁**　由心内膜、心肌层和心外膜三层组成。

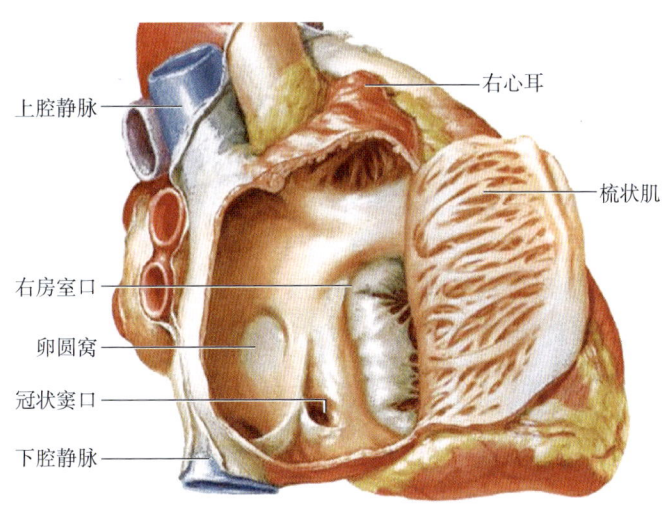

图 1-8-6 右心房

心脏的实质部分主要是一种肌性组织，称心肌组织，是一种特别的横纹肌，有较强的收缩能力。而心房与心室之间有致密胶原纤维构成的房室环相连接，而无心肌连接，故心房与心室可在不同时间内收缩。

（1）心内膜：是被覆在心腔内面的一层光滑的薄膜，由内皮、内皮下层和心内膜下层组成，内皮下层为疏松结缔组织，其中含有血管、神经和心传导系统分支。心内膜与血管内膜相延续。心内膜表面极为光滑，有利于血液流动。心内膜在房室口和动脉口处突入心腔折叠成**房室瓣**和**半月瓣（动脉瓣）**。当瓣膜发炎时，其中结缔组织常常增生致使瓣膜变形，造成瓣膜病变。

（2）心肌层：是心壁最厚的一层，由心肌细胞（纤维）构成，心肌纤维以内纵、中环、外斜式排列成数层包绕心脏。这种排列加上每层心肌纤维的走行是螺旋状弧线，使得心脏收缩时产生的心室内压力很高，有利于心脏完成泵血功能。心肌纤维包括普通心肌细胞和特殊分化的心肌细胞。普通心肌细胞构成心房肌和心室肌。房、室肌彼此不连续，分别附于结缔组织构成**纤维环**的支架上，因此心房肌、心室肌可以分别收缩。心室肌明显比心房肌发达，尤其左心室肌特别发达，左心室壁明显比右心室壁厚。因此，左心室收缩时能产生更大的压力，使主动脉内的血压很高，明显高于肺动脉压。特殊分化的心肌细胞构成心的传导系统，

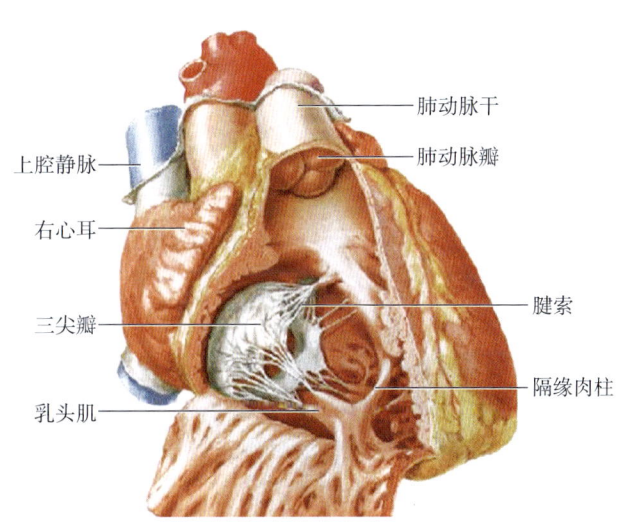

图 1-8-7 右心室

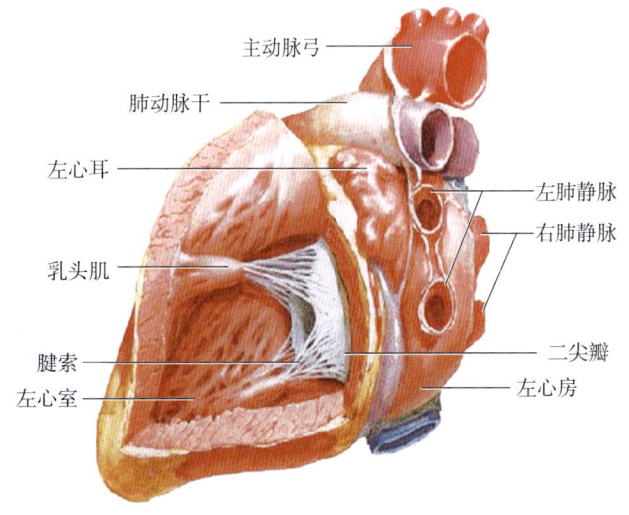

图 1-8-8 左心室

走行于靠近心内膜一侧。

(3) **心外膜**：为心脏最外面的一层，即心包的脏层，由单层扁平上皮（间皮）及其下方的结缔组织和脂肪细胞所组成。冠状血管行于心外膜内。

**3. 瓣膜** 心房和心室的连通口处及心室和动脉的连通口处均存在瓣膜结构，分别称为左、右房室瓣和主动脉瓣、肺动脉瓣，其作用是控制血流方向，防止血液逆流。

在左房室口周缘附有左房室瓣，也称**二尖瓣**（因其主要形成2块叶片状瓣膜），按位置称前瓣、后瓣，瓣膜垂向室腔，它们由**腱索**分别与前、后**乳头肌**（突起于左心室腔内）相连；右室口周缘附有3块叶片状瓣膜，即**右房室瓣**，也称**三尖瓣**，按位置分别称前瓣、后瓣、隔瓣。三尖瓣也借许多线样的腱索与心室壁上的乳头肌相连（图1-8-7、图1-8-8）。房室瓣开口朝向心室，当心房射血时腱索松弛，瓣膜开放；当心室收缩时腱索拉紧，防止瓣膜外翻和血液由心室逆流入心房，从而保证了血液的定向流动。因此，任何一个瓣膜发生病变（瓣膜口狭窄或闭锁不全）都能给血液循环带来极大的障碍。临床上正在研究和使用生物瓣或机械瓣来替换病变的瓣膜，并取得了成功。

主动脉口的主动脉一侧周缘附有**主动脉瓣**，开口朝向主动脉；肺动脉口的肺动脉一侧周缘附有**肺动脉瓣**。因每个动脉瓣都是由3块半月形的瓣膜组成，故也称**半月瓣**。半月瓣开口朝向动脉，其开闭是由动脉与心室两侧的压力决定的。当室内压高于动脉压时半月瓣被冲开，血液由心室流向动脉；当动脉压高于室内压时，半月瓣就被关闭，从而阻止血液由动脉倒流回心室。临床上也有动脉瓣缺损的患者，目前也可用人工瓣膜修复或替换。

**4. 血管** 心脏的营养由冠状循环血管供应。冠状循环血管由冠状动脉、冠状静脉和毛细血管组成。左、右冠状动脉分别起始于升主动脉（图1-8-4、图1-8-5）。

**左冠状动脉**（left coronary artery）起于主动脉左窦，经左心耳与肺动脉之间走向左前方，随即分为前室间支（降支）和旋支。它们分布于左心房、左心室和室间隔前部，也分布于右心室的前面。

**右冠状动脉**（right coronary artery）起于主动脉右窦，经右心耳与肺动脉干之间入冠状沟，向右下方走行，继续沿冠状沟向左行，达房室交界处然后分支，主要分布于右心房、右心室和室间隔后部。

心肌中的毛细血管极为丰富，几乎每一根肌纤维都伴有一条毛细血管，毛细血管汇成小静脉，心脏静脉绝大部分汇集于冠状静脉窦，并由此回到右心房，另有一些小静脉直接进入心腔。

（三）心传导系统

心传导系统由特殊分化的心肌纤维组成，它比一般心肌纤维粗、肌原纤维少、肌质较多，没有收缩能力，但具有自动节律性兴奋的能力（房室结内的结区细胞除外）。心的传导系统包括窦房结、房室结、房室束和浦肯野纤维（图1-8-9）。

心的正常起搏点是**窦房结**，位于右心房的后壁，上腔静脉入口处的心外膜深面，呈梭形，其内含有起搏细胞（P细胞）和过渡细胞。P细胞可自发去极化产生兴奋，通过过渡细胞传至心房肌，使心房肌收缩。同时兴奋可经优势传导通路下传至**房室结**（房室交界）。**房室交界**位于房间隔下部，右房室口与冠状窦口之间的心内膜下。进而由房室交界发出的冲动传至心室。**房室束**又名希氏（His）束，由房室结发出，进入室间隔分成左、右束支，分别沿心室内膜下行。最后以细小分支即**浦肯野纤维**分布于心室肌。

综上所述，心脏兴奋传导途径和方向可总结为：窦房结→心房优势传导通路→房室结→房室束→左、右束支→浦肯野纤维→心室肌。

（四）心包

**心包**（pericardium）是包绕心和出入心的大血管根部的浆膜囊，分为纤维心包和浆膜心包。

**1. 纤维心包**（fibrous pericardium） 为心包外层，是纤维结缔组织囊，上方与出入心的大血管外膜相移行，下方与膈中心腱愈着。

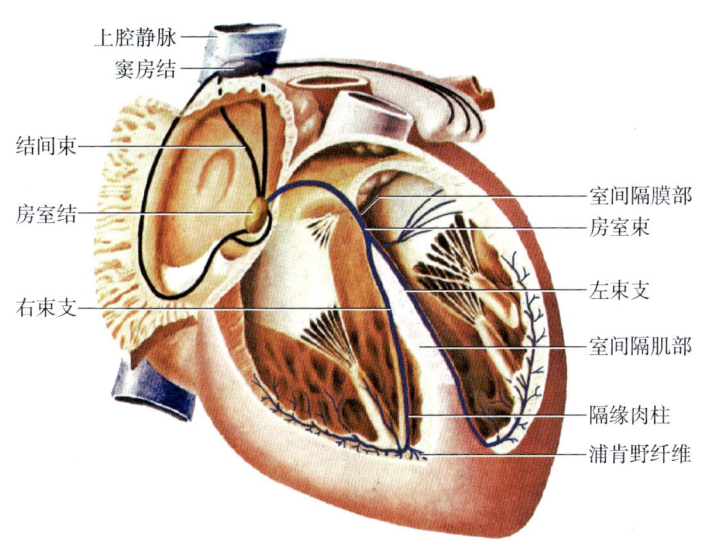

图 1-8-9 心传导系统

2. **浆膜心包**（serous pericardium） 位于纤维心包的内面，分壁层和脏层。**脏层**紧贴于心肌表面，并在大血管根部返折而移行于壁层，包在心的外面。**壁层**贴在纤维心包内面。在脏层和壁层之间有一个空隙，称**心包腔**，内含少量浆液，有滑润作用，能减少心搏动时的摩擦。

## 二、肺循环的血管

### （一）肺循环的动脉

**肺动脉干**短而粗，从右心室发出，在主动脉弓下方分为**左、右肺动脉**，分别经左、右肺门进入左、右肺。肺动脉内的血液为静脉血。血液流至肺泡周围的毛细血管网，在此进行气体交换，使静脉血变成含氧丰富的动脉血。

### （二）肺循环的静脉

**肺静脉**左、右各两条，分别由左、右肺门出肺，注入左心房。肺静脉内的血液为动脉血。

## 三、体循环的血管

### （一）体循环的动脉

体循环的动脉从左心室发出，分布于全身，体循环的动脉都是主动脉的分支。

1. **主动脉**（aorta） 是体循环动脉的主干，特点是逐渐变细。主动脉从左心室发出后，先向上行，然后弯成弓形（该部位称主动脉弓），再沿脊柱下行，到第 4 腰椎处分为左、右髂总动脉。左、右髂总动脉在骶髂关节前方又各分为髂内、髂外动脉。主动脉全长分为**升主动脉**，**主动脉弓**和**降主动脉**三段。降主动脉又分为两段，即胸主动脉（膈以上的一段）和腹主动脉（膈以下的一段）（图 1-8-10）。

从升主动脉的起始部发出左、右冠状动脉，分布于心。由主动脉弓向上发出三支大动脉干，即头臂干、左颈总动脉和左锁骨下动脉。头臂干上升后再分为右颈总动脉和右锁骨下动脉。

2. **头颈部的动脉**

（1）**颈总动脉**（common carotid artery）：是头颈部的动脉主干，左右各一，左侧起自主动脉弓，右侧起自头臂干。两侧颈总动脉均沿气管、食管、喉的两侧上升，至甲状软骨上缘处分为颈外动脉和

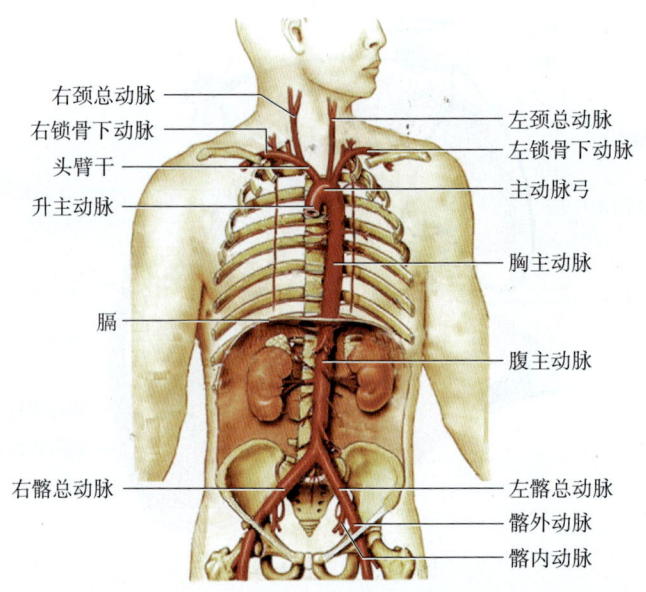

图 1-8-10　主动脉及主要分支

颈内动脉（图 1-8-11）。在颈内、外动脉分叉处的后壁上，有一小体称**颈动脉小体**，是血液的化学感受器，能接受血液中 $O_2$ 和 $CO_2$ 分压变化的刺激，反射性地调节呼吸运动（同样在主动脉弓部位也有一化学感受器）。

（2）**颈外动脉**（external carotid artery）：自颈总动脉发出后，向上穿腮腺至下颌头稍下方，分为颞浅动脉和上颌动脉2个终支。颈外动脉分支分布于颈部、头面部和硬脑膜等处。其主要分支有甲状腺上动脉、舌动脉、面动脉、颞浅动脉、上颌动脉等（图 1-8-11）。

（3）**颈内动脉**（internal carotid artery）：由颈总动脉发出后，向上经颅底颈动脉管入颅腔，主要营养脑和视器（详见上篇解剖学部分第十一章神经系统）。颈内动脉的起始处稍膨大，称**颈动脉窦**，内有压力感受器，可反射性地调节血压。

（4）**锁骨下动脉**：左侧起自主动脉弓，右侧发自头臂干。到第1肋外缘延续为腋动脉，主要分支

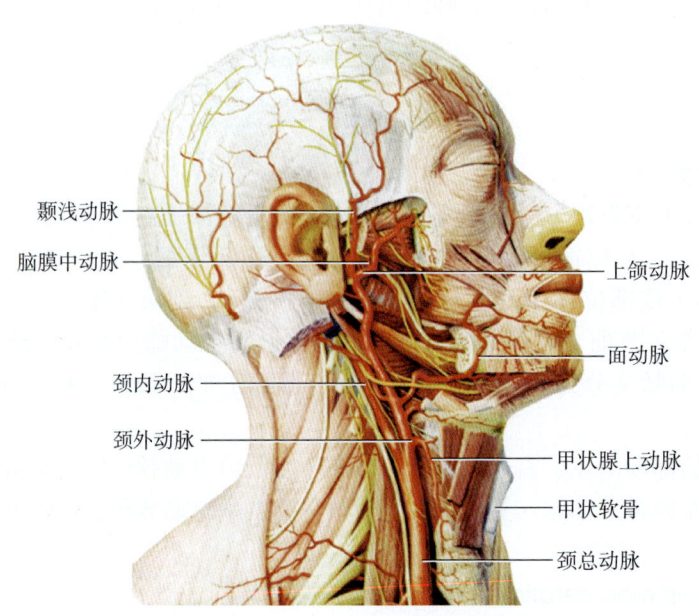

图 1-8-11　头颈部的动脉

有椎动脉、胸廓内动脉、甲状颈干等（图1-8-10）。

**3. 上肢动脉** 主干有腋动脉、肱动脉、桡动脉和尺动脉，营养上肢（图1-8-12）。

（1）**腋动脉**（axillary artery）：是上肢的动脉主干，于第1肋外缘处续于锁骨下动脉，经腋窝至背阔肌下缘处移行为肱动脉。腋动脉的主要分支分布于肩肌、胸肌、背阔肌和乳房等。

（2）**肱动脉**（brachial artery）：是腋动脉的直接延续，沿肱二头肌内侧沟下行至肘窝，平桡骨颈分为桡动脉和尺动脉。肱动脉在肘关节前面肱二头肌腱内侧的位置表浅，可触及其搏动，该处常为测量血压的听诊部位。

（3）**桡动脉**（radial artery）：由肱动脉分出后，与桡骨平行下降至桡骨下端，绕桡骨茎突下方转至手背，再穿第1掌骨间隙进入手掌深部，其末端与尺动脉掌深支吻合成掌深弓。桡动脉下段在腕上方位置表浅，行于肱桡肌腱与桡侧腕屈肌腱之间，并贴近骨面，是临床触摸脉搏的常用部位。

（4）**尺动脉**（ulnar artery）：由肱动脉分出后，在尺侧腕屈肌与指浅屈肌之间下行，经豌豆骨桡侧至手掌，其末端与桡动脉掌浅支吻合成掌浅弓。

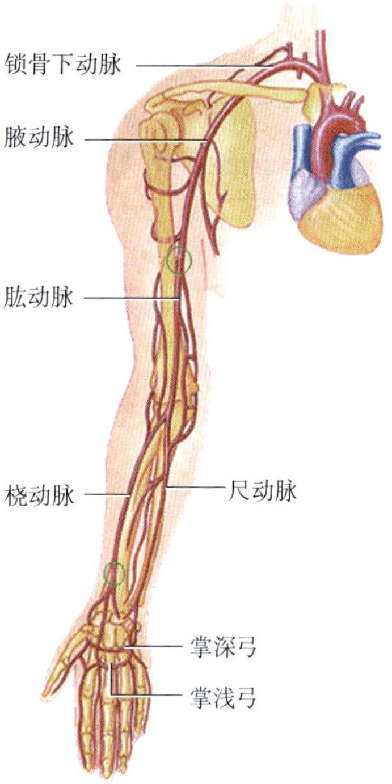

图1-8-12 上肢动脉

**4. 胸部动脉** 主干是**胸主动脉**，发出壁支和脏支，分布于胸壁和胸腔脏器（图1-8-10），营养胸腔脏器和胸壁。

**5. 腹部动脉** 主干是**腹主动脉**，发出壁支和脏支，分布于腹壁和腹腔脏器，营养腹腔脏器和腹壁（图1-8-13）。其脏支主要的分支有：成对的肾上腺中动脉、睾丸动脉（男性）或卵巢动脉（女性），不成对的腹腔干、肠系膜上动脉和肠系膜下动脉。

（1）**肾上腺中动脉**（middle suprarenal artery）：分布于左、右肾上腺。

（2）**肾动脉**（renal artery）：经肾门入肾。

（3）**睾丸动脉**（testicular artery）：分布于睾丸和附睾。在女性则为**卵巢动脉**（ovarian artery），

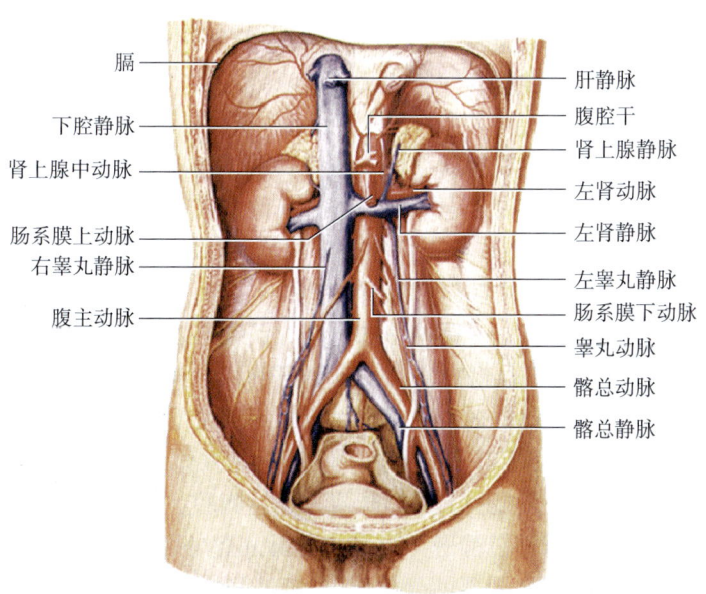

图1-8-13 腹部动脉

分布于卵巢和输卵管。

　　📱微　课 1-8-1　腹部动脉

　　（4）**腹腔干**（celiac trunk）：为一短干，在膈的主动脉裂孔稍下方，起自腹主动脉，分为**胃左动脉、肝总动脉**和**脾动脉**3大分支，分布于肝、胆囊、胃、脾、胰、十二指肠等。

　　（5）**肠系膜上动脉**（superior mesenteric artery）：在腹腔干稍下方，平第1腰椎体高度起自腹主动脉前壁，经胰与十二指肠水平部之间下行，主要分支有胰十二指肠下动脉、空肠动脉、回肠动脉、回结肠动脉、右结肠动脉、中结肠动脉，分布于胰、十二指肠、空肠、回肠、阑尾、升结肠和横结肠。

　　（6）**肠系膜下动脉**（inferior mesenteric artery）：约平第3腰椎体高度起自腹主动脉前壁，沿腹后壁行向左下，主要分支有左结肠动脉、乙状结肠动脉、直肠上动脉，分布于结肠、乙状结肠和直肠上部。

　　**6. 盆部动脉**　髂总动脉在骶髂关节前面分为髂内、外动脉（图1-8-10）。髂内动脉为一短干，下行入骨盆腔，分为壁支和脏支，分布于盆壁和盆腔脏器，营养盆腔内脏、盆壁、会阴和外生殖器等。

　　**7. 下肢动脉**　髂外动脉经腹股沟韧带中点深面至股前部，延续为**股动脉**（图1-8-14）。

　　（1）**股动脉**（femoral artery）：是下肢的动脉主干，为髂外动脉的直接延续，沿大腿前面行向内下方，进入腘窝移行为腘动脉。在腹股沟韧带中点稍下方可触到股动脉的搏动，下肢大出血时，可将股动脉压向耻骨进行止血。股动脉分支分布于大腿肌和髋关节。

　　📱拓 展 阅 读 1-8-1　经皮股动脉穿刺进行冠状动脉介入治疗途径

　　（2）**腘动脉**（popliteal artery）：由股动脉直接延续，在腘窝深部中线下行，至腘窝下角处分为胫前动脉和胫后动脉。腘动脉分支分布于膝关节及邻近诸肌。

　　（3）**胫前动脉**（anterior tibial artery）：由腘动脉分出后，穿小腿骨间膜上方至小腿前群肌之间下行，至踝关节前方移行为足背动脉。胫前动脉分支分布于小腿前群肌和足背肌。

　　（4）**胫后动脉**（posterior tibial artery）：是腘动脉的延续，在小腿后面浅、深2层肌之间下行，经内踝后方至足底，分为足底内侧动脉和足底外侧动脉。胫后动脉分支分布于小腿后群肌和外侧群肌、足底肌。

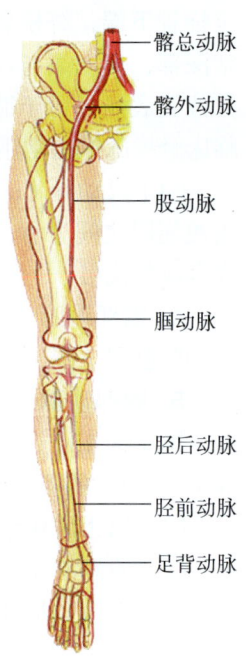

图1-8-14　下肢动脉

### （二）体循环的静脉

体循环静脉可分为三大系统：上腔静脉系、下腔静脉系（包括肝门静脉系）和心静脉系。其中心静脉系是收集心脏的静脉血液管道，属于冠状循环，与其他器官无关。

　　**1. 上腔静脉系**　是收集头颈、上肢和胸背部等处的静脉血回到右心房的管道。主要的静脉联系有左、右**头臂静脉**，分别由同侧的**颈内静脉**和**锁骨下静脉**汇合而成，汇合处的夹角称为静脉角，是淋巴导管注入部位。颈部最大的浅静脉——**颈外静脉**也汇入锁骨下静脉，收集来自头颈部的血液。上肢**腋静脉**主要属支起源于手静脉网，浅层静脉主要属支**贵要静脉**、**头静脉**分别注入**腋静脉**和**肱静脉**，腋静脉收集来自上肢的血液。**奇静脉**收集来自胸背部、食管等部位的血液（图1-8-15、图1-8-16）。

　　**2. 下腔静脉系**　由下腔静脉及其属支组成。下腔静脉是人体最大的静脉干，由左、右**髂总静脉**汇合而成，沿腹主动脉的右侧上行，穿膈上**腔静脉裂孔**到达胸腔，收集腹部、盆部、下肢部静脉血回流注入右心房。主要的静脉联系有髂总静脉（由**髂内静脉**和**髂外静脉**汇合而成）、髂内静脉（由盆部静脉汇合而成，收集盆部、臀部和会阴部的静脉血）、髂外静脉（是**股静脉**的直接延续，股静脉主要的浅层属支是起源于足静脉网的大隐静脉和小隐静脉，大隐静脉直接注入股静脉，小隐静脉经腘静

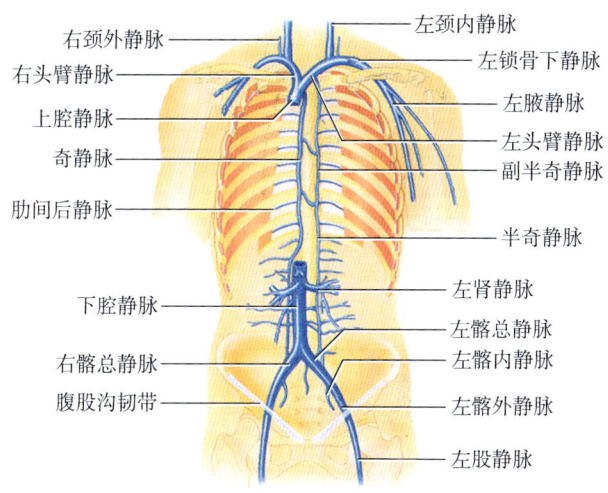

图 1-8-15　上、下腔静脉系

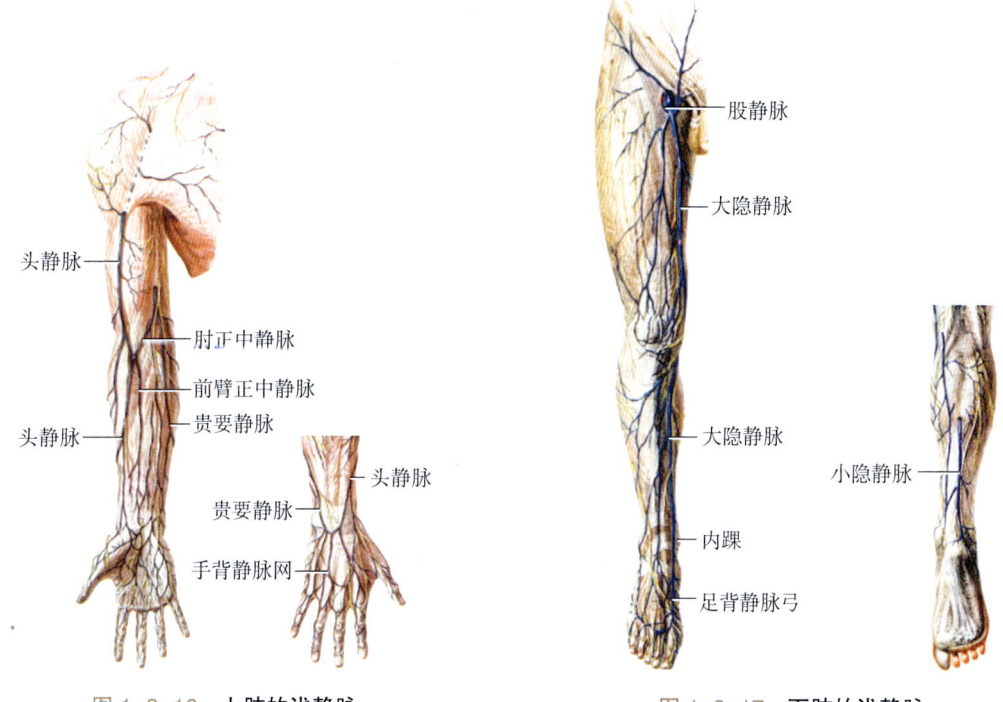

图 1-8-16　上肢的浅静脉　　　　　图 1-8-17　下肢的浅静脉

脉后注入股静脉。因此，股静脉收集下肢所有浅、深静脉及一部分腹壁静脉的静脉血）、肝静脉（收集来自肝的静脉血）。下肢的静脉富有瓣膜，可有效防止血液倒流，在浅、深静脉之间有很多交通支（图 1-8-13、图 1-8-15、图 1-8-17）。

**3. 肝门静脉系**　肝门静脉与一般静脉不同，它的始末均为毛细血管。肝门静脉由肠系膜上静脉和脾静脉在胰头后方汇合而成，上行至肝门，分为左、右两支，分别进入肝的左、右叶，并在肝内反复分支汇入肝血窦。一端始于胃、肠、胰、脾的毛细血管网，另一端在肝内又分成毛细血管网（与肝动脉血一起注入肝血窦），然后再由肝静脉经下腔静脉回流入右心房（图 1-8-18）。肝门静脉主要是收集腹腔内消化管道、胰和脾的静脉血入肝的静脉管道。肝门静脉及其属支均缺乏瓣膜，由于这个特点，无论肝内或肝外的门静脉阻塞，均可引起血液逆流，导致门静脉高压症。

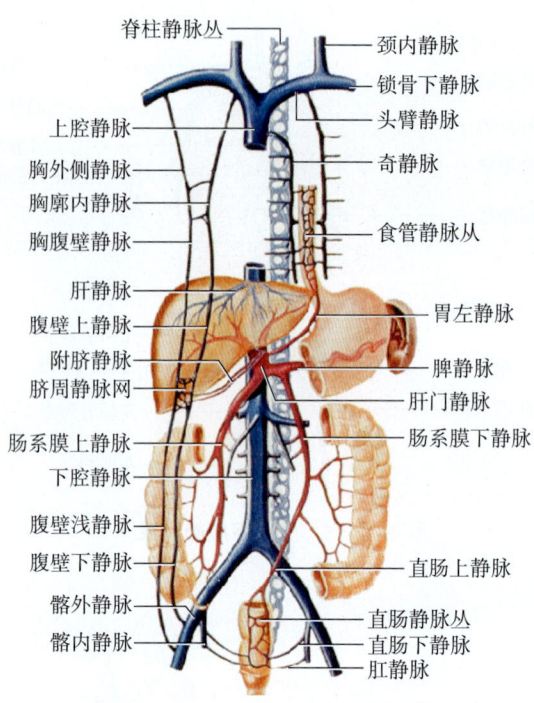

图 1-8-18 肝门静脉和上下腔静脉交通

（孙宝飞　朱大诚）

## 第三节　淋巴系统

**淋巴系统**（lymphatic system）由淋巴管道、淋巴器官和淋巴组织组成（图 1-8-19）。当血液通过毛细血管时，血液中的水及营养物质透过毛细血管壁进入组织间隙，形成组织液。组织液与细胞进行物质交换后，大部分（约90%）经毛细血管静脉端吸收回静脉，小部分（约10%）则进入毛细淋巴管，成为**淋巴**（lymph）（图 1-8-20）。淋巴为无色透明液体，在淋巴管道内向心流动，途经淋巴组织和淋巴器官，最后汇入静脉。因此，淋巴系统可以看作是静脉系的辅助部分。淋巴组织主要参与淋巴器官的构成，还分布于消化道、呼吸道等的黏膜。淋巴组织和淋巴器官具有产生淋巴细胞、过滤异物和产生抗体等功能。

### 一、淋巴管道

淋巴管道包括毛细淋巴管、淋巴管、淋巴干和淋巴导管等。

（一）毛细淋巴管

**毛细淋巴管**（lymphatic capillary）以盲端起于组织间隙，是淋巴管道的起始部分，互相吻合成网，仅由一层内皮细胞构成，管壁薄，通透性较毛细血管大。

（二）淋巴管

**淋巴管**（lymphatic vessel）由毛细淋巴管汇合而成，管壁结构与静脉相似，有丰富的瓣膜，呈串珠状。淋巴管可分为浅、深二种，浅淋巴管位于浅筋膜内，多与浅静脉伴行；深淋巴管与深部血管伴行。淋巴管在向心的行程中，一般经过一个或多个淋巴结。

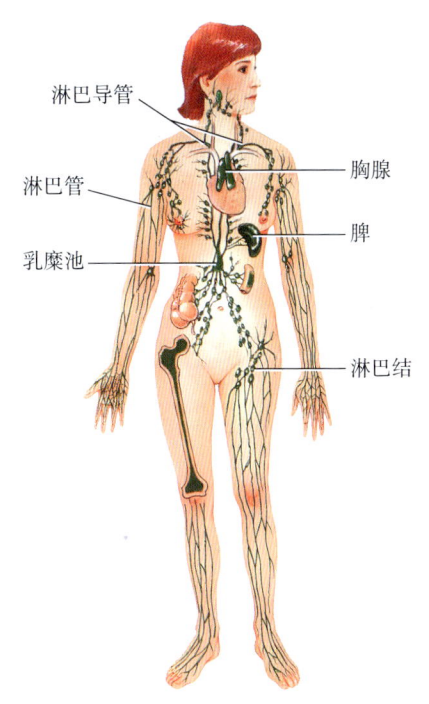

图 1-8-19　淋巴系统分布示意图

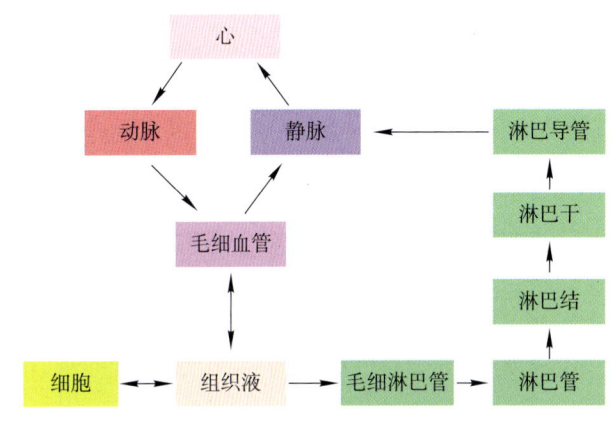

图 1-8-20　淋巴的生成与循环示意图

### （三）淋巴干

**淋巴干**（lymphatic trunk）由淋巴管汇合而成。全身的浅、深淋巴管经过一系列淋巴结群最后汇集成 9 条淋巴干：收集头颈部淋巴的左、右颈干，收集上肢及脐以上胸、腹壁浅层淋巴的左、右锁骨下干，收集脐以上胸、腹壁深层及胸腔器官淋巴的左、右支气管纵隔干，收集下肢、盆部及腹腔内成对器官淋巴的左、右腰干和收集腹腔内不成对器官淋巴的单一的肠干。

### （四）淋巴导管

**淋巴导管**（lymphatic duct）共有 2 条，包括胸导管和右淋巴导管（图 1-8-21）。**胸导管**（thoracic duct）是最大的淋巴管道，其起始部的膨大称**乳糜池**（cisterna chyli），位于第 1 腰椎前方，由左、右腰干和肠干汇合而成。胸导管穿经膈的主动脉裂孔入胸腔，在食管的后方，沿脊柱的前面上行，到颈根部呈弓形弯向左，注入左静脉角。其末端还接受左支气管纵隔干、左颈干和左锁骨下干的淋巴。胸导管通过上述 6 条淋巴干收集下半身及左上半身的淋巴。**右淋巴导管**（right lymphatic duct）为一短干，由右颈干、右锁骨下干和右支管纵隔干汇合而成，注入右静脉角。右淋巴导管收集右上半身的淋巴。

## 二、淋巴器官

淋巴器官主要由淋巴组织构成，包括淋巴结、胸腺、脾和扁桃体等。

### （一）淋巴结

**1. 形态**　淋巴结（lymph node）为灰红色扁椭圆形小体，质软。淋巴结的一侧凹陷，称淋巴结门，有

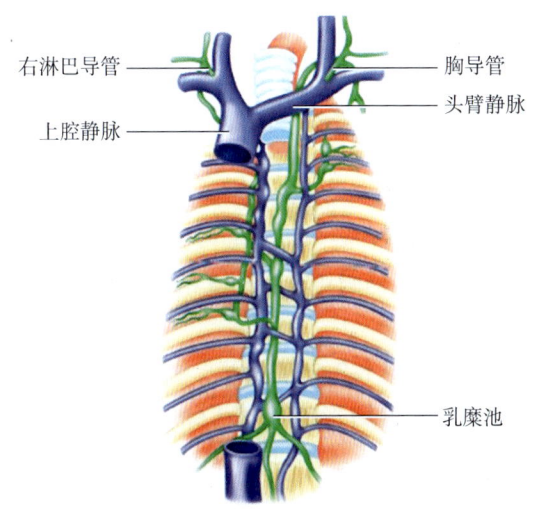

图 1-8-21　淋巴导管

1～2条输出淋巴管和血管、神经出入，淋巴结的隆凸面，有数条输入淋巴管进入（图1-8-22）。

**2. 分布与功能** 淋巴结一般多沿血管成群分布于人体的一定部位，并接受一定器官或部位回流的淋巴，具有滤过淋巴、产生淋巴细胞和浆细胞及参与免疫应答的功能。因此，局部感染可引起相应淋巴结群的肿大或疼痛，癌细胞也常沿淋巴管转移，并停留在淋巴结内分裂增生，使淋巴结逐渐肿大。了解淋巴结的位置、形态变化、收纳范围及流注方向（图1-8-23），对诊断和治疗某些疾病有重要的临床意义。

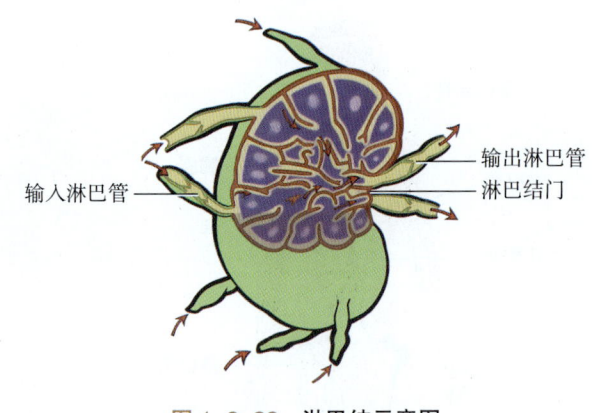

图 1-8-22 淋巴结示意图

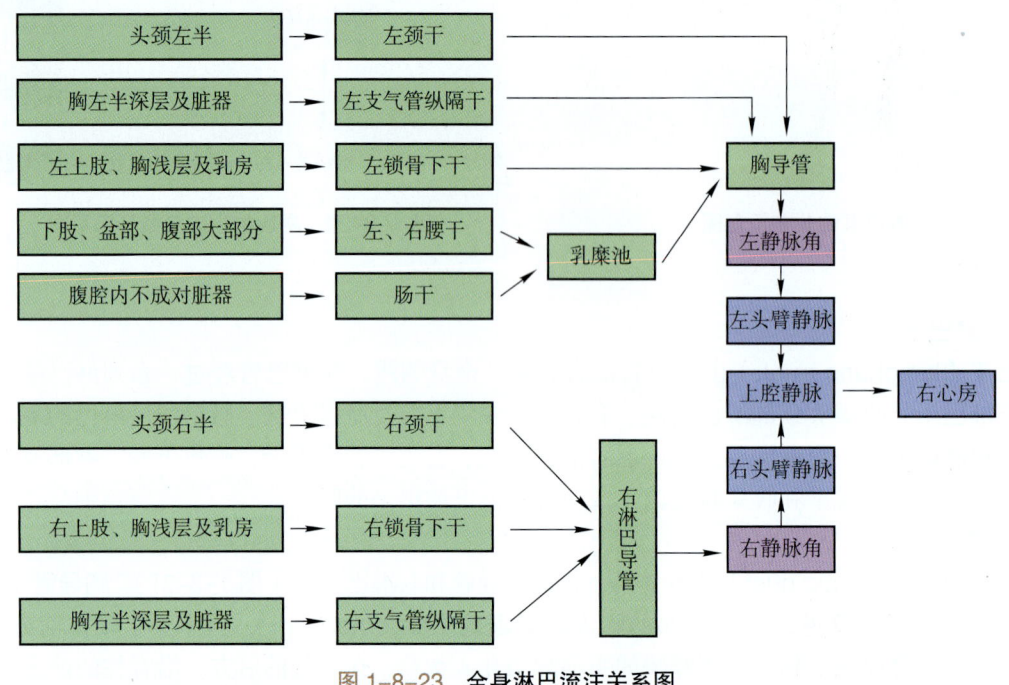

图 1-8-23 全身淋巴流注关系图

📖 拓展阅读1-8-2 身体各部的主要淋巴管、淋巴结及淋巴流向

### （二）胸腺

**1. 位置和形态** 胸腺（thymus）位于胸骨柄后方的前纵隔上部，腺体后面附于心包及大血管前面，呈灰赤色，扁平椭圆形，由不对称的左、右叶构成（图1-8-19），在新生儿及幼儿时期较大，性成熟期最大，后面逐渐萎缩并脂肪化。详见上篇解剖学部分第九章内分泌系统。

**2. 功能** 胸腺既是淋巴器官，产生T淋巴细胞，参与细胞免疫；又是内分泌器官，分泌胸腺素，促进T淋巴细胞成熟，提高免疫力。

### （三）脾

📖 微课1-8-2 脾的前世与今生

**1. 位置和形态** 脾（spleen）是人体最大的淋巴器官，位于左季肋区胃底和膈之间，与第9～11肋相对，长轴与第10肋一致（图1-8-24）。其位置可随体位、呼吸和胃的充盈程度而变化，正常时在肋弓下缘不能触及。活体脾为暗红色，扁椭圆形，质软而脆，在遭受暴力打击时易破裂出血。脾分为膈、脏两面，上、下两缘。膈面光滑隆凸，与膈相贴。脏面凹陷，与胃底、左肾、左肾上

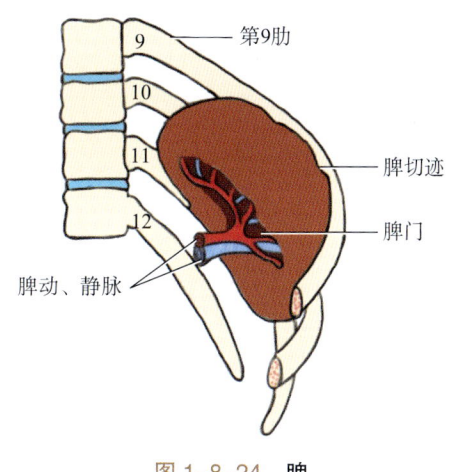

图 1-8-24 脾

腺和胰尾等相邻,近中央处为脾门,是血管、神经出入的部位。脾的下缘钝厚,上缘较薄,有 2~3 个小切迹,称脾切迹。在脾大时,脾切迹是触诊脾的标志。

 拓展阅读 1-8-3  脾大的主要原因

2. **功能**　脾具有造血、储血、滤血、清除衰老的红细胞及参与机体免疫反应的功能。

（杨爱红）

### 思考题

1. 简述心血管系统的组成。
2. 腹主动脉的分支有哪些?
3. 试述心传导系统的组成和功能。
4. 简述上、下肢浅静脉的起始、行程及注入部位。
5. 简述胸导管的起始、走行、注入部位及收集范围。
6. 右侧手背静脉网滴注抗生素治疗胆囊炎,试述药物如何到达胆囊?
7. 试述淋巴系统的组成及功能。

### 新形态教材网更多数字资源

思维导图　　教学课件　　微课　　自测题　　拓展阅读

# 第九章 内分泌系统

编者导学

**本章导航**

一、甲状腺　　　　　五、松果体
二、甲状旁腺　　　　六、胸腺
三、肾上腺　　　　　七、胰岛
四、垂体

内分泌系统（endocrine system）包括内分泌腺、内分泌组织和内分泌细胞。**内分泌腺**（endocrine gland）没有导管，其分泌的**激素**（hormone）直接渗入毛细血管和毛细淋巴管，经循环系统运送至特定的靶器官和靶细胞发挥作用。内分泌腺的血液供应非常丰富，与其旺盛的新陈代谢和激素的运送有关。虽然内分泌腺的体积小、重量轻，分泌的激素也较微量，但对机体生理活动的调节作用很强。内分泌腺的结构和功能活动有显著的年龄变化。**内分泌组织**（endocrine tissue）以细胞团为单位散在于机体的其他器官或组织内，如胰腺的胰岛，卵巢的卵泡和黄体，睾丸的间质细胞等。此外，内脏和循环等系统的许多器官如消化道、呼吸道、泌尿生殖管道、心血管、皮肤和神经组织中存在大量散在的内分泌细胞，它们分泌多种激素或激素样物质，在调节机体生理活动中起着重要的作用。

人体的内分泌腺主要包括：甲状腺、甲状旁腺、肾上腺、垂体、松果体、胸腺等（图1-9-1）。

## 一、甲状腺

### （一）甲状腺的形态和位置

**甲状腺**（thyroid gland）是人体最大的内分泌腺，位于颈前部，呈H形，棕红色，分左、右两个侧叶，中间以甲状腺峡相连（图1-9-2）。甲状腺平均质量成年男性26.71 g，女性为25.34 g。甲状腺侧叶位于喉下部和气管颈部的前外侧面。左、右侧叶分为前后缘、上下端、

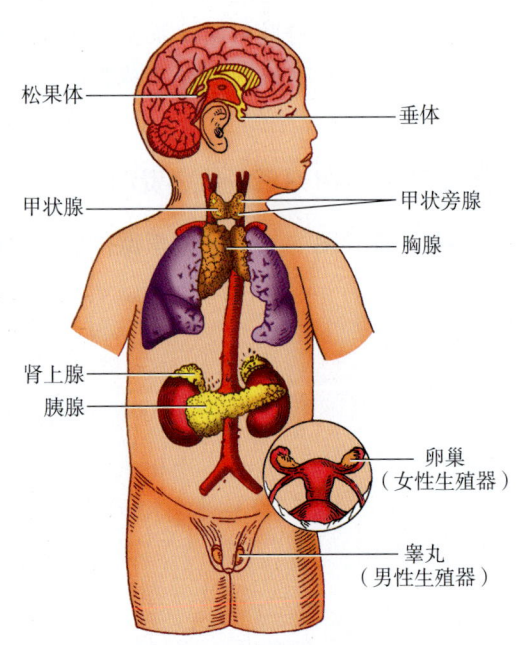

图1-9-1　全身内分泌腺

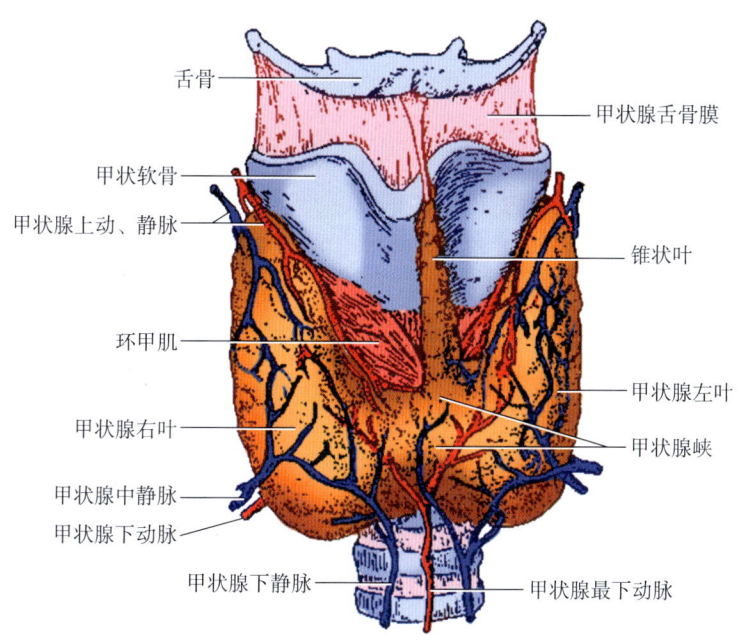

图 1-9-2 甲状腺的形态和位置

前外侧面和内侧面，上端到达甲状软骨中部，下端至第 6 气管软骨环，后方平对第 5~7 颈椎高度。甲状腺峡位于第 2~4 气管软骨环的前方，连接甲状腺左、右侧叶。约 50% 人的甲状腺峡部向上伸出一锥状叶，长者可达舌骨平面。

（二）甲状腺的组织结构

甲状腺的表面包有结缔组织被膜，实质由许多甲状腺滤泡和滤泡旁细胞组成（图 1-9-3）。

**1. 甲状腺滤泡（thyroid follicle）** 呈圆形、椭圆形或不规则形，大小不一，由单层滤泡上皮细胞围成，滤泡腔内充满均质的胶体。滤泡上皮细胞通常为单层立方形，但其形状常因功能状态而改变，分泌功能活跃时，细胞呈短柱状；反之，细胞呈扁平状。滤泡上皮细胞是合成和分泌甲状腺激素的部位，甲状腺激素含有碘元素，可促进机体新陈代谢、维持机体正常生长发育，尤其对于骨骼和神经系统的发育十分重要。当甲状腺激素分泌不足时，在幼儿可影响机体的生长发育，不仅身体矮小，而且脑发育障碍，形成呆小症，

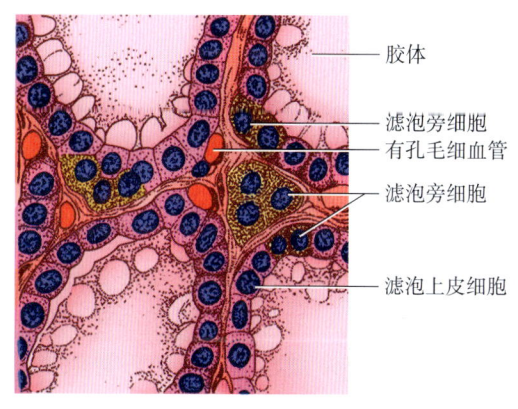

图 1-9-3 甲状腺微细结构模式图

在成人则出现黏液性水肿；甲状腺激素分泌过多，甲状腺功能亢进，可形成突眼性甲状腺肿。另外，碘对甲状腺分泌有调节作用，某些地区因土质或饮用水缺碘而致的甲状腺肿大，则称为地方性甲状腺肿。

**2. 滤泡旁细胞（parafollicular cell）** 又称 C 细胞，是甲状腺内另一种内分泌细胞，位于滤泡之间或滤泡上皮细胞之间，胞体较大，HE 染色胞质着色浅，镀银法可见胞质内有嗜银颗粒。滤泡旁细胞产生降钙素，它可通过促进钙盐沉着，并抑制 $Ca^{2+}$ 在胃肠及肾小管的吸收，使血钙下降。

微课 1-9-1 甲状腺

## 二、甲状旁腺

### （一）甲状旁腺的形态和位置

甲状旁腺（parathyroid gland）为上、下两对，扁椭圆形小体（图1-9-4），呈棕黄色，黄豆大小，位于甲状腺左、右侧叶的后方，亦可埋入甲状腺实质内。每个甲状旁腺的质量为 35~50 mg。

### （二）甲状旁腺的组织结构

甲状旁腺表面覆有薄层的结缔组织被膜，被膜携带血管、淋巴管和神经伸入腺内，成为小梁，将腺分为不完全的小叶。小叶内腺实质细胞排列成索或团状，其间有少量结缔组织和丰富的毛细血管。腺细胞有主细胞和嗜酸性细胞两种（图1-9-5）。主细胞数量多，细胞呈圆形或多边形，核圆，位于细胞中央，HE染色胞质着色浅，它合成分泌甲状旁腺激素。甲状旁腺激素的主要作用是升高血钙，调节钙磷代谢，维持机体血钙平衡。嗜酸性细胞数量较少，单个或成群分布于主细胞之间，其胞体较主细胞大，核小而深染，胞质呈强嗜酸性，无分泌颗粒，其功能不详。

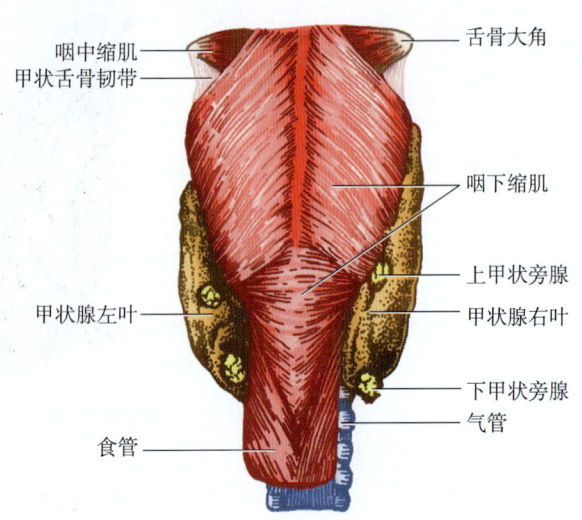

图1-9-4　甲状旁腺的形态和位置

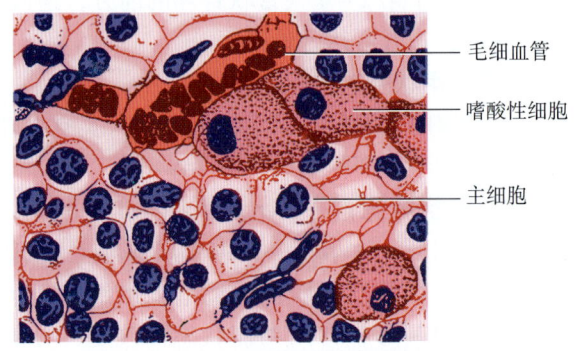

图1-9-5　甲状旁腺微细结构模式图

## 三、肾上腺

肾上腺（suprarenal gland）左右各一，分别位于两肾的上端（图1-9-6），呈淡黄色，位于脊柱的两侧，腹膜后间隙内，与肾共同被包裹在肾筋膜内。肾上腺与肾之间有脂肪组织间层，随年龄的增长而逐渐加厚。左肾上腺近似半月形，质量为 7.17 g（男）和 7.20 g（女）；右肾上腺呈三角形，质量为 7.11 g（男）和 6.86 g（女）。肾上腺的前面有不太明显的肾上腺门，是血管、神经和淋巴管出入之处。肾上腺实质分为外周的皮质和中央的髓质。

### （一）肾上腺皮质

肾上腺皮质占肾上腺体积的 80%~90%，富含类脂，呈黄色。肾上腺皮质分泌盐皮质激素、糖皮质激素和性激素，分别调节水盐代谢、糖类代谢和影响第二性征等。根据细胞的形态结构和排列特征，将皮质分为球状带、束状带和网状带（图1-9-7）。

1. **球状带**　位于皮质浅层，较薄。细胞排列成球团状，细胞较小，呈锥形或短柱状，核小，胞质较少，嗜酸性，含少量脂滴。分泌盐皮质激素，如醛固酮。

2. **束状带**　位于球状带深层，是皮质中最厚的部分，细胞排列成单行或双行细胞索，细胞较大，呈多边形，核圆，较大，着色浅，胞质内含大量脂滴，HE染色呈浅染的泡沫状。分泌糖皮质激素，主要为皮质醇和皮质酮。

3. **网状带**　位于皮质最深层，最薄。细胞索相互吻合成网。细胞较小，核小，着色深，胞质嗜

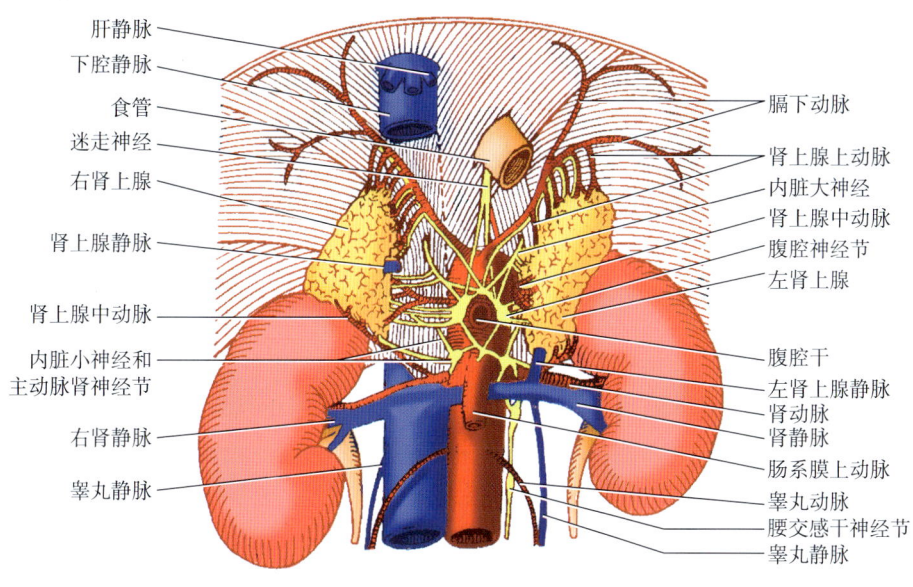

图 1-9-6　肾上腺

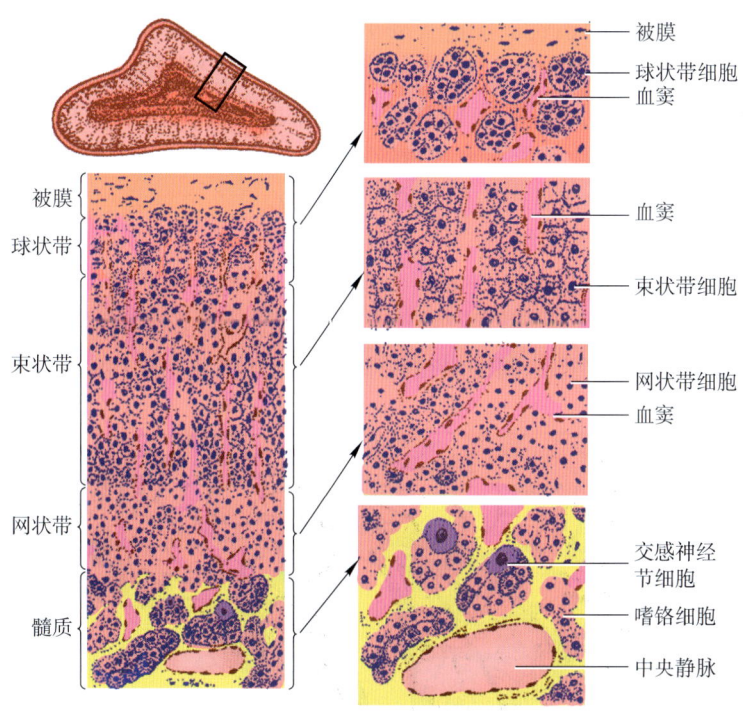

图 1-9-7　肾上腺微细结构模式图

酸性，内含少量脂滴。主要分泌雄激素，也分泌少量糖皮质激素和雌激素。

（二）肾上腺髓质

肾上腺髓质位于肾上腺中央区域，与网状带相邻。髓质细胞呈多边形，核圆，着色浅，胞质嗜碱性，含有嗜铬颗粒，故又称嗜铬细胞（图 1-9-7）。嗜铬细胞又分为肾上腺素细胞和去甲肾上腺素细胞两种，分别分泌**肾上腺素（adrenaline）**和**去甲肾上腺素（noradrenaline）**。肾上腺素的主要功能是使心跳加快，心肌收缩力加强；去甲肾上腺素的主要作用是促使小动脉平滑肌收缩，从而维持血压稳定和调节内脏平滑肌活动等。

## 四、垂体

**垂体**（hypophysis）呈灰红色，椭圆形，位于颅底蝶鞍的垂体窝内，借漏斗柄与下丘脑相连，表面包有结缔组织被膜（图 1-9-8、图 1-9-9）。垂体前后径约 1.0 cm，横径 1.0~1.5 cm，高 0.5 cm。成年男性垂体质量为 0.35~0.80 g，女性质量为 0.45~0.90 g。女性略大于男性，妊娠期显著增大。垂体不仅与身体骨骼和软组织的生长有关，还影响其他内分泌腺（甲状腺、肾上腺、性腺）的功能。

微课 1-9-2 垂体

根据发生、结构和功能，垂体可分为腺垂体和神经垂体两部分，**腺垂体**（adeno-hypophysis）约占垂体质量的 70%，位于垂体前部，包括远侧部、结节部和中间部，远侧部最大，中间部位于远侧部与神经部之间，结节部围绕在漏斗部周围；**神经垂体**（neuro-hypophysis）位于垂体后部，由神经部和漏斗部组成。漏斗部包括漏斗柄和正中隆起。

（一）腺垂体

腺垂体内的腺细胞可合成和分泌多种内分泌激素。这些激素不但与身体骨骼和软组织的生长有关，且影响其他内分泌腺的功能。

**1. 远侧部** 是腺垂体的主要部分，位于垂体的最前部（图 1-9-8、图 1-9-9、图 1-9-10）。细胞排列成团索状，细胞间有丰富的窦状毛细血管和少量结缔组织。按细胞对 HE 染色染料的亲和力不同，腺细胞分为嗜色细胞和嫌色细胞两大类。嗜色细胞又分为嗜酸性细胞和嗜碱性细胞两种。

（1）嗜酸性细胞：数量较多，呈圆形或卵圆形，胞质内含有许多粗大的嗜酸性颗粒，HE 染色呈红色，按分泌的激素种类可分为生长激素细胞和催乳激素细胞，分泌同名激素。

（2）嗜碱性细胞：数量最少，呈多边形或卵圆形，HE 染色呈紫蓝色，分为促甲状腺激素细胞、促肾上腺皮质激素细胞和促性腺激素细胞三种，分泌同名激素。

（3）嫌色细胞：数量最多，体积小，HE 染色着色浅，细胞界限不清。嫌色细胞可能是脱颗粒的嗜色细胞，或是未分化的细胞。

**2. 中间部** 为远侧部与神经部之间的纵行狭窄带（图 1-9-8、图 1-9-9），所占比例很小，由滤

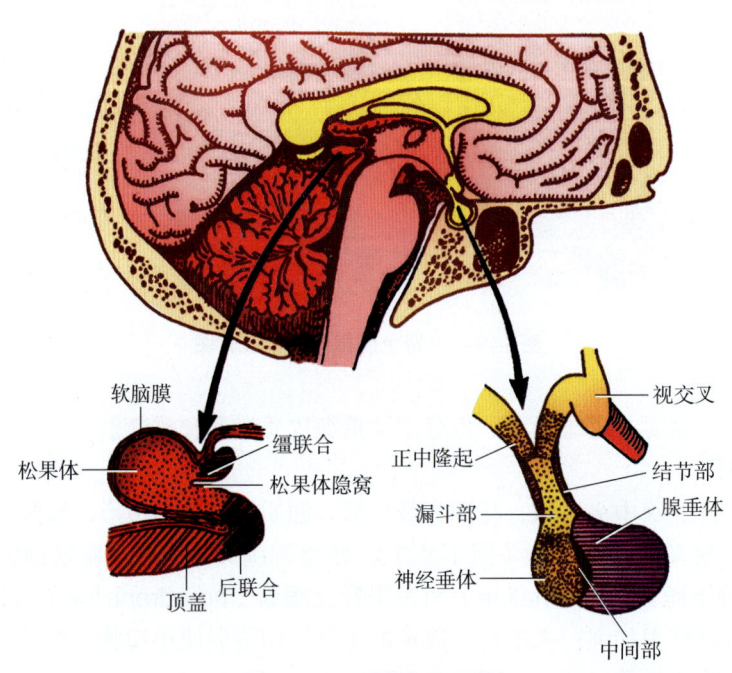

图 1-9-8　垂体和松果体

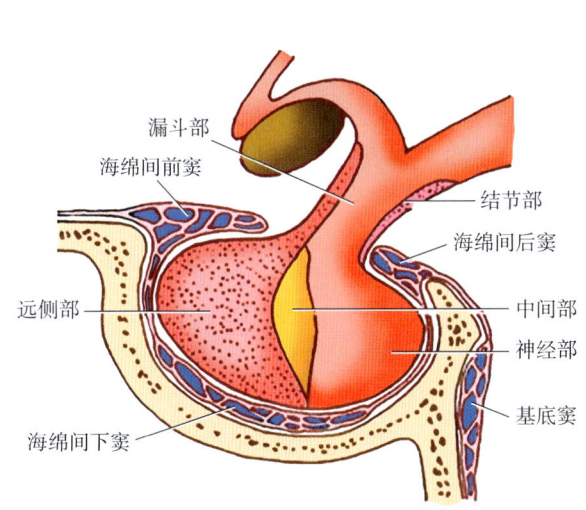

图 1-9-9　垂体的形态、分部及周围的静脉窦

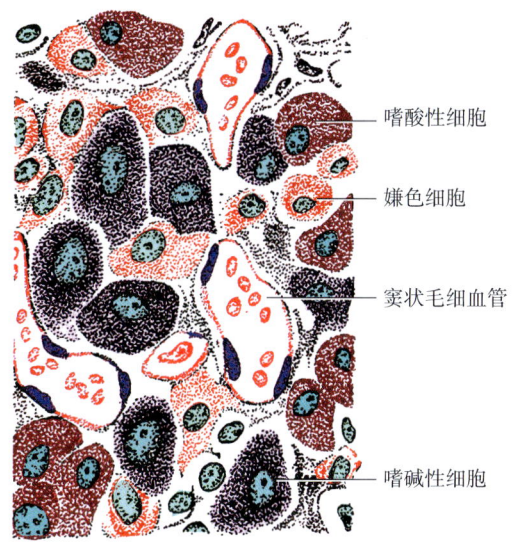

图 1-9-10　垂体远侧部微细结构模式图

泡及周围的嗜碱性细胞和嫌色细胞组成。滤泡由单层立方上皮细胞围成，内含胶体，功能不明。嗜碱性细胞主要是黑素细胞刺激素细胞，分泌同名激素。

3. **结节部**　包围着神经垂体的漏斗柄，细胞较小，主要是嫌色细胞（图 1-9-9）。

4. **垂体门脉系统**　垂体的血液供应为来自大脑动脉环的分支：垂体上动脉和垂体下动脉。其中垂体上动脉进入漏斗部，分支形成毛细血管网，称为第一级毛细血管网。毛细血管网下行，在结节部汇集成多条垂体门微静脉，到达垂体远侧部后，形成第二级毛细血管网。两级毛细血管网及二者之间的垂体门微静脉共同构成**垂体门脉系统**（hypophyseal portal system）。第二级毛细血管网最后汇集成小静脉，注入垂体周围的静脉窦。下丘脑弓状核等处的神经内分泌细胞合成的多种激素经轴突末梢释放入漏斗部的第一级毛细血管网处，再经垂体门微静脉运送到远侧部的第二级毛细血管网，在此调节垂体远侧部的分泌活动（图 1-9-11）。

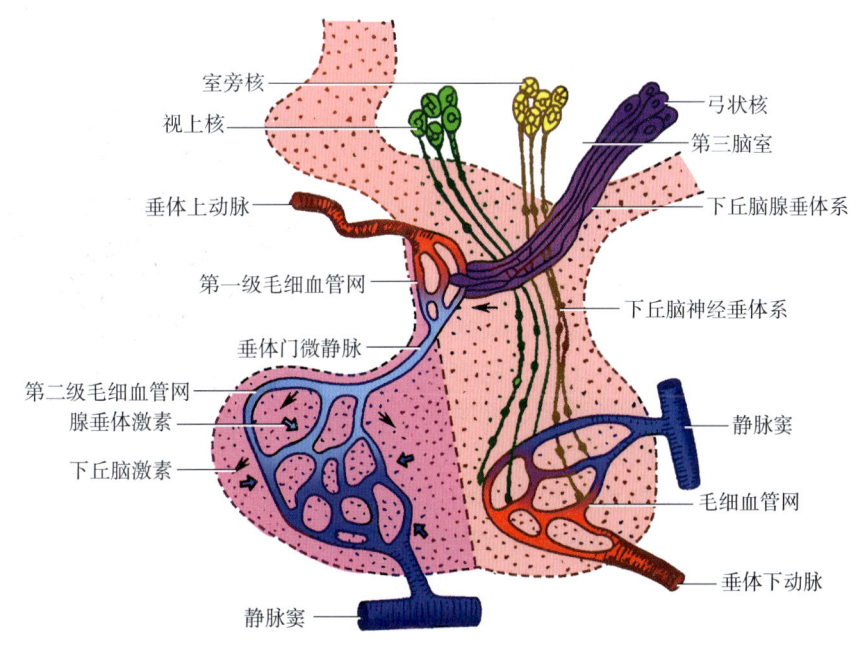

图 1-9-11　垂体门脉系统模式图

### （二）神经垂体

神经垂体由神经部和漏斗部组成。贮存和释放下丘脑合成的抗利尿激素和缩宫素。

神经垂体主要由大量无髓神经纤维和胶质细胞构成，并含有丰富的窦状毛细血管。无髓神经纤维来自下丘脑的视上核和室旁核的神经内分泌细胞，这些细胞合成抗利尿激素和缩宫素，并沿其轴突将抗利尿激素和缩宫素经漏斗部运输至神经部贮存（图1-9-8、图1-9-9）。神经内分泌细胞内的分泌颗粒沿轴突运输下行途中常局部聚集成团，使轴突呈串珠状膨大，在HE染色的标本中显示为大小不等的嗜酸性团块，称为**赫林体（Herring body）**。神经部的胶质细胞又称垂体细胞，胞体不规则，胞质内有脂滴和脂褐素，主要有支持和营养神经纤维的作用。

## 五、松果体

**松果体（pineal body）**近横椭圆形，呈灰红色，长5~8 mm，宽3~5 mm，厚约4 mm，质量为120~200 mg。位于上丘的后上方，以柄附着于第三脑室顶的后部（图1-9-1、图1-9-8）。柄向前分为上、下两板，两板之间为第三脑室的松果体隐窝，上板内有缰连合，下板有后连合。松果体表面包以软脑膜，结缔组织伴随血管伸入腺实质内，将实质分为许多小叶。小叶主要由松果体细胞、神经胶质细胞和无髓神经纤维等组成。松果体细胞呈圆形或不规则形，核大而圆，胞质少，弱嗜碱性。

松果体合成和分泌褪黑素，其分泌活动有明显的昼夜节律，白天几乎不分泌，夜间分泌则显著增加。褪黑素抑制垂体促性腺激素的释放，间接影响性腺的发育，还有抗紧张、抗衰老、增强免疫力、促进睡眠等作用。在儿童期，松果体病变引起其功能不全时，可出现性早熟或生殖器官过度发育。松果体在儿童期发达，通常7岁后逐渐萎缩，成年后松果体常出现钙盐沉积，形成钙质小体，称为脑砂，它是松果体细胞分泌物钙化而成，其意义不明。脑砂随年龄增长而增多，可作为影像诊断颅内定位的标志。

## 六、胸腺

**胸腺（thymus）**既属淋巴器官，又兼有内分泌功能，可分泌胸腺素和促胸腺生成素，参与机体的免疫反应。

### （一）胸腺的位置和形态

胸腺位于胸骨柄及肋软骨的后方，前纵隔的上方，贴近心包的上方，主动脉弓和头臂静脉等大血管的前方，向上到达胸廓上口，向下至前纵隔。胸腺通常分为不对称的左、右两叶，呈扁条状，质软，两者借结缔组织相连，周围有脂肪组织和淋巴结（图1-9-12）。胸腺有明显的年龄变化，新生儿和幼儿的胸腺较为发达，质量为10~15 g；随着年龄增长继续发育至青春期性成熟后达顶峰，此时质量为25~40 g，此后逐渐萎缩被结缔组织所替代，到老年仅剩胸腺遗迹可辨认。少数人胸腺上端可伸至颈部气管前方，尤其是小儿，当胸腺肿大时可压迫头臂静脉、主动脉弓和气管，出现发绀和呼吸困难。

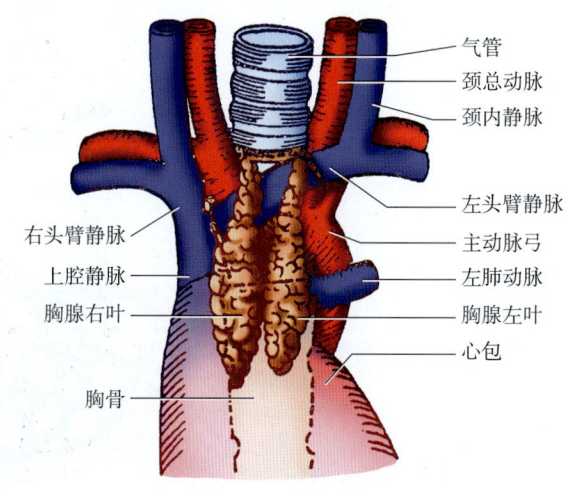

图1-9-12 胸腺的位置和形态

### （二）胸腺的组织结构

胸腺的表面有薄层结缔组织被覆，被膜伸入实质形成小叶间隔，将实质分为许多不完全分隔的胸腺小叶。每个胸腺小叶的外周部分称为皮质，细胞密集，染色较深；中央部分染色较浅称为髓质。胸腺实质主要由胸腺细胞和胸腺上皮细胞构成。另外还有树突状细胞、巨噬细胞、肥大细胞等，这些细胞统称为胸腺基质细胞。

**1. 皮质** 以胸腺上皮细胞为支架，间隙内含有大量胸腺细胞和少量基质细胞。胸腺细胞即胸腺内分化发育的早期T淋巴细胞，它们密集于皮质内，使皮质染色较深。

**2. 髓质** 含有大量胸腺上皮细胞和少量较成熟的胸腺细胞。胸腺上皮细胞主要分布于髓质内，常呈同心圆排列形成髓质特征性结构，称为胸腺小体。

### （三）胸腺的功能

胸腺主要具有以下功能：一是形成各种初始T淋巴细胞，发育成熟后运送至周围淋巴器官，参与细胞免疫；二是由胸腺上皮细胞分泌胸腺细胞发育所必需的胸腺激素，如胸腺素和胸腺生成素等，它们能诱导T淋巴细胞分裂和分化，使其具有免疫应答的能力。

## 七、胰岛

**胰岛**（pancreatic islet）是胰的内分泌部，为许多大小不等、形状不一的球形细胞群，其周围有薄膜包裹，散在于胰实质内，胰尾最多，胰体、胰头较少。成人胰岛总数为180万~200万个。胰岛A细胞分泌胰高血糖素，胰岛B细胞分泌胰岛素，两者协调作用可调节血糖浓度，维持血糖稳态。胰岛素分泌不足可引起糖尿病。

（赵云鹤）

### 思考题

1. 内分泌系统包括哪些器官和组织？具有哪些结构特点？
2. 甲状腺的形态和位置有何特点？
3. 与维持血钙平衡相关的是哪个内分泌腺？它的形态、位置如何？
4. 肾上腺和垂体各位于何处？如何分部？各部有何功能？
5. 松果体位置和形态如何？主要分泌什么激素？作用如何？

### 新形态教材网更多数字资源

思维导图　　教学课件　　微课　　自测题　　思政元素

# 第十章 感觉器

编者导学

**本章导航**
第一节 视器
第二节 前庭蜗器
附 皮肤

感觉器（sensory organ）由感受器及其副器（辅助装置）组成。

感受器（receptor）是感受体内、外环境各种刺激的装置。感受器的种类繁多，结构简繁不一。有的感受器结构简单，如位于皮肤内的痛觉感受器仅仅是游离的神经末梢。有些感受器则极为复杂，具有各种对感受器起保护作用和使感受器的功能充分发挥的副器。

感觉器的功能是接受各种类型的刺激，并将相应刺激转变为神经冲动，这些神经冲动经过特定的神经传导通路传导至大脑皮质的一定部位，产生特定感觉，从而建立起机体与内、外环境间的联系。感受器是机体探索世界、认识世界的基础。

根据感受器的部位和接受刺激的来源，通常把感受器分为三类。①**外感受器**：分布在皮肤、嗅黏膜、味蕾、视器和听器等处，感受来自外界环境的刺激，如痛、温、触、压、光、声、嗅、味等刺激。②**内感受器**：分布在内脏器官和血管等处，接受来自体内环境的刺激，如压力、渗透压、温度、离子和化合物浓度的变化等刺激。③**本体感受器**：分布在肌、肌腱、关节和前庭器等处，接受机体运动和平衡变化时所产生的刺激。

## 第一节 视　　器

视器（visual organ）由眼球和眼副器组成，能接受可见光的刺激，并将其感受的光波刺激转变为神经冲动，通过视神经等传导至大脑皮质的视觉中枢而产生视觉。眼副器位于眼球周围或附近，对眼球起支持、保护和运动作用。

### 一、眼球

眼球（eyeball）为视器的主要部分，位于眶的前部，由眼球壁和眼球内容物组成。其后端借视神经与间脑相连。

## （一）眼球壁

眼球壁从外向内依次分为纤维膜、血管膜和视网膜（图 1-10-1）。

微课 1-10-1　眼球壁的结构

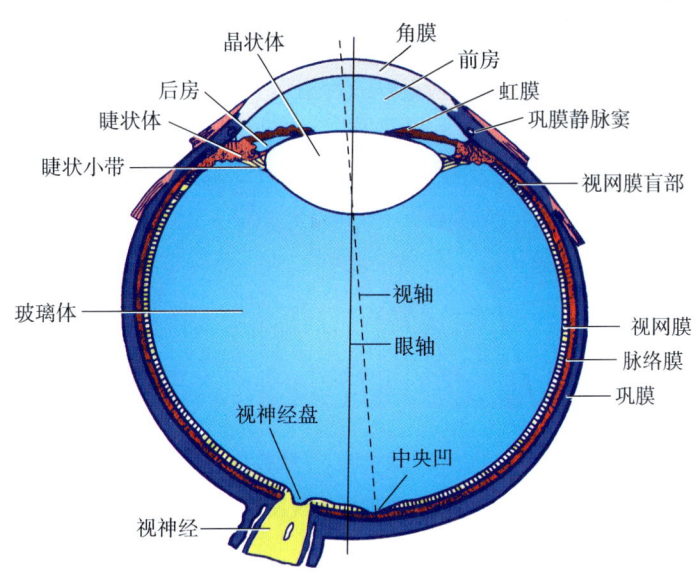

图 1-10-1　眼球的水平切面（右侧）

1. **纤维膜**　即外膜，由坚韧的致密结缔组织构成，具有维持眼球形态和保护眼球内容物的作用，可分为角膜和巩膜两部分。

（1）**角膜**（cornea）：位于眼球正前方，占纤维膜的前 1/6，无色透明，有屈光作用。角膜内无血管，但有丰富的感觉神经末梢，故感觉敏锐。

（2）**巩膜**（sclera）：占纤维膜的后 5/6，乳白色，不透明，厚而坚韧，有保护眼球内容物的作用。在角膜和巩膜交界处的深面有一环形的巩膜静脉窦，为房水回流的通道。巩膜后方有视神经穿出，并与视神经的鞘膜相延续。

2. **血管膜**　即中膜，位于眼球纤维膜深面，由前向后依次分为虹膜、睫状体和脉络膜，含有丰富的血管和色素细胞。

（1）**虹膜**（iris）：位于血管膜的最前部，为一圆盘状薄膜，中央有圆形的瞳孔。虹膜内有两种排列方向不同的平滑肌：一种环绕于瞳孔周围，收缩时使瞳孔缩小，减少强光的刺激，称**瞳孔括约肌**，受副交感神经支配；另一种以瞳孔为中心，呈放射状排列，收缩时使瞳孔开大，让更多的光线通过，称**瞳孔开大肌**，受交感神经支配。虹膜的颜色因人种不同有较大的差异，黄种人虹膜色素较多，故呈棕黑色（图 1-10-2）。

（2）**睫状体**（ciliary body）：位于巩膜与角膜移行部的内面，虹膜后外方的环形增厚部分（图 1-10-2）。其后部平坦光滑，称睫状环；前部有许多向内突出的皱襞，称**睫状突**。睫状突借睫状小带与晶状体相连。睫状体内有平滑肌，称**睫状肌**，由副交感神经支配。睫状肌的收缩和舒张，可通过睫状小带调节晶状体的曲度。睫状体具有产生房水和参与调节视力的作用。

（3）**脉络膜**（choroid）：占血管膜的后 2/3，贴于巩膜内面，前端连于睫状体，后部有视神经穿过。其富有血管和色素细胞，外面与巩膜疏松相连，内面与视网膜的色素上皮层紧密相贴，具有营养视网膜和吸收眼内分散光线的作用。

3. **视网膜**（retina）　即内膜，位于眼球壁的最内层，可分为虹膜部、睫状体部和视部三部分。虹膜部和睫状体部贴附于虹膜和睫状体的内面，无感光作用，称为**视网膜盲部**；贴附在脉络膜内面的

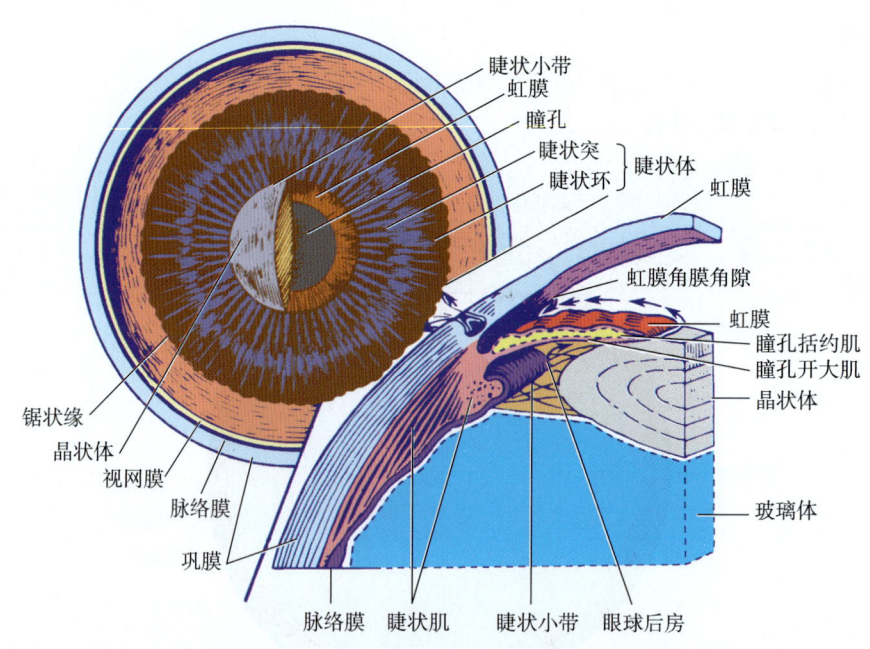

图 1-10-2　眼球前部后面观及虹膜、睫状体

部分有感光作用，称为**视部**。一般所说的视网膜即指视网膜视部而言。视网膜的后部称眼底。在眼底的鼻侧，有一圆盘状的隆起，称**视神经盘**（optic disc），又称**视神经乳头**。此处无感光细胞，又称**生理盲点**。在视神经盘的颞侧约 3.5 mm 处，有一黄色区域，称**黄斑**（macula lutea）。其中央凹陷，称**中央凹**，此区有密集的感光细胞，是感光最敏锐处（图 1-10-3）。

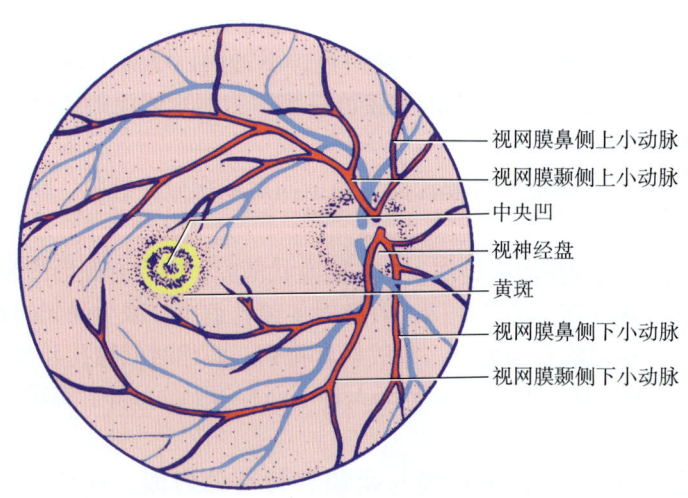

图 1-10-3　右侧眼底

视网膜视部的组织结构复杂，一般分为内、外两层（图 1-10-4）：外层为色素细胞层，由色素上皮构成，紧贴脉络膜，无感光功能；内层为神经细胞层，含有 3 层细胞：①外层为视锥细胞和视杆细胞，它们是感光细胞。**视锥细胞**主要分布于视网膜的中央部，感受强光和颜色的刺激，在白天或明亮处视物时起主要作用；**视杆细胞**主要分布于视网膜的周边部，感受弱光的刺激，在夜间或暗处视物时起主要作用。②中层为双极细胞，将感光细胞的神经冲动传导至神经节细胞。③内层为神经节细胞，节细胞的轴突构成视神经。视网膜内、外两层之间连结疏松，在病理情况下两层分离，便

形成视网膜脱离。

### （二）眼球内容物

眼球内容物包括房水、晶状体和玻璃体（图1-10-2）。这些结构与角膜一样无血管而无色透明，共同组成眼的屈光系统，对维持正常视力具有重要作用。

1. **房水**（aqueous humor） 为无色透明的液体，充满于眼房。眼房是角膜和晶状体之间的空隙，被虹膜分隔为**眼前房**和**眼后房**，二者借瞳孔相通。房水由睫状体产生，进入眼后房，经瞳孔至眼前房，然后经过巩膜静脉窦回流至眼静脉。房水除有屈光作用外，还有营养角膜、晶状体及维持眼内压的作用。

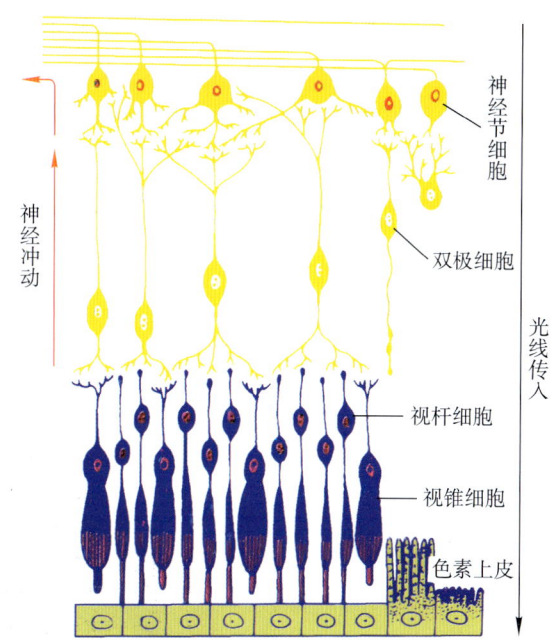

图1-10-4 视网膜的组织结构模式图

2. **晶状体**（lens） 为富有弹性的双凸透镜状透明体，位于虹膜和玻璃体之间，周围以睫状小带与睫状体相连。在眼的屈光系统中，晶状体是调节屈光的最重要结构。当视近物时，睫状肌收缩，睫状小带放松，晶状体因其本身的高弹性而变凸，曲度增大，屈光能力增强，从而使物像能聚焦于视网膜上。视远物时，则与之相反。晶状体若因疾病或损伤而变混浊，称**白内障**。

3. **玻璃体**（vitreous body） 为无色透明的胶状物质，充满于晶状体和视网膜之间，具有屈光和支撑视网膜的作用。如果玻璃体支撑作用减弱，则易导致视网膜脱离。若玻璃体发生混浊，可造成不同程度的视力障碍。

## 二、眼副器

**眼副器**（accessory organs of eye）包括眼睑、结膜、泪器和眼球外肌等，具有保护和运动眼球等作用。

### （一）眼睑

**眼睑**（eyelid）俗称眼皮，是眼球的保护屏障，可分为上睑和下睑。上、下睑之间的裂隙称为睑裂。睑裂的外侧角和内侧角分别称为外眦和内眦。睑的游离缘上生长有**睫毛**。睫毛根部有睫毛腺，此腺如发生急性炎症，俗称麦粒肿，是眼科的常见病之一。

眼睑由浅入深可分为皮肤、皮下组织、肌层、睑板和睑结膜等5层。眼睑的皮肤细薄，皮下组织疏松。肌层主要为眼轮匝肌和上睑提肌。睑板由致密结缔组织构成，呈半月形，可分上睑板和下睑板。睑板内有许多睑板腺与睑缘成垂直排列并开口于睑缘（图1-10-5）。睑板腺分泌物有润滑睑缘和防止泪液外流的作用。若睑板腺管阻塞，可发生囊肿，临床称**霰粒肿**。

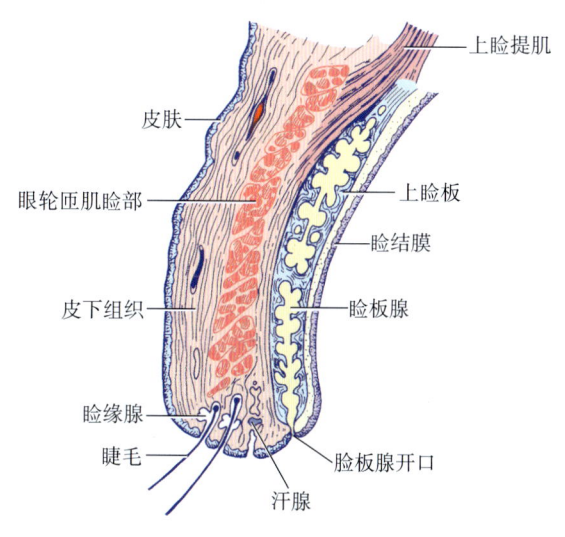

图1-10-5 上眼睑矢状切面

## （二）结膜

结膜（conjunctiva）是一层薄而透明的黏膜，富有血管，表面光滑，覆盖于上、下眼睑的内面和巩膜前部的表面（图1-10-6）。按其所在部位可分为三部分：

1. **睑结膜**（palpebral conjunctiva） 起自睑缘，覆盖于上、下睑内面，与睑板紧密连结。

2. **球结膜**（bulbar conjunctiva） 覆盖于巩膜前面，止于角膜缘。球结膜与巩膜连结疏松，易发生球结膜下水肿与结膜下出血。

3. **结膜穹隆**（cojunctiva fornix） 为位于睑结膜与球结膜之间的移行部分，分别形成结膜上穹和结膜下穹。睑闭合时，结膜形成的囊状腔隙称**结膜囊**，通过睑裂与外界相通。沙眼和结膜炎是临床常见的眼科结膜疾病。

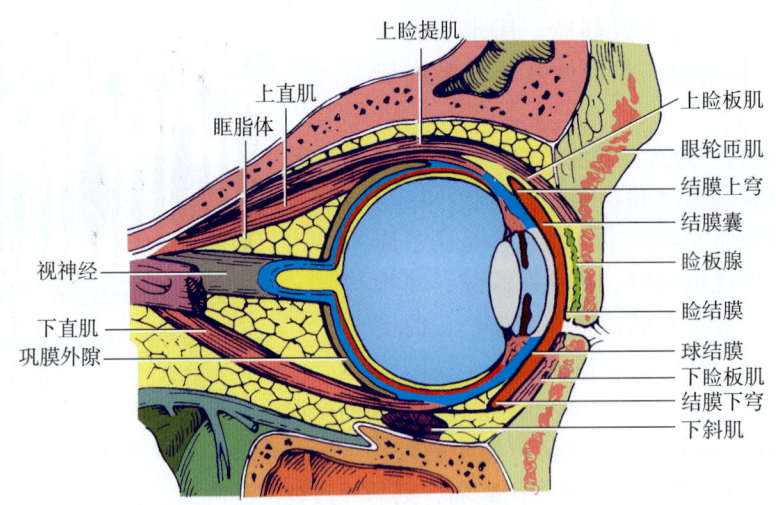

图1-10-6 右眼眶矢状面

## （三）泪器

泪器（lacrimal apparatus）由泪腺和泪道构成（图1-10-7）。

1. **泪腺**（lacrimal gland） 位于眶上壁前外侧的泪腺窝，有分泌泪液的功能。其排泄小管开口于结膜上穹。分泌的泪液具有冲洗结膜囊内异物、维持眼球表面洁净、保持角膜湿润、抑制细菌繁殖等作用。

2. **泪道**（lacrimal passage） 包括泪点、泪小管、泪囊和鼻泪管。

（1）**泪点**（lacrimal punctum）：在上、下睑缘内侧端各有一小孔，为泪小管的开口，是泪道的起始部位。

（2）**泪小管**（lacrimal ductule）：连接泪点与泪囊的小管，分上泪小管和下泪小管。每一泪小管最初分别向上、下走行，然后近乎直角转向内，即上泪小管向内下，下泪小管向内上，共同开口于泪囊。

（3）**泪囊**（lacrimal sac）：位于泪囊窝，为一膜性囊。上端为盲端，在内眦上方，下端移行为鼻泪管。

（4）**鼻泪管**（nasolacrimal duct）：是接续泪囊下端的膜性管道，上部位于骨性鼻泪管内，下部在

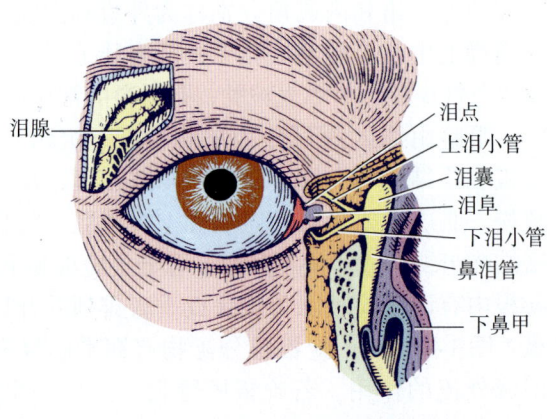

图1-10-7 泪器（右侧）

鼻腔侧壁的黏膜内，向下开口于下鼻道的外侧壁。

### （四）眼球外肌

**眼球外肌**（ocular muscles）是视器的运动装置，包括运动眼球的肌和运动眼睑的肌，均属骨骼肌（图1-10-8）。

运动眼球的肌有4块直肌和2块斜肌，直肌是**上直肌**、**下直肌**、**内直肌**、**外直肌**。上直肌可使瞳孔转向上内，下直肌使瞳孔转向下内，内直肌使瞳孔转向内侧，外直肌使瞳孔转向外侧。两条斜肌即**上斜肌**和**下斜肌**。上斜肌可使瞳孔转向下外，下斜肌使瞳孔转向上外。眼球运动灵活多样，而且任何一种运动，都是两眼同时协调的作用。当运动眼球的某一肌瘫痪而引起肌力不平衡时，则出现眼球偏斜，称斜视。

运动眼睑的肌为**上睑提肌**，其作用是提上睑，开大睑裂。

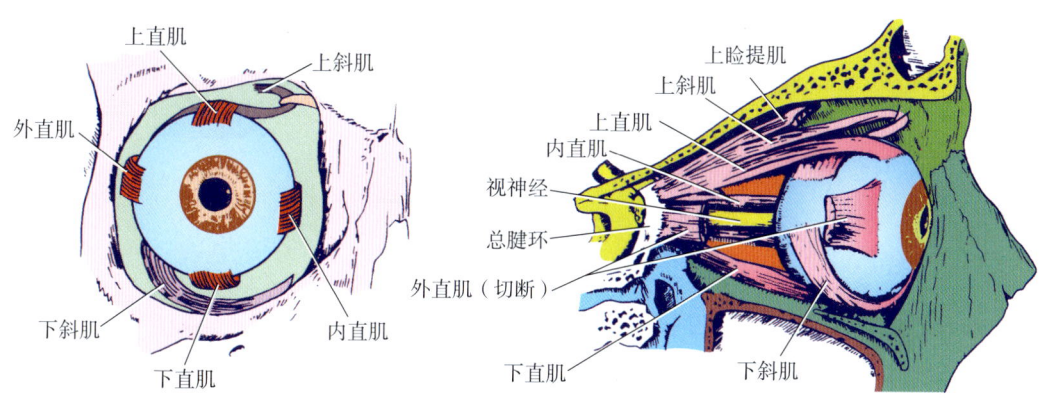

图 1-10-8 眼球外肌

## 第二节 前庭蜗器

**前庭蜗器**（vestibulocochlear organ）又称**耳**（ear），包括**外耳**、**中耳**和**内耳**三部分（图1-10-9）。其中外耳和中耳是收集和传导声波的装置，内耳具有接受位觉刺激的感受器（**前庭器**）和接受声波刺激的感受器（**蜗器**）。

### 一、外耳

**外耳**（external ear）包括耳郭、外耳道和鼓膜三部分。

#### （一）耳郭

**耳郭**（auricle）位于头部的两侧，分前外和后内两面。前外面凹陷，靠前有一大孔称**外耳门**，向内通外耳道。耳郭的上方大部分以软骨为支架，外覆皮肤，皮下组织少。下方的小部分无软骨支架，仅以结缔组织和脂肪构成，称**耳垂**，为临床常用的采血部位。耳郭有收集声波的作用。

#### （二）外耳道

**外耳道**（external acoustic meatus）是外耳门至鼓膜之间的弯曲管道，成人长约2.5 cm，可分为外侧1/3的软骨部和内侧2/3的骨部。软骨部朝向后内上，可牵动；骨部弯向前内下，不可牵动，故作外耳道检查时，可将耳郭拉向后上方，使外耳道变直，观察鼓膜。而儿童的外耳道较短且平直，检查时应将耳郭拉向后下方。

外耳道的皮肤较薄，软骨部皮肤内含有毛囊、皮脂腺和耵聍腺。耵聍腺分泌黏稠的耵聍，干燥后

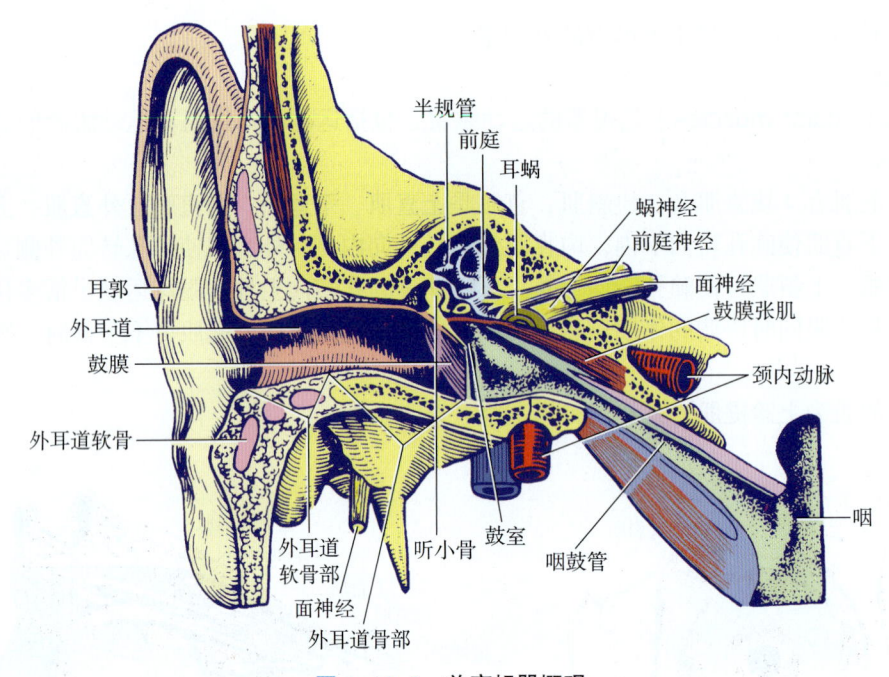

图 1-10-9 前庭蜗器概观

形成块状。外耳道的皮下组织少，皮肤与软骨膜及骨膜紧密相连，且神经分布丰富，故外耳道发生疖肿时疼痛剧烈。

（三）鼓膜

**鼓膜**（tympanic membrane）位于外耳道底和鼓室之间，为椭圆形半透明的薄膜，其位置向前外倾斜，与外耳道底成 45°～50° 夹角。

鼓膜的上 1/4 薄而松弛，呈淡红色，称松弛部；下 3/4 坚实紧张，呈灰白色，称**紧张部**。鼓膜的中心向内凹陷，称**鼓膜脐**，其前下方有一个三角形反光区，称**光锥**（图 1-10-10）。

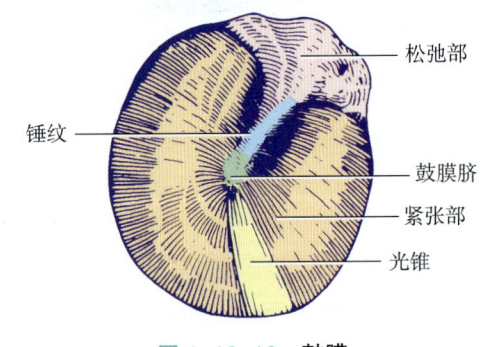

图 1-10-10 鼓膜

## 二、中耳

**中耳**（middle ear）主要包括鼓室、咽鼓管、乳突窦和乳突小房。位于外耳和内耳之间，是声波传导的主要部分。

（一）鼓室

**鼓室**（tympanic cavity）是颞骨岩部内含气的不规则小腔，为中耳最主要的部分，位于鼓膜和内耳外侧壁之间，借鼓膜与外耳道分隔，通过前庭窗和蜗窗与内耳相连，并经咽鼓管通鼻咽部，经乳突窦与乳突小房相通。鼓室内有听小骨，由外侧至内侧为锤骨、砧骨和镫骨，三骨借关节相连成听骨链（图 1-10-11）。锤骨柄附着于鼓膜的内面，镫骨底封闭前庭窗。当声波振动鼓膜时，通过听小骨的杠杆系统，使镫骨底在前庭窗上来回摆动，将声波的振动传入内耳。

（二）咽鼓管

**咽鼓管**（auditory tube）是连接鼓室和鼻咽部的管道。咽鼓管以咽鼓管咽口开口于鼻咽部的侧壁，以咽鼓管鼓室口开口于鼓室。平时咽鼓管咽口处于关闭状态，仅在用力张口或吞咽时暂时开放，

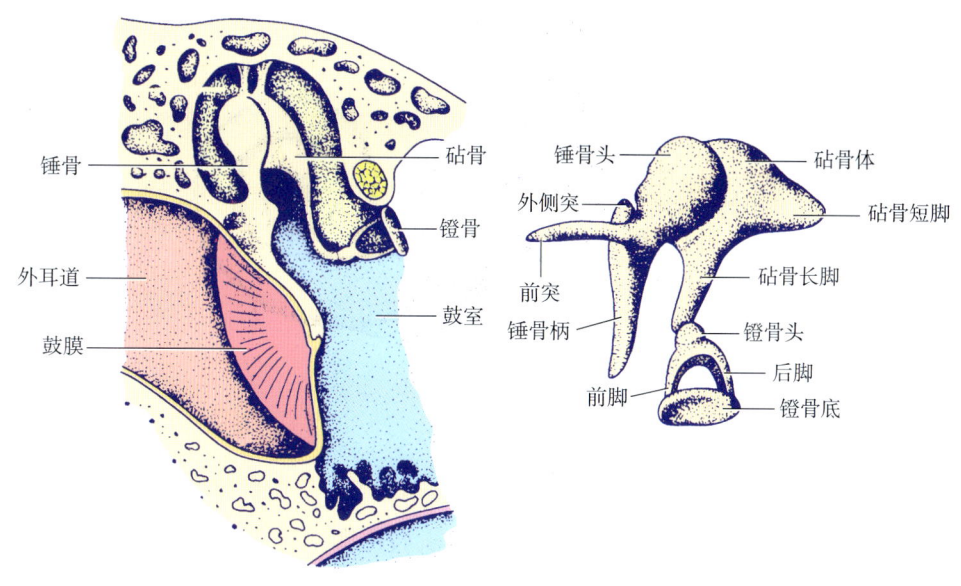

图 1-10-11　听小骨

维持鼓膜内、外的压力平衡。由于小儿咽鼓管短而宽，近似水平位，故咽部感染可经咽鼓管侵入鼓室，引起中耳炎。

（三）乳突窦和乳突小房

**乳突窦**（mastoid antrum）和**乳突小房**（mastoid cells）是鼓室向后的延伸部。乳突窦是鼓室后上方的较大空隙，向前开口于鼓室，向后与乳突小房交通。乳突小房为颞骨乳突部内的许多含气小腔隙，其内表面的黏膜与乳突窦和鼓室的黏膜相延续，故中耳炎症可经乳突窦侵入乳突小房而引起乳突炎。

## 三、内耳

微课 1-10-2　内耳的结构

**内耳**（internal ear）又称迷路，位于颞骨岩部内，在鼓室和内耳道底之间，结构复杂，为听觉和位置觉感受器所在的部位。迷路又分为骨迷路和膜迷路两部分，骨迷路为颞骨岩部内的骨性管道，膜迷路是套在骨迷路中的膜性囊管。膜迷路中充满**内淋巴**，骨迷路和膜迷路间的间隙内充满**外淋巴**，内淋巴与外淋巴互不相通。

（一）骨迷路

**骨迷路**（bony labyrinth）沿颞骨岩部的长轴排列，由前内向后外可分为耳蜗、前庭和骨半规管三部分（图 1-10-12）。

1. **前庭**（vestibule）　是位于骨迷路中部，略似椭圆形的腔隙。前庭的前下方有一大孔通耳蜗，后上方有 5 个小孔通骨半规管。前庭的外侧壁有靠上方呈椭圆形的前庭窗和靠下方呈圆形的蜗窗。前庭的内侧壁即内耳道底，有神经穿入的许多小孔。

2. **骨半规管**（bony semicircular canals）　为位于前庭后外上方的 3 个 C 形互相垂直的骨管，分别称前骨半规管、后骨半规管和外骨半规管。每一骨半规管都有两个骨脚通前庭，一个骨脚上有膨大的壶腹骨脚，另一骨脚细小称单骨脚。前、后骨半规管的单骨脚合并成总骨脚，故 3 个骨半规管共有 5 个开口通前庭。

3. **耳蜗**（cochlea）　位于前庭的前下方，形似蜗牛壳。耳蜗的顶端称蜗顶，朝前外；底端称蜗

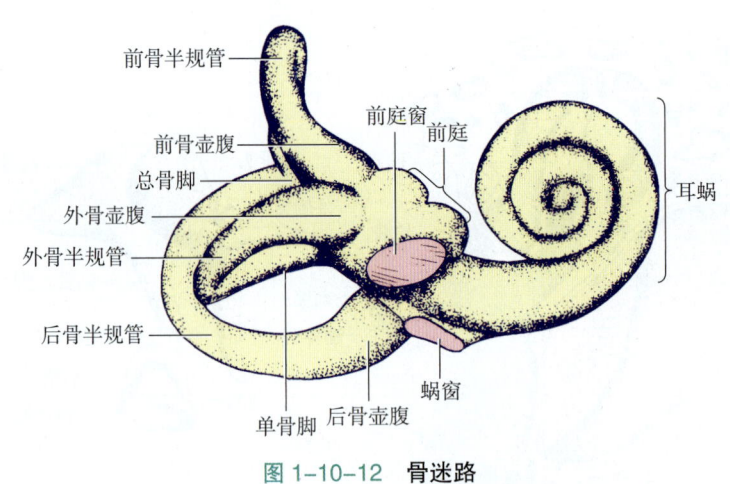

图 1-10-12 骨迷路

底,朝后内。耳蜗由蜗螺旋管(骨螺旋管)围绕蜗轴旋转两圈半构成。蜗轴位于耳蜗中央,骨质疏松,有血管、神经穿行。自蜗轴发出的骨螺旋板突入蜗轴螺旋管内,与连于其外侧的膜迷路将蜗螺旋管分隔为上、下两半,上半靠蜗顶,称**前庭阶**,通向前庭窗;下半向蜗底,称**鼓阶**,通蜗窗。在蜗顶处,前庭阶和鼓阶借蜗孔彼此相通。

(二)膜迷路

**膜迷路**(membranous labyrinth)是套在骨迷路内的膜性囊管,囊管壁上有前庭器和蜗器。膜迷路包括椭圆囊、球囊、膜半规管和蜗管(图 1-10-13),它们互相相通,腔内充满内淋巴。

1. **椭圆囊**(utricle)**和球囊**(saccule)  均位于前庭内,椭圆囊在后上,球囊在前下。椭圆囊后壁有 5 个开口与膜半规管相通,前壁借椭圆球囊管通球囊。椭圆囊底部有**椭圆囊斑**(macula utriculi),球囊前上壁有**球囊斑**(macula sacculi)。椭圆囊斑和球囊斑能感受直线加速或减速运动的刺激。

2. **膜半规管**(membranous semicircular duct)  套在骨半规管内,形似骨半规管。在 3 个骨壶腹内也有 3 个膜壶腹,每个膜壶腹壁上各有一隆起的**壶腹嵴**(ampullary crest),能感受旋转变速运动的刺激。

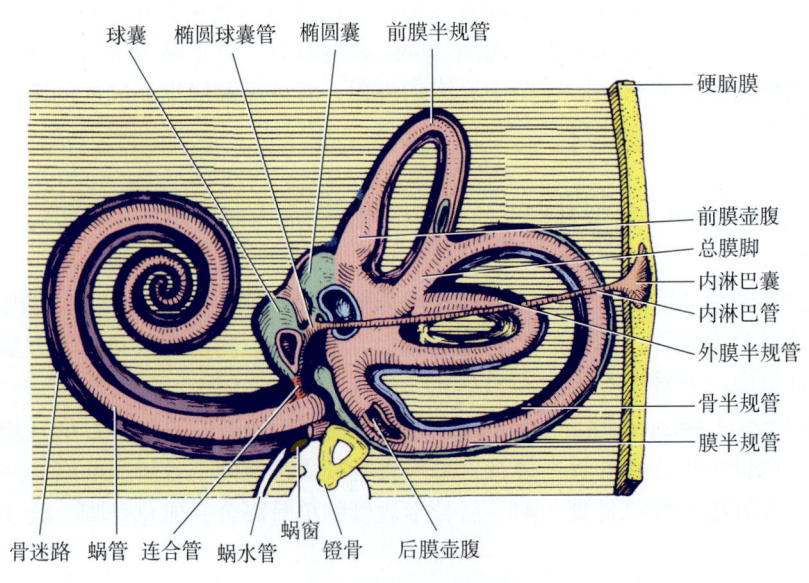

图 1-10-13 膜迷路

椭圆囊斑、球囊斑和壶腹嵴都是位置觉感受器，合称**前庭器**。

**3. 蜗管**（cochlear duct） 在蜗螺旋管内，一端伸入前庭，借连合管与球囊相通；另一端在蜗顶，为盲端。在水平断面上，蜗管呈三角形，介于前庭阶和鼓阶之间。其上壁称蜗管**前庭壁**（又称**前庭膜**），分隔前庭阶和蜗管；下壁称蜗管**鼓壁**（又称**螺旋膜**或**基底膜**），与鼓阶相隔；外侧壁与蜗螺旋管外侧壁的骨膜紧密相连，含丰富的血管。基底膜上有**螺旋器**（又称 Corti 器），是听觉感受器（图 1-10-14）。

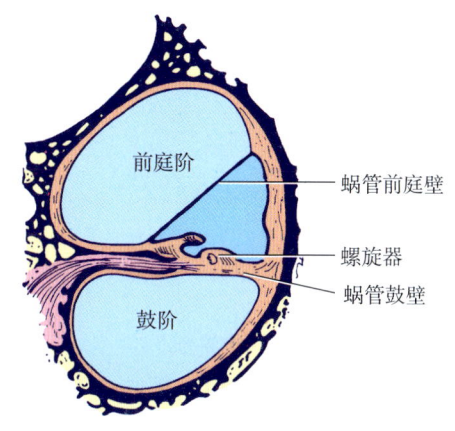

图 1-10-14　蜗管横切面

## 附　皮肤

（崔　勇）

### 思考题

1. 简述眼球壁的结构。
2. 简述房水的产生、循环途径和临床意义。
3. 眼球外肌有哪些，各有何作用？
4. 前庭器主要包括哪些结构？各有什么作用？

### 新形态教材网更多数字资源

思维导图　　教学课件　　微课　　自测题　　思政元素

# 第十一章 神经系统

编者导学

**本章导航**

第一节　概述　　　　　第五节　内脏神经系统
第二节　脊髓和脊神经　　第六节　脊髓和脑的被膜
第三节　脑和脑神经　　　第七节　脑室和脑脊液
第四节　传导通路　　　　第八节　脑的血管

神经系统（nervous system）由脑和脊髓及与之相连的脑神经和脊神经组成。它是人体结构和功能最复杂的系统，可调节和控制其他各系统的功能活动，使机体成为一个完整统一的有机体。

## 第一节　概　　述

### 一、神经系统的区分

#### （一）按位置和功能区分

1. **中枢神经系统**（central nervous system）　包括位于颅腔内的脑和位于椎管内的脊髓（图1-11-1），它们是神经系统中最重要的部分，具有控制和调节整个机体活动的功能。

2. **周围神经系统**（peripheral nervous system）　包括与脑相连的12对脑神经和与脊髓相连的31对脊神经（图1-11-1），它们具有传导神经冲动的功能。

#### （二）按分布对象区分

1. **躯体神经系统**（somatic nervous system）　主要分布于皮肤和运动系统，管理皮肤的感觉和运动系统的感觉及运动。躯体神经系统分为中枢部和周围部。中枢部位于脑和脊髓，周围部有感觉（传入）神经和运动（传出）神经之分。

2. **内脏神经系统**（visceral nervous system）　又称**自主神经系统**或**植物性神经系统**，主要分布于内脏、心血管和腺体，管理它们的感觉和运动。自主神经系统分为中枢部和周围部。中枢部位于脑和脊髓，周围部由内脏感觉（传入）神经和内脏运动（传出）神经组成。内脏运动神经根据功能不同，分为交感神经和副交感神经。

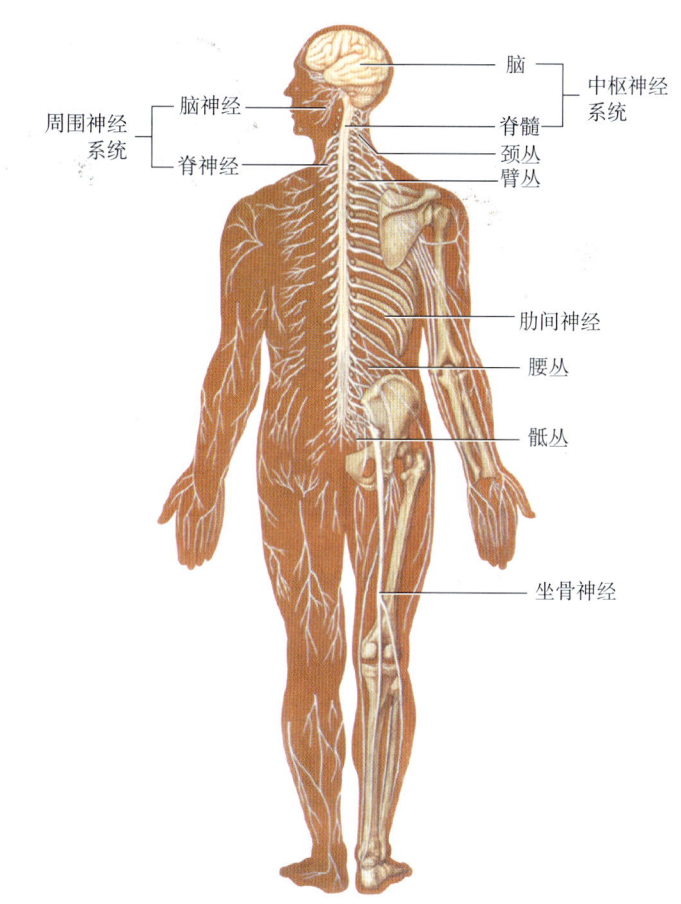

图 1-11-1 神经系统的组成

## 二、反射和反射弧

神经系统的功能非常复杂，其基本活动方式是**反射**（reflex）。反射是机体对内、外环境的刺激所做出的反应。反射活动的形态学基础是**反射弧**（reflex arc）。反射弧均包括感受器→传入神经→神经中枢→传出神经→效应器 5 个环节（图 1-11-2）。反射弧中任何一环节受损，反射活动均将减弱或消失。临床上常通过一些检查反射的方法，协助诊断神经系统疾病。

## 三、常用术语

在中枢和周围神经系统中，神经元的胞体和突起在不同部位有不同的编排方式，因而用不同的术语来表示。

1. **灰质**（gray matter） 在中枢神经系统内，神经元胞体和树突聚集的部位，色泽灰暗，称为灰质。位于大脑半球和小脑半球表面的灰质，分别称为**大脑皮质**和**小脑皮质**，在生理学中常又称为大脑皮层和小脑皮层。

2. **白质**（white matter） 在中枢神经系统内，神经元轴突聚集的部位，因多数轴突包有髓鞘，颜色苍白，称为白质。位于大脑半球和小脑半球深部的白质，分别称为**大脑髓质**和**小脑髓质**。

3. **神经核**（nucleus） 在中枢神经系统内，由形态和功能相似的神经元胞体聚集而成的灰质团块，称为神经核。

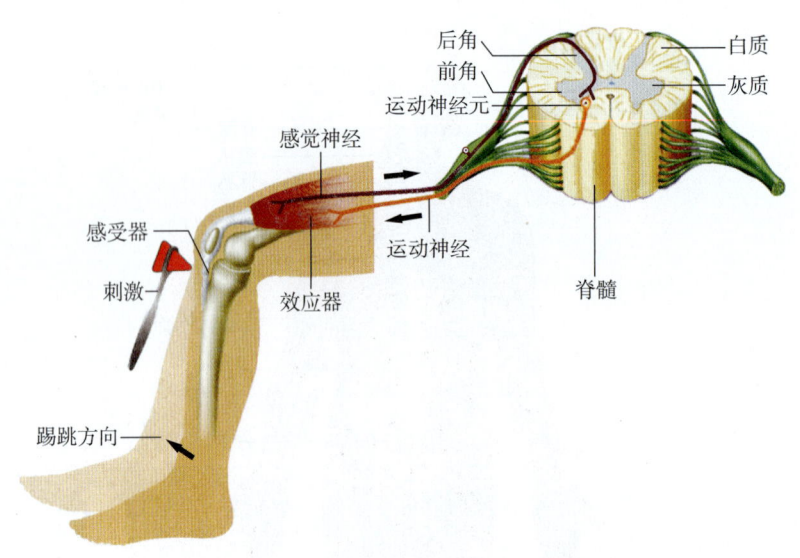

图 1-11-2 膝跳反射反射弧示意图

4. **神经节**（ganglion） 在周围神经系统内，神经元胞体聚集的地方，外形略膨大，称为神经节。

5. **纤维束**（fiber bundle） 在中枢神经系统内，起止、行程和功能相同的神经纤维聚集成的束，称为纤维束或传导束。

6. **神经**（nerve） 在周围神经系统内，神经纤维集合成粗细不等的集束，由数量不等的集束再聚集成一条神经。

7. **网状结构**（reticular formation） 位于中枢神经系统内，由灰质和白质混合而成。即神经纤维交织成网，网眼内含有分散的神经元或较小的神经核团，这些区域称网状结构。

（朱大诚）

## 第二节 脊髓和脊神经

### 一、脊髓

#### （一）脊髓的位置和外形

1. **位置** 脊髓（spinal cord）位于椎管内，其上端在枕骨大孔处与延髓相连接，下端成年人一般平第 1 腰椎体下缘，新生儿约平第 3 腰椎体下缘。

2. **外形** 脊髓呈前、后稍扁圆柱状，全长粗细不等，有 2 个梭形膨大，即上方的**颈膨大**和下方的**腰骶膨大**，这 2 个膨大的形成是由于此处神经细胞和神经纤维数量增多。腰骶膨大以下逐渐变细，呈圆锥体状，称为**脊髓圆锥**。由脊髓圆锥向下延续成一根细长的无神经组织的**终丝**（图 1-11-3），附于尾骨体，有固定脊髓的作用。

> 微课 1-11-1 脊髓的位置和外形

在脊髓表面有纵行的 6 条沟。前面正中较深的沟称为**前正中裂**，后面正中较浅的沟称为**后正中沟**。在前正中裂、后正中沟的两侧，分别有成对的**前外侧沟**和**后外侧沟**（图 1-11-3）。在前外侧沟、后外侧沟内分别附着成排的脊神经前根根丝、后根根丝，这些根丝分别形成 31 对**前根**和 31 对**后根**。前根、后根在椎间孔处汇合成脊神经，从椎间孔处出椎管。在后根上有一膨大的脊神经节，内有假单极神经元。

与每对脊神经前根、后根相连的一段脊髓称为一个**脊髓节段**。由于脊神经有 31 对，故脊髓亦可分为 31 个节段，即 8 个颈髓节段（$C_{1\sim8}$）、12 个胸髓节段（$T_{1\sim12}$）、5 个腰髓节段（$L_{1\sim5}$）、5 个骶髓节段（$S_{1\sim5}$）和 1 个尾髓节段（$C_0$）（图 1-11-4）。

（二）脊髓的内部结构

脊髓由围绕中央管的灰质和位于外围的白质构成（图 1-11-5、图 1-11-6）。

**1. 灰质（gray matter）** 在横切面上，脊髓灰质呈 H 形，中间横行部分称为**灰质连合**。灰质连合中央有脊髓**中央管**，纵贯脊髓全长。每侧灰质前部膨大称为**前角**，后部狭长称为**后角**，前、后角之间的部分称为**中间带**。在脊髓第 1 胸髓节段至第 3 腰髓节段，中间带向外侧突出，称为**侧角**。因前角、后角和侧角在脊髓内上下连贯成柱，故又分别称为前柱、后柱和侧柱。

（1）**前角（anterior horn）**：主要含躯体运动神经元，又称**前角运动细胞**，其轴突从前外侧沟离开脊髓，经脊神经前根和脊神经分布于躯干肌和四肢肌，管理其运动。

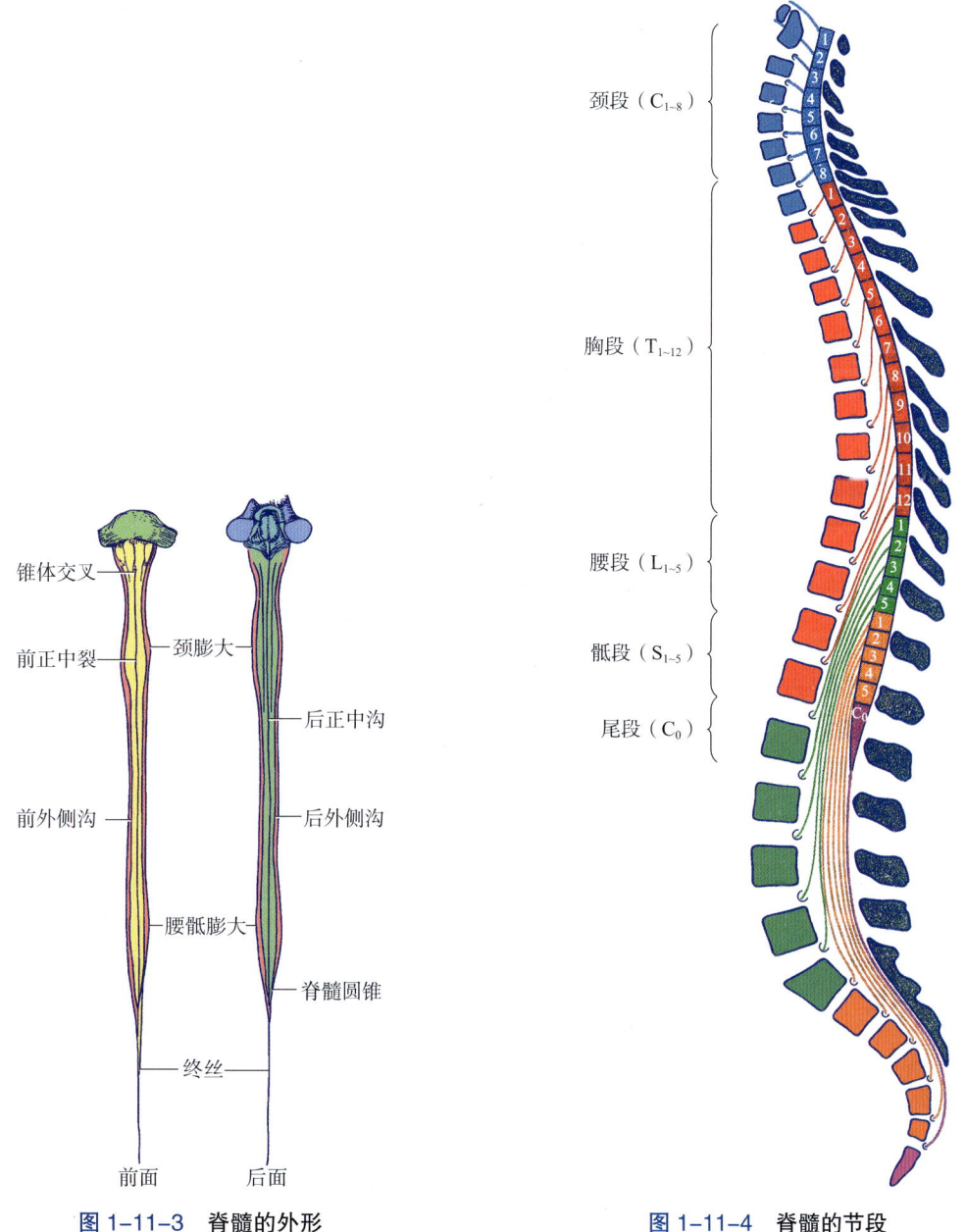

图 1-11-3　脊髓的外形　　　　　　图 1-11-4　脊髓的节段

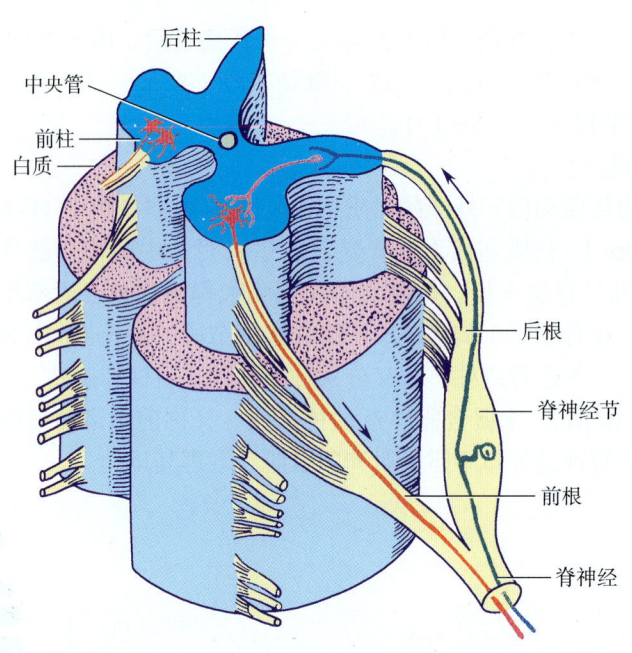

图 1-11-5 脊髓节段及内部结构示意图

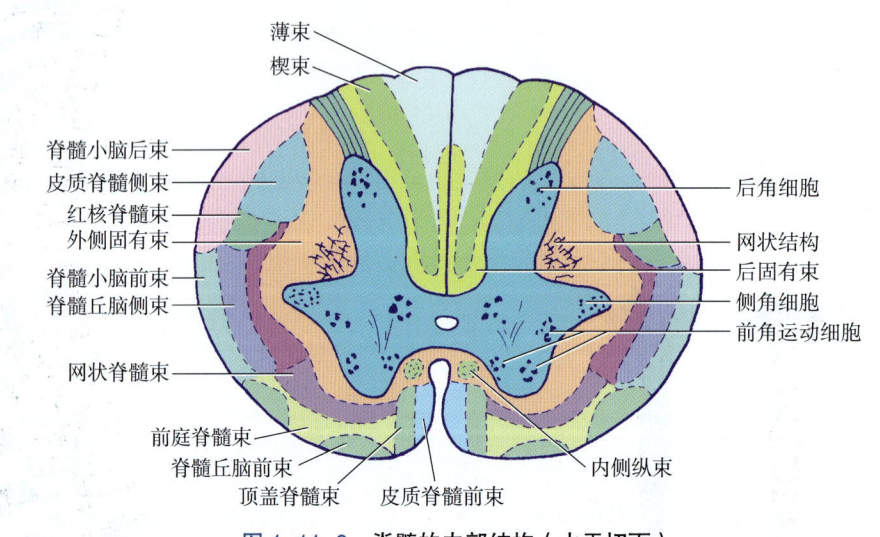

图 1-11-6 脊髓的内部结构（水平切面）

（2）**中间带**（intermediate zone）：侧角内含交感神经元，又称**侧角细胞**，是交感神经的低位中枢。骶髓无侧角，但在第 2~4 骶髓节段中间带外侧部有副交感神经元，称为骶副交感核，是副交感神经的低位中枢。

（3）**后角**（posterior horn）：内含中间神经元，又称**后角细胞**。后角细胞主要接受后根纤维传来的感觉神经冲动。

2. **白质**（white matter） 借脊髓表面纵沟，每侧白质分为 3 个索。其中前正中裂与前外侧沟之间的白质称为**前索**，前、后外侧沟之间的白质称为**外侧索**，后外侧沟与后正中沟之间的白质称为**后索**。另外，前正中裂与灰质连合之间的白质称为**白质前连合**。脊髓白质内主要由联系脊髓与脑的上、下行传导束构成。

(1）上行传导束

1）**薄束**（fasciculus gracilis）和**楔束**（fasciculus cuneatus）：两者均位于后索内，薄束位于后正中沟两侧，纵贯脊髓全长。楔束位于薄束外侧，只见于第4胸髓节段以上（图1-11-6）。两束均由脊神经节内的假单极神经元的中枢突，经后根进入同侧脊髓后索向上延续而成。其周围突随脊神经分布于肌、腱、关节、皮肤等处的感受器。薄束、楔束传导来自同侧躯干、四肢的本体感觉（位置觉、运动觉和震动觉）和精细触觉（如通过触摸辨别物体纹理粗细和两点距离）。

2）**脊髓丘脑束**（spinothalamic tract）：包括位于脊髓外侧索前部的**脊髓丘脑侧束**和位于脊髓前索前部的**脊髓丘脑前束**（图1-11-6）。它们主要由后角细胞的轴突经白质前连合交叉到对侧外侧索和前索向上延续而成。脊髓丘脑侧束传导对侧躯干、四肢的痛觉和温度觉，脊髓丘脑前束传导对侧躯干、四肢的粗触觉和压觉。

(2）下行传导束：主要为**皮质脊髓束**（corticospinal tract），包括位于外侧索后部的**皮质脊髓侧束**和位于前索内侧部的**皮质脊髓前束**（图1-11-6），管理骨骼肌的随意运动。它们起自大脑皮质躯体运动中枢的运动神经元，纤维下行至延髓下端的锥体交叉处，其中大部分纤维交叉至对侧的脊髓外侧索，形成皮质脊髓侧束，下行可达骶髓，沿途陆续分支，间接或直接止于脊髓各节段的前角运动细胞；小部分不交叉的纤维，沿同侧脊髓前索下行，形成皮质脊髓前束，其中大部分纤维陆续经白质前连合交叉至对侧，小部分纤维不交叉，间接或直接止于颈髓和上胸髓节段的前角运动细胞。

## 二、脊神经

**脊神经**（spinal nerves）共31对，即颈神经8对、胸神经12对、腰神经5对、骶神经5对和尾神经1对。每对脊神经均由前根、后根合并而成，其中前根是运动性的，后根是感觉性的。因此，每对脊神经均为混合性的，都含有4种纤维成分（图1-11-7）。①躯体感觉纤维：来源于脊神经节内的假单极神经元，分布于躯干、四肢的皮肤和运动系统，将各种浅、深感觉冲动传入中枢。②内脏感觉纤维：来源于脊神经节内的假单极神经元，分布于内脏、心血管和腺体，将这些结构的感觉冲动传入中枢。③躯体运动纤维：来源于前角运动细胞，支配躯干和四肢骨骼肌的运动。④内脏运动纤维：来源于侧角细胞及骶副交感核，支配心肌、平滑肌的运动和控制腺体的分泌。

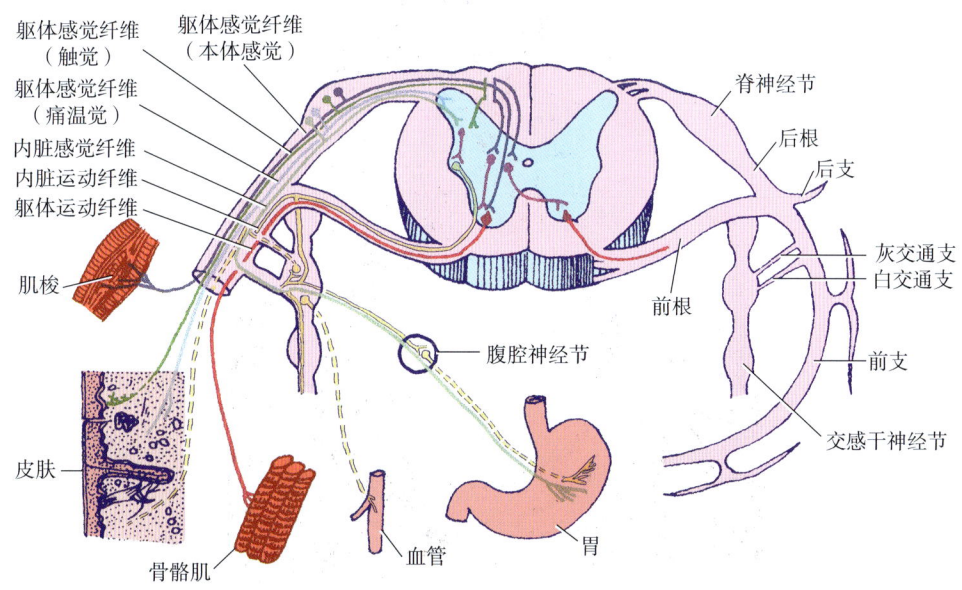

图1-11-7　脊神经的组成及分布示意图

脊神经出椎间孔后立即分为前支和后支，前支、后支均为混合性神经。

### （一）后支

后支一般较相应的前支细小，呈节段性分布于枕、项、背、腰、骶和臀部的皮肤及脊柱两侧的深层肌。

### （二）前支

前支一般较后支粗大，分布于躯干前外侧及四肢的肌和皮肤。除胸神经前支保持明显节段性外，其余前支分别交织成神经丛，由神经丛再发出分支分布于相应区域。脊神经前支形成的神经丛有颈丛、臂丛、腰丛和骶丛。

1. **颈丛（cervical plexus）** 由第1~4颈神经前支组成，位于胸锁乳突肌上部的深面，其分支有皮支和肌支。

（1）皮支：从胸锁乳突肌后缘中点附近穿出，主要皮支有**枕小神经**、**耳大神经**、**颈横神经**和**锁骨上神经**，它们呈放射状分布于枕部、耳后、颈前区和肩部的皮肤。

（2）肌支：最重要的肌支是**膈神经（phrenic nerve）**。由颈丛发出后，先沿前斜角肌表面下降，经胸廓上口入胸腔，在纵隔两侧、纵隔胸膜深面下行，沿肺根前方、心包两侧下行至膈。膈神经为混合性神经，其运动纤维支配膈的运动，感觉纤维分布于胸膜、心包和膈下面的部分腹膜。另外，右侧膈神经的感觉纤维还分布于肝、胆囊表面的腹膜（图1-11-8）。

2. **臂丛（brachial plexus）** 由第5~8颈神经前支和第1胸神经前支的大部分组成，位于前斜角肌的后方，行于锁骨下动脉后上方，继而经锁骨后方进入腋窝内，围绕在腋动脉周围形成内侧束、外侧束和后束，由束再发出分支。

（1）**肌皮神经（musculocutaneous nerve）**：自外侧束发出，斜穿喙肱肌，经肱二头肌与肱肌之间下行，在臂部发肌支支配臂前群肌；其余纤维在肘关节外上方浅出，改名为**前臂外侧皮神经**，分布于前臂外侧的皮肤（图1-11-9、图1-11-10）。

（2）**正中神经（median nerve）**：由内侧束、外侧束的两根合成（图1-11-9），在肱二头肌内侧

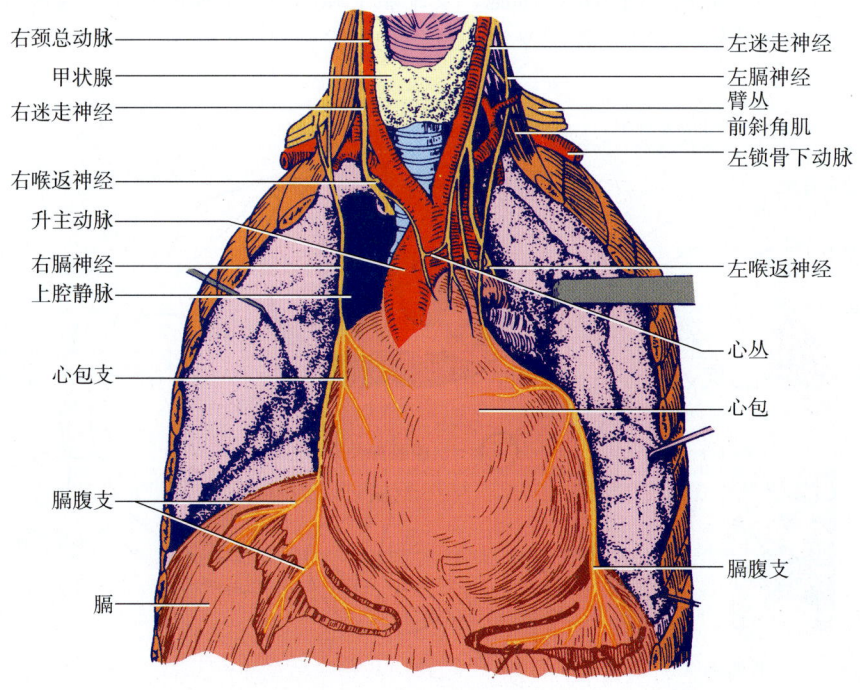

图1-11-8　膈神经

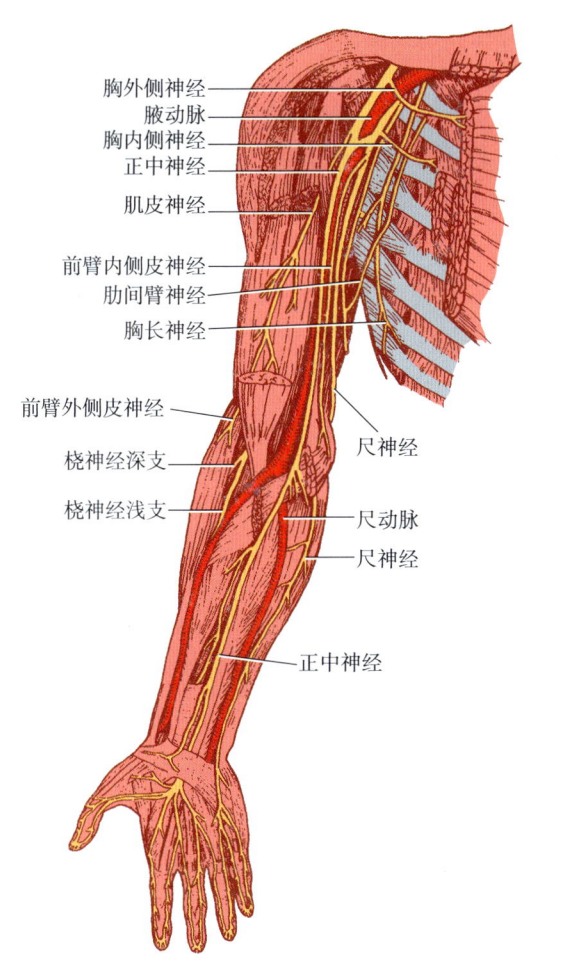

图 1-11-9 上肢前面的神经

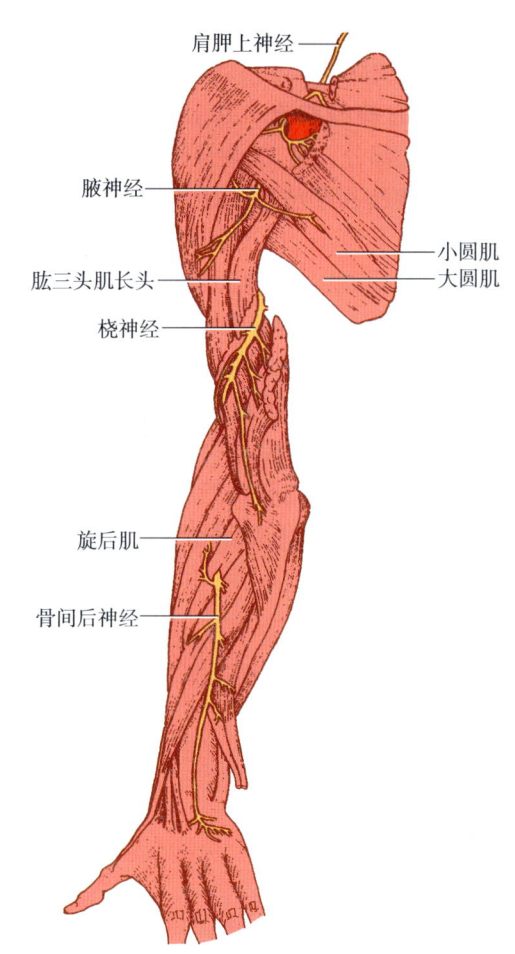

图 1-11-10 上肢后面的神经

沟伴肱动脉下行至肘窝,再向下行于指浅、深屈肌之间,然后经腕管入手掌。正中神经的分支有肌支和皮支。

1)肌支:支配除肱桡肌、尺侧腕屈肌和指深屈肌尺侧半以外的大部分前臂前群肌及手肌外侧大部分(除拇收肌以外的鱼际肌和第 1、第 2 蚓状肌)。

2)皮支:分布于手掌桡侧 2/3 区,桡侧 3 个半手指掌面及其中节、远节背面的皮肤(图 1-11-11)。

(3)**尺神经**(ulnar nerve):由内侧束发出,沿肱二头肌内侧沟伴肱动脉下行,在臂中部离开肱动脉转向后下,经肱骨内上髁后方的尺神经沟进入前臂,在尺侧腕屈肌深面伴尺动脉下行,最后经豌豆骨外侧入手掌(图 1-11-9)。尺神经的分支有肌支和皮支。

1)肌支:支配尺侧腕屈肌和指深屈肌尺侧半及手肌内侧大部分(小鱼际肌、拇收肌、骨间肌和第 3、第 4 蚓状肌)。

2)皮支:分布于手掌尺侧 1/3 区和尺侧 1 个半手指掌面的皮肤,手背尺侧 1/2 区和尺侧 2 个半指背面的皮肤(图 1-11-11)。

(4)**桡神经**(radial nerve):由后束发出,伴肱深动脉在肱三头肌深面紧贴肱骨的桡神经沟向下外行,至肱骨外上髁前方分为浅、深 2 支。在臂部发出分支,支配肱三头肌和肱桡肌(图 1-11-10)。

1)浅支:伴桡动脉下行,分布于手背桡侧半和桡侧 2 个半指近节指背面的皮肤(图 1-11-11)。

2)深支:穿旋后肌,至前臂后面,改名为骨间后神经,支配前臂后群肌。

(5)**腋神经**(axillary nerve):由后束分出,绕肱骨外科颈至三角肌深面(图 1-11-10)。其肌支支配三角肌、小圆肌，皮支分布于肩部及臂外侧上部的皮肤。

3. **胸神经前支** 共 12 对，除第 1 胸神经前支的大部分，第 12 胸神经前支的一部分，分别参与臂丛和腰丛外，其余皆不形成丛，呈节段性分布。第 1~11 对胸神经前支分别走行在相应的肋间隙内，称为**肋间神经**（intercostal nerve）；第 12 对胸神经前支行于第 12 肋下缘，称为**肋下神经**（subcostal nerve）。上 6 对肋间神经分布于相应的肋间肌、胸壁皮肤和壁胸膜；第 7~11 对肋间神经和肋下神经除分布于相应的肋间肌、胸壁皮肤和壁胸膜外，还分布于腹前外侧群肌、腹壁皮肤及壁腹膜（图 1-11-12）。

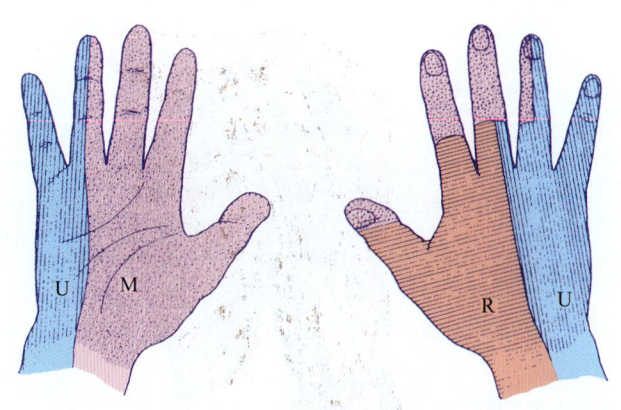

图 1-11-11 手皮肤的神经分布
R. 桡神经；U. 尺神经；M. 正中神经

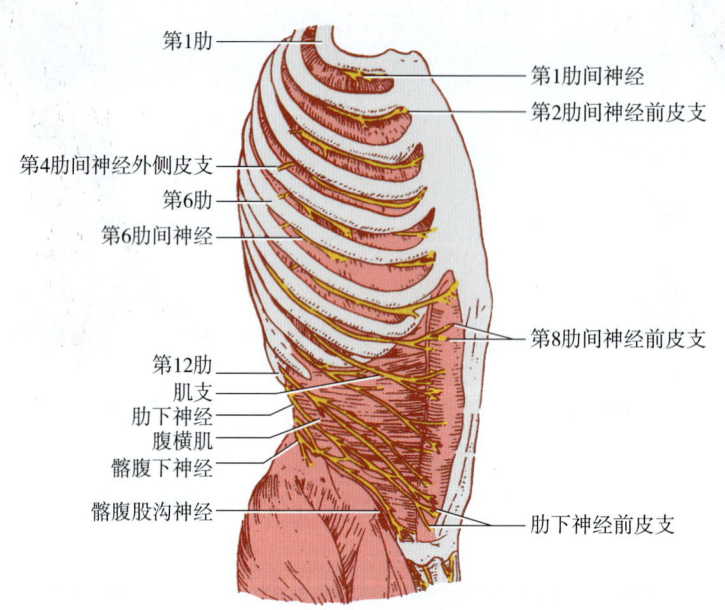

图 1-11-12 胸神经前支

4. **腰丛**（lumbar plexus） 由第 12 胸神经前支的一部分，第 1~3 腰神经前支和第 4 腰神经前支的一部分组成（图 1-11-13）。腰丛位于腰大肌的后面，主要分支如下：

（1）**股神经**（femoral nerve）：为腰丛中最大的分支，沿腰大肌外侧缘下行，经腹股沟韧带中点深面进入股三角，分出数支。其肌支支配大腿前群肌；皮支中较短的分布于大腿前面皮肤，皮支中最长的是**隐神经**（saphenous nerve），它与大隐静脉伴行，分布于小腿内侧面和足内侧缘的皮肤（图 1-11-14）。

（2）**闭孔神经**（obturator nerve）：经腰大肌内侧缘穿出，与闭孔动脉伴行，分支支配大腿内侧群肌和分布于大腿内侧面的皮肤。

（3）**股外侧皮神经**（lateral femoral cutaneous nerve）：沿腰大肌外侧缘向前外下行，在髂前上棘内侧穿腹股沟韧带深面浅出，分布于大腿外侧面的皮肤。

5. **骶丛**（sacral plexus） 由第 4 腰神经前支一部分、第 5 腰神经前支及全部骶、尾神经前支组成。骶丛位于盆腔内，骶骨和梨状肌前方（图 1-11-13），主要分支如下（图 1-11-15）。

（1）坐骨神经（sciatic nerve）：为全身最粗大的神经。自骶丛发出后，穿梨状肌下孔出盆腔至臀大肌深面，经坐骨结节和股骨大转子之间下行至大腿后面，在股二头肌长头深面继续下行，至腘窝上角处分为胫神经和腓总神经。在大腿后面，坐骨神经发出肌支支配大腿后群肌。

1）胫神经（tibial nerve）：为坐骨神经的直接延续，沿腘窝中线在小腿三头肌深面伴胫后动脉下行，经内踝后方到足底，分为**足底内侧神经**和**足底外侧神经**。其肌支支配小腿后群肌和足底肌，皮支分布于小腿后面和足底的皮肤。

2）腓总神经（common peroneal nerve）：经腘窝外上缘下行，绕腓骨颈至小腿前面，随即分为**腓浅神经**和**腓深神经**。腓浅神经在小腿外侧群肌和前群肌之间下行，分支支配小腿外侧群肌；在小腿中、下1/3交界处穿出为皮支，分布于小腿前外侧面下部及足背、趾背的皮肤。腓深神经在小腿前群肌之间伴胫前动脉下行，经踝关节前方至足背，其肌支支配小腿前群肌和足背肌，

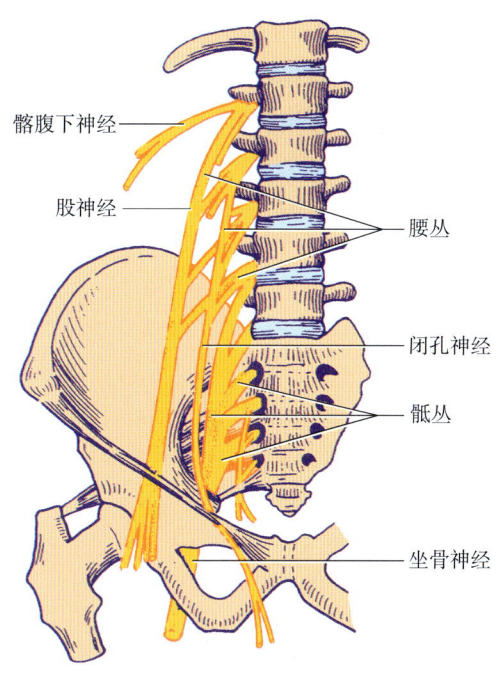

图 1-11-13　腰丛和骶丛

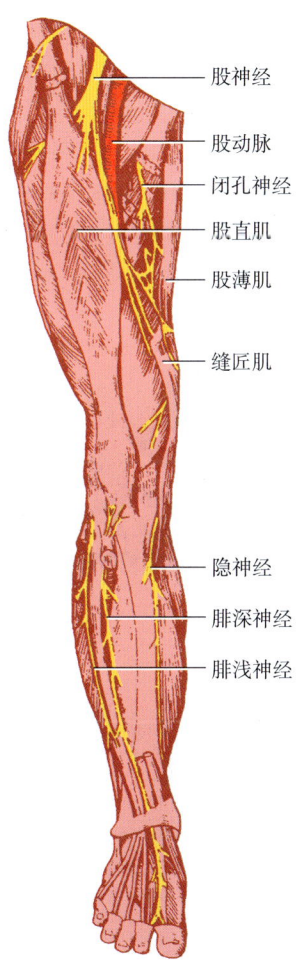

图 1-11-14　下肢前面的神经

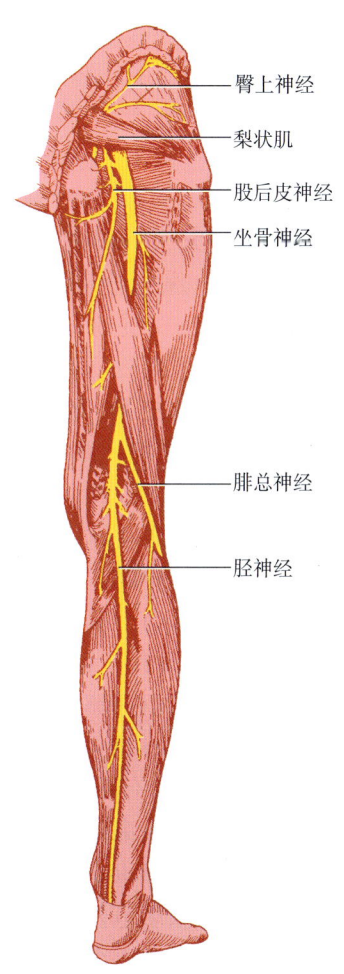

图 1-11-15　下肢后面的神经

皮支分布于第 1~2 趾背面相对缘的皮肤（图 1-11-14）。

（2）**股后皮神经**（posterior femoral cutaneous nerve）：从梨状肌下孔出盆腔，在臀大肌深面下行，至该肌下缘中点处浅出，主要分布于大腿后面的皮肤。

（崔　勇　姜国华）

## 第三节　脑和脑神经

### 一、脑

脑（brain）位于颅腔内，分为端脑、间脑、小脑、中脑、脑桥和延髓 6 个部分（图 1-11-16），其中延髓、脑桥和中脑合称为脑干。

#### （一）脑干

脑干（brain stem）位于颅底内面的斜坡上，在平枕骨大孔处与脊髓相续，上接间脑，自下而上包括延髓、脑桥和中脑 3 部分。延髓和脑桥的背面与小脑相连，它们之间的腔隙为第四脑室，该室上通中脑水管，下与延髓及脊髓的中央管相续，向外、向下经左右外侧孔、正中孔与蛛网膜下隙相通。

**1. 脑干的外形**

（1）脑干腹侧面（图 1-11-17）：**延髓**（medulla oblongata）形似倒置的圆锥体，上缘以延髓脑桥沟与脑桥分界。延髓上部前正中裂两侧各有一纵行隆起，称**锥体**（pyramid），它是由大脑皮质到脊髓的皮质脊髓束构成的。在锥体下端皮质脊髓束大部分纤维左右交叉称为**锥体交叉**。在锥体外侧有一卵圆形隆起，称为**橄榄**。**脑桥**（pons）腹面膨隆，其正中有一浅沟，称**基底沟**（basilar sulcus），容纳基底动脉。脑桥向两侧逐渐变窄，移行为小脑中脚。下缘借延髓脑桥沟与延髓分界，上缘与中脑相连。**中脑**（mesencephalon）腹侧面有一对纵行隆起，称大脑脚，两脚之间的凹窝称脚间窝。

（2）脑干背侧面（图 1-11-18）：延髓的背面下部，后正中沟两侧各有两个纵形隆起，内侧为薄束结节，外侧为楔束结节，其深面分别埋有**薄束核**（gracile nucleus）和**楔束核**（cuneate nucleus）。楔束结节外上方有稍隆起的小脑下脚，它主要由进入小脑的纤维束构成。延髓上部背面和脑桥背面共同形成一

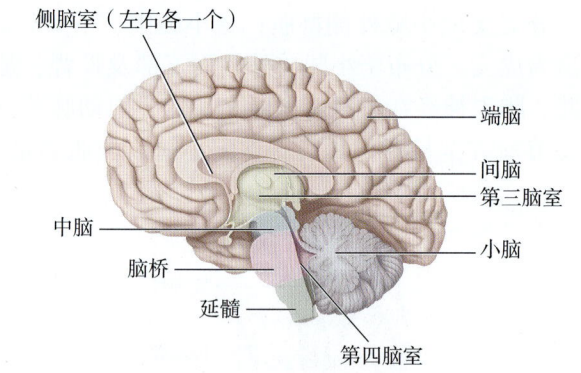

图 1-11-16　脑的组成与分部

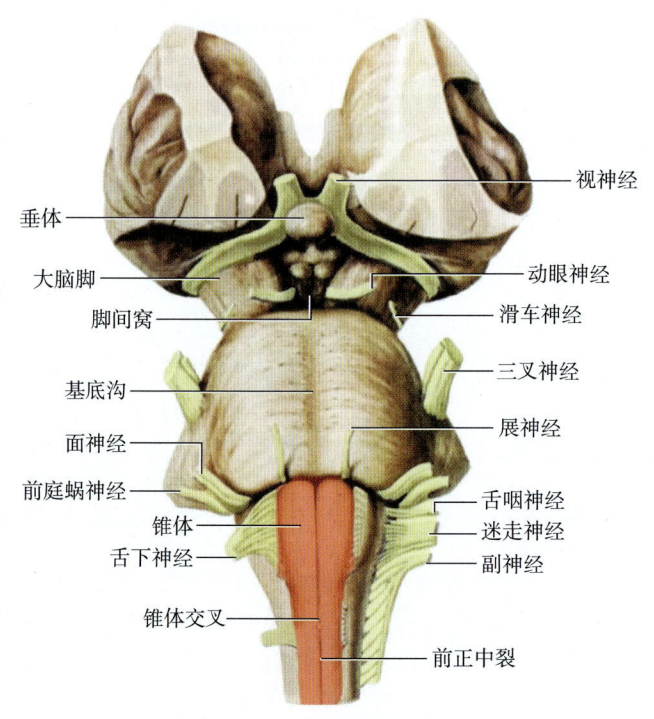

图 1-11-17　脑干腹侧面

菱形凹陷，称**菱形窝**。中脑背侧面有上下两对隆起，上方的一对为**上丘**，与视觉反射有关；下方的一对为**下丘**，与听觉反射有关。

**2. 脑干的内部结构**　脑干由灰质、白质和网状结构构成。

（1）灰质：脑干的灰质不是连续的纵柱，而是分散成大小不等的团块或短柱，称为**神经核**，又分为脑神经核和非脑神经核。与脑神经有关的神经核称脑神经核（图1-11-19），12对脑神经中有与后10对脑神经相连的核团位于脑干内。非脑神经核有延髓中的薄束核和楔束核，中脑的黑质和红核等。

（2）白质：主要由上、下行纤维束组成。

1）锥体束：为由大脑皮质运动区发出的支配骨骼肌随意运动的传导束。在脑干内，行经大脑脚、脑桥基底部，到延髓形成锥体。锥体束一部分纤维终止于脑干的脑神经躯体运动核，即皮质核束。而其余大部分纤维在锥体下端相互交叉（锥体交叉）到脊髓外侧索，即皮质脊髓侧束；小部分纤维不交叉，在同侧沿脊髓前索下行，即皮质脊髓前束。

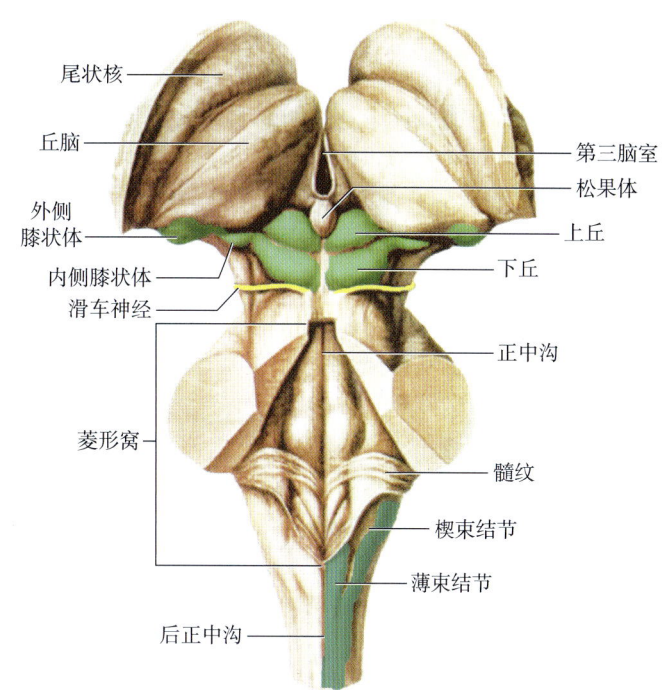

图1-11-18　脑干背侧面

2）内侧丘系：脊髓后索中的薄束和楔束上行至延髓，分别止于薄束核和楔束核。薄束核和楔束核发出的纤维，呈弓形走向延髓中央管的腹侧，并左右交叉，称为内侧丘系交叉，交叉后的纤维折向上行，组成内侧丘系，止于背侧丘脑。

3）脊髓丘脑束：也称脊髓丘系，由脊髓上行到脑干，走在内侧丘系的背外侧，上行至背侧丘脑。

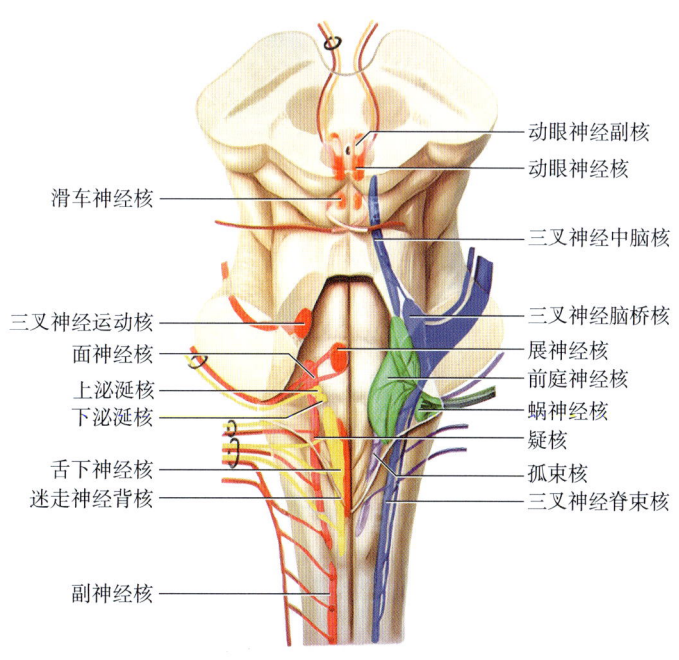

图1-11-19　脑神经核在脑干背侧面的投影

4）三叉丘脑束：又称三叉丘系，三叉神经脑桥核和脊束核发出的纤维交叉到对侧，转而上行组成三叉丘脑束。

（3）网状结构：位于脑干的中央部，由灰质和白质交错排列而成，与中枢神经系统的各部有广泛联系，有维持大脑醒觉、调节内脏活动和调节肌张力等功能。

**3. 脑干的功能** 与脊髓相似，也有反射与传导两种功能。脑干内有多个反射的低级中枢，脑桥内有角膜反射中枢，中脑内有瞳孔对光反射中枢，延髓内有调节呼吸运动和心血管活动的**"生命中枢"**。

### （二）小脑

**1. 小脑的位置和外形** 小脑（cerebellum）位于颅后窝内，在大脑半球枕叶的下方，脑桥与延髓的后方。小脑借3对脚与脑干相连，小脑脚由出入小脑的纤维束组成。小脑在外形上，可分中间的**小脑蚓**和两侧的**小脑半球**（图1-11-20）。小脑上面平坦，小脑半球下面膨隆，两半球下面靠近小脑蚓的椭圆形隆起，称为**小脑扁桃体**（tonsil of cerebellum）。小脑扁桃体紧靠枕骨大孔，其腹侧邻近延髓。当颅内压增高时，小脑扁桃体可被挤入枕骨大孔内，压迫延髓而危及生命，临床上称为**小脑扁桃体疝**或**枕骨大孔疝**。

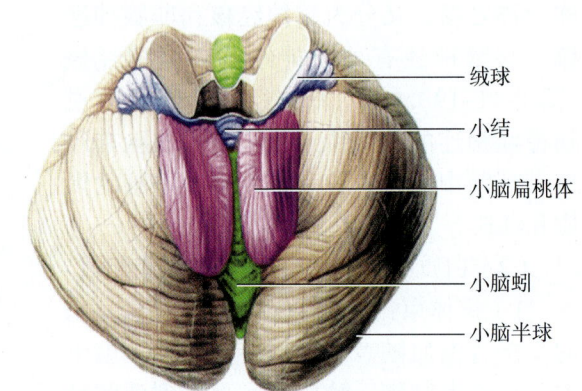

图 1-11-20　小脑的组成与分部

**2. 小脑的内部结构** 小脑表面的一层灰质，称小脑皮质。皮质深面的白质称为髓质。髓质内埋有4对灰质块，称为**小脑核**（cerebellar nuclei）（图1-11-21），其中最大者为**齿状核**（dentate nucleus）。

**3. 小脑的功能** 小脑主要是一个与运动调节有关的中枢，其主要功能是维持身体平衡、调节肌张力和协调随意运动。

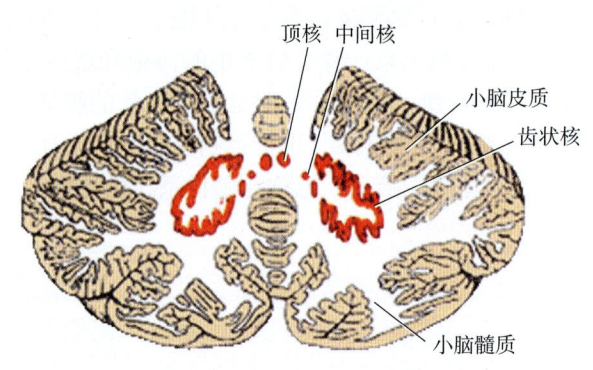

图 1-11-21　小脑内部结构

### （三）间脑

间脑（diencephalon）位于中脑的前上方，大部分被大脑半球所掩盖（图1-11-16）。间脑中间有一矢状裂隙，称第三脑室，它向后通中脑水管，向前经室间孔与侧脑室相通。间脑的主要部分是**背侧丘脑、后丘脑和下丘脑**等。

**1. 背侧丘脑（dorsal thalamus）** 为位于间脑背侧的1对卵圆形的灰质团块，又称丘脑。背侧丘脑被Y形的白质板分为前核群、内侧核群和外侧核群3部。其中外侧核群的腹侧部分的后部称腹后核。除嗅觉外，全身各部的躯体感觉冲动，都需在此中继，才能传至大脑皮质。

**2. 后丘脑（metathalamus）** 丘脑枕的外下方左右各有两个隆起，位于内侧的称内侧膝状体，为听觉冲动中继核；位于外侧的称外侧膝状体，为视觉冲动中继核。

**3. 下丘脑（hypothalamus）** 位于背侧丘脑的前下方，构成第三脑室的底和侧壁下份。脑底面下丘脑的范围从前至后为视交叉、灰结节、乳头体。灰结节向下方伸出细蒂，称为漏斗。漏斗下端连接垂体（图1-11-22）。垂体属内分泌腺。下丘脑是神经内分泌中心，也是内脏活动的较高级中枢，能对机体的体温、摄食、生殖、水盐平衡、睡眠和情绪的调节起一定作用。

## （四）端脑

端脑（telencephalon）又称大脑，位于脑部的顶端，由左、右大脑半球构成。人类大脑半球高度发育，掩盖了间脑、中脑及小脑的上面。左右半球之间的裂隙为**大脑纵裂**，裂底有连接两半球的白质板，称为**胼胝体**（corpus callosum）。两侧大脑半球后部与小脑之间的横裂，称**大脑横裂**。

**1. 大脑半球的外形和主要沟回** 大脑半球可分为上外侧面、内侧面和下面。大脑半球表面凸凹不平，有许多浅、深的沟，沟与沟之间的隆起，称为**大脑回**（cerebral gyri）。大脑半球被 3 条较重要的沟分为 5 个分叶。3 条沟是中央沟、外侧沟和顶枕沟。大脑半球的分叶在外侧沟上方和中央沟以前的部分为**额叶**（frontal lobe）；外侧沟以下的部分为**颞叶**（temporal lobe）；**枕叶**（occipital lobe）位于大脑半球后部，在内侧面为顶枕沟以后的部分；**顶叶**（parietal lobe）为外侧沟上方，中央沟后方，枕叶以前的部分；**岛叶**（insular lobe）在外侧沟的深面，呈三角形岛状，被额叶、顶叶、颞叶所掩盖。大脑半球内侧面、外侧面的主要沟回见图 1-11-23、图 1-11-24。

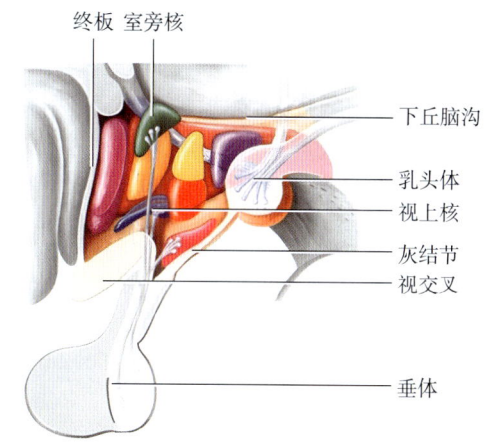

图 1-11-22　下丘脑

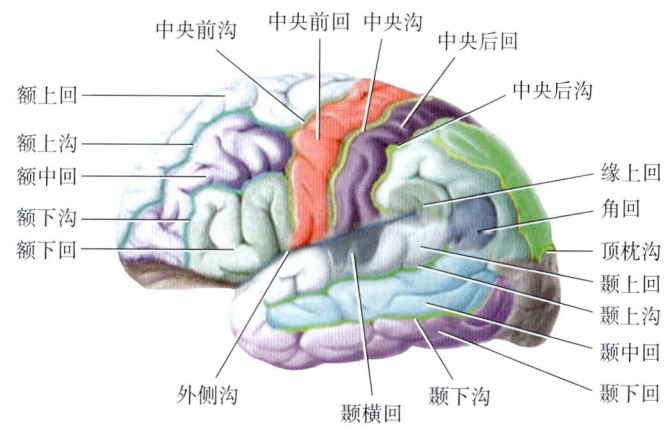

图 1-11-23　大脑半球外侧面

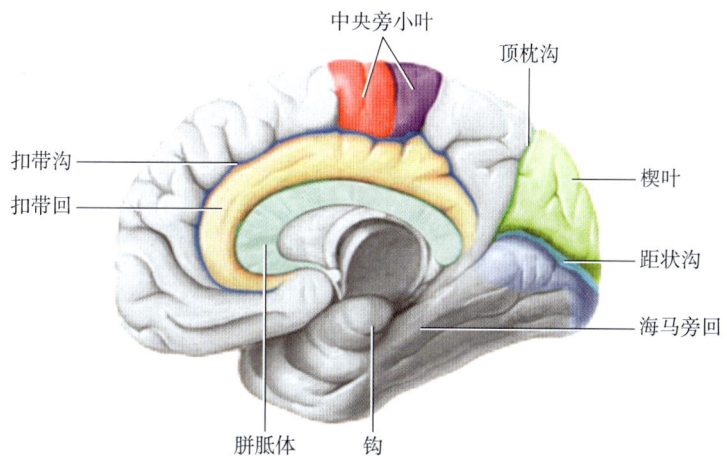

图 1-11-24　大脑半球内侧面

**2. 大脑的内部结构** 大脑半球表面的灰质,称为**大脑皮质**(cerebral cortex),皮质的深面为白质,又称**大脑髓质**(cerebral medullary substance)。白质内埋有灰质团块,称**基底核**(basal nuclei)。半球内还有左右对称的腔隙,称**侧脑室**(lateral ventricle)(图 1-11-25)。

(1)大脑皮质的功能定位:根据临床的观察和实验研究证明,人的大脑皮质有许多不同的功能区,称为**中枢**。

1)第Ⅰ躯体运动区(图 2-10-16):是随意运动的最高中枢,位于中央前回和中央旁小叶前部,对骨骼肌运动的管理有一定的局部定位关系。

2)第Ⅰ躯体感觉区(图 2-10-10):位于中央后回及中央旁小叶后部,接受对侧半躯体的感觉冲动。

3)视觉中枢:在枕叶内侧面距状沟两侧,一侧视觉中枢接受同侧视网膜颞侧半和对侧视网膜鼻侧半的传入冲动。

4)听觉中枢:位于颞叶的颞横回。每侧听觉中枢都接受来自两耳的听觉冲动。因此,一侧听觉中枢受损,不会引起全聋。

5)语言中枢:是人类大脑皮质所特有的,通常只存于一侧半球,一般认为习惯用右手的人的语言中枢在左侧半球。因此,将这种管理语言和劳动技巧的半球,称为优势半球。优势半球内有说话、听话、书写和阅读 4 种语言中枢(图 1-11-26)。听觉性语言中枢位于颞上回后部,视觉性语言中枢

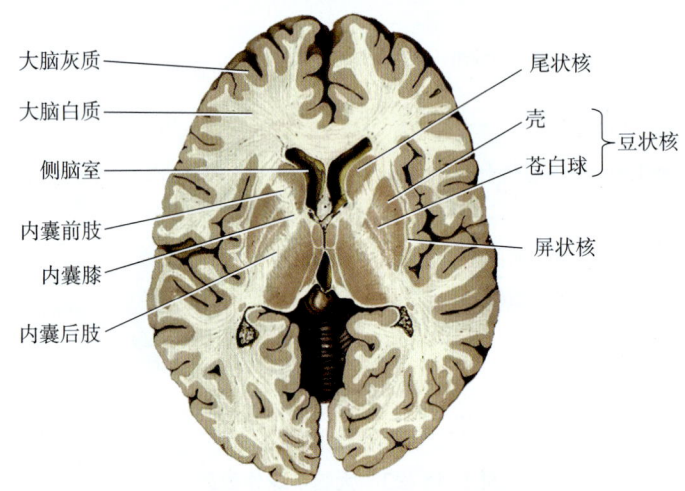

图 1-11-25 大脑半球的内部结构

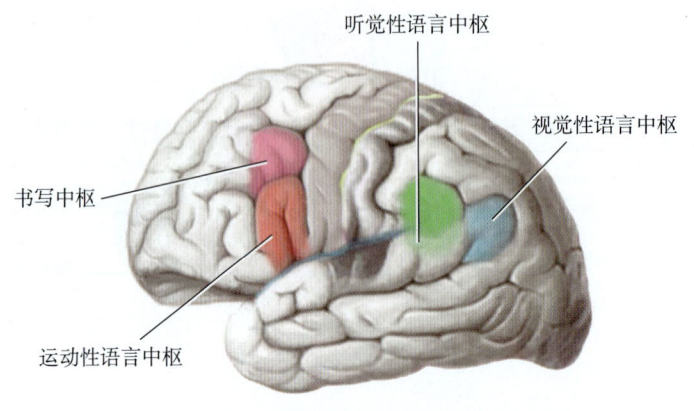

图 1-11-26 语言中枢

位于角回，书写中枢位于额中回的后部，运动性语言中枢位于额下回的后部。

（2）基底核（图1-11-25）：是位于大脑底部白质内的灰质核团，包括尾状核、豆状核、杏仁体和屏状核等。尾状核与豆状核合称纹状体。豆状核分为内侧的苍白球（旧纹状体）和外侧部的壳，壳和尾状核合称为新纹状体。纹状体具有维持肌张力，协调肌群运动的功能，杏仁体功能与内脏活动、行为和内分泌有关。

（3）大脑白质（图1-11-25）：又称大脑髓质，由大量的神经纤维构成，主要包括连接左右大脑半球皮质的联合纤维，如胼胝体；连接同侧半球皮质的联络纤维，以及连接大脑皮质与皮质下结构的投射纤维。**内囊（internal capsule）** 位于尾状核、豆状核和背侧丘脑之间，是大脑白质上、下行纤维构成的白质板。水平切面上呈">＜"形，分内囊前肢、内囊膝和内囊后肢3部分，有皮质脑干束、皮质脊髓束、丘脑皮质束和视辐射等通过。内囊损伤后，会出现对侧躯体运动、感觉障碍及双眼对侧半视野偏盲，临床称**三偏综合征**。

拓展阅读1-11-1 三偏综合征

## 二、脑神经

**脑神经（cranial nerves）** 指与脑相连的神经，共12对（图1-11-27），其排列顺序通常用罗马大写数字表示，即Ⅰ嗅神经，Ⅱ视神经，Ⅲ动眼神经，Ⅳ滑车神经，Ⅴ三叉神经，Ⅵ展神经，Ⅶ面神经，Ⅷ前庭蜗神经，Ⅸ舌咽神经，Ⅹ迷走神经，Ⅺ副神经，Ⅻ舌下神经。脑神经主要分布于头面部，部分还分布到胸、腹腔的脏器及颈、背部（表1-11-1）。

表1-11-1 12对脑神经名称、性质、连脑部位等

| 名称 | 性质 | 连脑部位 | 出入颅腔部位 | 分布范围 |
| --- | --- | --- | --- | --- |
| Ⅰ嗅神经 | 感觉性 | 端脑 | 筛孔 | 鼻腔嗅黏膜 |
| Ⅱ视神经 | 感觉性 | 间脑 | 视神经管 | 眼球视网膜 |
| Ⅲ动眼神经 | 运动性 | 中脑 | 眶上裂 | 上、下、内、外直肌，下斜肌，上睑提肌和瞳孔括约肌、睫状肌 |
| Ⅳ滑车神经 | 运动性 | 中脑 | 眶上裂 | 上斜肌 |
| Ⅴ三叉神经 | 混合性 | 脑桥 | 眶上裂（眼神经）圆孔（上颌神经）卵圆孔（下颌神经） | 额、顶及面部的皮肤，眼球及眶内结构，口、鼻腔黏膜，舌前2/3的黏膜，牙及牙龈，咀嚼肌 |
| Ⅵ展神经 | 运动性 | 脑桥 | 眶上裂 | 外直肌 |
| Ⅶ面神经 | 混合性 | 脑桥 | 内耳门→内耳道→面神经管→茎乳孔 | 面肌、颈肌、泪腺、下颌下腺、舌下腺、舌前2/3的味蕾 |
| Ⅷ前庭蜗神经 | 感觉性 | 脑桥 | 内耳道→内耳门 | 壶腹嵴，椭圆囊斑、球囊斑，内耳的螺旋器 |
| Ⅸ舌咽神经 | 混合性 | 延髓 | 颈静脉孔 | 咽肌，腮腺，颈动脉窦、颈动脉小球，咽壁、鼓室黏膜，舌后1/3黏膜和味蕾，耳后皮肤 |
| Ⅹ迷走神经 | 混合性 | 延髓 | 颈静脉孔 | 咽喉肌，胸、腹腔器官的心肌、平滑肌、腺体，胸、腹腔器官及咽喉的黏膜，结肠左曲以上的消化道，耳郭、外耳道的皮肤 |
| Ⅺ副神经 | 运动性 | 延髓 | 颈静脉孔 | 胸锁乳突肌，斜方肌 |
| Ⅻ舌下神经 | 运动性 | 延髓 | 舌下神经管 | 舌肌 |

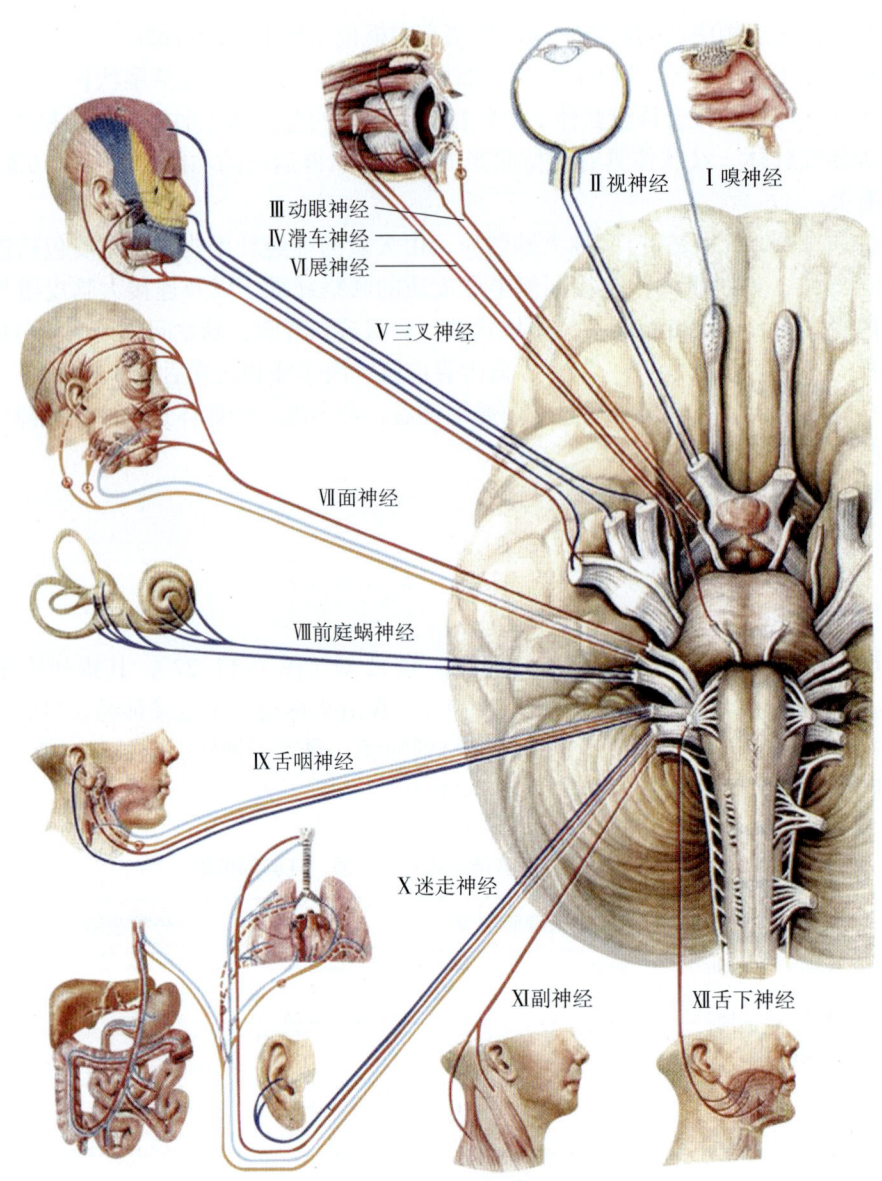

图 1-11-27 脑神经的组成与分布

### （一）嗅神经

**嗅神经**（olfactory nerve）为内脏感觉神经。由鼻腔黏膜嗅部内嗅细胞的中枢突集聚而成，终于嗅球（图 1-11-28），传导嗅觉冲动。

### （二）视神经

**视神经**（optic nerve）为躯体感觉神经。由视网膜节细胞的轴突组成，穿出眼球后部构成视神经，继向后行，穿视神经管入颅腔，形成视交叉，再经视束连于间脑，传导视觉冲动。

### （三）动眼神经

**动眼神经**（oculomotor nerve）含躯体运动和内脏运动（副交感）两种纤维。躯体运动纤维发自中脑的动眼神经核；副交感纤维发自动眼神经副核，经眶上裂入眶（图 1-11-29）。躯体运动纤维支配提上睑肌、上直肌、下直肌、内直肌和下斜肌。副交感纤维支配瞳孔括约肌和睫状肌。一侧动眼神经损伤，出现上述所支配的肌瘫痪：眼睑下垂、眼外斜视、瞳孔开大、瞳孔对光反射消失。

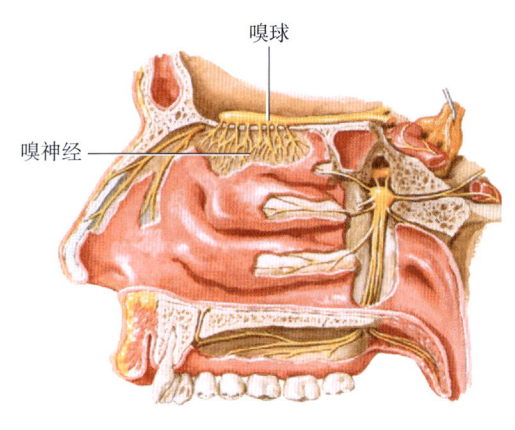

图 1-11-28　嗅神经

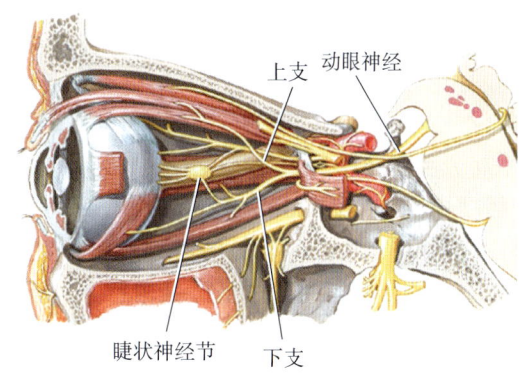

图 1-11-29　动眼神经

### （四）滑车神经

**滑车神经**（trochlear nerve）为躯体运动神经。起自中脑内的滑车神经核，经眶上裂入眶内，支配上斜肌。

### （五）三叉神经

**三叉神经**（trigeminal nerve）为混合性神经，含有躯体感觉纤维和躯体运动纤维。三叉神经连于脑桥，在离脑桥不远处，连有三叉神经节，周围突出三叉神经节组成**眼神经**（ophthalmic nerve）、**上颌神经**（maxillary nerve）和**下颌神经**（mandibular nerve）3 支（图 1-11-30）。眼神经经眶上裂入眶，分为数支，分布于眼裂以上面部和额顶部的皮肤，以及眼球、结膜处的黏膜。上颌神经经圆孔出颅，分数支，分布于眼裂与口裂之间的皮肤，以及上颌牙、牙龈等部位。下颌神经经卵圆孔出颅，感觉纤维分布于口裂以下的皮肤、下颌牙、牙龈及舌前 2/3 黏膜，躯体运动纤维支配咀嚼肌。

### （六）展神经

**展神经**（abducent nerve）为躯体运动神经。自脑桥展神经核发出，经眶上裂入眶，支配外直肌。

### （七）面神经

**面神经**（facial nerve）属混合性神经。含躯体运动、内脏运动（副交感神经）及内脏感觉纤维（图 1-11-31）。躯体运动纤维分支支配面部表情肌；副交感纤维分布于泪腺、下颌下腺和舌下腺；内脏感觉纤维分布于舌前 2/3 的味蕾，管理味觉。

一侧面神经损伤后，该侧面肌瘫痪，患侧额纹消失，不能闭眼，鼻唇沟变浅；发笑时，健侧口角向上斜，说话时唾液可从患侧口角流出；患侧角膜反射消失。

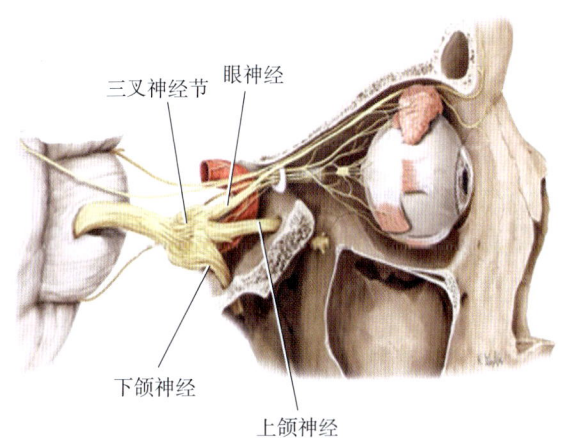

图 1-11-30　三叉神经

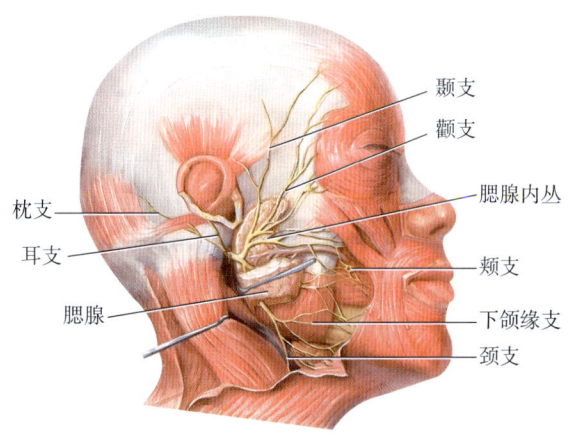

图 1-11-31　面神经

### (八)前庭蜗(位听)神经

**前庭蜗(位听)神经**(vestibulocochlear nerve)为躯体感觉神经,分为传导平衡觉的**前庭神经**和传导听觉的**蜗神经**。前庭神经分布于内耳的球囊斑、椭圆囊斑和壶腹嵴,蜗神经分布于内耳的螺旋器。

### (九)舌咽神经

**舌咽神经**(glossopharyngeal nerve)为混合性神经,含有内脏感觉、躯体运动、内脏运动和躯体感觉纤维(图 1-11-32)。内脏感觉纤维胞体分布于咽和舌后 1/3 的黏膜,管理味觉和一般感觉,以及鼓室、咽黏膜、颈动脉窦等处的感觉;躯体运动纤维分布于茎突咽肌;内脏运动纤维支配腮腺分泌;躯体感觉纤维分布于耳后皮肤。

### (十)迷走神经

**迷走神经**(vagus nerve)为混合性神经,由内脏运动(副交感)、躯体运动、内脏感觉和躯体感觉四种纤维组成(图 1-11-33)。内脏运动和内脏感觉纤维分布于胸、腹腔的器官,管理其运动和感觉;躯体运动纤维支配软腭和咽喉肌;躯体感觉纤维分布于硬脑膜、耳郭和外耳道。迷走神经的各种成分自延髓外侧出脑,经颈静脉孔出颅,在颈部走在颈内、颈总动脉与颈内静脉之间的后方,经胸廓上口入胸腔,经肺根后面沿食管下降。分支组成食管丛,在食管下端,左侧迷走神经延续为前干,右侧迷走神经延续为后干,随食管经膈的食管裂孔入腹腔。

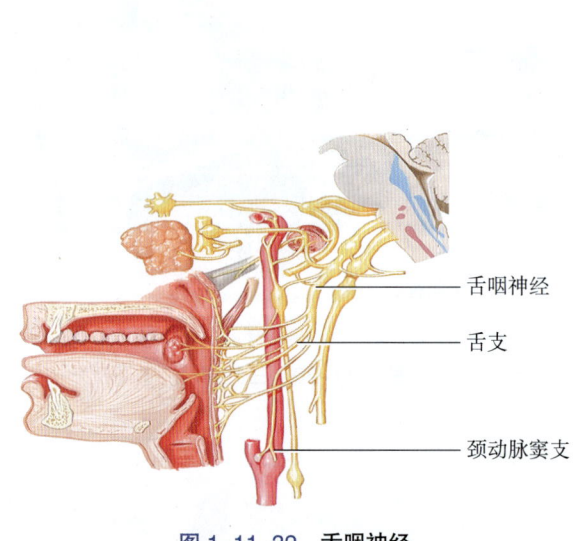

图 1-11-32 舌咽神经

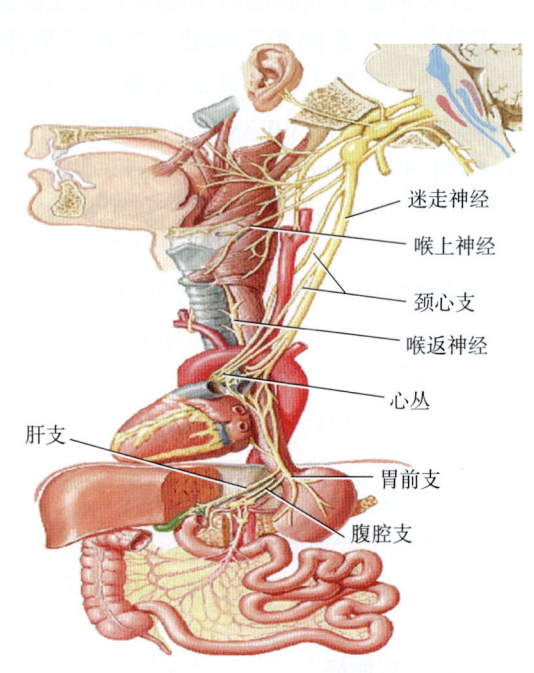

图 1-11-33 迷走神经

迷走神经主要分支有:喉上神经,在喉部分为内、外支,内支分布于声门裂以上的黏膜,外支支配环甲肌;喉返神经,支配其他喉肌的运动,以及声门裂以下的黏膜感觉;心支,在颈部发出,加入心丛,分布于心肌;腹腔支,在腹部发出,加入腹腔丛,与交感神经共同分布于肝、胆、胰、脾、肾、肾上腺、小肠及结肠左曲之前的大肠。

### (十一)副神经

**副神经**(accessory nerve)为躯体运动神经,起自延髓内的副神经核,分布于胸锁乳突肌和斜方肌。此神经受损时,患侧肩下垂,面不能转向对侧。

### (十二) 舌下神经

**舌下神经**（hypoglossal nerve）为躯体运动神经，起自延髓的舌下神经核，支配舌肌。一侧舌下神经损伤，患侧舌肌瘫痪萎缩，伸舌时，舌尖偏向患侧。

e 微课 1-11-2　混合性脑神经

（杨爱红）

## 第四节　传导通路

神经系统在信息的传递、调节和整合过程中，一方面，感受器接受机体内、外环境的各种刺激，并将其转变为神经冲动，经传入神经元传至中枢，产生感觉；另一方面，大脑皮质将感觉信息整合后，发出指令，经传出神经元到达躯体或内脏的效应器，引起效应。高级中枢与感受器或效应器之间通过神经元构成传导神经冲动的通路，称为**传导通路**（conductive pathway）。神经系统中的两大传导通路感觉（上行）传导通路和运动（下行）传导通路分别是反射弧组成中的传入和传出部。

### 一、感觉传导通路

#### （一）本体感觉传导通路

**本体感觉**指肌、腱、关节等在不同状态时产生的位置觉、运动觉和震动觉，又称深感觉。躯干和四肢的本体感觉包括意识性和非意识性两种。本节仅介绍意识性本体感觉传导通路。

躯干和四肢意识性本体感觉传导通路不仅传导躯干和四肢意识性本体感觉，还传导皮肤的精细触觉。本体感觉由3级神经元传导（图1-11-34）。

第1级神经元为脊神经节内假单极神经元。其周围突分布于肌、腱、关节等处的本体感觉感受器和皮肤的精细触觉感受器；中枢突经脊神经后根进入同侧脊髓后索上行：其中，来自第5胸节以下的纤维形成内侧的**薄束**，传导躯干下部和下肢的本体感觉、精细触觉；来自第4胸节以上的纤维在薄束外侧形成**楔束**，传导躯干上部和上肢的本体感觉、精细触觉。两束上行，分别止于延髓的**薄束核**和**楔束核**。

第2级神经元胞体位于薄束核和楔束核。它们发出的纤维向前绕过中央灰质的腹侧，在中线与对侧纤维交叉，形成**内侧丘系交叉**，交叉后的纤维转折向上行于延髓中线两侧，称为**内侧丘系**，经脑桥和中脑，最后止于**背侧丘脑腹后外侧核**。

第3级神经元胞体位于**背侧丘脑腹后外侧**

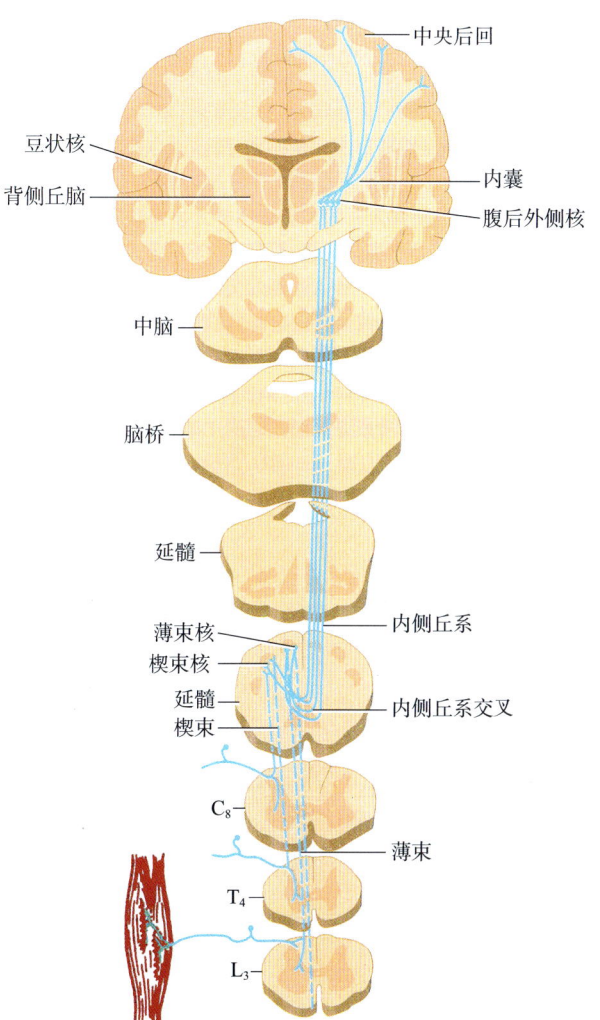

图 1-11-34　**本体感觉和精细触觉传导通路**

核。它们发出的纤维称**丘脑中央辐射**（central thalamic radiation），经内囊后肢，主要投射至大脑皮质中央后回的上 2/3 和中央旁小叶后部。

（二）浅感觉传导通路

浅感觉传导通路传导皮肤和黏膜的痛觉、温度觉、粗触觉、压觉。浅感觉由 3 级神经元传导（图 1-11-35）。

**1. 躯干和四肢的浅感觉传导通路** 第 1 级神经元为脊神经节内假单极神经元。其周围突分布于躯干和四肢皮肤内的感受器，中枢突经后根进入脊髓，止于同侧的后角核团。第 2 级神经元胞体位于后角核团。它们发出的纤维上升 1~2 个节段经白质前连合交叉到对侧的外侧索和前索内上行，组成传导痛觉和温度觉的**脊髓丘脑侧束**及传导粗触觉和压觉的**脊髓丘脑前束**。两束经延髓、脑桥、中脑，止于**背侧丘脑腹后外侧核**。第 3 级神经元胞体位于背侧丘脑腹后外侧核。它们发出的纤维称**丘脑中央辐射**（central thalamic radiation），经内囊后肢，投射至中央后回上 2/3 和中央旁小叶后部。

拓展阅读 1-11-2 感觉传导通路 - 神经内科临床案例

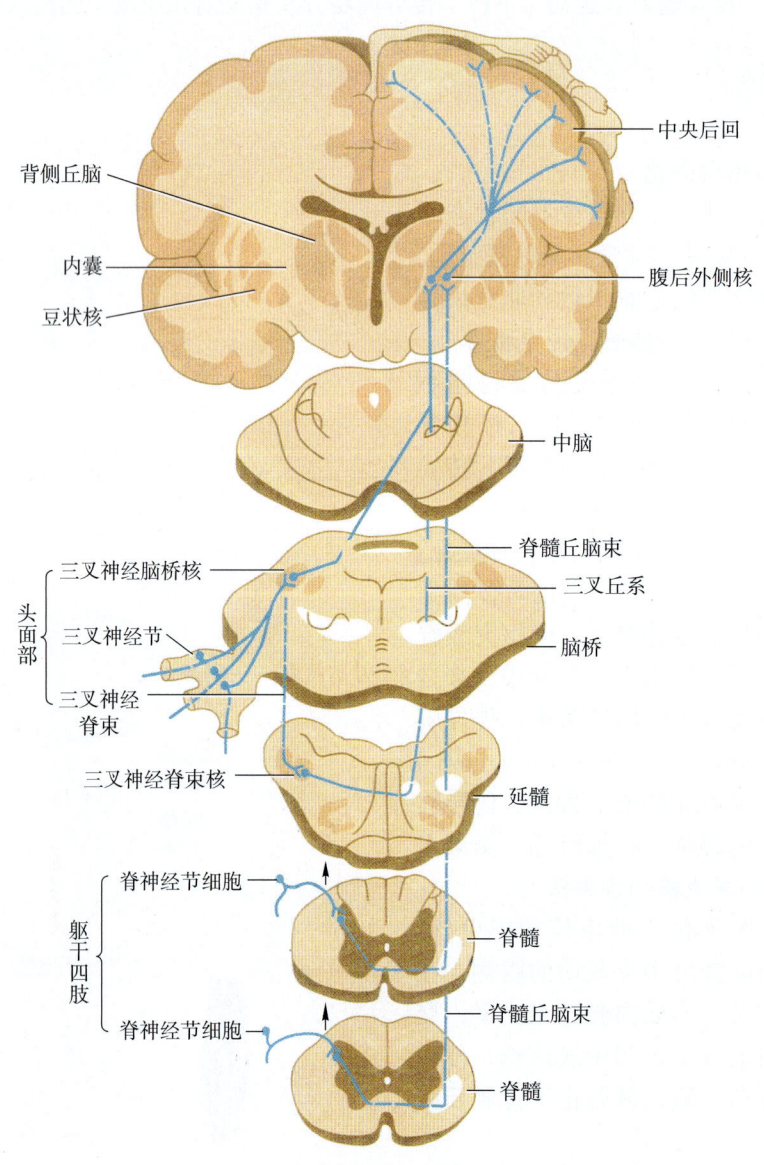

图 1-11-35 痛觉、温度觉、粗触觉和压觉传导通路

**2. 头面部浅感觉传导通路** 第1级神经元为三叉神经节内假单极神经元。其周围突经三叉神经分支分布于头面部皮肤和口腔、鼻腔黏膜的相关感受器，中枢突经三叉神经根入脑桥。传导痛觉、温度觉的纤维入脑后下降为三叉神经脊束，止于**三叉神经脊束核**，传导触觉、压觉的纤维止于**三叉神经脑桥核**。第2级神经元胞体位于三叉神经脊束核和三叉神经脑桥核。它们发出的纤维交叉到对侧，组成**三叉丘系**，止于**背侧丘脑腹后内侧核**。第3级神经元胞体位于背侧丘脑腹后内侧核。它们发出的纤维经内囊后肢，投射至中央后回下1/3。

### （三）视觉传导通路

视觉由3级神经元传导（图1-11-36）。

第1级神经元为视网膜的双极细胞。视网膜的视杆细胞和视锥细胞为光感受器细胞，感受光刺激后，将冲动传至双极细胞，双极细胞再传至节细胞。

第2级神经元为视网膜的节细胞，其轴突在视神经盘处集合成视神经，经两侧视神经管入颅腔，形成视交叉后，延为视束。在视交叉中来自两眼视网膜鼻侧半纤维左右交叉，来自颞侧半纤维不交叉。视束由来自同侧眼球视网膜颞侧半纤维和对侧眼球视网膜鼻侧半的纤维组成，左、右视束绕大脑脚向后，主要终止于**外侧膝状体**。

第3级神经元胞体位于外侧膝状体，其轴突组成**视辐射**（optic radiation），经内囊后肢投射至端脑距状沟上、下方的枕叶皮质，产生视觉。

**视野**（visual field）指眼球固定向前平视所能看到的空间范围。由于眼球屈光装置对光线的折射作用，鼻侧半视野的物像投射至颞侧半视网膜，颞侧半视野的物像投射至鼻侧半视网膜。当视觉传导通路的不同部位受损时，可致不同的视野缺损（图1-11-36）：①一侧视神经损伤，可致该侧眼全盲（A）；②视交叉中交叉纤维损伤，可致双眼颞侧半视野偏盲（B）；③一侧视束、外侧膝状体、视辐射、视觉中枢损伤，可致双眼对侧半视野偏盲（C）。

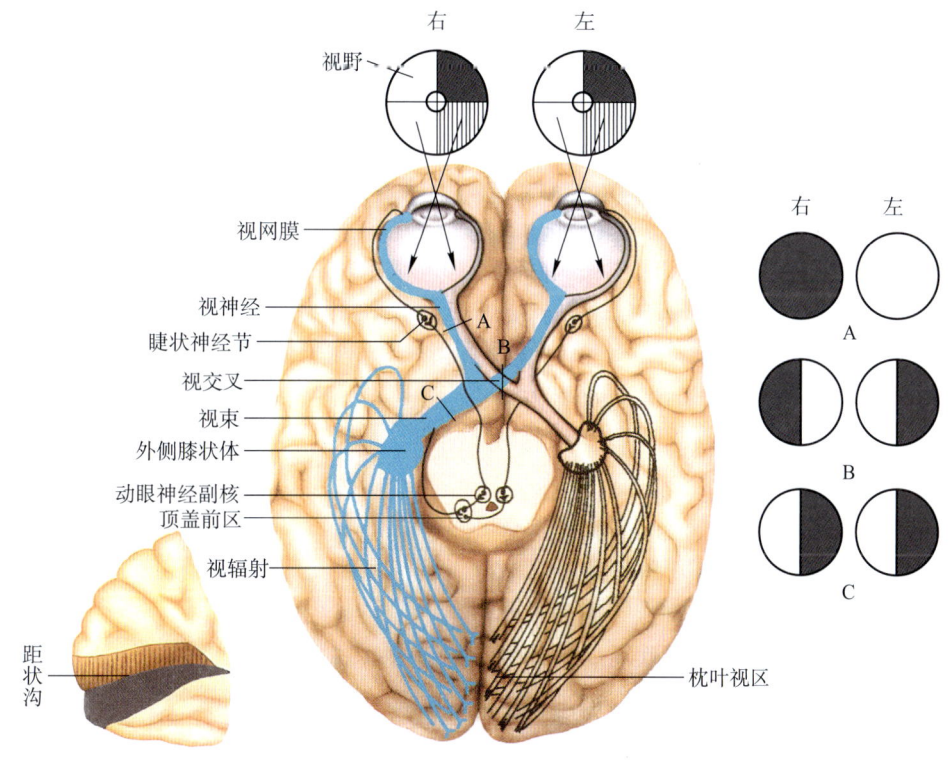

图1-11-36 视觉传导通路

## 二、运动传导通路

运动传导通路指从大脑皮质至躯体运动或内脏活动效应器的神经通路。从大脑皮质至躯体运动效应器（骨骼肌）的神经通路，称躯体运动传导通路，包括锥体系和锥体外系。

微课 1-11-3 运动传导通路

### （一）锥体系

**锥体系**（pyramidal system）由上运动神经元和下运动神经元组成。

锥体系的上运动神经元是位于中央前回、中央旁小叶前部、额叶、顶叶部分区域的锥体细胞。上述神经元的轴突共同组成锥体束，其中，下行至脊髓的纤维束称**皮质脊髓束**，止于脑干的**脑神经运动核**的纤维束称**皮质核束**。

1. **皮质脊髓束**（corticospinal tract） 管理躯干和四肢骨骼肌的随意运动（图1-11-37），主要起自中央前回上2/3和中央旁小叶前部的锥体细胞，经内囊后肢、中脑的大脑脚和脑桥至延髓形成锥体。在锥体下端，大部纤维交叉至对侧，形成**锥体交叉**。交叉后的纤维在对侧脊髓外侧索下行，组成**皮质脊髓侧束**，陆续逐节止于各脊髓节段的前角运动神经元，主要支配四肢肌。在锥体下端，小部分未交叉的纤维在同侧脊髓前索内下行，组成**皮质脊髓前束**，该束大部分纤维交叉至对侧、小部分纤维不交叉，分别终止于颈髓和上胸髓节段的前角运动神经元，主要支配躯干肌和上肢近端肌。

2. **皮质核束**（corticonuclear tract） 管理头面部骨骼肌的随意运动（图1-11-37），主要由中央前回下部的锥体细胞的轴突集合而成，经内囊膝部至大脑脚底中3/5的内侧部，向下陆续分出纤维止于脑干的**脑神经运动核**。皮质核束大部分纤维止于双侧脑干的**脑神经运动核**（动眼神经核、滑车神经核、展神经核、三叉神经运动核、面神经核上部、疑核和副神经脊髓核）；小部分纤维完全交叉到对侧，止于面神经核下部和舌下神经核，支配面下部肌和舌肌。因此，除面神经核下部和舌下神经核仅受对侧皮质核束支配外，其余脑神经运动核均受双侧皮质核束的支配。一侧皮质核束受损时，只有对侧面下部肌和对侧舌肌瘫痪，而眼球外肌、咀嚼肌、咽喉肌和面上部肌等均不受影响。

### （二）锥体外系

**锥体外系**（extrapyramidal system）指锥体系以外影响和控制躯体运动的所有传导通路，其结构十分复杂，包括大脑皮质、红核、黑质、小脑和脑干网状结构等及它们的纤维联系。锥体外系的主要功能是调节肌张力，协调肌肉活动，维持体态姿势和完成习惯性动作及精细运动（如刺绣）。锥体系和锥体外系在运动功能上是互相依赖不可分割的一个整体，共同控制骨骼肌的随意运动。

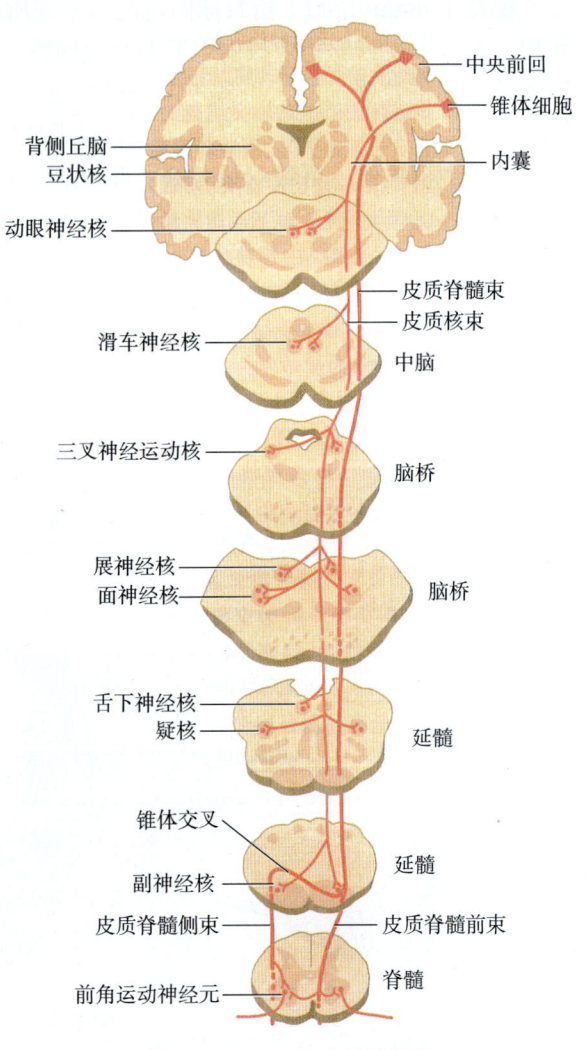

图 1-11-37 运动传导通路

## 第五节 内脏神经系统

**内脏神经系统（visceral nervous system）**是神经系统的组成部分，内脏神经按照纤维的性质可分为内脏运动神经和内脏感觉神经。内脏运动神经调节内脏、心血管等器官的运动和腺体的分泌（图 1-11-38），内脏感觉神经接受内脏、心血管等处的感觉冲动。

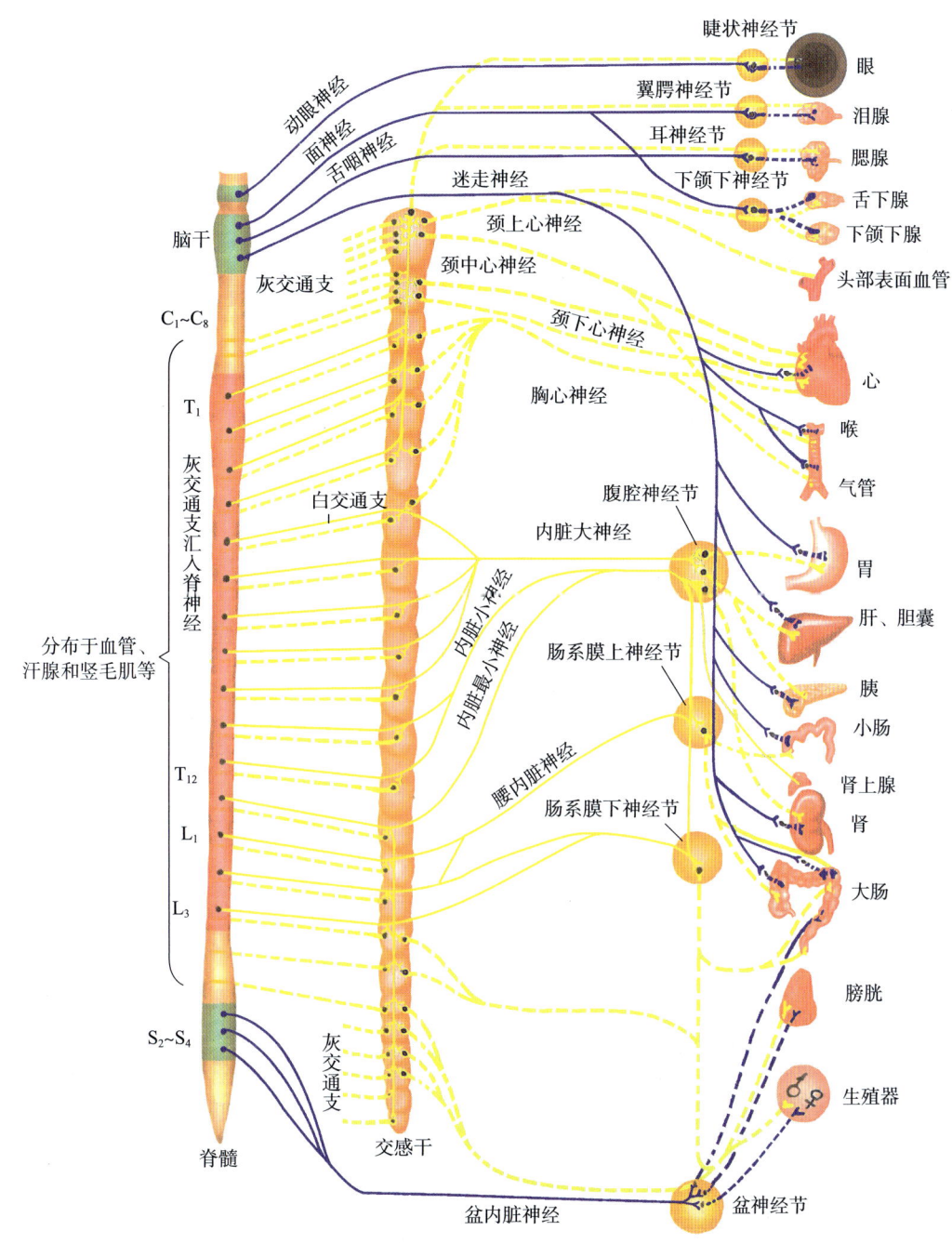

图 1-11-38　内脏运动神经概况
黄色：交感纤维；蓝色：副交感纤维；实线：节前纤维；虚线：节后纤维

## 一、内脏运动神经

内脏运动神经（visceral motor nerve）与躯体运动神经在结构和功能上有较大差别：①支配的器官不同：内脏运动神经支配平滑肌、心肌和腺体，一般不受意志的控制；而躯体运动神经支配骨骼肌，一般都受意志的控制。②纤维成分不同：内脏运动神经有交感和副交感两种纤维成分。多数内脏器官同时接受**交感神经**和**副交感神经**的双重支配，而躯体运动神经只有一种纤维成分。③神经元数目不同：内脏运动神经自低级中枢发出后，在周围部的内脏运动神经节交换神经元，再由节后神经元发出纤维到达效应器。因此，内脏运动神经传导通路从低级中枢到所支配器官需经过2个神经元。第一个神经元称**节前神经元**，其胞体在脑干或脊髓内，其轴突称**节前纤维**；第二个神经元称**节后神经元**，其胞体在内脏运动神经节内，其轴突称**节后纤维**（图1-11-38），而躯体运动神经自低级中枢至骨骼肌仅含一个神经元。

根据形态功能的特点，内脏运动神经分为**交感神经**和**副交感神经**。

### （一）交感神经

**1. 中枢部** 交感神经（sympathetic nerve）的低级中枢为第1胸髓至第3腰髓节段的灰质侧柱的中间外侧核（图1-11-38）。

**2. 周围部** 由交感干、交感神经节和出入交感神经节的节前纤维、节后纤维组成。

（1）交感神经节：为交感神经节后神经元胞体所在处。依其位置分为**椎旁神经节**和**椎前神经节**（图1-11-39）。

1）**椎旁神经节**（paravertebral ganglion）：又称**交感干神经节**（ganglion of sympathetic trunk），位于脊柱两旁。椎旁神经节之间借节间支连成一条链索，称为**交感干**（sympathetic trunk）。交感干上自颅底，下至尾骨，与脊柱等长，分颈、胸、腰、骶、尾5部。左右两侧交感干下端合并于奇神经节。交感干神经节分布：颈部3~4对，胸部10~12对，腰部4~5对，骶部2~3对，尾部1个奇神经节（图1-11-39）。

2）**椎前神经节**（prevertebral ganglion）：位于脊柱前方，腹主动脉脏支的根部。分别为成对的腹腔神经节、主动脉肾神经节、单个的肠系膜上神经节和肠系膜下神经节。

（2）交通支：每一个交感干神经节与相应的脊神经之间有交通支相连，分**白交通支**和**灰交通支**。白交通支由脊髓侧角细胞发出的节前纤维组成，仅存在于第1胸~第3腰神经与相应交感干神经节之间；因纤维有髓鞘，呈白色，故称白交通支。灰交通支是交感干神经节发出的节后纤维进入脊神经的通路，存在于全部交感干神经节与全部脊神经之间；因纤维无髓鞘，呈灰色，故称灰交通支。

### （二）副交感神经

**1. 中枢部** 副交感神经（parasympathetic nerve）的低级中枢为脑干的**一般内脏运动核**（动眼神经副核，上、下泌涎核，迷走神经背核）和脊髓骶部第2~4节段的骶副交感核（图1-11-38）。

**2. 周围部** 由副交感神经节和出入副交感神经节的节前纤维、节后纤维组成。副交感神经节位于器官的近旁或器官的壁内，因而有器官旁节和器官内节之称。

（1）颅部副交感神经：①随动眼神经走行的副交感神经节前纤维，起自中脑**动眼神经副核**，入眶至睫状神经节内交换神经元，其节后纤维穿入眼球，支配瞳孔括约肌和睫状肌（图1-11-38）。②随面神经走行的副交感神经节前纤维，起自脑桥的**上泌涎核**，在翼腭神经节和下颌下神经节换元后，其节后纤维分布于泪腺、舌下腺和下颌下腺。③随舌咽神经走行的副交感神经节前纤维，起自延髓**下泌涎核**，其节后纤维至耳神经节换元后，分布于腮腺。④随迷走神经走行的副交感神经节前纤维，起自延髓**迷走神经背核**，至颈部、胸部及腹部的器官内节或器官旁节内交换神经元，节后纤维支配颈部、胸腔器官及腹腔大部分器官的心肌、平滑肌和腺体的活动（图1-11-38）。

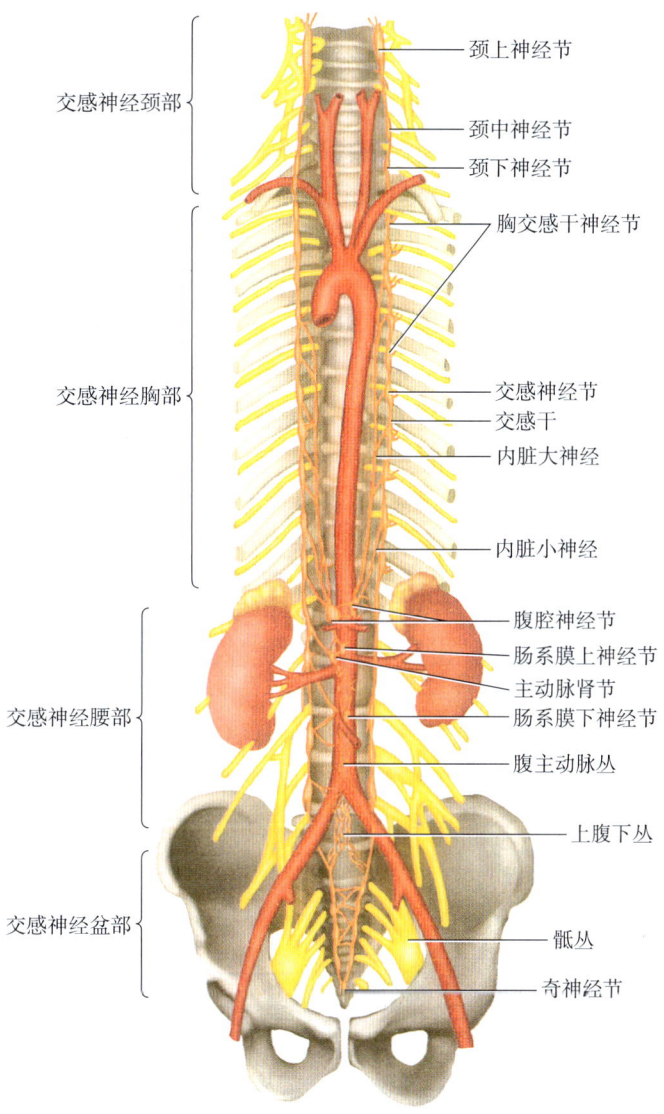

图 1-11-39　交感干和交感神经节

（2）骶部副交感神经：节前纤维由脊髓骶部第 2~4 节段的骶副交感核发出，随骶神经出骶前孔，而后从骶神经分出组成**盆内脏神经**，加入盆丛，随盆丛分支分布到盆腔器官，在器官附近或器官壁内的副交感神经节交换神经元，节后纤维支配结肠左曲以下的消化管和盆腔脏器（图 1-11-38）。

## 二、内脏感觉神经

人体各内脏器官除有内脏运动神经（交感神经和副交感神经）支配外，也有内脏感觉神经分布。如同躯体感觉神经一样，内脏感觉神经元的胞体位于脊神经节和脑神经节内，是假单极神经元。其周围突是粗细不等的有髓或无髓纤维，随同交感神经、骶部副交感神经，面、舌咽、迷走神经分布于内脏器官；中枢突进入脊髓和脑干，分别止于脊髓后角和脑干孤束核。内脏感觉神经一方面借中间神经元与内脏运动神经元联系，形成内脏-内脏反射，或与躯体运动神经元联系，形成内脏-躯体反射；另一方面经过较复杂的传导途径将冲动传至大脑皮质，形成内脏感觉。

## 第六节 脊髓和脑的被膜

脊髓和脑的表面包有3层被膜，由外向内依次是硬膜、蛛网膜和软膜，有支持、保护脊髓和脑的作用。硬膜由厚而坚韧的结缔组织构成，蛛网膜是半透明而无血管的薄膜，软膜富含血管，3层被膜在枕骨大孔处互相移行。蛛网膜与软膜之间的腔隙，称为**蛛网膜下隙**（subarachnoid space），内含**脑脊液**。

### 一、脊髓的被膜

脊髓的被膜由外向内依次为硬脊膜、脊髓蛛网膜和软脊膜（图1-11-40）。

1. **硬脊膜**（spinal dura mater） 上端附着于枕骨大孔边缘，与硬脑膜相延续，在第2骶椎平面逐渐变细，末端附于尾骨。硬脊膜与椎管内面的骨膜之间的腔隙，称为**硬膜外隙**（extradural space），内含静脉丛、淋巴管、疏松结缔组织、脂肪和脊神经根。硬膜外隙向上不与颅腔内相通，略呈负压，临床上将麻醉药物注入此隙，以阻滞脊神经的传导，称为**硬膜外麻醉**。

2. **脊髓蛛网膜**（spinal arachnoid mater） 于枕骨大孔处，与脑蛛网膜相延续。从脊髓下端至第2骶椎水平的脊髓蛛网膜下隙较宽阔，称为**终池**（terminal cisten）。临床上进行腰椎穿刺时，即将针刺入终池，以避免损伤脊髓。**脊髓蛛网膜下隙**向上与**脑蛛网膜下隙**相通。

3. **软脊膜**（spinal pia mater） 紧贴于脊髓表面，并伸入脊髓的沟、裂内。

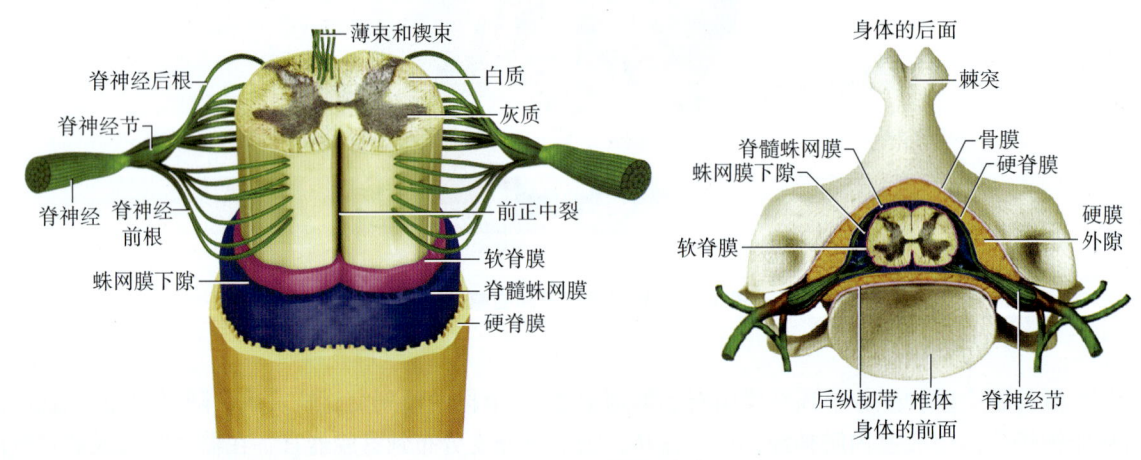

图1-11-40 脊髓的被膜

### 二、脑的被膜

脑的被膜由外向内依次为硬脑膜、脑蛛网膜和软脑膜（图1-11-41）。

1. **硬脑膜**（cerebral dura mater） 是富含血管和神经的内、外双层膜，其外层相当于颅骨内面的骨膜。硬脑膜与颅盖骨连接疏松，易分离。当硬脑膜血管损伤时，可在硬脑膜与颅骨之间形成硬膜外血肿。硬脑膜与颅底骨连接紧密，当颅底骨折时，硬脑膜与脑蛛网膜易同时撕裂，使脑脊液流入鼻腔，形成鼻漏。硬脑膜形成的主要结构如下。

（1）大脑镰和小脑幕（图1-11-42）：硬脑膜在某些部位内层折叠形成板状突起，伸入脑的裂隙之间，可更好地保护脑。呈镰刀状伸入大脑纵裂的突起，呈矢状位，称**大脑镰**（cerebral falx）；呈半月形伸入大脑半球与小脑半球之间的突起，呈水平位，称**小脑幕**（tentorium of cerebellum）。小脑幕前缘游离呈弧形，称幕切迹，幕切迹与斜坡之间有中脑通过。当颅内压升高时，位于幕切迹上方的海马旁回和钩可被挤压而移位至幕切迹，形成小脑幕切迹疝，压迫动眼神经和大脑脚，出现瞳孔散大、肢体瘫痪等症状和体征。

（2）硬脑膜窦（图1-11-42）：硬脑膜在某些部位两层分开，内面衬以内皮细胞，构成**硬脑膜窦**（sinus of dura mater），窦内含静脉血，窦壁无平滑肌，不能收缩。当损伤时，难止血，易形成颅内血肿。主要的硬脑膜窦：①**上矢状窦**：位于大脑镰上缘内，向后与窦汇相连。②**横窦**：成对，在小脑幕后缘内，沿枕骨横窦沟走行。③**乙状窦**：成对，位于乙状窦沟内，是横窦的延续，在颈静脉孔处移行为颈内静脉。④**窦汇**：于枕内隆凸处，由左、右横窦和上矢状窦后端汇合而成。⑤**海绵窦**：位于蝶鞍两侧，向前与眼静脉相连，向后注入横窦或乙状窦。由于眼静脉与面部静脉交通，所以面部感染时，有可能波及海绵窦而引起海绵窦炎。

2. **脑蛛网膜**（cerebral arachnoid mater） 蛛网膜下隙在某些部位扩大，称**蛛网膜下池**。在小脑与延髓之间，有**小脑延髓池**，临床上经枕骨大孔可在此处抽取脑脊液。脑蛛网膜紧贴硬脑膜，在上矢状窦处形成许多绒毛状突起，突入上矢状

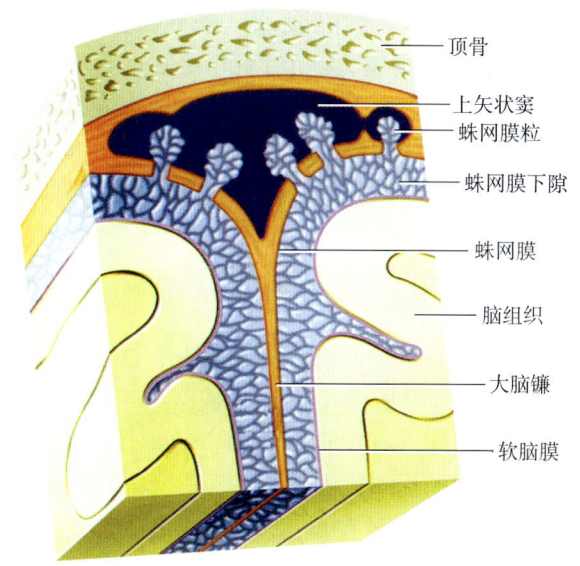

图1-11-41 脑的被膜及蛛网膜粒

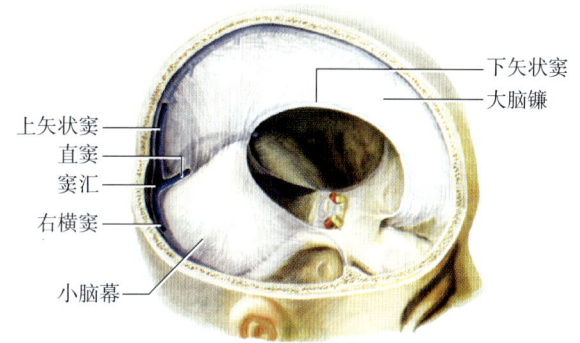

图1-11-42 脑的被膜及形成的结构

窦内，称**蛛网膜粒**，是脑脊液回流的重要结构（图1-11-41）。蛛网膜下隙内的脑脊液经此渗入上矢状窦内。

3. **软脑膜**（cerebral pia mater） 紧贴于脑表面，并伸入脑的沟、裂内（图1-11-41）。在脑室的一定部位，软脑膜及其血管与该部的室管膜上皮共同构成脉络组织。脉络组织的血管反复分支成丛连同其表面的软脑膜、室管膜上皮共同突入脑室，形成脉络丛。脑脊液由脉络丛产生。

## 第七节　脑室和脑脊液

### 一、脑室

脑室是脑内的腔隙，其内壁衬以室管膜上皮，内含**脉络丛**。脑室内的脑脊液即由脉络丛产生。脑室包括**侧脑室**、**第三脑室**和**第四脑室**（图1-11-43）。

1. **侧脑室**（lateral ventricle） 位于大脑半球内，左右各一，延伸至半球的各脑叶内。中央部位于顶叶内，前角伸入额叶内，后角伸入枕叶内，下角伸入颞叶内。侧脑室经**左、右室间孔**与**第三脑室**相通。

2. **第三脑室**（third ventricle） 为位于间脑内矢状位的裂隙。向前外上方经左、右室间孔与侧脑

室相通，向后下经**中脑水管**与**第四脑室**相通。

3. **第四脑室**（fourth ventricle） 位于延髓、脑桥与小脑之间，并借正中孔和两个外侧孔与蛛网膜下隙相通，向上经中脑水管通第三脑室，向下续为延髓下部和脊髓中央管。

## 二、脑脊液

脑脊液（cerebrospinal fluid，CSF）是充满于脑室、脊髓中央管和蛛网膜下隙的无色透明液体，有保护、缓冲、运输代谢产物和调节颅内压的作用。

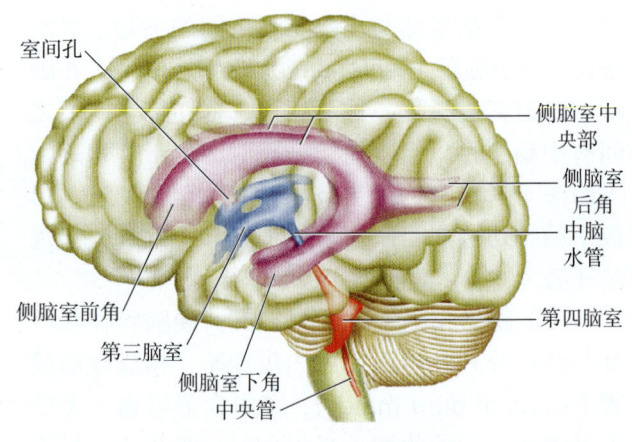

图 1-11-43 脑室的投影

脑脊液总量在成人约 150 mL，它处于不断产生、循环和回流的动态平衡中。其循环途径（图 1-11-44）：左、右侧脑室脉络丛产生的脑脊液，经左、右室间孔流入第三脑室，与第三脑室脉络丛产生的脑脊液一起，经中脑水管流入第四脑室，再与第四脑室脉络丛产生的脑脊液一起，经第四脑室正中孔和两个外侧孔流入蛛网膜下隙，最后流向大脑背面的蛛网膜下隙，经蛛网膜粒渗透到硬脑膜窦内（主要是上矢状窦），再经窦汇、横窦、乙状窦、颈内静脉回流入血液中。

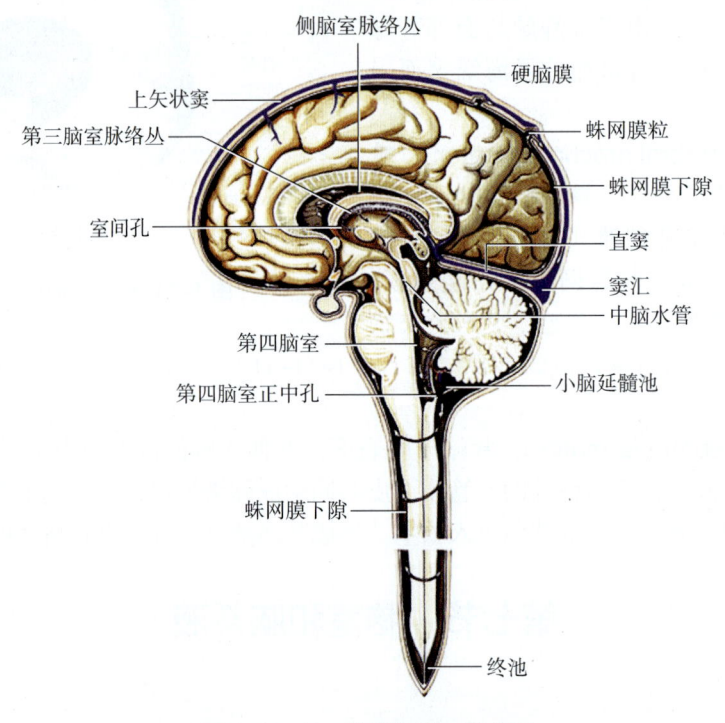

图 1-11-44 脑脊液循环模式图

## 第八节 脑 的 血 管

### 一、脑的动脉

营养脑的动脉来自颈内动脉和椎动脉。以顶枕裂为界，颈内动脉主要供应大脑半球的前 2/3 和间脑前部，椎动脉主要供应大脑半球的后 1/3、间脑后部、脑干和小脑。大脑的动脉分支包括**皮质支**和**中央支**。皮质支主要供应大脑的皮质和其深面的浅层髓质；中央支穿入脑实质内，供应深部的髓质、内囊、间脑和基底核等。

1. **颈内动脉**（internal carotid artery） 起自颈总动脉，自颈部向上，经颈动脉管入颅腔后，主要分支如下：

（1）**眼动脉**（ophthalmic artery）：经视神经管入眶，供应眼球及其周围结构。

（2）**大脑前动脉**（anterior cerebral artery）：自颈内动脉发出后行向前内侧，进入大脑纵裂，与对侧的同名动脉借**前交通动脉**相连，然后沿胼胝体沟向后行，发出皮质支供应顶枕沟以前的大脑半球的内侧面和额叶、顶叶上外侧面的上部（图 1-11-45），发出中央支主要供应尾状核及豆状核前部和内囊前肢。

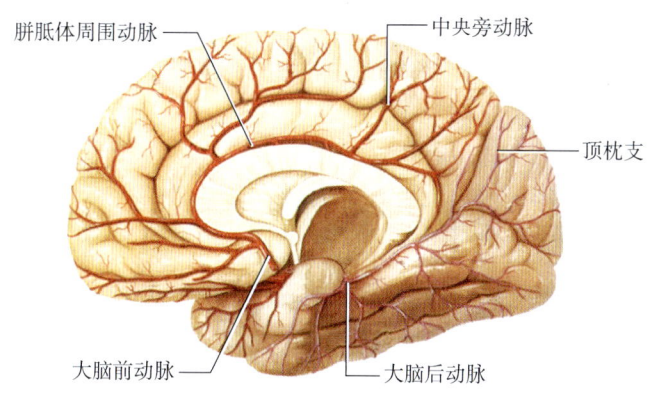

图 1-11-45　大脑半球内侧面的动脉

（3）**大脑中动脉**（middle cerebral artery）：可视为颈内动脉的直接延续，沿大脑半球外侧沟行向后上，发出皮质支供应大脑半球的上外侧面和岛叶（图 1-11-46），发出中央支供应尾状核、豆状核及内囊膝和后肢的前部。

（4）**后交通动脉**（posterior communicating artery）：在视束下面行向后，与大脑后动脉吻合。

2. **椎动脉**（vertebral artery） 起自锁骨下动脉，向上穿第 6 至第 1 颈椎横突孔经枕骨大孔入颅腔，左、右椎动脉逐渐靠拢，在脑桥和延髓交界处合成 1 条**基底动脉**（basilar artery），沿脑桥基底沟上行至脑桥上缘，分为左、右**大脑后动脉**两大终支（图 1-11-47）。

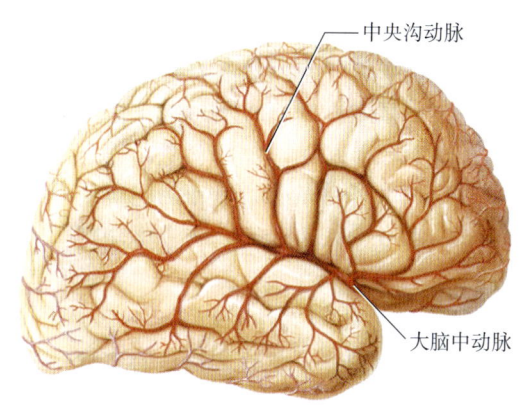

图 1-11-46　大脑半球上外侧面的动脉

3. **大脑动脉环**（cerebral arterial circle） 又称 Willis 环，为由两侧大脑前动脉起始段、两侧颈内动脉末段和两侧大脑后动脉起始段借前、后交通动脉组成的动脉环路（图 1-11-47），位于脑底下方。此环使颈内动脉与椎 - 基底动脉系相交通。当某一动脉血流减少或阻塞时，血液可经此环重新分配和代偿。

## 二、脑的静脉

脑的静脉无静脉瓣，不与动脉伴行，分为收集皮质及皮质下髓质的静脉血的**浅组**和收集大脑深部

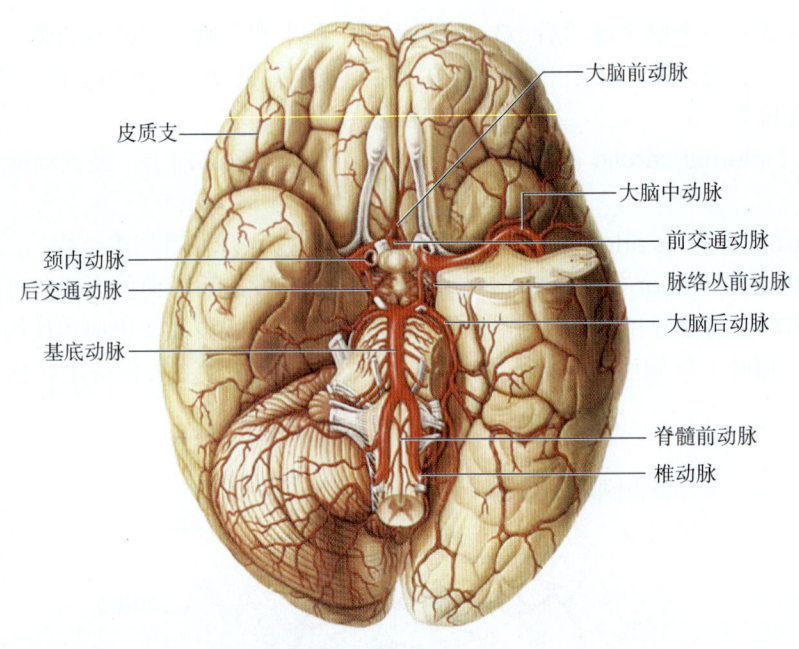

图 1-11-47 大脑动脉环

的髓质、基底核、间脑、脑室脉络丛等处的静脉血的**深组**,两组之间互相吻合。两组静脉最终都经硬脑膜窦回流至颈内静脉。

(刘页玲)

### 思考题

1. 简述脊髓白质的上行纤维束及其作用。
2. 试述脊神经前支形成的神经丛及发出的主要神经。
3. 试述手皮肤的神经分布。
4. 肱骨外科颈骨折时可能损伤什么神经?为什么?损伤后的主要临床表现如何?
5. 脑分哪几部分?大脑半球分哪几个叶?
6. 内脏运动神经与躯体运动神经有何不同?
7. 试述 12 对脑神经的名称、性质和分布。
8. 简述脑神经躯体运动核的名称和功能。
9. 试述内囊的位置、分部、一侧广泛性损伤后的症状及其原因。
10. 简述脑脊液的产生、功能和循环途径。

### 新形态教材网更多数字资源

思维导图　　教学课件　　微课　　自测题　　拓展阅读　　思政元素

# 下 篇

# 生理学

# 第一章 绪 论

编者导学

**本章导航**

第一节 生理学的研究内容和方法
第二节 生理学发展史
第三节 生命活动的基本特征
第四节 机体的内环境与稳态
第五节 机体功能的调节

## 第一节 生理学的研究内容和方法

### 一、生理学的研究内容

由于生命现象的复杂性,要从不同的水平进行研究。生理学的研究大致可以分成三个不同的水平:细胞和分子水平,器官和系统水平,以及整体水平。

#### (一)细胞和分子水平的研究

细胞是构成机体最基本的结构和功能单位,各种细胞的特性决定各个器官的功能,从而决定了人体的各项生理功能。细胞的生理特性又受到构成细胞的分子,尤其是细胞内各种生物大分子的物理和化学特性的影响。细胞和分子水平的研究旨在研究细胞和细胞内生物大分子的功能,从而阐明器官生理功能产生的机制。例如,心肌细胞发生收缩是由于细胞中含有特殊的蛋白质,这些蛋白质分子具有一定的结合排列方式。在离子浓度的变化和酶的作用下,蛋白质排列方式发生变化,从而产生心肌收缩或舒张的活动。因此,研究心脏功能需要在心肌细胞和生物大分子水平进行。

#### (二)器官和系统水平的研究

研究人体中各个器官和系统的功能活动、活动规律及其影响因素等,可以揭示各个器官和系统的工作规律,以及它们在整体生理功能中所起的作用。同时,还可以研究内外环境中各种因素对它们活动的影响。例如,研究心脏、血管和循环系统,可以掌握心脏为何会跳动,心脏是如何泵血,以及机体如何调控心血管系统等方面的知识。

#### (三)整体水平的研究

整体水平的研究是以完整的机体为研究对象,研究机体内各器官和系统之间,以及机体与环境之间相互联系和相互影响。例如,研究人体运动时心血管系统的机能、呼吸系统的机能、内分泌机能、物质和能量代谢、肌肉组织耗氧能力等的变化，以及它们对运动的适应等，都属于整体水平的研究。

生理学研究的三个水平，分别有不同的科学规律。它们相互之间不是孤立的，而是相互联系和相互补充的。要阐明某一生理功能的机制，我们必须从细胞和分子、器官和系统及整体水平进行综合研究。

## 二、生理学的研究方法

**生理学**（physiology）是一门实验性科学，其知识的积累主要是来自生活实践、实验研究和临床实践。生理学实验是在人工控制的条件下观察某一生理过程，分析其产生的机制及各种因素的影响等。然而，生理学实验往往会给机体造成一定的损害，甚至危及生命。因此，生理学实验主要在动物身上进行。仅在伦理允许的范围内，以不伤害人体为前提，才会在人体进行有限的实验。生理学实验方法主要包括急性实验和慢性实验。

（一）急性实验

**急性实验**（acute experiment）是以动物活体标本或完整动物为实验对象，人为地控制实验条件，在短时间内对动物标本或动物整体特定的生理活动进行观察和干预的实验。急性实验可以分为离体实验和在体实验。

**1. 离体实验**（experiment in vitro） 从活体或刚被处死的动物身上取出所要研究的细胞、组织或器官，置于一个类似于体内环境的人工环境中进行实验和观察。例如，将蟾蜍的心脏取出，用接近其体液成分的溶液进行灌流，使蟾蜍心脏能继续不断的跳动，观察某些化学物质对蟾蜍心脏收缩功能的影响。离体实验的优点是排除无关因素的影响，实验条件易于控制，缺点是不能完全代表正常机体的真实情况。

**2. 在体实验**（experiment in vivo） 通过麻醉或破坏高位中枢等方法，使动物失去知觉，对动物进行手术，暴露出要研究的器官或组织，然后进行实验和观察。例如，麻醉家兔并分离出其颈总动脉，通过记录血压，以及进行某些神经、体液刺激，观察血压的变化，则可观察各种刺激对动物血压的影响因素。在体实验的优点是在整体情况下，研究某一器官与其他器官、系统之间的联系和相互作用，便于分析各个器官之间的相互影响。

（二）慢性实验

**慢性实验**（chronic experiment）是以健康、完整、清醒的动物为研究对象，尽可能接近自然条件下，对机体某一生理功能进行研究。慢性实验有时需要事先给实验动物实施外科无菌手术、处理要研究的器官，待动物身体恢复后再进行实验。例如，研究胃液分泌的影响因素时，需要对犬进行手术，形成胃瘘，再观察刺激不同部位的感受器后引起胃液分泌的变化。慢性实验的优点是保存了各个器官的自然联系和相互作用，便于观察某一器官在正常情况下的生理功能及其与整体的关系。缺点是体内环境太复杂，干扰因素较多，实验条件难以完全控制。

# 第二节 生理学发展史

## 一、国外生理学发展史

人体生理的知识最初是随着生产和医疗实践而逐渐积累起来的。例如，古罗马医生盖伦曾从人体解剖的知识来推论生理功能，并曾进行初步的动物活体解剖，对医学的贡献很大。自此，对人体活动规律的认识主要来自于解剖，因此生理学总是涵盖于解剖学之中。生理学真正成为一门实验性科学是从17世纪开始的。1628年，英国医生哈维通过在几种动物身上的活体解剖实验，在历史上首次证明了人和高等动物血液是从左心室输出，通过体循环中的动脉而流向全身组织，汇集于静脉后回到右心房，再经过肺循环而流入左心房。这一研究证明了血液循环的途径，并指出心脏是循环系统的中心。

17世纪，法国哲学家笛卡儿将反射概念应用于生理学，认为动物的每一种活动都是对外界刺激的必要反应，刺激与反应之间存在有固定的神经联系，他称这一连串的活动为反射。

18世纪，法国化学家拉瓦锡首先发现氧气和燃烧原理。拉瓦锡指出呼吸过程同燃烧一样，都要消耗氧并产生二氧化碳，从而为机体新陈代谢的研究奠定了基础。意大利物理学家伽伐尼发现动物肌肉收缩时能够产生电流，于是开启了"生物电"这一新的生理研究领域。

19世纪，随着其他自然科学的迅速发展，许多生理学实验研究的开展逐渐累积了大量各器官生理功能的知识。首先应提到法国生理学家贝尔纳，他是首次倡导用双盲实验确保科学观察的客观性的人之一。贝尔纳在生理学的多个方面进行了广泛的实验研究并作出卓越贡献，特别重要的是他提出的"内环境"概念已成为生理学中的一个指导性理论。德国的路德维希所创造的记纹器，长期以来成为生理学实验室的必备仪器。他对血液循环的神经调节作出重要贡献，对肾的泌尿生理提出有价值的设想。德国的物理学家和生理学家亥姆霍兹运用他丰富的物理学知识阐明视觉和听觉生理活动的规律，还创造了测量神经传导速度的简单准确的方法。

20世纪前半期，生物学家开始对人类以外的生物体运作产生兴趣，最终催生了比较生理学和生态生理学领域。生理学研究在各个领域都取得了丰富的成果。1903年，英国的谢灵顿通过对脊髓反射的长期研究，出版了《神经系统的整合作用》，为神经系统生理学奠定了坚实的基础。与此同时，巴甫洛夫从消化液分泌机制的研究转到以唾液分泌为客观指标，对大脑皮层的生理活动规律进行了详尽的研究，提出著名的条件反射概念和高级神经活动学说。

美国的坎农创造了"战斗或逃跑反应"一词，并发展了体内平衡理论。其在长期研究自主神经系统生理的基础上，于1929年提出著名的"稳态"概念，进一步发展了贝尔纳的内环境恒定理论，认为内环境理化因素之所以能够在狭小范围内波动而始终保持相对稳定状态，主要有赖于自主神经系统和某些内分泌激素的经常性调节。

坎农的稳态概念在20世纪40年代与控制论结合，使大家认识到机体各个部分从细胞到器官系统的活动，都依靠自身调节机制的作用而保持相对稳定状态，这些调节机制都具有负反馈作用。

## 二、我国生理学发展史

《黄帝内经》一书是我国古代医疗实践经验的理论总结，书中阐述了经络、脏腑、七情六淫、营卫气血等理论。在古代，我国的医家初步认识到血液的生成、性质及功能。归纳成一句话就是，血液的生成主要来源于饮食的水谷津液，即脾胃运化的水谷津液上输于肺脉，在心的"化赤"作用下变成血液。同时，秦汉时期的古人已基本掌握消化系统各主要器官的部位及功能。到了三国时代，我国已有了以"弟血滴兄骨"的滴骨验亲法。在唐代，人们就已经发现糖尿病病人的尿液是甜的，并通过此现象作为诊断糖尿病的依据。西方在1679年才发现这一重要现象，我国比西方早了一千多年。在唐代医书中还记载有除用药物治疗消渴症（糖尿病）外，还可采用饮食疗法，这在当时都是很先进的思想。11世纪中国著名学者沈括详细描述过从大量人尿中提取性激素的方法，比西方早了约九个世纪。

在我国，最早介绍西方解剖生理学的专著是邓玉函于17世纪20年代译著的《泰西人身说概》，该书和此后不久成书的《人身图说》成了明代传入的众多书中仅有的两本西方解剖生理学专著。西方生理学的传入促进我国生理学发展。1909年鲁迅编写了中国的第一本生理学讲义——《人生象教》，此后各种生理学教材相继问世并出版。我国于1915年创立了中华医学会，随后又出版了距今已经

100 多年的杂志——《中华医学杂志英文版》(China Medical J)。1926 年在生理学家林可胜的倡议下，成立中国生理学会翌年创刊《中国生理学杂志》，新中国成立后，改称《生理学报》。中国生理学家在这个刊物上发表了不少很有价值的研究论文，受到国际同行的重视。林可胜对胃的组织学和胃液分泌的研究，发现进食脂肪可抑制移植小胃分泌和运动，从而提取出一个假想的激素——肠抑胃素。1927 年的《中国生理学杂志》创刊号上刊载了林可胜等的"卵输送之机理"、沈窝淇等的"阉人之氮质排泄"和"肌酸排泄与睾丸之关系"等论文；同年，东南大学动物学系孙宗彭报道了切除甲状腺大鼠肾上腺内肾上腺素含量的变化。从此，我国生理学进入近代时期。

最初生理学研究的工作无论是质量还是数量上都不尽如人意，但还是在一定程度上推动了我国的生理学发展。20 世纪 50—60 年代，全国从事生理学研究的单位和人员相比 20 世纪 30 年代有了明显增加。这一时期，我国科学家杜雨苍、张友尚、鲁子贤、邹承鲁等，成功实现了牛胰岛素的人工全合成。这是世界上首次人工合成具有全部生物活性的蛋白质，是人类探索生命奥秘的一次重大突破。

到了 20 世纪 80 年代，在改革开放大潮的推动下，我国与国际的学术交流加速，这个阶段的生理学发展较快，科研工作者的积极性高涨。血液生理学的新理论和新技术的较快引进，使血液生理的研究在规模、领域和质量上都发生了历史性的变化。在北京大学赵以炳等老一辈生理学家的倡导下，1984 年教育部委托北京大学和北京师范大学在北京召开了《生理学和比较生理学教学讨论会》。1988 年 8 月 15 日至 20 日在西安召开了首届全国比较生理学学术会议。中国生理学会下设有应用生理委员会，并于 1985 年创办了《中国应用生理学杂志》，使我国成为世界上第 4 个出版此类刊物的国家。

21 世纪的到来为中国生理学发展掀开了崭新的一页。控制论、系统分析和电子计算机等一系列新观念新技术的引进，使得生理学在定量研究方面迈出了一大步，出现应用系统论方法、计算机数学建模等研究的数学生理学与系统生理学这一全新的边缘学科。

## 第三节　生命活动的基本特征

通过对各种生物体，包括单细胞生物体以至高等动物基本生命活动的观察和研究发现，生命的基本特征包括新陈代谢、兴奋性、适应性、生殖和衰老等。

### 一、新陈代谢

机体与环境之间不断进行物质交换和能量交换，以实现自我更新的过程称为**新陈代谢**（metabolism）。新陈代谢包括同化作用和异化作用两个方面。机体从外界环境中摄取各种营养物质，经过一系列的转化，以提供合成自身结构所需要的原料和能量的过程为同化作用，又称**合成代谢**（anabolism）。机体把自身物质进行分解，并把分解后的终产物排出体外，同时释放能量以供机体生命活动需要的过程为异化作用，又称**分解代谢**（catabolism）。新陈代谢是生命的最基本特征，新陈代谢一旦停止，生命也就随之终结。

### 二、兴奋性

一切有生命活动的细胞、组织或机体对刺激产生兴奋的能力或特性，称为**兴奋性**（excitability）。**刺激**（stimulus）指能为人体感受并引起组织细胞、器官和机体发生反应的内外环境变化。刺激的种类很多，按性质的不同可以划分为：物理性刺激，例如：电、机械、温度、声波、光和放射线等；化学性刺激，例如：酸、碱、药物等；生物性刺激，例如：细菌、病毒等；社会心理性刺激，例如：情绪波动、社会变革等。机体受到刺激后所发生的某种功能活动的变化称为**反应**（response）。

反应包括兴奋和抑制。受到刺激后，由相对静止变为活动状态或者功能活动由弱变强称为**兴奋**（excitation）；反之，由活动状态变为相对静止或者功能活动由强变弱称为**抑制**（inhibition）。兴奋和抑制是人体功能状态的两种基本表现形式。两者并不矛盾，反而互为前提，对立统一，并且可随条件改变互相转化。人体的功能十分复杂，但都是兴奋和抑制两种基本过程相互作用的结果。例如，使心兴奋的心交感神经与使心抑制的心迷走神经相互作用、相互拮抗，就表现出正常的心跳；但是如果解除其中某一方面的影响，如解除心迷走神经对心的抑制作用，心跳就会加快，甚至出现异常。

### 三、适应性

机体根据外环境变化而调整体内各部分活动使之相协调的功能称为**适应性**（adaptability）。生物体要能适应环境的变化才能生存，如果不能适应，这一物种将被淘汰。适应分为行为性适应和生理性适应两种。行为性适应常有躯体活动的改变。例如，在低温环境中机体会出现趋热活动，遇到伤害性刺激时会出现躲避活动。行为性适应在生物界普遍存在，属于本能行为。在人类，由于大脑皮层功能发达，使行为性适应更具有主动性。通过意识活动和社会劳动来改造世界，创造更有利于自身生存的条件。生理性适应指身体内部的协调性反应。例如，长期居住在高原地区的人，其红细胞数远远超过平原地区的人，这样就增加了血液运氧的能力，从而克服高原低氧给人体带来的困难。又如在强光照射下瞳孔会缩小，这样可以减少光线进入眼内，使视网膜免遭损伤。这些反应都是适应性的表现。其中，生理性适应以体内各器官、系统活动的改变为主。

### 四、生殖

人体生长发育到一定阶段时，男性和女性两种个体中发育成熟的生殖细胞相结合，便可形成与自己相似的子代个体，称为**生殖**（reproduction）。生殖是人类得以繁殖后代、延续种系的基本生命特征。

### 五、衰老

**衰老**（senescence）指机体对环境的生理和心理适应能力进行性降低、逐渐趋向死亡的现象。衰老可分为两类：生理性衰老和病理性衰老。衰老是许多病理、生理和心理过程的综合作用的必然结果，是个体生长发育的最后阶段。

## 第四节　机体的内环境与稳态

### 一、体液和内环境

人体内的液体总称**体液**（body fluid）。体液总量约占体重的60%，按其分布可分为细胞内液和细胞外液两大类。细胞内的液体称为**细胞内液**（intracellular fluid），约占体液的2/3（占体重的40%）；分布在细胞外的液体称为**细胞外液**（extracellular fluid），约占体液的1/3（占体重的20%）。细胞外液的1/4（约占体重的5%）分布在心血管系统的管腔内，称为**血浆**（plasma）；其余3/4（约占体重的15%）分布在全身的组织间隙中，称为**组织液**（tissue fluid）。

人体内绝大多数细胞与外界环境是没有直接接触的，它们的直接生活环境是细胞外液。一百多年前，法国生理学家贝尔纳提出了一个重要的概念，细胞外液是细胞直接生活的环境，故称之为**内环境**（internal environment）。

内环境是细胞直接进行新陈代谢的场所，细胞代谢所需要的 $O_2$ 和各种营养物质只能从内环境中摄取；细胞代谢产生的 $CO_2$ 和代谢终末产物也需要直接排到细胞外液中，然后通过血液循环运输，由呼吸和排泄器官排出体外。同时，内环境为细胞创造了一个适宜的生活环境，为细胞的各种化学生理反应提供合适的理化条件。内环境对于细胞的生存及维持细胞的正常生理功能非常重要。

## 二、稳态

在正常生理情况下，内环境各种理化性质，如温度、pH、渗透压等保持相对稳定的状态，称为**稳态**（homeostasis）。内环境的稳态不是固定不变的，而是在不断变化中达到的动态平衡状态。稳态包括两方面的含义，一方面指细胞外液的理化性质保持相对稳定，不随外环境的变动而明显改变。例如自然环境有春夏秋冬的变化，但人的体温总是稳定在37℃左右，变动范围不超过1℃。另一方面指稳定状态并不是固定不变的，而是在一定范围内不断变化，处于动态平衡之中。保持内环境稳态是一个复杂的生理过程，人体的生命活动就是在内环境稳态不断被破坏和不断恢复的过程中，得以进行和保持的动态平衡。如果内环境理化条件发生较大变化，超过机体的调节能力，内环境稳态就不能维持，机体的正常生理功能就会受到破坏，可导致疾病的发生甚至机体的死亡。例如，临床上的酸中毒就是内环境的 $H^+$ 浓度超过正常界限，破坏了内环境的正常酸碱环境。可见，稳态的维持是极其重要的。

# 第五节　机体功能的调节

当内外环境发生改变时，机体的各项功能活动必须及时做出适应性反应才能维持内环境的稳态，保证各项生命活动的正常进行。机体功能活动的适应性反应过程称为**调节**（regulation）。

微课2-1-1　机体功能的调节

## 一、机体功能的调节方式

人体生理功能的调节方式有三种，分别是神经调节、体液调节和自身调节。这三种调节方式相互配合、密切联系，但又各有特点。

### （一）神经调节

**神经调节**（neural regulation）是机体最主要的调节方式，指神经系统的活动通过神经纤维的联系，对机体各组织、器官和系统的生理功能发挥调节作用。神经调节的基本方式是反射。**反射**（reflex）是在中枢神经系统参与下，机体对内外环境的刺激发生有规律的适应性反应。反射活动的结构基础是**反射弧**（reflex arc）。典型的反射弧由感受器、传入神经、神经中枢、传出神经和效应器五个部分组成。感受器能够感受机体内外的环境变化，并将这种变化转换成神经信号，通过传入神经纤维传到相应的神经中枢，中枢对传入信号进行分析综合后作出反应，再经传出神经纤维传至效应器，改变后者的活动状态。例如，当叩击股四头肌肌腱时，就刺激了股四头肌中的感受器——肌梭，使肌梭兴奋，通过传入神经纤维将信息传至脊髓，脊髓对传入的神经信息进行分析，然后通过传出神经纤维将兴奋传到效应器——股四头肌，引起股四头肌的收缩，完成膝反射。反射是机体重要的调节方式，反射弧中任何一部分被破坏，都会导致反射活动的消失。

人的反射可分为非条件反射和条件反射。**非条件反射**（unconditioned reflex）是与生俱来的，其反射弧较为固定，其刺激性质与反应之间的因果关系是由种族遗传因素所决定的。例如食物刺激口腔引起唾液分泌、光照使瞳孔缩小等。**条件反射**（conditional reflex）是后天获得的，它建立在非条件反射的基础上，是个体在生活过程中建立起来的，其刺激性质与反应之间的因果关系是不固定、灵活可变的。"望梅止渴"是条件反射性唾液分泌的典型例子。条件反射能够使机体更好地适应环境变化。

神经调节的特点是：迅速、精确、短暂。

### （二）体液调节

**体液调节**（humoral regulation）指机体的某些组织细胞所分泌的一些特殊化学物质通过体液途径对某些组织或器官的活动进行调节的过程。这一类化学物质主要有内分泌腺或内分泌细胞分泌的**激素**（hormone），如胰岛素、肾上腺素等；某些组织细胞产生的特殊化学物质，如组胺、5-羟色胺等。有些激素靠血液运输，作用于远隔器官，称为全身性体液调节。例如，甲状腺分泌的甲状腺素，经过血液运输到各组织器官，促进组织代谢，增加产热量，促进生长发育，提高中枢神经兴奋等。某些细胞分泌的组胺、激肽、前列腺素等生物活性物质，通过细胞外液扩散至邻近细胞，以影响其功能。例如，使局部血管舒张、通透性增加等，属于局部性体液调节。

此外，体内一些内分泌腺或内分泌细胞接受到神经支配，其分泌活动受到相应神经的调节，这种方式称为**神经–体液调节**（neuro-humoral regulation）。例如肾上腺髓质细胞受交感神经节前纤维的支配，分泌肾上腺素和去甲肾上腺素。

体液调节的特点是：缓慢、广泛、持久。

### （三）自身调节

**自身调节**（autoregulation）指组织或器官在不依赖于神经和体液调节的前提下，由其自身的特性对内外环境变化，产生适应性反应的过程。这种调节方式只存在于少数组织和器官中。例如，在一定范围内，心肌纤维被伸展得愈长，其收缩力即随之增加。这一现象在脱离神经和体液因素影响的离体灌流心脏中同样存在，说明该现象完全是由心肌自身的特性决定的。又如，在一定范围内，动脉血压降低，脑血管舒张，血流阻力减小，使脑血流量不致过少；动脉血压升高，脑血管收缩，血流阻力增加，使脑血流量不致过多。这种反应在去除神经支配和体液因素的影响后仍然存在。

自身调节的特点是：局限、调节幅度小、灵敏度低。

## 二、机体功能调节的控制论原理

"控制论"是20世纪40年代由美国应用数学家诺伯特·维纳建立的。在用控制论原理分析人体的调节活动时，人体的各种功能调节都被认为是"自动控制"系统，并可将神经、体液或自身调节中的调节部分（如反射中枢、内分泌腺等）看作控制部分；将效应器或靶器官、靶细胞看作受控制部分，将后者的状态或所产生的效应称为输出变量；在控制部分和受控制部分之间，通过不同形式的信号（化学的或电的，以及其他形式）进行信息传递。控制论将控制系统分为非自动控制系统、反馈控制系统和前馈控制系统，体内各种生理功能的调节主要是以反馈控制形式进行的，有些情况下还有前馈控制形式。

### （一）反馈控制系统

反馈控制系统实际上就是自动控制系统，在控制部分和受控制部分之间存在双向信息联系。控制部分发出信号，指示受控部分活动，而受控部分的活动可被一定的感受装置感，感受装置再将受控部分的活动情况作为反馈信号送回到控制部分，控制部分可以根据反馈信号来改变自己的活动，调整对受控部分的指令，最终使受控部分的活动达到预定的控制目的，这就是反馈。即由受控部分发出的反馈信息反过来影响控制部分活动的过程称为**反馈**（feedback）。根据反馈信息对控制部分作用结果的不同，将反馈分为负反馈和正反馈。

**1. 负反馈** 如果反馈信息对控制部分作用的结果是使受控部分的活动向原先活动相反的方向变化，称为**负反馈**（negative feedback）。负反馈是机体内最为普遍的一种反馈控制形式，其调节意义在于维持机体的稳态。负反馈信息调整控制部分的活动，从而使输出变量向着与原来相反的方向变化。当某种生理活动过强时，通过负反馈调控可使该生理活动减弱；当某种生理活动过弱时，又可反过来引起该生理活动增强。例如，脑内的心血管活动中枢通过交感神经和迷走神经控制心脏和血管的活动，使动脉血压维持在一定的水平。当由于某种原因使心脏活动增强，血管收缩而导致动脉血压高于正常时，动脉压力感受器就立即将这一信息通过传入神经反馈到心血管中枢，心血管中枢的活动就会发生相应的改变，使心脏活动减弱、血管舒张，于是动脉血压向正常水平恢复。反之，当某种原因使心脏活动减弱、血管舒张而使动脉血压低于正常时，动脉压力感受器传入中枢的神经冲动立即减少，使心血管中枢活动发生改变，其结果是心脏活动加强、血管收缩，动脉血压回升至原先的水平。

**2. 正反馈** 如果反馈信息对控制部分作用的结果最终是使受控部分的活动在原有活动的同一方向上进一步加强，称为**正反馈**（positive feedback）。其意义在于使机体的某项生理功能不断加强，直到最后完成。可见，正反馈控制的特性不是维持系统的稳态或平衡，而是破坏原先的平衡状态。如分娩、排尿、排便、射精、血液凝固等属于正反馈调节。以分娩过程为例，当临近分娩时，某些干扰信息可诱发子宫收缩。子宫收缩导致胎儿头部牵张子宫颈部，宫颈受到牵张可反射性地引起缩宫素分泌增加，从而进一步加强子宫收缩，转而使子宫颈进一步受到牵张。如此反复，直至胎儿娩出为止。

正反馈调节在正常体内生理调节过程中比较少见，其生理作用是使某一生理活动不断加强，并尽快完成。但在病理情况下，则会有许多正反馈的情况发生。例如，在大量失血时，心脏射出的血量减少，血压明显降低，冠状动脉的血流量减少，使心肌收缩力减弱。心肌收缩力减弱，心脏射出的血量就更少，如此反复，最后可导致死亡。在这个过程中，心脏活动减弱，经过反馈控制，使心脏活动更弱，是一种正反馈调节。这类反馈控制过程常称为**恶性循环**（vicious cycle）。

（二）前馈控制系统

机体功能的反馈自动控制，反映了人体功能调节的自动化，但尚不完善。例如，负反馈调节是维持内环境稳态的重要机制，但它只有在干扰因素使受控变量出现偏差之后才能发挥作用，存在着偏差纠正滞后和易于矫枉过正的缺点。事实上，体内还有另外一种控制方式。控制部分在反馈信息到达之前已由某种监控装置在受到刺激后预先发出信息（前馈信息），及时纠正其指令可能出现的偏差，这种控制形式称为**前馈**（feed-forward）。前馈控制克服了反馈滞后和波动的缺点，使人体的各种功能活动都能在内外多种因素不断干扰下仍然保持较好的稳态。例如，要求将手伸至某一目标物，大脑发出神经冲动指令一定的肌群收缩，同时又通过前馈机制，使这些肌肉的收缩活动能适时地受到一定的制约，因而手不会达不到目标物，也不会伸得过远，整个动作能完成得很准确。条件反射活动也是一种前馈控制活动。例如冬泳时，在人体温还未降低前，通过视觉、环境等刺激已提前发动了体温调节机制，使产热增加、散热减少。前馈控制系统可以使机体的反应具有一定的超前性和预见性。

（卢　娜）

## 思考题

1. 简述生理学研究的三个不同的水平。
2. 简述急性实验和慢性实验。
3. 简述生命活动的基本特征。

4. 简述内环境和稳态。
5. 简述人体生理功能调节的方式。
6. 简述正反馈、负反馈和前馈。

**新形态教材网更多数字资源**

　思维导图　　　教学课件　　　微课　　　自测题　　　思政元素

# 第二章 细胞的基本功能

编者导学

**本章导航**
第一节　细胞膜的基本结构和功能
第二节　细胞的生物电现象
第三节　肌细胞的收缩功能

细胞是人体及其他生物体的基本结构和功能单位。体内所有的生理过程和生化反应，都在细胞及其产物的基础上进行。尽管细胞的种类不同，但它们都具有一些基本的功能特征。本章将介绍细胞具有共性的基本功能，如细胞膜的物质转运功能、细胞的信号转导、细胞的电活动，以及肌细胞的兴奋与收缩。

## 第一节　细胞膜的基本结构和功能

### 一、细胞膜的基本结构

细胞膜为分隔细胞质与周围环境的界膜，厚度 7~8 nm。细胞膜是半透膜，它选择性地允许物质进出，从而保持细胞内成分的稳定。细胞内部也存在类似细胞膜的膜性结构，如线粒体、内质网等。

细胞膜由脂质、蛋白质和少量糖类物质构成。根据膜结构的液态镶嵌模型学说，细胞膜由液态脂质双分子层构成基架，不同结构和功能的蛋白质镶嵌在其中（图 2-2-1）。膜成分中的脂质分子层主要起屏障作用，膜中的蛋白质则与物质跨膜转运和信息传递有关。

（一）脂质双分子层

膜脂质主要由磷脂、胆固醇和少量糖脂构成，其中以磷脂类为主，占脂质总量的 70% 以上。膜脂质都是双嗜性分子，即分子一端是亲水基团，另一端是疏水基团。这些分子以脂质双层的形式存在，亲水端朝向细胞外液或胞质，疏水端则在膜的内部两两相对，这种结构使膜脂质能稳定存在于水溶液中。脂质的熔点较低，所以膜脂质在一般体温条件下呈溶胶状态，具有一定的流动性。脂质双分子层结构上的稳定性和流动性使细胞膜可以承受相当大的张力和变形而不致破裂。

（二）细胞膜蛋白质

镶嵌在脂质双层中的膜蛋白是膜功能的主要执行者。根据在膜上的存在形式，膜蛋白可分为**表面蛋白**（peripheral protein）和**整合蛋白**（integral protein）两类。表面蛋白约占膜蛋白的 20%，附着

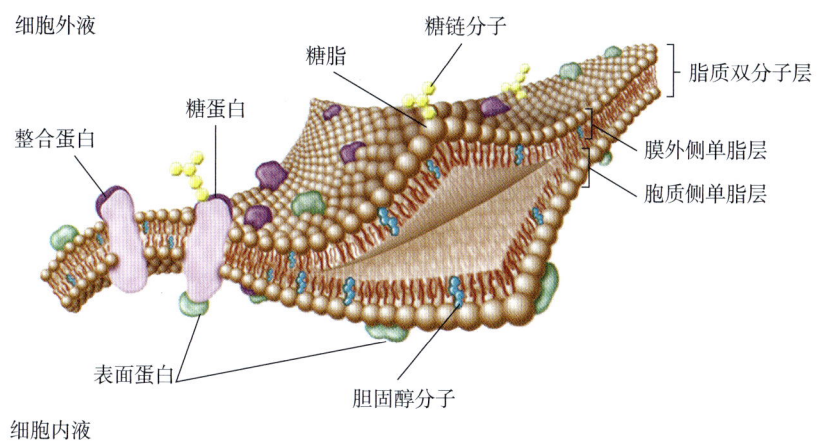

图 2-2-1　细胞膜液态镶嵌模型示意图

于膜的表面（主要是膜的内表面）；整合蛋白约占膜蛋白的 80%，它们的肽链可以一次或反复多次贯穿整个脂质双分子层，两端露出在膜的两侧。由于脂质层呈液态，镶嵌在脂质层中的蛋白质可以横向漂浮移位，但其移动和所在位置存在精细调控机制。膜蛋白的种类和数量也不是固定不变的，胞内含某种膜蛋白的囊泡可以转运到靠膜的部位并将蛋白插入膜内，以增加膜蛋白的数量；膜蛋白连同局部细胞膜也可以通过内陷内化成细胞内囊泡，以减少膜蛋白的数量。

### （三）细胞膜糖类

细胞膜所含糖类甚少，主要是一些寡糖和多糖链，绝大多数裸露在细胞膜的外侧，以共价键的形式和膜脂质或膜蛋白结合，形成糖脂和糖蛋白。这些糖链可作为细胞的分子标记或作为膜受体的一部分。例如，人的红细胞 ABO 血型系统中，结合在膜脂质上的寡糖链决定了红细胞的抗原特性，A 型抗原和 B 型抗原的差别仅在于此糖链中一个糖基的不同。

## 二、细胞膜的物质跨膜转运方式

细胞膜的物质跨膜转运功能是细胞维持生命活动的基础。由于细胞膜将细胞内液与细胞外液分隔开，为维持新陈代谢，细胞需要从外界摄取 $O_2$ 和营养物质，并排出代谢产物，因此不断有各种物质进出细胞。除极少数物质能够直接通过脂质层进出细胞以外，大多数物质分子的跨膜转运都需要膜蛋白的帮助，大分子物质或颗粒物质则通过细胞膜包裹转运而进出细胞。按转运过程中是否需要消耗能量，可将物质转运分为被动转运和主动转运两大类。

思维导图 2-2-1　细胞膜的物质转运功能

### （一）被动转运

被动转运不需要额外消耗能量，溶质顺浓度梯度和（或）电位梯度转运，最终可能达到的平衡点是膜两侧物质的浓度差为零。

**1. 单纯扩散（simple diffusion）**　指脂溶性分子和少数水溶性小分子从高浓度区移向低浓度区的跨膜转运过程。由于细胞膜的骨架是脂质，细胞膜对脂溶性分子的扩散没有阻挡作用，所以单纯扩散是一种简单的物理扩散，是物质分子随机热运动的结果。物质跨膜净扩散的量与细胞膜两侧物质的浓度差成正比，同时也与细胞膜对该物质的通透性有关。脂溶性高而分子量小的物质更容易透过细胞膜。温度越高，膜通透面积越大，物质转运速率也越高。经单纯扩散转运的物质有脂溶性物质（如 $O_2$、$CO_2$、$N_2$、类固醇激素）或少数不带电荷的极性小分子（如乙醇、尿素、甘油和水）。

**2. 易化扩散（facilitated diffusion）**　指一些非脂溶性的小分子物质或带电离子在膜蛋白的帮助

下，顺浓度梯度和（或）电位梯度转运的方式。易化扩散也属于被动转运，但需要在膜蛋白协助下完成。根据所涉及膜蛋白的种类，易化扩散分为经载体和经通道介导两种形式。

（1）载体介导的易化扩散：指水溶性小分子物质在载体蛋白介导下顺浓度梯度进行的跨膜转运。细胞膜上的**载体（carrier）**蛋白存在能结合被转运物的位点。当它与被转运物结合时，蛋白构象改变，将被转运物质从细胞膜高浓度的一侧移至另一侧（图 2-2-2）。许多重要的营养物质，如葡萄糖、氨基酸和核苷酸等，通过此种方式跨膜转运。

载体介导的转运具有如下特性：①结构特异性：即载体只能选择性地与具有特定化学结构的底物结合。②饱和现象：即在一定范围内，随着被转运物浓度的增加，该物质转运的量也相应增加。但当浓度增加到一定程度后，跨膜转运的量不再继续增加，此时转运速度达最大值。这是因为细胞膜上的载体数量有限，所能结合的物质数量也就受到限制。③竞争性抑制：即如果某一载体对结构类似的 A、B 两种物质都有转运能力，那么加入 B 物质将会减弱该载体对 A 物质的转运能力，这是因为有一定数量的载体被 B 占据了。

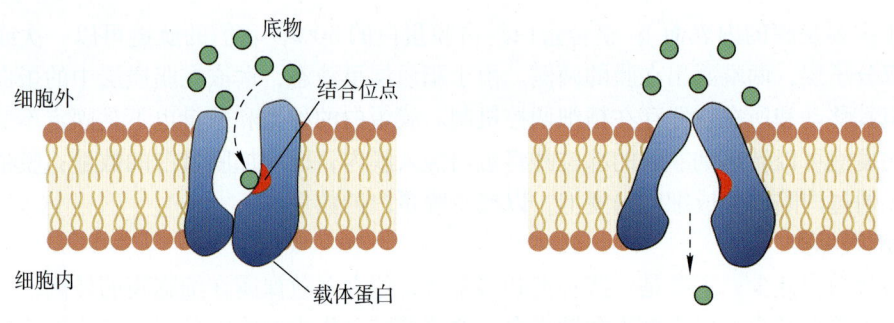

图 2-2-2　载体介导的易化扩散过程

（2）通道介导的易化扩散：指带电离子（如 $Na^+$、$K^+$、$Ca^{2+}$、$Cl^-$）在通道蛋白介导下顺浓度梯度和（或）电位梯度的跨膜转运。**通道（channel）**是一类贯穿脂质双层、中央带有亲水性孔道的膜蛋白（图 2-2-3）。当孔道开放时，离子可经孔道流动，快速跨越细胞膜。

离子通道具有以下特征：①离子选择性：即每种通道只允许一种或几种离子通过，而其他离子不易通过。这主要由孔道内壁所带电荷的性质及孔道大小决定。根据离子选择性，可将通道分为 $Na^+$ 通道、$K^+$ 通道、$Ca^{2+}$ 通道等。②门控特性：通道蛋白内部存在一些可以移动的结构或化学基团，其移动引起通道开放或关闭，称为**门控（gating）**。静息状态下，大多数通道处于关闭状态，只有受到刺激才开放。根据引起通道开闭的门控因素不同，可将离子通道分为：**电压门控通道（voltage-gated channel）**，此类通道的开闭取决于细胞膜两侧的电位差；**化学门控通道（chemically-gated channel）**或**配体门控通道（ligand-gated channel）**，其开闭取决于膜两侧某种化学物质的作用；

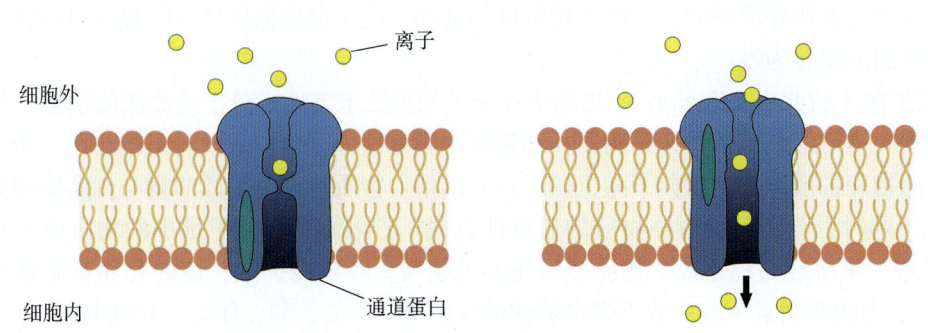

图 2-2-3　通道介导的易化扩散过程

**机械门控通道**（mechanically-gated channel），其开闭受细胞膜表面应力变化控制，如压力、牵拉力等。此外，还有些通道始终是开放的，被称为非门控通道，如神经细胞膜上的钾漏通道。除带电离子外，有些细胞的膜上还存在可转运水分子的通道，如红细胞、肾小管上皮细胞等，所以这些细胞对水的转运能力很强。

拓展阅读 2-2-1 *水通道*

### （二）主动转运

主动转运指细胞的膜蛋白通过水解 ATP 提供能量，使物质分子逆浓度和（或）电位梯度进行的跨膜转运。转运的结果是高浓度一侧物质浓度进一步升高，另一侧该物质越来越少，甚至可以全部被转运到另一侧。根据转运过程是否直接耗能，可将主动转运分为原发性主动转运和继发性主动转运。

**1. 原发性主动转运**（primary active transport） 是由细胞膜上具有 ATP 酶活性的特殊蛋白质直接水解 ATP 提供能量进行的主动转运。转运的物质通常是带电离子，所以介导这一过程的膜蛋白常被称为**离子泵**（ion pump）。离子泵种类很多，例如转运 $Na^+$ 和 $K^+$ 的钠-钾泵、转运 $Ca^{2+}$ 的钙泵和转运 $H^+$ 的氢泵（质子泵）。下面以钠-钾泵为例，介绍离子泵的结构和功能。

**钠-钾泵**（sodium-potassium pump）简称钠泵，在哺乳动物细胞上普遍存在，因其具有 ATP 酶活性，故也称 $Na^+$-$K^+$ 依赖式 ATP 酶。钠泵每分解 1 分子 ATP，可以将 3 个 $Na^+$ 移出胞外，同时将 2 个 $K^+$ 移入膜内（图 2-2-4）。钠泵逆浓度梯度转运的结果是细胞内 $K^+$ 浓度远高于膜外，细胞外 $Na^+$ 浓度远高于膜内。当细胞内 $Na^+$ 浓度升高或细胞外 $K^+$ 浓度升高时，都可激活钠泵，以维持 $Na^+$、$K^+$ 在细胞内外的不均衡分布。钠泵转运消耗的能量占细胞代谢产能的 20%~30%，可见钠泵的活动对维持细胞的正常功能具有重要作用。其生理意义为：①细胞内高钾环境是细胞内许多代谢反应所必需。②维持细胞内液的正常渗透压和细胞容积的相对稳定。静息状态下，膜外的 $Na^+$ 和 $Cl^-$ 有不断漏入胞内的趋势，如果没有钠泵不断把进入胞内的 $Na^+$ 转运出去，势必会增加胞内渗透压，导致过多水分进入膜内，引起细胞肿胀。③细胞外较高的 $Na^+$ 浓度所贮存的势能，为继发性主动转运提供动力。④钠泵活动形成的细胞膜内外 $Na^+$ 和 $K^+$ 的浓度差是细胞产生电活动的前提条件。⑤钠泵活动是生电性的，可直接影响膜电位，使细胞膜超极化。哇巴因、低温、缺氧或一些代谢抑制剂可抑制钠泵的活性，使钠泵转运 $Na^+$ 和 $K^+$ 的能力降低。

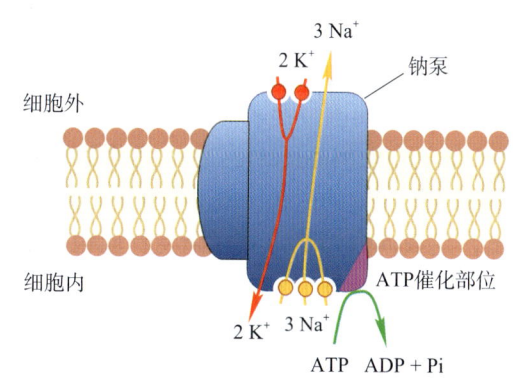

图 2-2-4 钠泵主动转运示意图

微课 2-2-1 *钠泵的功能特点和生理意义*

**2. 继发性主动转运** 某些物质主动转运所需的能量并非直接来自 ATP 的分解，而是利用原发性主动转运所形成的离子浓度差的势能，该过程为**继发性主动转运**（secondary active transport）。介导继发性主动转运的膜蛋白被称为**转运体**（transporter）。绝大多数情况下，继发性主动转运的动力来自钠泵活动建立的 $Na^+$ 的跨膜浓度梯度。葡萄糖和氨基酸在小肠黏膜上皮被吸收，甲状腺上皮细胞的聚碘等过程均属于继发性主动转运。

图 2-2-5 所示为葡萄糖在小肠黏膜的吸收。在肠黏膜上皮的顶端膜有 $Na^+$-葡萄糖同向转运体，基底侧膜上有钠泵。首先钠泵活动造成细胞内低 $Na^+$，然后顶端膜上 $Na^+$-葡萄糖同向转运体结合肠腔内的 $Na^+$ 和葡萄糖分子，两者一同被转运至上皮细胞内。在这一转运过程中，$Na^+$ 转运是顺浓度梯度，葡萄糖分子则是逆浓度梯度转运，利用的正是顶端膜区 $Na^+$ 顺浓度梯度进入细胞所释放的势能，而 $Na^+$ 的浓度势能来自于钠泵分解 ATP 释放出来的能量，所以说这里葡萄糖的主动转运是间接利用

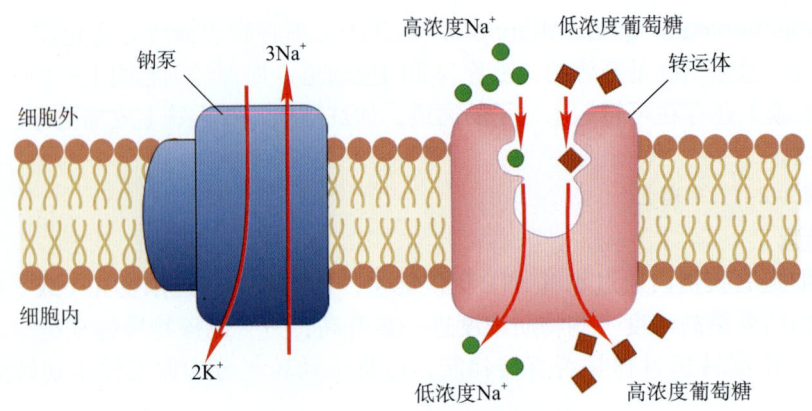

图 2-2-5　继发性主动转运示意图

了 ATP 的能量。这些进入上皮细胞的葡萄糖再经过基底侧膜上的相应载体扩散至组织液。

继发性主动转运中，溶质与 $Na^+$ 向同一方向的转运，称为**同向转运**（symport），上述例子即属于同向转运；溶质与 $Na^+$ 向相反方向的转运，称为**反向转运**（antiport）或**交换**（exchange），如心肌细胞舒张时通过 $Na^+$ - $Ca^{2+}$ 交换排出细胞内 $Ca^{2+}$。

### （三）出胞和入胞

细胞对一些大分子物质或物质团块，可通过形成细胞膜包被的囊泡，以出胞和入胞的方式进行转运。

**1. 出胞（exocytosis）** 指细胞内合成的一些大分子物质，如激素、酶类、神经递质等以分泌囊泡的形式排出细胞的过程。这些物质大都在内质网合成，再转移到高尔基复合体加工包装成分泌囊泡。囊泡向细胞膜移动，并与之融合，在融合处出现裂口，囊泡内容物被全部排出细胞（图 2-2-6）。经典的囊泡出胞过程通常由细胞内 $Ca^{2+}$ 浓度升高触发，并涉及多种蛋白质的相互作用。

**2. 入胞（endocytosis）** 是细胞外大分子或物质团块（如细菌、细胞碎片、液滴等）被细胞膜包裹进入细胞的过程（图 2-2-6）。这些物质进入细胞时，首先与细胞膜接触，引起接触部位的膜伸出伪足或向内凹陷，并逐渐将物质包裹起来，形成包含摄入物的小泡，小泡与细胞膜离断后进入胞内。入胞有三种主要形式：①选择性摄入固体物质称为**吞噬**（phagocytosis），形成的囊泡直径一般较大。体内只有少数细胞具有吞噬作用，如巨噬细胞和中性粒细胞。②非选择性地摄入细胞外液称为**吞饮**（pinocytosis），形成的囊泡较小。体内几乎所有的细胞都能发生吞饮，小肠和肾小管的上皮细胞具有吸收功能，吞饮活动往往非常活跃。③蛋白质等大分子常与细胞膜上的受体特异性结合，选择性进入细胞，该方式称为**受体介导入胞**（receptor-mediated endocytosis），如运铁蛋白、低密度脂

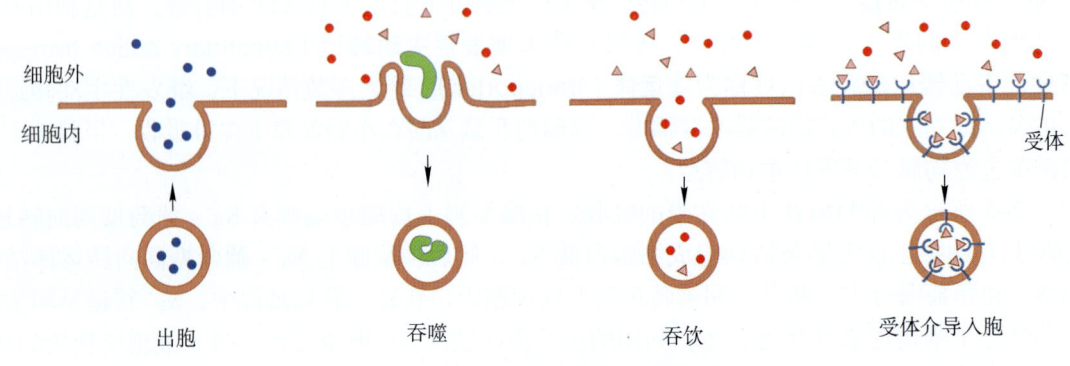

图 2-2-6　物质的出胞和入胞过程

蛋白等都是通过这种方式进入细胞。受体介导入胞方式不会带入太多细胞外液，即使溶质浓度很低，也能有效摄取。

## 三、细胞膜的跨膜信号转导

生物体内的各种细胞总是不断接受内环境（即细胞外液）中各种刺激的作用，并对这些刺激做出反应。这些刺激里化学信号的种类和数量最多（如激素、神经递质），一些物理信号（如机械力、生物电、电磁波、温度）也可构成对细胞的刺激。人们发现，细胞外液中的各种化学分子并不需要自身进入细胞后才能起作用，它们大多数是与靶细胞膜上的特异性受体结合，再依次通过跨膜的和细胞内的信号转导机制，引发细胞产生多种功能改变，这就是通常所说的**跨膜信号转导**（transmembrane signal transduction）。

> 思维导图 2-2-2 细胞膜的跨膜信号转导

尽管外界刺激信号种类众多，当它们作用于靶细胞时，都是通过几种作用形式较为类似的途径来完成跨膜信号转导。这些过程所涉及的膜受体主要有离子通道型受体、G蛋白耦联受体、酶耦联型受体和核受体。下面简要介绍这四种受体介导的跨膜信号转导。

### （一）离子通道型受体介导的信号转导

**离子通道型受体**（ionotropic receptor）即化学门控离子通道。这类离子通道上有配体结合部位，既是受体也是离子通道。当配体（激动剂）与受体结合时，通道开放，离子快速跨膜移动产生跨膜电流，并改变跨膜电位，从而将细胞外化学分子携带的信息以电信号的形式传入细胞内。因此，这类受体也被称为促离子型受体。从配体结合受体到产生膜电位变化仅需 0.5 ms，有利于细胞对刺激快速做出应答。这类受体的常见类型有烟碱型乙酰胆碱受体及一些能结合氨基酸类神经递质的受体。尽管电压门控通道和机械门控通道不被称为受体，但它们激活开放时，也可以将刺激信号转换成细胞膜电位的变化，具有与化学门控通道类似的"促离子型"信号转导功能，故也将它们归入离子通道型受体介导的信号转导。

### （二）G蛋白耦联受体介导的信号转导

**G蛋白耦联受体**（G-protein coupled receptor）是膜受体中最大的家族，目前已知有1 000多种。激活这类受体的配体也种类繁多，其信号转导过程亦最为复杂多样。该信号系统由受体、G蛋白、G蛋白效应器、第二信使、蛋白激酶等多种信号分子组成。

G蛋白耦联受体在结构上均由7次穿膜的单条肽链构成，故又称7次跨膜受体。当受体与配体结合后，受体发生构象改变，结合并激活细胞膜内侧的G蛋白。G蛋白是鸟苷酸结合蛋白的简称，目前已发现20多种，通常由α、β和γ三个亚单位构成。活化的G蛋白进一步激活细胞膜上的G蛋白效应器。G蛋白效应器主要是膜上的一些酶和离子通道，前者包括腺苷酸环化酶、磷脂酶C、磷脂酶$A_2$、磷酸二酯酶等。效应器酶的激活（或被抑制）可以引起胞质中的信使物质生成增加（或减少）。这些细胞内信使物质大多是游离的小分子，接替膜上的信号分子进一步将外来信号的作用传递到胞内，因此被称为**第二信使**（second messenger）。例如，腺苷酸环化酶催化胞质 ATP 生成环磷酸腺苷（cAMP），cAMP 作为第二信使，可激活**蛋白激酶 A**（protein kinase A，PKA），使底物蛋白磷酸化，最终调节细胞功能。又如，磷脂酶C将膜脂质中的二磷酸磷脂酰肌醇水解为两种第二信使，即**三磷酸肌醇**（inositol triphosphate，$IP_3$）和**二酰甘油**（diacylglycerol，DAG）。$IP_3$ 可促进内质网释放 $Ca^{2+}$，升高胞质内 $Ca^{2+}$ 浓度，进而启动 $Ca^{2+}$ 信号系统。DAG可激活胞质中的蛋白激酶C（PKC），PKC再进一步磷酸化下游蛋白而改变细胞的生理功能。另外，细胞内 $Ca^{2+}$、环磷酸鸟苷（cGMP）和一氧化氮等也是常见的第二信使。

由此可见，G蛋白耦联受体介导的信号转导需要经过多级信号分子的中继。由于信号之间存在级联放大,即一个上游信号分子可以激活数个下游信号分子,使少量胞外信号分子可以引发靶细胞的显著反应(图2-2-7)。

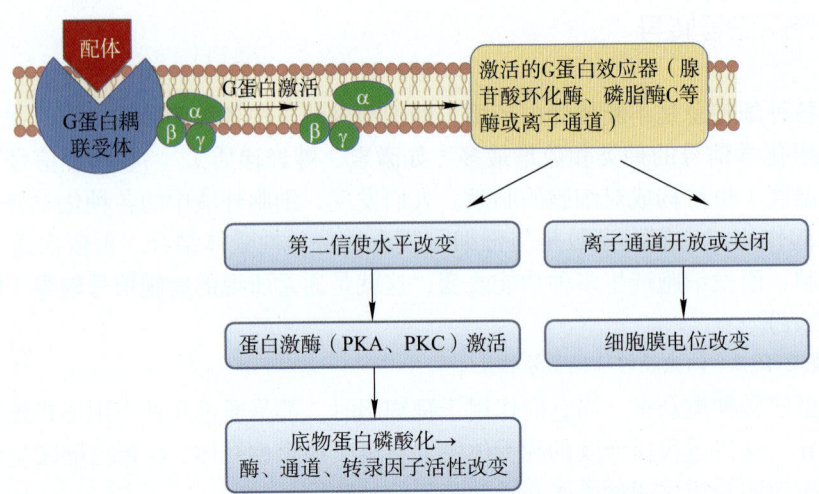

图2-2-7  G蛋白耦联受体介导的跨膜信号转导通路

### (三)酶耦联型受体介导的信号转导

**酶耦联型受体**(enzyme-linked receptor)指本身具有酶的活性或能与酶结合的膜受体。这类受体都是单次跨膜肽链,膜外肽段有识别和结合配体的部位。主要配体是细胞因子、生长因子,以及胰岛素、生长激素等肽类激素。

酶耦联型受体分为催化酶受体和招募型受体两类。催化酶受体的膜内片段直接具有酶活性,如酪氨酸激酶受体。该类受体与配体结合后,可直接激活膜内侧肽段的酪氨酸激酶活性,通过下游信号转导引起细胞内各种功能的改变。丝氨酸/苏氨酸激酶受体、鸟苷酸环化酶受体等也是通过类似途径跨膜转导信号。招募型受体的膜内侧肽段没有酶的活性,但是一旦与配体结合就可激活胞质内的激酶或转接蛋白,继而激活下游信号通路。

### (四)核受体介导的信号转导

脂溶性小分子可以直接进入细胞与胞质受体或核内受体结合而发挥作用。由于胞质受体在与配体结合后,一般也要进入核内发挥作用,因此通常把细胞内的受体统称为**核受体**(nuclear receptor)。此类受体主要包括类固醇激素受体和甲状腺激素受体。

核受体常为单链多肽,包含激素结合域、转录激活结合域等功能区。类固醇激素受体多位于胞质,激素进入胞质后与受体结合形成激素-受体复合物,受体上的核转位信号暴露,复合物转位至细胞核内,与靶基因上的特定序列结合,继而调节靶基因转录并表达特定的蛋白质产物。甲状腺激素受体位于细胞核内,激活前就与靶基因结合,一旦与配体结合,就能激活转录过程。

## 第二节  细胞的生物电现象

细胞在进行生命活动时伴随的电现象称为**细胞生物电**。细胞生物电多以细胞膜的跨膜电位为观察指标,即细胞膜两侧的电位差,简称**膜电位**(membrane potential)。细胞膜电位主要有两种表现形式,即安静状态下相对平稳的静息电位和受刺激时迅速发生并向远处传播的动作电位。临床上广泛应用的心电图、脑电图、肌电图等是在器官水平上记录到的生物电,它们都以细胞水平生物电活动为基础。

e 思维导图 2-2-3　细胞生物电

## 一、静息电位及其产生机制

### （一）静息电位的概念和测定

细胞未受刺激时存在于细胞膜两侧内负外正的电位差，称为**静息电位**（resting potential，RP）。1939 年，英国生理学家霍奇金和赫胥黎将直径仅 0.1 mm 的电极插入枪乌贼的巨大神经轴突，第一次记录到了静息电位。如图 2-2-8 所示，玻璃微电极内充以导电溶液，参考电极置于细胞外液并接地（即以细胞外为零电位）。玻璃微电极插入细胞内的瞬间，示波器的数值由 0 变为 –70 mV，并保持基本稳定，这个稳定的负电位就是静息电位。几乎所有的活细胞都具有静息电位，绝大多数动物细胞的静息电位都是负电位，范围在 –10 ~ –100 mV。例如骨骼肌细胞的静息电位约 –90 mV，神经细胞约 –70 mV，平滑肌细胞约 –55 mV。大多数细胞的静息电位很稳定，少数神经细胞和具有自律性的心肌和平滑肌细胞会出现自发性的静息电位波动。

静息电位的存在意味着细胞膜两侧积聚不同极性的电荷。人们通常把安静时细胞膜两侧保持内负外正的状态称为膜的**极化**（polarization）。当静息时膜电位向负值加大（即膜电位增大）的方向变化时，称为膜的**超极化**（hyperpolarization）。相反，如果膜电位向负值减少（即膜电位减小）的方向变化，称为**去极化**（depolarization）。膜电位高于零电位部分称为反极化或**超射**（overshoot）。细胞膜先发生去极化，再向正常安静时膜内所处的负值恢复称为**复极化**（repolarization）（图 2-2-8）。

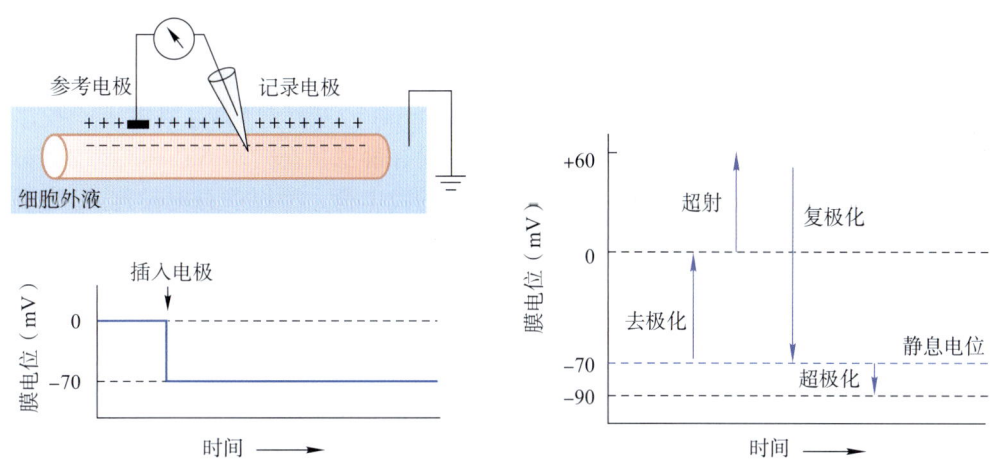

图 2-2-8　神经纤维静息电位的测定及电位变化常用术语

### （二）静息电位的产生机制

静息电位由安静时细胞膜两侧带电离子跨膜扩散形成，而离子的扩散受到细胞膜两侧离子的浓度差和膜对离子的通透性影响。

e 微课 2-2-2　静息电位的形成机制

**1. 细胞膜两侧离子的浓度差和平衡电位**　细胞内外的离子分布很不均匀，细胞内的 $K^+$ 浓度为膜外的 30 ~ 40 倍，而膜外 $Na^+$ 和 $Cl^-$ 的浓度为膜内的 10 ~ 20 倍（表 2-2-1），这是钠泵主动转运形成的。细胞内液和外液中还有其他离子，如 $Mg^{2+}$、$Ca^{2+}$、$HCO_3^-$ 等，但浓度都很低。细胞内外巨大的 $Na^+$ 和 $K^+$ 浓度差是离子跨膜扩散的直接动力。

安静时，细胞膜对 $K^+$、$Na^+$ 和 $Cl^-$ 都有一定通透性。为方便理解，我们首先假设细胞膜仅对一种离子如 $K^+$ 有通透性。这时，$K^+$ 将在浓度差的驱动下由细胞内向细胞外扩散，但膜内带负电荷的

表 2-2-1　哺乳动物骨骼肌细胞内外主要离子的分布

| 离子 | 细胞内浓度（mmol/L） | 细胞外浓度（mmol/L） | 平衡电位（mV） | 静息电位（mV） |
| --- | --- | --- | --- | --- |
| $Na^+$ | 12.0 | 145.0 | +67 | |
| $K^+$ | 155.0 | 4.0 | -98 | -90 |
| $Cl^-$ | 3.8 | 120.0 | -90 | |

分子主要是核酸和蛋白质，细胞膜对它们几乎不通透。随着 $K^+$ 的外移，膜外侧正电荷增多，膜内侧负电荷也随之增多，膜的两侧产生内负外正的电位差。然而，这一电位差会形成指向细胞内的跨膜电场力，是 $K^+$ 外流的阻力。$K^+$ 外流越多，形成的电场力也越大，$K^+$ 外流也越困难。当促使 $K^+$ 外流的动力（浓度差）和阻止 $K^+$ 外流的阻力（电位差）大小相等时，$K^+$ 不再有跨膜的净移动，扩散达到平衡。此时，由于 $K^+$ 外流所造成的膜两侧的电位差也稳定于某一数值，称为 **$K^+$ 的平衡电位（$K^+$ equilibrium potential，$E_K$）**。离子跨膜扩散达到平衡时形成的平衡电位可根据 Nernst 公式计算，即

$$E_A = 59.5 \log \frac{[A]_o}{[A]_i} \ (mV)$$

$E_A$ 为离子 A 的平衡电位，$[A]_o$ 和 $[A]_i$ 分别为细胞外液和细胞内液中该离子的浓度。哺乳动物多数细胞的 $E_K$ 为 $-90 \sim -100$ mV。由于静息电位的产生主要是因为 $K^+$ 的外流，所以静息电位值接近 $E_K$。不难理解，细胞外液中 $K^+$ 浓度变化时，静息电位的值也会相应改变，例如当细胞外 $K^+$ 浓度升高时，$K^+$ 外流减少，$E_K$ 的负值减小，静息电位也相应减小（去极化）。需要指出，仅需少量的离子跨膜扩散就能建立平衡电位，所以不会明显改变细胞膜两侧各离子的浓度差。

**2. 静息时细胞膜对离子的相对通透性**　如果安静状态下细胞膜真的只对 $K^+$ 有通透性，那么静息电位就应该等于 $E_K$。但通常实际测得的静息电位比用 Nernst 公式计算的 $E_K$ 要偏正一些，说明还有其他离子跨膜移动参与静息电位的形成。事实上，细胞膜在静息状态时对 $Na^+$ 和 $Cl^-$ 也有一定的通透性。在浓度差驱使下，膜外 $Na^+$ 内流，抵消部分膜内侧的负电荷，所以静息电位比 $E_K$ 略小。可见细胞膜对某一种离子的通透性越高，该离子的扩散对静息电位形成的贡献就越大，静息电位就越接近于该种离子的平衡电位。安静状态下，细胞膜对 $K^+$ 的通透性远大于 $Na^+$（相差 15~100 倍），这主要是因为细胞膜中存在持续开放的钾漏通道，因此静息电位总是更接近 $E_K$。一般认为，$Cl^-$ 对静息电位形成的贡献很小，因为细胞膜两侧 $Cl^-$ 的分布多数是被动的，不是由它决定膜电位，而是由膜电位决定它在膜内的浓度，所以 $Cl^-$ 的平衡电位总是等于或非常接近静息电位。

**3. 钠泵的生电作用**　静息电位形成时，$K^+$ 流出使细胞外 $K^+$ 增多，$Na^+$ 流入使细胞内 $Na^+$ 增多，都会刺激钠泵活动。通过钠泵的主动转运，排出进入细胞内的 $Na^+$，同时摄入细胞外的 $K^+$，保持膜内、外离子不均匀分布。钠钾泵每分解一个 ATP，能排出 3 个 $Na^+$ 和摄入 2 个 $K^+$，这就使膜外多了一个正电荷，因此其活动是生电性的，会使细胞膜超极化，但这一作用通常对静息电位的影响不超过 5 mV。只要细胞膜两侧各离子的浓度差能保持稳定，膜对各离子的通透性也不改变，膜两侧的电位差就能稳定存在，这是静息电位的数值能保持稳定的原因。

综上所述，细胞实际测得的静息电位主要是 $K^+$ 外流所致，少量 $Na^+$ 内流和生电性钠泵活动也参与静息电位的形成。

## 二、动作电位及其产生机制

### （一）动作电位的概念和特点

**动作电位（action potential，AP）** 指细胞在静息电位基础上受到适当刺激后产生的一个迅速、

短暂的大幅度膜电位波动。图 2-2-9 为神经纤维受刺激后产生的动作电位模式图。其膜电位首先从 –70 mV 去极化达阈电位水平（见后文），然后迅速上升至 +30 mV，形成动作电位的升支（去极相），随后迅速复极至接近静息电位的水平，形成动作电位的降支（复极相）。升支和降支共同形成尖锋状的电位变化，称为**锋电位**（spike potential）。锋电位具有动作电位的主要特征，被视为动作电位的标志。在锋电位的下降支恢复到静息电位水平以前，膜电位还要经历一段微小而缓慢的波动，称为**后电位**（after potential）。后电位包括两个成分，前一个成分里膜电位的负值仍小于静息电位，称为负后电位，后一成分的负值大于静息电位，称为正后电位。不同细胞受刺激后产生的动作电位都由去极相和复极相组成，但是它们的形状、幅度和持续时间各不相同。

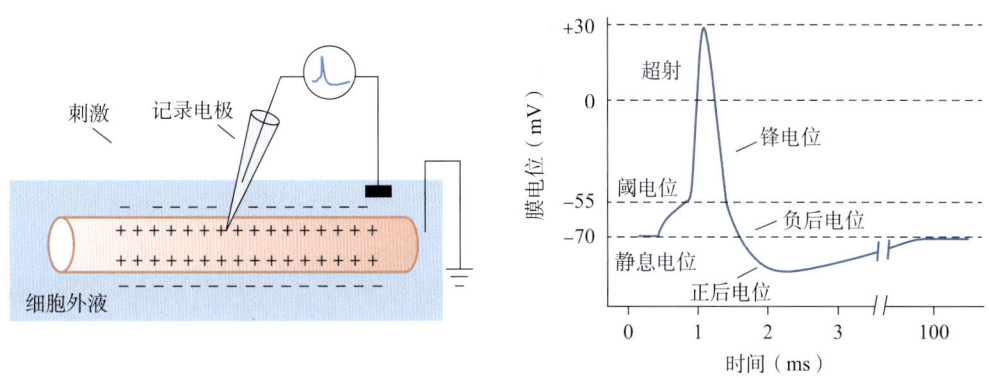

图 2-2-9　神经纤维受刺激后产生的动作电位模式图

动作电位有几个重要特性：①"全或无"特性（all-or-none）：刺激必须达到一定的强度才会发生动作电位，如果刺激未达到这一强度，动作电位不会发生。但只要刺激达到一定强度，所引发动作电位的幅度就达到该细胞的最大值，时程也保持不变，不再受刺激强度影响。②不衰减传播：动作电位产生后，不会局限于受刺激的局部，而是迅速向周围扩布，直至传遍整个细胞，而且其幅度和波形始终保持不变。③存在不应期，不能叠加：即连续出现的动作电位之间不能融合，呈现一个个分离的脉冲式发放。

**（二）动作电位的产生机制**

动作电位的形成也是由细胞膜两侧带电离子的跨膜移动所致。下面分别从离子所受驱动力和膜对离子的通透性改变来分析动作电位的产生机制。

**1. 电 – 化学驱动力及其变化**　浓度梯度形成的化学驱动力和电位差形成的电驱动力合称为电 – 化学驱动力，该力决定离子跨膜流动的方向和速度。某离子的电 – 化学驱动力等于膜电位与该离子平衡电位之差。以神经细胞为例，假定静息膜电位为 –70 mV，$E_{Na}$ 和 $E_K$ 分别为 +60 mV 和 –90 mV，则此时 $Na^+$ 受到的驱动力为 –130 mV，$K^+$ 的驱动力为 +20 mV（图 2-2-10）。在这里，负号表示驱动力的方向指向膜内，即推动正电荷由膜外流入膜内；正号表示驱动力为外向，即推动正电荷由膜内流出膜外。当膜电位上升至超射顶点时（+30 mV），膜外 $Na^+$ 受到的内向驱动力减小为 –30 mV，而膜内 $K^+$ 受到的外向驱动力增大至 +120 mV。

**2. 动作电位期间细胞膜通透性的变化**　由上述分析可知，细胞安静时膜外 $Na^+$ 已受到很强的内向驱动力，只是此时膜对 $Na^+$ 通透性较低，$Na^+$ 内流才不能实现。霍奇金和赫胥黎利用电压钳技术，通过测量离子的膜电导，揭示出动作电位期间膜对离子通透性的动态变化。

（1）钠电导和钾电导的变化：膜电导是膜电阻的倒数，反映细胞膜允许带电离子通过的能力，所以能衡量膜对离子的通透性。某种离子的膜电导取决于通过膜的电流与该离子受到的电 – 化学驱动力的比值。实验发现，在动作电位去极相，膜去极化引起钠电导迅速增加（小于 1 ms），但很快减

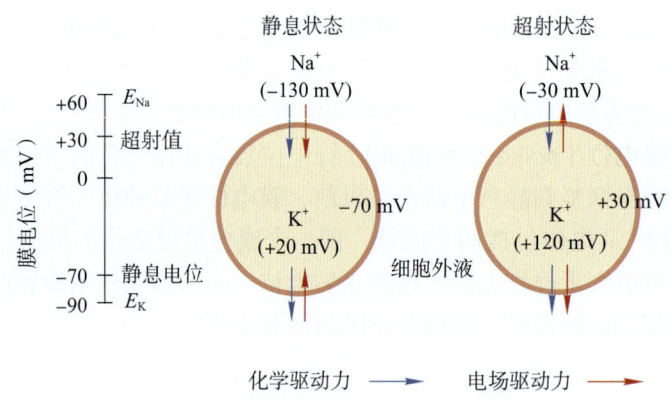

图 2-2-10　离子电 – 化学驱动力示意图
括号内为电 – 化学驱动力的数值

小，而钾电导的激活相对较缓慢（图2-2-11）。由此不难理解，在动作电位去极相，膜对 $Na^+$ 的通透性快速增加，超过对 $K^+$ 的通透性，引起 $Na^+$ 内流；而在复极相，膜对 $Na^+$ 的通透性快速减小，对 $K^+$ 的通透性逐渐增大，出现 $K^+$ 外流。

（2）膜电导改变的实质：20世纪70年代，人们在电压钳工作原理的基础上建立膜片钳技术，得以观测单个离子通道的活动。该技术证实完整细胞上记录到的膜电流实际上是由细胞膜上大量离子通道的单通道电流叠加形成，这说明膜电导变化的实质是膜上众多离子通道开放和关闭的总和效应。

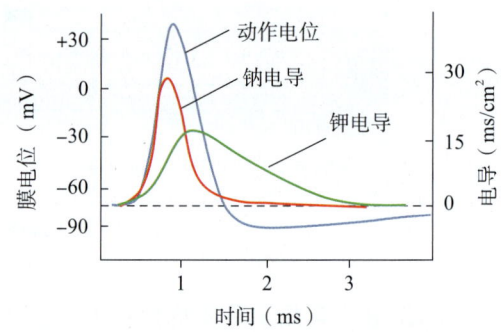

图 2-2-11　神经纤维动作电位期间细胞膜钠电导和钾电导的变化

(3) 离子通道的功能状态：上述神经纤维动作电位期间，钠通道和钾通道的开放与关闭可受膜电位的控制，即具有电压门控特性。一般来讲，大多数电压门控离子通道具有三种功能状态，即静息态、激活态和失活态。以电压门控钠通道为例，当膜电位在静息电位水平时，通道保持关闭，处于静息态；当细胞膜的快速去极化使通道蛋白中的特定带电氨基酸序列移动时，通道开放进入激活态，允许 $Na^+$ 快速通过；随即通道蛋白的胞内肽段堵住通道内口，通道关闭，即进入失活态。只有当膜复极化，迫使肽段回到孔外，才能使通道返回原先的静息态。通道从失活态回到静息态的过程称为通道的复活。

🄴 拓展阅读 2-2-2　膜片钳

综上所述，动作电位发生的一般原理如下：①当细胞受到适当刺激时，电压门控钠通道开放，膜外 $Na^+$ 在很强的电 – 化学驱动力作用下内流进入细胞，膜快速去极化形成动作电位升支。②电压门控钠通道很快失活关闭，电压门控钾通道打开，$K^+$ 在外向驱动力作用下快速外流，使膜复极化，形成动作电位的降支。③钠泵活动增加，引起超极化的正后电位波动。钠泵将动作电位期间内流的 $Na^+$ 运出细胞，外流的 $K^+$ 摄入细胞，膜内外的离子浓度恢复到安静时的水平，同时电压门控钠通道和钾通道恢复到静息态，为下一个动作电位做准备。

## 三、细胞兴奋的引起和传导

### （一）动作电位的触发

**1. 阈刺激和阈电位**　动作电位的产生是细胞受到合适刺激的结果。生物体内，细胞受到的刺激可以是其他部位传来的电信号，也可以是细胞外液中化学成分、温度、机械因素等的改变。电刺激的参数容易控制，对组织损伤小，常用于生理学实验。若要使细胞对刺激发生反应，刺激必须达到一定的量。刺激量通常包括刺激的强度、持续时间和强度 – 时间变化率。保持其他两个参数不变，使细胞产生动作电位的最小刺激强度，称为**阈强度**（threshold intensity）或**阈值**（threshold）。达到阈强度的刺激称为**阈刺激**（threshold stimulus），大于或小于阈强度的刺激分别称为阈上刺激和阈下刺激。

当细胞受到阈下刺激时，内流的 $Na^+$ 较少，很快被持续外流的 $K^+$ 抵消，不能发展成为动作电位。当刺激强度等于或大于阈值时，膜电位去极化达到某一临界值，较多量 $Na^+$ 通道开放。此时，$K^+$ 外流已不足以对抗 $Na^+$ 内流，在净内向电流作用下，电压门控钠通道的激活开放与膜去极化之间形成正反馈，大量 $Na^+$ 内流，使膜迅速（约 0.1 ms）去极化至峰值，形成动作电位陡峭的升支。这个触发膜去极化与钠通道激活开放之间形成正反馈的膜电位水平称为**阈电位**（threshold potential）。除钠通道外，某些细胞动作电位的升支由电压门控钙通道开放、钙离子内流触发。阈电位是细胞本身膜电位的数值，由细胞内在特性决定，一般比静息电位的绝对值小 10~20 mV。例如，神经细胞的静息电位为 –70 mV，阈电位为 –55 mV。阈刺激实质上就是使组织细胞的静息电位变化到阈电位的最小刺激。动作电位之所以具有"全或无"特征，其原因是刺激强度只决定膜电位是否能达到阈电位水平，一旦达到阈电位，动作电位去极化的幅度和速度等只由钠（或钙）通道本身的性状和离子所受电 – 化学驱动力大小所决定，不再与刺激强度变化相关。

**2. 局部电位**　当细胞受到单个阈下刺激时，虽然不能引发动作电位，但仍可能有少量离子通道激活开放，引起少量离子跨膜流动，加上电刺激本身形成的电紧张电位，受刺激局部细胞膜将出现轻度、不能远距离传播的膜电位改变，称为**局部电位**（local potential）或**局部反应**（local response）。局部电位可以表现为膜电位的去极化或超极化，例如膜上少量 $Na^+$ 通道激活时，少量 $Na^+$ 内流，产生去极化的局部电位。体内的局部电位包括骨骼肌终板膜上的终板电位、感受器电位、神经元突触处的突触后电位等。

局部电位具有被动电学特性：①反应呈等级性：反应幅度随刺激强度的增加而增大，不表现"全或无"的特征。②衰减性传播：即随着传播距离的增加，反应幅度将越来越小，直至最后消失。③总和现象：同一部位连续发生的局部电位，当频率较高时，后一次反应可以在前一次反应尚未完全消失的基础上发生，这种形式的叠加称为**时间总和**（temporal summation）；空间位置相距较近的多个局部电位，只要在彼此的传播范围内，就可以发生叠加，称为**空间总和**（spatial summation）。如果局部电位总和起来使膜电位达到阈电位，也可引发动作电位。

**（二）动作电位的传导**

**1. 动作电位在同一细胞上的传播**　细胞膜某一处产生的动作电位可以沿着细胞膜不衰减的传遍整个细胞，这是动作电位的重要特征。可以用局部电流学说解释该过程，以无髓神经纤维为例（图 2-2-12 A），在动作电位的发生部位（a 点），$Na^+$ 内流，膜两侧电位呈内正外负的反极化状态，而与之相邻的静息部位（b 点和 c 点）仍为外正内负。由于存在电位差，在膜内侧，正电荷由兴奋部位流向静息部位；膜外侧，正电荷由静息部位返回兴奋部位，构成**局部电流**（local current）。局部电流流动的结果是使邻接的静息部位发生去极化，当膜电位到达阈电位时，该静息部位即可爆发动作电位，类似的，也与其前方安静区再形成新的局部电流。因此，动作电位在同一细胞上传导的实质是细胞膜依次再生新的动作电位。只要细胞膜各处对 $Na^+$ 的通透性和 $Na^+$ 受到的驱动力保持不变，动作电位的形态就不会改变，这就是动作电位幅度在长距离传导中不衰减的原因。

有髓神经纤维的轴突外包有一层相当厚的髓鞘，跨膜电阻很大，局部电流只能在髓鞘中断部位，即郎飞结处产生。动作电位表现为跨过每一段髓鞘而在相邻朗飞结处相继出现，这称为**跳跃式传导**（saltatory conduction）（图 2-2-12 B）。神经纤维髓鞘化大大加快了动作电位的传导速度。在无脊椎动物

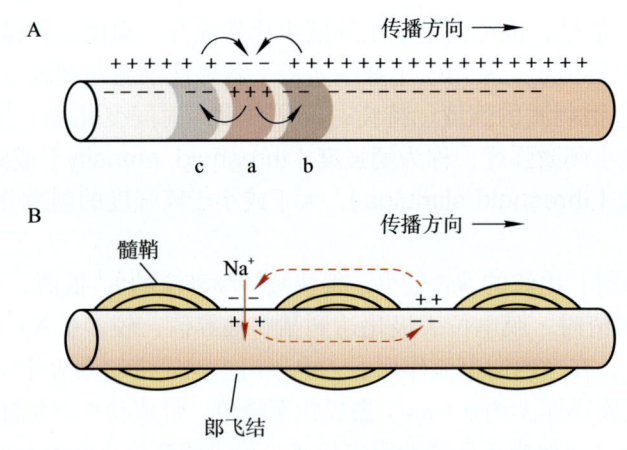

图 2-2-12　局部电流介导动作电位沿神经纤维传导
A. 无髓神经纤维上动作电位的传导；B. 有髓神经纤维上动作电位的传导

中，提高动作电位传导速度的方式是增加轴突直径，因此在枪乌贼出现了直径达 1 mm 的巨大神经轴突。

2. 动作电位在细胞之间的传播 🅔

（三）细胞在一次兴奋后兴奋性的周期性变化

可兴奋细胞发生一次兴奋后，其兴奋性会出现一系列有规律的变化。根据不同时期细胞兴奋性变化的特点，可分为以下几个时期。

**1. 绝对不应期**　在兴奋发生的最初一段时间内，如果给细胞施加第二次刺激，则无论多大的刺激均不能使之产生第二次兴奋，这段时期称为**绝对不应期**（absolute refractory period）。这是由于动作电位产生的最初一段时间，电压门控钠（或钙）通道激活后迅速失活关闭，细胞的兴奋性降为零，对刺激不再有反应。在神经细胞和骨骼肌细胞，绝对不应期的长短正好对应于峰电位发生的时期，所以锋电位不会发生融合，呈现一个个分离的脉冲式发放。

**2. 相对不应期**　在绝对不应期之后，细胞的兴奋性逐渐恢复，接受新刺激后可再次发生兴奋，但刺激强度必须大于原来的阈值，这段时期称为**相对不应期**（relative refractory period）。这段时期里电压门控钠（或钙）通道正从失活态转变为静息态，但尚未全部恢复，因此需要较强的刺激（阈上刺激）才能引起兴奋。在神经纤维中，相对不应期相当于动作电位中的负后电位前半段。

**3. 超常期**　相对不应期过后，有的细胞还会出现一段兴奋性轻度增高的时期，此期称为**超常期**（supranormal period）。此期电压门控钠（或钙）通道已基本复活，但膜电位尚未完全回到静息电位，距离阈电位水平较近，因而细胞更容易再次兴奋。在神经纤维中，超常期对应于动作电位中负后电位的后半段。

**4. 低常期**　超常期后有的细胞出现兴奋性轻度减低，此期称为**低常期**（subnormal period）。低常期相当于动作电位的正后电位时期，此时膜处于超极化，离阈电位水平较远，因而细胞不容易发生兴奋。

## 第三节　肌细胞的收缩功能

人体各种形式的运动主要是靠肌细胞的收缩活动来完成。肌肉组织可分为横纹肌和平滑肌，横纹肌包括骨骼肌和心肌。本节主要介绍研究较为充分的骨骼肌细胞的收缩机制，并对骨骼肌收缩的力学表现进行分析。

🅔 思维导图 2-2-4　骨骼肌细胞的收缩

# 一、骨骼肌的收缩机制

## （一）神经-肌接头兴奋的传递

骨骼肌由大量成束的肌纤维组成，每条肌纤维就是一个肌细胞。在体内，骨骼肌纤维只有在支配它们的神经纤维有神经冲动传来时才能进行收缩。骨骼肌的**神经-肌接头**（neuromuscular junction）是运动神经末梢与其所支配的肌细胞之间的特化结构，由接头前膜、接头后膜和接头间隙构成。运动神经纤维在末梢处先失去髓鞘，以裸露的轴突末梢嵌入到肌细胞膜上被称作**终板膜**（end-plate membrane）的凹陷中，终板膜又向内凹陷，形成许多皱褶，以增大表面积。可见，接头前膜由运动神经轴突末梢膜构成，接头后膜就是终板膜。接头间隙位于两者之间，宽20~30 nm，间隙内充满细胞外液。接头前膜上分布有电压门控钙通道，胞质中存在大量含有**乙酰胆碱**（acetylcholine，ACh）分子的囊泡。终板膜上有 $N_2$ 型乙酰胆碱受体，集中分布于皱褶的开口处，属于化学门控离子通道。终板膜外表面还分布有乙酰胆碱酯酶，它能将乙酰胆碱分解为胆碱和乙酸（图 2-2-13）。

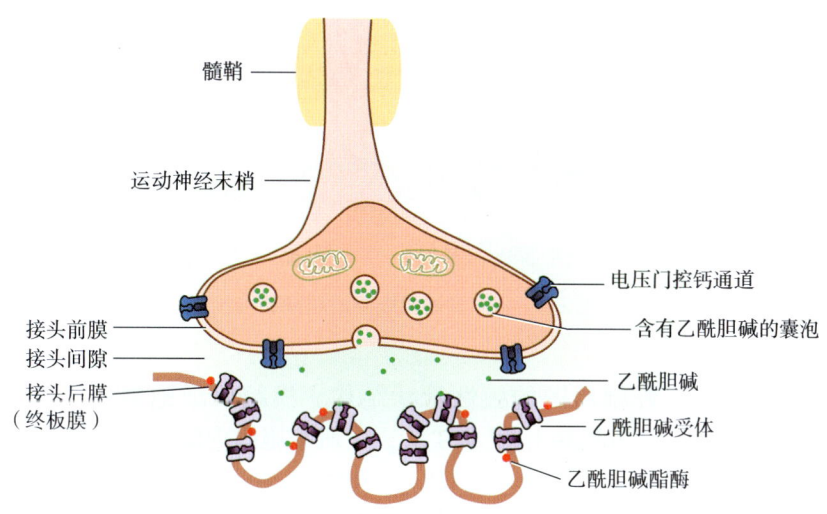

图 2-2-13 **骨骼肌神经-肌接头的结构**

骨骼肌神经-肌接头的兴奋传递过程如下：①神经冲动沿神经纤维传导至轴突末梢，接头前膜发生去极化。②去极化引起接头前膜上的电压门控钙通道开放，$Ca^{2+}$ 内流。③胞质内 $Ca^{2+}$ 浓度增高，促使突触小泡向接头前膜移动，以出胞方式释放乙酰胆碱。④乙酰胆碱经扩散与终板膜上的乙酰胆碱受体结合，受体变构，通道开放，出现以 $Na^+$ 内流为主的离子跨膜扩散。⑤终板膜发生去极化，产生**终板电位**（end-plate potential，EPP）。终板电位是一种局部电位，虽然幅度可达 50~75 mV，但终板膜上几乎不存在电压门控钠通道，不会产生动作电位。⑥终板电位扩布至邻近的普通肌膜，使邻近肌膜去极化达到阈电位并产生动作电位，后者传导至整个肌细胞膜。随后，与受体结合的乙酰胆碱很快被乙酰胆碱酯酶水解，终止兴奋传递。

需要指出，接头前膜释放乙酰胆碱是 $Ca^{2+}$ 依赖性的。该观点最早由我国著名生理学家冯德培提出，故细胞外 $Ca^{2+}$ 浓度的改变可以明显影响兴奋的传递。许多药物和病理因素可以作用于接头传递过程的不同阶段，影响正常的接头功能，如筒箭毒碱或 α-银环蛇毒可同乙酰胆碱竞争终板膜的乙酰胆碱受体，因而可以阻断接头传递，使肌肉失去收缩能力。

## (二)骨骼肌细胞的超微结构及分子组成

**1. 骨骼肌细胞的微细结构**　横纹肌细胞在结构上最突出特点是含有大量的肌原纤维和发达的肌管系统。每个肌细胞内含有上千条纵向平行排列的肌原纤维,光镜下沿长轴呈现明暗交替的横纹,分别称为明带和暗带。在暗带中央,有一段相对透明的区域,称为 H 带,在 H 带中央有一条横向的暗线,称为 M 线;在明带的中央也有一条横线,称为 Z 线(或 Z 盘)。相邻两 Z 线之间的区段称为**肌节**(sarcomere),包括一个位于中间部分的暗带和两侧各 1/2 的明带,是肌肉收缩和舒张的基本单位(图 2-2-14)。

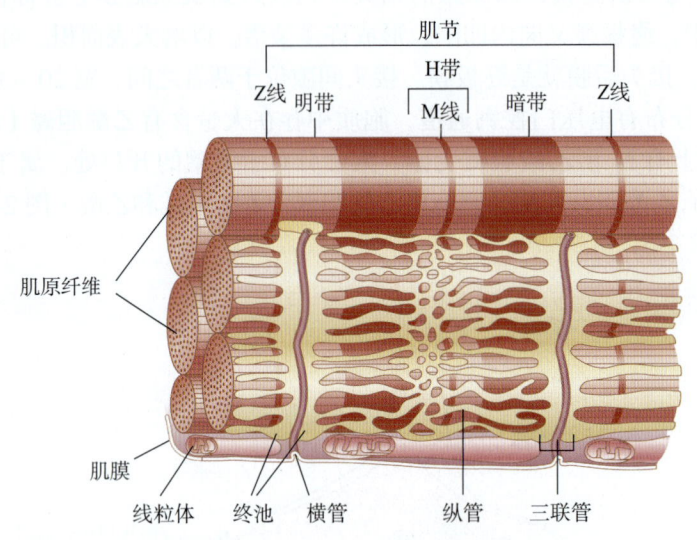

图 2-2-14　骨骼肌细胞的超微结构

肌管系统指包绕在肌原纤维周围的膜性管状结构。横纹肌细胞中有横管和纵管两套肌管(图 2-2-14)。**横管**(transverse tubule),又称 T 管,由肌细胞膜内陷并向深部延伸而成,管腔与细胞外液相通。**纵管**(longitudinal tubule),即肌质网,也称 L 管,包绕在肌原纤维周围、交织成网。纵管在接近肌节两端的横管时管腔出现膨大,称为**终池**(terminal cisten)。终池内的 $Ca^{2+}$ 浓度比胞质中高近万倍。在骨骼肌中,每一横管和来自两侧肌节的纵管终池构成**三联管**(triad)结构,是兴奋-收缩耦联的关键部位。但两组管道的内腔并不直接沟通,中间尚隔有约 12 nm 的间隙。

**2. 肌丝的分子结构**　肌原纤维由粗肌丝和细肌丝组成,在肌节中规则排列。粗肌丝长约 1.6 μm,由数百个肌球蛋白分子构成。单个肌球蛋白分子有一个杆部和两个球形的头部。杆状部形成粗肌丝的主干,球状部连同相连的一小段杆臂形成**横桥**(cross-bridge),有规则地裸露在主干表面,但靠近 M 线末端约 0.2 μm 处没有横桥(图 2-2-15)。横桥具有 ATP 酶活性,并能与细肌丝结合。横桥被激活后可向 M 线方向扭动,成为肌丝滑行的动力来源。

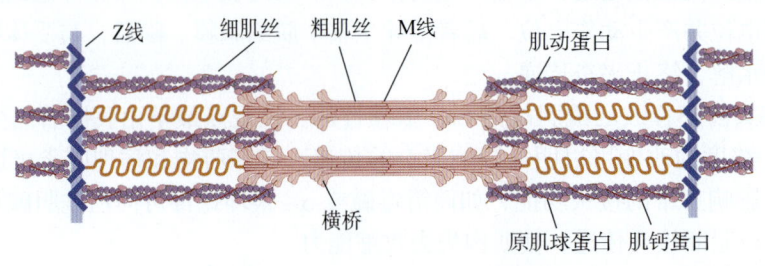

图 2-2-15　肌丝的结构示意图

细肌丝长约 1.0 μm，主要由肌动蛋白、原肌球蛋白和肌钙蛋白构成。肌动蛋白是球形分子，聚合成两条链，构成细肌丝的主干，其上有多个能与粗肌丝横桥结合的位点。原肌球蛋白分子呈长杆状，首尾相接，形成长链。肌肉舒张状态时，原肌球蛋白恰好掩盖住肌动蛋白上的横桥结合位点，从而阻止横桥与肌动蛋白结合。肌钙蛋白由三个亚单位构成，其作用是将原肌球蛋白保持在遮盖肌动蛋白横桥结合位点的位置。

### （三）肌丝滑行与横桥周期

肌丝滑行理论常被用于解释骨骼肌的收缩机制，即骨骼肌的缩短和伸长是粗肌丝与细肌丝在肌节内发生相互滑行所致，而粗、细肌丝本身的长度并不改变，这也与肌纤维缩短时暗带宽度不变，只有明带和 H 带变窄的表现相一致。粗、细肌丝间的滑行通过**横桥周期**（cross-bridge cycle）完成。横桥周期指肌球蛋白的横桥与肌动蛋白结合、扭动、解离、复位、再结合的过程（图 2-2-16），具体包括：①胞质中 $Ca^{2+}$ 浓度升高时，$Ca^{2+}$ 与肌钙蛋白结合，导致原肌球蛋白移动，暴露出肌动蛋白上的横桥结合位点，横桥与肌动蛋白结合；②横桥构象改变，其头部向 M 线方向扭动，拖动细肌丝向肌节中央滑行，同时 ADP 从横桥上解离下来；③横桥再与 ATP 结合，此时横桥对肌动蛋白亲和力降低，横桥与细肌丝解离；④横桥水解 ATP 获能，恢复与粗肌丝主干垂直的高势能状态。如果胞质中仍然保持较高 $Ca^{2+}$ 浓度，横桥就与细肌丝上的下一个位点结合，进入下一个横桥周期。当胞质中的 $Ca^{2+}$ 浓度降低时，横桥周期停止，细肌丝退回到收缩前的位置，肌肉舒张。

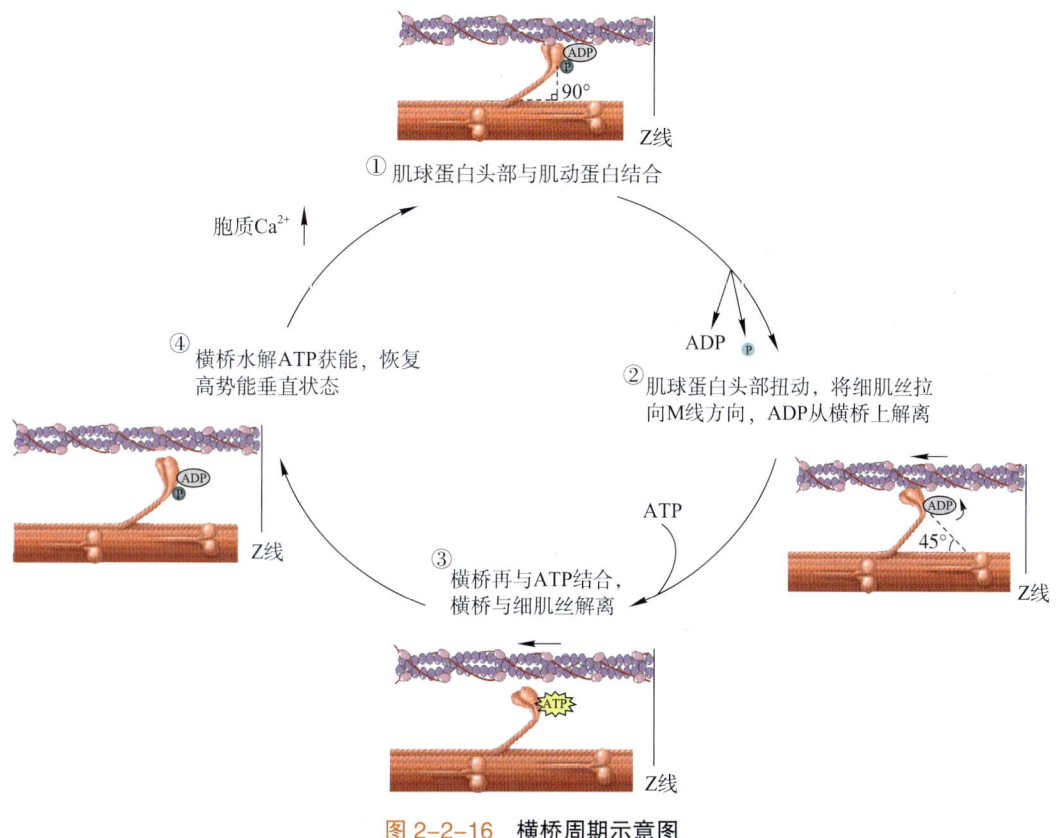

图 2-2-16　横桥周期示意图

### （四）骨骼肌细胞兴奋-收缩耦联过程

**兴奋-收缩耦联**（excitation-contraction coupling）指将肌细胞的电兴奋和机械收缩联系起来的中介过程。骨骼肌细胞的兴奋-收缩耦联发生在三联管处，$Ca^{2+}$ 是重要的耦联因子，基本过程如下：①肌细胞兴奋产生的动作电位沿 T 管膜传至细胞深部，并激活细胞膜上的 L 型钙通道。②激活的 L

型钙通道通过构象变化，直接使骨骼肌终池内的 $Ca^{2+}$ 释放到胞质中，胞质内的 $Ca^{2+}$ 浓度由静息时的 0.1 μmol/L 水平迅速升高百倍以上（图 2-2-17）。③$Ca^{2+}$ 与细肌丝上的肌钙蛋白结合，触发肌丝滑行和肌肉收缩。④胞质中 $Ca^{2+}$ 浓度降低导致肌肉舒张。在骨骼肌，胞质内增加的 $Ca^{2+}$ 几乎全部经终池上的钙泵回收，可见肌肉舒张的过程亦耗能。

## 二、骨骼肌的收缩形式

### （一）等长收缩和等张收缩

根据收缩时产生的张力大小和缩短程度，可将骨骼肌的收缩分为**等长收缩**（isometric contraction）和**等张收缩**（isotonic contraction）两种形式。等长收缩时，肌肉长度保持不变而只有张力在增加；等张收缩时，肌肉张力保持不变而只发生长度的缩短。通常，骨骼肌收缩先出现等长收缩，以增加张力，当张力增大到足以克服阻力时，再发生等张收缩从而使肌肉缩短。收缩时产生的张力大小和缩短程度受到外加给肌肉的负荷、肌肉内在收缩能力等因素的影响。

1. **前负荷** 肌肉在收缩前所承受的负荷称为**前负荷**（preload）。在前负荷下，肌肉具有的一定初始长度，称为肌肉的**初长度**（initial length），因此肌肉的前负荷也可用初长度来表示。如果在不同初长度下，给予肌肉刺激使之发生等长收缩，并测定肌肉收缩产生的主动张力，就可得到肌肉初长度与主动张力的关系曲线，即长度-张力曲线（图 2-2-18）。该曲线呈倒 U 形，表明骨骼肌收缩具有一个**最适初长度**（optimal initial length），在这个长度下，肌肉进行等长收缩可以产生最大的主动张力，大于或小于这个长度，产生的肌张力都会下降。肌肉初长度对收缩张力的影响与肌节长度的变化有关。与最适初长度相对应的肌节长度为 2.0~2.2 μm，此时粗、细肌丝处于最佳重叠状态，能发挥作用的横桥数目最多，故能产生最大的收缩张力（图 2-2-18 中的 B 点和 C 点）。安静时，骨骼肌一般都处于最适初长度状态，以利于产生最大的收缩张力。

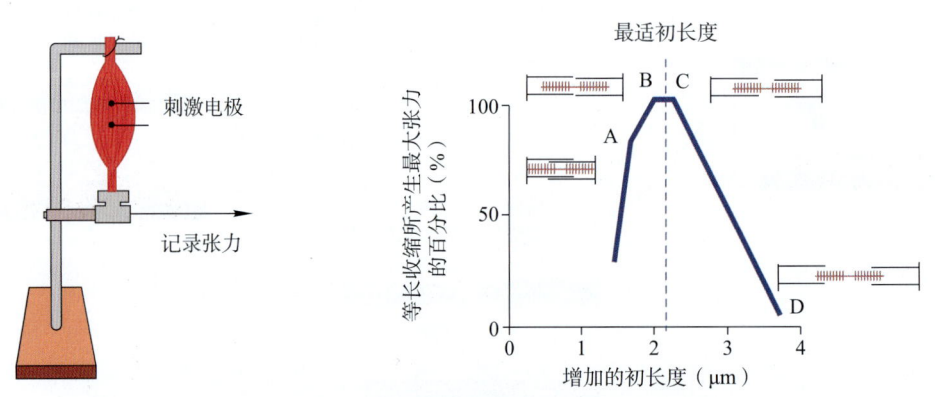

图 2-2-18 肌肉等长收缩长度-张力关系示意图
左侧，记录肌肉等长收缩的装置，肌条两端固定，其中一端固定在张力换能器上，可以测量肌肉收缩产生的主动张力，而不会让肌肉变短；右侧，肌节的长度-张力曲线

2. **后负荷** 肌肉在开始收缩后所承受的负荷为**后负荷**（afterload）。肌肉在等张收缩时会产生与后负荷大小相等、方向相反的收缩张力，故在数值上可用后负荷反映收缩张力的大小。等张收缩条件下，测定不同后负荷（张力）时肌肉缩短的速度，可发现后负荷与肌肉缩短速度成反比关系，即后负

荷增大时，肌肉产生的张力增大，但得到的缩短速率较小，肌肉出现缩短的时间也延迟。

**3. 肌肉收缩能力（contractility）** 指与前、后负荷无关的肌肉内在收缩特性，如兴奋收缩耦联过程中胞质内 $Ca^{2+}$ 浓度的变化、横桥 ATP 酶活性、肌细胞能量代谢水平及各种功能蛋白数量等。肌肉收缩能力提高后，收缩时产生的张力和缩短的速度都会提高，使肌肉的做功效率增加。许多神经递质、激素和药物可通过影响这些内在特性而影响肌肉收缩能力。

### （二）单收缩和强直收缩

骨骼肌细胞兴奋后的不应期很短，仅数毫秒，但单个收缩持续时间较长（可达 25~200 ms），使骨骼肌有可能在一次收缩尚未结束时，能接受新的刺激而发生兴奋，使新的收缩叠加在前一次收缩的基础上。如图 2-2-19 所示，当骨骼肌受到一次短促刺激、发生一次动作电位时，仅出现一次短暂的收缩和舒张，称为**单收缩**（single twitch）。当刺激频率逐渐增加，可使后一次动作电位触发的收缩叠加于前一次收缩过程的舒张期，称为**不完全强直收缩**（incomplete tetanus），在描记曲线上形成锯齿形。如果刺激频率继续增加，总和可能发生在前一次收缩的收缩期，描记曲线上的锯齿形消失，则称为**完全强直收缩**（complete tetanus）。在等长收缩条件下，完全强直收缩所产生的张力可达单收缩的 3~4 倍，这是因为肌细胞动作电位的高频发放能使胞质中 $Ca^{2+}$ 浓度持续升高。生理条件下，骨骼肌的收缩几乎都是完全强直收缩，有利于完成各种躯体运动和对外界物体做功。

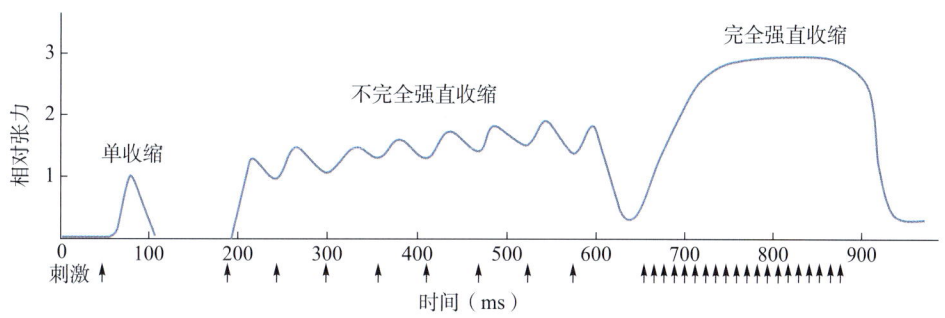

图 2-2-19 刺激频率对骨骼肌收缩形式的影响示意图

（王　维）

### 思考题

1. 葡萄糖可以经哪些方式跨膜转运？
2. 论述神经细胞静息电位和动作电位的产生机制。
3. 当兴奋在球形细胞上传导时，为什么不会沿细胞膜反复在细胞上循环不停？
4. 为什么动物死亡后会出现"尸僵"？

### 新形态教材网更多数字资源

　思维导图　　教学课件　　微课　　自测题　　拓展阅读　　思政元素

# 第三章 血液

编者导学

**本章导航**

第一节 血液的理化特性及血量
第二节 血浆
第三节 血细胞
第四节 血液凝固与纤维蛋白溶解
第五节 血型

血液是在动物进化过程中出现的。随着人们认识的加深，发现血液具有运输、维持酸碱平衡和水平衡、调节体温、机体防御等各种各样的功能，这对于维持机体内环境的稳态十分重要。

## 第一节 血液的理化特性及血量

### 一、血液的组成

由于血液成分的相对密度不同，如果将血液与肝素等抗凝剂混合、离心后，会出现三个分层：上层为淡黄色透明的液体，也就是**血浆**（plasma），约占全血的55%；中层白色的为白细胞和血小板，约占全血的1%；下层红色的为红细胞，约占全血的44%（图2-3-1）。血细胞在血液中所占的容积百分比称为**血细胞比容**（hematocrit）。由于血液中白细胞和血小板的容积占比较小，因此红细胞比容相当于血细胞比容。正常成年男性的血细胞比容为40%~50%，成年女性为37%~48%。

如将血液从血管内抽出后放入不加抗凝剂的试管中，凝血反应被激活，血液迅速凝固，其周围所析出的淡黄色透明液体即为**血清**（serum）（图2-3-1）。血清也可以在血液凝固后离心取得。血清与血浆的成分基本相同，与血浆相比，血清中缺乏纤维蛋白原和一些凝血因子，并且多了一些凝血反应中血小板释放的物质。因此，在进行血药浓度分析或血液中其他化学成分检测时，应根据不同需求，选择血浆或血清为样品。

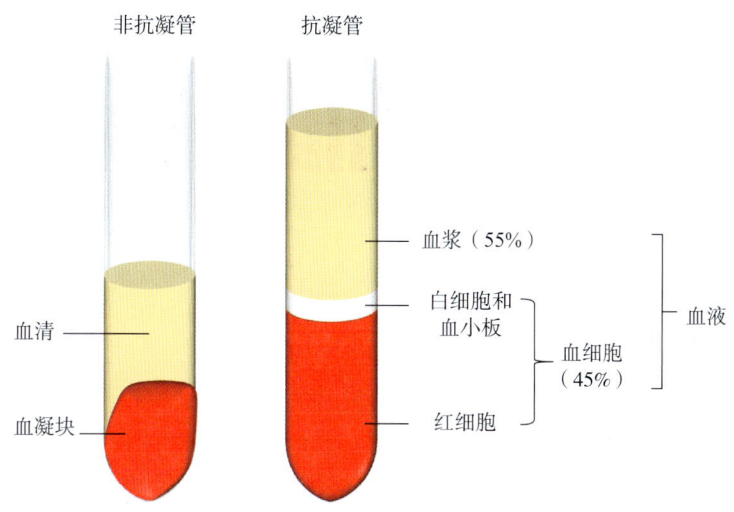

图 2-3-1 血液的基本组成

## 二、血液的理化特性

### （一）血液的颜色

血液的颜色由血红蛋白及其含氧量所决定。动脉血含氧量高，为鲜红色；静脉血含氧量低，为暗红色。皮肤黏膜的颜色主要与血液的颜色相关。当机体缺氧，体内去氧血红蛋白超过 5 g/100 mL 时，皮肤黏膜会因血液颜色变化而呈现**发绀**（cyanosis）。

### （二）血液的相对密度

正常人**血液的相对密度**（又称**全血比重**）为 1.050～1.060，其大小随着全血中红细胞和血浆蛋白的含量而变化。血液中红细胞的数量越多，血液的相对密度越大。血浆的相对密度为 1.025～1.030，血浆中血浆蛋白的含量越高，血浆的相对密度越大。不同血细胞的相对密度也有所不同，红细胞的相对密度为 1.090～1.092，白细胞的相对密度为 1.050～1.065，血小板的相对密度为 1.030～1.042。由于红细胞的相对密度大于血浆，可以据此进行红细胞沉降率的测定。此外根据相对密度的差异，可以通过离心获取不同的血液成分。

### （三）血液的黏滞性

液体的**黏滞性**（viscosity）来源于其内部分子或颗粒间的摩擦。当血液流动时，由于内部分子间相互碰撞、摩擦而产生阻力，使血液具有一定的黏滞性。血液黏稠度（黏度）是反映血液黏滞性的指标之一。如果以水的黏度为 1，全血的相对黏度为 4～5，血浆的相对黏度为 1.6～2.4（温度为 37℃）。当温度不变时，全血的黏度主要取决于所含红细胞的数量及其聚集程度，血浆的黏度主要取决于血浆蛋白含量。相对稳定的血黏度对于维持正常血流阻力、血压及微循环灌注具有重要意义。当某些疾病使局部组织血流速度显著减慢时，红细胞可发生叠连和聚集，血黏度升高，血流阻力增大，组织灌流量降低。这时，使用红细胞解聚剂（如低分子右旋糖酐）可以使红细胞分散，减低血液黏滞性，改善微循环灌注。

### （四）血浆 pH

正常人血浆 pH 为 7.35～7.45。在安静状态下，静脉血 pH 与动脉血相比更低，主要是静脉血中含有较高的 $CO_2$（主要以 $HCO_3^-$ 的形式）和其他酸性代谢产物。当机体运动时，产生更多的 $CO_2$ 和酸性代谢产物，因此静脉血的 pH 可进一步下降。红细胞中的 pH 略低于血浆，约为 7.20。细胞内的新陈代谢需要适宜的酸碱度，血浆 pH 可直接影响包括红细胞在内的血细胞 pH，并可通过组织液影响全身组织细胞的 pH，因此保持相对恒定的血浆 pH 对于机体的新陈代谢和生理功能至关重要。如血

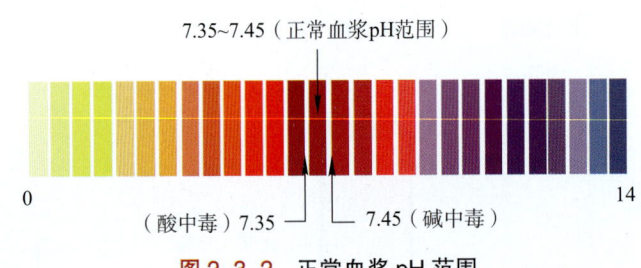

图 2-3-2 正常血浆 pH 范围

浆 pH 低于 7.35，称为酸中毒；如血浆 pH 高于 7.45，称为碱中毒（图 2-3-2）。

血液 pH 的稳定依赖于血浆和红细胞中强大的缓冲系统，通常由弱酸及其相对应的弱酸盐构成。血浆中的缓冲系统主要包括 $NaHCO_3/H_2CO_3$ 缓冲对、蛋白质钠盐/蛋白质缓冲对和 $Na_2HPO_4/NaH_2PO_4$ 缓冲对，其中以 $NaHCO_3/H_2CO_3$ 缓冲对最重要。红细胞中的缓冲系统主要包括血红蛋白钾盐/血红蛋白缓冲对、氧合血红蛋白钾盐/氧合血红蛋白缓冲对、$KHCO_3/H_2CO_3$ 缓冲对和 $K_2HPO_4/KH_2PO_4$ 缓冲对，其中以血红蛋白钾盐/血红蛋白缓冲对和氧合血红蛋白钾盐/氧合血红蛋白缓冲对最重要。

### 三、血量

全身血液的总量称为**血量**（blood volume，BV）。正常情况下，人体内的血量保持相对恒定。正常成人的血量相当于体重的 7%～8%，即每千克体重有 70～80 mL 血量。足够的血量是维持循环系统充盈度和血压的前提。当机体失血时，如果失血量较少，不超过全身血量的 10%，此时机体能通过神经和体液调节保证血量的相对恒定。例如，通过容量感受性反射使交感神经活动加强，引起外周动脉收缩，毛细血管压降低，组织液进入血管内促进血量的恢复；反射性地引起血管升压素、醛固酮分泌，导致尿量减少，促进血量恢复。此时机体不会出现明显的临床症状。如果失血量超过全身血量的 20%，此时难以通过神经与体液调节代偿，将会出现眩晕、恶心、乏力、血压下降、脉搏加快、四肢冰冷等现象，严重时会晕倒，需要输血、输液等处理。如果失血量超过全身血量的 30%，此时如不及时进行抢救，将可能危及生命。

## 第二节 血 浆

### 一、血浆的成分及其作用

#### （一）水

血液中含水 780～820 g/L，其中血浆含水 910～920 g/L，红细胞含水 650～680 g/L。血浆含水量比红细胞多，占血浆重量的 90%～91%。血浆中水的生理功能包括：①作为水溶性物质的溶剂，实现运输作用；②帮助维持血浆、血细胞的渗透压和血液酸碱平衡；③参与血细胞的生化反应，保证细胞内外的物质交换；④由于水比热较大，能调节机体体温；⑤调节体液平衡。

#### （二）电解质

血浆中无机物成分约占血浆重量的 1%。这些无机物如 NaCl、KCl 和 $NaHCO_3$，绝大部分以离子形式存在，因此统称为电解质。血浆中的电解质主要是 $Na^+$、$Cl^-$ 和 $HCO_3^-$，还有少量的 $Ca^{2+}$、$Mg^{2+}$、$CO_3^{2-}$ 和 $SO_4^{2-}$。血浆中电解质的主要生理功能包括：①参与调节组织液及组织的电解质成分；②维持血浆渗透压和酸碱平衡；③参与静息电位和动作电位的形成；④参与新陈代谢等过程。

## （三）气体

血浆中含有少量的气体，主要是 $O_2$ 和 $CO_2$，参与机体的呼吸与细胞的新陈代谢。

## （四）非蛋白氮及其他有机物

血浆中含有糖类、脂肪酸、胆固醇、维生素、激素、氨基酸、尿素、尿酸、肌酸、肌酐等有机物。其中尿素、尿酸、肌酸、肌酐、氨基酸、氨、肽、胆红素等含氮有机物统称为非蛋白含氮化合物，它们中绝大多数是蛋白质和核酸分解代谢的产物，可经血液运输到肾，随后排出体外。当肾功能障碍时，会导致这些非蛋白含氮化合物在血中浓度升高。临床上把非蛋白含氮有机物中所含的氮称为非蛋白氮，正常人血液中非蛋白氮含量为 0.2～0.4 g/L，其中 1/3～1/2 为尿素氮，测定尿素氮含量可评价肾功能。

## （五）血浆蛋白

血浆蛋白是血浆中最多的溶质成分，正常成人血浆蛋白浓度为 65～85 g/L。目前已知的血浆蛋白质有 200 多种，绝大多数血浆蛋白由肝细胞合成，主要可以分为**白蛋白（albumin）**、**球蛋白（globulin）**和**纤维蛋白原（fibrinogen）**。白蛋白是血浆中最主要的蛋白质，浓度为 40～48 g/L，约占血浆总蛋白的 54%。除白蛋白外，几乎所有的血浆蛋白均为糖蛋白。球蛋白的浓度为 15～30 g/L，约占血浆总蛋白的 38%，用醋酸纤维素薄膜电泳又可以将球蛋白分为 $\alpha_1$、$\alpha_2$、$\beta$ 和 $\gamma$ 球蛋白。正常的白蛋白与球蛋白的比例（A/G）为 1.5～2.5，肝功能严重障碍时白蛋白合成减少，比值降低。纤维蛋白原约占血浆总蛋白的 7%，它在血液凝固过程中转换成纤维蛋白。血浆总蛋白剩余的 1% 包括激素、酶、补体和载脂蛋白等。血浆蛋白的功能主要包括以下几点。

**1. 维持血浆胶体渗透压** 血浆胶体渗透压是由血浆中蛋白质形成的。血浆胶体渗透压的大小与血浆蛋白的含量和大小有关。白蛋白含量大，形成的胶体渗透压占血浆胶体渗透压的 75%～80%，是构成血浆胶体渗透压的主要蛋白质。血浆胶体渗透压对维持血管内外水平衡起着重要的作用。长期营养不良、肝肾功能严重障碍均会使血浆白蛋白减少，血浆胶体渗透压下降，产生水肿。

**2. 维持血浆 pH** 血浆中的蛋白质通常为弱酸性，一些蛋白质负离子与未解离的蛋白质共同组成缓冲对，是维持血浆正常 pH 的重要缓冲体系。

**3. 营养** 血浆蛋白能被单核-巨噬细胞系统吞饮，分解为氨基酸以供蛋白质的合成，或转变成其他含氮物质。

**4. 凝血与抗凝** 血浆中一些蛋白如纤维蛋白原参与凝血过程，还有一些蛋白具有抗凝作用。这些蛋白的作用虽然相互拮抗，但是保证了血液流动的流畅，防止了血液的流失。

**5. 免疫** 血浆中存在具有抗体活性的球蛋白称**免疫球蛋白（immunoglobulin，Ig）**，由浆细胞产生，包括 IgG、IgA、IgM、IgD 和 IgE，它们在机体应对病原体入侵时起体液免疫的作用。免疫球蛋白能识别特异性的抗原并形成抗原抗体复合物。

**6. 运输** 一些血浆蛋白（如白蛋白、$\alpha_1$ 球蛋白）可以与血液中的某些物质（尤其是难溶于水的物质）发生可逆性结合，有利于这些物质在循环系统中运输，也可以避免这些物质被肾小球滤过，或被酶降解，或被细胞摄取。例如，转铁蛋白能结合铁离子并将其运输至肝等组织储存，防止铁随尿排出；甲状腺素结合球蛋白能结合甲状腺激素并将其运输至靶组织。

血浆蛋白还能运输某些脂溶性药物，增强药效。例如，传统抗肿瘤药紫杉醇具有高脂溶性，难溶于水，紫杉醇注射液在制备过程中需使用无水乙醇等有机溶剂助溶，这些有机溶剂易使患者出现超敏反应。利用白蛋白与紫杉醇结合，可避免助溶剂的使用，减少超敏反应的发生，促进药物组织内分布。

**7. 疾病诊断** 一些血浆蛋白（主要是酶）来自于外分泌腺或其他脏器的细胞，它们在正常血浆中很少甚至没有，但在疾病发生时在血浆中显著升高，能帮助临床疾病的诊断。例如，感染时的 C 反应蛋白、急性胰腺炎时的淀粉酶、肝细胞损伤时的丙氨酸氨基转移酶等。

## 二、血浆渗透压

### （一）渗透与渗透压

如果利用只允许水分子通过而不允许溶质分子通过的半透膜将不同浓度的溶液隔开时，水分子由浓度低的一侧溶液向浓度高的一侧溶液转移，这种现象就是**渗透**（osmosis）。渗透发生的动力是渗透压。**渗透压**（osmotic pressure）是溶液所具有的吸引水分子透过单位面积半透膜的力。溶液渗透压的高低取决于溶液中溶质颗粒数目的多少，与溶质的种类和颗粒的大小无关。

### （二）血浆渗透压的组成及生理作用

正常血浆渗透压约为 300 mOsm/L（相当于 5 790 mmHg），由晶体渗透压和胶体渗透压组成（图 2-3-3）。

1. **晶体渗透压** 血浆中的电解质、尿素及葡萄糖等小分子晶体物质形成的渗透压称为**晶体渗透压**（crystal osmotic pressure）。血浆中晶体溶质颗粒的数目较多，血浆晶体渗透压约 298.5 mOsm/L（相当于 5 764.8 mmHg），在血浆渗透压中占比较大（99.6%）。血浆中的小分子物质容易通过毛细血管壁，因此血浆和组织液晶体渗透压相等。血浆中的晶体物质大多数不易透过细胞膜，因此血浆晶体渗透压对于维持细胞内外水平衡、保持细胞的正常形态和体积具有重要作用。当血浆晶体渗透压降低时，水进入血细胞，引起细胞肿胀，甚至破裂；当血浆晶体渗透压升高时，可引起血细胞脱水、皱缩。

2. **胶体渗透压** 血浆蛋白等大分子胶体物质形成的渗透压称为**胶体渗透压**（colloid osmotic pressure）。血浆中蛋白分子数量较少，所产生的渗透压较小，约 1.3 mOsm/L（相当于 25 mmHg），在血浆渗透压中占比较小（0.4%）。血浆蛋白不易通过毛细血管壁，故血管内外的胶体渗透压不等。血浆胶体渗透压对于维持血管内外水平衡、维持正常的血容量起着重要作用。当血浆胶体渗透压升高时，组织液水分进入血管；而当血浆胶体渗透压降低时，可导致水潴留并形成水肿。

### （三）等渗溶液和等张溶液

渗透压等于正常血浆渗透压的液体称为**等渗溶液**（isoosmotic solution），如 0.9% 氯化钠溶液和 5% 葡萄糖溶液均为等渗溶液。红细胞在等渗溶液中可保持正常形态和大小，在高渗溶液中皱缩，在低渗溶液中膨胀甚至破裂。能够使红细胞悬浮于其中并保持其形态和大小正常的溶液称为**等张溶液**（isotonic solution）。等渗溶液不一定是等张溶液，例如，由于尿素分子可透过红细胞膜，1.9% 的尿素溶液是等渗溶液，但不是等张溶液。

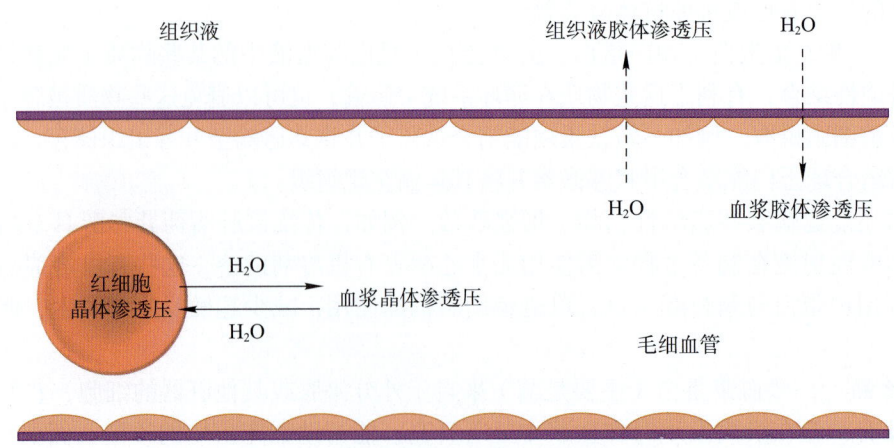

图 2-3-3　血浆晶体渗透压和血浆胶体渗透压的作用

## 第三节 血 细 胞

外周血中的血细胞存活期相对较短，因此需要造血组织不断生成新的血细胞来补充更新。造血系统的血细胞及其前体细胞均来自骨髓，其中一部分血细胞还需在某些淋巴组织中发育成熟。现已证明人体所有血细胞均来自于一种原始细胞，即存在于骨髓中的造血干细胞。造血干细胞的数量不到骨髓总细胞数的万分之一，具有高度的自我更新能力，可分化形成各种成熟血细胞，以补充因正常新陈代谢或者疾病等应激条件下血细胞的损失，维持血液系统的稳定。

### 一、红细胞

#### （一）红细胞的形态、构成和数量

正常成人**红细胞**（erythrocyte 或 red blood cell，RBC）直径为 7.5～8.5 μm，平均体积约 90 fL，表面积约为 140 μm²，与体积相同的球形结构相比，红细胞的表面积较大，增加了气体交换的扩散面积。正常红细胞表面光滑，呈双面凹的圆盘形状，反映了表面积与体积之比较大，中央区域较薄，厚度约 1.0 μm，周边区域较厚，厚度为 2.0～2.7 μm。若将红细胞经瑞氏染色后，显微镜下可观察到红细胞中央 1/3 区域染色相对苍白，周边染色为棕红色，这也验证了红细胞双面凹的形态（图 2-3-4）。红细胞这种特殊的形态确保红细胞内的任何一点到细胞膜的距离较短，有利于红细胞内外的气体交换。病理状态的红细胞大小和形状发生显著改变，如球形、口型、椭圆形、棘形、靶形和镰形等。

成熟的红细胞缺乏细胞核，也缺乏多种细胞器。因此，红细胞主要依靠糖酵解供能。红细胞内的主要成分是**血红蛋白**（hemoglobin，Hb），约占红细胞重量的 33%，血红蛋白占红细胞总蛋白的 95% 以上。

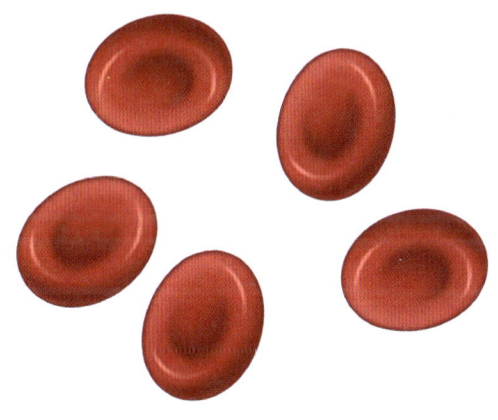

图 2-3-4　红细胞的正常形态

红细胞是血液中数量最多的血细胞。一般用 1 L 血液中红细胞的个数来表示红细胞的数量。正常成年男性红细胞的数量为（4.5～5.5）×10¹²/L，女性为（4.0～5.0）×10¹²/L。正常成年男性血红蛋白浓度为 120～160 g/L，女性为 110～150 g/L。正常红细胞的数量不仅有性别的差异，还与年龄、生活环境和机体功能的状态有关，如新生儿高于成人，为（6.0～7.0）×10¹²/L。此外，高原地区居民高于平原地区居民，经常运动的人红细胞数量也会相对较高。在病理状态下（如各种贫血），常见红细胞数量减少。

#### （二）红细胞的生理特性

**1. 红细胞的可塑变形性**　血液中的红细胞在通过直径比它小的毛细血管和血窦孔隙时可改变其形状，并于通过后恢复原形，这种特性称为红细胞的**可塑变形性**（deformability）。红细胞的可塑变形性是其存活必需的生理特性。如红细胞的变形能力降低，难以通过脾窦，会被其中的巨噬细胞吞噬、破坏。红细胞的正常形态、细胞膜的弹性和胞质的黏度是影响其变形性的重要因素。

微课 2-3-1　红细胞的生理特性及功能

**2. 红细胞的渗透脆性**　红细胞内渗透压与血浆的渗透压相等，将红细胞置于 0.9% 的 NaCl 等渗溶液中可保持其正常的形态和大小。若将红细胞置于一系列浓度梯度递减的低渗 NaCl 溶液中，由于细胞内外渗透压的差别，水会不断进入红细胞，使红细胞膨胀甚至破裂，血红蛋白释放入溶液中，

称为**溶血**（hemolysis）。红细胞在低渗溶液中发生肿胀破裂的特性称为红细胞的**渗透脆性**（osmotic fragility）。正常红细胞在 0.42% 的 NaCl 溶液中开始溶血，在 0.35% 的 NaCl 溶液中完全溶血。这一现象说明红细胞对低渗溶液具有一定的抵抗力。渗透脆性越大，对低渗溶液的抵抗力越小；渗透脆性越小，对低渗溶液的抵抗力越大。衰老的红细胞和遗传性球形红细胞增多症患者的红细胞渗透脆性较大。

**3. 红细胞的悬浮稳定性**　正常红细胞具有悬浮于血浆中不易下沉的特性，称为红细胞的**悬浮稳定性**（suspension stability）。将经过抗凝处理的血液置于垂直放置的血沉管中，红细胞因为相对密度大于血浆而逐渐下沉。在单位时间内红细胞沉降的距离称为**红细胞沉降率**（erythrocyte sedimentation rate，ESR）。正常成年男性的红细胞沉降率为 0～15 mm/h，女性为 0～20 mm/h。

红细胞沉降率越大，沉降越快，表示红细胞的悬浮稳定性越小。红细胞彼此以凹面相贴，称为红细胞叠连。发生叠连的红细胞团块总表面积与总体积之比减小，下沉的阻力降低，红细胞沉降率增加。决定红细胞叠连的因素是血浆成分。若将正常人的红细胞置于红细胞沉降率大的血浆中，也会加快红细胞的沉降；反之，若将红细胞沉降率快的红细胞置于正常人的血浆中，红细胞的沉降正常。血浆中胆固醇、球蛋白和纤维蛋白原的含量增高时，可加快红细胞叠连和沉降；血浆中白蛋白、卵磷脂的含量增高时，可减慢红细胞叠连和沉降。

（三）红细胞的功能

成熟的红细胞能运输 $O_2$、$CO_2$ 和 NO；红细胞的缓冲对可以调节酸碱平衡；红细胞还具有一定的免疫功能。

（四）红细胞的生成、衰老与破坏

**1. 红细胞的生成**　骨髓是红细胞生成的唯一场所。红骨髓的造血干细胞首先分化为红系祖细胞，然后向红系前体细胞增殖、分化，接着向网织红细胞增殖、分化，最后由网织红细胞向循环系统释放并逐渐形成成熟的红细胞。红系祖细胞向红系前体细胞的增殖分化，是红细胞生成的关键环节。红系祖细胞可分为早期和晚期红系祖细胞两个亚群。晚期红系祖细胞表达较高的**促红细胞生成素**（erythropoietin，EPO）受体，而早期红系祖细胞表达较低。促红细胞生成素是调控红细胞生成的主要激素，它具有促进晚期红系祖细胞增殖、抑制其凋亡等功能。血浆促红细胞生成素的水平与血液中血红蛋白的浓度负相关，严重贫血时血浆中促红细胞生成素浓度升高（图 2-3-5）。生理条件下，雄激素等也能影响促红细胞生成素的分泌。由于肾脏是产生促红细胞生成素的主要脏器，严重肾病患者会因缺乏促红细胞生成素而发生肾性贫血。

此外，由于铁是合成血红蛋白的必需原料，叶酸和维生素 $B_{12}$ 是合成红细胞 DNA 所需的重要辅酶，缺乏这些物质也会影响红细胞生成。还有一些激素，如甲状腺激素、肾上腺皮质激素和生长激素等可改变组织对氧的要求而间接促进红细胞生成。转化生长因子 β、干扰素 γ 和肿瘤坏死因子等可抑制红系祖细胞的分化，对红细胞的生成起负性调节作用。

**2. 红细胞的衰老与破坏**　正常成人红细胞的寿命平均为 120 天。生理条件下，红细胞因衰老导致可塑变形性下降，由双凹面圆盘状变为球形，而被巨噬细胞识别吞噬。

脾是识别和清除衰老红细胞最主要的器官。由于衰老的红细胞变形能力减弱，当红细胞流经脾时，难以通过微小的孔隙，因此容易滞留于脾而被巨噬细胞破坏。与脾相比，肝仅对畸变较明显的红细胞有清除作用。此外，还有 10% 的衰老红细胞在血管中受机械冲击而破损。

## 二、白细胞

（一）白细胞的形态、分类和数量

正常**白细胞**（leukocyte 或 white blood cell，WBC）是一类无色、有核、球形的血细胞，一般呈

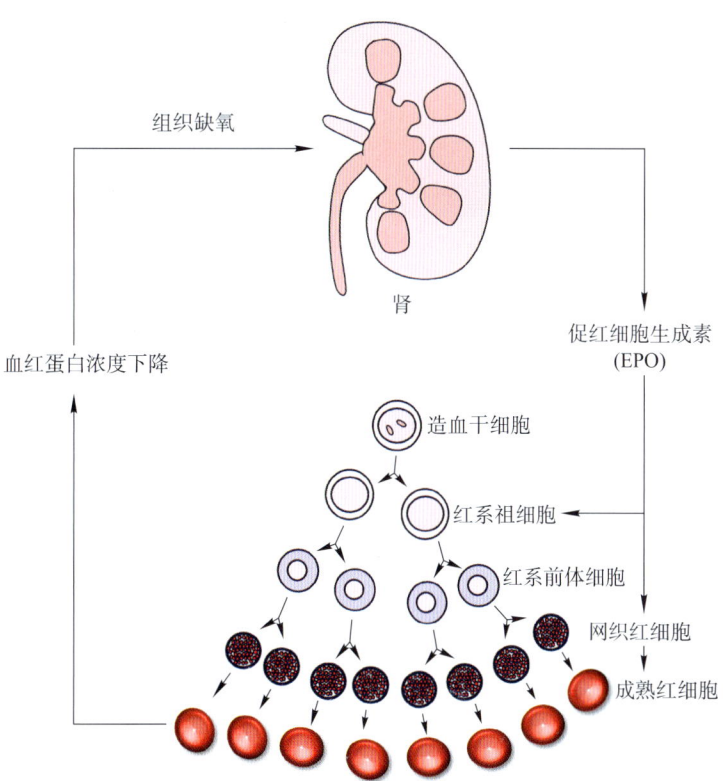

图 2-3-5 红细胞的生成

球形。正常成人白细胞总数为 $(4.0～10.0)×10^9/L$。白细胞总数会随着年龄、时间和机体状态而改变。例如，新生儿白细胞数量较高，成人在下午的白细胞数量较清晨高，女性在妊娠期和月经期白细胞数量增多。血液中白细胞及其相应分类的数量对疾病的诊断具有重要意义。如果白细胞总数超过 $10.0×10^9/L$，称为白细胞增多，预示体内有炎症。如果白细胞总数小于 $4.0×10^9/L$，称为白细胞减少。白细胞计数可作为评价药物毒性的常用指标。

根据其胞质内是否含嗜色颗粒，可以将白细胞分为粒细胞和无粒细胞。粒细胞又可根据胞质内颗粒的染色性质不同，分为**中性粒细胞**（neutrophil）、**嗜酸性粒细胞**（eosinophil）和**嗜碱性粒细胞**（basophil）。无粒细胞可分为**单核细胞**（monocyte）和**淋巴细胞**（lymphocyte）。这些细胞经过瑞氏染色后，细胞核和胞质可呈现不同的形态特征（图 2-3-6）。

1. **中性粒细胞** 成熟的中性粒细胞直径为 10～12 μm，呈圆形或椭圆形。正常成人中性粒细胞总数为 $(1.8～6.3)×10^9/L$，占白细胞总数的 50%～70%。瑞氏染色后，可见中性粒细胞的核质比较小，细胞核凹陷形成多个分叶，通常为 2～5 叶，叶与叶之间有细丝相连，衰老的中性粒细胞分叶数增多；胞质呈现淡红色或无色，由于胞质中含有大量的嗜天青颗粒，可见细小的紫色颗粒弥散于胞质中。

2. **嗜酸性粒细胞** 成熟的嗜酸性粒细胞直径为 10～15 μm，呈圆形，正常成人嗜酸性粒细胞总数为 $(0.02～0.5)×10^9/L$，占白细胞总数的 5% 以下。血液中嗜酸性粒细胞的数量具有昼夜节律性波动，午夜时增多，清晨时减少。瑞氏染色后，可见嗜酸性粒细胞的细胞核呈现深紫色，通常有 2～3 叶，呈眼镜状；胞质呈现淡红色。由于胞质中含有嗜酸性颗粒，故可见粗大整齐、分布均匀的鲜红色颗粒。

3. **嗜碱性粒细胞** 成熟的嗜碱性粒细胞直径为 10～14 μm，呈圆形，正常成人嗜碱性粒细胞总数为 $(0～0.1)×10^9/L$，占白细胞总数的 1% 以下。瑞氏染色后，可见嗜碱性粒细胞的细胞核一般为 2～3 叶，因被颗粒遮盖，细胞核着色较浅；胞质呈现紫红色。由于胞质中含有嗜碱性颗粒，故可见

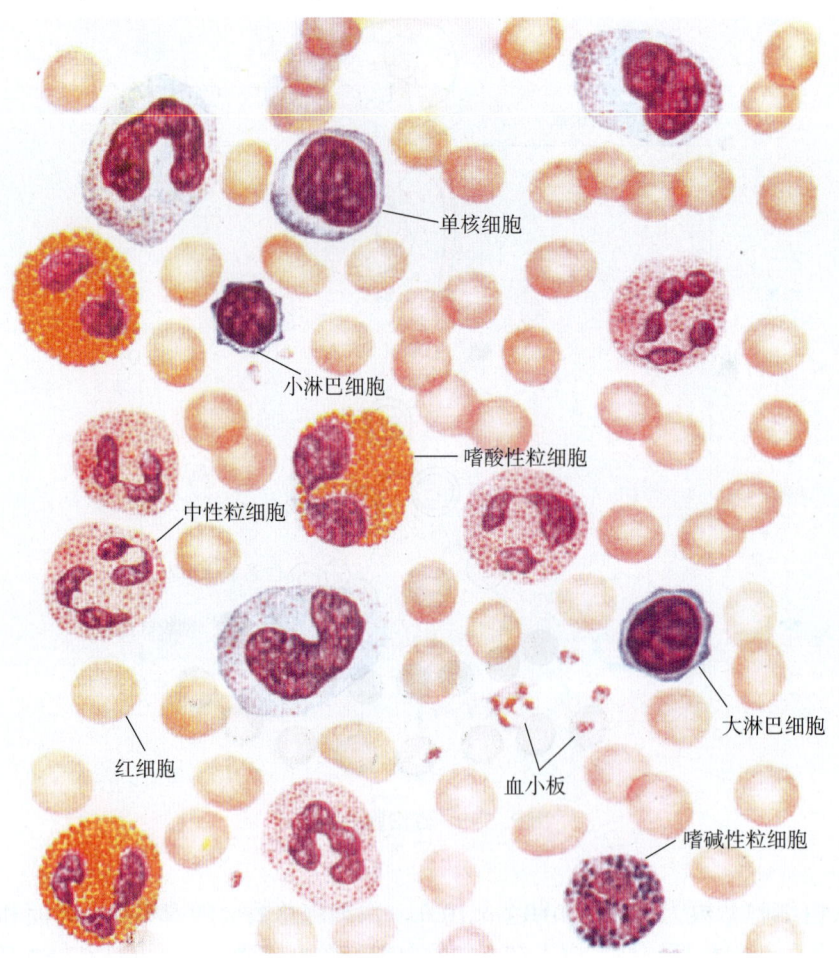

图 2-3-6 瑞氏染色下的血细胞形态

少量粗大但大小不均、排列不规则的紫色颗粒。

**4. 单核细胞** 体积较大，直径为 14~20 μm，呈圆形或椭圆形。正常成人单核细胞总数为 $(0.12~0.8)\times 10^9/L$，占白细胞总数的 3%~8%。瑞氏染色后，可见单核细胞的细胞核不规则，呈卵圆形、肾形、马蹄形等；由于胞质中含有较多的嗜天青颗粒，呈现深浅不匀的灰蓝色。

**5. 淋巴细胞** 正常成人淋巴细胞总数为 $(0.8~3.5)\times 10^9/L$，占白细胞总数的 20%~40%。淋巴细胞按其大小可分为大淋巴细胞和小淋巴细胞。大淋巴细胞直径为 12~15 μm，呈圆形或类圆形，瑞氏染色后，细胞核呈椭圆形、常偏一侧，胞质呈淡蓝色，有少量嗜天青颗粒；小淋巴细胞直径为 6~9 μm，呈圆形或类圆形，瑞氏染色后，细胞核呈大块状，胞质呈淡蓝色，无颗粒。

（二）白细胞的生理特性

**1. 白细胞的变形性** 除淋巴细胞外，其余的白细胞都能伸出伪足，做变形运动，白细胞凭此得以穿过毛细血管壁，这一过程称为白细胞**渗出**（diapedesis）。渗出血管外的白细胞能通过变形运动在组织内巡游。炎症时白细胞通过变形到达病灶，发挥防御作用。

**2. 白细胞的趋化性** 白细胞朝向某些化学物质运动的特性，称为**趋化性**（chemotaxis）。能吸引白细胞发生定向运动的化学物质，称为趋化因子。白细胞在趋化因子的吸引下，可迁移到炎症区域，发挥其生理作用。

**3. 白细胞的吞噬** 白细胞识别、黏附、吞入并降解病原体及组织碎片的过程称为**吞噬**（phagocytosis）。具有吞噬能力的白细胞称为吞噬细胞，主要包括中性粒细胞和巨噬细胞。白细胞的吞噬具有选择性。正常细胞表面光滑，存在排斥吞噬的保护性蛋白，故不易被吞噬。外源性病原体或坏死的组织因缺乏相应的保护机制而易被吞噬。

**4. 白细胞的分泌** 白细胞可分泌白细胞介素、肿瘤坏死因子、干扰素等多种细胞因子，通过自分泌或旁分泌等形式参与炎症和免疫反应。

### （三）白细胞的功能

以上各种类型的白细胞均参与机体的防御功能。白细胞的变形、趋化、吞噬和分泌等特性，是执行防御功能的生理基础。白细胞主要通过两种方式抵御外源病原体的入侵：第一，吞噬细胞通过吞噬清除病原体，参与炎性反应，这一活动不针对特定的病原体，故称**非特异性免疫**（non-specific immunity）；第二，白细胞被病原体刺激后产生特异性的抗体或致敏淋巴细胞对抗病原体，故称**特异性免疫**（specific immunity），包括体液免疫和细胞免疫。

📖 拓展阅读 2-3-1 不同类型白细胞参与的机体防御功能

### （四）白细胞的生成与破坏

白细胞与红细胞一样，也是由骨髓中的全能造血干细胞分化而来。首先，造血干细胞分化为髓系和淋巴系干细胞。随后，这两类干细胞经定向祖细胞、前体细胞等阶段，发育成为各具功能的成熟白细胞。白细胞的增殖和分化受到**集落刺激因子**（colony stimulating factor，CSF）的调节。目前认为，至少有 3 种集落刺激因子参与了白细胞生成，包括粒-巨噬细胞集落刺激因子（GM-CSF）、粒细胞集落刺激因子（G-CSF）和巨噬细胞集落刺激因子（M-CSF）。它们能促进白细胞生成过程中各个阶段的进程。GM-CSF 能刺激中性粒细胞、单核细胞和嗜酸性粒细胞的生成，G-CSF 仅能刺激中性粒细胞的生成，M-CSF 能诱导单核细胞的生成。目前，重组人 GM-CSF 可预防和治疗肿瘤放疗或化疗后引起的白细胞减少，以及感染引起的中性粒细胞减少等。

由骨髓发育成熟的白细胞仅在血液循环中短暂停留，随即进入组织中发挥作用。另外淋巴细胞还能往返于血液、组织液和淋巴之间进行增殖、分化，所以白细胞的寿命较难准确判断。一般来说，中性粒细胞在血液循环中停留 6~8 h 即进入组织，4~5 天后衰老死亡，或经消化道排出。正常情况下，衰老中性粒细胞的死亡方式是凋亡，随后被巨噬细胞清除。在细菌感染的急性炎症区域，中性粒细胞的死亡方式是坏死。单核细胞在血液中停留 2~3 天，然后进入组织，并发育成巨噬细胞，在组织中可生存 3 个月左右。嗜酸性粒细胞和嗜碱性粒细胞在组织中可分别生存 8~12 天和 12~15 天。

## 三、血小板

### （一）血小板的形态、构成和数量

安静时**血小板**（platelet）呈两面微凸的圆盘状，激活的血小板可变形伸出伪足。血小板大小个体差异性较大，即使在同一个体中，血小板的大小也不均一。血小板的直径跨度较大，平均为 2~5 μm，厚度约为 0.5 μm。瑞氏染色显示，血小板的胞浆为淡蓝色，含有紫红色颗粒，常成群分布于红细胞之间，大小不均，呈圆形、椭圆或不规则形状。正常成人的血小板数量为 $(100~300) \times 10^9$/L，妇女在月经期可减少 50%~75%。

血小板是无核细胞，除了具有与一般细胞相同的质膜、内质网、高尔基体和线粒体等细胞结构，还有 α 颗粒和致密颗粒等独特结构。α 颗粒是血小板中最多的颗粒，也是血小板中可分泌的蛋白质的主要储存部位，其中包括黏附蛋白、凝血因子、蛋白酶抑制剂、趋化因子和新生血管调节蛋白。致密颗粒的含量较少，但可以储存 ATP、ADP、5-羟色胺（5-HT）、焦磷酸盐、$Ca^{2+}$、$Mg^{2+}$ 等。

### （二）血小板的生理特性

血小板具有黏附、聚集、释放、收缩和吸附等生理特性，这些是血小板发挥血液凝固、生理性止血等功能的基础。

**1. 血小板的黏附** 血小板与非血小板表面的黏着称为血小板的黏附。当血管受损时，内皮下成分暴露，血小板会很快黏附于暴露的内皮下组织。血小板黏附的过程主要与血小板膜上的糖蛋白、内皮下组织及血浆中的**血管性血友病因子**（von Willebrand factor，vWF）有关。当血管受损时，vWF首先与暴露的胶原结合并发生构型改变。由于血小板膜上的糖蛋白复合物 GP Ib-IX-V 具有与 vWF 因子结合的位点，GP Ib-IX-V 将会识别并结合变构的 vWF，从而使血小板黏附于胶原纤维。因此，vWF 是血小板黏附胶原纤维的桥梁，正常情况下，由于 vWF 并未与胶原结合，也就不能与血小板上的 GP Ib-IX-V 结合。

**2. 血小板的聚集** 血小板与血小板之间的相互黏着称为血小板的聚集。血小板可聚集在损伤的血管处，也能聚集在不受损伤的血管内形成血栓。血小板聚集的过程需要血小板膜上的糖蛋白 GP IIb-IIIa 复合物、$Ca^{2+}$ 和纤维蛋白原参与。GP IIb-IIIa 复合物具有纤维蛋白原的结合位点，在 $Ca^{2+}$ 的参与下，一分子的纤维蛋白原可以同时与至少两个 GP IIb-IIIa 复合物结合，因此血小板就能利用纤维蛋白原作为桥梁聚集成团。

生理性致聚剂主要有 ADP、肾上腺素、5-HT、组胺、胶原、凝血酶、**血栓素 $A_2$**（thromboxane $A_2$，$TXA_2$）等；病理性致聚剂有细菌、病毒、免疫复合物、药物等。

**3. 血小板的释放** 当血小板被激活后，将其储存在致密体、α 颗粒或溶酶体内的物质排到细胞外的现象，称为血小板的释放。致密体可释放 ADP、ATP、5-HT、$Ca^{2+}$，α 颗粒可释放 β-血小板巨球蛋白、组胺、血小板因子 4、血小板因子 5、vWF、纤维蛋白原等。血小板颗粒释放在血小板活化中扮演重要角色。血小板还能将临时合成的一些物质释放出来（如 $TXA_2$），由于此合成过程需要环加氧酶的参与，因此，环加氧酶抑制剂（如阿司匹林）可防止血小板释放 $TXA_2$，抑制血小板聚集。

**4. 血小板的收缩** 当血液在试管中凝固时，血块会回缩并析出大部分血清，这种现象体现了血小板的收缩特性。目前广泛认可的血小板收缩机制类似于肌肉收缩。血小板的收缩有利于止血，若血小板的收缩性能降低，血凝块的收缩延缓，不利于止血。因此，临床上在术前会检测血块收缩时间，以了解患者的止血功能。

**5. 血小板的吸附** 血小板表面可吸附血浆中多种凝血因子（如凝血因子 I、V、XI、XIII 等）。如果血管内皮破损，血小板就会黏附、聚集于受损处，可使局部凝血因子浓度升高，有利于血液凝固和生理止血。

（三）血小板的功能

**1. 维持血管内皮细胞的完整性** 血小板可融合进入血管内皮细胞，对毛细血管起着支持作用，维持了血管内皮的完整性。此外，血小板还可释放**血小板源生长因子**（platelet-derived growth factor，PDGF），促进血管内皮细胞和平滑肌细胞增殖，帮助血管修复。临床上发现，当血小板总数降低至 $50 \times 10^9/L$ 时，毛细血管脆性增高，容易受损出血并在皮下形成瘀点或紫癜。静脉输注血小板后可防止这种出血倾向。

**2. 参与止血** 正常止血系统处于精确的平衡状态，止血功能降低，易发生出血；止血功能过度增加，可导致血栓形成。适当的止血反应既防止了血管损伤时过度出血，也能确保血流通畅。血小板黏附、聚集、释放和收缩等特性在生理性止血过程中均有所体现。当血管破损后，黏附于损伤处的血小板会释放 5-HT、$TXA_2$ 等缩血管物质，引起血管收缩，抑制出血，释放致聚剂 ADP 及 $TXA_2$，使血小板发生聚集并固定于内皮下胶原上，随后形成血小板血栓，堵塞受损血管，初步止血。

拓展阅读 2-3-2 生理性止血

**3. 促进凝血** 血小板在止血后期的凝血反应中同样不可或缺。血小板能吸附血浆中的凝血因子，促进凝血过程。此外，血小板内还含有许多促进血液凝固的因子，如血小板磷脂，可为多种凝血因子提供磷脂表面，结合、吸附许多凝血因子，从而加速凝血过程。血小板激活后，还能释放多种活性物质，增加纤维蛋白的形成。

### （四）血小板的生成与破坏

血小板生成过程中，首先是造血干细胞分化为巨核系祖细胞，然后再分化为原始巨核细胞，经过幼巨核细胞，发育为成熟的巨核细胞。随后，巨核细胞部分胞质与母体分开，脱离形成血小板。因此，血小板是由骨髓巨核细胞产生的，离开骨髓后，1/3 在脾贮存，2/3 存在于外周循环血液中。

血小板的生成受到体内多种刺激因子的调节：①血小板生成素是体内调节血小板生成的重要因子，由肝和肾生成；②巨核细胞集落刺激活性物质可以促进巨核系细胞向晚期巨核细胞增殖和分化，促进血小板生成；③血小板自身可以分泌血小板生成的抑制因子，抑制血小板产生。

进入外周血液循环的血小板寿命为 7~14 天，但只在最初 2 天具有生理功能。随着血小板寿命的增加，血小板的破坏逐渐增强。衰老的血小板主要在脾中被吞噬、破坏。还有少量的衰老血小板在肝骨髓被破坏。此外，血小板还可在发挥其生理功能时被消耗。

## 第四节　血液凝固与纤维蛋白溶解

### 一、血液凝固

**血液凝固**（blood coagulation）指血液由流动的液体状态变成不能流动的凝胶状态的过程。这一过程所需的时间称凝血时间，正常值 2~8 min。血液凝固的本质是血浆中可溶性的纤维蛋白原转变成不溶性的纤维蛋白的过程。血液凝固是一系列复杂的酶促生化反应过程，需要多种凝血因子的参与。

#### （一）凝血因子

血液与组织中直接参与血液凝固的物质，统称为凝血因子。已经进行国际命名并用罗马数字编号的有 12 种，即凝血因子 Ⅰ~ⅩⅢ（简称 FⅠ~FⅩⅢ，其中 FⅥ是血清中活化的 FⅤ，已被取消）（表 2-3-1）。由于 FⅡ、FⅦ、FⅨ、FⅩ 的生成需要维生素 K，故又称维生素 K 依赖的凝血因子。缺乏维生素 K 时，可能导致凝血功能障碍。在这些凝血因子中，除 FⅣ 是 $Ca^{2+}$ 外，其余的凝血因子均为蛋白质。除 FⅢ（又叫组织因子，TF）外，其他凝血因子均存在于血浆中，且多数在肝内合成。因此当肝脏病变时，可能会出现凝血功能障碍。生理情况下，多数凝血因子以无活性的酶原形式存在，必须通过其他酶的水解才具有酶的活性，这一过程称为凝血因子的激活。活化的凝血因子通常在其编号的右下角加"a（activated）"来表示。如 FⅤ 被激活为 FⅤa。此外，高分子量激肽原、前激肽释放酶、血小板磷脂等也参与血液凝固过程。

🌐 拓展阅读 2-3-3　*血友病的发病机制及治疗*

表 2-3-1　凝血因子的分类与功能

| 因子 | 同义名 | 合成部位 | 主要功能 |
| --- | --- | --- | --- |
| Ⅰ | 纤维蛋白原 | 肝 | 形成纤维蛋白，参与血小板聚集 |
| Ⅱ | 凝血酶原 | 肝（需维生素 K） | 凝血酶促进纤维蛋白原转变为纤维蛋白；激活 FⅤ、FⅧ、FⅪ、FⅩⅢ 和血小板，正反馈促进凝血；与内皮细胞上的凝血酶调节蛋白结合，激活蛋白质 C 和凝血酶激活的纤溶抑制物（TAFI） |
| Ⅲ | 组织因子（TF） | 组织、内皮、单核细胞 | 作为 FⅦa 的辅因子，是外源性凝血反应的启动物 |
| Ⅳ | 钙离子（$Ca^{2+}$） | — | 辅因子 |
| Ⅴ | 前加速素易变因子 | 内皮细胞和血小板 | 作为辅因子加速 FⅩa 对凝血酶原的激活 |

续表

| 因子 | 同义名 | 合成部位 | 主要功能 |
| --- | --- | --- | --- |
| Ⅶ | 前转变素稳定因子 | 肝（需维生素K） | 与组织因子形成Ⅶa-TF复合物，激活FX和FIX |
| Ⅷ | 抗血友病因子 | 肝 | 作为辅因子，加速FIXa对FX的激活 |
| Ⅸ | 血浆凝血活酶 | 肝（需维生素K） | FIXa与FⅧa形成FX酶复合物激活FX |
| Ⅹ | Stuart-Power因子 | 肝（需维生素K） | 与FVa结合形成凝血酶原酶复合物激活凝血酶原；FXa还可激活FⅦ、FⅧ和FV |
| Ⅺ | 血浆凝血活酶前质 | 肝 | 激活FIX |
| Ⅻ | 接触因子或Hageman因子 | 肝 | 激活FXI、纤溶酶原及前激肽释放酶 |
| ⅩⅢ | 纤维蛋白稳定因子 | 肝和血小板 | 使纤维蛋白单体相互交联聚合形成纤维蛋白网 |
| HK | 高分子量激肽原 | 肝 | 辅因子，促进FⅫa对FXI和前激肽释放酶的激活，促进前激肽释放酶对FⅫ的激活 |
| PK | 前激肽释放酶 | 肝 | 激活FⅫ和纤溶酶原 |

### （二）血液凝固过程

血液凝固过程是凝血因子按一定顺序激活，通过"瀑布"样的反应链形成凝血酶原酶复合物，从而将凝血酶原（FⅡ）激活为凝血酶（FⅡa），凝血酶再使纤维蛋白原（FⅠ）转变为纤维蛋白（FⅠa）的过程。因此，血液凝固的基本过程可分为3个阶段，即凝血酶原酶复合物的形成、凝血酶的激活和纤维蛋白的形成（图2-3-7）。

**1. 凝血酶原复合物的形成**

（1）**内源性凝血途径（intrinsic pathway）**：指参与凝血的因子全部来自血液，其启动通常是由于血液与带负电荷的异物表面（如玻璃、白陶土、硫酸酯、胶原等）发生接触。随后，FⅫ首先被激活为FⅫa。少量的FⅫa能使**前激肽释放酶（prekallikrein，PK）**激活为激肽释放酶（K），K又以正反馈的形式活化FⅫ，生成大量的FⅫa。FⅫa能进一步将FⅪ活化为FⅪa。FⅪa在$Ca^{2+}$的作用下将FIX激活为FIXa。FIXa在$Ca^{2+}$的作用下需要与FⅧ在活化的血小板膜磷脂表面结合形成复合物，即内源性途径因子X酶复合物，才能使FX激活FXa。在FXa生成后，内源性和外源性凝血过程进入相同的途径。当机体缺乏FⅧ、FIX和FⅪ，内源性凝血途径受阻。

（2）**外源性凝血途径（extrinsic pathway）**：由来自血液之外的组织因子（FⅢ）进入血液而启动的凝血过程，称为外源性凝血途径。在生理情况下，血细胞和内皮细胞不表达组织因子，血液之外的组织因子也不会进入血液。在外伤、缺氧、酸中毒、感染、炎症等病理情况下，细菌内毒素、补体C5a、免疫复合物、肿瘤坏死因子等均可刺激血管内皮细胞或单核细胞表达FⅢ并释放入血。在$Ca^{2+}$的参与下，FⅢ与血液中的FⅦ结合形成FⅦ组织因子复合物，随后进一步将FX激活为FXa。此外，FⅦ-组织因子复合物还能激活FIX成为FIXa，从而将内源性、外源性凝血途径联系起来。

**2. 凝血酶原转变为凝血酶** 凝血酶原酶复合物中，FXa具有蛋白酶水解活性，能够激活凝血酶原（FⅡ），生成凝血酶（FⅡa），但单独作用时效应很低。FVa可作为辅因子，使FXa激活凝血酶原的速度提高10 000倍。

**3. 纤维蛋白原转变为纤维蛋白** 在凝血酶作用下，纤维蛋白原（FⅠ）可被水解为纤维蛋白单体，两分子的纤维蛋白单体可发生相互作用并以非共价结合的方式自动形成不稳定的纤维蛋白聚合体，继而在凝血酶激活的FⅩⅢa的作用下，相邻的纤维蛋白单体可通过共价交联的方式快速形成稳定牢固的纤维蛋白凝块。

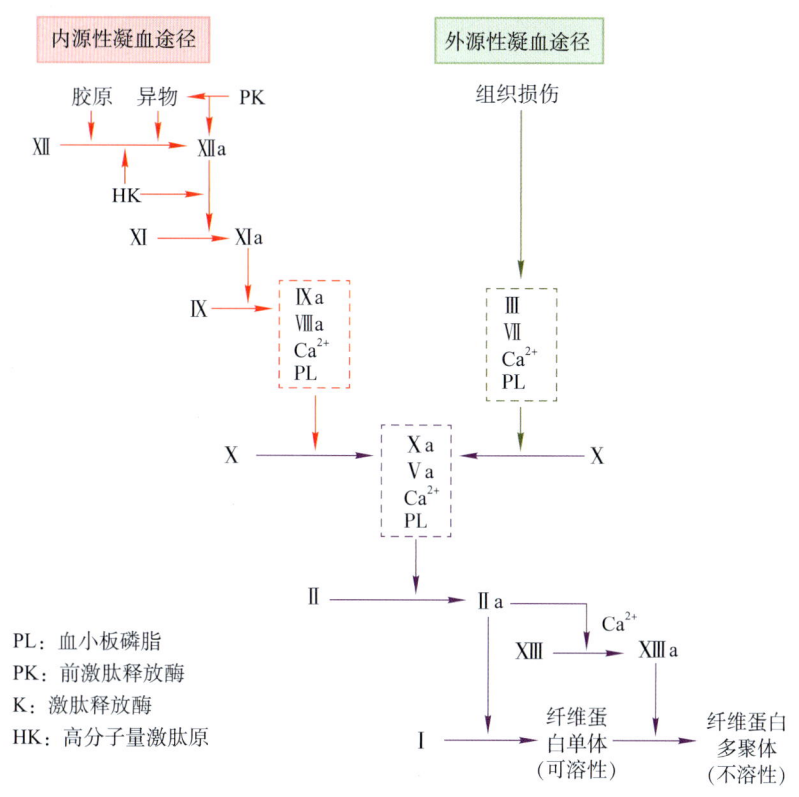

图 2-3-7 凝血过程

### （三）血液凝固的影响因素

1. **温度** 凝血过程中许多凝血因子均为酶类，故当温度在一定范围内升高时，酶的活性增强，可加速血液凝固；温度降低时，酶活性降低，血液凝固速度减慢。

2. **异物表面的光滑度** 粗糙面可激活血小板发生黏附、聚集和释放的反应。同时，粗糙面也激活 FⅫ，从而加速血液凝固。因此，外科手术中常用温热的生理盐水纱布压迫止血。光滑的表面可延缓血液凝固，所以输血时多使用内面光滑的硅胶管。

3. **$Ca^{2+}$ 浓度** 血液凝固过程中的多个环节都需要 $Ca^{2+}$ 参加，如果去除血浆中的游离 $Ca^{2+}$，血液将不能凝固，因此常用柠檬酸钠、草酸铵和草酸钾作为体外抗凝剂。由于少量枸橼酸钠进入血液后不会产生毒性，因此常用其作抗凝剂来处理输血用的血液。

4. **维生素 K 浓度** 许多凝血因子的合成需要维生素 K。维生素 K 拮抗剂如华法林可以抑制维生素 K 依赖性凝血因子的合成，具有抗凝作用。

## 二、抗凝系统

当血管受损时，一方面生理性止血促进止血栓迅速形成，防止血液过度流失；另一方面，凝血反应只局限在损伤部位，循环的血液并不会因此凝固，仍然保持流体状态。这说明体内的凝血过程始终受到一定程度的抗凝血机制的调节与制约。

### （一）血管内皮的抗凝作用

正常完整的血管内皮细胞可作为一个天然屏障，防止血液中的凝血因子、血小板与内皮下组织接触，从而避免 FⅫ 的激活和血小板的活化。血管内皮细胞还具有抗凝血和抗血小板的功能。血管内皮细胞可以表达 $PGI_2$ 和 NO 抑制血小板的聚集。内皮细胞膜上还有胞膜 ADP 酶可以分解血小板释放出来的 ADP，抑制血小板的激活。血管内皮细胞还能分泌硫酸乙酰肝素蛋白多糖、凝血酶调节蛋白、组织因子途径抑制物、抗凝血酶等生理性抗凝物质，抑制凝血过程。此外，血管内皮细胞还能合成、分泌组织型纤溶酶原激活物，促进纤维蛋白溶解，保证血管的通畅。

### （二）纤维蛋白的吸附、血流的稀释和单核-巨噬细胞的吞噬作用

纤维蛋白与凝血酶之间具有高亲和力。在凝血过程中活化的凝血酶，大部分可以被纤维蛋白吸附，这样既加速了局部的凝血反应，又避免了凝血酶向周围扩散。血管损伤后，进入血液循环的活化的凝血因子可被血流稀释，不能发挥作用。因此，长期卧床者，由于血流缓慢，血流稀释作用降低，易形成血栓。此外，进入血液循环的活化的凝血因子在经过肝、肺等器官时，还会被单核-巨噬细胞所吞噬。实验证明，给动物注射一定量的凝血酶，若预先用墨汁封闭单核-巨噬细胞系统，则动物可发生血管内凝血。这表明了单核-巨噬细胞系统在体内抗凝机制中的重要作用。

### （三）生理性抗凝物质

**1. 丝氨酸蛋白酶抑制物** 人血浆中至少包含 7 种丝氨酸蛋白酶型凝血因子的抑制物，称为丝氨酸蛋白酶抑制物，其中最主要的是抗凝血酶Ⅲ，占血浆抗凝血酶活性的 75%。抗凝血酶Ⅲ由肝和血管内皮细胞合成分泌，能与 FⅡa、FⅨa、FⅩa、FⅪa 等凝血因子的丝氨酸残基结合，"封闭"其丝氨酸蛋白酶活性中心，使其灭活。

**2. 肝素** 是一种酸性黏多糖硫酸酯，在体外和体内都具有很强的抗凝血作用。但肝素的抗凝血作用很弱，其主要通过增强抗凝血酶Ⅲ的活性而发挥间接的抗凝血作用。抗凝血酶Ⅲ与肝素结合时，抗凝血酶Ⅲ的构象发生变化，抗凝血作用增加 2 000 倍。肝素还能抑制血小板发生黏附、聚集和释放反应及抑制血小板表面凝血酶原的激活。肝素也可以作用于血管内皮细胞，使之释放组织因子途径抑制物和纤溶酶原激活物，从而增强对血液凝固的抑制和纤维蛋白的溶解。

**3. 蛋白质 C 系统** FⅤa 和 FⅧa 作为重要的凝血辅因子，促进了 FⅩa 和 FⅨa 介导的凝血反应。在体内 FⅤa 和 FⅧa 主要受蛋白 C 系统的负反馈调节，从而发挥抗凝作用。蛋白 C 系统主要包括蛋白 C、凝血酶调节蛋白、蛋白 S 和蛋白质 C 抑制物。蛋白 C 以酶原的形式存在于血浆中，当凝血酶与血管内皮表面上的凝血酶调节蛋白结合后，可激活蛋白 C。蛋白 S 是蛋白 C 的辅因子，可使激活的蛋白 C 的作用大大增强。激活的蛋白 C 可水解灭活凝血因子 FⅤa 和 FⅧa。此外，活化的蛋白 C 还通过刺激纤溶酶原激活物释放，促进了纤维蛋白溶解。

**4. 组织因子途径抑制物** 主要由血管内皮细胞合成，是体内主要的生理性抗凝血物质。组织因子途径抑制物通过与 FⅩa 形成复合物，再与 TF-FⅦa 复合物中 FⅦa 的蛋白酶结构域发生特异的相互作用，从而形成 TFPI-FⅩa-TF-FⅦa 复合物，最终抑制外源性凝血途径。

## 三、纤维蛋白溶解系统

在生理性止血过程中，止血栓可以堵塞受损血管。完成任务后，依赖于纤维蛋白溶解系统，需将其逐步清除。

### （一）纤溶酶原的激活与降解

纤维蛋白被分解液化的过程称为**纤维蛋白溶解**（fibrinolysis），简称纤溶。纤溶系统主要包括纤溶酶原、纤溶酶与纤溶酶原激活物与纤溶抑制物。纤溶的基本过程可分为两个阶段，即纤溶酶原的激活与纤维蛋白的降解。

**1. 纤溶酶原的激活** 正常成年人每 100 mL 血浆中含 10～200 mg 纤溶酶原。与凝血酶原相似，血浆中纤溶酶原也无活性，只有在纤溶酶原激活物的水解后，才变为具有降解纤维蛋白的纤溶酶。体内纤溶酶原激活物分布广泛且种类繁多，主要有三类。

（1）组织型纤溶酶原激活物：主要由多种组织的血管内皮细胞、单核细胞和巨细胞合成。其多以

非酶原低活性的单链形式分泌，具有丝氨酸蛋白酶的作用。只有当组织型纤溶酶原激活物、纤溶酶原和纤维蛋白三者形成复合物后，或组织型纤溶酶原激活物和纤溶酶原结合到细胞表面上，组织型纤溶酶原激活物才能有效催化纤溶酶原转化为纤溶酶，从而发挥启动纤溶的功能。

（2）尿激酶型纤溶酶原激活物：主要由泌尿系统的上皮细胞产生，存在于尿液和血液等体液内。其激活纤溶酶原时不需要纤维蛋白作为辅助因子。它们除了可以溶解血管内的纤维蛋白，还能溶解尿液中的血凝块。

（3）外源性纤溶酶原激活物：一般指药用的尿激酶、链激酶、葡激酶和重组的组织型纤溶酶原激活物等。将这些外源性纤溶酶原激活物输注后，可直接激活纤溶系统，以达到溶解血栓的目的。

**2. 纤维蛋白的降解** 激活后的纤溶酶的底物是纤维蛋白和纤维蛋白原，它可将纤维蛋白和纤维蛋白原分解为许多可溶性小肽，成为纤维蛋白降解产物。纤维蛋白的降解使得血凝块被清除，血流得以恢复。通常情况下，纤维蛋白降解产物不再发生凝固，其中一部分还具有抗凝血作用。

### （二）纤溶抑制物及其作用

血管内纤维蛋白的出现是纤溶的启动因素，纤溶与凝血一样也主要集中在血管中纤维蛋白形成的局部进行，这与纤维蛋白对纤溶酶原及其激活物的吸附有关。也因为血浆中存在大量的抗纤溶物质，它们有效地阻止了纤溶过程，从而避免血块的过早溶解或全身性的纤溶激活。体内主要有纤溶酶原激活物抑制物 -1 和 $\alpha_2$- 抗纤溶酶。另外，目前已广泛应用的止血药，如氨甲环酸、氨甲苯酸和 6- 氨基己酸等，都是抑制纤溶酶生成的药物。

### （三）纤溶与血液凝固的平衡

正常情况下，血管受损后，血管内的凝血过程与纤溶过程处于动态平衡状态。一旦失衡，就会导致疾病的发生。如凝血功能亢进而纤溶系统功能不足时，就出现广泛的微血栓。当凝血功能不足而纤溶系统功能亢进时，受损血管发生出血倾向。因此，临床上可应用促纤溶药治疗血栓类疾病。

## 第五节 血 型

血型（blood group）指血细胞膜上特异性抗原的类型，这种抗原是由种系基因控制的多态性抗原，称为血型抗原。红细胞、白细胞和血小板均有血型抗原，但通常所说的血型仅指红细胞膜上特异性抗原的类型，即红细胞血型。血型一般具有遗传特性，正常情况下终身不变，但在某种特定情况下，血型抗原可能发生改变，如干细胞移植后的患者，或经过输血、接受放疗的患者都有可能短期改变血型。

红细胞膜上特异性抗原称为凝集原，凝集原多为镶嵌于红细胞膜上的糖蛋白。能与红细胞膜上的凝集原发生反应的特异性抗体称为凝集素。凝集素存在于血浆中，是一种 γ 球蛋白。当凝集原与相应的凝集素相互作用时，会使红细胞聚集在一起，形成一簇簇的红细胞团，这称为**红细胞凝集（red cell agglutination）**。凝集反应一旦发生，可引起凝集的红细胞破裂，发生溶血现象。

根据红细胞血型抗原的不同，目前已经发现了多种不同的血型系统，如 ABO、Rh、MNSs、Luthran、Kell、Lewis 等。将这些血型的血液输入血型不相容的受血者，可引起溶血性输血反应。其中，与临床输血关系最为密切的是红细胞血型中的 ABO 血型系统和 Rh 血型系统。

### 一、ABO 血型系统

#### （一）ABO 血型的分型

决定 ABO 血型的特异性抗原主要有两种：凝集原 A 和凝集原 B，即 A 抗原或 B 抗原。根据红细胞膜上是否存在 A 抗原和 B 抗原可分为四种血型（图 2-3-8）：红细胞膜上只含 A 抗原者为 A 型；只含 B 抗原者为 B 型；A 与 B 两种抗原均有者为 AB 型；A 和 B 两种抗原均无者为 O 型。人血清中

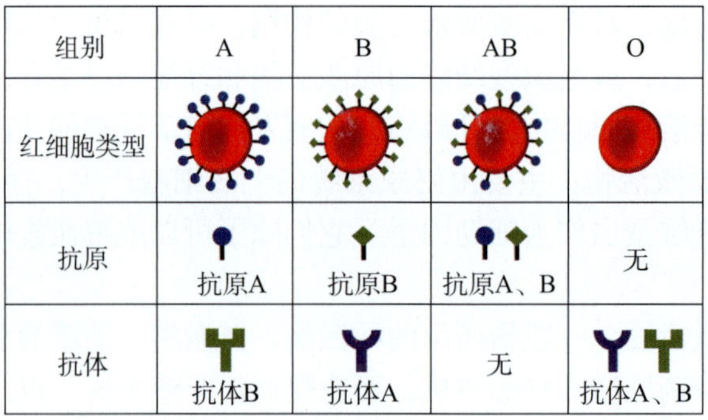

| 组别 | A | B | AB | O |
|---|---|---|---|---|
| 红细胞类型 | | | | |
| 抗原 | 抗原A | 抗原B | 抗原A、B | 无 |
| 抗体 | 抗体B | 抗体A | 无 | 抗体A、B |

图 2-3-8 ABO 血型的分型

含有与凝集原相对应的两种抗体，抗 A 凝集素和抗 B 凝集素，即抗 A 抗体和抗 B 抗体。在不同血型人的血清中含有不同的抗体，即 A 型血者的血清中只含有抗 B 抗体；B 型血者的血清中只含有抗 A 抗体；AB 型血者的血清中没有抗 A 和抗 B 抗体；O 型血者的血清中含有抗 A 和抗 B 抗体。此外，A 型又有 $A_1$ 和 $A_2$ 两个亚型，AB 型也有 $A_1B$ 和 $A_2B$ 两个亚型，因此在血型测定和输血时还应注意 A 亚型的存在。

（二）ABO 血型的抗原与抗体

ABO 血型系统的抗原特异性取决于红细胞膜上糖蛋白或糖脂上所含的糖链。A 抗原和 B 抗原的特异性取决于这些寡糖链的组成与连接顺序。ABO 血型系统中的抗原其实包括 3 种抗原：A 抗原、B 抗原和 H 抗原。A、B 抗原都是在 H 抗原的基础上形成的。在 A 基因的调控下，转糖基酶能使一个乙酰半乳糖氨基连接到 H 抗原上，形成 A 抗原；而在 B 基因的调控下，转糖基酶则能把一个半乳糖基连接到 H 抗原上，形成 B 抗原。O 型红细胞虽然不含 A、B 抗原，但还有 H 抗原。若 H 基因缺损，则不能生成 H 抗原及 A、B 抗原，其血型为孟买型。ABO 血型抗体属于天然抗体。天然抗体多属于 IgM，分子量大，不能通过胎盘。所以一般不会因为母婴 ABO 血型不合而发生新生儿溶血。

（三）ABO 血型鉴定

ABO 血型抗体一般于出生后 2~8 个月开始产生，8~10 岁达高峰。正确测定血型是保证输血安全的基础。常规 ABO 血型的鉴定包括正向定型和反向定型。正向定型是用抗 A 与抗 B 抗体检测红细胞上有无 A 或 B 抗原；反向定型是用已知血型的红细胞检测血清中有无抗 A 或抗 B 抗体，两者结果也可以相互印证。

## 二、Rh 血型系统

（一）Rh 血型的发现及人群分布

1940 年兰德斯坦纳和威纳将恒河猴（Rhesus monkey）的红细胞重复多次注射入家兔体内，使家兔体内产生抗恒河猴红细胞的抗体，再用含这种抗体的家兔血清与人的红细胞混合，发现在美洲白种人群中约 85% 的人的红细胞可被这种血清凝集，表明这些人的红细胞上具有与恒河猴红细胞同样的抗原，为 Rh 阳性血型，15% 不能被凝集者为 Rh 阴性血型。因此，以"Rh"命名这一血型系统。在我国，汉族和其他大部分民族的人群中，Rh 阳性者约占 99%，Rh 阴性者只占 1% 左右。在有些少数民族的人群中，Rh 阴性者较多，如塔塔尔族约 15.8%，苗族约 12.3%，布依族和乌孜别克族约 8.7%。因此，在这些民族居住的地区，Rh 血型的问题应受到特别重视。

（二）Rh 血型系统的抗原与分型

Rh 血型系统是红细胞血型中最复杂的一个系统。目前，已经发现 50 多种 Rh 抗原，其中与临床关系较密切的是 D、E、C、c、e 五种。Rh 血型的抗原性强度仅次于 ABO 血型系统的 A、B 抗原。在 5 种主要的 Rh 血型的抗原中，其抗原性由强到弱依次为 D、E、C、c、e。D 抗原的抗原性最强，临床意义也最为重要。因此，通常将红细胞上含有 D 抗原者称为 Rh 阳性；红细胞上缺乏 D 抗原者称为 Rh 阴性。此外，Rh 抗原只存在于红细胞上，在出生时已发育成熟。

### （三）Rh 血型的特点及其临床意义

Rh 血型抗体属于免疫性抗体。人的血清中不存在抗 Rh 的天然抗体。因此，当 Rh 阴性受血者第一次输入 Rh 阳性的血液后，一般不产生明显的免疫反应，但会产生抗 Rh 抗体。当第二次输入 Rh 阳性的血液时，红细胞上 Rh 抗原就会与血液中的抗 Rh 抗体发生凝集反应。另一方面，Rh 血型系统的抗体为 IgG，分子量小，能透过胎盘。当 Rh 阴性的孕妇怀有 Rh 阳性的胎儿时，会使母体产生免疫性抗体，但是由于一般只有在妊娠末期或分娩时才有足量的胎儿红细胞进入母体，因此 Rh 阴性的母体怀第一胎 Rh 阳性的胎儿时，很少出现新生儿溶血。但在第二次妊娠时，母体内由第一胎形成的抗 Rh 抗体可进入胎儿体内，从而引起新生儿溶血。

## 三、输血原则

输血已经成为治疗某些疾病、拯救生命的重要手段。自从 1818 年布伦德尔首次采用输血疗法抢救患者取得成功后，输血已经使无数患者得到了救治。但若输血不当或发生差错，就会给患者造成严重的损害，甚至引起死亡。为了保证输血的安全和提高输血的效果，必须遵守输血的原则，注意输血的安全、有效和节约。

### （一）鉴定血型，同型输血

输血首先必须鉴定血型，保证供血者与受血者的 ABO 血型相一致。对于育龄期妇女或者需要反复接受输血的病人，必须使供血者与受血者的 Rh 血型相一致，特别要注意 Rh 阴性受血者产生抗 Rh 抗体的情况。

### （二）血型相同，仍须进行交叉配血试验

为保证输血安全，即使已知供血者与受血者的 ABO 血型相同，仍必须分别将供血者的红细胞与受血者的血清及受血者的红细胞与供血者的血清进行混合，观察有无凝集反应，这一检验称为交叉配血试验。进行交叉配血试验，既可检验血型鉴定是否有误，又能发现供血者和受血者的红细胞或血清中是否还存在其他不相容的血型抗原或血型抗体。

### （三）紧急情况下可谨慎进行异型输血

输血时，最重要的是要求供血者的红细胞不被受血者的抗体破坏。因此，在紧急情况下，不能进行交叉配血实验时，也可以用 O 型供血者的血液输给其他血型的受血者，或者将其他血型的血液输给 AB 型的受血者。但是，这只能在紧急情况下谨慎少量地输血，输血速度应较为缓慢，并在输血过程中密切观察受血者的情况。一旦发生输血反应，必须立即停止。

### （四）做好以患者为中心的血液管理

随着医学和科学技术的进步，血液成分分离技术的广泛应用及成分血质量的不断提高，输血疗法已从原来的输全血发展为成分输血。成分输血是把血液中的各种不同成分，如红细胞、粒细胞、血小板和血浆，分别制备成高纯度或高浓度的制品，再输注给受血者。目前，输血医学理念和原则也在发生重大转变，以成分输血为中心的经典输血转变为以患者为中心的患者血液管理。输血时应对患者进行基础疾病治疗，合理应用新型医疗技术及自体输血技术等，缓解血液供应紧张的现状，减少输血需求，规避输血风险。

（赵 凯 卢 娜）

## 思考题

1. 简述血液的基本组成成分。
2. 简述血浆的基本功能。
3. 什么是血浆胶体渗透压？什么是血浆晶体渗透压？它们最重要的生理意义分别是什么？
4. 简述红细胞、白细胞、血小板的生理特性及生理功能。
5. 简述血液凝固的基本过程。
6. 简述 ABO 血型的分类及抗原、抗体特征。

## 新形态教材网更多数字资源

思维导图　　教学课件　　微课　　自测题　　拓展阅读　　思政元素

# 第四章 血液循环

编者导学

**本章导航**
第一节 心脏生理
第二节 血管生理
第三节 心血管活动的调节
第四节 器官循环

**循环系统**（circulation system）是分布于全身各部的连续相对封闭的管道系统，包括起主导作用的心血管系统和起辅助作用的淋巴系统两部分。心血管系统由心脏、血管、血液组成，血液在循环系统中按照一定方向循环流动，称为**血液循环**（blood circulation）。淋巴系统由淋巴管道和淋巴器官组成，淋巴液沿着淋巴管道向心流动汇入静脉。血液循环的主要功能是为机体的各种细胞提供了赖以生存的物质，包括营养物质和氧气，也带走了细胞代谢产物和二氧化碳。同时，内分泌激素和生物活性物质也通过血液运输作用于靶细胞。循环系统活动受神经和体液因素的调节，通过与呼吸、泌尿、消化、神经和内分泌等多系统相互协调，来维持机体内外环境稳态。

## 第一节 心 脏 生 理

### 一、心动周期与心率

心脏的一次收缩和舒张构成一个机械活动周期，称**心动周期**（cardiac cycle）。在一个心动周期中，心房和心室的机械活动可分为**收缩期**（systole）和**舒张期**（diastole）。由于心室在心脏泵血过程中起主要作用，故心动周期通常指心室的活动周期。

心动周期的时间长度与心率成反比关系。如以正常成年人平均心率为75次/min计，则每个心动周期长度为0.8 s。如图2-4-1所示，在一个心动周期中，左右心房先收缩，持续约0.1 s，继而心房舒张，持续约0.7 s。当心房收缩时，心室处于舒张期，心房进入舒张期后不久，心室开始收缩，持续约0.3 s，随后进入心室舒张期，持续约0.5 s。心室舒张的前0.4 s期间，心房也处于舒张期，称为全心舒张期。在一个心动周期中，心房和心室各自按照一定的时程和顺序先后进行活动，左右两侧心房或两侧心室的活动是同步进行的。另一方面，无论心房或心室，收缩期均短于舒张期。如果心率增快，心动周期缩短，收缩期和舒张期均相应缩短，但舒张期缩短的程度更大。因此，心率增快时，心

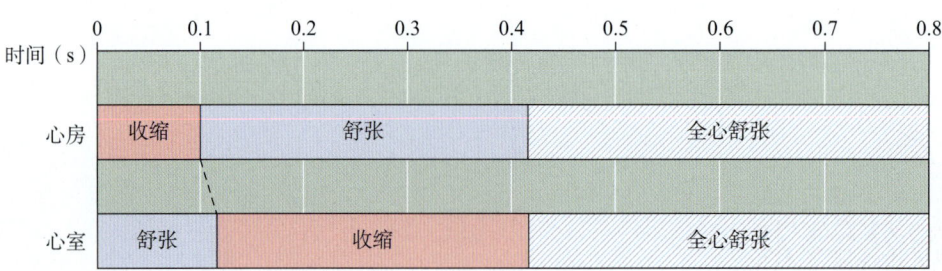

图 2-4-1 心动周期示意图

肌的工作时间相对延长,休息时间相对缩短,这对心脏的持久活动是不利的。

## 二、左心室泵血过程

在一个心动周期中,心室的收缩和舒张活动造成瓣膜两侧压力差的变化,这是推动血液在心房、心室及主动脉之间流动的主要动力。瓣膜的单向开放决定了血流只能单向流动而不会倒流。左右心室的泵血原理基本相同,以左心室为例说明心脏的泵血过程。在一个心动周期中左心室内压力、容积的改变,瓣膜的启闭及血流情况见图 2-4-2、表 2-4-1。

1. **心室收缩期(period of ventricular systole)** 可分为等容收缩期和射血期。

(1)等容收缩期:心房收缩结束后,心室开始收缩,室内压迅速升高。室内压超过房内压时,房室瓣关闭,阻止血液反流入心房。此时室内压仍低于主动脉压,所以主动脉瓣仍处于关闭状态,心室暂时成为一个封闭腔。从房室瓣关闭到主动脉瓣开启前的这段时间,由于血液的不可压缩性,尽管心室肌在强烈收缩,室内压急剧升高,但心室容积不变,故称为**等容收缩期**(isovolumic contraction

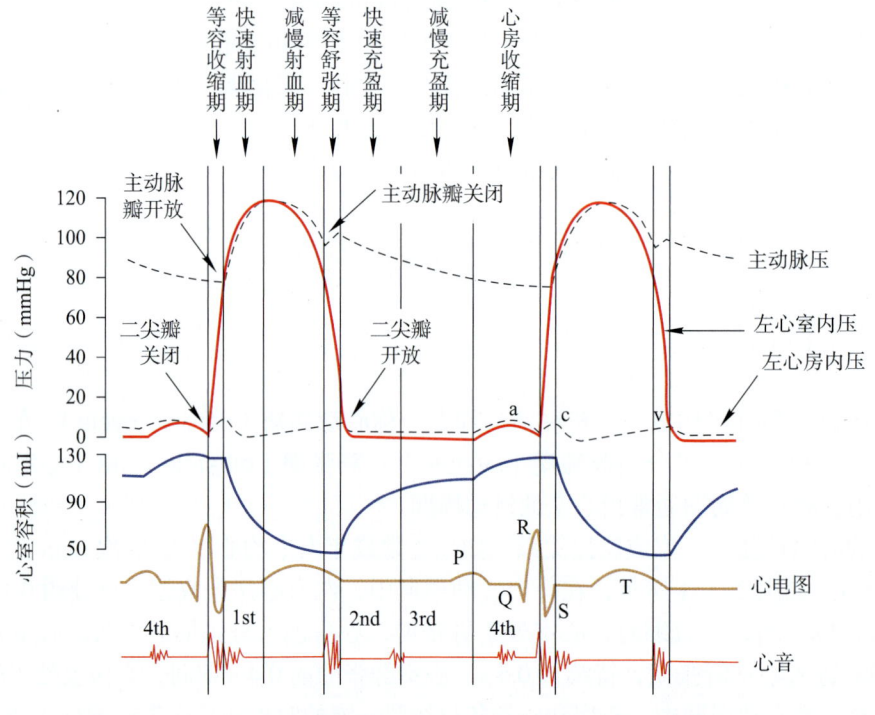

图 2-4-2 心动周期中压力、容积、瓣膜等变化示意图

P、Q、R、S、T:心电图基本波形;a、c、v:心动周期中三个向上的心房波;
1st:第一心音;2nd:第二心音;3rd:第三心音;4th:第四心音

表 2-4-1　心动周期中压力、瓣膜、容积、血流方向变化

| 时相 | 压力 $P_a$　$P_V$　$P_A$ | 瓣膜 房室瓣 | 瓣膜 动脉瓣 | 心室容积变化 | 血流方向 |
| --- | --- | --- | --- | --- | --- |
| 等容收缩期 | $P_a < P_V < P_A$ | 关 | 关 | 不变 | — |
| 快速射血期 | $P_a < P_V > P_A$ | 关 | 开 | 迅速减少 | 心室→动脉 |
| 减慢射血期 | $P_a < P_V < P_A$ | 关 | 开 | 缓慢减少 | 心室→动脉 |
| 等容舒张期 | $P_a < P_V < P_A$ | 关 | 关 | 不变 | — |
| 快速充盈期 | $P_a > P_V < P_A$ | 开 | 关 | 迅速增加 | 心房→心室 |
| 减慢充盈期 | $P_a > P_V < P_A$ | 开 | 关 | 缓慢增加 | 心房→心室 |
| 心房收缩期 | $P_a > P_V < P_A$ | 开 | 关 | 继续增加 | 心房→心室 |

$P_a$：房内压；$P_V$：室内压；$P_A$：动脉压。

period），历时约 0.05 s。当主动脉压升高或心肌收缩力降低时，等容收缩期将延长。

（2）射血期：心室继续收缩，室内压升高超过主动脉压，主动脉瓣开放，标志着等容收缩期结束，进入**射血期**（ejection period）。射血期根据射血速度分为快速射血期和减慢射血期。

1）快速射血期：在射血早期，心室射入主动脉的血液量较大，约占总射血量 2/3，流速快，故称为**快速射血期**（period of rapid ejection），历时约 0.1 s。心室容积迅速缩小，室内压因心室肌持续收缩而继续升高达到峰值，主动脉压也随之升高。

2）减慢射血期：在射血后期，由于心室收缩强度减弱，射血速度减慢，故称为**减慢射血期**（period of reduced ejection），历时约 0.15 s。室内压和主动脉压都由峰值逐渐下降。需注意的是，在快速射血期中后期及减慢射血期，室内压已低于主动脉压，但主动脉瓣依然开放，这是由于心室内血液有较高的动能，能够依其惯性冲开主动脉瓣，逆压力梯度继续进入主动脉。

**2. 心室舒张期**（period of ventricular diastole）　可分为等容舒张期和充盈期。其中，充盈期又分为快速充盈期、减慢充盈期和心房收缩期。

（1）等容舒张期：射血结束后，心室开始舒张，室内压下降，主动脉血液回流导致动脉瓣关闭。此时室内压仍高于房内压，房室瓣处于关闭状态，心室又暂时成为一个封闭腔，心室舒张使室内压急剧下降，而心室容积不变，故称为**等容舒张期**（isovolumic relaxation period），历时 0.06~0.08 s。

（2）充盈期：随着心室肌舒张，室内压进一步降低，当其低于房内压时，心房内的血液冲开房室瓣进入心室，称为**充盈期**（filling period）。

1）快速充盈期：房室瓣开启初期，由于心室很快舒张，室内压明显降低，甚至成为负压，心室对心房和大静脉内的血液可产生"抽吸"作用，大量血液迅速进入心室，约占总充盈量 2/3，心室容积迅速增大，故称为**快速充盈期**（period of rapid filling），历时约 0.11 s。

2）减慢充盈期：随着心室内血液充盈，心房与心室之间压力梯度逐渐减小，血液进入心室的速度减慢，故称为**减慢充盈期**（period of reduced filling），历时约 0.22 s。

3）心房收缩期：心房收缩前，心脏处于全心舒张期，此时动脉瓣关闭，房室瓣开启，血液从静脉经心房流入心室，回流入心室的血液量占心室总充盈量约 75%。全心舒张期之后是**心房收缩期**（period of atrial systole），历时约 0.1 s。由于心房壁较薄，收缩力不强，由心房收缩推动进入心室的血液量占心室总充盈量的 25% 左右，在心室充盈中起辅助作用。如果心房不能有效收缩，将引起房内压升高，不利于静脉血液回流，进而导致心脏射血量减少。因此，心房收缩起初级泵作用，不仅增加心室充盈量，还有利于心脏射血与静脉回流。

## 三、心脏泵血功能的评价

### （一）心脏的输出量

**1. 每搏输出量和射血分数** 一侧心室一次收缩射出的血液量称为**每搏输出量**（stroke volume），简称搏出量，相当于心室舒张末期容积与收缩末期容积之差。正常成年人安静状态下，左心室舒张末期容积约为 125 mL，收缩末期容积约 55 mL，搏出量约为 70 mL（60~80 mL）。心室在每次射血时并未将心室内充盈的血液全部射出。搏出量占心室舒张末期容积的百分比，称为**射血分数**（ejection fraction），即：

$$射血分数 = \frac{搏出量（mL）}{心室舒张末期容积（mL）} \times 100\%$$

健康成年人的射血分数在安静状态下为 55%~65%。射血分数与心肌的收缩能力有关，心肌收缩越强，搏出量越大，射血分数增加。对于心室功能减退、心室异常扩大的患者，搏出量可能与正常人无明显差异，但心室舒张末期容积增大，射血分数明显降低。因此与搏出量相比，射血分数能更准确地反映心脏泵血功能，对早期发现心脏泵血功能异常具有重要的临床指导意义。

**2. 心输出量和心指数** 一侧心室每分钟射出的血量称为**心输出量**（cardiac output），又称**每分输出量**（cardiac minute output）。左右心室的心输出量基本相等。心输出量等于心率与搏出量的乘积。若心率为 75 次/min，搏出量为 70 mL，则心输出量约为 5 L/min。心输出量与机体的新陈代谢水平相适应。正常成年男性在安静状态下心输出量为 4.5~6.0 L/min，女性的心输出量比同体重的男性要低 10% 左右，青年人的心输出量大于老年人。成年人在剧烈运动时的心输出量可高达 25~30 L/min。

身材矮小者和身材高大者的新陈代谢水平不同，心输出量也不同。因此，对不同身材的个体仅用心输出量作为指标进行比较是不全面的。人在安静时的心输出量和基础代谢率（见下篇第七章能量代谢和体温）一样，并不与体重成正比，而与体表面积成正比。以单位体表面积（$m^2$）计算的心输出量称为**心指数**（cardiac index）。中等身体的成年人体表面积为 1.6~1.7 $m^2$，安静和空腹情况下心输出量为 5~6 L/min，故心指数为 3.0~3.5 L/（min·$m^2$）。静息状态下的心指数可评定不同个体的心功能。

### （二）心做功量

心脏所做的功可分为两类：一是外功，主要指心室收缩而产生和维持一定压力（室内压）并推动血液流动（心输出量）所作的机械功，也称压力-容积功；二是内功，指心脏活动中用于完成离子跨膜主动转运、产生兴奋和收缩、产生维持心壁张力、克服心肌组织内部的黏滞阻力等所消耗的能量。

心室每搏动一次所做的机械外功，称为**每搏功**（stroke work），在安静状态下，心肌收缩射血所释放的机械能主要是用于维持血压，仅 1% 用来推动血液流动，在计算心脏做功量时可忽略不计。因此每搏功可按射血时心室内压力变化与容积变化的乘积来进行计算，即：

$$每搏功 =（射血期左心室内压 - 左心室舒张末期内压）\times 搏出量$$

心室每分钟收缩射血所做的功，称为**每分功**（minute work），等于每搏功乘以心率。

当动脉血压升高时，为克服加大的射血阻力，心肌必须增加收缩强度才能射出与原先同等量的血液，因而心脏做功量必定增加。因此用心脏做功量来评价心脏泵血功能将更为全面，尤其是在动脉血压不同的个体之间或在同一个体动脉血压发生改变时，用心脏做功量来比较心脏泵血功能更显其优越性。

正常情况下，左右心室的心输出量基本相等，但肺动脉平均压仅为主动脉平均压的 1/6 左右，因此，右心室的做功量也只有左心室的 1/6 左右。

### (三) 心脏泵血功能的储备

健康成年人在安静状态下，心输出量约为 5 L/min；剧烈运动时，心输出量可达 25~30 L/min。心输出量随机体代谢的需要而增加的能力，称心泵功能储备或**心力储备**（cardiac reserve），反映了心脏的健康程度，可用心脏每分钟的最大输出量来表示。体育锻炼可提高心力储备，但某些心脏病患者运动时的心输出量不能增加，患者出现心悸、气促等症状，说明其心力储备明显降低。

心力储备的大小主要取决于搏出量和心率能够提高的程度，因而心力储备包括**搏出量储备**（stroke volume reserve）和**心率储备**（heart rate reserve）。

**1. 搏出量储备** 是心室舒张末期容积和收缩末期容积之差，又可分为收缩期储备和舒张期储备。安静时，心室舒张末期容积约为 125 mL，收缩末期容积为 55 mL，搏出量为 70 mL。由于心室腔不能过度扩大，一般只能达到 140 mL，因此舒张期储备仅 15 mL 左右；而当心肌最大程度收缩时，心室收缩末期容积不足 20 mL，因此收缩期储备可达 35~40 mL。收缩期储备要比舒张储备大得多。

**2. 心率储备** 正常成年人安静时的心率为 60~100 次/min。当心率加快达 160~180 次/min 时，心输出量可增加至静息时的 2~2.5 倍，称为心率储备。然而，心率过快时（超过 180 次/min），由于舒张期过短，心室充盈不足，可导致搏出量和心输出量减少。

## 四、影响心脏泵血功能的因素

心输出量是衡量个体心脏泵血功能的重要指标。心输出量等于搏出量与心率的乘积，因此凡是能影响搏出量和心率的因素，均可影响心脏泵血功能。搏出量的多少则取决于心室的前负荷、后负荷和心肌收缩能力等。

### (一) 前负荷

**1. 心室肌的前负荷** 指心脏收缩前遇到的负荷，心室舒张末期容积相当于心室的前负荷。由于测量心室内压力比测定心室容积更方便，且心室舒张末期容积与压力在一定范围内具有相关性，故在实验中常用心室舒张末期压力来反映前负荷。

**2. 心肌异长自身调节** 前负荷可使骨骼肌在收缩前处于一定的初长度，与骨骼肌相似，心肌的初长度对心肌收缩力具有重要影响。但心肌的初长度和收缩功能之间的关系具有特殊性。在实验中逐步改变心室舒张末期压力值，将相对应的搏出量或每搏功的数据绘制成曲线，称为心室功能曲线（图 2-4-3）。心室功能曲线大致可分为三段：①心室舒张末期压力在 5~15 mmHg 范围内为曲线上升支，随着心室舒张末期压力增大，心室每搏功也增大。心室舒张末期压力增高到 12~15 mmHg 时，是心室的最适前负荷。②心室舒张末期压力在 15~20 mmHg，心室功能曲线趋于平坦，说明前负荷的改变对每搏功和心室泵血功能的影响不大。③心室舒张末期压力超过 20 mmHg，曲线平坦或轻度下倾，但不会出现明显降支，说明当前负荷的增加超过了一定的限度后，心肌纤维的初长度就不再明显增加，每搏输出量也就不再增加，其主要原因是由于心肌细胞外间质含大量胶原纤维，阻止心肌细胞被继续拉长。只有在发生严重病理变化的心室，心功能曲线才出现降支。

从心室功能曲线看，在增加前负荷（初长度）时，心室收缩力加强，搏出量增多，每搏功增大。这种通过改变心肌初长度而引起心肌收缩力改变的调节，称为**心肌异长自身调节**（myocardial heterometric autoregulation）。其主要的生理意义是对搏出量的微小变化进行精细调节，使

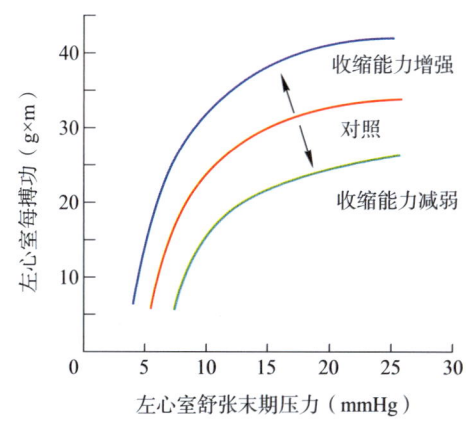

图 2-4-3 心室功能曲线

心室射血量与静脉回心血量之间保持平衡，从而使心室舒张末期容积和压力保持在正常范围内。当某一时刻静脉回流量增加时，心室的充盈量也增加，通过异长自身调节，搏出量也会增加，从而保证心输出量始终与静脉回流量相一致。但若循环功能发生较大、持续时间较长的改变，如肌肉运动时的循环功能改变，仅靠异长自身调节不足以使心脏泵血功能满足机体当时的需要，此时还需要通过调节心肌收缩力来进一步加强心脏泵血功能。

**3. 影响前负荷的因素** 心室的前负荷主要取决于心室舒张末期充盈的血液量。凡能影响心室舒张期充盈量的因素，都可通过异长自身调节使搏出量发生改变。心室舒张末期充盈量是静脉回心血量和射血后心室内剩余血量之和。在多数情况下，静脉回心血量的多少是决定心室前负荷大小的主要因素，其受到心室充盈时间、静脉回流速度、心室顺应性和心包腔内压力等因素的影响。射血后心室内的剩余血量与心肌收缩力（射血分数）有关。假如静脉回心血量不变，当动脉血压突然升高使搏出量暂时减少时，射血后心室内剩余血量增多，可使心室充盈量增多。但实际上，射血后心室内剩余血量增加时，舒张末期心室内压也增高，静脉回心血量将会随之减少，因而心室充盈量并不一定增加。

### （二）后负荷

心室肌的后负荷指心室射血时遇到的阻力，即大动脉血压。在心肌初长度、收缩能力和心率均不变的前提下，如果大动脉血压增高，即心室肌后负荷增加，心室射血所遇阻力增大，使心室等容收缩期延长而射血期缩短，射血速度减慢，搏出量减少。

大动脉血压的改变不仅影响搏出量，还能继发性引起心脏内的一些调节活动。当大动脉压突然升高而使搏出量减少时，射血后心室内剩余血量将增多，即心室收缩末期容积增多。若舒张期静脉回心血量不变或无明显减少，则心室舒张末期容积将增大。此时可通过异长自身调节加强心肌的收缩力量，使搏出量回升，从而使心室舒张末期容积逐渐恢复到原来水平。

在整体条件下，正常人主动脉压在 80～170 mmHg 范围内波动时，心输出量一般并不发生明显改变。这是由于当动脉血压升高导致搏出量减少时，射血后心室内剩余血量将增多，通过异长自身调节机制来维持正常搏出量，还通过神经和体液调节机制以等长调节的方式改变心肌收缩能力，使搏出量恢复。其生理意义在于当大动脉在一定范围内改变时，可通过前负荷和心肌收缩能力的调节，保证心输出量相对稳定。但当大动脉压超过一定范围并长期持续时，心室肌由于长期收缩加强，心脏做功增加而心脏效率降低，久之心肌逐渐发生肥厚，最终导致泵血功能减退，见于高血压心脏病。

### （三）心肌收缩能力

心肌不依赖于前后负荷而能改变其力学活动（包括收缩速度和强度）的内在特性，称为心肌收缩能力。当心肌收缩能力增强时，心功能曲线左上移位；当心肌收缩能力减弱时，心功能曲线右下移位（图 2-4-3）。这种在心肌初长度保持不变的情况下，通过改变心肌收缩能力，从而调节心脏泵血功能，称为**心肌等长调节**（myocardial homometric regulation）。

心肌收缩能力受多种因素影响，主要是影响心肌细胞兴奋-收缩耦联过程的因素起作用，如活化横桥数目、兴奋时胞浆中 $Ca^{2+}$ 的浓度、肌球蛋白 ATP 酶活性等。神经、体液和药物等多种因素都可通过改变心肌收缩能力来调节搏出量，如儿茶酚胺（去甲肾上腺素和肾上腺素）、钙增敏剂（如茶碱）可增加心肌收缩能力；乙酰胆碱、缺氧、酸中毒等可降低心肌收缩能力。

### （四）心率

心率在 40～160 次/min 范围内变化时，心输出量与心率成正比。尽管此时心室充盈时间有所缩短，但由于静脉回心血量的大部分在快速充盈期进入心室，心室充盈量和搏出量不会明显减少，因此随着心率增加可使心输出量明显增加。但是，如果心率过快，超过 180 次/min 时，心舒张期过短，心室充盈量减少，搏出量减少。可见心率加快不能抵消搏出量的减少，使心输出量随心率增快而降低。如果心率过慢，低于 40 次/min 时，将使心室舒张期过长，此时心室充盈早已接近最大限度，心舒张期的延长已不能进一步增加充盈量和搏出量，因此心输出量也减少。

## 五、心肌细胞的生物电现象

根据心肌的组织学和电生理学特点,可将心肌细胞分为**工作细胞**(working cell)和**自律细胞**(autorhythmic cell)。工作细胞包括心房肌和心室肌细胞,有稳定的静息电位,有收缩性、兴奋性和传导性,但没有自律性,其功能是产生心肌收缩。自律细胞构成了心脏的特殊传导系统,主要包括窦房结、房室交界、传导束(结间束、房室束、左右束支)和浦肯野纤维系统,有兴奋性、传导性、自律性,但没有收缩性。

📱 微课 2-4-1  离子通道概念的提出与动作电位学说

按照心肌细胞动作电位去极化的快慢及其产生机制,又可将心肌细胞分为**快反应细胞**(fast response cell)和**慢反应细胞**(slow response cell)。快反应细胞的动作电位去极化相是由钠通道开放,$Na^+$内流引起的,0期去极化速率很快,故名快反应细胞,包括心房、心室肌和浦肯野细胞。慢反应细胞的动作电位去极化相是由钙通道开放,$Ca^{2+}$内流引起的,去极化速度慢、幅度小,故名慢反应细胞,包括窦房结和房室结细胞等。

### (一)工作细胞的跨膜电位及其形成机制

**1. 静息电位**  心肌工作细胞的静息电位约为 –90 mV,其形成机制与骨骼肌细胞和神经细胞的类似,心室肌细胞的静息电位也是$K^+$跨膜扩散形成的电-化学平衡电位,简称$K^+$平衡电位。

📱 微课 2-4-2  心肌细胞动作电位形成机制

心室肌细胞膜上存在丰富的**内向整流钾通道**(inward rectifier $K^+$ channel, $I_{K1}$),属于非门控通道,不受电压或化学信号的控制,但其开放程度受膜电位的影响。心肌工作细胞的静息电位总是略小于$I_{K1}$平衡电位,其原因一是心肌细胞膜上在静息时对$Na^+$也有一定通透性,这是一种**钠背景电流**($Na^+$ background current),可部分抵消细胞内的负电位;二是生电性钠泵对$Na^+$和$K^+$的不对等转运使细胞内的负电位增大。因此,心肌细胞静息电位是以上几个方面因素综合活动的结果。

📱 拓展阅读 2-4-1  内向整流钾通道

**2. 心室肌细胞动作电位**  心室肌细胞的动作电位明显不同于神经细胞和骨骼肌细胞,其特征是复极过程复杂,持续时间长,动作电位的升支和降支不对称。可分为去极化和复极化两个过程,进一步可分为 0、1、2、3、4 五个时期(图 2-4-4)。

(1)0期(快速去极化期):心室肌细胞受刺激而兴奋发生去极化,膜电位由静息状态时 –90 mV 迅速上升到 +30 mV 左右,构成动作电位的上升支,其幅度约为 120 mV。但持续时间很短,仅 1~2 ms。心室肌细胞动作电位 0 期主要是由电压门控钠通道开放和$Na^+$内流引起的。当去极化达到阈电位(–70 mV)时,钠通道迅速大量激活开放。这种钠通道开放和关闭的速度都很快,又称为快通道,可被**河鲀毒素**(tetrodotoxin,TTX)所阻断。

(2)1期(快速复极初期):动作电位达

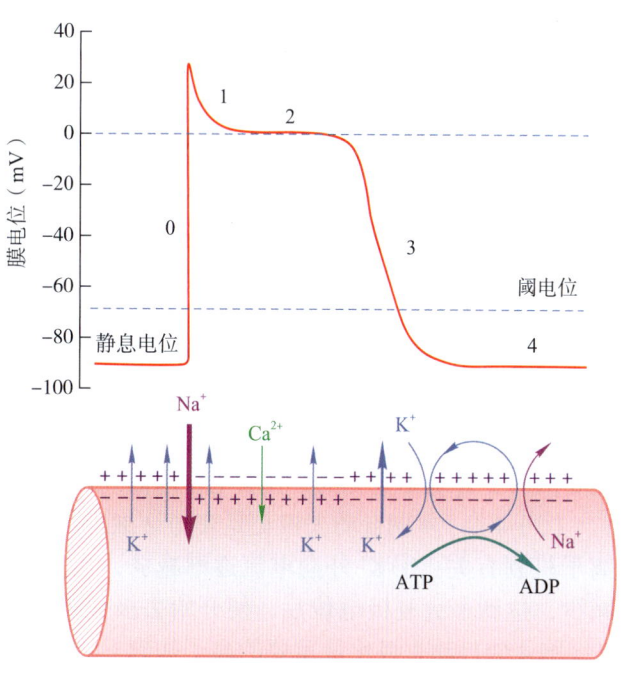

图 2-4-4  心室肌细胞跨膜电位及其离子流示意图

到峰值后，膜电位由 +30 mV 迅速下降到 0 mV 左右，形成动作电位快速复极初期，波形上呈尖峰状，即 1 期。历时约 10 ms。0 期和 1 期合称为锋电位。1 期快速复极化主要由于钠通道已失活，$K^+$ 的外流而形成。

（3）2 期（平台期）：当 1 期复极接近 0 mV 左右后，复极化过程变得非常缓慢，称为**平台期**（plateau）。历时 100~150 ms。这是心室肌细胞动作电位持续时间较长的主要原因，也是区别神经细胞和骨骼肌细胞动作电位的主要特征。在心室肌动作电位 2 期中，$Ca^{2+}$ 内流和 $K^+$ 外流同时存在，且流入和流出电荷量大致相等，因而膜电位在 0 mV 附近基本保持不变。随时间推移，$K^+$ 外流逐渐增多，$Ca^{2+}$ 内流逐渐减少，于是动作电位由 2 期进入 3 期。

2 期的 $Ca^{2+}$ 内流是由 L 型钙通道所介导，该通道属于电压门控通道。细胞膜去极化达到 -40 mV 时钙通道被激活，其激活、失活及复活的过程均较缓慢，可持续数百毫秒，又称慢通道。$Ca^{2+}$ 缓慢而持久内流是形成平台期主要原因。L 型钙通道可被 $Mn^{2+}$ 和多种 $Ca^{2+}$ 拮抗剂（如维拉帕米等）所阻断。

（4）3 期（快速复极末期）：L 型钙通道失活关闭，$K^+$ 外流进一步增强，复极速度加速，膜电位由 0 mV 快速下降至 -90 mV。历时 100~150 ms。

从 0 期去极化开始到 3 期复极化完毕的这段时间，称为**动作电位时程**（action potential duration，APD）。心室肌细胞的动作电位时程为 200~300 ms。

（5）4 期（静息期）：4 期膜电位虽已恢复到静息水平，但此时离子跨膜转运仍在活跃进行。其中最重要的活动是钠-钾泵、钙泵和钠-钙交换体的活动加强，将在动作电位时期流入膜内的 $Na^+$、$Ca^{2+}$ 移出，并将流至膜外的 $K^+$ 移入，使胞质内的离子水平恢复到静息的高钾、低钠和低钙的状态。

拓展阅读 2-4-2 心房肌细胞动作电位

**3. 心房肌细胞动作电位** 时程略短于心室肌细胞，也分为 0、1、2、3、4 期，其动作电位形成机制与离子流与心室肌细胞类似。心房肌细胞也属于快反应细胞。

（二）自律细胞的跨膜电位及其形成机制

自律细胞动作电位 3 期复极化末达到最大极化状态时的电位称为**最大复极电位**（maximum repolarization potential，MRP），此后 4 期膜电位并不稳定于这一水平，而是立即开始自动去极化，达到阈电位水平时爆发新的动作电位。自律细胞与工作细胞的最大区别在于没有稳定的静息电位。4 期自动去极化是自律细胞产生自动节律性兴奋的基础。不同类型的自律细胞其 4 期自动去极化的速度和机制有所不同。

**1. 窦房结细胞动作电位** 窦房结内的自律细胞为 P 细胞，其动作电位属于慢反应电位，窦房结 P 细胞动作电位去极化速度和幅度较小，没有 1 期和平台期，只有 0、3、4 期，而 4 期电位不稳定，最大复极电位绝对值小。窦房结细胞动作电位的不同时期及其形成的原理如下（图 2-4-5）。

（1）0 期：窦房结细胞的最大复极电位约为 -70 mV。当自动去极化达阈电位（约 -40 mV）时即可产生 0 期去极化而爆发动作电位。窦房结 P 细胞 0 期去极化主要依赖于 L 型钙通道，又由于钙通道激活过程比较缓慢，故其去极化速率较慢，持续时间较长，约 7 ms。这种 0 期去极化过程由慢钙通道介导的动作电位称为慢反应动作电位。

（2）3 期：窦房结 P 细胞动作电位无明显 1 期和 2 期，0 期去极化后直接进入 3 期复极化过程，主要依赖于 $I_K$ 通道来完成，使膜电位降低到最大复极电位。

（3）4 期：4 期自动去极化是窦房结细胞产生自律性的根本原因。4 期自动去极化的形成与 3 种离子机制有关：①$K^+$ 外向电流逐渐减弱，当窦房结细胞动作电位复极到 -50 mV 时，$K^+$ 外流开始减少，达到最大复极电位后，便开始去极化。$I_K$ 去激活关闭所造成的 $K^+$ 外流进行性衰减是窦房结 P 细胞 4 期自动去极化最重要的离子基础。②$I_f$ 是一种随时间而进行性增强的**内向离子通道**（funny channel），主要是 $Na^+$ 内流为主。$I_f$ 通道不同于快钠通道，其最大激活电位约为 -100 mV。正常情况

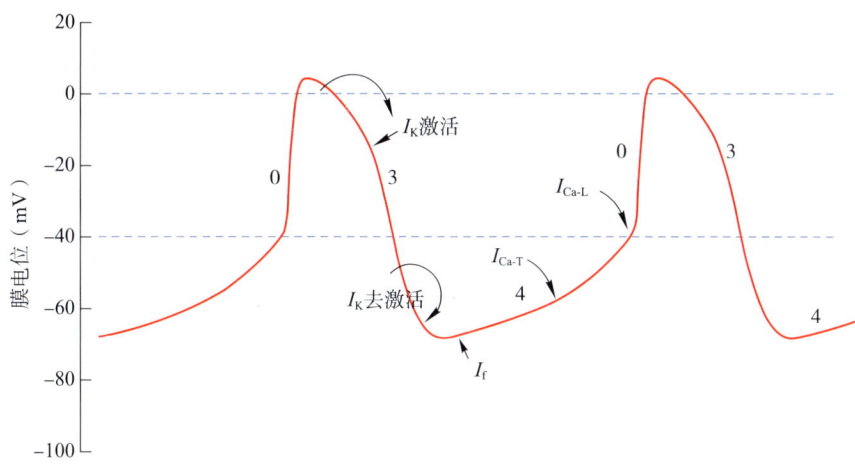

图 2-4-5　窦房结细胞动作电位发生机制示意图

下，窦房结 P 细胞的最大复极电位约为 –70 mV。在此电位水平，$I_f$ 通道的激活缓慢，电流较小，因此 $I_f$ 电流在窦房结 P 细胞 4 期自动去极化过程中所起的作用较小。$I_f$ 通道可被铯（Cs）阻断而不能被河鲀毒素阻断。③ T 型钙通道（T-type calcium channel）是一种阈电位较低的电压依赖型钙通道，形成快速衰减的内向钙电流（$I_{Ca-T}$）。当 4 期自动去极化到 –50 mV 时，T 型钙通道被激活开放，引起少量的钙内流，使细胞膜电位继续去极化达到能使 L 型钙通道激活的阈电位水平，后者的激活产生动作电位的上升支。T 型钙通道可被镍阻断，一般的钙拮抗剂对 T 型钙通道则无阻断作用。

**2. 浦肯野细胞动作电位**　浦肯野细胞兴奋时产生快反应动作电位，其形状与心室肌动作电位相似，也分为 0 期、1 期、2 期、3 期和 4 期。0~3 期的产生机制与心室肌细胞基本相同。4 期膜电位不稳定，出现自动去极化，这是与心室肌细胞动作电位最显著的不同之处。浦肯野细胞 4 期自动去极化的形成机制包括 $K^+$ 外向电流逐渐减弱和 $I_f$ 通道介导 $Na^+$ 内流电流增强。$I_f$ 电流的增强在浦肯野细胞 4 期自动去极化过程中起主要作用。由于 $I_f$ 通道在浦肯野细胞分布很低，其激活开放速度较慢，4 期自动去极化速度很慢，因而自动节律性较低。

## 六、心肌的生理特性

心肌细胞的生理特性包括**兴奋性**（excitability）、**自动节律性**（autorhythmicity）、**传导性**（conductivity）和**收缩性**（contractility），其中前三种属于电生理特性，收缩性则为机械特性。心肌的电生理特性和机械特性是相互紧密联系的，都是以心肌细胞膜的生物电为基础的。

### （一）兴奋性

**1. 影响心肌细胞兴奋性的因素**　心肌细胞兴奋的产生包括细胞膜去极化达到阈电位水平及引起 0 期去极化的离子通道的激活两个环节，任何能影响这两个环节均可改变心肌细胞的兴奋性。

拓展阅读 2-4-3　影响心肌细胞兴奋性的因素

**2. 兴奋性的周期性变化**　兴奋性指细胞在受到适当刺激时产生动作电位的能力。可用阈强度来衡量心肌兴奋性的高低。心肌细胞发生一次兴奋时，其膜电位发生一系列规律性变化，兴奋性也发生相应的周期性变化。现以心室肌细胞为例，说明在一次兴奋过程中兴奋性的周期性变化（图 2-4-6）。

（1）有效不应期：从 0 期去极化开始到复极化 3 期膜电位达 –55 mV 这一段时间内，无论给予多强的刺激，都不会引起心肌细胞产生去极化反应，此段时期称为**绝对不应期**（absolute refractory period，ARP）。从复极至 –55 mV 继续复极至 –60 mV 这段时间内，若给予阈上刺激虽可引起局部反应，但仍不会产生新的动作电位，这一时期称为**局部反应期**（local response period，LRP）。上述两

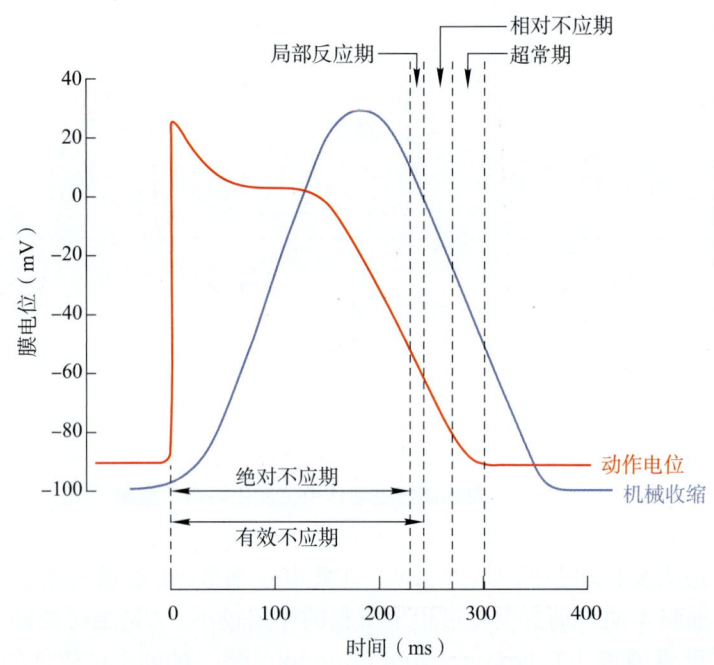

图 2-4-6　心室肌细胞动作电位、机械收缩与兴奋性变化的关系示意图

段时期合称为**有效不应期**（effective refractory period，ERP）。此期心肌细胞的兴奋性暂时缺失是由于钠通道完全失活或尚未恢复到可以被激活的备用状态，任何刺激都不能使心肌细胞再次产生新的动作电位和机械收缩。心肌的有效不应期特别长是心室肌细胞重要的电生理特性。

（2）相对不应期：从膜电位复极化 –60 mV 至 –80 mV 这段时间内，若给予阈上刺激，可使心肌细胞产生动作电位，此期称为**相对不应期**（relative refractory period，RRP）。此期内大部分钠通道已经逐渐复活到备用状态，但开放能力未达到正常状态，兴奋性有所恢复但仍低于正常，故需阈上刺激方能引起新的动作电位。

（3）超常期：从复极化 –80 mV 到 –90 mV 这一时间内，阈下刺激即可引起新的动作电位，此期称为**超常期**（supranormal period，SNP）。由于钠通道已基本恢复到可被激活的备用状态，且膜电位水平与阈电位接近，使其兴奋性高于正常，因而阈下刺激即可引起兴奋。

**3. 兴奋性的周期变化与收缩活动的关系**

（1）心肌不发生完全强直收缩：与骨骼肌细胞相比，由于平台期的存在，心室肌细胞的有效不应期特别长，时间上相当于心肌机械活动的收缩期和舒张早期。因此心肌不会像骨骼肌那样发生完全强直收缩，而始终作收缩与舒张交替活动，保证心室有足够的时间充盈。

（2）期前收缩和代偿间歇：在正常情况下，当窦房结产生的兴奋传到心房肌和心室肌时，心房肌和心室肌前一次兴奋的不应期均已结束，因此能不断产生新的兴奋，于是整个心脏按照窦房结的节律进行活动。如果在心室肌的有效不应期后，下一次窦房结兴奋传来前，心室受到一次外来刺激，则可提前产生一次兴奋和收缩，分别称为**期前兴奋**（premature excitation）和**期前收缩**（premature systole），也称过早搏动（早搏）。

期前收缩也有其自身的有效不应期，当紧接在期前兴奋后的传来的窦房结兴奋正好落在期前兴奋的有效不应期内，则此次正常下传的窦房结兴奋将不能引起心室的兴奋和收缩。因此，一次期前收缩之后所出现的一段较长的舒张期称为**代偿间歇**（compensatory pause）（图 2-4-7），然后再恢复窦性节律。一次期前收缩之后不是一定会出现代偿性间歇。若窦性心律过慢，下一次窦房结的兴奋也可在期前兴奋的有效不应期结束后才传到心室，在这种情况下，代偿性间歇将不会出现。

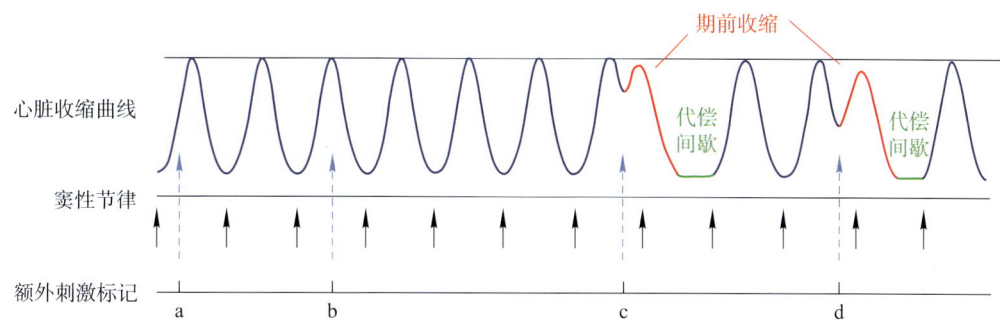

图 2-4-7 期前收缩和代偿间歇

额外刺激 a、b 落在有效不应期，不引起反应；额外刺激 c、d 落在相对不应期内，引起期前收缩和代偿间歇

## （二）自动节律性

心脏在没有外来因素作用下，能够自动地产生节律性兴奋的特性，称为**自动节律性**，简称自律性。自律性的高低可用单位时间（1 min）内自动发生节律性兴奋的次数（即频率）来衡量。自律性产生的电生理基础是 4 期自动去极化。

心肌的自律性来源于特殊传导系统的自律细胞，其中窦房结 P 细胞的自律性最高为 100 次/min，但由于受到迷走神经紧张的影响，其自律性表现为 70 次/min 左右；房室结和房室束分别 50 次/min 和 40 次/min；浦肯野细胞的自律性最低，约 25 次/min。窦房结最先发出节律兴奋，依次激动心房肌、房室交界、房室束、心室内传导组织和心室肌，引起整个心脏兴奋和收缩。窦房结是主导整个心脏兴奋和跳动的部位，称**正常起搏点**（normal pacemaker）。由窦房结起搏而形成的心脏节律称为窦性节律。其他部位的自律组织受窦房结的控制，并不表现出自身的节律性，只起着兴奋传导的作用，称为**潜在起搏点**（latent pacemaker）。异常情况下，潜在起搏点可控制部分或整个心脏的活动，称为**异位起搏点**（ectopic pacemaker）。

**1. 窦房结对潜在起搏点的控制机制**

（1）抢先占领：由于窦房结的自律性高于其他潜在起搏点，在潜在起搏点 4 期去极化尚未达到阈电位之前，它们已经受到从窦房结发出并依次传来的兴奋的激动作用而产生动作电位。由于抢先占领的作用，潜在起搏点自身的自律性不能表现出来。

（2）超速驱动压抑：当自律细胞受到高于其固有频率的刺激时，就按外加刺激的频率发生兴奋，在外加刺激停止后，自律细胞不能立即呈现其固有的自律性活动，需静止一段时间后才逐渐恢复其自律性。这种现象称为**超速驱动压抑**（overdrive suppression）。频率差距越大，压抑效应愈强，驱动中断后停止活动的时间也愈长。由于窦房结的自律性远高于其他潜在起搏点，它的活动直接抑制潜在起搏点自律性就是一种超速驱动压抑。

**2. 影响心肌自律性的因素**

（1）4 期自动去极化速度：在最大复极电位和阈电位水平不变的情况下，4 期自动去极化速度越快，达到阈电位水平所需时间越短，自律性越高。反之，则自律性降低。4 期自动去极化速度是影响自律性的主要因素。

（2）最大复极电位水平与阈电位之间的差距：最大复极电位的绝对值减小，或阈电位水平下移，都能使二者之间的差距缩短，因此自动去极化达到阈电位水平所需时间减少，自律性就增高；相反则自律性降低。

## （三）传导性

心肌的传导性指心肌细胞具有传导兴奋的能力或特性，通常以其传导动作电位的速度作为衡量指标。心肌的兴奋传导不仅发生在同一细胞上，而且能通过缝隙连接在心肌细胞之间进行。在心肌，这种缝隙连接称为闰盘,心肌细胞间的闰盘结构形成低电阻区,使心室肌成为功能性合胞体,收缩的同步性较高。

心脏的特殊传导系统包括窦房结、房室结、房室束、左右束支和浦肯野纤维网,它们是心内兴奋传导的重要结构基础。由于各部分心肌细胞电生理特性不同,细胞间的缝隙连接分布密度和类型不同,使得兴奋在心脏各个部位的传导速度也不同。

在正常情况下,起源于心脏内正常起搏点的窦房结产生的兴奋能直接传给心房肌纤维,房内传导速度为 0.4 m/s。心房内有一些肌束组成优势传导通路,其传导速度较快(1.0~1.2 m/s),然后将兴奋直接传导房室结,也称房室交界。兴奋在房室交界处传导非常缓慢,约为 0.02 m/s。导致其传导速度慢的可能原因有:①纤维直径细小,仅为 0.3 μm;②细胞间闰盘上的缝隙连接数量比普通心肌少;③这些纤维由较为胚胎型的细胞所构成,分化程度低,传导兴奋能力也较低。由于房室结区传导速度缓慢,且是兴奋由心房向心室传导的唯一通道,因此兴奋经过此处将出现一个时间延搁,称为**房室延搁**(atrioventricular delay)。房室延搁具有重要生理意义,保证心室在心房收缩完毕之后才开始收缩,故有利于心室的充盈和射血。当兴奋传至房室束、左右束支和浦肯野纤维网后,传导速度骤然加快,达到 2~4 m/s,兴奋可迅速传播到左、右心室,保证了左右心室同步收缩。

心肌的传导性受结构和生理两方面因素的影响。

(1)结构因素:心肌细胞直径越大,其电阻越小,局部电流越大,传导速度越快;反之传导速度则慢。浦肯野细胞直径最大,且缝隙连接数量多,因此传导速度最快。房室交界结区细胞的直径最小,传导速度最慢。另外,细胞间缝隙连接的数量和开放状态是决定传导性的另一重要结构因素。在窦房结和房室交界处,细胞间缝隙连接数量少,传导速度较慢。

(2)生理因素:心肌的电生理特性是决定和影响心肌传导性的主要因素。心脏内兴奋的传导过程即动作电位的传导过程,动作电位的传导受到以下因素的影响。

1)动作电位 0 期去极化速度和幅度:已兴奋部分的动作电位去极化所形成的局部电流对未兴奋部位的细胞膜构成阈上刺激,从而使邻近未兴奋的膜去极化。动作电位 0 期去极化速度和幅度越大,对邻近未兴奋膜的刺激也就越大,后者就越容易发生兴奋,是影响心肌传导速度最重要的因素。

2)邻近未兴奋部分心肌的兴奋性:只有邻近未兴奋部位心肌的兴奋性是正常的,不是处于不应期时,兴奋才可以传导过去。当静息膜电位(在自律细胞为最大复极电位)增大或阈电位水平抬高时均可导致兴奋性降低,膜去极化达到阈电位所需时间延长,故传导速度减慢;反之,则传导加快。此外,如果邻近未兴奋部位膜处于相对不应期或超常期内,使膜中部分钠通道处于失活的状态则产生动作电位 0 期去极化速度和幅度都将降低,使传导速度减慢。

(四)收缩性

心肌和骨骼肌都属于横纹肌,收缩原理基本相似,但有其自身特点。

**1. 心肌收缩的特点**

(1)同步收缩或"全或无"式收缩:参与骨骼肌同步收缩的肌纤维数量取决于支配它的神经纤维和刺激强度的大小。与骨骼肌细胞不同,心肌细胞间有低电阻的闰盘存在,兴奋可以通过缝隙连接在细胞间迅速传播,引起所有细胞几乎同步兴奋和收缩。因此,整个心室(或整个心房)可以看成一个功能合胞体,房室交界传导纤维是唯一连接心房与心室的结构。心肌一旦兴奋,心房和心室这两个功能合胞体的所有心肌细胞将先后发生同步收缩,从而保证了心脏有效的泵血功能。

(2)不发生完全强直收缩:心室肌细胞的有效不应期特别长,相当于整个收缩期和舒张早期,此期内不会引发新的兴奋和收缩活动,心室肌不会发生完全强直收缩,确保心脏舒缩活动交替进行。

(3)对细胞外 $Ca^{2+}$ 依赖性:心肌细胞的肌质网不如骨骼肌发达,$Ca^{2+}$ 贮备量较少,故其兴奋-收缩耦联过程中高度依赖于细胞外 $Ca^{2+}$ 的内流。心肌细胞兴奋时,细胞外 $Ca^{2+}$ 经 L 型钙通道内流，触发肌质网释放大量 $Ca^{2+}$ 而使胞质 $Ca^{2+}$ 浓度升高引起心肌收缩，这一过程称为**钙诱导钙释放**（calcium-induced calcium release，CICR）。细胞外 $Ca^{2+}$ 浓度增加可增强心肌收缩力。

**2. 影响心肌收缩的因素** 凡能影响搏出量的因素，如前负荷、后负荷和心肌收缩能力，以及细胞外 $Ca^{2+}$ 浓度等，都能影响心肌收缩。

## 七、心音和心电图

### （一）心音

在心动周期中，心肌收缩、瓣膜启闭、血流速度改变形成湍流和血流撞击心室壁和大动脉壁引起的振动，都可通过周围组织传递到胸壁，用听诊器可在胸部某些部位听到相应的声音，即为**心音**（heart sound）。若用传感器将这些机械振动转换成电信号记录下来，便可得到心音图。

心音发生在心动周期的一些特定时期，其音调和持续时间也有一定的特征。正常人的心脏在一次搏动过程中，可产生 4 个心音，即第一、第二、第三和第四心音。通常用听诊的方法只能听到第一和第二心音，在某些青年人和健康儿童可听到第三心音，用心音图可记录到 4 个心音。

**1. 第一心音** 标志心室收缩的开始，在心尖搏动处（左第五肋间锁骨中线上）听诊最为清楚，其特点是音调较低，持续时间较长。第一心音是由于房室瓣突然关闭引起心室内血液和室壁的振动，以及心室射血引起的大血管壁和血液涡流所发生的振动而产生的。

**2. 第二心音** 标志心室舒张的开始，在胸骨旁第二肋间（即主动脉瓣和肺动脉瓣听诊区）听诊最为清楚，其特点是音调较高，持续时间较短。第二心音的产生主要与主动脉瓣和肺动脉瓣关闭，血流冲击大动脉根部引起血液、管壁及心室壁的振动有关。

**3. 第三心音** 出现在心室快速充盈期之末，此时心室壁和乳头肌突然伸展及充盈血流突然减速而引起一种低音调、低振幅的振动。在部分健康儿童和青年人，偶尔可听到第三心音。

**4. 第四心音** 出现在心室舒张晚期，由心房收缩使血液进入心室而引起的振动，又称心房音。正常心房收缩时一般不产生声音，但异常强烈的心房收缩和左心室壁顺应性下降时可产生第四心音。

### （二）体表心电图

心脏各部分在兴奋过程中出现的电活动通过细胞外液等导电物质，可以在身体表面用电极记录到心脏兴奋过程中所发生的有规律的电变化曲线，称为**心电图**（electrocardiogram，ECG），或**体表心电图**（surface ECG）。体表心电图反映的是每个心动周期中心脏节律性兴奋的发生、传播和恢复过程的电位变化，与心脏的收缩和舒张无直接关系。

 微课 2-4-3 体表心电图

临床常用的心电图记录是通过国际通用的标准导联系统测量得到的，常规心电图导联包括 12 个导联。正常体表心电图是一组波形构成，用不同导联记录到的心电图都包含几个基本波形，即心脏每次兴奋过程中都会相继出现一个 P 波，一个 QRS 波群和一个 T 波，以及各波形之间形成的间期或时间段（图 2-4-8）。

**1. P 波** 反映心房去极化过程，波形小而圆钝，时程 0.08～0.11 s，波幅一般不超过 0.25 mV。

**2. QRS 波群** 反映心室去极化过程，波形尖锐、振幅较高、时程较短，为 0.06～0.1 s，代表兴奋在心室内传播所需的时间。QRS 波群增宽反映兴奋在心室内传导时间延长，表示可能有心室内传导阻滞或心室肥厚；QRS 波群幅值增高提示心肌肥厚。

**3. T 波** 反映心室复极化过程，波幅较低但不低于 R 波的 1/10，其方向与 QRS 波群的主波方向一致。时程为 0.05～0.25 s。如果出现 T 波低平、双向或倒置，称为 T 波改变，常见于多种生理、病理或药物作用下，临床意义需要仔细确定。

**4. U 波** 在 T 波后 0.02～0.04 s 可能出现一个低而宽的波，称为 U 波。U 波的意义和成因尚不清

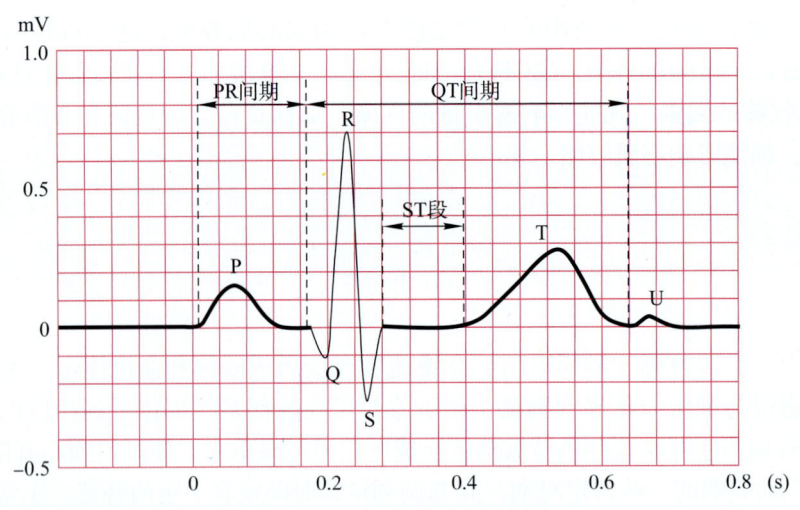

图 2-4-8　正常人体心电图模式图

楚，可能与浦肯野纤维网复极化有关。

**5. PR 间期**　从 P 波起点到 QRS 波起点之间的时程，为 0.12～0.2 s，代表窦房结产生的兴奋经心房、房室交界和房室束到达心室并引起心室肌开始兴奋所需要的时间，也称为房室传导时间。PR 间期延长说明存在房室传导阻滞。

**6. QT 间期**　从 QRS 波群起点到 T 波终点，代表心室开始去极化到完全复极化所经历的时间。QT 间期的时程与心率呈负相关。

拓展阅读 2-4-4　12 导联心电图

**7. ST 段**　从 QRS 波终点到 T 波起点，代表心室各部分细胞均处于去极化状态（相当于动作电位的平台期），各部分之间的电位差很小。正常时，ST 段应与基线平齐。心肌缺血或损伤时，ST 段会出现异常压低或抬高。

## 第二节　血管生理

### 一、各类血管的功能特点及分类

按照组织学结构，可将血管分为大动脉、小动脉、微动脉、毛细血管、微静脉、小静脉、中静脉和大静脉。依据生理功能的不同，可将血管分为以下几类。

**1. 弹性贮器血管（windkessel vessel）**　指主动脉、肺动脉主干及其发出的最大分支，管壁坚厚，富含弹性纤维，有明显的弹性和可扩张性。左心室收缩射血时，血液一部分向前流入外周，另一部分则储存在大动脉中，使大动脉管壁扩张。当心脏进入舒张期时，大动脉管壁的弹性回缩驱动储存的血液向前流动。大动脉的这种弹性贮器作用可使心脏间断的射血变成为血管系统中连续的血流。

**2. 分配血管（distribution vessel）**　指中动脉，从弹性贮器血管以后到分支为小动脉前的动脉管道。其膜的平滑肌较多，故管壁收缩性较强，其功能是将血液输送至各器官组织。

**3. 毛细血管前阻力血管（precapillary resistance vessel）**　包括小动脉和**微动脉（arteriole）**，管径较细，对血流的阻力较大。微动脉管壁含有丰富血管平滑肌，在平时保持一定的紧张性收缩，它们的舒缩活动可引起血管口径的明显变化，从而改变所在器官、组织的血流阻力和血流量。

**4. 毛细血管前括约肌（precapillary sphincter）**　指环绕在真毛细血管起始部的平滑肌，属于阻力血管的一部分。其舒缩活动可控制某一时间内毛细血管的开放和关闭数量。

5. **交换血管**（exchange vessel） 指毛细血管，口径小，管壁仅由单层内皮细胞组成，外面有一层薄层基膜，故通透性很高，成为血管内血液和血管外组织液进行物质交换的场所。

6. **毛细血管后阻力血管**（postcapillary resistance vessel） 指微静脉（venules），管径小，对血流也产生一定阻力。其舒缩活动可影响毛细血管前后阻力的比值，影响体液在血管内和组织间隙内的分布。

7. **容量血管**（capacitance vessel） 即为静脉系统。与同级动脉相比，静脉数量较多、口径大、管壁薄、可扩张性较大。在安静状态下，循环血量的60%~70%容纳在静脉中。因此，静脉系统具有血液储存库的作用。

8. **短路血管**（shunt vessel） 指小动脉和小静脉之间的吻合支，主要分布在手指、足趾、耳郭等处的皮肤，在功能上与体温调节有关。

## 二、血流量、血流速度、血流阻力和血压

血流动力学应用物理流体力学理论，研究血流量、血流阻力、血压及其之间的相互关系。由于血管系统是比较复杂的弹性管道系统，血液是含有血细胞与胶体物质等多种成分的液体，因此血流动力学既具有一般流体力学的共性，又有其自身的特点。

### （一）血流量和血流速度

单位时间内流过血管某一截面的血量称血流量，通常以 mL/min 或 L/min 为单位。血流速度指血液中的一个质点在血管内移动的线速度，通常以 cm/s 或 m/s 为单位。血流速度与血流量成正比，与血管的总横截面积成反比。毛细血管总横截面积最大而主动脉总横截面积最小，因此血流速度在毛细血管中最慢而在主动脉中最快。

1. **泊肃叶定律** 单位时间内液体的流量（Q）与管道两端的压力差（$\Delta P$）及管道半径（r）的4次方成正比，与管道长度（L）和液体的黏滞性（$\eta$）成反比。即：

$$Q = \frac{\pi \Delta P r^4}{8 \eta L}$$

2. **血流方式** 血液在血管内的流动方式可分为**层流**（laminar flow）和**湍流**（turbulent flow）。在层流的情况下，液体的每个质点流动方向一致，与管道的长轴平行，但各质点的流速不同，在血管轴心处流速最快，越靠近管壁，流速越慢。泊肃叶定律适用于层流状态。

湍流指血流速度加速到一定程度之后，层流情况即被破坏，血流中各个质点的流动方向不再一致，出现漩涡。在湍流的情况下，泊肃叶定律不再适用。

在管流中，判断层流和湍流的参数称为**雷诺数**（Reynolds number，Re），即：

$$Re = \frac{VD\rho}{\eta}$$

V：血液在血管内的平均流速（单位为 cm/s）；D：管腔直径（单位为 cm）；$\rho$：血液密度（单位为 $g/cm^3$）；$\eta$：血液黏滞度（单位为 $dyn \cdot s/cm^2$，也称泊）；Re：Reynolds 常数，没有单位。当 Re 数超过 2 000 时就可发生湍流。由上述公式可知，在血流速度快、血管口径大、血液黏滞度低的情况下，容易发生湍流。

在生理情况下，心室腔和主动脉内的血流方式是湍流，一般认为这有利于血液的充分混合；其余血管系统中的血流方式是层流。但在病理情况下，如房室瓣狭窄、主动脉狭窄及动脉导管未闭等，均可因湍流形成而产生杂音。

### （二）血流阻力

血液在血管内流动时所遇到的阻力称为血流阻力，是血液流动时血液和血管壁之间及血液内部的

摩擦力形成的。消耗的能量一般表现为热能，这部分热能不再转换成动能。因此血液流动时能量逐渐消耗，使血压逐渐降低。在湍流情况下，血液在血管的流动方向不一致，阻力更大，消耗的能量更多。在生理状态下，小动脉及微动脉是产生阻力的主要部位。

在层流状态下，血流量（Q）与血管两端的压力差（$P_1 - P_2$）成正比，与血流阻力（R）成反比，计算公式如下：

$$Q = \frac{(P_1 - P_2)}{R}$$

结合泊肃叶定律，可得到血流阻力的计算公式，即：

$$R = \frac{8\eta L}{\pi r^4}$$

由该式可知，血流阻力与血管长度和血液黏滞性成正比，与血管半径4次方成反比。由于血管的长度变化很小，血流阻力主要取决于血管半径和血液黏滞度，其中血管半径是影响血流阻力的最主要因素。当血管半径减小至1/2时，血流阻力将增加至原来的16倍。

（三）血压

血压指血液对单位面积血管壁的侧压力（压强）。按照国际标准计量单位规定，压强的单位为帕（Pa）（牛顿/米$^2$）、千帕（kPa）。但习惯上用毫米汞柱（mmHg）作为血压的单位，1 mmHg = 0.133 kPa。通常所说的血压是指动脉血压。大静脉压和心房压较低，常以厘米水柱（cmH$_2$O）为单位，1 cmH$_2$O = 0.098 kPa。

血液流动过程中，需要不断消耗能量以克服阻力，故血压逐渐降低。血压降落程度与该段血管的血流阻力成正比。主动脉和大动脉的阻力很小，血压降落的幅度也很小；小动脉的血流阻力较大，血压降落幅度也增大；微动脉段的血流阻力最大，血压降低也最显著。血液到达右心房的压力已接近0（图2-4-9）。

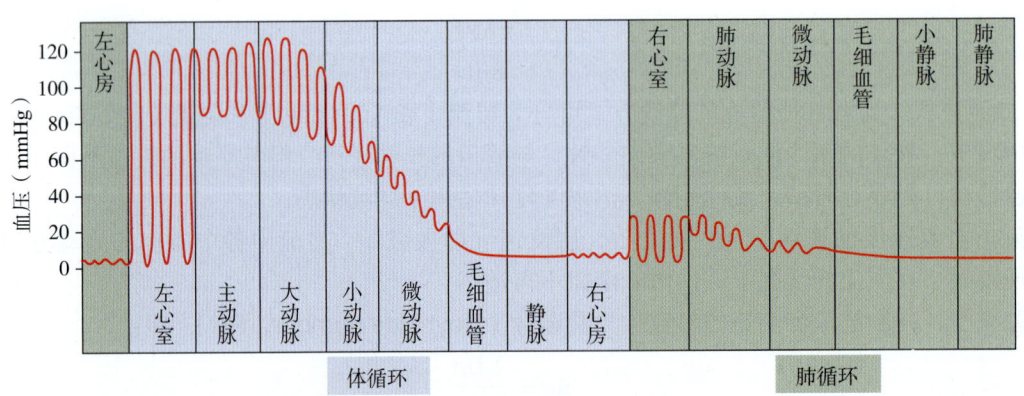

图2-4-9 正常人平卧位循环系统各部位血压示意图

## 三、动脉血压和动脉脉搏

**1. 动脉血压的形成**

（1）心血管系统有足够的血液充盈：是动脉血压形成的前提条件，血液充盈的程度可用循环系统平均充盈压来表示。在动物实验中，用电刺激造成心室颤动使心脏暂停射血与血流暂停，使循环系统中各处的压力都是相同的，这时压力数值就是循环系统平均充盈压，约为7 mmHg。循环系统平均充盈压的大小取决于循环血量和血管系统容量之间的相对关系，即：

$$循环系统平均充盈压 \propto \frac{循环血量}{血管容量} = 7 \text{ mmHg}$$

若循环血量增多或血管容量变小，则循环系统平均充盈压就增高。

（2）心脏射血：是动脉血压形成的必要条件。心室收缩时所释放的能量一部分用作推动血液流动的动能，另一部分则转化为势能使血管壁扩张，即压强能。在心室舒张时，大动脉发生弹性回缩，将储存的势能再转换为动能，推动血液继续向前流动。

（3）外周阻力：主要指小动脉和微动脉对血流的阻力。由于外周阻力的存在，心室每次收缩射出的血液只有 1/3 在收缩期流入外周，其余的暂时储存在主动脉和大动脉中，因而使得动脉血压升高。若没有外周阻力，那么在心脏收缩时射入大动脉的血液将全部迅速地流到外周，此时大动脉内的血压不能维持在正常水平。

（4）主动脉和大动脉的弹性贮器作用：在心脏射血期，主动脉和大动脉由于其弹性和可扩张性，可多容纳一部分血液，使得射血期动脉压不会过分升高。当进入心室舒张期，被扩张的大动脉发生弹性回缩，将射血期多容纳的血液继续流向外周，既可以将心室的间断射血转变为动脉内血液持续流动，又可以维持舒张期血压不会过度降低。

**2. 动脉血压的正常值**　动脉血压可用收缩压、舒张压、脉压和平均动脉压等数值来表示。**收缩压**（systolic pressure）指心室收缩期中期达到最高值时的血压。**舒张压**（diastolic pressure）指心室舒张末期动脉血压达到最低时的血压。**脉搏压**（pulse pressure）简称脉压，指收缩压和舒张压的差值。**平均动脉压**（mean arterial pressure）指一个心动周期中每一个瞬间动脉血压的平均值，大约等于舒张压加上 1/3 脉压（图 2-4-10）。在安静状态下，我国健康青年人的收缩压为 100~120 mmHg，舒张压为 60~80 mmHg，脉压为 30~40 mmHg。

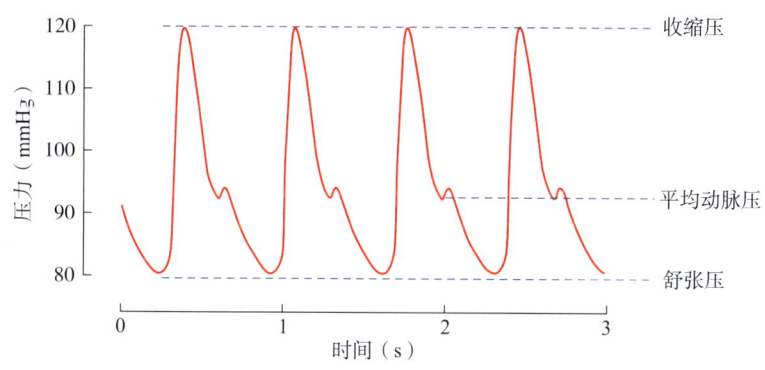

图 2-4-10　正常人收缩压、舒张压和平均动脉压示意图

**3. 影响动脉血压的因素**　在形成动脉血压的因素中，任何一个因素发生改变都会影响动脉血压。为了便于理解和讨论，皆假定其他因素不变时，单独分析某一因素变化时对动脉血压的影响。

（1）每搏输出量：每搏输出量增加时，心脏收缩期射入主动脉的血量增多，收缩压明显升高。但由于动脉血压升高，血流速度也随之加快，在心脏舒张末期存留在主动脉中的血量轻度增加，故舒张压升高的幅度相对较小，脉压增大。反之亦然。搏出量的变化主要影响收缩压，收缩压的高低主要反映每搏输出量的多少。

（2）心率：心率加快时，心动周期缩短，以舒张期缩短为主，舒张期血液从主动脉流向外周的时间也缩短，故使心舒张末期存留在主动脉的血量增多，导致舒张压升高。另一方面，由于心舒张期主动脉内存留的血量增多，导致心收缩期主动脉内血量增多，收缩压也相应升高，但由于血压升高血流速度加快，在心收缩期有较多的血液流向外周，从而导致收缩压升高程度较小，故脉压减小。反之，当心率减慢时，舒张压下降幅度比收缩压下降的幅度大，脉压增大。心率的变化对舒张压的影响较收缩压更显著。

（3）外周阻力：外周阻力增大时，血液流向外周的速度减慢，致使心舒张期内主动脉存留的血液增多，因而舒张压升高。在心收缩期，动脉血压升高使血液流速加快，因而收缩压升高不如舒张压升高明显，故脉压减小。反之，当外周阻力减小时，舒张压和收缩压均降低，但舒张压降低更显著，故脉压增大。通常情况下，外周阻力以影响舒张压为主，舒张压的高低主要反映外周阻力的大小。

（4）主动脉和大动脉的弹性贮器作用：弹性贮器作用对动脉血压起缓冲作用。老年人由于动脉管壁弹性降低、管壁硬化、可扩张性降低，导致血压的缓冲作用也就减弱。因而收缩压升高而舒张压降低，脉压明显增大。

（5）循环血量与血管系统容量的匹配情况：正常情况下，循环血量与血管系统容量是相适应的，产生一定的体循环平均充盈压。在大失血后，循环血量减少，此时如果血管系统容量变化不大，则体循环平均充盈压会降低，动脉血压将明显下降。另一方面，血管容量扩大也会导致血压下降。相反，增加循环血量或减小血管容积都可以使血压升高。

**4. 动脉脉搏**　动脉内压力和容积随着心脏的舒缩活动也发生周期性变化，从而导致动脉管壁发生周期性的搏动，称为**动脉脉搏**（arterial pulse）。动脉脉搏首先产生于主动脉，并能向外周血管传播。脉搏波并非血液在血管内的流动，而是血液推动引起血管壁的运动，其传播速度比血流速度快。动脉管壁的可扩张性越大，脉搏传播速度就越慢。故主动脉脉搏传播速度最慢。由于小动脉和微动脉的血流阻力最大，所以微动脉之后脉搏搏动大大减弱，到毛细血管脉搏基本消失。检查脉搏时一般选择桡动脉。

🅴 拓展阅读 2-4-5　动脉脉搏

## 四、微循环

**微循环**（microcirculation）指微动脉和微静脉之间的血液循环，其基本功能是运输营养物质到组织，并带走组织中的代谢废物。

### （一）微循环的组成

典型的微循环由微动脉、后微动脉、毛细血管前括约肌、真毛细血管、通血毛细血管、动-静脉吻合支和微静脉等部分组成（图 2-4-11）。微动脉是微循环的起点，通过管壁平滑肌舒缩活动调节微循环的血流量，是微循环的"总闸门"。微动脉分支成为管径更细的后微动脉，其管壁只有一层平滑肌。由此每根后微动脉供血给一根至数根真毛细血管。后者起始端通常有1~2个平滑肌细胞，形成环状的毛细血管前括约肌，起"分闸门"的作用，其收缩决定进入真毛细血管的血流量。真毛细血管管壁由单层内皮细胞构成，没有平滑肌，外面有一层薄层基膜包围，内皮细胞之间有微细裂隙，因此毛细血管的通透性较大。毛细血管数量大，与组织液进行物质交换的面积大。毛细血管的血液经微静脉进入静脉，最细的微静

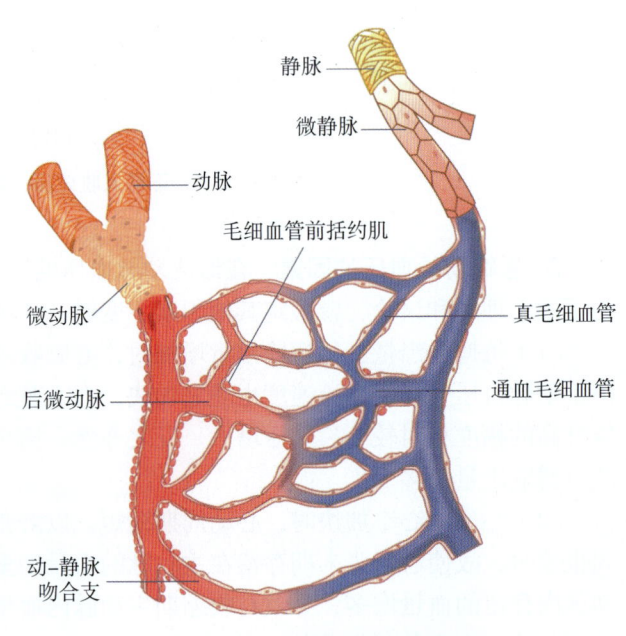

图 2-4-11　微循环的组成模式图

脉口径不超过 30 μm，管壁没有平滑肌，属于交换血管。较大的微静脉有平滑肌，属于毛细血管后阻力血管，起"后闸门"作用，其活动还受神经体液因素的影响。

### （二）微循环的血流通路与功能

**1. 迂回通路** 指血液从微动脉流经后微动脉、毛细血管前括约肌进入真毛细血管网，最后汇入微静脉的微循环通路。该通路中真毛细血管数量多、管壁通透性高、血流缓慢，是血液和组织液之间进行交换的主要场所，又称营养通路。

**2. 直捷通路** 指血液从微动脉经后微动脉和通毛细血管进入微静脉的通路。直捷通路常见于骨骼肌中，路径相对短而直，血流阻力较小，流速较快，常处于开放状态。主要功能是一部分血液经此通路快速进入静脉，保证静脉回心血量。此外，血液在此通路也可与组织液进行少量的物质交换。

**3. 动-静脉短路** 指血液从微动脉直接经过动-静脉吻合支而流入微静脉的通路。动静脉吻合支血流速度快，无物质交换，故又称非营养通路。多分布在皮肤微循环，主要参与体温调节，常处于关闭状态。当环境温度升高时，动-静脉吻合支开放，使皮肤血流量增加，有利于散热。

### （三）微循环的血流动力学

**1. 微循环的血流阻力** 微动脉对血流的阻力最大，血液流经微循环毛细血管网时血压逐渐降低。毛细血管的动脉端血压为 30～40 mmHg，毛细血管的静脉端血压为 15～20 mmHg。毛细血管压力取决于毛细血管前阻力与毛细血管后阻力的比值。一般来说，毛细血管前阻力与后阻力比值为 5:1。比值增大，毛细血管血压降低。由于微动脉占总血流阻力的比例较高，因此微动脉阻力对控制微循环血流量起主要作用。

**2. 微循环的调节** 微循环血流量受局部代谢水平影响。安静状态下，真毛细血管的开放与关闭受毛细血管前括约肌控制，同一时间内仅有 20%～30% 开放，毛细血管括约肌每分钟 5～10 次交替性收缩与舒张。组织代谢增强时，局部舒血管的代谢产物增多，后微动脉和毛细血管前括约肌舒张，进入微循环的血流量增多，局部代谢产物被血流清除，接着后微动脉和毛细血管前括约肌收缩，使毛细血管关闭，周而复始。

## 五、组织液生成和回流与淋巴循环

### （一）组织液

组织液是血浆通过毛细血管壁滤过到组织间隙而生成的，绝大部分不能自由流动，呈凝胶状态。邻近毛细血管的小部分组织液呈液体，可自由流动。由于毛细血管具有选择通透性，组织液中各种晶体的成分与血浆中基本相同，但组织液中蛋白质浓度低于血浆。

**1. 组织液的生成** 在生理情况下，组织液在毛细血管的动脉端滤过而形成，同时，一部分组织液又经毛细血管静脉端重吸收回到血管内，另一部分组织液经淋巴液回流入血液循环。因此，组织液量处于动态平衡状态（图 2-4-12）。液体通过毛细血管壁的滤过和重吸收取决于四个因素的共同作用，即毛细血管血压、血浆胶体渗透压、组织液胶体渗透压和组织液静水压。其中，毛细血管血压和组织液胶体渗透压是促进液体由毛细血管向外滤过（即组织液生成）的力量，血浆胶体渗透压和组织液静水压是将液体由毛细血管外向内重吸收（即组织液回流）的力量。滤过和重吸收的力量之差称为**有效滤过压**（effective filtration pressure），即：

有效滤过压 =（毛细血管血压 + 组织液胶体渗透压）-（血浆胶体渗透压 + 组织液静水压）

有效滤过压为正值表示滤过，负值表示重吸收。流经毛细血管的血浆，有 0.5%～2% 在毛细血管动脉端滤过进入组织间隙；约 90% 的滤出液在毛细血管静脉端被重吸收，其余约 10%（包括滤过的白蛋白分子）进入毛细淋巴管，形成淋巴液。

**2. 影响组织液生成的因素** 在正常情况下，组织液不断生成，又不断被重吸收，保持动态平衡。

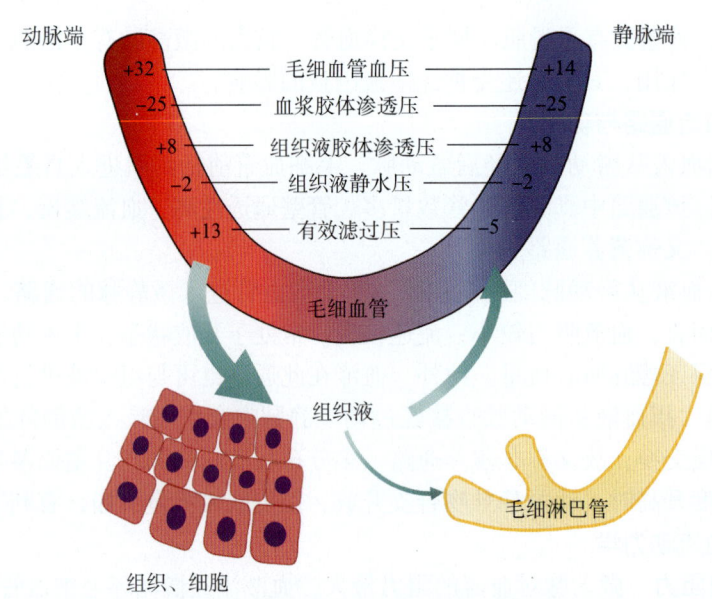

图 2-4-12　组织液生成与回流示意图

（图中数值单位为 mmHg）

如果组织液生成增多或重吸收减少，组织间隙就有过多的液体潴留，形成水肿。

（1）毛细血管血压：毛细血管血压升高可引起组织液生成增多。例如右心衰竭可引起体循环静脉压增高，静脉回流受阻，使毛细血管后阻力增大，从而导致毛细血管血压增高，引起全身性水肿。

（2）血浆胶体渗透压：主要取决于血浆蛋白，尤其是白蛋白浓度。例如，重度营养不良或某些肝肾疾病，发生低蛋白血症，使血浆胶体渗透压降低，有效滤过压增大而形成水肿。

（3）毛细血管壁通透性：正常情况下，毛细血管对蛋白几乎不通透。但在感染、烧伤、过敏等情况下，毛细血管通透性增高，血浆蛋白进入组织液，使组织胶体渗透压升高而形成水肿。

（4）淋巴回流：淋巴回流受阻，组织液积聚，也可导致水肿，如丝虫病。

### （二）淋巴循环

毛细淋巴管盲端起始于组织间隙，并逐渐汇合成大的淋巴管，收集全身的淋巴液，最后经右淋巴导管和胸导管流入静脉。毛细淋巴管由单层内皮细胞组成，没有基膜，通透性很高。内皮细胞呈叠瓦状相互覆盖，形成只能向管腔内开启的单向活瓣，可阻止淋巴管的淋巴反流入组织间隙（图 2-4-13）。

正常成人安静状态下每小时约生成 120 mL 淋巴液，其中 20 mL 经右淋巴导管、100 mL 通过胸导管进入静脉。人体每天生成 2~4 L 淋巴液，是组织液向血液回流的主要辅助系统。

淋巴液生成和回流的主要生理功能是回收组织液中的蛋白质入血液，维持血浆蛋白正常浓度。淋巴回流还能清除组织液中的红细胞、异物和细菌等，具有防御和免疫功能。食物中 80%~90% 的脂肪需经小肠绒毛的毛细淋巴管吸收进入循环系统。

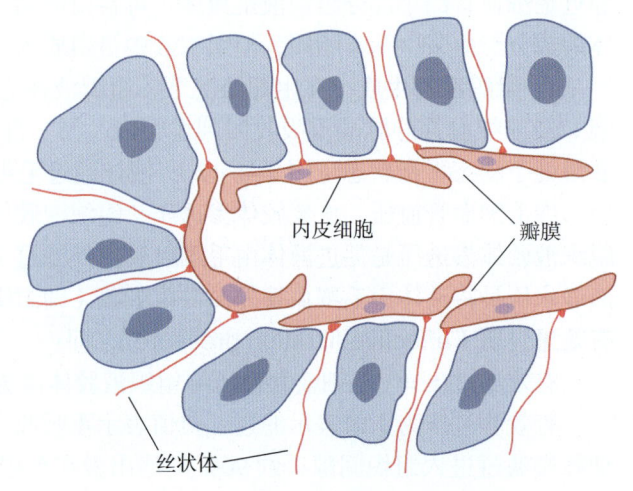

图 2-4-13　毛细淋巴管盲端结构示意图

## 六、静脉血压与静脉血流

静脉不仅是血液回流心脏的通道,还起着血液储存库的作用。静脉具有容量大、易扩张和能收缩的特点,其收缩和舒张可有效地调节回心血量和心输出量。

### (一)静脉血压

体循环的血液经动脉和毛细血管到达微静脉时,血压已经降低至15~20 mmHg。血液进入右心房时,压力已接近于零。右心房和胸腔内大静脉血压称为**中心静脉压**(central venous pressure,CVP),正常值为4~12 cmH$_2$O。各器官静脉的血压称为**外周静脉压**(peripheral venous pressure,PVP)。中心静脉压的高低取决于心脏射血能力和静脉回心血量之间的相互关系。若心脏射血能力增强,能及时将回流入心脏的血液射入动脉,中心静脉压就较低。另外,静脉回流速度加快(如输液、输血过多或过快),中心静脉压都有可能升高。在临床上可以作为控制补液速度和补液量的指标。

### (二)重力对静脉压的影响

血管内血液因为重力场的影响,可对血管壁产生一定的静水压。各部分血管静水压的高低取决于人体的体位。平卧时身体各部位静水压大致相同。直立时足部血管内的血压比卧位时高,而在心脏水平以上部分,血管内的压力较平卧时低。重力形成的静水压的高低对处于同一水平的动脉和静脉是相同的,但它对静脉功能的影响远比动脉功能的影响大,这是因为静脉壁薄,充盈程度受到跨壁压影响较大。**跨壁压**(transmural pressure)指血液对管壁的压力与血管外组织对管壁的压力之差。一定的跨壁压是保持血管充盈扩张的必要条件。当跨壁压减小到一定程度时,静脉不能保持膨胀状态而发生塌陷,静脉容积也减小。反之,当跨壁压增大时,静脉充盈扩张,容积增大。

### (三)静脉回心血量

**1. 静脉对血流的阻力** 血液从微静脉回流到右心房,压力仅降低约15 mmHg。静脉对血流的阻力很小,约占整个体循环总阻力的15%。微静脉是毛细血管后阻力血管,其舒缩活动可以决定毛细血管压力,从而调节体液在血管和组织间隙的分布情况,并间接调节静脉回心血量。

静脉跨壁压的改变可影响静脉的扩张状态,使静脉血流阻力也发生改变。大静脉处于扩张状态时,对血流阻力很小;但当血管塌陷时,管腔横截面积减少,血流阻力增大。

**2. 影响静脉血液回流的因素** 单位时间内的静脉回心血量取决于外周静脉压与中心静脉差的压差及静脉对血流的阻力。凡是能影响这三者的因素,都能影响静脉回心血量。

(1)体循环平均充盈压:是反映血管系统充盈程度的指标。当容量血管收缩或血量增加时,体循环平均充盈压升高,静脉回心血量就增多;反之,静脉回心血量减少。

(2)心肌收缩能力:当心肌收缩能力增强时,收缩时心室排空较完全,心舒张时心室内压较低,从而对心房和大静脉中血液的抽吸力量增强,因此静脉回心血量增多。反之,回心血量减少。右心衰竭时,右心室射血功能减弱,心舒张期右心室压力较高,回心血量减少,导致血液淤积在右心房和大静脉内,患者可出现颈静脉怒张、肝充血肿大、下肢水肿等体征。左心衰竭时,左心房压和肺静脉压升高,造成肺淤血和肺水肿。

(3)骨骼肌的挤压作用:骨骼肌收缩时可对静脉产生挤压作用,使静脉回流加快;当肌肉舒张时,静脉内压力降低,有利于血液从毛细血管流入静脉。静脉内的瓣膜只允许血液流向心脏而不能倒流。因此,骨骼肌和静脉瓣膜对静脉回流起着"泵"的作用,称为"静脉泵"或"肌肉泵"。当下肢肌肉进行节律性舒缩活动(如跑步),肌肉泵发挥很好的作用,促进回心血量增多。若肌肉持续性收缩而非节律性舒缩,则静脉将持续受挤压,静脉回心血量反而减少。长期站立或久坐,缺乏肌肉泵的作用,易患下肢静脉曲张。

(4)体位改变:主要影响静脉的跨壁压,进而改变回心血量。当人从平卧转为直立时,身体低垂部分的静脉因跨壁压增大而扩张，可比在卧位时多容纳约 500 mL 血液，导致静脉回心血量减少。如长期卧床的患者，由于静脉管壁紧张性降低、可扩张性较大，同时腹壁和下肢肌肉收缩力减弱，对静脉的挤压作用减小，因而从平卧位突然站立时，可因大量血液淤积于下肢，使回心血量减少、中心静脉压、搏出量、动脉血压下降而发生直立性低血压，严重者可发生昏厥。

（5）呼吸运动：胸膜腔内压常低于大气压，是为负压，所以胸腔内大静脉的跨壁压较大，常处于充盈扩张状态。吸气时，胸膜腔负压增大，有利于外周静脉血液回流至右心房；呼气时，胸膜腔负压减小，由静脉回流入右心房的血量也就相应减少。呼吸运动对静脉回流也起着"泵"的作用，称为"呼吸泵"。

（王觉进）

## 第三节　心血管活动的调节

心血管活动的调节包括神经调节、体液调节和自身调节，共同维持机体内环境的稳态。

### 一、神经调节

微课2-4-4　心血管活动神经调节

（一）心脏和血管的神经支配

**1. 心脏的神经支配**　**心交感神经**（cardiac sympathetic nerve）和**心迷走神经**（cardiac vagus nerve）是支配心脏的两种主要传出神经，在调节心脏的活动方面发挥重要作用。

（1）心交感神经及其作用：心交感神经包括节前神经纤维和节后神经纤维。心交感神经的节前神经元位于脊髓第 1~5 胸段中间外侧柱，发出节前神经纤维，在颈交感神经节或者星状神经节中进行神经换元。节后神经元的轴突在心脏附近组成心脏神经丛，支配心室肌、心房肌、房室束、房室交界和窦房结。左心交感神经兴奋时主要增强心肌收缩能力，右心交感神经兴奋时，主要使心率加快。

节前神经轴突末梢释放的神经递质是**乙酰胆碱**（acetylcholine，ACh），激活节后神经元膜上的 $N_1$ 型胆碱能受体，兴奋节后神经纤维。节后神经纤维末梢释放**去甲肾上腺素**，使心肌细胞膜上的 $\beta_1$ 型肾上腺素能受体兴奋，激活腺苷酸环化酶，使细胞内 cAMP 的浓度升高，继续激活蛋白激酶和细胞内蛋白质的磷酸化过程，引起心率加快、房室交界传导加快、心室肌和心房肌的收缩能力增强，即**正性变时作用**（positive chronotropic action）、**正性变传导作用**（positive dromotropic action）和**正性变力作用**（positive inotropic action）。

（2）心迷走神经及其作用：支配心脏的副交感神经节前纤维和节后纤维称为心迷走神经。迷走神经的节前纤维起源于迷走神经背核和疑核，在迷走神经干中下行，在心内神经节进行神经换元。节后纤维从心壁内的副交感神经节发出，支配窦房结、心房肌、房室交界、房室束及其分支，仅有极少数纤维支配心室肌。右侧心迷走神经主要支配窦房结的活动，左侧心迷走神经对房室交界处组织的作用较为明显。

当心迷走神经兴奋时，节后神经纤维释放乙酰胆碱，作用于心肌细胞膜上的 $M_2$ 型胆碱能受体，抑制腺苷酸环化酶活性，使 cAMP 浓度降低，引起心脏活动的抑制，出现心率减慢、房室传导变慢、心房肌的收缩力减弱，即**负性变时作用**（negative chronotropic action）、**负性变传导作用**（negative dromotropic action）、**负性变力作用**（negative inotropic action）。

拓展阅读2-4-6　心交感神经和心迷走神经的生理作用

（3）肽能神经及其作用：心脏中存在许多肽能神经纤维，该类神经纤维末梢能够释放神经肽 Y、血管活性肠肽、降钙素相关基因肽、速激肽、神经降压素和阿片肽等肽类神经递质。对于心脏中分布的肽能神经元的生理功能尚未完全掌握，肽能神经递质可能与其他神经递质共存于同一个神经元内，并共同释放，参与对心肌和冠脉血管活动的调节。已知血管活性肠肽对心肌有正性变力和舒张冠脉血管作用，降钙素基因相关肽可以加快心率。

**2. 血管的神经支配**　绝大多数血管壁都有平滑肌，血管平滑肌的舒张、收缩活动称为**血管运动**（vasomotor），血管平滑肌接受自主神经支配，支配血管平滑肌的神经纤维称为**血管运动神经纤维**（vasomotor nerve fiber），包括**缩血管神经纤维**（vasoconstrictor fiber）和**舒血管神经纤维**（vasodilator fiber）。

（1）缩血管神经纤维：缩血管神经纤维都是交感神经，称为交感缩血管纤维。节前神经元位于脊髓第一胸段至第二或第三腰段的中间外侧柱，纤维末梢释放乙酰胆碱。节后神经元位于椎旁和椎前神经节内，其末梢释放去甲肾上腺素，与血管平滑肌细胞 α 受体结合，引起血管收缩；与平滑肌 $β_2$ 受体结合，则引起血管舒张。去甲肾上腺素和 α 受体结合能力较强，与 $β_2$ 受体结合能力较弱，去甲肾上腺素主要是与 α 受体结合，因此，缩血管纤维兴奋时引起血管收缩。

缩血管纤维在皮肤血管最密，骨骼肌和内脏次之，冠脉血管和脑血管较少。动脉中的缩血管纤维分布密度高于静脉，微动脉中的密度最高，毛细血管前括约肌则不受神经纤维支配。

（2）舒血管神经纤维：舒血管神经包括交感舒血管神经、副交感舒血管神经、脊髓背根舒血管神经。

交感舒血管神经节后纤维释放乙酰胆碱，与血管平滑肌的 M 型受体结合，使血管舒张，当机体出现恐慌、激动和发生防御性反应时才发放冲动，使骨骼肌血管舒张，肌肉血流量显著增加。同时，皮肤、内脏等身体其他部位的血管则因交感神经兴奋而收缩，血流量减少，故交感舒血管神经在防御反应和运动时具有调节分配血流量的作用。

脑膜、唾液腺、胃肠道腺体和外生殖器等少数器官的血管平滑肌，接受交感舒血管神经和副交感舒血管神经的双重支配。副交感舒血管神经节后纤维末梢释放的乙酰胆碱与血管平滑肌 M 受体结合，引起血管舒张，器官血流量增加。

当皮肤受到伤害性刺激时，感觉信号沿着传入纤维向脊髓背根传导，同时通过其分支到达伤害刺激部位邻近的微动脉，使其舒张，血流加快，局部皮肤出现红晕。这种仅通过神经元轴突外周部位完成的调节活动称为**轴突反射**（axon reflex），该类神经纤维称为背根舒血管神经纤维，其末梢释放神经递质尚未完全清楚，可能是降钙素基因相关肽或者其他多肽。

### （二）心血管中枢

在中枢神经系统中，参与心血管调节的神经元群称为**心血管中枢**（cardiovascular center）。它分布于中枢神经系统从脊髓到大脑皮层的各个水平，具有不同功能，相互密切联系，使心血管系统功能协调统一，适应机体的活动。

脊髓胸、腰段灰质侧角中有支配心脏和血管的交感节前神经元，脊髓中的调控心脏和血管的神经元的活动受到来自延髓和延髓以上的心血管中枢的控制。脊髓的神经元不具备精确的整合性调节心血管活动的功能。

**1. 延髓**　是调节心血管活动的最基本中枢，也是高位中枢传递信息的中转站。位于延髓心血管中枢与心血管活动有关的神经元包括心迷走神经元、心交感神经元和交感缩血管神经元，机体安静时，这些神经元持续低频的放电活动，分别称为心迷走紧张、心交感紧张和交感缩血管紧张。心迷走中枢兴奋时，可抑制心交感中枢的活动，反之，心交感中枢兴奋时，可抑制心迷走中枢。

**2. 延髓以上的心血管中枢**　在延髓以上的脑干部分、下丘脑、大脑和小脑中，存在与心血管活动有关的神经元，它们影响延髓心血管中枢的活动，在心血管活动调节中发挥更加复杂整合作用。当机体兴奋、紧张、运动、防御时，延髓以上的心血管中枢激活延髓心血管中枢，交感神经元放电频率增加，肾上腺髓质释放肾上腺素和去甲肾上腺素，使心率加快、心收缩力增强、心输出量增加，皮肤和内脏血管收缩，骨骼肌血管舒张，血压略微升高。当机体安静时，迷走神经紧张性增强，心率变慢。

### （三）心血管反射

**微课 2-4-5** *心血管反射*

心血管活动的神经调节是通过**心血管反射（cardiovascular reflex）**实现的，不同生理状态可以引起不同心血管反射，使心输出量、动脉血压和器官血流量发生改变，以适应机体所处的状态，维持内环境的稳定。

**1. 颈动脉窦和主动脉弓压力感受性反射** 血压变化刺激压力感受器，通过反射弧活动而维持血压趋于稳态的反射称为**压力感受性反射（baroreceptor reflex）**。当血压升高时，通过反射，引起心率减慢，心收缩能力下降，心输出量减少，外周阻力降低，血压下降；反之，血压降低时，使血压升高。

（1）动脉压力感受器：位于颈动脉窦和主动脉弓血管外膜下的感觉神经末梢，属于牵张感受器，直接感受血管壁的牵张刺激，对波动压力变化刺激尤其敏感。在一定范围内，血压升高，血管壁受到的机械牵张强度升高，感受器发放传入神经冲动增多，传入冲动频率与动脉管壁的扩张程度成正比，在同等血压下，主动脉弓压力感受器敏感度要弱于颈动脉窦。

（2）传入神经及其与中枢的联系：颈动脉窦压力感受器的传入神经纤维是颈动脉窦神经，简称窦神经，窦神经合并入舌咽神经，进入延髓孤束核；主动脉弓压力感受器的传入神经纤维加入迷走神经干，进入延髓孤束核。孤束核接受压力感受器传入的冲动，经神经通路的信息传递可以激活迷走中枢，使心迷走神经紧张性增强；还可以抑制心交感中枢和交感缩血管中枢的活动，同时与延髓内其他神经核团、脑干其他部位核团发生联系，使交感紧张减弱。

（3）压力感受性反射的传出神经和反射效应：当动脉血压突然升高时，颈动脉窦和主动脉弓压力感受器受到机械牵张强度增强，传入冲动频率增高，通过窦神经（汇入舌咽神经）和主动脉神经（汇入迷走神经），到达延髓心血管中枢，降低心交感中枢和交感缩血管中枢的紧张性活动，增强心迷走中枢的紧张性活动，兴奋心迷走神经，抑制下丘脑视上核、室旁核血管升压素的分泌。中枢紧张性活动的改变再通过传出神经，作用于心脏和血管，使心率变慢，心输出量减少，外周血管阻力减少，血压下降。反之，当动脉血压降低时，反射减弱，血压上升。压力感受性反射具有双向效应，维持动脉血压的稳定。压力感受性反射的调节途径可以归纳如图 2-4-14 所示。

（4）压力感受性反射的特点：压力感受性反射是负反馈双向调节。压力感受性反射的调节对快速变化的血压具有缓冲作用，相反，对缓慢的血压变化不敏感，在血压长期调节中作用不明显。该反射引起不同器官血管舒张的作用有所不同，肌肉血管舒张效应最小，内脏阻力血管舒张效应最明显。当动脉血压持续升高时，压力感受器兴奋阈值升高，敏感性降低，引起反射的调定点上移，使机体血压

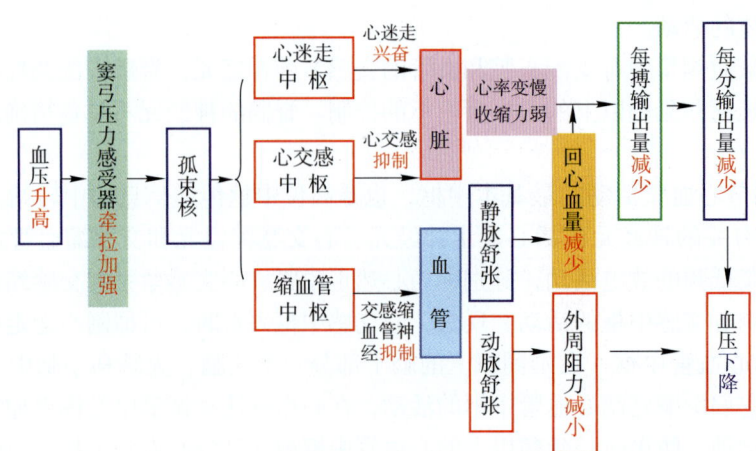

图 2-4-14 压力感受性反射的血压调节示意图

稳定在高于正常血压的水平。

**2. 颈动脉体和主动脉体化学感受性反射** 在颈动脉分叉处和主动脉弓区域，存在颈动脉体和主动脉体化学感受器，可以感受血液中化学成分的改变，例如低氧、二氧化碳分压升高、$H^+$浓度过高。感受器的传入冲动分别经过窦神经和迷走神经传入延髓孤束核，使延髓内呼吸神经元和心血管神经元的活动发生改变。化学感受性反射主要作用是呼吸运动加深加快，只有在低氧、窒息、酸中毒或者血压过低时，才明显调节心血管的活动，从而确保心、脑等重要器官的血液供应。化学感受性传入冲动对维持交感缩血管紧张性有作用，防止睡眠时血压下降和脑缺血。

**3. 心肺感受器引起的血管反射** 心肺感受器存在于心室、心房和肺循环的大血管管壁内，传入神经纤维在迷走神经干内，也有少数经过交感神经进入中枢。机械牵张和化学物质刺激可以引起心肺感受器的兴奋。当心房、心室和肺循环大血管中压力升高或者血容量增多时，心脏或血管壁受到牵张，引起感受器的兴奋。心房壁的牵张由血容量增多引起，因此，心房壁牵张感受器也称容量感受器。引起心肺感受器兴奋的化学物质主要有缓激肽、前列腺素等。

**4. 躯体感受器引起的血管反射** 各种伤害性刺激、冷或热作用于躯体时，可引起各种心血管反射，其反射效应取决于感受器性质、刺激强度和频率等。例如，用低强度到中等强度低频电脉冲刺激骨骼肌的传入神经可以降低血压，高频率、高强度电脉冲刺激皮肤传入神经则引起血压升高。

肺、胃、肠、膀胱等内脏器官的扩张可以引起心血管反射性变化，使心率减慢和外周血管舒张。脑缺血引起交感缩血管紧张性显著加强，外周血管强烈收缩，动脉血压升高，该现象称为脑缺血反应。

## 二、体液调节

*微课 2-4-6 心血管活动的体液调节*

血液和组织液中某些化学物质对心血管活动的调节，称为体液调节。有些体液是由内分泌腺分泌的激素，经过血液运输，广泛作用于心脏和血管系统。还有些体液存在于某些组织中，作用于局部血管平滑肌，对局部血流起调节作用。

### （一）肾上腺素和去甲肾上腺素

**肾上腺素**（epinephrine，E）和**去甲肾上腺素**（norepinephrine，NE）都属于儿茶酚胺。由肾上腺髓质分泌后进入血液循环，其中肾上腺素占80%，去甲肾上腺素占20%，交感神经末梢释放的去甲肾上腺素也有一小部分进入血液循环。

肾上腺素和去甲肾上腺素与受体结合而产生对心血管的影响。在皮肤、肾、胃肠等器官的血管平滑肌中，以α受体为主；在心肌细胞膜上主要存在$β_1$受体，在骨骼肌和肝血管中主要存在$β_2$受体。α受体兴奋，使血管收缩，β受体兴奋，使血管舒张、心率加快、心肌收缩能力增强。去甲肾上腺素主要激活α受体，对β受体作用较小；肾上腺素对α受体和β受体都有作用，但是，对α受体作用弱于去甲肾上腺素，对β受体的作用则显著大于去甲肾上腺素。

### （二）肾素－血管紧张素系统

**肾素－血管紧张素系统**（renin-angiotensin system，RAS）可以长期调节动脉血压，维持血压、水电解质平衡和心血管功能稳定。肾素－血管紧张素系统存在于循环系统中，在血管壁、心脏、中枢神经系统、肾和肾上腺等组织中也存在，共同参与调节靶器官。

**1. 肾素－血管紧张素系统的组成** 由肾球旁细胞合成和分泌的一种酸性蛋白酶就是肾素，它可以使血浆中来自肝分泌的血管紧张素原水解为**血管紧张素Ⅰ**（angiotensinⅠ，AngⅠ），一种十肽；在血浆和组织中，尤其是在肺循环血管内皮表面，存在血管紧张素转换酶，将血管紧张素Ⅰ水解为八肽，即**血管紧张素Ⅱ**（angiotensinⅡ，AngⅡ），AngⅡ在血浆和组织中的氨基肽酶和中性内肽酶

（NEP）作用下生成为七肽的**血管紧张素Ⅲ**（angiotensin Ⅲ，Ang Ⅲ），AngⅢ在氨基肽酶和NEP酶作用下失去一个氨基酸残基生成六肽的**血管紧张素Ⅳ**（angiotensin Ⅳ，Ang Ⅳ）。

**2. 血管紧张素家族主要成员的生物学作用**　血管紧张素受体（angiotensin receptor，AT）包括$AT_1$、$AT_2$、$AT_3$、$AT_4$等4种亚型，$AT_1$受体分布于血管、肝、肾、脑、肾上腺皮质等部位，促进血管收缩和释放醛固酮，调节血压、维持水和电解质平衡、参与肝糖原代谢，在中枢发挥抗利尿激素释放、引起渴感、维持对盐的摄取和血压调控等作用。$AT_2$存在于成年人肾上腺髓质、子宫、卵巢和脑部的特化核团中，在组织发育调控和组织损伤修复中发挥作用。$AT_4$广泛分布在心血管、脑、肾、肺，Ang Ⅳ与$AT_4$受体结合后，可以降低中枢其他肽类物质的降解，在记忆和学习中发挥作用。

血管紧张素Ⅱ的生理作用包括：①收缩全身微动脉，增加外周阻力，使血压升高；收缩静脉，增加回心血量。②促进交感神经末梢分泌去甲肾上腺素。③作用于血管紧张素受体，加强交感缩血管紧张，增大外周血管阻力，升高血压。④使肾上腺皮质球状带合成和释放醛固酮，促进肾保钠、保水、排钾作用，增加细胞外液的容量。⑤引起或增强渴觉。

心脏内局部肾素-血管紧张素系统发挥正性变力作用、调节冠状动脉阻力、抑制心肌细胞增长、导致心肌肥大。血管内局部肾素-血管紧张素系统具有舒缩血管、影响血管的结构和凝血系统功能等作用。

肾素、血管紧张素、醛固酮三者之间存在密切联系，称为**肾素-血管紧张素-醛固酮系统**（renin-angiotensin-aldosterone system，RAAS），在动脉血压长期调节中发挥重要作用，其调节过程如图2-4-15所示。

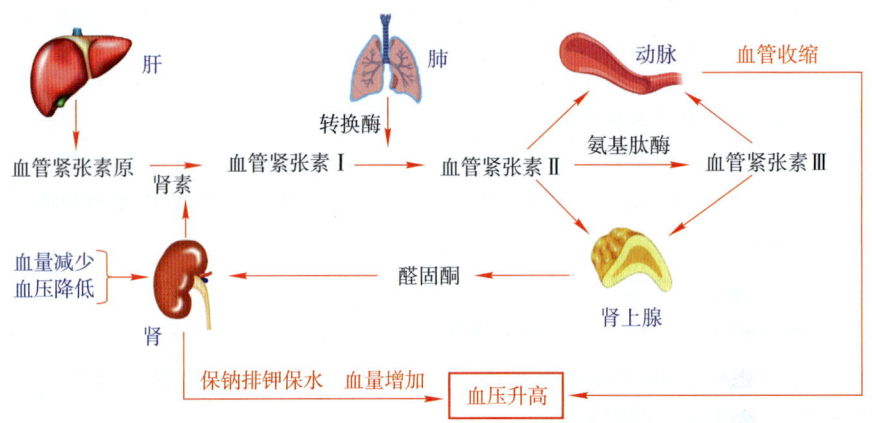

图2-4-15　肾素-血管紧张素-醛固酮系统调节血压示意图

**（三）血管升压素**

**血管升压素**（vasopressin，VP）即**抗利尿激素**（antidiuretic hormone，ADH），由下丘脑视上核和室旁核的神经元合成，经下丘脑-垂体束运送至神经垂体储存，平时少量释放进入血液循环，参与肾和心血管活动的调节。

血管升压素具有$V_1$和$V_2$两种受体，$V_1$受体主要分布在血管平滑肌上，$V_2$受体主要分布在肾小管上皮细胞膜上。血管升压素对肾和心血管活动的调节作用：①作用于血管平滑肌的$V_1$受体，引起平滑肌收缩，血压升高。正常情况下，血管升压素首先发挥抗利尿效应，当其在血浆中浓度明显高于正常值时，才引起血压升高。②增加集合管和肾远曲小管上皮细胞膜对水的通透性，增加水的重吸收，细胞外液容量增加，尿量减少，从而发挥调节血压的作用。

**（四）血管内皮生成的血管活性物质**

**1. 舒血管物质**　前列环素和内皮舒张因子是两种主要的血管内皮合成的舒血管物质。内皮细胞内的前列环素合成酶可以合成**前列环素** $I_2$（prostacyclin $I_2$，$PGI_2$），能够降低平滑肌细胞内 $Ca^{2+}$ 浓度，使血管舒张。内皮舒张因子可能是一氧化氮，其前体是 L-精氨酸，在一氧化氮合酶作用下，生成一氧化氮。内皮舒张因子激活血管平滑肌内鸟苷酸环化酶，使 cGMP 浓度升高，游离 $Ca^{2+}$ 浓度降低，血管舒张。

**2. 缩血管物质** 血管内皮细胞产生的多种可以使血管收缩的物质，称为内皮缩血管因子。其中，**内皮素**（endothelin）具有强烈而持久的缩血管效应和促进细胞增殖的作用，参与心血管细胞的凋亡、分化、表型转化等多种病理过程。

### （五）心房钠尿肽

钠尿肽包括**心房钠尿肽**（atrial natriuretic peptide，ANP）、**脑钠尿肽**（brain natriuretic peptide，BNP）、**C-型钠尿肽**（C-type natriuretic peptide，CNP），最重要的是由心房肌细胞合成的心房钠尿肽。

**1. 对心血管调节作用** 心房钠尿肽刺激心脏感受器，经迷走神经传入中枢，使心交感神经紧张性下降，心活动减弱。心房钠尿肽与血管平滑肌细胞上的受体结合，经过信号转导，引起血管舒张，还通过抑制血管紧张素活性，减少血管紧张素Ⅱ的生成，引起血管舒张，产生很强的降压作用。

**2. 对肾的调节作用** 心房钠尿肽使肾入球小动脉舒张，出球小动脉收缩，肾毛细血管血流量增加，血压升高，有效率过压增加，原尿生成量增多，抑制肾集合管对水和 $Na^+$ 重吸收，具有很强的排水和排钠作用。

### （六）其他物质

具有舒血管作用的其他物质还包括**前列腺素**（prostaglandin，PG）、组胺、降钙素基因相关肽、肾上腺髓质素、激肽、阿片肽等。

## 三、自身调节

在没有神经调节和体液调节时，局部血管依靠自身舒缩活动而实现局部血流量的调节，称为血管的自身调节。

### （一）肌源性自身调节

血管平滑肌本身通常维持一定紧张性收缩，称为肌源性活动。当器官灌注压升高时，血管壁受到机械牵张刺激而使血管平滑肌的肌源性活动加强，血管口径变小，血流阻力增加，器官血流量并没有因为灌注压升高而增加。当灌注压减小时，出现相反的变化，从而维持器官血流量稳定。肾、脑、肝、心、肠系膜和骨骼肌具有肌源性自身调节。

### （二）代谢性自身调节

二氧化碳、$H^+$、腺苷和 ATP 等多种代谢产物在局部组织中积聚或组织中氧分压降低，使局部血管舒张，血流量增多，组织获得较多的氧，代谢产物被血流带走，局部血管又变为收缩，是负反馈自身调节。各组织器官代谢活动越强，耗氧越多，血流量也越多。

## 四、动脉血压的短期调节和长期调节

压力感受性反射和化学感受性反射参与短期的血压调节机制，体液因素和交感神经系统共同调节较长时间内的血压，肾可以通过对体内细胞外液量的调节而对动脉血压起调节作用，称为肾-体液控制机制。心血管中枢、传出神经和多种体液因素相互协同和制约，共同调节心血管活动，使其与机体的整体功能协调一致。我国已将每年10月8日定为"全国高血压日"，普及高血压防治知识，增强健康意识。

## 第四节 器官循环

机体内每个器官的血流量取决于灌注该器官的动脉压和静脉压力差、器官本身血管的阻力，血流量与压力差成正比，与阻力成反比。各器官结构、内部血管分布有差异，血流量具有各自的特点，本节讨论心、肺、脑等重要器官的血液循环的特点和调节。

### 一、冠脉循环

微课 2-4-7 *冠脉循环*

供应心脏本身的血液循环称为**冠脉循环**（coronary circulation），心脏所需要的氧气和营养物质依靠冠脉循环提供。

#### （一）冠脉循环的生理特点

1. **途径短、血压高、流速快、流量大**　血液从主动脉根部进入冠脉循环，经过全部冠脉血管到右心房，只需要6~8 s。平静状态时，人全部冠脉的血流量占心输出量的4%~5%，当心肌活动加强、冠脉达到最大舒张状态时，血流量达到安静状态时的5倍。

2. **动脉血和静脉血的氧差大**　心肌摄氧能力强，动脉血经过心肌后，其中65%~70%的氧可以被心肌摄取，大约是骨骼肌摄氧量的2倍，当人体活动增强心肌耗氧增多时，主要依靠扩张冠脉，增加血流量为心肌提供更多氧气。若冠脉循环不足，则导致心肌缺氧。

3. **心肌供血在心舒期**　冠脉的大部分支在心肌内，心肌收缩时，挤压心肌中的血管，血流阻力大，血流量小。心肌舒张时，血管受到的挤压力减小，冠状血管阻力减小，血流量增加。因此，心肌供血主要在心舒期。

#### （二）冠脉血流量的调节

心肌本身的代谢水平是调节冠脉血流量最重要的因素。支配冠脉血管平滑肌的交感和副交感神经也可以调节冠脉血流量。

1. **心肌代谢水平的影响**　有氧代谢是心肌收缩的主要能量来源，冠脉血流与心肌代谢水平成正比。当心肌代谢加强、耗氧增加时，冠状小动脉直径增大，冠脉血流量突然增加，可以达到安静状态时的5倍以上，引起冠脉血管直径增大的主要原因是心肌代谢的产物，其中最重要的是腺苷。$H^+$、$CO_2$、乳酸等心肌的谢产物也有一定的舒张冠脉作用。

2. **神经调节**　冠脉受交感神经和迷走神经的双重支配：①刺激交感神经，会使冠脉先收缩后舒张。首先交感神经激活冠脉平滑肌α受体，使血管收缩，而后交感神经同时激活β受体，使心率加快、心肌收缩能力增强、耗氧量增加，代谢速度加快，代谢产物增多，代谢产物引起血管舒张。因此，刺激交感神经主要表现为冠脉舒张，阻断β受体后，则只能观察到冠脉血管收缩。②迷走神经可以使冠脉舒张，但是在完整机体，迷走神经兴奋，使心活动减弱，心肌代谢水平降低，这些因素抵消了迷走神经对冠脉的直接舒张效应。

3. **体液调节**　肾上腺素和去甲肾上腺素可以增强心肌代谢活动和耗氧量，从而促使冠脉血流量增加；二者也可以直接作用于α受体或者β受体，引起冠脉血管收缩或舒张。当甲状腺激素增加时，心肌代谢增强，代谢产物增多，从而引起冠脉舒张。血管紧张素Ⅱ和大剂量血管升压素能使冠状动脉收缩。

### 二、肺循环

右心室射出的静脉血通过肺泡壁与肺泡内气体进行气体交换而变为动脉血，然后进入左心房的血液循环，称为**肺循环**（pulmonary circulation）。肺循环的主要功能是完成肺换气，而体循环中的支气管循环向气管、支气管及肺部供血，两种循环在末梢部分有少量吻合。

（一）肺循环的生理特点

1. **循环途径短、血管阻力小、血压低**　肺动脉干长 4 cm，随后分为左右 2 支，再分为若干小分支进入肺泡壁形成毛细血管网，最后汇入肺静脉，再回到左心房。整个肺循环途径非常短，管径大、管壁薄，血管横截面积大，血管阻力小。人体肺动脉收缩压为 22 mmHg，舒张压为 8 mmHg，平均动脉压为 13 mmHg，所以肺动脉血压比主动脉血压低。肺静脉压等于左心房压力，平均为 2 mmHg。

2. **肺血容量变化大**　肺组织和肺血管壁薄、顺应性好、可扩张性好，肺部血容量大，变化范围大，肺循环有贮血库作用，当人体失血时，部分血液从肺循环转移至体循环。

3. **无组织液生成**　由于肺循环毛细血管平均血压低于血浆胶体渗透压，组织液生成的有效滤过压为负值，因此，肺泡间隙中没有组织液生成。胸膜腔负压使肺泡膜与毛细血管壁紧密贴合，有利于肺泡和血液之间进行气体交换，有利于吸收肺泡腔内的液体，所以，肺泡内无组织液。在左心衰时，液体积聚在肺泡或肺组织间隙，形成肺水肿。

（二）肺循环血流量的调节

1. **神经调节**　肺血管受到交感神经和迷走神经的双重支配，交感神经兴奋时，血管收缩，阻力增大，迷走神经兴奋时则引起微弱血管舒张，阻力略微降低。二者对肺血管调节作用较弱。肺循环血管口径的变化是被动的，当右心室输出量增加时，肺血管被动扩张，肺动脉压升高不明显。

2. **肺泡氧分压的影响**　肺泡气的氧分压对肺血管的舒缩活动有明显的调节作用，氧分压降低时，该肺泡周围微动脉收缩，使局部血流阻力增大，血流量减少，血压流向通气充足的肺泡。若该肺泡低氧且二氧化碳分压升高，则低氧引起的肺微动脉收缩更加显著。

3. **体液调节**　循环血液中的肾上腺素、去甲肾上腺素、血管紧张素 II、组胺、5- 羟色胺等可以使肺血管收缩，乙酰胆碱则引起肺血管舒张。

## 三、脑循环

流经整个脑组织的血液循环称为**脑循环**（cerebral circulation）。脑循环为脑组织供氧、供能、提供营养物质、排出代谢产物以维持脑的内环境稳定。在正常体温下，脑供血停止若干秒，人就会丧失意识；供血停止 5~6 min，脑功能将出现难以恢复的损伤，故脑部血液供应非常重要。

（一）脑循环的特点

1. **脑血流量大，耗氧量多**　脑组织的代谢率高，血流量大，在安静情况下，整个脑的血流量约为 750 mL/min，约占心输出量的 15%。脑组织的耗氧量大，人在安静状态下，整个脑组织的耗氧量约占全身耗氧量的 20%。

2. **脑血流量变化小**　大脑位于颅腔内，脑、脑血管和脑脊液充满颅腔，三者的容积总和是不变的，脑组织不可压缩，脑血管舒缩受到限制，血液流量变化很小。

其他特点有：血液中氧分压下降和二氧化碳分压升高时，脑血管扩张，脑血流量明显增加。脑血管的神经支配少、作用弱，各种心血管反射对脑的血流量影响很小。脑内由于存在血脑屏障和血－脑脊液屏障，阻碍一些物质进入脑组织，屏障机制发挥重要保护作用。

（二）血脑屏障和血－脑脊液屏障

1. **血脑屏障**（blood-brain barrier）　指由脑内的血管内皮细胞通过各种连接蛋白彼此紧密相连，并与星形胶质细胞相互作用形成的特殊的细胞屏障系统，可以限制某些物质从血液进入脑组织。脂溶性物质，例如氧气、二氧化碳、乙醇及某些麻醉药容易通过血脑屏障，而胆盐、青霉素、$H^+$、$HCO_3^-$ 和非脂溶性物质则不易透过。

**2. 血-脑脊液屏障** 由脉络丛上皮和脉络丛毛细血管内皮及其基膜共同构成的屏蔽结构，称为**血-脑脊液屏障**（blood-cerebrospinal fluid barrier）。脑脊液主要是由脑室脉络丛分泌产生，脑脊液为无色透明的液体，充满在各脑室、蛛网膜下腔和脊髓中央管内。脑脊液中蛋白含量极低，葡萄糖含量比血浆中少，$Na^+$、$Mg^{2+}$ 的浓度比血浆高，$K^+$、$HCO_3^-$ 和 $Ca^{2+}$ 则比血浆中低。血液和脑脊液之间的物质交换是主动的运输过程。

### （三）脑血流量的调节

**1. 体液调节** 脑组织局部的化学环境是影响脑血管舒缩活动的主要因素，当血液二氧化碳分压升高或者氧气分压降低时，脑血管舒张，脑血流量增加；反之，脑血流量减少，并可引起头晕等脑缺血症状。

**2. 脑血流量的自身调节** 脑血流量主要取决于脑动脉和静脉的压力差、脑血管的血流阻力。颈内静脉压接近于右心房压，保持稳定，对脑血流量影响很小。颈动脉血压则明显影响脑内血流量，颈动脉压增大，脑内血流量增大；颈动脉压减小，脑内血流量减小。

平均动脉压降低或颅内压升高都可以引起脑的灌注压降低。脑循环的灌注压为 80~100 mmHg，平均动脉压在 60~140 mmHg 范围内变化时，脑血管通过自身调节使脑血流量保持恒定；当平均动脉压低于 60 mmHg 时，脑血流量减少，可能出现脑缺血；当平均动脉压超过 140 mmHg 时，脑血流量显著增加，如图 2-4-16 所示。

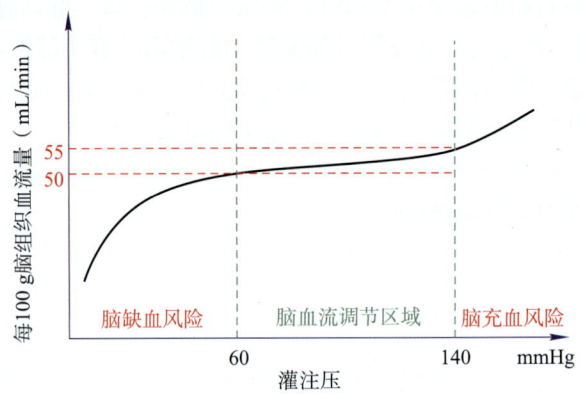

图 2-4-16 脑血流量的自身调节

**3. 脑代谢产物的影响** 运动加强时，大脑皮层运动区的血流量增加，代谢活动加强改变血流量的机制可能是由于代谢产物，例如 $K^+$、$H^+$、腺苷和氧分压降低，引起血管扩张。

**4. 神经调节** 脑血管受交感缩血管神经纤维和副交感舒血管神经纤维双重支配，但是神经因素在脑血管活动中的作用很小。切断支配脑血管的神经后，脑血流量无明显变化。

微课 2-4-8 肺循环和脑循环

（武祥龙）

### 思考题

1. 试述心室肌细胞动作电位的产生机制。
2. 简述心肌细胞在一次兴奋后兴奋性周期变化的规律、产生机制及生理意义。
3. 心肌有哪些生理特性？与骨骼肌相比，收缩性有何不同？
4. 影响动脉血压的因素有哪些？

5. 试述影响静脉回流的因素。
6. 试述微循环的组成、通路和各个通路的生理功能。
7. 心脏受什么神经支配？有什么生理作用？
8. 血管受什么神经支配？有什么生理作用？
9. 正常人的动脉血压是怎样维持相对稳定的？
10. 为什么冠脉血流量的多少明显受心动周期的影响？左、右冠脉血流量的变化有什么不同？原因是什么？

## 新形态教材网更多数字资源

思维导图　　教学课件　　微课　　测试题　　拓展阅读　　思政元素

# 第五章 呼吸

编者导学

**本章导航**
第一节　肺通气
第二节　呼吸气体的交换
第三节　气体在血液中的运输
第四节　呼吸运动的调节

机体在新陈代谢过程中，需要不断地从外界环境中摄取 $O_2$，并把产生的 $CO_2$ 排出体外。机体与外界环境之间的气体交换过程，称为**呼吸**（respiration）。呼吸全过程由三个相互联系并同时进行的基本环节组成（图 2-5-1）：①外呼吸，指肺毛细血管血液与外界环境之间的气体交换过程，包括肺

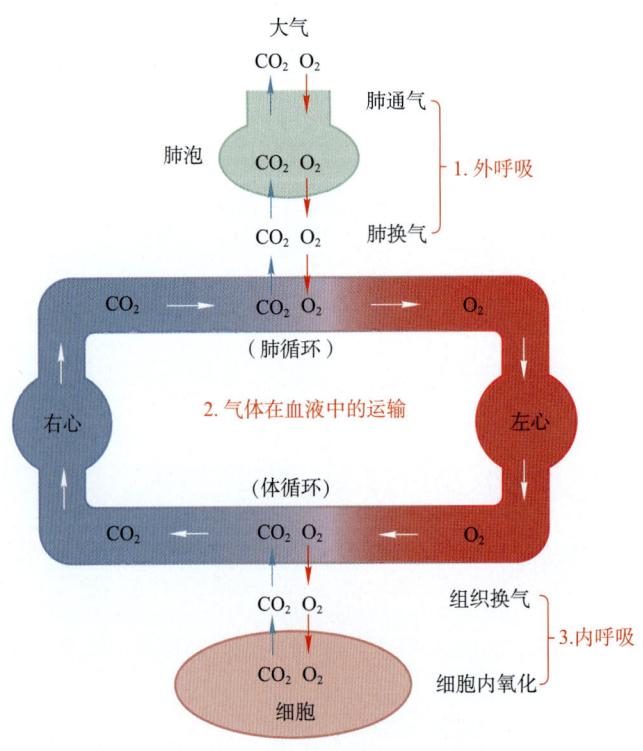

图 2-5-1　呼吸过程的三个环节

通气和肺换气；②气体在血液中的运输；③内呼吸，即组织换气，有时也将细胞内的氧化过程包括在内。

呼吸的生理意义在于维持机体内 $O_2$ 和 $CO_2$ 的相对稳定，是保证机体新陈代谢和生命活动所必需的基本生理过程之一。

## 第一节 肺 通 气

**肺通气**（pulmonary ventilation）指肺与外界环境之间的气体交换过程。实现肺通气的结构包括呼吸道、肺泡、胸膜腔和胸廓等。呼吸道是气体进出肺的通道，能对吸入的气体进行加温、湿润、过滤和清洁，还具有调节气道阻力的作用。肺泡是气体交换的场所。胸膜腔是连接胸廓和肺、使肺总是被动同步于胸廓运动的重要结构。胸廓不仅容纳、保护气道和肺，还通过呼吸肌运动为肺通气提供原动力。

### 一、肺通气的动力

气体顺着压力差运动，肺内压与大气压之间的压力差是肺通气的直接动力。大气压相对恒定，肺内压可由于呼吸运动中胸廓与肺的扩张与缩小而改变，故呼吸肌收缩和舒张引起的呼吸运动是肺通气的原动力。

#### （一）呼吸运动

呼吸肌收缩和舒张引起胸廓的节律性扩大和缩小称为**呼吸运动**（respiratory movement），包括吸气运动和呼气运动。参与呼吸运动的肌肉称为**呼吸肌**，包括吸气肌、呼气肌和辅助吸气肌。膈肌和肋间外肌是主要的吸气肌，肋间内肌和腹肌是主要的呼气肌，辅助吸气肌有斜角肌、胸锁乳突肌和胸背部肌肉等。根据呼吸的频率和深度，呼吸运动可分为平静呼吸和用力呼吸；根据参与的主要呼吸肌和胸廓活动，可分为胸式呼吸和腹式呼吸。

**1. 平静呼吸和用力呼吸**　机体在安静状态下的自然呼吸称为**平静呼吸**（eupnea）。安静时呼吸运动平稳缓和，频率为 12~18 次/min。平静呼吸主要通过膈肌和肋间外肌的收缩和舒张来完成。当膈肌收缩时，穹隆顶部下降，使胸廓的上下径增大；当肋间外肌收缩时，肋骨前段和胸骨上提，肋骨下缘还向外侧偏转，从而增大了胸廓的前后径和左右径。由于胸廓上下径、前后径和左右径均增大，胸廓扩大，肺随之扩张而容积增大，肺内压下降，引起吸气。吸气完成后，膈肌与肋间外肌舒张，胸廓和肺弹性回位，容积缩小，肺内压升高，产生呼气。因此，在平静呼吸过程中，吸气是由于吸气肌收缩产生的，是主动过程；呼气是吸气肌舒张引起的，是被动过程。

当机体活动水平提高、代谢加强时，呼吸运动将加深、加快，称为**用力呼吸**（forced breathing）。用力吸气时，除膈肌和肋间外肌的收缩外，辅助吸气肌也参与收缩，使胸廓进一步扩大；用力呼气时，除吸气肌和辅助吸气肌收缩之后的舒张外，呼气肌参与收缩，使胸廓进一步缩小。故用力呼吸时，无论吸气还是呼气都是主动过程。

**2. 胸式呼吸和腹式呼吸**　以肋间外肌舒缩、胸部起伏为主的呼吸运动称为**胸式呼吸**（thoracic breathing）；以膈肌舒缩、腹壁起伏为主的呼吸运动称为**腹式呼吸**（abdominal breathing）。婴幼儿以腹式呼吸为主；女性在妊娠时，因膈肌活动受限，多呈胸式呼吸；正常成人一般多呈混合式呼吸，即胸式呼吸和腹式呼吸同时存在。

#### （二）肺内压

肺泡内的压力称为**肺内压**（intrapulmonary pressure）。吸气初，肺容积增大，肺内压下降，低于大气压，外界气体在此压力差推动下进入肺；随着肺内气体逐渐增加，肺内压逐渐升高，至吸气末,肺内压与大气压相等,气体停止流动。随后,呼气初,肺容积减小,肺内压升高,超过大气压,气体由肺内呼出;随着肺内气体逐渐减少,肺内压逐渐下降,至呼气末,肺内压与大气压相等,气体再次停止流动(图2-5-2)。可见,在呼吸运动过程中,肺内压周期性地升降交替,造成肺内压和大气压之间的压力差,从而推动气体进出肺。对呼吸暂停的病人,可人为造成肺内压的交替升降,实现人工呼吸,暂时维持病人肺通气。

### (三)胸膜腔与胸膜腔内压

胸膜腔是由覆盖于肺表面的脏层胸膜和衬于胸廓内壁的壁层胸膜紧密相贴而形成的一个密闭的潜在腔隙,内有少量浆液,没有气体。这一薄层浆液不仅起着润滑和减小摩擦的作用,而且由于浆液分子的内聚力使两层胸膜贴在一起,不易分开,从而保证了呼吸运动中肺可随胸廓的运动而扩张或缩小。

胸膜腔内的压力称为**胸膜腔内压**(intrapleural pressure),其数值可用连有检压计的针头斜刺入胸膜腔测得。在平静呼吸过程中,胸膜腔内压低于大气压,故称为胸膜腔负压,简称胸内负压。正常成人平静呼气末胸膜腔内压为 –5 ~ –3 mmHg,平静吸气末为 –10 ~ –5 mmHg(图2-5-2)。用力吸气时胸膜腔内压可达 –80 ~ –30 mmHg;紧闭声门用力呼气,胸膜腔内压可成为正值。

在人的生长发育过程中,由于胸廓发育比肺快,胸廓的自然容积大于肺的自然容积。在胸膜腔的连接作用下,肺总是处于一定程度的被动扩张状态。因此,胸膜腔负压的形成与作用于胸膜腔的两种力有关,一种是促使肺泡扩张的肺内压,另一种是促使肺泡缩小的肺回缩力(图2-5-2,箭头所示)。因此,胸膜腔内压实际上是这两种方向相反的力的代数和,可表示为:

$$胸膜腔内压 = 肺内压 - 肺回缩力$$

在吸气末或呼气末,肺内压等于大气压,因而:

$$胸膜腔内压 = 大气压 - 肺回缩力$$

若将大气压视为0,则:

$$胸膜腔内压 = - 肺回缩力$$

可见,胸膜腔负压是由肺回缩力造成的。吸气时肺扩张,肺回缩力增大,胸膜腔负压增大;呼气

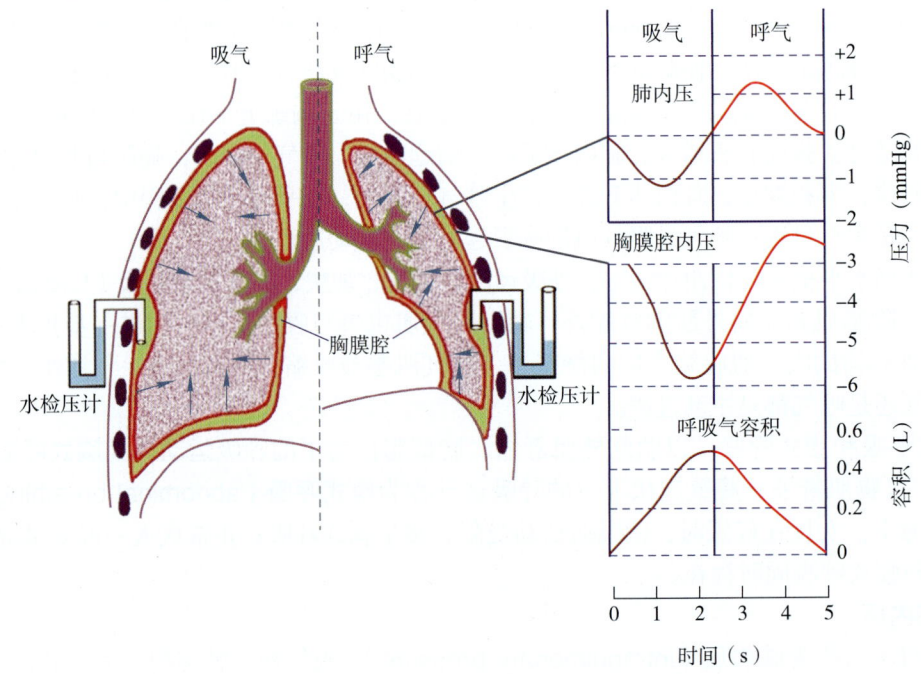

图2-5-2 **呼吸时肺内压、胸膜腔内压和呼吸气容积变化示意图**

时肺缩小，肺回缩力减小，胸膜腔负压也减小。

胸膜腔负压的存在有重要生理意义：①维持肺泡与小气道的扩张，利于肺通气和肺换气。②有利于静脉血和淋巴液的回流。位于胸腔内的腔静脉、胸导管等血管壁薄，胸膜腔负压可使其被动扩张。

胸膜腔的密闭性是保持胸膜腔负压的前提。如果胸膜腔的密闭性遭到破坏，气体进入胸膜腔，则形成**气胸**（pneumothorax）。此时胸膜腔负压减小，甚至消失，两层胸膜彼此分开，肺因回缩力而塌陷，影响肺的通气功能，同时静脉和淋巴回流也受阻碍，危及生命。

*拓展阅读2-5-1　气胸*

## 二、肺通气的阻力

肺通气的阻力可分为弹性阻力和非弹性阻力两类。弹性阻力包括肺的弹性阻力和胸廓的弹性阻力，约占总阻力的70%。非弹性阻力包括气道阻力、惯性阻力和黏滞阻力，约占总阻力的30%，其中以气道阻力为主。

### （一）弹性阻力和顺应性

外力作用于弹性组织使之变形时所遇到的阻力称为**弹性阻力**（elastic resistance）。弹性阻力大者不易变形，弹性阻力小者易变形。弹性阻力的大小可用**顺应性**（compliance，$C$）的高低来衡量。顺应性指在外力作用下弹性组织的可扩张性。顺应性与弹性阻力成反比关系。容易扩张者顺应性大，弹性阻力小；不易扩张者顺应性小，弹性阻力大。顺应性可用单位压力变化（$\Delta P$）所引起的容积变化（$\Delta V$）来表示，即压力每升高1 cmH$_2$O时，容积增加了多少升（L）：

$$C = \frac{\Delta V}{\Delta P} \; (\text{L/cmH}_2\text{O})$$

**1. 肺的弹性阻力**　有2/3左右来自肺泡内液-气界面所产生的表面张力，1/3左右来自肺组织本身的弹性回缩力，两者共同形成阻止肺扩张的力量，因而是吸气的阻力，呼气的动力。

*微课2-5-1　肺表面活性物质*

肺泡内的液-气界面上，由于液体分子之间的吸引力远大于液体与气体分子之间的吸引力，使得液体表面有尽可能缩小的倾向，产生使肺泡趋向于缩小的力即**表面张力**（surface tension）。**肺表面活性物质**（pulmonary surfactant）由肺泡Ⅱ型细胞合成并分泌，主要成分是**二棕榈酰卵磷脂**（dipalmitoyl phosphatidyl choline，DPPC），能有效降低肺泡表面张力。

肺表面活性物质降低肺泡表面张力作用具有重要的生理意义：①增强肺的顺应性，降低吸气阻力，减少吸气做功。②防止肺水肿。由于肺表面活性物质的存在，使肺泡表面张力和肺回缩力大大减小，减少肺间质和肺泡内的组织液生成。③有助于维持肺泡容积的相对稳定。根据Laplace定律，$P = 2T/r$，P代表肺泡液-气界面的压强，T代表肺泡表面张力，r代表肺泡半径。对于大小不等又相连通的两个肺泡，如果两者表面张力相等，那么小肺泡的内缩压大而大肺泡的内缩压小，结果小肺泡内的气体将流入大肺泡，导致小肺泡塌陷、大肺泡膨胀甚至破裂，肺泡将失去稳定性（图2-5-3 A、B）。但实际并不会发生这种情况，这是由于表面活性物质在肺泡内表面的分布密度随肺泡半径的变化而改变。在肺泡缩小时，肺表面活性物质的密度变大，降低表面张力的作用增强，表面张力减小，防止肺泡的过度萎缩；当肺泡增大时，肺表面活性物质的密度降低，降低表面张力的作用减弱，表面张力增大，可防止肺泡的内缩压过小而发生过度扩张，从而有助于维持肺泡容积的相对稳定（图2-5-3 C）。

成年人患肺炎、肺血栓栓塞等疾病时，可因肺表面活性物质减少而发生肺不张，表现为吸气阻力增加，吸气困难。胎儿在妊娠6~7个月后，肺泡上皮细胞才开始分泌表面活性物质，因此早产儿可因缺乏肺表面活性物质而发生肺不张和新生儿肺透明膜病，造成呼吸困难，称为**新生儿呼吸窘迫综合**

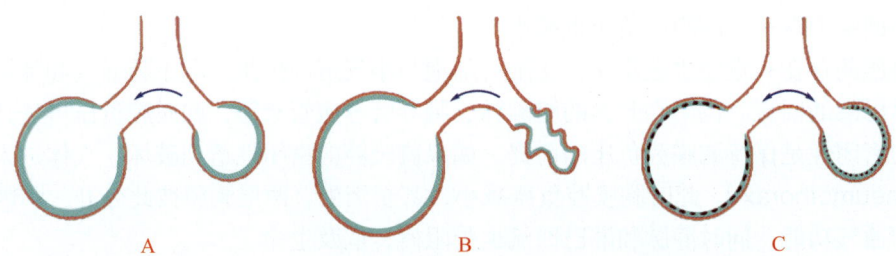

图 2-5-3 大小不同的肺泡气流方向及肺表面活性物质效应示意图
A、B：注解见正文　C：肺泡表面的点表示肺表面活性物质，左侧密度低于右侧

征（respiratory distress syndrome of newborn），严重时可导致死亡。

**拓展阅读 2-5-2** 新生儿呼吸窘迫综合征

**2. 胸廓的弹性阻力**　来自胸廓的弹性成分。胸廓处于自然位置时的肺容量，相当于肺总容量的 67%，此时胸廓无变形，不表现出弹性阻力。当肺容量小于肺总容量的 67% 时，胸廓被牵引向内而缩小，其弹性阻力向外，构成吸气的动力、呼气的阻力；肺容量大于肺总容量的 67% 时，胸廓被牵引向外而扩大，其弹性阻力向内，成为吸气的阻力、呼气的动力。因此胸廓的弹性阻力既可能是吸气或呼气的动力，也可能是吸气或呼气的阻力，视胸廓的位置而定。

**3. 肺和胸廓的顺应性**　**肺的顺应性**指在一定的跨肺压（即肺内压与胸膜腔内压之差）作用下所产生的容积变化。**胸廓的顺应性**指在一定跨壁压（大气压与胸膜腔内压之差）作用下胸廓的容积变化。因为肺和胸廓的总弹性阻力是两者弹性阻力之和，即：

$$总弹性阻力 = 肺弹性阻力 + 胸廓弹性阻力$$

弹性阻力为顺应性的倒数，故上式可写成：

$$\frac{1}{肺和胸廓总顺应性} = \frac{1}{肺顺应性} + \frac{1}{胸廓顺应性}$$

正常成人肺和胸廓顺应性均约为 $0.2\ L/cmH_2O$，所以肺和胸廓的总顺应性为 $0.1\ L/cmH_2O$。

### （二）非弹性阻力

**非弹性阻力**（inelastic resistance）包括惯性阻力、黏滞阻力和气道阻力。非弹性阻力是气体流动时产生的，并随流速加快而增加，属于动态阻力。平静呼吸时，呼吸频率低、气流速度缓慢，非弹性阻力很小，惯性阻力和黏滞阻力可以忽略不计。

**气道阻力**（airway resistance）来自气体流经呼吸道时气体分子之间和气体分子与气道壁之间的摩擦力，是非弹性阻力的主要成分，占 80%~90%。气道阻力受气流形式、气流速度和气道口径等因素影响。呼吸运动加深加快时，气道阻力因气流速度加快而增大，还因气流出现湍流而增大。气道口径大小是影响气道阻力的另一重要因素。气道阻力与管道半径的 4 次方成反比，口径变小阻力增大，口径变大则阻力减小。气道口径主要受三方面因素的影响：①跨壁压：吸气时跨壁压增大，气道口径被动扩大，阻力变小；呼气时则相反。②自主神经的调节：迷走神经兴奋时，气道平滑肌收缩，气道口径缩小，阻力增大；交感神经兴奋时，气道平滑肌舒张，气道口径扩大而阻力减小。③化学因素：组胺、白三烯等化学物质使气道平滑肌收缩，儿茶酚胺可使气道平滑肌舒张。

### （三）呼吸功

**呼吸功**（work of breathing）指在呼吸运动中，呼吸肌为克服弹性阻力和非弹性阻力实现肺通气所做的功。通常以单位时间内压力变化和容积变化的乘积计算。正常人平静呼吸时，呼吸功很小，主要用于吸气运动，呼吸耗能仅占全身耗能的 3% 左右，其中 2/3 用来克服弹性阻力，1/3 用来克服非弹性阻力。用力呼吸时，呼吸功可增加 25 倍。病理情况下，弹性或非弹性阻力增大时，也可使呼吸功增大。

## 三、肺容积和肺容量

肺容积和肺容量是评价肺通气功能的基础。

（一）肺容积

**肺容积**（pulmonary volume）指四种互不重叠的基本气量，全部相加等于肺总容量（图 2-5-4）。

1. **潮气量** 呼吸过程中，每次吸入或呼出的气量称为**潮气量**（tidal volume，TV）。正常成人平静呼吸时，潮气量为 400～600 mL，平均约为 500 mL。

2. **补吸气量** 平静吸气末再尽力吸气所能吸入的气量称为**补吸气量**（inspiratory reserve volume，IRV），正常成人为 1 500～2 000 mL。

3. **补呼气量** 平静呼气末再尽力呼气所能呼出的气量称为**补呼气量**（expiratory reserve volume，ERV），正常成人为 900～1 200 mL。

4. **残气量** 最大呼气末存留在肺内不能呼出的气量称为**残气量**（residual volume，RV）。正常成人为 1 000～1 500 mL。

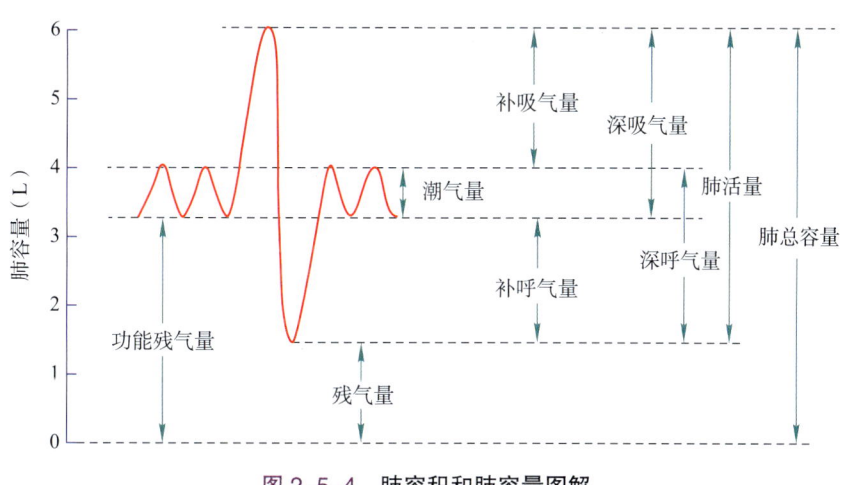

图 2-5-4 肺容积和肺容量图解

（二）肺容量

**肺容量**（pulmonary capacity）是肺容积中两项或两项以上的联合气量（图 2-5-4）。

1. **深吸气量** 平静呼气末做最大吸气所能吸入的气量称为**深吸气量**（inspiratory capacity，IC），为潮气量和补吸气量之和，是衡量最大通气潜力的一个重要指标。胸廓、胸膜、肺组织和呼吸肌等病变，可使深吸气量减少而降低最大通气潜力。

2. **功能残气量** 平静呼气末存留在肺内的气量称为**功能残气量**（functional residual capacity，FRC），是残气量和补呼气量之和。正常成人功能残气量约为 2 500 mL。肺气肿时，肺弹性回缩力降低，功能残气量增加；肺实质性病变时减小。

3. **肺活量与用力呼气量** 尽力吸气后，从肺内所能呼出的最大气量称为**肺活量**（vital capacity，VC），是潮气量、补吸气量和补呼气量之和。正常成年男性平均约为 3 500 mL，女性约为 2 500 mL。肺活量有较大的个体差异，与身材、性别、年龄、呼吸肌强弱等有关。肺活量反映了一次呼吸的最大通气量，在一定程度上可作为评价肺通气功能的指标。但由于测定肺活量时不限制呼气的时间，所以不能充分反映肺组织的弹性状态和气道的通畅程度。

**用力肺活量**（forced vital capacity，FVC）指一次最大吸气后，以最快速度尽力呼气所能呼出的最大气量。**用力呼气量**（forced expiratory volume，FEV）过去也称**时间肺活量**（timed vital capacity，TVC），指一次最大吸气后尽力尽快呼气，分别计算第 1、2、3 秒末所呼出的气体量（分别用 $FEV_1$、$FEV_2$、$FEV_3$ 表示）所占用力肺活量的百分数（分别用 $FEV_1\%$、$FEV_2\%$、$FEV_3\%$ 表示）。正常成人 $FEV_1\%$ 约为 83%，$FEV_2\%$ 约为 96%，$FEV_3\%$ 约为 99%（图 2-5-5A）。其中，$FEV_1\%$ 的临床意义最大，如阻塞性肺疾病患者，$FEV_1\%$ 显著减少（图 2-5-5B）。用力呼气量是一种动态指标，不仅反映一次呼吸的最大通气量，而且能反映呼吸过程中所遇阻力的变化，是评价肺通气功能的较好指标。

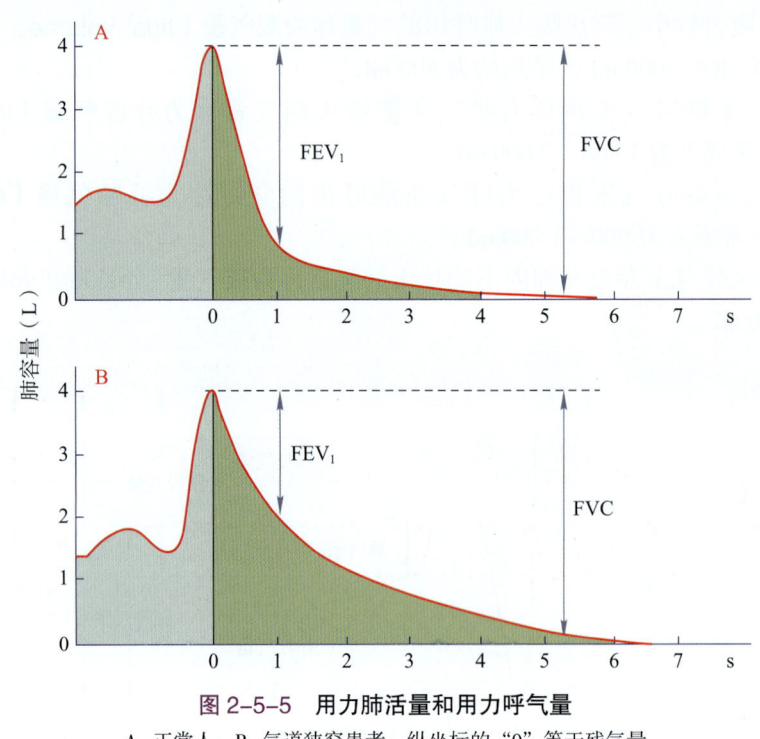

图 2-5-5　用力肺活量和用力呼气量
A. 正常人；B. 气道狭窄患者；纵坐标的"0"等于残气量

**4. 肺总容量**　肺所能容纳的最大气量称为**肺总容量**（total lung capacity，TLC），等于肺活量与残气量之和。正常成年男性的肺总容量约为 5 000 mL，女性约为 3 500 mL。

## 四、肺通气量

### （一）每分通气量

**每分通气量**（minute ventilation volume）指每分钟吸入或呼出肺的气量，等于潮气量与呼吸频率的乘积。平静呼吸时，正常成人呼吸频率 12～18 次 /min，潮气量 500 mL，则每分通气量为 6～9 L/min。每分通气量可因年龄、性别的不同而有差异。

劳动或体育运动时，每分通气量增大。尽力作深快呼吸时，每分钟所能吸入或呼出的最大气量称为**最大通气量**（maximal voluntary ventilation，MVV）。正常成人的最大通气量可达 70～120 L/min。

### （二）无效腔与肺泡通气量

每次吸入的气体部分留在鼻与终末细支气管之间的呼吸道内，这部分气体不能与血液进行气体交换，故将这部分呼吸道的容积称为**解剖无效腔**（anatomical dead space），正常成人其容积约为 150 mL。进入肺泡内的气体也可因血流在肺内分布不均而未能都与血液进行气体交换，未能进行气体交换的这一部分肺泡容积称为**肺泡无效腔**（alveolar dead space）。解剖无效腔加上肺泡无效腔称为**生理无效腔**（physiological dead space）。正常成人平卧时，生理无效腔等于或接近于解剖无效腔。

由于无效腔的存在，每次吸入的新鲜空气不能全部到达肺泡与血液进行气体交换。因此，从气体交换的角度考虑，真正有效的通气量是**肺泡通气量**（alveolar ventilation）。肺泡通气量指每分钟吸入肺泡的新鲜空气量，即：

$$肺泡通气量 =（潮气量－无效腔气量）× 呼吸频率$$

如潮气量是 500 mL，无效腔气量是 150 mL，功能残气量为 2 500 mL，则每次呼吸仅使肺泡内气体更新 14 % 左右。潮气量和呼吸频率的变化对每分通气量和肺泡通气量有不同的影响。当潮气量减半而呼吸频率加倍，或潮气量加倍而呼吸频率减半时，每分通气量不变，但肺泡通气量却发生明显的变化（表 2-5-1）。所以，对肺换气而言，浅而快的呼吸是不利的。

表 2-5-1 不同潮气量和呼吸频率时的每分通气量和肺泡通气量

| 呼吸形式 | 潮气量（L） | 呼吸频率（次/min） | 每分通气量（L/min） | 肺泡通气量（L/min） |
| --- | --- | --- | --- | --- |
| 平静 | 0.5 | 16 | 8.0 | 5.6 |
| 深而慢 | 1.0 | 8 | 8.0 | 6.8 |
| 浅而快 | 0.25 | 32 | 8.0 | 3.2 |

## 第二节　呼吸气体的交换

呼吸气体的交换包括肺换气和组织换气。**肺换气**指肺泡与肺毛细血管血液之间的气体交换，**组织换气**指组织细胞通过组织液与毛细血管血液之间的气体交换。

### 一、气体交换的原理

气体分子总是不停地进行着无定向的运动，从分压高处向分压低处移动，这过程称为气体的**扩散**（diffusion）。机体内的气体交换就是通过扩散方式进行的，动力是气体分压差。混合气体中各气体按其各自的分压差由分压高处向分压低处扩散，直至取得动态平衡。单位时间内气体扩散的容积称为气体的**扩散速率**（diffusion rate），其受下列因素的影响。

#### （一）气体分压差

混合气体中，某种气体所占有的压力称为该气体的**分压**（partial pressure）。气体分压等于混合气体总压力乘以该气体占混合气体的容积百分比。混合气体的总压力等于各气体分压之和。**分压差**指某气体在不同区域之间分压的差值，是该气体扩散的动力。分压差大，则扩散快；分压差小，则扩散慢。

空气、肺泡、血液与组织中 $O_2$ 和 $CO_2$ 的分压见表 2-5-2。

表 2-5-2 空气、肺泡气、血液和组织中的 $O_2$ 和 $CO_2$ 的分压（mmHg）

| 气体分压 | 空气 | 肺泡气 | 动脉血 | 混合静脉血 | 组织 |
| --- | --- | --- | --- | --- | --- |
| $PO_2$ | 159 | 104 | 100 | 40 | 30 |
| $PCO_2$ | 0.3 | 40 | 40 | 46 | 50 |

#### （二）气体的分子量和溶解度

气体扩散速率与气体分子量的平方根成反比，分子量小的气体扩散速率较快。当扩散发生于气相和液相之间时，扩散速率还与气体在液体中的溶解度成正比，溶解度高的气体扩散快。**溶解度**指单位分压下溶解于单位容积溶液中的气体量，一般以1个大气压、38℃、100 mL液体中溶解气体的毫升数来表示。溶解度与分子量平方根之比称为**扩散系数**（diffusion coefficient），它取决于气体分子本身的特性。$CO_2$在血浆中的溶解度（51.5 mL/100 mL）比$O_2$（2.14 mL/100 mL）大24倍，$CO_2$的相对分子质量（44）略大于$O_2$的相对分子质量（32），所以$CO_2$的扩散系数约为$O_2$的21倍。

### （三）扩散面积和距离

气体扩散速率与扩散面积成正比，与扩散距离成反比。

### （四）温度

气体扩散速率与温度成正比。人体的体温相对恒定，故温度因素可忽略不计。

综上所述，气体扩散速率与上述因素的关系如下：

$$气体扩散速率 \propto \frac{分压差 \times 溶解度 \times 温度 \times 扩散面积}{扩散距离 \times \sqrt{相对分子质量}}$$

## 二、肺换气

### （一）肺换气的过程

如图2-5-6所示，肺泡气的$PO_2$高于混合静脉血的$PO_2$，而肺泡气的$PCO_2$低于混合静脉血的$PCO_2$，故来自肺动脉的混合静脉血流经肺毛细血管时，在分压差的推动下，$O_2$由肺泡扩散入血液，$CO_2$则由混合静脉血扩散入肺泡，完成肺换气过程，使混合静脉血$O_2$含量增高、$CO_2$含量降低，成为动脉血。正常情况下$O_2$和$CO_2$在血液和肺泡间的扩散极为迅速，不到0.3 s即可达到平衡。通常情况下，血液流经肺毛细血管的时间约0.7 s，所以当血液流经肺毛细血管时有足够的时间完成气体交换。

### （二）影响肺换气的因素

凡能影响气体扩散速率的因素都能影响肺换气。分压差、温度和扩散系数的影响前文已述及，现简要介绍呼吸膜的面积、呼吸膜的厚度（扩散距离）及通气/血流比值等因素的影响。

**1. 呼吸膜的面积** 呼吸膜（respiratory membrane）是肺泡与血液进行气体交换的结构基础，由6层结构组成（图2-5-7）：含肺表面活性物质的液体层、肺泡上皮层、上皮基底膜层、肺泡与毛细血管之间的基质层、毛细血管基膜层和毛细血管内皮细胞层。气体扩散速率与扩散面积成正比。正常成人两肺约有3亿个肺泡，总扩散面积约70 $m^2$。安静状态下，约40 $m^2$参与气体交换，故有很大的储备面积。运动时，因肺毛细血管开放数量和开放程度增加，扩散面积也大大增大。肺不张、肺实变、肺气肿或肺毛细血管阻塞等均可使呼吸膜扩散面积减小。

**2. 呼吸膜的厚度** 呼吸膜虽然有6层结构，但很薄，平均厚度约为0.6 μm，气体易于扩散通过。气体扩散速率与呼吸膜厚度成反比关系。在病理情况下，任何因素使呼吸膜增厚都会降低扩散速率，如肺纤维化、肺水肿等。

**3. 通气/血流比值**（ventilation/perfusion ratio，$\dot{V}_A/\dot{Q}$） 指肺泡通气量（$\dot{V}_A$）和肺血流量（$\dot{Q}$）的比值。正常成人安静时，肺泡通气量约为4.2 L/min，肺血流量即心输出量约为5.0 L/min，则$\dot{V}_A/\dot{Q}$为0.84。此匹配最为合适，即流经肺部的混合静脉血能充分地进行气体交换，全部变成动脉血。如果$\dot{V}_A/\dot{Q}$增大，说明通气过度或血流不足，部分肺泡气未能与血液气体充分交换，使肺泡无效腔增大；$\dot{V}_A/\dot{Q}$下降则意味着通气不足或血流过多，部分血液流经通气不良的肺泡，混合静脉血中的气体未能得到充分更新，未能成为动脉血就流回心脏，犹如发生了动-静脉短路。因此，$\dot{V}_A/\dot{Q}$可作为评价肺换气功能的指标。

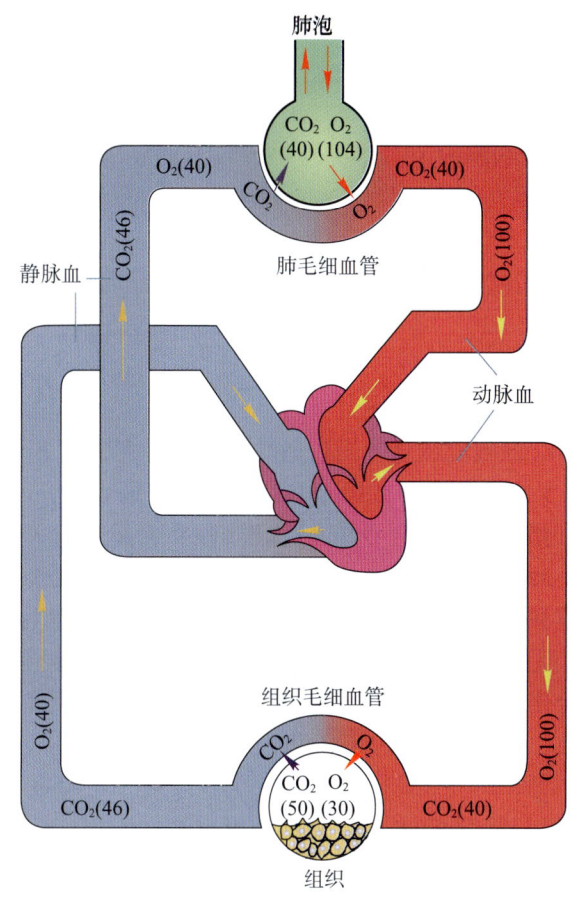

图 2-5-6　肺换气和组织换气示意图
数字为气体分压，单位为 mmHg

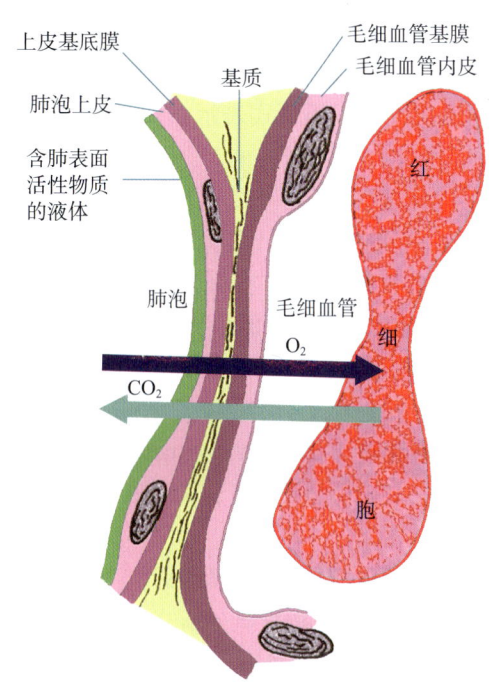

图 2-5-7　呼吸膜结构示意图

## 三、组织换气

组织换气的机制、影响因素与肺换气相似，所不同的是交换发生于液相介质（血液、组织液、细胞内液）之间，而且扩散膜两侧 $O_2$ 和 $CO_2$ 分压差因细胞内氧化代谢的强度和组织血流量而异。在组织内，由于细胞有氧代谢，$O_2$ 被利用并产生 $CO_2$，所以 $PO_2$ 可低至 30 mmHg 以下，$PCO_2$ 可高达 50 mmHg 以上。动脉血流经组织毛细血管时，$O_2$ 顺分压差由血液向组织液和组织细胞扩散，$CO_2$ 则由组织细胞和组织液向血液扩散（图 2-5-6），动脉血因失去 $O_2$ 和得到 $CO_2$ 而变成静脉血。

## 第三节　气体在血液中的运输

通过肺换气，$O_2$ 扩散到肺毛细血管中，经血液循环运至全身各器官和组织；细胞内氧化代谢所产生的 $CO_2$，经过组织换气进入血液循环，运至肺排出体外。因此，血液循环通过对 $O_2$ 和 $CO_2$ 的运输将肺换气和组织换气联系起来。

$O_2$ 和 $CO_2$ 都是以物理溶解和化学结合两种形式存在于血浆中。物理溶解运输的 $O_2$ 和 $CO_2$ 气体量虽然很少，但却是实现化学结合所必需的中间环节。进入血液的气体必须先溶解于血浆中，才能进行化学结合；结合状态的气体，也必须先解离成溶解状态，才能逸出血液。物理溶解与化学结合两者之间处于动态平衡。

## 一、氧的运输

血液运输的 $O_2$ 主要与 Hb 以化学结合形式存在于红细胞内（占总量的 98.5%），而物理溶解的量极少（占总量的 1.5%）。

### （一）血红蛋白与 $O_2$ 的可逆结合

血液中的 $O_2$ 主要是以氧合血红蛋白（$HbO_2$）的形式存在。$O_2$ 与血红蛋白（Hb）的结合和解离是可逆反应，可以用下式表示：

$$Hb + O_2 \underset{PO_2 低（组织）}{\overset{PO_2 高（肺部）}{\rightleftharpoons}} HbO_2$$

这一反应很快，不需酶的催化，呈可逆反应。当红细胞流经氧分压较高的肺部时，其中的 Hb 与 $O_2$ 迅速结合成 $HbO_2$；在氧分压较低的组织处，$HbO_2$ 又迅速解离释放出 $O_2$，成为去氧 Hb。100 mL 血中，血红蛋白结合 $O_2$ 的最大量称为 **Hb 氧容量**，血红蛋白实际结合 $O_2$ 的量称为 **Hb 氧含量**，Hb 氧含量占 Hb 氧容量的百分比称为 **Hb 氧饱和度**（oxygen saturation of Hb）。通常情况下，血浆中溶解的 $O_2$ 较少，可忽略不计。因此，Hb 氧容量、Hb 氧含量和 Hb 氧饱和度可分别视为**血氧容量**、**血氧含量**和**血氧饱和度**（oxygen saturation of blood）。$HbO_2$ 呈鲜红色，去氧 Hb 呈紫蓝色。当皮肤浅表毛细血管中去氧 Hb 含量达 5 g/100 mL 时，皮肤或黏膜会出现青紫色，称为**发绀**（cyanosis），是低氧的表现。

### （二）氧解离曲线及其意义

Hb 氧饱和度和血氧分压之间有密切关系。当血氧分压升高时，Hb 氧饱和度也随之增加；相反，当血氧分压降低时，Hb 氧饱和度也随之降低。Hb 氧饱和度与血氧分压之间的关系曲线，称为**氧解离曲线**（oxygen dissociation curve）（图 2-5-8）。

图 2-5-8 的纵坐标代表 Hb 氧饱和度，100% 表示 Hb 最高的氧饱和度。百分比越低，表示 $O_2$ 饱和度越小，亦即 $O_2$ 的解离越多。横坐标代表氧分压。从氧解离曲线可以看出，氧分压和 Hb 氧饱和度之间的关系，并非呈直线关系，而是呈 S 形曲线。根据氧解离曲线各段的变化趋势及其功能意义，可将曲线分为以下三段。

**1. 曲线上段** 当 $PO_2$ 在 60～100 mmHg 之间时，曲线较为平坦，$PO_2$ 虽有较大变化，但 Hb 氧饱和度变化不大，显示出人对空气中 $O_2$ 含量降低或呼吸性低氧有很大的耐受能力。只要不低于 60 mmHg，Hb 氧饱和度仍能保持在 90% 左右，血液仍能保证有较高的氧含量。另外，氧解离曲线上段平坦，还意味着当 $PO_2$ 超过 100 mmHg 时，Hb 氧饱和度的增加也极为有限。

**2. 曲线中段** 当 $PO_2$ 在 40～60 mmHg 之间时，曲线坡度较陡。在这一范围内 $PO_2$ 下降，$O_2$ 与 Hb 的解离加速。安静时，混合静脉血的 $PO_2$ 为 40 mmHg，Hb 氧饱和度为 75%，Hb 氧含量约 14.4 mL/100 mL，而动脉血 Hb 氧含量约 19.4 mL/100 mL，即每 100 mL 动脉血流经组织时，释放出约 5 mL 的 $O_2$ 以保证组织代谢的需要。

**3. 曲线下段** 当 $PO_2$ 在 15～40 mmHg 之间时，曲线坡度最陡。说明在这一范围同样属于 $HbO_2$ 释放 $O_2$ 的区段，血中的 $PO_2$ 稍有下降，Hb 氧饱和度就会大幅度下降，释放出大量的 $O_2$ 供

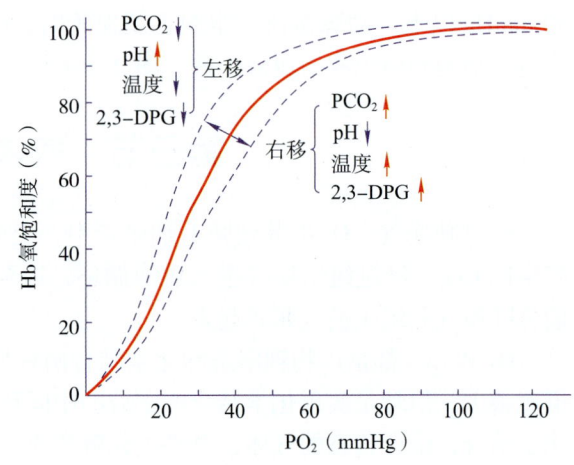

图 2-5-8 氧解离曲线及其主要影响因素

组织利用。组织活动加强时，$PO_2$ 可降至 15 mmHg，$HbO_2$ 进一步解离，Hb 氧饱和度下降到 22% 左右，Hb 氧含量降到 4.4 mL/100 mL，即每 100 mL 动脉血能供给组织 15 mL 的 $O_2$，为安静时的 3 倍。

### （三）影响氧解离曲线的因素

Hb 与 $O_2$ 的结合和解离，还受下列因素的影响。

**1. pH 和 $PCO_2$**　血液 pH 降低或 $PCO_2$ 升高，使 Hb 对 $O_2$ 的亲和力降低，氧解离曲线右移，有利于 $HbO_2$ 解离 $O_2$；反之，血液 pH 升高或 $PCO_2$ 降低，使 Hb 对 $O_2$ 的亲和力增加，氧解离曲线左移，则 Hb 氧饱和度升高。

**2. 温度**　血液或组织温度升高，氧解离曲线右移，促进 $O_2$ 的释放；温度降低，曲线左移，Hb 与 $O_2$ 的亲和力增加而不利于 $O_2$ 的释放。

**3. 2,3-二磷酸甘油酸（2,3-DPG）**　是红细胞无氧糖酵解的中间产物。2,3-DPG 浓度升高，Hb 与 $O_2$ 的亲和力降低，氧解离曲线右移；2,3-DPG 浓度降低，Hb 与 $O_2$ 的亲和力升高，氧解离曲线左移。

## 二、二氧化碳的运输

### （一）二氧化碳的运输形式

从组织进入血液的 $CO_2$ 也是以物理溶解和化学结合两种形式运输的。物理溶解的量只占总量的 5% 左右，化学结合的量占 95%。其中化学结合的方式有碳酸氢盐（约占 88%）和氨基甲酰血红蛋白（约占 7%）两种形式。

**e微课 2-5-2**　二氧化碳的碳酸氢盐运输

**1. 碳酸氢盐**　组织代谢产生的 $CO_2$ 进入血液与 $H_2O$ 结合生成 $H_2CO_3$，后者又解离为 $HCO_3^-$ 和 $H^+$。因为血浆中无**碳酸酐酶**（carbonic anhydrase，CA），这一反应在血浆中进行得很慢。红细胞中存在大量的碳酸酐酶，在其催化下可使反应速度提高 5000 倍，故此反应主要在红细胞内进行。反应如下：

$$CO_2 + H_2O \underset{}{\overset{碳酸酐酶}{\rightleftharpoons}} H_2CO_3 \rightleftharpoons HCO_3^- + H^+$$

与此同时，$O_2$ 从血液扩散进入组织，释放出 $O_2$ 的 Hb 与 $H_2CO_3$ 解离出来的 $H^+$ 结合，成为 HHb，小部分 $HCO_3^-$ 与 $K^+$ 结合生成 $KHCO_3$，大部分 $HCO_3^-$ 则顺浓度梯度通过红细胞膜扩散进入血浆，与 $Na^+$ 结合形成 $NaHCO_3$。$CO_2$ 不断进入红细胞，上述反应也不断进行，于是 $HCO_3^-$ 也不断增多，并向血浆扩散。为了保证膜两侧的电荷平衡，血浆中 $Cl^-$ 则向红细胞内转移，称为**氯转移**（chloride shift）。在红细胞膜上有特异的 $HCO_3^-$–$Cl^-$ 转运体，运载这两种离子跨膜交换，它有利于上述的系列反应继续进行。

综上所述，由组织进入血液的大部分 $CO_2$，最后要以 $KHCO_3$ 的形式存在于红细胞内和以 $NaHCO_3$ 的形式存在于血浆，即以碳酸氢盐的形式由血液运输至肺部。其过程可概括如图 2-5-9。当静脉血流经肺泡时，静脉血 $PCO_2$ 高于肺泡气，于是血浆中 $CO_2$ 向肺泡内扩散，上述反应向相反方向进行。此时，碳酸酐酶的作用则是促进 $H_2CO_3$ 分解为 $CO_2$ 和 $H_2O$。

**2. 氨基甲酰血红蛋白（carbaminohemoglobin，HHbNHCOOH）**　$CO_2$ 能直接与血红蛋白的自由氨基结合，形成氨基甲酰血红蛋白（图 2-5-9），并能迅速解离出 $H^+$。

$$HbNH_2 + CO_2 \rightleftharpoons HbNHCOO^- + H^+$$

这一反应迅速、可逆、不需酶参与，主要受氧合作用调节。$HbO_2$ 与 $CO_2$ 结合成氨基甲酰化合物的能力比 Hb 小。因此，在组织部位，Hb 含量多，结合的 $CO_2$ 量也多。在肺部，由于 Hb 与 $O_2$ 结合成 $HbO_2$，就迫使 $CO_2$ 解离扩散入肺泡。虽然以氨基甲酰血红蛋白形式运输的 $CO_2$ 约占总量的 7%，

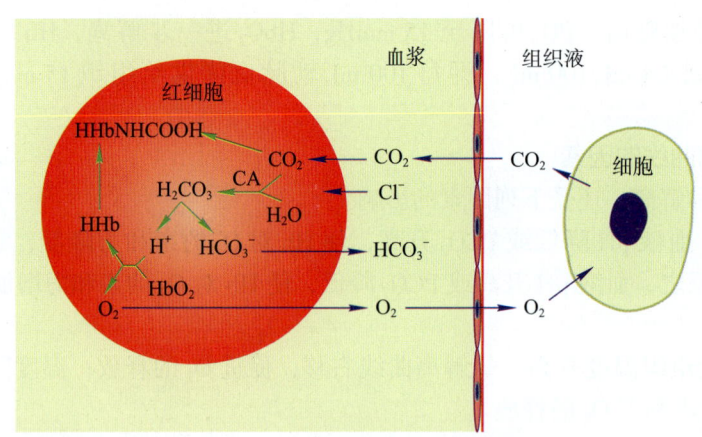

图 2-5-9　$CO_2$ 在血液中的运输示意图

但是在肺排出 $CO_2$ 总量中，由氨基甲酰血红蛋白释放出的 $CO_2$ 可占 17.5% 左右，表明这种形式运输 $CO_2$ 的效率很高。

### （二）二氧化碳解离曲线

血液中 $CO_2$ 的运输量，直接取决于 $PCO_2$。$PCO_2$ 升高，运输 $CO_2$ 的量也相应增多，两者基本呈直线关系。反映血液中 $PCO_2$ 与 $CO_2$ 含量之间的关系曲线，称为 $CO_2$ 解离曲线（carbon dioxide dissociation curve）（图 2-5-10）。

图 2-5-10 的 A 点是静脉血（$PO_2$ 40 mmHg）$PCO_2$ 为 45 mmHg 时的 $CO_2$ 含量，约为 52 mL/100 mL 血液；B 点是动脉血（$PO_2$ 100 mmHg）$PCO_2$ 为 40 mmHg 时的 $CO_2$ 含量，约为 48 mL/100 mL 血液。由此可见，每 100 mL 静脉血液流经肺部时释放出了 4 mL 的 $CO_2$。

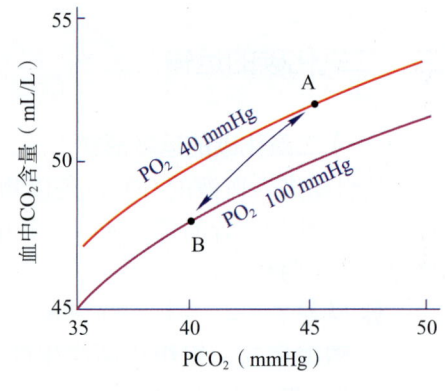

图 2-5-10　$CO_2$ 解离曲线
A. 静脉血；B. 动脉血

## 第四节　呼吸运动的调节

呼吸运动的意义在于保证肺与外界的气体交换，从而提供机体代谢所需要的 $O_2$，同时排出体内代谢产生的 $CO_2$，维持内环境 $PO_2$、$PCO_2$ 和 pH 相对稳定。呼吸的深度和频率随着机体内外环境的变化而发生相应的变化，以适应机体物质代谢的需求。

### 一、呼吸中枢与呼吸节律的形成

#### （一）呼吸中枢

**呼吸中枢**（respiratory center）指在中枢神经内产生呼吸节律和调节呼吸运动的神经细胞群。呼吸中枢分布在大脑皮层、间脑、脑桥、延髓和脊髓等部位。其中延髓呼吸中枢最为重要，是呼吸节律起源的关键部位。

**1. 脊髓**　脊髓中支配呼吸肌的运动神经元位于第 3~5 颈段（支配膈肌）和胸段（支配肋间肌和腹肌）脊髓前角。早期研究证明，在延髓和脊髓之间离断脊髓，呼吸即行停止，可以认为节律性呼吸运动不在脊髓产生。脊髓只是联系上位中枢和呼吸肌的中继站，也是整合某些呼吸反射的初级中枢。

**2. 低位脑干**　横切脑干的实验表明，呼吸节律产生于低位脑干，包括延髓和脑桥。

（1）延髓：实验证明，基本呼吸节律产生于延髓。用微电极记录神经元的电活动表明，在低位脑干内有的神经元呈节律性放电，并与呼吸周期有关，称为呼吸相关神经元或呼吸神经元。

呼吸神经元主要集中在背侧和腹侧两组神经核团内，分别称为背侧呼吸组和腹侧呼吸组。①**背侧呼吸组（dorsal respiratory group，DRG）**：呼吸神经元主要集中在孤束核的腹外侧部，主要含吸气神经元，其轴突交叉到对侧下行至脊髓颈段和胸段，支配膈肌和肋间外肌运动神经元，兴奋时产生吸气。DRG 有的吸气神经元轴突投射到腹侧呼吸组或脑桥、边缘系统等部位，DRG 还接受来自肺支气管神经和窦神经、对侧腹侧呼吸组头端、脑桥、大脑皮层等的信号传入。②**腹侧呼吸组（ventral respiratory group，VRG）**：呼吸神经元主要集中于后疑核、疑核和面神经后核附近的**包钦格复合体（Bötzinger complex，Böt C）**。后疑核内主要含呼气神经元，其轴突交叉下行至脊髓胸段，支配肋间内肌和腹肌运动神经元，兴奋时产生主动呼气。疑核内主要含吸气神经元，其轴突交叉下行至脊髓颈段和胸段，也支配膈肌和肋间外肌运动神经元，兴奋时产生吸气。疑核内的吸气和呼气神经元的轴突还随同侧舌咽神经和迷走神经传出，支配咽喉部呼吸辅助肌。包钦格复合体内主要含呼气神经元，其轴突投射到脊髓和延髓内侧部，抑制吸气神经元的活动，此区也含有调节咽喉部呼吸辅助肌的呼吸运动神经元。

（2）脑桥：在脑桥前部，呼吸神经元相对集中于**臂旁内侧核（NPBM）**和相邻的**Kölliker-Fuse（KF）核**，合称 PBKF 核群。其中含有一种跨时相神经元，其表现为吸气相与呼气相转换期间发放冲动增多。将猫麻醉后，切断双侧迷走神经，损毁 PBKF 核群，可出现长吸式呼吸，这说明脑桥上部有抑制吸气的中枢结构，称为**呼吸调整中枢（pneumotaxic center）**。该中枢主要位于 PBKF 核群，其作用为限制吸气，促使吸气向呼气转换，防止吸气过深过长。

**3. 大脑皮层**　可以随意控制呼吸，并按主观意志在一定范围内停止或用力加快呼吸，大脑皮层还可将说话、唱歌、进食等活动与呼吸运动协调进行。大脑皮层运动区通过皮层脊髓束和皮层脑干束控制呼吸运动神经元的活动，是随意调节呼吸的系统，而低位脑干呼吸中枢是自主呼吸节律调节系统。

（二）呼吸节律形成

关于呼吸节律的形成，目前有起步细胞学说和神经元网络学说。①起步细胞学说认为，延髓内有与窦房结起搏细胞相类似的具有起步样活动的呼吸神经元，产生呼吸节律。②神经元网络学说认为，延髓内呼吸神经元通过相互兴奋和抑制而形成复杂的神经元网络，在此基础上产生呼吸节律。

## 二、呼吸运动的反射性调节

节律性呼吸运动还受到来自各种感受器传入信息的反射性调节，使呼吸运动的频率、深度和形式等发生相应的改变。

（一）机械感受性呼吸反射

**1. 肺牵张反射**　麻醉动物在肺充气或肺扩张时，均能抑制吸气；在肺缩小萎陷时，则引起吸气。切断双侧迷走神经，上述反应消失，说明这是一种反射性活动。这种由肺扩张或缩小引起的吸气抑制或兴奋的反射称为**肺牵张反射（pulmonary stretch reflex）**。肺牵张反射有肺扩张反射和肺萎陷反射两种形式。

（1）肺扩张反射：是肺充气或扩张时抑制吸气的反射。其感受器位于气管至细支气管的平滑肌中，属于慢适应感受器。当肺扩张牵拉呼吸道使之扩张时，肺牵张感受器兴奋，冲动经迷走神经有髓纤维传入延髓。在延髓内使吸气切断并转入呼气，加强了吸气和呼气的交替，呼吸频率增加。迷走神经切断后，呼吸变慢变深。

平静呼吸时，肺扩张反射不参与人的呼吸调节过程。成人当潮气量增加至 1 500 mL 时，才能引起肺扩张反射，可能是由于人肺扩张反射的中枢阈值较高。但在中度到剧烈运动时，该反射在调节呼吸深度和频率中起重要的作用。病理情况下，肺顺应性降低，肺扩张时使呼吸道扩张较大，刺激较强，可以引起该反射，使呼吸变浅变快。

（2）肺萎陷反射：是肺缩小萎陷时引起吸气的反射。其感受器也在呼吸道平滑肌内，传入神经走行于迷走神经中。肺萎陷反射在肺明显缩小时才出现，在平静呼吸调节中意义不大，但对于防止呼气过深起一定作用，并可能与气胸时发生的呼吸增强有关。

**2. 呼吸肌本体感受性反射**　呼吸肌的本体感受器是肌梭，接受肌肉牵张的刺激。当呼吸肌被动拉长或肌梭中的梭内肌收缩时，本体感受器（肌梭）发生兴奋，冲动通过背根传入纤维到达脊髓前角，反射性使本体感受器所在的同一肌肉收缩增强。如呼吸道阻力增加，吸气时胸廓不易扩张，呼吸肌中的梭外肌纤维收缩时遇到的阻力增大，此时高位中枢的下行冲动通过兴奋脊髓的 γ 运动神经元，使肌梭中的梭内肌纤维收缩，可使肌梭的传入冲动增多或不减少（即肌梭的敏感性保持不变），再通过 γ- 环路反射性增强呼吸肌的收缩力量，以克服呼吸道阻力，使胸廓扩张，维持呼吸深度。

**3. 防御性呼吸反射**　呼吸道的鼻、咽、喉、气管和支气管黏膜受到机械性或化学性刺激时，都将引起防御性呼吸反射。

（1）咳嗽反射：咳嗽时，先有短促的深吸气，接着紧闭声门做强的呼气动作，使胸膜腔内压与肺内压都迅速上升；然后突然开放声门，由于压差大，使肺泡内气体高速冲出，同时排出呼吸道中的异物或分泌物。

（2）喷嚏反射：是鼻黏膜受刺激引起的防御性反射。传入神经为三叉神经。反射动作与咳嗽类似，气体主要从鼻腔急速喷出，以清除鼻腔中的刺激物。

### （二）化学感受性呼吸反射

血液、组织液或脑脊液中化学成分的改变，特别是低氧、二氧化碳和氢离子浓度增加，可刺激化学感受器，引起呼吸中枢活动的改变，从而调节呼吸运动的频率和深度，以保证动脉血 $PO_2$、$PCO_2$ 及 pH 相对恒定。

**1. 化学感受器**

（1）外周化学感受器：颈动脉体和主动脉体为**外周化学感受器**（peripheral chemoreceptor），它能感受动脉血中 $PCO_2$、$PO_2$ 和 pH（$H^+$ 浓度）变化的刺激。颈动脉体由窦神经、主动脉体经迷走神经将冲动传入延髓。需要指出的是，外周化学感受器是感受动脉血 $PO_2$ 的刺激，而不受动脉血 $O_2$ 含量的影响，因为在贫血或 CO 中毒时，血 $O_2$ 含量虽然下降，但 $PO_2$ 正常，只要血流量充分，外周化学感受器的传入冲动不受影响。

（2）中枢化学感受器：摘除动物外周化学感受器或切断其传入神经后，外周化学感受器的作用已被消除，但吸入 $CO_2$ 仍能使呼吸加强。现已证明在延髓腹外侧浅表部位存在一种化学感受器，与延髓呼吸中枢截然分开，称为**中枢化学感受器**（central chemoreceptor）（图 2-5-11）。中枢化学感受器的生理刺激是脑脊液和局部细胞外液中的 $H^+$。血液中的 $CO_2$ 能迅速透过血脑屏障，与脑脊液中的 $H_2O$ 在碳酸酐酶的作用下生成 $H_2CO_3$，然后解离出 $H^+$，对中枢化学感受器起刺激作用。中枢化学感受器与外周化学感受器不同，它不感受低氧刺激，但对 $CO_2$ 的敏感性比外周化学感受器高，反应潜伏期比较长。

**2. $PCO_2$、$PO_2$ 和 $H^+$ 对呼吸的调节**

（1）$PCO_2$ 对呼吸的调节：$PCO_2$ 是影响呼吸最重要的生理性刺激，一定水平的 $PCO_2$ 对维持呼吸中枢的兴奋性甚为必要。当吸入含 $CO_2$ 的混合气时，动脉血 $PCO_2$ 随之升高，呼吸加深加快，肺通气量相应增加。当吸入气中 $CO_2$ 增加至 1% 时，肺通气量即有所增加，吸入气中 $CO_2$ 含量增加至 4% 时，肺通气量比安静时增加 1 倍。肺通气量增大，可加强对 $CO_2$ 的清除作用；但当吸入气中 $CO_2$ 含量超过 7% 时，肺通气量已不能随之平行上升，动脉血中 $PCO_2$ 明显升高，造成呼吸困难、头痛、头晕等症状。当吸入气中 $CO_2$ 继续增多达 15% 时，可出现意识丧失甚至昏迷等，$CO_2$ 对中枢神经系统

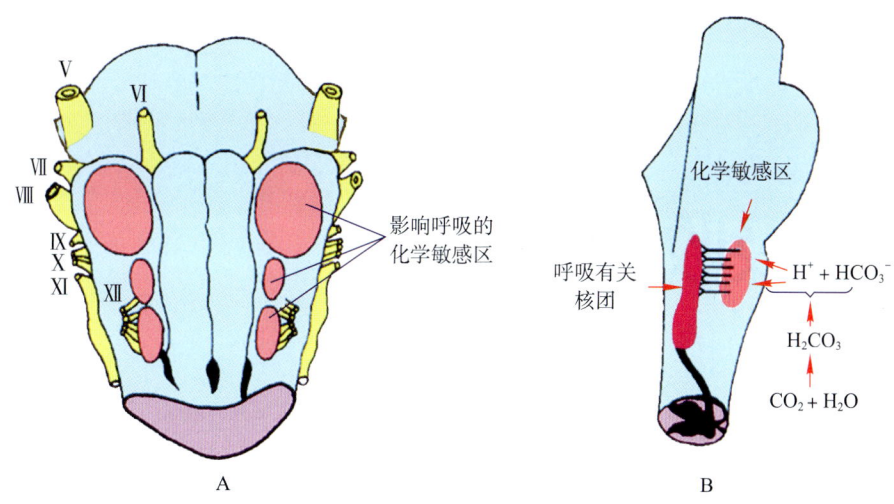

图 2-5-11 中枢化学感受器示意图

A. 延髓腹外侧的 3 个化学敏感区；B. 血液或脑脊液 $PCO_2$ 升高刺激呼吸的中枢机制；$V \sim XII$ 分别为第 5～12 对脑神经

的麻醉效应，并产生呼吸抑制。

$PCO_2$ 刺激呼吸是通过两条途径实现的：一是通过刺激中枢化学感受器而兴奋呼吸中枢；二是刺激外周化学感受器反射性调节呼吸中枢的活动。但以中枢化学感受器的作用为主。

（2）$PO_2$ 对呼吸的调节：动脉血 $PO_2$ 降低时，能反射性地引起呼吸加深加快，肺通气量增加。低 $O_2$ 对呼吸的兴奋效应完全依靠刺激外周化学感受器使呼吸加强，动脉血 $PO_2$ 越低，传入冲动越多。如果切断颈动脉体的窦神经，$PO_2$ 下降就不能引起呼吸加强，这说明颈动脉体化学感受器不但能对 $PO_2$ 下降发生反应，而且在引起呼吸加强中起主要作用。低 $O_2$ 对呼吸中枢可产生直接抑制作用。

（3）$H^+$ 对呼吸的调节：动脉血中 $H^+$ 浓度升高时，可引起呼吸加强；动脉血中 $H^+$ 浓度下降时，则引起呼吸抑制。$H^+$ 浓度改变对呼吸的调节主要是通过外周化学感受器，特别是颈动脉体而起作用。中枢化学感受器对 $H^+$ 的敏感性很高（比外周化学感受器高 25 倍），但由于 $H^+$ 不易通过血脑屏障，从而限制了它的作用。

**3. $PCO_2$、$PO_2$ 和 $H^+$ 在呼吸调节中的相互作用** 这三个因素中，若只改变一个因素，保持其余两因素不变时，$PCO_2$ 和 $H^+$ 略有波动就能引起肺通气量出现明显变化，尤其是 $PCO_2$ 作用更明显；$PO_2$ 的波动对呼吸的影响最小，只在低 $O_2$ 情况下才起作用。在这三个因素中，如果改变其中一个因素，而对其余两因素不加限制，则肺通气量的改变与上述有明显的不同，$PCO_2$ 的效应大为增加，$PO_2$ 效应则明显降低。

（甘贤兵）

## 思考题

1. 什么是呼吸？呼吸全过程由哪几个环节组成？
2. 肺表面活性物质有什么生理功能？当表面活性物质减少时，可能导致什么后果？
3. 试述动脉血中 $PCO_2$ 升高、$H^+$ 浓度升高和 $PO_2$ 降低对呼吸的影响及其机制。

## 新形态教材网更多数字资源

思维导图　　教学课件　　微课　　测试题　　拓展阅读　　思政元素

# 第六章 消化和吸收

编者导学

**本章导航**

第一节　概述　　　　　第四节　小肠内消化
第二节　口腔内消化　　第五节　大肠的功能
第三节　胃内消化　　　第六节　吸收

## 第一节　概　　述

人体所需的营养物质来自于食物，包括蛋白质、脂肪、糖类、维生素、无机盐和水等。其中前三类为大分子物质，不能被机体直接利用，需要通过消化后才能被吸收；维生素、无机盐和水为小分子物质，不需要消化就可以被机体吸收利用。

食物在消化道内被分解成为可以吸收的小分子物质的过程称为**消化**（digestion）。消化的方式有两种：一种是**机械性消化**（mechanical digestion），指通过消化道肌肉的收缩和舒张，将食物磨碎，并与消化液充分混合，以及把食物不断向消化道远端推送的过程；另一种是**化学性消化**（chemical digestion），指通过消化腺分泌消化液，由消化液中的各种消化酶将大分子物质分解成为可被吸收的小分子物质的过程。机械性消化和化学性消化同时进行，互相配合，共同作用，为机体的新陈代谢提供营养和能量。消化后的小分子物质及水、无机盐和维生素，通过消化道黏膜进入血液或淋巴液的过程，称为**吸收**（absorption）。未被消化和吸收的食物残渣，则以粪便的形式排出体外。

### 一、消化道平滑肌的特性

#### （一）消化道平滑肌的一般生理特性

1. **兴奋性**　相比于骨骼肌和心肌，消化道平滑肌的兴奋性较低，其收缩的潜伏期、收缩期和舒张期时程长，且变异较大。

2. **自律性**　消化道平滑肌能产生自动节律性运动，但其节律较慢，也远不如心肌规则。

3. **紧张性**　消化道平滑肌经常保持微弱的持续收缩状态，使消化器官保持一定的形状和位置，还可使消化道管壁内保持一定的基础压力。这种紧张性也是消化道各种运动形式产生的基础。

4. **伸展性**　作为中空器官来说，消化道平滑肌能适应食物接纳的需要而进行很大的伸展。良好的伸展性具有重要的生理意义，可使消化道容纳较多的食物，而压力却不明显升高。

**5. 对刺激的敏感性** 消化道平滑肌对针刺、切割和电刺激不敏感，但对于缺血、机械牵拉、温度和化学刺激特别敏感。消化道平滑肌的这一特性与它所处的环境密切相关，消化道内食物对平滑肌的机械扩张、温度和化学刺激可促进消化腺的分泌和消化道的运动，有助于食物的消化。

### （二）消化道平滑肌的电生理特性

消化道平滑肌的电变化可分为静息电位、慢波和动作电位。

**1. 静息电位** 消化道平滑肌的静息电位不稳定，实测值为 −60 ~ −50 mV。产生机制也与细胞内 $K^+$ 外流和生电性钠泵活动有关，$Na^+$、$Cl^-$ 和 $Ca^{2+}$ 等的跨膜流动也参与静息电位的形成。

**2. 慢波** 消化道平滑肌细胞在静息电位基础上，自发产生的周期性的去极化和复极化，这种节律性电位波动频率较慢，故称为**慢波**（slow wave）。由于慢波决定平滑肌的收缩节律，又称**基本电节律**（basic electrical rhythm，BER）。慢波波幅约为 10 ~ 15 mV，持续几秒至十几秒，频率随部位而不同。人胃的慢波频率为 3 次/min，十二指肠为 11 ~ 12 次/min。

慢波起源于纵行肌和环行肌之间的 Cajal 间质细胞（interstitial cell of Cajal，ICC）。Cajal 间质细胞是分布于消化道自主神经末梢和平滑肌之间的兼有成纤维细胞和平滑肌细胞特性的间质细胞，是消化道平滑肌兴奋的起搏细胞，其产生的电位变化以电紧张的形式扩布到纵行肌和环形肌，诱发平滑肌产生节律性电活动。

慢波产生的机制尚不清楚。目前认为，平滑肌细胞存在着两个临界膜电位值，即机械阈和电阈（图 2-6-1）。当慢波去极化达到机械阈时，$Ca^{2+}$ 内流增加，激活细胞收缩，但不一定产生动作电位；但当去极化达到电阈时，则引发动作电位，$Ca^{2+}$ 内流进一步增加，收缩进一步增强。

**3. 动作电位** 消化道平滑肌的动作电位是在慢波电位去极化的基础上产生的。去极化主要由 $Ca^{2+}$ 内流引起，复极化由 $K^+$ 外流引起。动作电位产生即可引起肌肉收缩，动作电位频率越高，平滑肌收缩越强。因此，每个慢波上所出现的动作电位数目，决定着平滑肌收缩力的大小（图 2-6-1）。

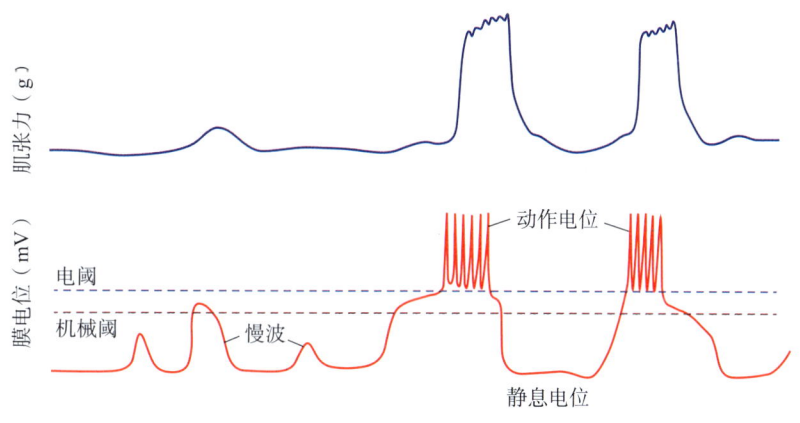

图 2-6-1 消化道平滑肌的电活动

慢波、动作电位和收缩之间的关系可概括如下：动作电位发生在慢波的基础上，收缩是在动作电位之后产生的。因此，慢波是平滑肌收缩的起步电位，也是平滑肌收缩节律的控制波，它决定着消化道运动的方向、节律和速度。

## 二、消化道的神经支配

消化道的活动主要通过内在神经丛和外来神经系统实现，二者协调统一，共同调节消化道的运动和消化液的分泌。

### (一)内在神经丛

**内在神经丛**也称肠神经系统(enteric nervous system),由存在于消化道壁内的神经元和神经纤维组成,包括两类神经丛:一类是位于黏膜与环行肌之间的**黏膜下神经丛**(submucosal plexus);另一类是位于环行肌与纵行肌之间的**肌间神经丛**(myenteric plexus)(图2-6-2)。前者主要调节腺细胞、内分泌细胞和上皮细胞的功能,后者主要参与消化道的运动。肠神经系统构成了一个相对独立的局部反射系统,在胃肠活动调节中发挥重要作用。切断外来神经后局部反射仍可进行。但在正常情况下,肠神经系统的活动受外来神经的调控。

### (二)外来神经系统

支配消化道的外来神经为自主神经,包括交感神经和副交感神经(图2-6-2)。

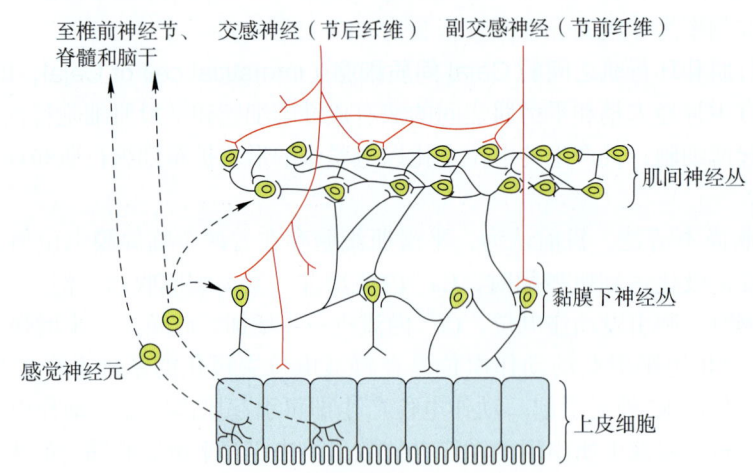

图2-6-2 消化道内在神经丛与外来自主神经的关系示意图

交感神经起自于脊髓胸、腰段侧角,在腹腔神经节、肠系膜神经节换元后,节后纤维主要终止于肠神经系统的胆碱能神经元,少数纤维直接终止于胃肠平滑肌、血管平滑肌及腺体。当交感神经兴奋时,节后末梢释放去甲肾上腺素,引起胃肠道运动减弱,腺体分泌减少,但可使胃肠括约肌收缩。交感神经对壁内神经元有抑制作用。

副交感神经主要走行于迷走神经和盆神经中,节后纤维支配胃肠道平滑肌和腺体。大部分副交感神经节后末梢释放乙酰胆碱,引起胃肠道运动加强,腺体分泌增加,但可使括约肌舒张。副交感神经对壁内神经元具有兴奋作用。少数副交感神经末梢释放的递质可能是肽类物质,如血管活性肠肽等,在胃的容受性舒张、机械刺激引起的小肠充血等过程中发挥作用。

## 三、胃肠激素

胃肠道内存在着40多种内分泌细胞,这些细胞具有摄取胺前体、进行脱羧而产生肽类或活性胺的能力。由胃肠道黏膜内分泌细胞合成和释放的具有活性的化学物质,统称为**胃肠激素**(gastrointestinal hormone)。由于胃肠道黏膜的面积巨大,内分泌细胞的总数相当多,远远超过体内其他内分泌细胞的总和。因此,消化道是人体内最大、最复杂的内分泌器官。

迄今已发现的胃肠激素有30多种,这些激素大多数通过血液运送到靶细胞发挥作用:①调节消化道的运动和消化腺的分泌;②调节其他激素的释放;③某些胃肠激素还具有营养作用。对消化器官功能影响较大的有促胃液素、缩胆囊素、促胰液素和抑胃肽等,表2-6-1列出了这些激素的作用及其引起释放的因素。

表 2-6-1　几种主要胃肠激素的作用及其引起释放的因素

| 激素名称 | 主要生理作用 | 引起释放的因素 |
| --- | --- | --- |
| 促胃液素 | 促进胃酸和胃蛋白酶原分泌，使胃窦和幽门括约肌收缩，促进胃肠运动，促进胃肠上皮生长 | 蛋白质消化产物、迷走神经递质、胃扩张 |
| 缩胆囊素 | 促进胰酶分泌和胆囊收缩，增强小肠运动，增强幽门括约肌收缩，促进胰腺外分泌部生长 | 蛋白质消化产物、脂肪酸 |
| 促胰液素 | 促进胰液分泌，抑制胃酸分泌和胃肠运动，收缩幽门括约肌，促进胰腺外分泌部生长 | 胃酸、脂肪酸 |
| 抑胃肽 | 刺激胰岛素分泌 | 葡萄糖、脂肪酸、氨基酸 |

## 第二节　口腔内消化

食物的消化过程从口腔开始。在口腔内，通过咀嚼将食物磨碎，被唾液湿润形成食团便于吞咽。唾液淀粉酶可对淀粉进行初步消化。食物在口腔中停留的时间非常短暂，一般只有 15~20 s，再经吞咽进入胃内进行消化。

### 一、唾液及其分泌

人的口腔中有三对主要的大唾液腺，即腮腺、下颌下腺和舌下腺，还有许多分散的小唾液腺。**唾液（saliva）** 是这些腺体分泌的混合液。

（一）唾液的性质、成分和作用

唾液无色无味，pH 6.6~7.0，每天分泌 1~1.5 L。唾液内容物中 99% 是水，其余为无机物和有机物。无机物中有 $Na^+$、$K^+$、$Ca^{2+}$、$Cl^-$、$HCO_3^-$ 等；有机物主要有黏蛋白、**唾液淀粉酶（salivary amylase）** 和溶菌酶等。

唾液的生理作用包括：①湿润口腔、溶解食物，便于吞咽和说话。②唾液淀粉酶可将食物中的淀粉水解为麦芽糖。③清除口腔中的食物残渣。④溶菌酶和免疫球蛋白能够杀灭细菌和病毒。⑤发挥排泄作用。进入体内的某些物质（如铅、汞）可随唾液排出一部分，某些病原微生物（如狂犬病毒）和某些药物也可从唾液排出。

（二）唾液分泌的调节

唾液分泌的调节完全是神经调节，包括非条件反射和条件反射。唾液分泌的初级中枢位于延髓，高级中枢分布在下丘脑、皮层的味觉及嗅觉感受区。传出神经为副交感神经和交感神经，以前者的作用为主。

副交感神经末梢释放乙酰胆碱，作用于唾液腺腺细胞膜的 M 受体，使之分泌大量稀薄的唾液。使用 M 受体阻断剂阿托品，可明显抑制唾液分泌。交感神经末梢释放去甲肾上腺素，作用于唾液腺腺细胞膜的 β 受体，使之分泌少量黏稠的唾液。

### 二、咀嚼和吞咽

（一）咀嚼

**咀嚼（mastication）** 是通过咀嚼肌群顺序收缩而完成的复杂的反射性动作，受大脑皮层控制。其作用主要是：①磨碎、混合和润滑食物，使之易于吞咽；同时也可减少大块、粗糙食物对胃肠黏膜的机械性损伤。②使食物与唾液淀粉酶充分接触，产生化学性消化作用。③反射性地引起胃、胰、肝和胆囊的活动加强，为下一步消化和吸收做好准备。

### （二）吞咽

**吞咽**（swallowing）指食物由口腔经咽、食管进入胃的过程，是一种复杂的反射动作。根据食物通过的部位，可分为三个时期：①口腔期：食团由口腔入咽，是在大脑皮层控制下的随意动作。②咽期：食团由咽到食管上端，是通过一系列快速的反射动作而实现的。③食管期：食团由食管上端入胃，是通过食管蠕动来实现的。

食管和胃之间在解剖上并不存在括约肌，但用测压法可以观察到：食管下端和胃贲门连接处有一长3~5 cm的高压区，其内压力一般比胃内压高5~10 mmHg，可阻止胃内容物逆流入食管，起到了类似括约肌的作用，称为**食管下括约肌**（lower esophageal sphincter，LES）。食管下括约肌的张力受迷走神经抑制性纤维和兴奋性纤维的双重支配。当食管壁感受器受到食团刺激时，迷走神经中的抑制性纤维兴奋，末梢释放血管活性肠肽或NO，引起食管下括约肌舒张，食团入胃；随后其兴奋性纤维兴奋，末梢释放乙酰胆碱，食管下括约肌收缩，防止胃内容物逆流。体液因素也会影响食管下括约肌的活动，如食团入胃后，可引起促胃液素和胃动素等的释放，使食管下括约肌收缩。

## 第三节 胃内消化

成人胃的容量为1~2 L，是整个消化道中最膨大的部位，其功能是暂时储存和消化食物。食物在胃内还将受到胃液的化学性消化和胃壁肌肉运动的机械性消化作用。

### 一、胃液及其分泌

胃黏膜是一个复杂的分泌器官，含有两类分泌细胞：一类是外分泌细胞，它们组成的消化腺包括贲门腺、泌酸腺和幽门腺，胃液是由这三种腺体和胃黏膜上皮细胞所分泌的混合液；另一类是内分泌细胞，散在分布于胃黏膜中，如分泌促胃液素的G细胞、分泌生长抑素的δ细胞、分泌组胺的肠嗜铬样细胞等。

微课2-6-1 胃液的分泌

#### （一）胃液的性质、成分和作用

纯净的**胃液**（gastric juice）是无色透明呈酸性的液体，pH 0.9~1.5，每天分泌1.5~2.5 L，主要成分有盐酸、胃蛋白酶原、黏液和内因子等。

**1. 盐酸** 胃液中的盐酸也称为**胃酸**（gastric acid），由泌酸腺的壁细胞分泌。空腹时胃酸少量分泌，进食或药物刺激后，胃酸分泌量明显增加。胃酸分泌量与壁细胞的数目和功能状态密切相关。

（1）盐酸的分泌机制：胃液中的$H^+$浓度为150~170 mmol/L，比血浆浓度高$3 \times 10^6$倍。因此，壁细胞分泌$H^+$是逆浓度梯度而进行的主动过程，其通过壁细胞顶端膜上的质子泵来完成（图2-6-3）。壁细胞胞质内的$H_2O$解离生成$H^+$和$OH^-$，质子泵将$H^+$主动转运入小管腔内；$OH^-$在**碳酸酐酶**（carbonic anhydrase，CA）的催化下与细胞代谢产生的$CO_2$结合生成$HCO_3^-$，$HCO_3^-$与$Cl^-$通过壁

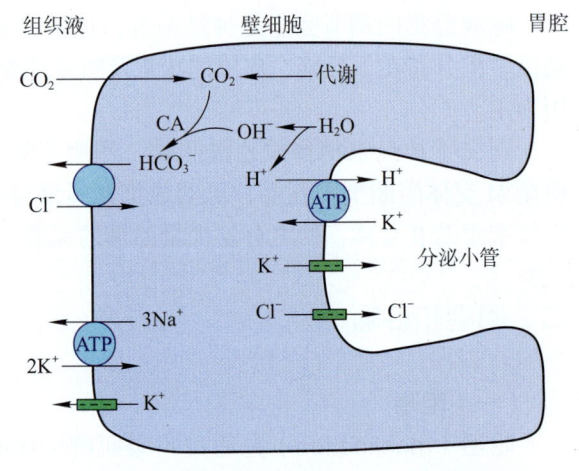

图2-6-3 壁细胞分泌盐酸的基本过程模式图

细胞基底侧膜上的 $Cl^--HCO_3^-$ 转运体进行交换，$HCO_3^-$ 入血，$Cl^-$ 则转运入壁细胞内，再经顶端膜上 $Cl^-$ 通道进入分泌小管，与 $H^+$ 结合形成 HCl，随即进入胃腔。奥美拉唑就是通过作用于质子泵发挥抑制胃酸分泌的作用。

在消化期，盐酸大量分泌的同时，会有大量的 $HCO_3^-$ 进入血液，使血液暂时碱化，这种现象称为**餐后碱潮**。

（2）盐酸的作用：①激活胃蛋白酶原，并为胃蛋白酶提供适宜的酸性环境。②使蛋白质变性易于水解。③杀死随食物进入胃内的细菌。④盐酸进入十二指肠后，可间接促进胰液、胆汁和小肠液的分泌。⑤盐酸造成的酸性环境还可促进小肠对铁和钙的吸收。如果盐酸分泌过多，将会侵蚀胃和十二指肠黏膜，诱发或加重溃疡病；如果盐酸分泌过少，可引起腹胀、腹泻等消化不良症状。

**2. 胃蛋白酶原（pepsinogen）** 主要由泌酸腺的主细胞合成分泌，以无活性的酶原形式储存在细胞内，进食、迷走神经兴奋和促胃液素等均可促进其释放。在盐酸或已被激活的胃蛋白酶作用下，胃蛋白酶原可转变为有活性的**胃蛋白酶（pepsin）**。胃蛋白酶可将食物中的蛋白质水解为䏡、胨和少量的多肽或氨基酸，其作用的最适 pH 为 1.8~3.5。随着 pH 的升高，胃蛋白酶活性逐步下降；当 pH 超过 5.0 时，胃蛋白酶便失活。

**3. 内因子（intrinsic factor）** 是由胃黏膜壁细胞分泌的一种糖蛋白，它能保护维生素 $B_{12}$ 免受小肠内水解酶的破坏，促进维生素 $B_{12}$ 的吸收。壁细胞受损或减少时，内因子分泌减少，维生素 $B_{12}$ 吸收障碍，影响红细胞的成熟，从而引起巨幼红细胞贫血。

**4. 黏液和碳酸氢盐** 黏液的来源复杂，胃黏膜上皮细胞、泌酸腺、贲门腺和幽门腺均可分泌。黏液的化学本质是糖蛋白，具有较高的黏滞性和形成凝胶的特性，可在胃黏膜表面形成一层厚度约 500 μm 的保护层，与胃黏膜表面上皮细胞分泌的 $HCO_3^-$ 一起构成**黏液-碳酸氢盐屏障（mucus-bicarbonate barrier）**（图 2-6-4）。一方面，该屏障可保护胃黏膜免受粗糙、坚硬食物的机械性损伤；另一方面，黏稠的黏液可降低 $H^+$ 由胃液向胃黏膜扩散的速度，$HCO_3^-$ 还可中和向胃黏膜逆向扩散的 $H^+$。这样，在黏液层中就会形成一个 pH 梯度，黏液层靠近胃腔一侧呈酸性，pH 为 2.0 左右。靠近胃黏膜表面部分的 pH 则呈中性，从而能有效防止胃酸对胃黏膜的直接侵蚀和胃蛋白酶对胃黏膜本身的消化作用。

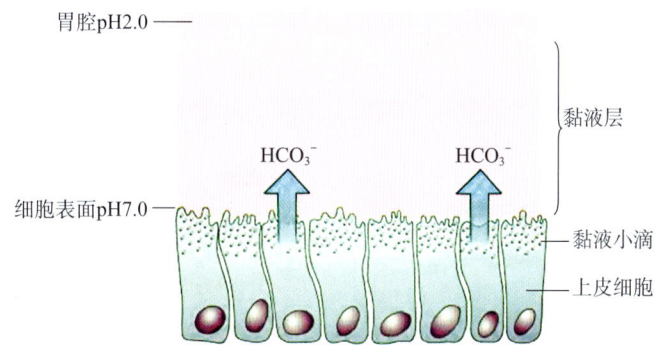

图 2-6-4 **胃黏液-碳酸氢盐屏障模式图**

除黏液-碳酸氢盐屏障外，胃黏膜上皮细胞顶端膜与相邻细胞侧膜之间存在的紧密连接构成了**胃黏膜屏障（gastric mucosal barrier）**，可防止 $H^+$ 由胃腔向黏膜内扩散，对胃黏膜也起到一定的保护作用。

许多因素如乙醇、胆盐、阿司匹林及幽门螺杆菌感染等，均可破坏或削弱胃黏膜的屏障作用，造成胃黏膜的损伤，从而导致胃炎或胃溃疡的发生。

## （二）消化期的胃液分泌

空腹时胃液分泌量很少，称为**基础胃液分泌**；进食后胃液大量分泌，称为**消化期胃液分泌**。消化期胃液分泌，一般按照感受食物刺激部位的先后，分为头期、胃期和肠期（图 2-6-5）。

**1. 头期胃液分泌** 由进食动作引起，食物刺激头面部的感受器（眼、鼻、耳、口腔、咽和食管等）所引起的胃液分泌。机制包括条件反射和非条件反射。反射的传出神经是迷走神经，迷走神经通过末梢释放乙酰胆碱直接作用于壁细胞引起胃液分泌，也可通过末梢释放**促胃液素释放肽**（gastrin-releasing peptide，GRP），作用于 G 细胞引起促胃液素释放，从而间接作用于壁细胞而引起胃液分泌。迷走神经的直接作用更为重要。

头期胃液分泌的特点是持续时间长（2~4 h），分泌量约占消化期分泌总量的 30%，胃酸和胃蛋白酶原含量都很高，分泌量的多少受食欲和情绪影响很大。

**2. 胃期胃液分泌** 食物入胃后，食物的机械和化学刺激，可进一步引起胃液分泌。其主要途径为：①食物的扩张刺激可兴奋胃底和胃体部的感受器，冲动经迷走-迷走神经长反射和内在神经系统的短反射，直接或通过促胃液素间接引起胃液分泌。②扩张刺激胃幽门部的感受器，通过短反射作用于 G 细胞引起促胃液素分泌。③食物的化学成分，主要是蛋白质的消化产物如肽和氨基酸等，直接作用于 G 细胞，引起促胃液素释放。不同氨基酸对胃酸分泌的刺激作用不同，人体中苯丙氨酸和色氨酸的作用最强。咖啡、茶、牛奶、乙醇、$Ca^{2+}$ 等也能引起胃液大量分泌。

胃期胃液的分泌量大，约占消化期分泌总量的 60%，酸度很高，但胃蛋白酶原的含量较头期少。

**3. 肠期胃液分泌** 食糜进入十二指肠后，继续引起胃液分泌。分泌机制主要是食糜作用于十二指肠黏膜 G 细胞分泌促胃液素；小肠黏膜还可能释放**肠泌酸素**（entero-oxyntin）刺激胃酸分泌。此外，小肠内的消化产物氨基酸被吸收后，通过血液循环作用于胃腺，也能刺激胃液分泌。在切除外来神经后，食物对小肠的刺激仍可引起胃液分泌，表明肠期以体液调节为主。

肠期胃液分泌的特点是量少，约占消化期分泌总量的 10%，酸度不高，胃蛋白酶原的含量比胃期明显低。

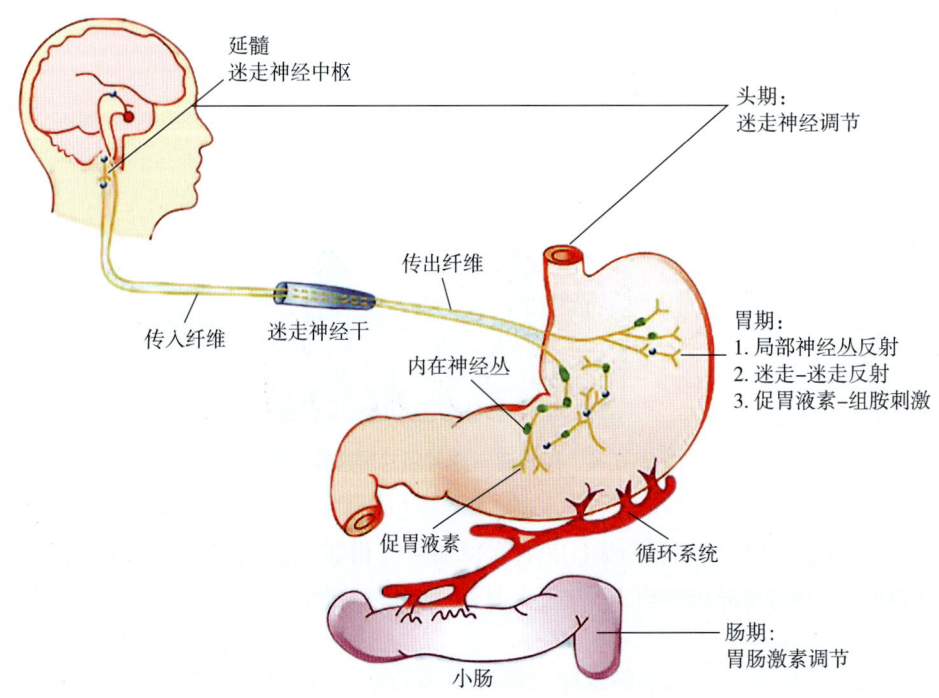

图 2-6-5 消化期胃液分泌的调节

### （三）调节胃液分泌的主要因素

**1. 促进胃液分泌的内源性物质**

（1）乙酰胆碱：大部分支配胃的迷走神经和部分内在神经丛末梢释放的递质是乙酰胆碱，可直接作用于壁细胞上的 M 受体，刺激胃酸分泌，其作用可被阿托品所阻断。

（2）组胺：组胺由肠嗜铬样细胞分泌，以旁分泌的方式作用于邻旁壁细胞的 $H_2$ 型受体，引起壁细胞分泌胃酸。西咪替丁及其类似物可阻断组胺与 $H_2$ 受体结合而抑制胃酸分泌，是临床上常用的抑酸药。

（3）促胃液素：由胃窦、十二指肠和空肠上段黏膜 G 细胞分泌，可强烈刺激壁细胞分泌胃酸。促胃液素也能促进肠嗜铬样细胞分泌组胺，再通过组胺刺激壁细胞分泌盐酸。促胃液素的这种作用可能比它直接刺激壁细胞分泌盐酸的作用更为重要。迷走神经兴奋时释放促胃液素释放肽，可促进促胃液素的分泌。

**2. 抑制胃液分泌的主要因素**

（1）盐酸：当胃窦内 pH 降到 1.2～1.5、十二指肠内 pH 降到 2.5 以下时，能负反馈抑制胃酸分泌。

（2）脂肪：脂肪及其消化产物是抑制胃液分泌的主要因素之一。20 世纪 30 年代，我国生理学家林可胜等在研究脂肪在小肠内可抑制胃液分泌和胃运动的机制时，从小肠黏膜中提取到一种可抑制胃液分泌和胃运动的物质，并将此物质命名为**肠抑胃素**（enterogastrone）。

（3）高张溶液：当食糜进入十二指肠后，可使肠腔内出现高张溶液。一方面，高张溶液可刺激小肠内的渗透压感受器，通过肠－胃反射抑制胃液分泌；另一方面，也能通过刺激小肠黏膜释放多种胃肠激素，抑制胃液分泌。

## 二、胃的运动

根据胃壁肌层结构和功能特点，可将胃分为头区和尾区两个部分。头区包括胃底和胃体近端 1/3，运动较弱，主要功能是容纳和储存食物；尾区包括胃体远端 2/3 和胃窦，运动较强，主要功能是混合、磨碎食物，形成食糜，并逐渐将其排入十二指肠。

### （一）胃运动的主要形式

**1. 紧张性收缩**　胃壁平滑肌经常处于一定程度的缓慢持续收缩状态，对维持胃的位置、形态及促进化学性消化有重要作用。

**2. 容受性舒张**　在咀嚼和吞咽时，食物对口、咽、食管等处感受器的刺激，可反射性引起胃底和胃体部肌肉的舒张，称为**容受性舒张**（receptive relaxation）。胃腔容积由空腹时的 50 mL 增大到进食后的 1 500 mL 左右，而胃内压并无明显增加。胃的容受性舒张是通过迷走－迷走神经反射来完成的，迷走神经末梢释放的递质可能是某种肽类物质或 NO。

**3. 蠕动**　食物进入胃后约 5 min 蠕动即开始，起始于胃的中部，并向幽门方向逐渐推进。蠕动波初始时较弱，在传播过程中逐步加强，速度逐渐加快，接近幽门时达到最大，导致幽门开放，将 1～2 mL 食糜送入十二指肠。胃蠕动的意义在于：①磨碎进入胃内的食团，并使其与胃液充分混合，以形成糊状的食糜。②将食糜逐步地推入十二指肠。

### （二）胃排空及其控制

**1. 胃排空**　食物进入胃后 5 min 就有少量食糜排入十二指肠。食糜由胃排入十二指肠的过程称为**胃排空**（gastric emptying）。胃排空的速度因食物的性状、种类及胃的运动情况而不同。一般来说，稀的食物比稠的食物排空快；等渗溶液比非等渗溶液排空快。在三大营养物质中，糖类最快，蛋白质次之，脂肪最慢。混合食物由胃完全排空通常需 4～6 h。

**2. 影响胃排空的因素** 胃排空的动力来自于胃的运动加强、胃内压升高，幽门和十二指肠收缩则是胃排空的阻力。排空速度主要取决于胃与十二指肠之间的压力差。因此，胃排空受胃和十二指肠两方面因素的控制。

（1）胃内促进胃排空的因素：食物对胃的扩张刺激，通过迷走-迷走反射和胃壁内神经丛反射，使胃运动加强，促进胃排空。此外，食物的扩张刺激和化学成分还可引起促胃液素的释放，后者可刺激胃运动，加快胃排空。

（2）十二指肠内抑制胃排空的因素：食糜中的酸、脂肪、高张溶液及机械扩张等均可刺激十二指肠壁上的多种感受器，通过肠-胃反射和刺激小肠上段黏膜释放多种激素，抑制胃排空，这些激素包括促胃液素、促胰液素、缩胆囊素等。

当进入十二指肠的酸性食糜被中和，渗透压降低，消化产物被吸收，对胃的抑制作用逐渐消失，胃的运动又增强，于是又推送一部分食糜进入十二指肠。如此反复进行，可见胃的排空是间断性的，并与小肠消化和吸收的速度相适应。

### （三）呕吐

**呕吐**（vomiting）指胃、肠内容物从口腔强力驱出的反射动作。呕吐发生时，先深吸气，声门和鼻咽通道关闭，并且通过腹肌和膈肌收缩增加腹内压，将胃内容物经食管从口腔驱出的过程。

引起呕吐的原因很多，机械或化学性刺激作用于舌根、咽部、胃肠、胆道等处的感受器均可引起呕吐，视觉或前庭器官受到刺激也可引起呕吐，颅内压增高直接刺激呕吐中枢引起喷射性呕吐。呕吐中枢位于延髓，并与心血管中枢、呼吸中枢密切联系，故呕吐前除伴有消化道症状外，还常出现呼吸急促、心跳加快等症状。

呕吐可将胃肠内的有害物质排出，具有保护意义。因此，食物中毒的患者，可借助催吐方法将体内的毒物排除。但频繁、剧烈的呕吐会影响进食和正常的消化活动，导致大量的消化液丢失，引起水、电解质和酸碱平衡功能发生紊乱。

## 第四节 小肠内消化

食糜由胃进入十二指肠后，小肠内消化便开始，这是整个消化过程中最重要的阶段。在小肠内，食糜受到胰液、胆汁和小肠液的化学性消化及小肠运动的机械性消化而转变为可被吸收的小分子物质，大部分营养物质也在小肠被吸收。食物在小肠内停留的时间随食物的性质而不同，一般为 3~8 h。

### 一、胰液的分泌

胰腺兼有内分泌和外分泌功能。内分泌功能将在第九章详细讨论，外分泌功能是通过由胰腺外分泌部的腺泡细胞和小导管管壁细胞分泌的胰液来实现的，其消化物质的能力非常强。

微课2-6-2 胰液的分泌

#### （一）胰液的性质、成分和作用

**胰液**（pancreatic juice）是无色透明的碱性液体，pH 7.8~8.4，每天分泌量为 1~2 L，渗透压与血浆大致相等。

胰液中含有无机物和有机物。无机物主要是水，以及 $HCO_3^-$、$Na^+$、$K^+$、$Cl^-$ 等无机离子，其中 $HCO_3^-$ 的含量很高，是由胰腺内的小导管管壁细胞分泌的。有机物由胰腺腺泡细胞分泌的多种消化酶组成，包括胰淀粉酶、胰脂肪酶、胰蛋白酶原和糜蛋白酶原等。

**1. 碳酸氢盐** 胰液中的 $HCO_3^-$ 浓度随分泌速率的增加而增加，最高可达 145 mmol/L，这也是胰液呈碱性的主要原因。其主要作用是中和进入十二指肠的胃酸，使肠黏膜免受强酸的侵蚀，同时也为小肠内多种消化酶活动提供最适 pH 环境。

**2. 胰淀粉酶（pancreatic amylase）** 属于 α- 淀粉酶，无需激活就有活性，对生的和熟的淀粉水解效率都很高。消化产物为糊精、麦芽糖和麦芽寡糖。最适 pH 为 6.7~7.0。

**3. 胰脂肪酶（pancreatic lipase）** 属于糖蛋白，也是以活性形式分泌的，可分解三酰甘油为脂肪酸、一酰甘油和甘油，其最适 pH 为 7.5~8.5。但是，胰脂肪酶只有在**辅脂酶（colipase）** 存在的条件下才能发挥作用。胰脂肪酶、辅脂酶与胆盐三者形成络合物，可防止胆盐将胰脂肪酶从脂滴表面清除掉。胰液中还含有胆固醇酯酶和磷脂酶 $A_2$，分别水解胆固醇酯和卵磷脂。

**4. 胰蛋白酶原和糜蛋白酶原** 这两种酶均以无活性的酶原形式存在。小肠液中的**肠激酶（enterokinase）** 可使胰蛋白酶原（trypsinogen）转变为有活性的**胰蛋白酶（trypsin）**。此外，酸、胰蛋白酶本身和组织液也能使胰蛋白酶原激活。**糜蛋白酶原（chymotrypsinogen）** 主要在胰蛋白酶作用下转化为有活性的**糜蛋白酶（chymotrypsin）**。胰蛋白酶和糜蛋白酶的作用相似，都能将蛋白质分解为胨和胨，但当两者同时作用于蛋白质时，则可将蛋白质水解为小分子多肽和游离氨基酸。此外，正常胰液中还含有羧基肽酶、核糖核酸酶、脱氧核糖核酸酶等水解酶，也以酶原形式分泌，在胰蛋白酶作用下被激活。

由于胰液中含有水解三大营养物质的消化酶，因而它是所有消化液中最重要的，同时也是消化能力最强的。实验和临床研究证明，如果胰液分泌障碍，即使其他消化液分泌都正常，脂肪和蛋白质仍不能被彻底消化和吸收，常可引起胰性腹泻，但糖的消化一般不受影响。

（二）胰液分泌的调节

空腹时，胰液分泌量很少。进食后，胰液便开始大量分泌。进食时胰液分泌受神经和体液双重因素控制，但以体液调节为主。

**1. 神经调节** 食物的形象、气味，食物对口腔、食管、胃和小肠的刺激，都可通过神经反射引起胰液分泌。传出神经主要是迷走神经，其末梢释放乙酰胆碱直接作用于胰腺，也可通过促胃液素的释放，间接引起胰液分泌。由于迷走神经对胰腺腺泡细胞作用更强，因此迷走神经兴奋引起胰液分泌的特点是水和 $HCO_3^-$ 含量很少，而酶的含量很丰富。

内脏大神经中的胆碱能纤维兴奋可促进胰液分泌，而肾上腺素能纤维兴奋可因胰腺血管收缩而抑制胰液分泌。

**2. 体液调节** 调节胰液分泌的体液因素主要有促胰液素和缩胆囊素。

（1）**促胰液素（secretin）**：是由小肠上段黏膜的 S 细胞分泌的，由 27 个氨基酸残基组成的直链多肽。盐酸是引起促胰液素释放的最强刺激物，其次为蛋白质分解产物和脂酸钠，糖类几乎没有作用。促胰液素通过血液循环主要作用于胰腺小导管上皮细胞，使其分泌大量的水和 $HCO_3^-$，增加胰液的分泌量，而酶的含量却很低。

（2）**缩胆囊素（cholecystokinin，CCK）**：是由十二指肠和空肠黏膜的 I 型分泌细胞分泌的，由 33 个氨基酸残基组成的多肽。引起缩胆囊素释放的因素由强至弱依次为蛋白质分解产物、脂酸钠、盐酸、脂肪，糖类则无作用。

缩胆囊素通过血液循环作用于胰腺腺泡细胞，分泌含酶多的胰液，故也称**促胰酶素（pancreozymin，PZ）**，此作用和迷走神经的作用类似，但作用更强。其还可促进胆囊平滑肌强烈收缩，排放胆汁。缩胆囊素对胰腺组织具有营养作用，可促进胰腺组织蛋白质和核糖核酸的合成。

促胰液素和缩胆囊素二者之间存在协同作用，即缩胆囊素可增强促胰液素对胰腺导管的刺激作用，促胰液素又可增强缩胆囊素对腺泡细胞的刺激作用。迷走神经对促胰液素也有加强作用。这些影响因素之间的相互增强作用，能够促进进食后胰液的大量分泌。

## 二、胆汁的分泌与排出

**胆汁**（bile）由肝细胞不断生成。在非消化期，胆汁经胆囊管进入胆囊内储存，待需要时排入十二指肠；消化期胆汁经肝管、胆总管直接进入十二指肠。直接从肝细胞分泌的胆汁称为**肝胆汁**，在胆囊内储存并由胆囊排出的胆汁称为**胆囊胆汁**。

### （一）胆汁的性质和成分

胆汁是一种苦味的液体，肝胆汁呈金黄色，pH 7.4。胆囊胆汁呈深棕色，pH 6.8。成年人每天分泌胆汁 0.8~1.0 L。

胆汁的成分很复杂，除水分和 $Na^+$、$K^+$、$Ca^{2+}$、$HCO_3^-$ 等无机物外，还含有胆盐、卵磷脂、胆固醇、胆色素和黏蛋白等有机物。胆汁中不含消化酶。

正常情况下，胆汁中的胆盐（或胆汁酸）、胆固醇和卵磷脂的适当比例是维持胆固醇呈溶解状态的必要条件。当胆固醇分泌过多，或胆盐、卵磷脂合成减少时，胆固醇就容易沉积，这是胆石形成的原因之一。

### （二）胆汁的作用

胆汁虽然不含消化酶，但是对脂肪的消化和吸收有重要作用。

**1. 乳化脂肪**　胆汁中的胆盐、胆固醇和卵磷脂均可作为乳化剂，降低脂肪表面张力，使脂肪乳化成微滴，增加了胰脂肪酶的作用面积，促进脂肪分解消化。

**2. 促进脂肪的吸收**　胆盐具有双嗜性，当其浓度超过一定程度时就可形成微胶粒，胆汁中的胆固醇、磷脂及食物中的脂肪酸等均可掺入微胶粒中，形成水溶性的混合微胶粒。混合微胶粒很容易到达小肠黏膜表面，从而促进脂肪分解产物的吸收。

**3. 促进脂溶性维生素的吸收**　胆汁在促进脂肪分解产物吸收的同时，也有助于脂溶性维生素 A、D、E、K 的吸收。

**4. 其他作用**　胆汁排入十二指肠后，可中和一部分胃酸；进入小肠的胆盐绝大部分由回肠吸收入血，通过门静脉运送至肝再组成胆汁，此过程称为胆盐的**肠-肝循环**（enterohepatic circulation）。返回到肝的胆盐有刺激肝胆汁分泌的作用，称为**胆盐的利胆作用**。

### （三）胆汁分泌和排出的调节

肝细胞不断分泌胆汁，在非消化期，胆囊舒张，故肝胆汁流入胆囊储存，胆囊吸收胆汁中的水和无机盐，使胆汁浓缩 4~10 倍；在消化期，胆汁可直接由肝分泌及胆囊排放至十二指肠。因此食物是引起胆汁分泌和排出的自然刺激物，高蛋白食物刺激作用最强，高脂肪或混合食物次之。

胆汁的分泌和排出受神经和体液双重因素的调节，以体液调节为主。

**1. 神经调节**　进食动作或食物对胃、小肠的刺激可通过神经反射引起胆汁分泌和排放。反射的传出神经是迷走神经。迷走神经末梢释放乙酰胆碱直接作用于肝细胞和胆囊，也可通过释放促胃液素，间接刺激胆汁分泌。

**2. 体液调节**

（1）促胃液素：直接作用于肝细胞和胆囊，促进肝胆汁分泌和胆囊胆汁排放。也可先刺激盐酸分泌，间接刺激促胰液素的释放而引起肝胆汁分泌。

（2）促胰液素：主要作用是促进胰液分泌，对肝胆汁分泌也有一定的刺激作用，主要促进胆管上皮分泌大量的水和 $HCO_3^-$，而胆盐的分泌并不增加。

（3）缩胆囊素：可引起胆囊平滑肌收缩，壶腹括约肌舒张，胆囊胆汁大量排放。此外，也能刺激胆管上皮细胞，使胆汁流量和 $HCO_3^-$ 的分泌量轻度增加。

（4）胆盐：通过肠-肝循环返回到肝的胆盐有刺激肝胆汁分泌的作用，但对胆囊的运动并无明显影响。每次餐后可进行 2~3 次的肠-肝循环，每循环一次，仅损失 5% 左右的胆盐。胆盐是临床上常用的利胆剂之一。

### 三、小肠液的分泌

小肠内有两种腺体，即十二指肠腺和小肠腺。前者位于十二指肠黏膜下层，分泌含黏蛋白的碱性液体；后者分布于整个小肠黏膜层，其分泌液是小肠液的主要组成部分。

#### （一）小肠液的性质和成分

小肠液是一种弱碱性液体，pH 7.6，渗透压接近于血浆，分泌量变化很大，成年人每天约分泌 1~3 L。小肠液中除水分外，还有 $Na^+$、$K^+$、$Cl^-$ 等无机成分，有机成分主要包括肠激酶、黏蛋白、IgA 和溶菌酶等。

#### （二）小肠液的作用

**1. 保护作用** 黏蛋白可保护十二指肠黏膜免受胃酸的侵蚀，溶菌酶可溶解肠壁内的细菌，IgA 可使小肠免受有害物质的损害。

**2. 稀释作用** 小肠液的分泌量大，可稀释消化产物，使其渗透压下降，有利于吸收。

**3. 消化作用** 在小肠上皮细胞内含有多种消化酶，如分解寡肽的肽酶、分解双糖的蔗糖酶和麦芽糖酶等，这些酶可分别将寡肽和双糖进一步分解成氨基酸和单糖。但是，这些酶随脱落的肠上皮细胞进入肠腔后，对小肠内消化不再发挥作用。

#### （三）小肠液分泌的调节

食糜对肠黏膜的机械性和化学性刺激均可引起小肠液分泌，小肠黏膜对机械性扩张刺激最为敏感，这些刺激通过肠壁内在神经丛起作用。刺激迷走神经可引起十二指肠腺分泌，但对其他部位的肠腺刺激作用并不明显。此外，促胃液素、促胰液素、缩胆囊素和血管活性肠肽等也有刺激小肠液分泌的作用。

### 四、小肠的运动

肠壁平滑肌有两层，内层是环形肌，外层是纵行肌。小肠的运动就是靠这两层肌肉的收缩和舒张实现其功能。除紧张性收缩外，在消化期，小肠平滑肌还有分节运动和蠕动这两种运动形式。

#### （一）小肠的运动形式

**1. 紧张性收缩** 是小肠其他运动形式有效进行的基础。当肠壁平滑肌紧张性升高时，肠内容物的混合和转运加快；当紧张性降低时，肠管易于扩张，则肠内容物的混合和转运减慢。紧张性收缩还可使小肠保持一定的形状和位置，维持肠腔内一定的压力。

**2. 分节运动（segmentation）** 是一种以环行肌为主的节律性收缩和舒张相交替的运动。在空腹时几乎不存在，进食后逐步增强。食糜所在的肠管上，环行肌在许多点上同时收缩，把食糜分割成许多节段；随后，原收缩处舒张，原舒张处收缩，如此反复，食糜不断地分开、又不断地混合（图 2-6-6）。分节运动的意义在于使食糜与消化液充分混合，有利于化学性消化；促进食糜与小肠黏膜紧密接触，使血液和淋巴回流加快，有助于吸收。

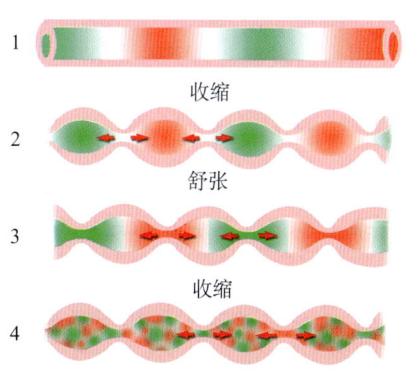

图 2-6-6 小肠分节运动示意图
1. 肠管表面观；2、3、4. 肠管纵切面观，表示不同阶段的食糜节段分隔与合拢情况

小肠的分节运动存在着频率梯度，上部频率较高，下部较低。例如人十二指肠约为 11 次 /min，回肠末端为 8 次 /min，这种活动梯度对食糜有一定的推进作用。

**3. 蠕动** 可发生在小肠的任何部位，推进速度为 0.5～2.0 cm/s，通常只行进数厘米后即消失。蠕动的意义在于将食糜向小肠远端推进一段后，在新的肠段再开始新的分节运动。

### （二）小肠运动的调节

**1. 神经调节** 小肠的运动主要受肌间神经丛的调节，当肠内容物的机械扩张刺激和化学性刺激作用于肠壁感受器时，通过局部反射可引起平滑肌的运动。

外来神经也可调节小肠的运动，一般副交感神经兴奋时肠运动加强，交感神经的作用则相反，它们的作用主要是通过内在神经丛实现的。

**2. 体液调节** 促胃液素、P 物质、5-羟色胺等也可促进小肠的运动，促胰液素、生长抑素和肾上腺素等则起抑制作用。

## 第五节　大肠的功能

大肠没有重要的消化活动。其主要作用在于吸收肠内容物中的水分和无机盐，维持水、电解质平衡；吸收由结肠内微生物合成的 B 族维生素和维生素 K 来完成对食物残渣的加工，形成并暂时储存粪便，以及将粪便排出到体外。

### 一、大肠液和肠内细菌的活动

#### （一）大肠液的分泌

大肠液是由大肠黏膜表面柱状上皮细胞和杯状细胞分泌的，富含黏液和碳酸氢盐，pH 8.3～8.4。大肠液中含有少量二肽酶和淀粉酶，但它们对物质的分解作用不大。大肠液的主要作用在于其中的黏液蛋白，能保护肠黏膜和润滑粪便。

食物残渣对大肠壁的机械性刺激是引起大肠液分泌的主要因素。刺激副交感神经可使其分泌增加，刺激交感神经则使其分泌减少。

#### （二）大肠内细菌的活动

大肠内的细菌主要来自于食物和空气。外界的细菌由口腔进入胃时，大部分被胃酸杀死，而大肠内的温度和酸碱度适合细菌繁殖。据估计，粪便中细菌约占粪便固体重量的 20%～30%，以大肠杆菌、葡萄球菌为主，这些细菌通常不致病。细菌中含有能分解食物残渣的酶，它们对糖和脂肪的分解作用称为**发酵**，能产生乳酸、乙酸、$CO_2$、甲烷等；对蛋白质的分解作用称为**腐败**，能产生胨、氨基酸、$NH_3$、$H_2S$ 等。在一般情况下，大肠内有毒物质吸收很少，且可经肝进行解毒。

大肠内的细菌还能利用肠内较为简单的物质合成维生素 $B_1$、$B_2$、$B_{12}$ 和维生素 K 等，它们在大肠内被吸收，能被人体利用。如果长期大量使用广谱抗生素，大肠内的细菌被抑制或杀死，可引起 B 族维生素和维生素 K 缺乏。

### 二、大肠的运动和排便反射

大肠的运动少而慢，对刺激的反应也较迟缓，这些特点与大肠作为粪便的暂时储存场所相适应。

#### （一）大肠的运动形式

**1. 袋状往返运动** 常见于空腹时，类似于小肠的分节运动，由结肠环形肌不规则的交替收缩所引起。它使结肠袋中的内容物向口腔和肛门两个方向作短距离的位移，对内容物仅起缓慢的揉搓作用，但并不向前推进。这种运动有助于结肠对水的吸收。

**2. 分节或多袋推进运动**　分节推进运动指环行肌规则收缩，将一个结肠袋的内容物推移到邻近肠段，收缩结束后，肠内容物不返回原处。多袋推进运动指多个结肠袋同时收缩，将肠内容物缓慢推进到下一肠段。进食后或副交感神经兴奋时可见这种运动形式。

**3. 蠕动和集团蠕动**　蠕动是由一些稳定向前的收缩波所组成。收缩波前方的平滑肌舒张，后方则保持收缩状态，使这段肠管闭合并排空。大肠还有一种收缩力强、行进快且传播远的蠕动，称为**集团蠕动**。它开始于横结肠，可将大肠内容物迅速推送至乙状结肠或直肠。集团蠕动多发生在进食后，每天发生3~4次，可能是胃内食糜进入十二指肠，由胃-肠反射或十二指肠-结肠反射所引起。

### （二）排便反射

食物残渣进入大肠贮存过程中，部分水、无机盐和维生素等被大肠黏膜吸收，其他成分经细菌的发酵和腐败作用，加上脱落的肠上皮细胞和大量的细菌共同形成粪便。

正常人的直肠内通常没有粪便。当粪便推入直肠后，扩张刺激直肠壁感受器，冲动沿盆神经和腹下神经传至脊髓腰、骶段的初级排便中枢，同时上传到大脑皮层，引起便意。如果条件允许，即可发生**排便反射**（defecation reflex），这时传出冲动由盆神经发出，引起降结肠、乙状结肠和直肠收缩，肛门内括约肌舒张，同时阴部神经受抑制，使肛门外括约肌舒张，粪便被排出体外。在排便过程中，由于支配腹肌和膈肌的神经兴奋，引起腹肌和膈肌收缩，腹内压增加，以促进排便。如果条件不允许，大脑皮层就会抑制初级排便中枢的活动，排便活动暂时抑制。

## 第六节　吸　　收

吸收指食物的消化产物、水分、无机盐和维生素等透过消化道黏膜上皮细胞进入血液和淋巴液的过程。消化是吸收的前提，吸收则为机体提供营养物质。因此，吸收对维持人体正常生命活动十分重要。

### 一、吸收的部位和途径

#### （一）吸收的部位

消化道不同部位的吸收能力相差很大，这主要与消化道不同部位的组织结构、食物被消化的程度和停留的时间等因素有关（图2-6-7）。口腔黏膜吸收营养物质的能力十分有限，但可吸收多种药物；而食管基本上没有吸收功能，胃只能吸收少量水、无机盐、酒精和某些药物；小肠则是主要的吸收部位，绝大多数的糖、蛋白质和脂肪的消化产物在十二指肠和空肠被吸收；回肠有其独特的功能，能主动吸收维生素$B_{12}$和胆盐。当食糜到达回肠时，通常已吸收完毕，因此回肠可作为吸收功能的储备。大肠主要吸收其内容物中80%的水和90%的NaCl。

小肠之所以成为营养物质吸收的主要部位，是因为其具有以下几个有利条件：①成人小肠长5~7 m，小肠黏膜有许多环状皱襞，皱襞上有大量绒毛，绒毛的外表面是一层柱状上皮细胞，每一柱状上皮细胞的顶端膜上又有大量的微绒毛。这些结构的存在使小肠的吸收面积增加约600倍，

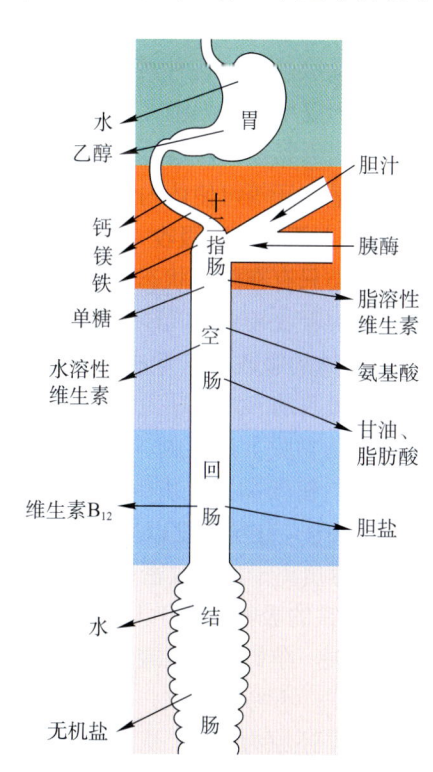

图2-6-7　消化道各段对不同物质的吸收示意图

可达 200 m² 以上，为食物的吸收提供了巨大的吸收面积（图 2-6-8）。②食物在小肠内的停留时间较长，为 3~8 h，使营养物质有充足的时间被吸收。③食物在小肠内已被消化成适于吸收的小分子物质。④小肠绒毛内有毛细血管、毛细淋巴管等结构，进食后绒毛产生节律性的伸缩和摆动，促进血液和淋巴液的流动，有助于吸收。

### （二）吸收的途径及机制

营养物质进入血液或淋巴的途径有两条：一是跨细胞途径，即通过小肠上皮细胞的顶端膜进入细胞内，再通过细胞基底侧膜到达细胞间液，然后进入血液或淋巴；二是细胞旁途径，即通过相邻上皮细胞之间的紧密连接进入细胞间隙，然后转入血液或淋巴。

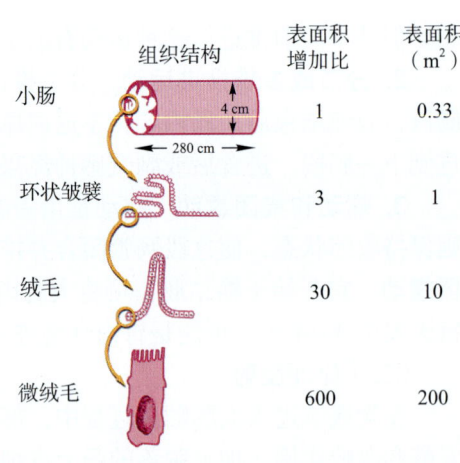

图 2-6-8　小肠吸收面积增加的机制示意图

营养物质的吸收机制包括被动转运、主动转运和膜泡运输等。在肠黏膜上皮细胞膜上存在着多种离子泵，通过这些泵的活动，不仅使 $Na^+$、$K^+$ 等主动转运，还可促进其他物质的继发性主动转运而被吸收。

## 二、小肠内主要物质的吸收

小肠吸收的物质种类最多、量最大，既包括摄入的食物和水，也包括消化腺分泌进入消化道的水、无机盐和有机物。

### （一）水的吸收

正常成年人每天从外界约摄取 1.5 L 的水，消化腺每天约分泌 6~8 L 的消化液，这些水分，除从粪便中排出的约 150 mL 水以外，其余经过消化道时几乎全部被吸收。水的吸收是伴随溶质分子的吸收而被动吸收的，各种溶质，特别是 NaCl 的主动吸收所产生的渗透压梯度是水吸收的主要动力。小肠黏膜上皮细胞和细胞之间的紧密连接对水的通透性都很大，所以水很容易被吸收。

能增强肠道内渗透压或促进肠蠕动的因素，都可使水的吸收减少，从而导致腹泻。严重呕吐、腹泻、大量出汗等可使体内水、电解质和营养物质大量丢失，内环境稳态遭到破坏。

### （二）无机盐的吸收

盐类只有在溶解状态下才能被吸收。一般来说，单价碱性盐类如 $Na^+$、$K^+$、$NH_4^+$ 吸收较快，多价碱性盐类吸收较慢。凡能与 $Ca^{2+}$ 结合而形成沉淀的盐，如硫酸盐、磷酸盐等，不能被吸收。

**1. 钠的吸收**　正常成年人每天从食物中摄入 $Na^+$ 5~8 g，每天分泌入消化道的 $Na^+$ 为 20~30 g，而每天吸收的 $Na^+$ 总量为 25~35 g，说明肠内容物中 95%~99% 的 $Na^+$ 被吸收。

小肠黏膜上皮吸收 $Na^+$ 属于主动转运，动力来自于上皮细胞基底侧膜中钠泵的活动。由于钠泵的活动，使肠黏膜上皮细胞内 $Na^+$ 浓度降低，加上细胞内电位较黏膜面低 40 mV，因此，肠腔内的 $Na^+$ 可顺电-化学梯度以易化扩散方式进入上皮细胞内。$Na^+$ 的吸收还与葡萄糖、氨基酸，以及 $Cl^-$ 和 $HCO_3^-$ 等负离子的吸收密切相关。

**2. 铁的吸收**　成年人每天约吸收 1 mg 铁，约为膳食中含铁量的 10%。铁的吸收与人体对铁的需要量有关。孕妇、儿童或急性失血患者，对铁的需求增多，铁的吸收速率也增强。食物中的铁绝大部分是 $Fe^{3+}$，不易被吸收，当它还原为 $Fe^{2+}$ 则易被吸收。$Fe^{2+}$ 的吸收速率比 $Fe^{3+}$ 快 2~15 倍。维生素 C 可将 $Fe^{3+}$ 还原为 $Fe^{2+}$，从而促进铁的吸收。铁在酸性环境中呈溶解状态便于吸收，故胃酸可促进铁的吸收。

铁主要在十二指肠和空肠被吸收。此处肠上皮细胞释放转铁蛋白，与铁离子结合形成复合物，通过入胞作用进入细胞内。进入细胞内的铁，一部分从细胞膜通过主动转运入血，一部分与细胞内的铁蛋白结合，留在细胞内部调节铁的吸收量，防止铁吸收过度。

**3. 钙的吸收**　钙的主要吸收部位是小肠，以十二指肠的吸收能力为最强。食物中的钙只有20%~30%被吸收，大部分随粪便排出体外。

钙只能以离子形式被吸收。小肠黏膜对$Ca^{2+}$的吸收是通过跨上皮细胞和细胞旁两种途径进行的。十二指肠是跨上皮细胞主动吸收$Ca^{2+}$的主要部位，小肠各段均可通过细胞旁途径被动吸收$Ca^{2+}$。参与$Ca^{2+}$吸收的$Ca^{2+}$通道、钙结合蛋白、钙泵和$Na^+$-$Ca^{2+}$交换体等都受到1,25-二羟维生素$D_3$的精细调控。

影响$Ca^{2+}$吸收的因素很多，主要有：①机体对钙的需要量。如儿童、孕妇和乳母等对钙的需要量增加而吸收增加。②肠内容物的酸度可影响钙的吸收。在pH约为3时，钙呈离子化状态，易被吸收。③钙盐只有在不被其他物质沉淀的溶解状态下，才能被吸收。如肠内容物中含有磷酸盐过多，会形成不溶性的磷酸钙，钙吸收能力下降。另外，食物中钙与磷的比例、脂肪及某些氨基酸（如赖氨酸、色氨酸和亮氨酸等），都可影响$Ca^{2+}$的吸收。

### （三）糖的吸收

食物中的糖类包括多糖（淀粉、糖原）、双糖（蔗糖、麦芽糖）和单糖。只有单糖才能被吸收，吸收部位主要在小肠的上部。肠腔内的单糖主要是葡萄糖，约占单糖总量的80%，其余的单糖是半乳糖、果糖和甘露糖。不同单糖的吸收速率差别很大，己糖快而戊糖慢。己糖中，以半乳糖和葡萄糖的吸收为最快、果糖次之、甘露糖最慢，造成这种差别的原因在于转运单糖的载体种类和单糖对载体的亲和力不同。

单糖的吸收是逆浓度差进行的主动过程，能量来自于钠泵，属于继发性主动转运。在肠黏膜上皮细胞刷状缘膜中存在着$Na^+$-葡萄糖同向转运体，它可将葡萄糖或半乳糖从肠腔转运入细胞内，进入细胞的单糖则以经载体易化扩散的方式进入组织液，而后入血。用毒毛花苷抑制钠泵后，葡萄糖的吸收也被抑制。

### （四）蛋白质的吸收

食物中的蛋白质分解为氨基酸后，几乎全部被小肠吸收。氨基酸的吸收也是与$Na^+$相耦联的继发性主动转运过程。在小肠黏膜上皮细胞的刷状缘上已发现至少7种氨基酸载体，分别转运中性、酸性或碱性氨基酸。一般来说，中性氨基酸的转运速率快于酸性或碱性氨基酸。小肠黏膜上皮细胞刷状缘膜中还存在二肽和三肽转运系统，许多二肽和三肽可被小肠上皮细胞吸收，进入细胞内的二肽和三肽可被细胞内的二肽酶和三肽酶进一步分解为氨基酸，再进入血液。

此外，也有少量小分子食物蛋白可完整地进入血液，由于吸收量很少，从营养角度看并无多大意义，但可作为抗原引起过敏反应或中毒反应，这对人体是不利的。

### （五）脂肪的吸收

正常人体内，通过食物摄入的脂肪至少有95%被吸收。在小肠内，脂肪被胰脂肪酶水解后的消化产物如脂肪酸、一酰甘油、胆固醇等脂溶性物质，必须和胆盐形成混合微胶粒，才能通过小肠黏膜上皮细胞表面的非流动水层到达上皮细胞微绒毛。在这里，一酰甘油、脂肪酸和胆固醇等又从混合微胶粒中释放出来，透过上皮细胞膜进入细胞；胆盐不能透过细胞膜，所以在此并不被吸收，须靠主动转运在回肠末端被吸收。

含12个碳原子以下的中、短链脂肪酸和含短链脂肪酸的一酰甘油呈水溶性，可直接从细胞内扩散进入血液。而长链脂肪酸、一酰甘油被吸收后，在肠上皮细胞的内质网中大部分重新合成为三酰甘油，与载脂蛋白结合后生成乳糜微粒。乳糜微粒进入高尔基复合体，被膜包裹形成囊泡，以出胞的方式释放出乳糜微粒进入细胞间液，再扩散入淋巴管。因膳食中的动、植物油中以含有15个以上碳原子的长链脂肪酸居多，所以脂肪的吸收途径以淋巴为主。

## （六）维生素的吸收

维生素分为脂溶性维生素和水溶性维生素两大类。大多数水溶性维生素（如维生素 $B_1$、$B_2$、$B_6$、PP）在小肠上段通过依赖于 $Na^+$ 的同向转运体被吸收，只有维生素 $B_{12}$ 必须与内因子结合形成水溶性复合物在回肠被吸收。脂溶性维生素 A、D、E、K 的吸收机制与脂类消化产物相似，它们先与胆盐结合形成水溶性复合物，通过小肠黏膜表面非流动水层进入细胞，然后与胆盐分离，再透过细胞膜进入血液或淋巴液。

综上所述，消化和吸收是紧密联系、相互影响、不可分割的过程。消化是吸收的前提，食物只有被消化后才能被吸收。营养物质被吸收后，小肠又可接受未被消化的食糜，因此，吸收又为消化创造了条件。当消化不良或吸收障碍时，会影响新陈代谢的正常进行，给人体带来不良后果。

（念　红）

### 思考题

1. 试述胃液的主要成分及其作用。
2. 试述消化期胰液分泌的调节。
3. 胆汁有消化酶吗？为什么说胆汁有助于消化和吸收？
4. 试说明小肠作为营养物质主要吸收部位的有利条件。

### 新形态教材网更多数字资源

思维导图　　教学课件　　微课　　自测题　　思政元素

# 第七章 能量代谢和体温

编者导学

**本章导航**
第一节　能量代谢
第二节　体温及其调节

## 第一节　能 量 代 谢

### 一、机体的能量来源与利用

机体的物质代谢包括合成代谢（同化作用）和分解代谢（异化作用）两个方面，是生命的基本特征之一。合成代谢指生物机体从外界摄取营养物质来构筑和更新机体的组成成分，同时储存能量；分解代谢指生物机体分解体内储存的能源物质及自身的组成成分，并释放能量，用以维持体温和完成各种功能活动。通常将生物体内物质代谢过程中伴随的能量的释放、转移、储存和利用称为**能量代谢**（energy metabolism）。

#### （一）能量的来源

糖、脂肪和蛋白质在体内氧化分解过程中，碳氢键断裂，释放出化学能。组织细胞在进行功能活动时所需能量由高能化合物**三磷酸腺苷**（adenosine triphosphate，ATP）直接提供。ATP 是机体在物质代谢过程中通过底物水平磷酸化和氧化磷酸化生成的。当机体需要能量时，ATP 水解为**二磷酸腺苷**（adenosine diphosphate，ADP）及磷酸，同时释放能量。由此可见，ATP 既是体内能量储存的重要形式，又是组织细胞所需能量的直接提供者。除 ATP 外，体内的高能化合物还有**磷酸肌酸**（creatine phosphate，CP）等。CP 可认为是 ATP 的储存库。当能量过剩时，ATP 将高能磷酸键转给肌酸，在肌酸激酶催化下合成 CP，反之，当组织消耗 ATP 过多时，CP 的高能磷酸键又可快速转给 ADP，生成 ATP，以补充 ATP 的消耗（图 2-7-1）。

**1. 糖**（carbohydrate）　是机体能量的主要来源。一般情况下，人体所需要能量的 50%～70% 是由食物中的糖提供。糖的供能方式以有氧氧化为主。在氧供充足时，葡萄糖通过有氧氧化生成 $CO_2$ 和水。1 mol 葡萄糖完全分解可合成 30 或 32 mol ATP；在氧供应不足时，葡萄糖通过无氧酵解生成乳酸。此时 1 mol 葡萄糖只能合成 2 mol ATP。成熟红细胞缺乏有氧氧化的酶系，完全依靠糖酵解提供能量。脑组织所需能量则主要来自糖的有氧氧化，因此脑组织对缺氧非常敏感。糖原是糖在体内的储存形式，主要存储在肝和肌肉组织。

**2. 脂肪（fat）** 主要功能是储存和供给能量。一般情况下机体所消耗的能量有40%~50%来自脂肪。1 g脂肪在体内完全氧化所释放的能量约为糖的2倍。当机体需要时，储存的脂肪在脂肪酶的催化下分解为甘油和脂肪酸，甘油在肝经过磷酸化和脱氢后进入糖的氧化分解途径供能。脂肪酸与辅酶A结合后，经β-氧化逐步分解为乙酰辅酶A，再经三羧酸循环氧化供能。当机体能量供应不足时，主要由体内储存的脂肪氧化分解供能。

**3. 蛋白质（protein）** 主要功能是合成组织细胞的构成成分，以实现组织的自我更新，用于分解供能的量很小。只有在某些特殊情况下，如体力极度消耗或长期不能进食时，蛋白质才会被分解供能。蛋白质在体内的氧化分解不完全，所释放的能量低于它在体外燃烧时释放的能量。

### （二）能量的利用

从能量代谢的整个过程来看，ATP的合成与分解是机体能量转换和利用的关键环节。各种营养物质在体内氧化分解所释放的能量，约50%以上直接转化为热能，用于维持机体的体温。其余部分以化学能的形式储存于ATP的高能磷酸键中，为机体组织细胞进行各种生理活动供能，如肌肉的收缩、腺体的分泌及递质的释放、物质的跨膜主动转运、体内物质的合成、生物电活动等。除骨骼肌收缩对外界物体做一定量的机械功外，其他各种生理活动所做的功最终也都转化为热能而散发到外界环境中（图2-7-1）。

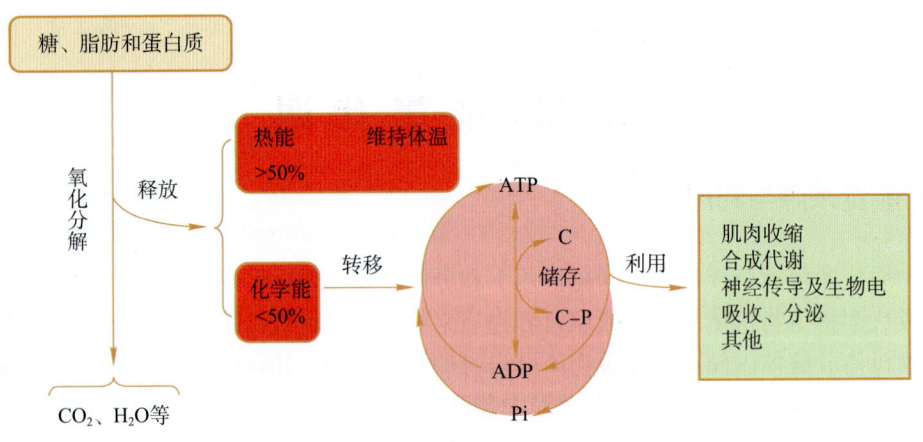

**图2-7-1 体内能量的来源与转移和利用**
C：肌酸；CP：磷酸肌酸；Pi：无机磷酸

### （三）能量平衡

人体的能量平衡指摄入的能量与消耗的能量之间的平衡。若一段时间内机体体重保持不变，可认为这段时间内机体摄入的能量和消耗的能量基本相等，即人体的能量达到了"收支"平衡。临床上常用**体质指数（body mass index）**和**腰围（waist circumference）**作为判断肥胖的简易诊断指标。我国成人体质指数24为超重界限，28为肥胖界限。

## 二、能量代谢的测定

### （一）能量代谢的测定原理

机体的能量代谢水平可用**能量代谢率（energy metabolism rate）**，即单位时间内每平方米体表面积的产热量来衡量。在体重保持不变的情况下，机体从食物中摄入的化学能等于最终转化的热能和所做的外功。因此，要测定机体的能量代谢率，可通过测定机体在一定时间内所消耗的食物所包含的能量，或测定机体在一定时间内产生的热量与所做的外功两种方法来计算。

## （二）能量代谢的测定方法

测定机体能量代谢率通常采用两种方法，即**直接测热法**（direct calorimetry）和**间接测热法**（indirect calorimetry）。

**1. 直接测热法** 是直接测定受试者在一定时间内安静状态下的散热量的方法。此法测定原理简单，测得的数据精确，但所使用的设备庞大复杂、操作繁琐，一般主要用于实验研究。

**2. 间接测热法** 根据定比定律，反应物的量和生成物的量之间呈一定的比例关系。例如，体内氧化或体外燃烧1 mol 葡萄糖时，都是消耗6 mol $O_2$，产生6 mol $CO_2$ 和6 mol $H_2O$ 及一定量的能量（$\Delta H$）。即：

$$C_6H_{12}O_6 + 6O_2 \longrightarrow 6CO_2 + 6H_2O + \Delta H$$

间接测热法就是利用这种定比关系，测出机体在安静状态下一定时间内耗 $O_2$ 量和 $CO_2$ 产生量，间接推算出同一时间内机体能源物质的氧化量和产热量，从而计算出能量代谢率。

利用间接测热法计算机体的产热量还需要应用以下基本概念和数据。

（1）食物的热价：1 g 某食物氧化（或在体外燃烧）时所释放的热量，称为该**食物的热价**（thermal equivalent of food）。通常用焦耳（J）作为计量单位（1 J = 0.239 cal）。食物在体内氧化和体外燃烧时释放的能量分别称该食物的生物热价与物理热价。由表2-7-1 中可见，糖和脂肪生物热价与物理热价相同，蛋白质的生物热价小于物理热价，说明糖和脂肪在体内能被彻底氧化分解，蛋白质在体内不能完全被氧化，部分代谢产物以尿素、尿酸和肌酐等形式经尿液排出。

表2-7-1 糖、脂肪和蛋白质氧化时的热价、氧热价和呼吸商

| 营养物质 | 产热量（kJ/g） | | 耗 $O_2$ 量（L/g） | $CO_2$ 产量（L/g） | 呼吸商（RQ） | 氧热价（kJ/L） |
| --- | --- | --- | --- | --- | --- | --- |
| | 物理热价 | 生物热价 | | | | |
| 糖 | 17.2 | 17.2 | 0.83 | 0.83 | 1.00 | 21.0 |
| 脂肪 | 39.8 | 39.8 | 2.03 | 1.43 | 0.71 | 19.6 |
| 蛋白质 | 23.4 | 18.0 | 0.95 | 0.76 | 0.80 | 18.9 |

（2）食物的氧热价：某种食物氧化时消耗1 L $O_2$ 所产生的热量，称为该种食物的**氧热价**（thermal equivalent of oxygen）。各种营养物质分子组成不同，消耗1 L $O_2$ 所释放出的热量也不同（表2-7-1）。若已知机体在一定时间内某种食物的耗 $O_2$ 量，利用食物的氧热价，可以推算出机体这段时间的能量代谢率。

（3）呼吸商：一定时间内，机体代谢产生的 $CO_2$ 量与消耗 $O_2$ 量的比值，称为**呼吸商**（respiratory quotient，RQ）。严格来讲，正常情况下其数值应该用 $CO_2$ 与 $O_2$ 的摩尔数来计算，但由于相同摩尔数的不同气体，在相同温度和气压条件下，其容积也相同，因此也可采用容积数（mL 或 L）来计算呼吸商，即：

$$RQ = CO_2\text{产生量（mol）} / O_2\text{消耗量（mol）} = CO_2\text{产生量（mL）} / O_2\text{消耗量（mL）}$$

由于三大营养物质的碳、氧含量不同，在体内氧化分解时产生的 $CO_2$ 量和耗 $O_2$ 量也不相同，因此呼吸商也不一样（表2-7-1）。糖氧化时的呼吸商为1.00，蛋白质和脂肪氧化时的呼吸商分别为0.80 和0.71。通过呼吸商可大致了解机体在该时间内是以哪种营养物质为主要的能量来源。如某人的呼吸商接近1.00，说明此人在这段时间内所利用的能量主要来自糖的氧化。糖尿病患者由于体内葡萄糖的利用发生障碍，主要依靠脂肪氧化提供能量，其呼吸商接近于0.71；在长期饥饿状态下，人体主要依靠自身蛋白质的分解来供能，呼吸商接近于0.80。

正常人进食混合膳食时，呼吸商在0.85 左右。在某些特殊或病理情况下，人体的呼吸商可大于

1.00 或小于 0.71，例如当体内一部分糖转化为脂肪时，原来糖分子中的氧会有剩余，这些剩余的氧可参加机体代谢过程中氧化反应，相应地减少从外界摄取的氧量，因而呼吸商可超过 1.00；反之，当脂肪转化为糖时，需要更多的氧进入分子结构，机体需从外界环境摄取更多的氧，结果呼吸商可低于 0.71。另外，肌肉进行剧烈运动时，由于出现氧债，糖酵解加强，产生的大量乳酸进入血液后与碳酸氢盐作用，导致肺通气量增大，$CO_2$ 排出增多，使呼吸商变大。即肺过度通气或酸中毒时，呼吸商将变大；而肺通气不足、碱中毒时，呼吸商将变小。

（4）非蛋白呼吸商：通常情况下，体内能量主要来自糖和脂肪的氧化，蛋白质的代谢量可忽略不计。由非蛋白质食物（糖和脂肪）氧化时的 $CO_2$ 产生量和耗 $O_2$ 量的比值，称为**非蛋白呼吸商**（non-protein respiratory quotient，NPRQ）。表 2-7-2 表示不同比例的糖和脂肪氧化时的 NPRQ 及相应的氧热价。利用这些数据，可使能量代谢率的测算更为简便。

表 2-7-2　非蛋白呼吸商与氧热价

| 非蛋白呼吸商氧化百分比 | 糖（%） | 脂肪（%） | 氧热价（kJ/L） |
| --- | --- | --- | --- |
| 0.707 | 0.00 | 100.00 | 19.62 |
| 0.71 | 1.10 | 98.90 | 19.64 |
| 0.72 | 4.75 | 95.20 | 19.69 |
| 0.73 | 8.40 | 91.60 | 19.74 |
| 0.74 | 12.00 | 88.00 | 19.79 |
| 0.75 | 15.60 | 84.40 | 19.84 |
| 0.76 | 19.20 | 80.80 | 19.89 |
| 0.77 | 22.80 | 77.20 | 19.95 |
| 0.78 | 26.30 | 73.70 | 19.99 |
| 0.79 | 29.00 | 70.10 | 20.05 |
| 0.80 | 33.40 | 66.60 | 20.10 |
| 0.81 | 36.90 | 63.10 | 20.15 |
| 0.82 | 40.30 | 59.70 | 20.20 |
| 0.83 | 43.80 | 56.20 | 20.26 |
| 0.84 | 47.20 | 52.80 | 20.31 |
| 0.85 | 50.70 | 49.30 | 20.36 |
| 0.86 | 54.10 | 45.90 | 20.41 |
| 0.87 | 57.50 | 42.50 | 20.46 |
| 0.88 | 60.80 | 39.20 | 20.51 |
| 0.89 | 64.20 | 35.80 | 20.56 |
| 0.90 | 67.50 | 32.50 | 20.61 |
| 0.91 | 70.80 | 29.20 | 20.67 |
| 0.92 | 74.10 | 25.90 | 20.71 |
| 0.93 | 77.40 | 22.60 | 20.77 |
| 0.94 | 80.70 | 19.30 | 20.82 |
| 0.95 | 84.00 | 16.00 | 20.87 |
| 0.96 | 87.20 | 12.80 | 20.93 |

续表

| 非蛋白呼吸商氧化百分比 | 糖（%） | 脂肪（%） | 氧热价（kJ/L） |
|---|---|---|---|
| 0.97 | 90.40 | 9.58 | 20.98 |
| 0.98 | 93.60 | 6.37 | 21.03 |
| 0.99 | 96.80 | 3.18 | 21.08 |
| 1.00 | 100.0 | 0.00 | 21.13 |

（5）间接测热法的基本步骤：测定机体在一定时间内总耗 $O_2$ 量和总 $CO_2$ 产生量及尿素氮量；由尿氮量计算出氧化分解的蛋白质的量；根据蛋白质的生物热价（表 2-7-1）计算出蛋白质的产热量、耗 $O_2$ 量和 $CO_2$ 产生量；从总耗 $O_2$ 量和总 $CO_2$ 产生量中减去蛋白质食物的耗 $O_2$ 量和 $CO_2$ 产生量，计算出非蛋白呼吸商（NPRQ）；查表 2-7-2 对应的氧热价，计算非蛋白代谢的产热量；最后计算蛋白质氧化产热量与非蛋白物质氧化产热量之和，即为总产热量。

例如，某受试者 24 h 的耗 $O_2$ 量是 400 L，$CO_2$ 产生量为 340 L（已换算成标准状态的气体容积），尿氮排出量为 12 g（1 g 蛋白质在体内氧化可产生约 0.16 g 尿氮）。依据以上数据，计算该受试者 24 h 的产热量。步骤如下：

蛋白质氧化：

$$\text{氧化量} = 12 \text{ g} \div 0.16 = 75 \text{ g}$$

查表 2-7-1：

$$\text{产热量} = 18 \text{ kJ/g} \times 75 \text{ g} = 1\,350 \text{ kJ}$$
$$\text{耗 } O_2 \text{ 量} = 0.95 \text{ L/g} \times 75 \text{ g} = 71.25 \text{ L}$$
$$CO_2 \text{ 产生量} = 0.76 \text{ L/g} \times 75 \text{ g} = 57 \text{ L}$$

非蛋白物质氧化：

$$\text{耗 } O_2 \text{ 量} = 400 \text{ L} - 71.25 \text{ L} = 328.75 \text{ L}$$
$$CO_2 \text{ 产生量} = 340 \text{ L} - 57 \text{ L} = 283 \text{ L}$$
$$\text{NPRQ} = 283 \text{ L} \div 328.75 \text{ L} = 0.86$$

查表 2-7-2，当 NPRQ 为 0.86 时，对应的非蛋白氧热价为 20.41 kJ/L，所以非蛋白物质氧化的产热量为：

$$\text{产热量} = 20.41 \text{ kJ/L} \times 328.75 \text{ L} = 6\,709.79 \text{ kJ}$$

24 h 的总产热量：

$$\text{总产热量} = 1\,350 \text{ kJ} + 6\,709.79 \text{ kJ} = 8\,059.79 \text{ kJ}$$

计算的最后数值 8 059.79 kJ 就是该受试者 24 小时的能量代谢值。

上述间接测热法较为繁琐，临床常用简化法计算：将蛋白质的氧化量忽略不计，把呼吸商视为非蛋白呼吸商，查表 2-7-2，便可算出这段时间内的总产热量。或者直接将受试者食用混合膳食时的 NPRQ 视为 0.82，与其相对应的氧热价为 20.20 kJ/L。即可计算出这段时间的总产热量。用简化法所得数值与上述经典测算方法误差仅 1%～2%。

## 三、影响能量代谢的因素

机体的物质代谢和能量代谢是相伴行的，因此，凡是影响营养物质的摄取、消化、吸收、代谢、生物氧化和能量利用等因素均可影响机体的能量代谢。机体本身的状态、环境因素也可影响能量代谢水平。

### （一）肌肉活动

肌肉活动对能量代谢的影响最为显著。任何轻微的肌肉活动都可使机体耗氧量和能量代谢率提高。肌肉活动的强度称为劳动强度，通常用单位时间内机体的产热量来表示。能量代谢率可以作为评价劳动强度的指标。

### （二）精神活动

脑组织的代谢水平很高。虽然脑的重量只占体重的2%，但在安静状态下，脑循环血量占整个循环系统血量的15%。在安静状态下，每100 g脑组织的耗氧量约为3.5 mL/min，接近安静时肌肉组织耗氧量的20倍。在睡眠和精神活动活跃的状态下，脑中葡萄糖的代谢率几乎没有差异，但当人处于精神紧张状态时，如烦躁、恐惧或情绪激动等，由于机体出现无意识的肌紧张，以及交感神经兴奋，甲状腺激素、肾上腺素等促进代谢的激素释放增加，能量代谢率可增加10%以上。

### （三）食物的特殊动力效应

进食后的一段时间，人即使处于安静状态，能量代谢率也会增高。这种进食后引起机体能量额外消耗的现象称为**食物的特殊动力作用**（specific dynamic action of food）。一般从进食1 h后开始，2～3 h达到高峰。蛋白质的特殊动力效应为30%。进食糖和脂肪的特殊动力作用分别为6%和4%左右，进食混合性食物约为10%。

### （四）环境温度

人体在安静状态下、环境温度20℃～30℃、裸体或只穿薄衣时，骨骼肌较松弛，此时能量代谢最稳定。当环境温度低于20℃时，代谢率开始增加；10℃以下时，代谢率则显著增加。这是由于寒冷刺激反射性地引起肌紧张增强甚至出现强战栗所致。当环境温度超过30℃时，代谢率也将逐渐增加，这与出汗增多、呼吸、循环功能增强及体内化学反应加快等因素有关。

## 四、基础代谢

### （一）基础代谢与基础代谢率

**基础代谢**（basal metabolism）指人体在基础状态下的能量代谢。基础状态指人体处在清醒、非常安静并且排除上述各种影响能量代谢因素的状态。此时能量消耗仅用以维持心搏、呼吸及其他一些基本的生命活动。单位时间内的基础代谢称为**基础代谢率**（basal metabolic rate，BMR）。临床基础代谢率的测定需在进食后12～14 h的清晨、室温20℃～25℃、清醒但无精神紧张，静卧并保持全身肌肉松弛的条件下进行。

基础代谢率的数值比较稳定，是人体在清醒时的最低能量代谢水平，熟睡时机体的能量代谢率会进一步降低，但做梦时可以增高。

### （二）基础代谢率的测定

不同身材的个体，其能量代谢量有较大差异。基础代谢率的高低与体表面积成正比。因此，基础代谢率常以单位时间内每平方米体表面积的产热量作为单位，通常用kJ/（m²·h）来表示。

人体的体表面积可用Stevenson公式测算，即：

体表面积（m²）= 0.006 1 × 身高（cm）+ 0.012 8 × 体重（kg）- 0.152 9

另外，体表面积还可根据图2-7-2直接连线读取。

基础代谢率除与体表面积有关外，还因性别、年龄等生理条件不同而有差异。一般情况下，男性的基础代谢率平均值高于女性；儿童高于成年人；年龄越大，基础代谢率越低。我国正常男、女各年龄组基础代谢率的平均值见表2-7-3。

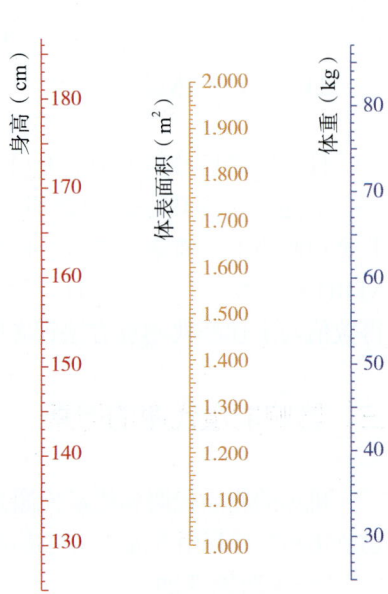

**图2-7-2　体表面积测算图**

表 2-7-3　我国正常男、女各年龄组基础代谢率平均值　　　　单位：kJ/（m²·h）

| 性别 \ 年龄（岁） | 11～15 | 16～17 | 18～19 | 20～30 | 31～40 | 41～50 | 51 及以上 |
|---|---|---|---|---|---|---|---|
| 男性 | 195.5 | 193.4 | 166.2 | 157.8 | 158.6 | 154.0 | 149.0 |
| 女性 | 172.5 | 181.7 | 154.1 | 146.5 | 146.9 | 142.4 | 138.6 |

### （三）测定基础代谢率的临床意义

基础代谢率的正常范围是相对值在 ±15% 之内，超过 ±20% 说明可能有病理变化。如甲亢时可增高 25%～80%，甲状腺功能低下时可比正常低 20%～40%。其他如肾上腺皮质和垂体功能低下、病理性饥饿可出现基础代谢率降低；红细胞增多症、糖尿病及白血病可出现基础代谢率升高。因此，基础代谢率的测定是临床上常用的辅助诊断之一。

## 第二节　体温及其调节

人和高等动物机体具有一定的温度，称为**体温**（body temperature）。体温指机体核心部分的平均温度，是影响细胞结构和功能重要因素。体温保持正常是机体进行新陈代谢和正常生命活动的必要条件。恒温动物通过完善的体温调节机制，使机体的体温保持相对稳定。人体体温也是判断健康状况的重要指标之一。

微课 2-7-1　体温及其调节

### 一、体温

#### （一）体表温度和体核温度

**1. 体表温度**　不同环境温度下，人体各部位的温度并不完全一致。机体的外周组织，如皮肤、皮下组织和肌肉等的温度称为**体表温度**（shell temperature），也叫表层温度。体表温度易受环境温度或机体散热的影响，四肢末梢皮肤温度低，越近躯干、头部，皮肤温度越高。环境温度升高，各部位的体表温度差将变小；在寒冷环境中，随着气温下降，手、足的皮肤温降低最显著，而额头部皮肤温度变动相对较小。

**2. 体核温度**　机体核心部分，如心、肺、脑和腹腔内脏等处的温度称为**体核温度**（core temperature），也叫深部温度。体核温度比体表温度高，且相对稳定，各部位之间的温度差异较小。安静时，肝和脑代谢最活跃，温度最高，其次是心脏和消化腺。运动时骨骼肌的温度最高。不同环境下，体核温度和体表温度的分布会发生相对改变。寒冷环境中，体核温度分布区域缩小，主要集中在头部与胸腹内脏，而且体表与体核之间存在明显的温度梯度。在炎热环境中，体核温度可扩展到四肢（图 2-7-3）。

临床上通常用直肠温度、口腔温度和腋窝温度来代表体温。**直肠温度**（rectal temperature）的正常值为

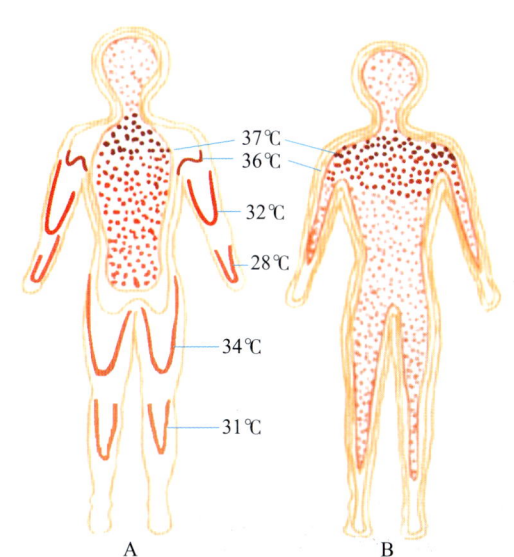

图 2-7-3　不同环境温度下的人体体温分布图
A. 环境温度 20℃；B. 环境温度 35℃

36.9℃~37.9℃，测定时应将体温计插入直肠 6 cm 以上；**口腔温度**（oral temperature）为 36.7℃~37.7℃，测定时应将温度计含于舌下，并避免经口呼吸及进食食物的温度等因素的影响；**腋窝温度**（axillary temperature）为 36.0℃~37.4℃，测定时要保持腋窝干燥，臂紧贴胸廓，测定时间至少需要 10 min。因测定腋窝温度不易发生交叉感染，故是测量体温最常用的方法。在实验研究中，食管温度可以作为深部温度的一个指标。鼓膜温度大致与下丘脑温度一致，所以在体温调节生理实验中常用鼓膜温度作为脑组织温度的指标。

### （二）体温的生理变动

恒温动物的体温是相对稳定的，在生理情况下，体温可因昼夜波动、性别、年龄、肌肉活动、精神紧张和环境温度等因素的影响而发生变化，但波动幅度一般不超过 1℃。

1. **昼夜波动**　人体体温在一昼夜之间呈周期性波动，清晨 02:00—06:00 最低，午后 13:00—18:00 最高。体温的这种昼夜周期性波动称为昼夜节律或**日周期**（circadian rhythm）。体温的日周期与下丘脑的生物钟功能有关，是属于一种内在的**生物节律**（biorhythm）。

2. **性别**　同等条件下，成年女性的体温平均比男性高 0.3℃。育龄女性的基础体温随月经周期而发生变动（图 2-7-4）。月经期和排卵前期体温较低，排卵日最低，在排卵后体温升高 0.5℃ 左右，体温升高一直持续至下次月经开始。目前认为排卵后的体温升高是由于黄体分泌的孕激素作用于下丘脑所致。

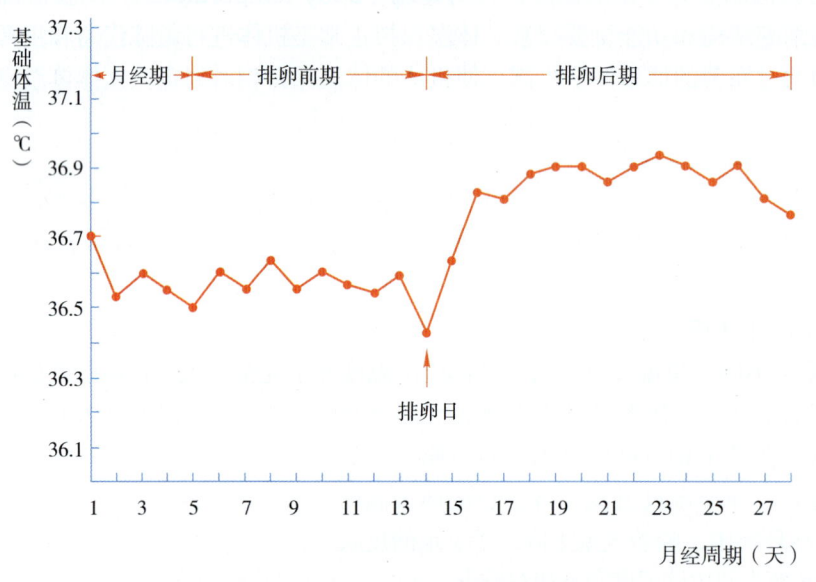

图 2-7-4　女性月经周期中基础体温的变化

3. **年龄**　一般情况下，儿童、青少年的体温较高，老年人由于基础代谢率低，所以体温也偏低。新生儿，特别是早产儿，由于体温调节机制发育尚未完善，体温调节能力差，所以体温容易受环境温度的影响而波动。因此对新生儿应加强保温护理。

4. **肌肉活动**　运动时肌肉活动能使代谢加强，产热量增加，体温升高。所以，临床上应让受试者安静一段时间以后再测体温。测定小儿体温时应防止其哭闹。

此外，情绪激动、精神紧张、进食等情况下，体温都会有一定的升高；环境温度的变化对体温也有影响。

## 二、机体的产热与散热

正常体温的维持，依赖于机体的产热和散热两个生理反应过程，在体温调节中枢控制下达到动态平衡。

(一) 产热

1. **主要产热器官** 机体的热量是营养物质在体内各组织器官中进行氧化分解所产生的。安静时，机体的主要产热器官是内脏和脑，其中，肝是代谢最旺盛的器官，产热量最高。运动和劳动时，骨骼肌是产热的主要器官，其产热量可占机体总产热量的73%，剧烈运动时可达总产热量的90%（表2-7-4）。

表 2-7-4 几种组织器官的产热百分比

| 组织器官 | 占体重百分比（%） | 产热量（占机体总产热量的%） | |
|---|---|---|---|
| | | 安静状态 | 劳动或运动 |
| 脑 | 2.5 | 16 | 3 |
| 内脏（肝） | 34.0 | 56 | 22 |
| 骨骼肌 | 40.0 | 18 | 73 |
| 其他 | 23.5 | 10 | 2 |

2. **产热的形式** 安静时在寒冷环境，机体主要通过战栗产热和非战栗产热两种形式增加产热量。

(1) **战栗产热**：是骨骼肌同时发生不随意的节律性收缩。其特点为屈肌和伸肌同时收缩，基本不做外功，但产热量高。发生战栗时，代谢率可增加4~5倍，有利于维持机体在寒冷环境中的**体热平衡**（body heat balance）。

(2) **非战栗产热**：又称代谢产热，指机体在寒冷环境中通过升高代谢率而增加产热的现象。以褐色脂肪组织的产热量为最大，约占非战栗产热总热量的70%。新生儿不能发生战栗，所以非战栗产热对新生儿在寒冷环境中维持体温恒定有重要的生理意义。

(二) 散热

人体的主要散热部位是皮肤。当环境温度低于体温时，大部分的体热通过皮肤的辐射、传导和对流散热。当环境温度高于体温时，通过皮肤蒸发散热。另有一小部分热量随呼出气、尿和粪等排泄物散失。

1. **散热方式**

(1) **辐射散热**（radiative heat dissipation）：指机体以热射线的形式将热量传给外界较冷物体的散热方式。人体在21℃的环境中，安静状态下约占总散热量的60%。辐射散热量同皮肤与环境间的温度差及机体有效辐射面积等因素有关。皮肤温度与环境温度差越大，或是机体有效辐射面积越大，辐射的散热量就越多。反之，当环境温度高于皮肤温度时，机体表面将吸收周围高热物体的辐射能而提高体温。

(2) **传导散热**（conductive heat dissipation）：是机体的热量直接传给同它接触的较冷物体的一种散热方式。传导散热量取决于皮肤表面与接触物表面的温度差、接触面积和物体的导热性。温度差和接触面积的散热原理与辐射散热原理相似。与皮肤接触的物体导热性越好，传导散热量越大。临床治疗中常用冰袋、冰帽给高热患者实施物理降温。

(3) **对流散热**（convective heat dissipation）：指通过气体的流动来交换热量的一种散热方式。人体周围总是绕有一薄层同皮肤接触的空气，人体的热量传给这一层空气，热空气上升，使体热发散到空间。通过对流所散发的热量的多少，受风速影响。风速越大，对流散热量也越多，反之，对流散热量就越少。

(4) **蒸发散热**（evaporative heat dissipation）：是水分在体表发生汽化时，吸收热量而散发体热的一种形式。体表每蒸发 1 g 水分可使机体散失 2.43 kJ 热量。人体蒸发散热有 2 种形式：即**不感蒸发**（insensible evaporation）和**出汗**（sweating）。

1）不感蒸发：指机体中的水分直接渗透出皮肤和呼吸道黏膜表面，在没有形成明显水滴之前被蒸发的一种散热方式。其中皮肤的水分蒸发又称不显汗。在环境温度低于 30℃时，不感蒸发的水分相当恒定，24 h 的不感蒸发量约为 1 000 mL。临床上对高热患者采用酒精擦浴，通过酒精的蒸发达到降温的目的。不能分泌汗液的动物，如狗，通过**热喘呼吸**（panting）的方式增加散热。

2）出汗：指汗腺主动分泌汗液的活动。出汗是可以被机体感觉到的，因此汗液的蒸发又称为**可感蒸发**（sensible evaporation）。人在安静状态下，当环境温度达 30℃左右时便开始出汗；如果空气湿度大，且衣着较多时，气温达 25℃便可出汗。人进行劳动或运动时，气温即使在 20℃以下，也可出汗。

正常情况下，汗液中水分占 99%，固体成分占 1%。在固体成分中，大部分为 NaCl，也有乳酸及少量 KCl 和尿素等。刚从汗腺细胞分泌出来的汗液是等渗的，流经汗腺导管时，部分 $Na^+$ 和 $Cl^-$ 被重吸收，故最后排出的汗液是低渗的。在高温作业等大量出汗的人，汗液中含较多的 NaCl，所以当机体因大量出汗而造成脱水时，可导致高渗性脱水，因此应注意适量补充 NaCl。

影响出汗速度的因素有环境温度、湿度和劳动强度等。环境温度越高，风速越大，出汗速度越快，汗液易蒸发，容易散热；劳动强度大，产热量多，出汗量多；空气湿度越大，汗液不易被蒸发，体热不易散发。因此，人在高温、高湿、通风差的环境中容易发生**中暑**（heat stroke）。

当环境温度等于或高于体温时，前三种散热方式将停止。于是蒸发散热便成为机体散热的唯一方式。

🅔 拓展阅读 2-7-1 中暑

**2. 散热的调节**

（1）皮肤血流量的调节：机体通过辐射、传导和对流方式散热的多少取决于皮肤和环境之间的温度差，皮肤温度的高低与皮肤血流量相关。皮肤血管的特点是分布到皮肤的动脉穿过隔热组织（脂肪组织等），在真皮乳头下层形成微动脉网，经毛细血管网延续为静脉丛；在皮下还有大量的动-静脉吻合支。这些结构特点决定了皮肤的血流量可以在较大范围内变动。机体通过交感神经控制皮肤血管的口径，调节皮肤血流量，达到体热平衡。在炎热环境中，交感神经紧张度降低，皮肤小动脉舒张，动-静脉吻合支开放，皮肤血流量因而大大增加。较多的体热从机体深部被带到体表层，散热量增加。在寒冷环境中，交感神经紧张度增强，皮肤血管收缩，皮肤血流量剧减，皮肤温度降低，散发的热量也随之减少，使体热维持平衡状态。

（2）出汗的调节：出汗是一种反射活动。人体有大汗腺和小汗腺两种，大汗腺局限于腋窝和外阴部等处，其活动可能与性功能有关；小汗腺广泛分布于全身皮肤，其活动与体温调节有关。小汗腺主要接受交感胆碱能纤维支配，其节后纤维末梢释放的乙酰胆碱对小汗腺有促进分泌作用。环境温度升高或剧烈运动时全身各部位的小汗腺分泌汗液增多称为**温热性出汗**（thermal sweating）。其生理意义在于增加蒸发散热，调节体温。由精神紧张或情绪激动而引起的出汗称为**精神性出汗**（mental sweating）。主要见于掌心、脚底、腋窝和前额等部位，这种出汗与体温调节关系不大。

## 三、体温调节

人是恒温动物，有其完善的体温调节机制。在外界环境温度发生改变时，机体能通过调节产热和散热过程，维持体温相对稳定。体温调节是一个复杂的过程，涉及温度感受器感受体温的变化，通过神经传导通路把温度变化信息传达到体温调节中枢，经过中枢整合后，通过传出神经调整产热器官和散热器官等效应器的活动，从而使体温保持相对稳定。

## （一）自主性体温调节

自主性体温调节主要通过反馈控制系统实现对体温的调节。如图 2-7-5 所示，下丘脑是体温调节中枢，属于控制系统，由下丘脑发出的信息，控制着产热器官（如肝、骨骼肌等）和散热器官（如皮肤血管、汗腺等）的活动，使受控对象机体深部的温度保持在一个稳定水平。当体温受到内、外环境因素的干扰，如机体的运动或外环境气候因素的变化时，通过温度检测器－皮肤及深部温度感受器（包括中枢温度感受器）将干扰信息反馈于调定点，经过体温调节中枢的整合，再调整受控系统的活动，重建机体的体热平衡，使体温恢复至原来水平。

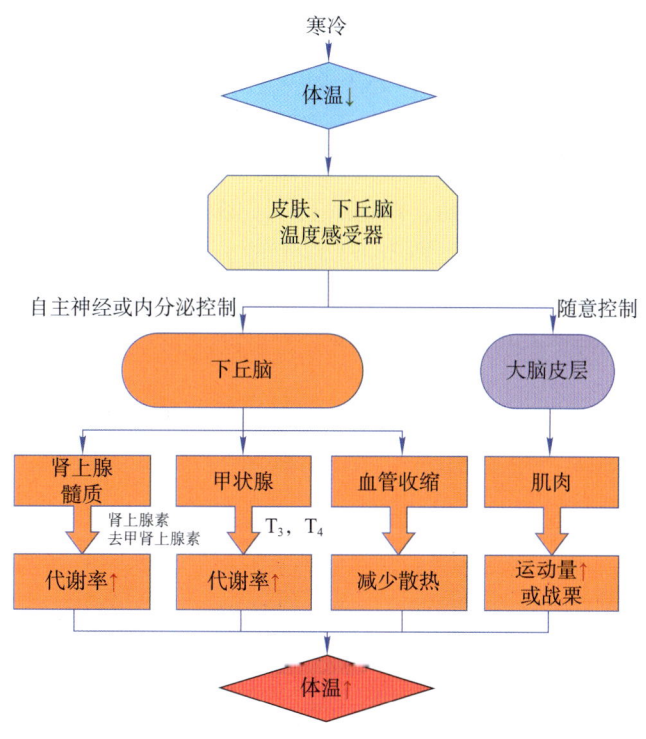

图 2-7-5　下丘脑对体温的调节

**1. 温度感受器**　能感受机体体温变化的神经元或神经纤维称为**温度感受器**（thermoreceptor），根据存在部位，可将温度感受器分为**外周温度感受器**（peripheral thermoreceptor）和**中枢温度感受器**（central thermoreceptor）。根据感受温度的性质可分为**冷感受器**（cold receptor）和**热感受器**（warm receptor）。

（1）**外周温度感受器**：指分布于人体皮肤、黏膜和内脏中的对温度变化敏感的游离神经末梢，包括冷感受器和热感受器。当局部温度升高时，热感受器兴奋，而当皮肤温度下降时，则冷感受器兴奋。在人类，皮肤温度低于 30℃时产生冷觉，皮肤温度在 35℃左右则引起热觉。皮肤冷感受器数量为热感受器的 5～11 倍，提示皮肤温度感受器在体温调节中主要感受外界环境的冷刺激，防止体温下降。

（2）**中枢温度感受器**：指分布在脊髓、延髓、脑干网状结构及下丘脑等处对温度变化敏感的神经元。其中因温度升高而放电频率增加者称**热敏神经元**（warm-sensitive neuron），因温度下降而放电频率增加者称**冷敏神经元**（cold-sensitive neuron）。动物实验表明，在**视前区－下丘脑前部**（preoptic-anterior hypothalamus，PO/AH）中，热敏神经元居多，而在脑干网状结构和下丘脑的弓状核中以冷敏神经元居多。当局部脑组织温度变动 0.1℃，温度敏感神经元的放电频率就会发生变化，而且不出现适应现象。

**2. 体温调节中枢**　从脊髓到大脑皮层的整个中枢神经系统中都存在参与调节体温的神经元。根据恒温动物脑分段切除实验发现，如果切除下丘脑以上脑组织，保持下丘脑及其以下的神经结构完整，动物仍具有维持恒定体温的能力。如进一步破坏下丘脑，则动物不再具有维持体温相对恒定的能力。说明调节体温的基本中枢在下丘脑。现已证明，PO/AH 是体温调节中枢整合机构的中心部位。其依据如下：①机体各部的温度传入信息都汇聚于 PO/AH；② PO/AH 含有较多的温度敏感神经元，它对上传的温度信息能进行分析整合，做出相应的调节反应；③广泛破坏 PO/AH 区域，动物的体温不能维持稳定。

**3. 体温调节机制——调定点学说**　目前主要用调定点学说解释体温调节过程。该学说认为，体温的调节类似于恒温器的调节，PO/AH 区中的温度敏感神经元有一个控制体温的**调定点（set point）**，将体温设定在规定温度值，如 37℃，当机体处于这一温度值时，机体的产热和散热过程处于平衡状态，体温能维持在调定点设定的温度水平。如果偏离此设定数值，则由反馈系统将偏离信息输送到控制系统，然后经过对受控系统的调整来维持体温的恒定。该学说认为，由细菌所致的发热是由于热敏神经元的阈值因受到致热原的作用而升高，调定点上移（如 38.6℃）的结果。因此，发热反应开始先出现恶寒战栗等产热反应，直到体温升高到 38.6℃以上时才出现散热反应。如果致热原不消除，产热与散热两个过程就继续在此新的体温水平上保持着平衡。临床上应用退热药能阻断致热原的作用，使调定点回落到正常水平，体温恢复正常（图 2-7-6）。

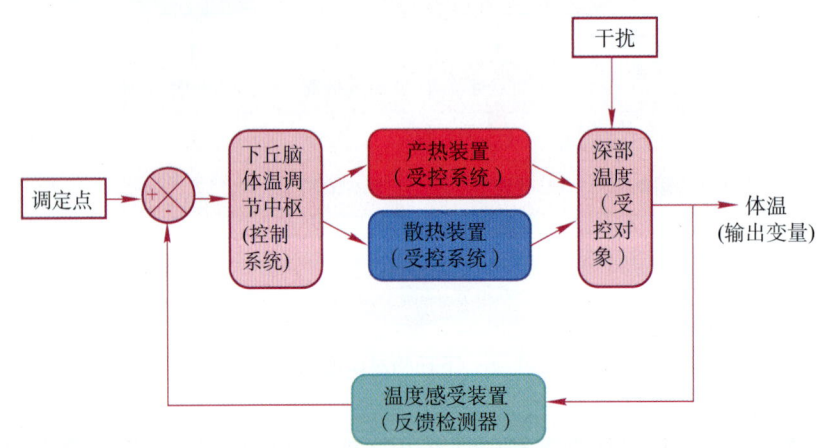

图 2-7-6　体温调节自动控制示意图

## （二）行为性体温调节

行为性体温调节指动物通过其行为使体温不致过高或过低的调节过程。恒温动物和变温动物都具有行为性体温调节的能力。当环境温度变化时，机体首先采取行为性体温调节，例如，变温动物蜥蜴从阴凉处至阳光下来回爬动以尽量减小体温变动的幅度，恒温动物人随环境温度变化增减衣物、使用冷暖空调等。行为性体温调节和自主性体温调节互相补充，以保持体温的相对稳定。

（刘　燕）

### 🔍 思考题

1. 试述影响能量代谢的因素。
2. 简述间接测热法的原理。
3. 体温的生理变动表现在哪些方面？

4. 简述发热病人常伴有战栗的机制。
5. 人体皮肤的散热方式有哪几种？根据散热原理，如何降低高热病人的体温？

**新形态教材网更多数字资源**

思维导图　　教学课件　　微课　　自测题　　拓展阅读　　思政元素

# 第八章 尿的生成与排出

编者导学

**本章导航**

第一节　概述　　　　　　第四节　尿生成的调节
第二节　尿生成的过程　　第五节　血浆清除率
第三节　尿液的浓缩和稀释　第六节　尿的排放

## 第一节　概　述

### 一、排泄

机体将代谢产物和进入体内的多余物质排出体外的过程，称为**排泄**（excretion）。机体的排泄途径包括：①呼吸系统：以气体形式排出 $CO_2$ 和少量水。②消化系统：唾液腺通过分泌唾液排出少量铅和汞，肝通过分泌胆汁排出胆色素。③皮肤：通过分泌汗液排出水、电解质和少量代谢产物。④肾：以生成尿的方式排出大部分代谢产物、进入体内的异物及多余的物质，是机体最重要的排泄器官。

尿液中水占 95%～97%，溶质以电解质和非蛋白含氮化合物为主。电解质主要是 $Cl^-$、$Na^+$ 和 $K^+$，磷酸盐和硫酸盐次之；非蛋白含氮化合物以尿素为主，还含有肌酐、尿酸和氨等。从来源上分析，尿素、氨盐、硫酸盐、磷酸盐主要源于蛋白质代谢，尿酸源于嘌呤代谢，肌酐来自肌肉代谢。正常情况下，肾不仅能够排出机体大部分代谢产物，还能够根据机体的需求调节水和电解质的排出。因此，肾还参与维持内环境的电解质、渗透压及酸碱平衡。正常成年人 24 h 尿量变动于 1.0～2.0 L 之间，若超过 2.5 L 称为多尿，若少于 400 mL 称为少尿，若少于 100 mL 称为无尿。少尿和无尿是急性肾功能衰竭的重要表现，代谢产物堆积导致内环境稳态失衡，病人出现中毒症状。

### 二、肾的血液循环特点

肾的血液循环与其尿生成功能相适应，具有下列特点。

*拓展阅读 2-8-1　肾的功能解剖*

**1. 肾血流量大**　肾血流量（renal blood flow，RBF）为 1 000～1 200 mL/min。肾是体内血流量最大的器官。肾有如此高的血流量并不是为了满足自身代谢需求，而是为实现高效净化血液，以尿生成的方式排出代谢产物，维持内环境稳态。

**2. 肾血流量分布不均匀** 肾小球位于肾皮质内，大部分肾小管周围毛细血管也位于肾皮质内，只有近髓肾单位髓袢周围的直小血管位于肾髓质内。所以，肾皮质的血流量非常丰富，占肾血流量的94%；肾髓质血流量仅占6%，其中内髓血流量少于1%。通常所说的肾血流量主要指肾皮质的血流量。

**3. 肾有两级毛细血管** 与大部分脏器不同，肾有两级毛细血管，即肾小球毛细血管和肾小管周围毛细血管。肾小球毛细血管血压高，利于血浆超滤。出球小动脉再次分支形成的肾小管周围毛细血管，血压低而胶体渗透压高，利于重吸收与分泌。此外，近髓肾单位的出球小动脉形成U形直小血管，参与肾髓质高渗状态的维持。

拓展阅读2-8-2 皮质肾单位和近髓肾单位

## 第二节 尿生成的过程

尿生成的过程可以分成两步：第一步是肾小球的滤过，第二步是肾小管和集合管的重吸收与分泌。

微课2-8-1 肾小球的滤过

### 一、肾小球的滤过

**肾小球的滤过**（glomerular filtration）指血液流经肾小球毛细血管时，血浆中的水和小分子溶质透过滤过膜，进入肾小囊腔形成**原尿**（initial urine）的过程。微穿刺实验表明，原尿中除蛋白以外的其他物质含量与血浆非常接近，如葡萄糖、各种离子、尿素、尿酸、肌酐等，其渗透压及酸碱度也与血浆相似（表2-8-1）。因此，原尿是血浆的**超滤液**（ultrafiltrate）。

**（一）肾小球滤过率和滤过分数**

单位时间内（每分钟）两肾形成的原尿量称为**肾小球滤过率**（glomerular filtration rate，GFR）。据测定，体表面积为1.73 m$^2$的个体，其肾小球滤过率为125 mL/min左右。肾小球滤过率下降代表肾净化血液的能力下降，肾小球滤过率是衡量肾功能最重要的指标。**滤过分数**（filtration fraction，FF）是肾小球滤过率与肾血浆流量的比值。正常情况下，滤过分数为19%，即血浆流经肾小球毛细血管时约有19%进入肾小囊中形成超滤液。

表2-8-1 血浆、原尿及终尿主要成分比较

| 成分 | 血浆（g/L） | 原尿（g/L） | 终尿（g/L） | 尿中浓缩倍数 |
| --- | --- | --- | --- | --- |
| 水 | 900 | 980 | 960 | 1.1 |
| 蛋白质 | 70~90 | 0.30 | 微量 | – |
| 葡萄糖 | 1.00 | 1.00 | 极微量 | – |
| Na$^+$ | 3.30 | 3.30 | 3.50 | 1.1 |
| K$^+$ | 0.20 | 0.20 | 1.50 | 7.5 |
| Cl$^-$ | 3.70 | 3.70 | 6.00 | 1.6 |
| H$_2$PO$_4^-$，HPO$_4^{2-}$ | 0.04 | 0.04 | 1.50 | 37.5 |
| 尿素 | 0.30 | 0.30 | 18.0 | 60.0 |
| 尿酸 | 0.04 | 0.04 | 0.50 | 12.5 |
| 肌酐 | 0.01 | 0.01 | 1.00 | 100.0 |
| 氨 | 0.001 | 0.001 | 0.4 | 400 |

### （二）滤过膜及其屏障作用

**1. 滤过膜的组成**　血浆从肾小球毛细血管进入到肾小囊腔需透过的膜状结构，被称为**滤过膜**（filtration membrane），包括 3 层（图 2-8-1）：①内层：是肾小球毛细血管内皮，属于有孔内皮，窗孔直径 70～90 nm，可以阻挡血细胞通过。内皮细胞表面富含带负电荷的糖蛋白，能阻碍带负电荷的血浆蛋白通过，对血浆中其他物质几乎没有限制作用。②中层：为**肾小球基底膜**（glomerular basal membrane），是由水合凝胶形成的微纤维网，上有直径为 2～8 nm 的多角形网孔，带负电，是防止血浆蛋白滤过的重要屏障。③外层：为肾小囊脏层上皮，此上皮细胞被称为**足细胞**（podocyte）。足细胞的**足突**（foot process）相互交错、嵌合包裹在基底膜外面，足突之间有**滤过裂隙**（filtration slit），其上覆盖**滤过裂隙膜**（filtration slit membrane），膜上有 4～14 nm 的裂隙孔。滤过裂隙膜上亦富含带负电荷的糖蛋白，可以阻碍带负电荷的血浆蛋白通过。

微课 2-8-2　滤过膜和有效滤过压

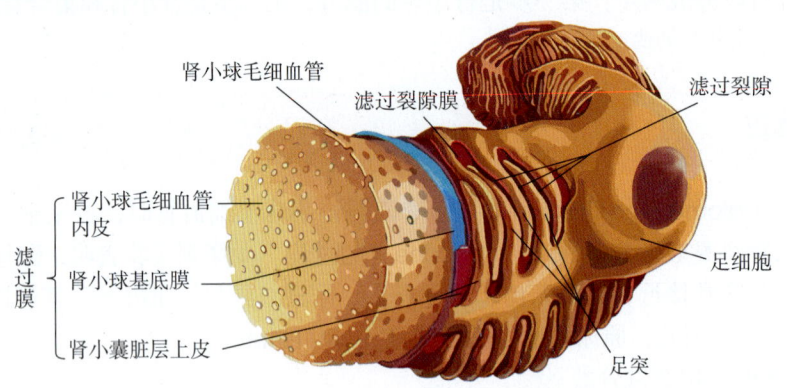

图 2-8-1　滤过膜的结构示意图

**2. 滤过膜的屏障作用**　滤过膜就像多层筛，兼具通透性和屏障作用，被称为**滤过屏障**（filtration barrier）。滤过膜的屏障作用包括**机械屏障**和**电学屏障**，物质能否通透取决于其分子大小及所带电荷。①机械屏障：滤过膜的机械屏障作用由筛孔的大小决定。正常情况下，有效半径小于 2.0 nm 的中性物质，可自由通过滤过膜；有效半径大于 4.2 nm 的大分子不能被滤过；有效半径介于 2.0～4.2 nm 之间的各种物质，随着有效半径的增大，通透性下降。②电学屏障：滤过膜各层均含有带负电荷的糖蛋白，能够阻碍带负电的血浆蛋白滤过，此作用被称为电学屏障。血浆白蛋白带负电荷，有效半径为 3.6 nm，正常情况下原尿中几乎没有白蛋白。病理情况下，滤过膜上带负电荷的糖蛋白减少，电学屏障降低，尿中可出现大量白蛋白。

### （三）肾小球滤过的动力

**肾小球有效滤过压**（glomerular effective filtration pressure）是肾小球滤过的动力，是促进超滤的动力与对抗超滤的阻力之差（图 2-8-2）。超滤的动力包括**肾小球毛细血管血压**（glomerular capillary pressure）和超滤液的胶体渗透压。由于正常情况下超滤液中蛋白含量极低，所以超滤液胶体渗透压一般忽略不计，因而肾小球毛细血管血压是超滤的唯一动力。超滤阻力包括**血浆胶体渗透压**（plasma colloid osmotic pressure）和

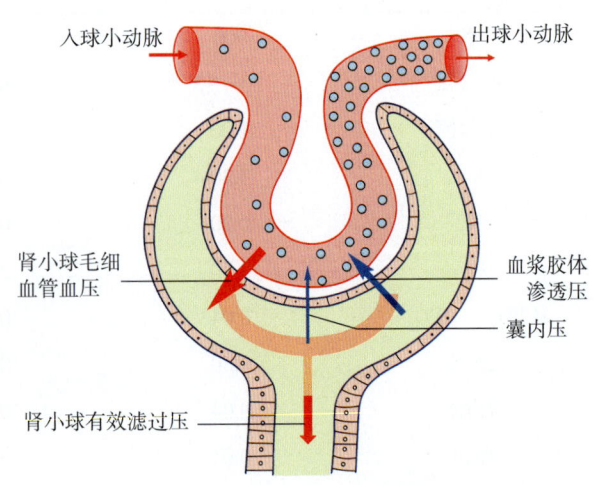

图 2-8-2　肾小球有效滤过压示意图

囊内压（capsular pressure）。因此，肾小球有效滤过压＝肾小球毛细血管血压 −（血浆胶体渗透压 + 囊内压）。

肾小球毛细血管血压高，平均值为 45 mmHg，从入球端到出球端血压降落不超过 1～2 mmHg；囊内压与近端小管压力相似，约为 10 mmHg。入球端血浆胶体渗透压约为 25 mmHg，故此处有效滤过压 = 45 mmHg −（25 + 10）mmHg = 10 mmHg。从入球端到出球端，随着超滤的进行，毛细血管中血浆蛋白的浓度逐渐升高，血浆胶体渗透压增加，有效滤过压逐渐降低。当有效滤过压下降至零时，滤过停止，称为**滤过平衡**（filtration equilibrium）。肾小球滤过平衡点的位置与肾小球毛细血管血压和肾小球血流量有关，影响原尿生成速率。

### （四）影响肾小球滤过率的因素

影响肾小球滤过率的因素包括所有影响有效滤过压、滤过膜的通透性和面积，以及肾血浆流量的因素。

🅔 微课 2-8-3　影响肾小球滤过率的因素

**1. 有效滤过压**

（1）肾小球毛细血管血压：正常条件下，肾小球毛细血管血压约 45 mmHg。当肾小球毛细血管血压升高时，肾小球滤过率增加，反之则减小。当肾的灌注压降至 40～50 mmHg 时，有效滤过压为零，肾小球滤过率为零，因而无尿。

（2）血浆胶体渗透压：正常情况下，血浆胶体渗透压不会发生大幅波动。当静脉快速输入大量生理盐水时，血浆蛋白被稀释，血浆胶体渗透压降低，有效滤过压升高，肾小球滤过率增加。

（3）囊内压：正常情况下，超滤液能顺利流入肾小管、集合管及下游管道，因此囊内压比较稳定。尿路结石、肿瘤压迫等原因造成尿路梗阻时，囊内压升高，导致有效滤过压减小，肾小球滤过率降低。

**2. 滤过膜的通透性和面积**　正常人滤过膜总面积约 1.5 m²。肾单位不可再生，且随年龄增加而减少。据统计，人类 80 岁时肾单位的数量与 40 岁时相比下降约 40%。但是大多数人并没有因为自然衰老而发生肾功能衰竭，这正是因为肾具有较大的滤过膜储备。但是在病理情况下，如急性肾小球肾炎时，滤过膜的通透性及有效滤过面积急剧下降，肾小球滤过率降低，导致少尿甚至无尿。

**3. 肾血浆流量**　肾血浆流量对肾小球滤过率影响显著。正常情况下，动脉血压在 70～180 mmHg 范围内波动，肾血流量通过自身调节保持稳定，此时肾小球毛细血管血压也能保持相对恒定，从而使有效滤过压无明显改变（图 2-8-3）。肾血流量的自身调节有一定限度，当血压发生急剧变化，高于 180 mmHg 或低于 70 mmHg 时，肾血流量和肾小球滤过率会随之变化。肌源学说认为肾血流量的自身

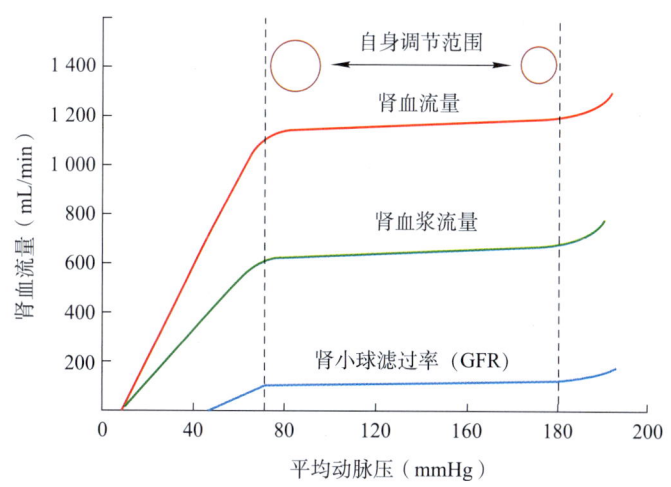

图 2-8-3　肾血流量的自身调节

调节与入球小动脉平滑肌舒缩有关。当肾灌注压升高时，入球小动脉血管平滑肌收缩增强，血管口径减小，血流阻力增大，血流量保持不变；反之，当肾灌注压降低时，入球小动脉血管平滑肌舒张，血管口径增大，血流阻力减少，血流量保持不变。

在某些特殊情况下，肾血流量亦发生显著变化，从而影响肾小球滤过率。例如，外伤大量出血时，为维持血压及心脑血供，肾交感神经兴奋引起肾血管收缩和肾血流量下降，导致肾小球滤过率降低；妇女在妊娠期，由于血容量和心输出量增加，以及肾血管扩张，肾血流量和肾小球滤过率增加。此变化与妊娠期代谢产物增多相适应。

## 二、肾小管和集合管的重吸收与分泌

正常人每天可形成 180 L 原尿，但最终仅排出 1.5 L 终尿，这说明肾小管和集合管具有强大的重吸收功能。肾小管和集合管的管壁均由单层上皮细胞构成，相邻上皮细胞之间具有紧密连接，外被结缔组织构成的基底膜。各段小管上皮细胞的形态和功能有所不同，但均具有重吸收和分泌功能。

**重吸收**（reabsorption）指上皮细胞将物质从小管液转运至血液的过程。按照重吸收的比率可将重吸收的物质分为三类：第一类可全部被重吸收，如葡萄糖和氨基酸；第二类大部分被重吸收，如 $Na^+$、$Cl^-$、$Ca^{2+}$、$Mg^{2+}$、$K^+$ 和水；第三类仅小部分被重吸收，如尿素、尿酸、$SO_4^{2-}$ 和 $PO_4^{3-}$ 等代谢产物。重吸收的途径包括两种，**跨细胞途径**（transcellular pathway）和**细胞旁途径**（paracellular pathway）。

小管上皮细胞面向小管液一侧的细胞膜被称为顶端膜，面向组织间液的细胞膜被称为基底侧膜。跨细胞途径指小管液中的物质从顶端膜进入小管上皮细胞，再经基底侧膜转运到**组织间液**（interstitial fluid）；细胞旁途径指小管液中的物质通过上皮细胞之间的紧密连接进入组织间液，大部分物质的重吸收涉及跨细胞和细胞旁两个途径。此外，水分子通过细胞旁途径被重吸收时某些溶质可随水分子一起转运，这些分子的重吸收方式被称为**溶剂拖曳**（solvent drag）。例如，近端小管对 $Ca^{2+}$ 的重吸收主要依靠溶剂拖曳。跨细胞途径涉及两次跨膜转运，转运过程复杂，需要多种转运方式配合完成。跨膜物质转运方式主要包括单纯扩散、易化扩散、原发性主动转运和继发性主动转运。

**分泌**（secretion）指小管上皮细胞将自身产生的物质或者血液中的物质转运至小管液。小管上皮细胞可分泌 $H^+$、$NH_3$ 和 $K^+$，以及因与血浆蛋白结合无法滤出的物质。一个转运体可以转运多种物质，所以小管上皮细胞的分泌与重吸收可同时进行。例如：集合管主细胞通过 $Na^+$-$K^+$ 交换，分泌 $K^+$ 的同时重吸收 $Na^+$；近端小管通过 $Na^+$-$H^+$ 交换分泌 $H^+$ 同时重吸收 $Na^+$，而且 $H^+$ 的分泌又可促进 $HCO_3^-$ 的重吸收。

### （一）肾小管和集合管各段重吸收和分泌的特点

近端小管主要位于肾皮质内，上皮细胞呈高柱状或立方形，顶端膜反复折叠形成密集的微绒毛，称为刷状缘。近端小管具有强大的重吸收功能，重吸收量大、种类多。近端小管可重吸收原尿中约 65% 的 $Na^+$、$K^+$、$Cl^-$ 和水，85% 的 $HCO_3^-$ 及 100% 的葡萄糖和氨基酸，并且向小管液中分泌 $H^+$ 和 $NH_3$。髓袢位于近端小管与远曲小管之间，深入肾髓质内，呈 U 形。髓袢对水和 NaCl 的重吸收是不同步的，髓袢降支细段借助肾髓质渗透压梯度重吸收原尿中 20% 的水，髓袢升支细段和髓袢升支粗段共同重吸收原尿中 25% 的 $Na^+$、$Cl^-$ 和 $K^+$。远曲小管和集合管的主要特点是可根据机体的需求调节水和 $Na^+$ 的重吸收。正常情况下远曲小管和集合管可重吸收原尿中 14% 的水、9% 的 $Na^+$ 和 10% 的 $Cl^-$，并且向小管液中分泌 $H^+$、$K^+$ 和 $NH_3$。

微课 2-8-4　肾小管和集合管的重吸收与分泌功能概述

### （二）$Na^+$、$Cl^-$ 和水的重吸收

血浆晶体渗透压 80% 来自 $Na^+$ 和 $Cl^-$，原尿中 $Na^+$ 和 $Cl^-$ 的浓度与血浆相同。肾根据机体需求重

吸收大部分的 $Na^+$、$Cl^-$ 和水，并将多余部分排出体外，调节机体的水平衡和渗透压平衡。

**1. 近端小管** 原尿中 65% 的 $Na^+$、$Cl^-$ 和水在近端小管被等比例重吸收，其中 2/3 经跨细胞途径，其余经细胞旁途径（图 2-8-4）。在近端小管前半段，小管上皮细胞顶端膜富含 $Na^+$-葡萄糖同向转运体、$Na^+$-氨基酸同向转运体，以及 $Na^+$-$H^+$ 逆向转运体，基底侧膜富含 $Na^+$-$K^+$ 泵。因此，此段小管重吸收 $Na^+$ 的同时完成葡萄糖和氨基酸的重吸收，以及 $H^+$ 的分泌。近端小管对水具有很高的通透性，上皮细胞顶端膜和基底侧膜上均含有大量**水通道蛋白 1**（aquaporin 1，AQP1），细胞之间的紧密连接对水亦有通透性。因此，随着溶质的重吸收，小管液中的水在渗透压的推动下通过跨细胞途径和细胞旁途径被重吸收。由于 $Na^+$ 和水在近端小管前半段大量被重吸收，小管液中 $Cl^-$ 浓度逐渐升高，近端小管后半段小管液中 $Cl^-$ 浓度比组织间液高 20%～40%，$Cl^-$ 可顺浓度梯度经细胞旁途径被重吸收。这种重吸收造成肾小管内带正电、管外带负电，促使 $Na^+$ 顺电位梯度经细胞旁途径被重吸收。因此，在近端小管的后半段，$Na^+$ 和 $Cl^-$ 经细胞旁途径被重吸收。

🅔 微课 2-8-5 近端小管的物质转运功能

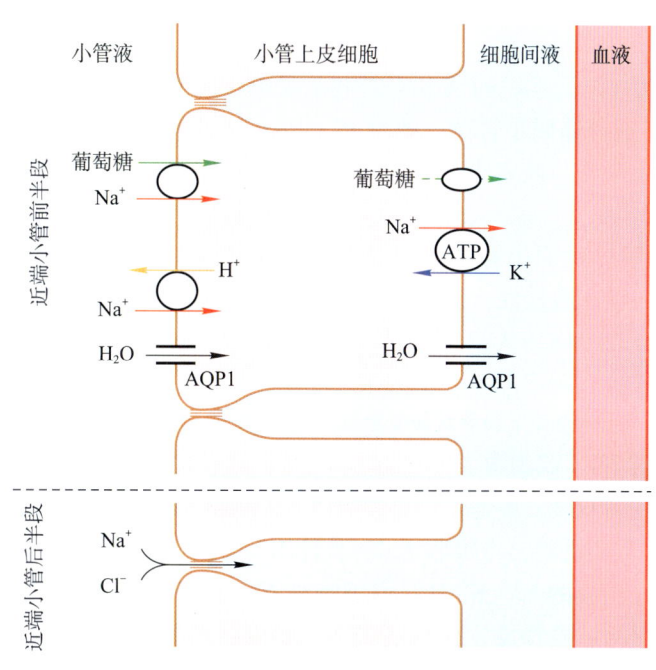

图 2-8-4 近端小管的物质转运示意图

**2. 髓袢** 髓袢细段由扁平上皮构成，髓袢降支细段上皮细胞顶端膜和基底侧膜均富含水通道蛋白 1，对水具有很高的通透性，但是对溶质的通透性很低（图 2-8-5）；升支与降支相反，对水不易通透，对 $Na^+$、$Cl^-$ 易通透。从肾髓质的浅层到深层，渗透压逐渐升高，因此当小管液流经髓袢降支细段时，水被重吸收，小管液渗透压逐渐增大；当小管液流经髓袢升支细段时，NaCl 通过细胞旁途径被重吸收，小管液渗透压逐渐降低。髓袢升支粗段由单层立方上皮构成，对水依然没有通透性，但是富含 $Na^+$-$K^+$-$2Cl^-$ 同向转运体（$Na^+$-$K^+$-$2Cl^-$ cotransporter，NKCC2）（图 2-8-5），可以主动重吸收小管液中的 $Na^+$、$Cl^-$ 和 $K^+$。髓袢大约重吸收原尿中 20% 的水，以及 25% 的 $Na^+$、$Cl^-$ 和 $K^+$。因此，小管液流经髓袢的过程中，其渗透压先升高再降低。

🅔 微课 2-8-6 髓袢的物质转运功能

髓袢升支粗段上皮细胞通过跨细胞途径主动重吸收 NaCl，此过程涉及多种转运体。主要包括顶端膜上的 $Na^+$-$K^+$-$2Cl^-$ 同向转运体和 $K^+$ 通道，以及基底侧膜的 $Na^+$-$K^+$ 泵和 $Cl^-$ 通道。$Na^+$-$K^+$-$2Cl^-$ 同向转运体一次可将小管液中 1 个 $Na^+$、1 个 $K^+$、2 个 $Cl^-$ 转运至上皮细胞内，$Na^+$ 通过基底侧膜的

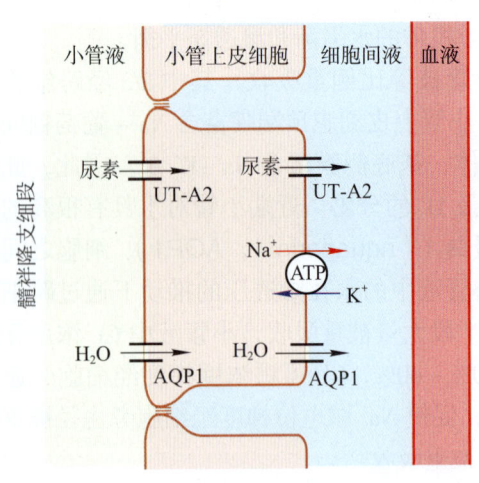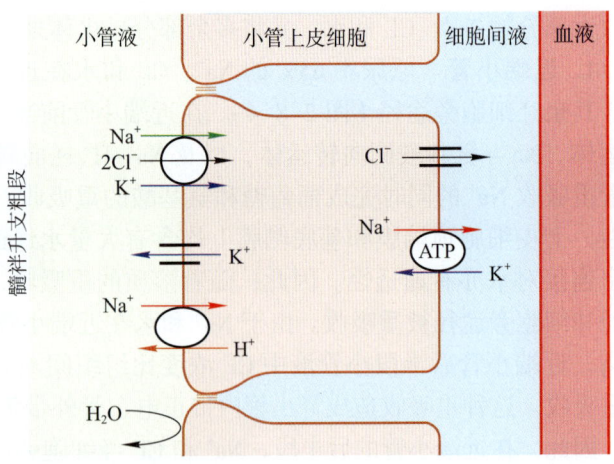

图 2-8-5　髓袢的物质转运示意图

UT-A2：尿素通道蛋白 2

$Na^+-K^+$ 泵进入组织间液；$Cl^-$ 受组织间液 $Na^+$ 正电荷吸引，经基底侧膜上的 $Cl^-$ 通道进入组织间液；$K^+$ 则通过顶端膜上的 $K^+$ 通道返回小管液。随着 $K^+$ 的返回，小管液呈正电位，促进 $Na^+$、$K^+$、$Ca^{2+}$ 等正离子经细胞旁途径被重吸收。**呋塞米**（furosemide）又称速尿，能够抑制 $Na^+-K^+-2Cl^-$ 同向转运体的活动，发挥强效利尿作用。

**3. 远曲小管和集合管**　远曲小管由单层立方上皮细胞构成，上皮细胞顶端膜有少量短小绒毛，无刷状缘。远曲小管对水没有通透性，顶端膜上的 $Na^+-Cl^-$ 同向转运体可主动重吸收 NaCl，小管液渗透压在此段进一步降低（图 2-8-6 A）。**噻嗪类**（thiazide）利尿剂可抑制 $Na^+-Cl^-$ 同向转运体，产生利尿作用。

📱 微课 2-8-7　*远曲小管和集合管的物质转运功能*

集合管上皮细胞包括两种，**闰细胞**（intercalated cell）约占 10%，主要作用是分泌 $H^+$（图 2-8-6 B）；**主细胞**（principal cell）约占 90%，主要作用是重吸收 $Na^+$、$Cl^-$ 和水，并且分泌 $K^+$（图 2-8-6 C）。集合管依靠主细胞的 $Na^+-K^+$ 交换机制，重吸收 $Na^+$、分泌 $K^+$。此过程涉及三种转运体，包括顶端膜上的 $Na^+$ 通道、$K^+$ 通道及基底侧膜的 $Na^+-K^+$ 泵。主细胞内 $Na^+$ 浓度低于小管液，而 $K^+$ 浓度高于小管液。因此，小管液中的 $Na^+$ 可顺浓度梯度，经顶端膜 $Na^+$ 通道进入细胞内；而 $K^+$ 可顺浓度梯度，经顶端膜 $K^+$ 通道分泌入小管液；基底侧膜 $Na^+-K^+$ 泵活动，将胞内 $Na^+$ 转运至组织间液的同时将 $K^+$ 转运至胞浆中。尿中最终排出的 $K^+$ 主要源于主细胞的 $Na^+-K^+$ 交换，此过程受醛固酮的调节。

集合管对水的重吸收取决于主细胞对水的通透性（图 2-8-6 D）。主细胞顶端膜和胞质中的囊泡含**水通道蛋白 2**（aquaporin 2，AQP2），而在基底侧膜中富含 **AQP3 和 AQP4**。主细胞对水的通透性取决于顶端膜上 AQP2 的数量，而顶端膜上 AQP2 的数量由**抗利尿激素**决定，所以机体通过抗利尿激素调节集合管对水的通透性，从而调节尿量。

**（三）$HCO_3^-$ 的重吸收、新生成与 $H^+$ 和 $NH_3$ 的分泌**

正常膳食代谢产生的酸性产物多于碱性产物，但是人体血浆 pH 始终稳定在 7.35~7.45 之间。酸碱平衡的维持依赖于血浆中的缓冲物质，以及肺和肾的正常功能。机体代谢产生的挥发性酸（$CO_2$）主要经肺排出，固定酸首先与血浆缓冲物质结合，最终由肾排出，每日排出量为 50~100 mmol。$HCO_3^-$ 是血浆中最重要的缓冲物质，原尿中 $HCO_3^-$ 的浓度与血浆相同，近端小管可重吸收原尿中 85% 的 $HCO_3^-$。机体代谢产生的固定酸消耗血浆中的 $HCO_3^-$，所以肾需排出 $H^+$ 并生成新的 $HCO_3^-$，以补充血浆中的缓冲物质。肾小管和集合管上皮细胞具有多种转运体，将 $HCO_3^-$ 的重吸收和新生成，与 $H^+$ 和 $NH_3$ 的分泌关联在一起，实现高效排酸保碱。

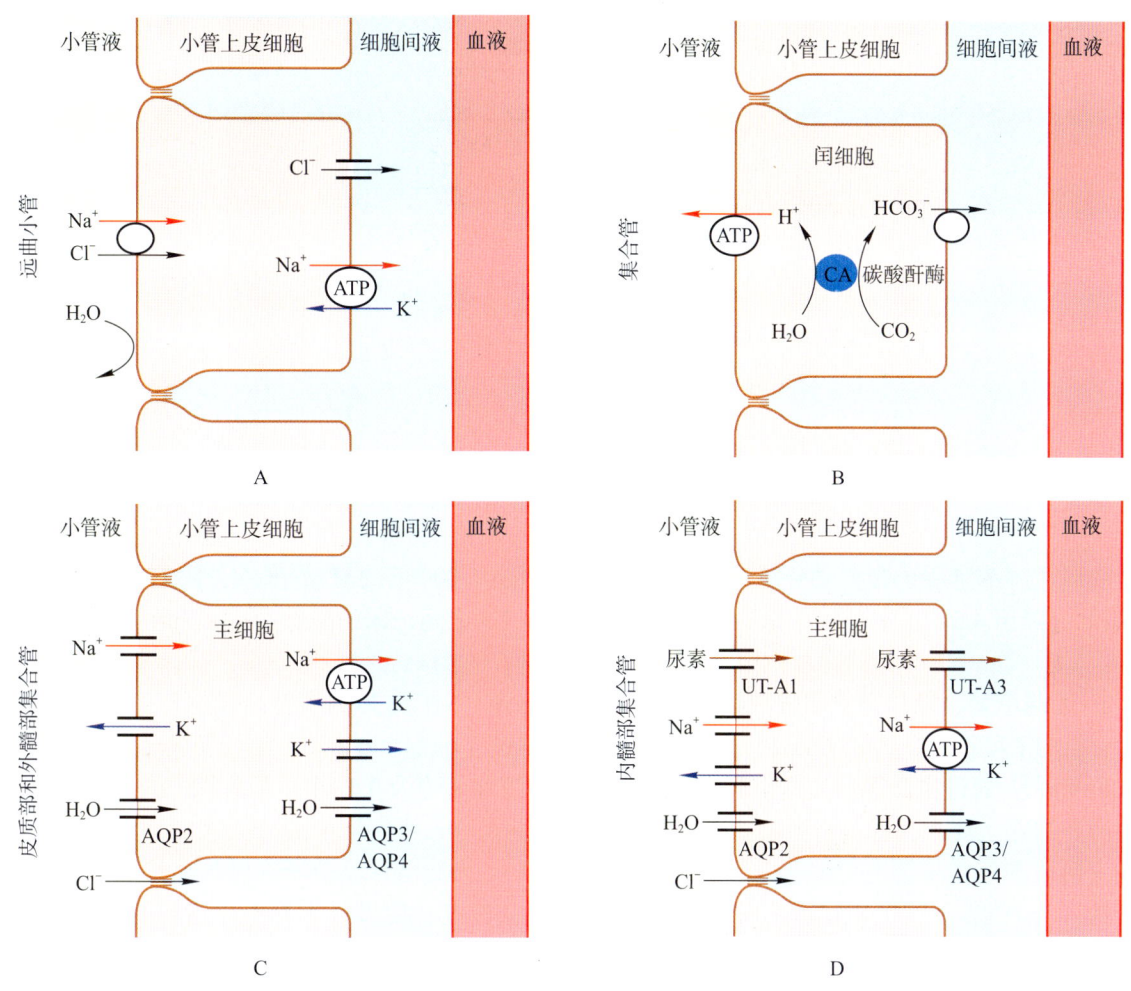

图 2-8-6 远曲小管和集合管中的物质转运示意图

A. 远曲小管重吸收 NaCl；B. 集合管闰细胞分泌 $H^+$；C. 皮质部和外髓部集合管主细胞的 $Na^+$-$K^+$ 交换机制；D. 内髓部集合管主细胞的物质转运

**1. 近端小管 $H^+$ 的分泌与 $HCO_3^-$ 的重吸收** 近端小管 $HCO_3^-$ 的重吸收与顶端膜 $Na^+$-$H^+$ 逆向转运体有密切关系（图 2-8-7）。近端小管上皮细胞通过 $Na^+$-$H^+$ 交换分泌 $H^+$，此过程属于继发性主动转运。$H^+$ 与小管液中的 $HCO_3^-$ 结合变成 $H_2CO_3$，$H_2CO_3$ 迅速分解为 $CO_2$ 和 $H_2O$，$CO_2$ 以单纯扩散的方式跨过顶端膜进入胞浆；进入胞浆的 $CO_2$ 与 $H_2O$ 重新结合变成 $H_2CO_3$，并解离出 $HCO_3^-$ 和 $H^+$；$HCO_3^-$ 和 $Na^+$ 通过基底侧膜上的转运体进入组织间液，$H^+$ 则通过顶端膜上的 $Na^+$-$H^+$ 交换体再次分泌到小管液中。所以，$HCO_3^-$ 是以 $CO_2$ 的形式被重吸收的。**碳酸酐酶**（carbonic anhydrase，CA）在此过程中发挥重要作用，催化 $CO_2$ 的水合反应及其逆反应。**乙酰唑胺**（acetazolamide）是碳酸酐酶的抑制剂，可抑制 $H^+$ 的分泌，从而影响 $HCO_3^-$ 和 $Na^+$ 的重吸收，产生利尿效果。

髓袢 $HCO_3^-$ 的重吸收与近端小管机制相同，主要发生在髓袢升支粗段。远曲小管 $HCO_3^-$ 的重吸收亦与 $Na^+$-$H^+$ 逆向转运体有关，机制与近端小管相似。

**2. 集合管闰细胞 $H^+$ 的分泌和 $HCO_3^-$ 的重吸收** 集合管闰细胞顶端膜表达两种**质子泵**（proton pump），一种是 $H^+$-ATP 酶，另一种是 $H^+$-$K^+$ATP 酶（又称为 $H^+$-$K^+$ 交换体），两者均直接分解 ATP 将上皮细胞内的 $H^+$ 泵入小管液中。泵入小管液中的 $H^+$ 与 $HCO_3^-$ 结合，促进 $HCO_3^-$ 转变为 $CO_2$ 被重吸收。上皮细胞还会分泌额外的 $H^+$，这些 $H^+$ 可与小管液中的 $NH_3$、$HPO_4^{2-}$ 结合形成 $NH_4^+$ 和 $H_2PO_4^-$。上皮细胞通过额外分泌 $H^+$ 不仅可以排出代谢产生的固定酸，而且能够新生成 $HCO_3^-$ 以补充血浆中的

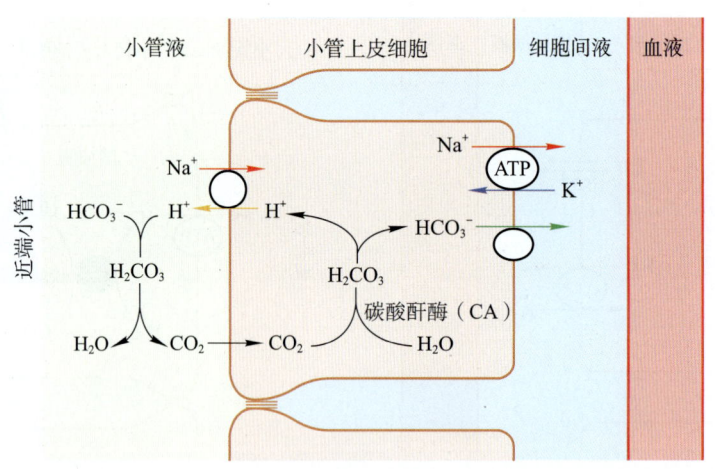

图 2-8-7　近端小管重吸收 $HCO_3^-$ 的机制示意图

缓冲物质。闰细胞质子泵主动分泌 $H^+$ 的能力很强，可逆 1 000 倍的 $H^+$ 浓度差分泌 $H^+$，所以小管液 pH 最低可降至 4.5。正常新鲜尿呈弱酸性，pH 在 4.5～7.9 之间，尿的酸碱度反映肾调节酸碱平衡的能力。

**3. 近端小管、髓袢升支粗段和远曲小管 $NH_3$ 的分泌**　$NH_3$ 是体内氨基酸代谢产生的毒性产物，血浆中氨的浓度很低，约 0.001 g/L，大部分 $NH_3$ 与**谷氨酸**（glutamic acid）结合变成无毒的**谷氨酰胺**（glutamine），通过血液循环运送至肝合成尿素。尿液氨含量约为 0.4 g/L，是血浆中的 400 倍，这说明尿液中的氨主要来自肾小管分泌。谷氨酰胺是 $NH_3$ 的前体，小管液中的 $NH_3$ 来自于近端小管、髓袢升支粗段和远曲小管上皮细胞内谷氨酰胺的分解。$NH_3$ 为脂溶性小分子，以单纯扩散的形式进入小管液，与 $H^+$ 结合形成 $NH_4^+$，从而降低小管液中 $H^+$ 的浓度，促进肾小管上皮细胞 $H^+$ 的额外分泌和 $HCO_3^-$ 的新生成（图 2-8-8）。生理情况下，肾分泌的 $H^+$ 约有 50% 与 $NH_3$ 结合而被缓冲，所以分泌 $NH_3$ 是肾调节酸碱平衡的重要机制之一。机体发生酸中毒时，小管上皮细胞分泌 $NH_3$ 增加，尿中 $NH_4^+$ 增加，肾产生更多的 $HCO_3^-$ 进入血液。

### （四）葡萄糖的重吸收

只有近端小管具有重吸收葡萄糖的能力，正常膳食情况下，近端小管可以将原尿中的葡萄糖完全重吸收。近端小管对葡萄糖的重吸收过程属于跨细胞途径，此过程涉及多种转运体（图 2-8-4）。顶端膜上的 $Na^+$-葡萄糖同向转运体，可将小管液中的葡萄糖和 $Na^+$ 转运至上皮细胞内，随后葡萄糖通过基底侧膜的葡萄糖转运体易化扩散进入组织间液，$Na^+$ 经过基底侧膜的 $Na^+$-$K^+$ 泵进入组织间液。

拓展阅读 2-8-3　葡萄糖转运体

近端小管对葡萄糖的重吸收有一定限度，通常将尿中不出现葡萄糖的最高血糖浓度值称为**肾糖阈**（renal glucose threshold），正常值为 180 mg/100 mL。当血糖浓度超过肾糖阈时，部分肾小管细胞对葡萄糖的重吸收能力已达极限，尿中即可出现葡萄糖，称为**糖尿**（glucosuria）。血糖浓度继续升高，尿中葡萄糖含量将随之增加，当血糖浓度超过 300 mg/100 mL 时，全部肾小管对葡萄糖的重吸收均已达到极限，此值即为**葡萄糖最大转运率**（maximal rate of transport of glucose），此后尿中葡萄糖的排出量将随血糖浓度升高而平行增加。

### （五）$K^+$ 的重吸收与分泌

正常情况下，每日随尿排出的 $K^+$ 为 2～4 g，与摄入量保持平衡。原尿中 $K^+$ 的总量约为 36 g，近端小管重吸收 65%～70%，髓袢升支粗段重吸收 25%～30%。远曲小管和集合管既可以重吸收 $K^+$，也可以分泌 $K^+$。集合管对 $K^+$ 的重吸收可能与质子泵有关，$K^+$ 的分泌与主细胞 $Na^+$-$K^+$ 交换机制有关。醛固酮可以通过增强主细胞的 $Na^+$-$K^+$ 交换，促进 $Na^+$ 重吸收和 $K^+$ 分泌。**阿米洛利**（amiloride）可

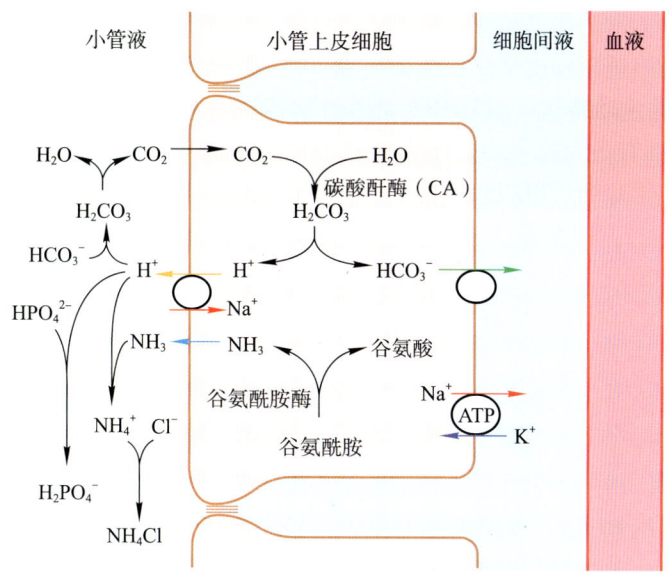

图 2-8-8　肾小管 $HCO_3^-$ 的重吸收与 $H^+$ 和 $NH_3$ 分泌机制示意图

以抑制主细胞顶端膜上的 $Na^+$ 通道，从而抑制 $Na^+$-$K^+$ 交换，减少 $Na^+$ 重吸收及 $K^+$ 分泌，产生利尿效应。阿米洛利可以减少 $K^+$ 的排出，因而被称为保钾利尿剂。

拓展阅读 2-8-4　$Ca^{2+}$、尿素、氨基酸等物质的重吸收

## 第三节　尿液的浓缩和稀释

原尿的渗透压与血浆接近，约 300 mOsm/（kg·$H_2O$），但是正常人终尿渗透压可在 50~1 200 mOsm/（kg·$H_2O$）之间。这说明肾对尿液具有很强的浓缩和稀释能力，在机体水平衡的维持中发挥重要作用。**肾髓质渗透压梯度**（osmotic pressure gradient in the renal medulla）在尿液浓缩和稀释中发挥重要作用。

### 一、肾髓质渗透压梯度

#### （一）肾髓质高渗现象及渗透压梯度

用冰点降低法测定鼠肾的渗透压，观察到皮质部组织间液渗透压与血浆相等，从肾髓质外层到肾锥体乳头部，组织间液的渗透压依次为血浆渗透压的 2.0、3.0 和 4.0 倍（图 2-8-9）。肾髓质内渗透压从外向内呈梯度增加，被称为肾髓质渗透压梯度。髓袢是形成肾髓质渗透压梯度的重要结构，髓袢越长，形成的渗透压梯度越高。人类肾最多可以产生 4~5 倍于血浆渗透压的高渗尿，而沙鼠可产生 20 倍于血浆渗透压的高渗尿。

#### （二）肾髓质渗透压梯度的形成过程

肾髓质内的渗透压梯度是逐渐建立起来的，外髓部渗透压梯度主要由 NaCl 形成，内髓部渗透压梯度由尿素和 NaCl 共同形成。肾小管和集合管是形成肾髓质渗透压梯度的结构

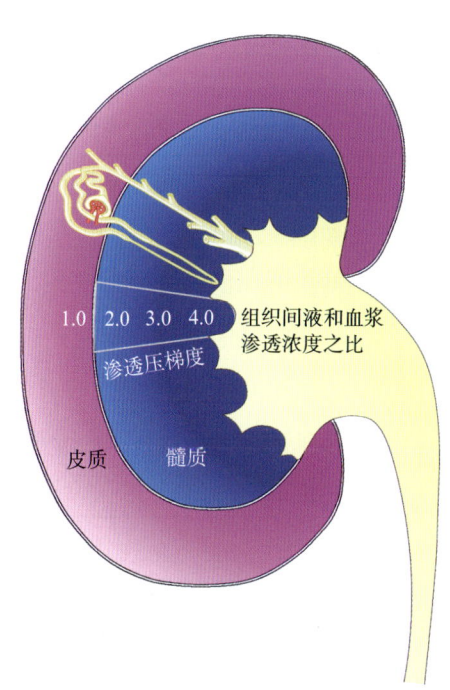

图 2-8-9　肾髓质渗透压梯度示意图

基础，髓袢升支粗段的主动转运是建立肾髓质渗透压梯度的始动因素和主要动力；髓袢的逆流倍增作用和尿素循环是肾髓质渗透压梯度形成的主要机制。

**1. 髓袢升支粗段的主动转运** 髓袢升支粗段对水不易通透，其上皮细胞顶端膜富含 $Na^+$-$K^+$-$2Cl^-$ 同向转运体，对 NaCl 具有强大的主动重吸收能力。随着 NaCl 被转运至外髓组织间液，小管液的渗透压逐渐降低，髓袢升支粗段周围组织间液的渗透压逐渐升高，形成外髓部渗透压梯度。髓袢升支粗段的主动转运使得外髓部建立初始渗透压梯度，通过髓袢的**逆流倍增**（counter-current multiplication）作用，推动外髓部和内髓部渗透压梯度的形成。

**2. 髓袢的逆流倍增作用** 髓袢降支细段对水易通透对 NaCl 不易通透，而髓袢升支对 NaCl 易通透，对水不易通透，两者临近并列，构成逆流倍增系统。"逆流"指降支和升支小管液流动方向相反；"倍增"指由于髓袢降支和升支对水和 NaCl 的通透性不同，使得小管液溶质浓度从浅层到深层依次递增。内髓部渗透压梯度的形成过程如下：髓袢升支粗段建立的初始渗透压梯度有助于髓袢降支细段重吸收水，使小管液中 NaCl 浓度升高；当小管液流经髓袢升支细段时，NaCl 顺浓度进入内髓部组织间液，髓袢升支细段重吸收的 NaCl 帮助内髓部建立初始的渗透压梯度。肾髓质内的初始渗透压梯度虽然比较小，但是其可促进髓袢降支细段对水的重吸收，使小管液中的溶质浓缩，进而促进髓袢升支对 NaCl 的被动和主动重吸收，使肾髓质内 NaCl 浓度不断增加，渗透压梯度不断增强。

**3. 肾髓质内的尿素再循环** 髓袢降支细段和内髓部集合管之间存在尿素循环，尿素循环使肾髓质内的渗透压梯度进一步增大，在内髓部渗透压梯度的建立中起到重要作用。肾小管和集合管各段对尿素和水的通透性不同（表2-8-2）。从髓袢升支到外髓部集合管，包括髓袢升支细段、髓袢升支粗段、远曲小管，以及皮质部和外髓部集合管，对尿素均不易通透。在有 ADH 的情况下，集合管重吸收水，小管液内尿素被高度浓缩。内髓部集合管上皮细胞表达两种**尿素通道蛋白**（urea transporter, UT）（图2-8-6D），包括 UT-A1 和 UT-A3，此段对尿素具有良好的通透性。小管液流经集合管内髓部时，尿素顺浓度梯度扩散入组织间液，使内髓部渗透压进一步升高。髓袢降支细段上皮细胞表达尿素通道蛋白 UT-A2（图2-8-5），对尿素中等程度通透，所以尿素可由此再次进入小管液，经后续小管浓缩后再经内髓部集合管扩散至组织间液，此过程被称为**尿素再循环**（urea recirculation）（图2-8-10）。尿素再循环使一部分尿素保留在肾髓质内，促进内髓部渗透压梯度的形成和加强。

🅔 拓展阅读2-8-5  *尿素通道蛋白*

表2-8-2 髓袢、远曲小管和集合管对水、$Na^+$ 和尿素的通透性

| 各段小管 | 水 | $Na^+$ | 尿素 |
| --- | --- | --- | --- |
| 髓袢降支细段 | 易通透 | 不易通透 | 中等通透 |
| 髓袢升支细段 | 不易通透 | 易通透 | 不易通透 |
| 髓袢升支粗段 | 不易通透 | 主动重吸收 | 不易通透 |
| 远曲小管 | 不易通透 | 主动重吸收 | 不易通透 |
| 皮质部和外髓部集合管 | 有 ADH 时对水易通透 | 主动重吸收 | 不易通透 |
| 内髓部集合管 | 同上 | 主动重吸收 | 易通透 |

### （三）直小血管在肾髓质渗透压梯度维持中的作用

肾髓质渗透压梯度的保持依赖于直小血管的**逆流交换**（counter-current exchange）作用。直小血管与髓袢平行，呈袢状，其降支和升支亦构成逆流系统。直小血管构成的逆流系统处于肾髓质渗透压梯度内，小分子物质可以自由通过毛细血管壁，所以直小血管可以与周围组织间液进行物质交换，

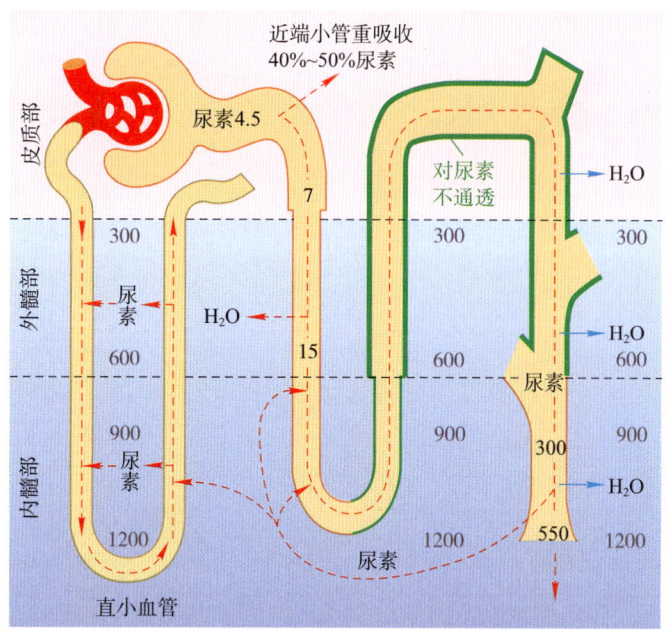

图 2-8-10　肾内尿素再循环示意图

肾小管和集合管内的数值代表尿素在小管液内形成的渗透压，
髓质内的数值为所在位置的渗透压［单位：mOsm/（kg·$H_2O$）］

该系统被称为逆流交换系统。当血液沿直小血管降支向下流动时，由于组织间液溶质浓度和渗透压高于处于同一水平的血液，组织间液中的 NaCl 和尿素扩散至血液，血液中的水进入组织间液，血液中的 NaCl 和尿素浓度逐渐升高，至折返处达到最高；当血液沿直小血管升支向上流动时，血液中溶质浓度和渗透压均高于同一水平的髓质组织间液，血液中的溶质扩散进入髓质间液，组织间液的水进入血液，血液中的 NaCl 和尿素浓度逐渐降低，最终直小血管仅将肾髓质中多余的溶质和水带回血液循环。逆流交换系统促进溶质在直小血管降支和升支之间循环，有利于肾髓质渗透压梯度的维持。

## 二、尿液浓缩和稀释的过程、机制及生理意义

尿液渗透压的高低是与血浆渗透压相比，若高于血浆渗透压，称为高渗尿；若低于血浆渗透压，称为低渗尿；若等于血浆渗透压，称为等渗尿。正常饮食条件下，当每日终尿量为 1.5 L 时，尿液的渗透压约为 720 mOsm/（kg·$H_2O$），其中尿素、尿酸、肌酐和氨形成的渗透压约为 330 mOsm/（kg·$H_2O$）。因此，人类尿液一般为高渗尿，即浓缩尿。

1. **尿液浓缩的过程**　肾髓质内渗透压梯度是尿液浓缩和稀释的基础（图 2-8-11）。近端小管液为等渗液，进入髓袢降支细段后，小管液溶质浓度升高，在折返处渗透压达到最高，可达 1 200 mOsm/（kg·$H_2O$）；流经髓袢升支细段时，小管液中的 NaCl 顺浓度梯度进入肾髓质，渗透压逐渐降低；髓袢升支粗段和远曲小管均对水没有通透性，但是可以主动重吸收溶质。因此，此段小管液为低渗，渗透压最低可至 50 mOsm/（kg·$H_2O$）。进入集合管后，小管液渗透压远低于同一水平的组织间液，所以集合管上皮细胞对水的通透性决定重吸收水的量，而集合管对水的通透性受抗利尿激素的调节。因此，抗利尿激素决定集合管对水的重吸收，影响最终的尿量，在尿液的浓缩和稀释中发挥重要作用。

2. **尿液浓缩和稀释的机制和生理意义**　当机体缺水时，血浆晶体渗透压升高，引起抗利尿激素分泌增加，集合管对水的通透性升高，水重吸收增加，尿量减少，代谢产物高度浓缩，排出高渗

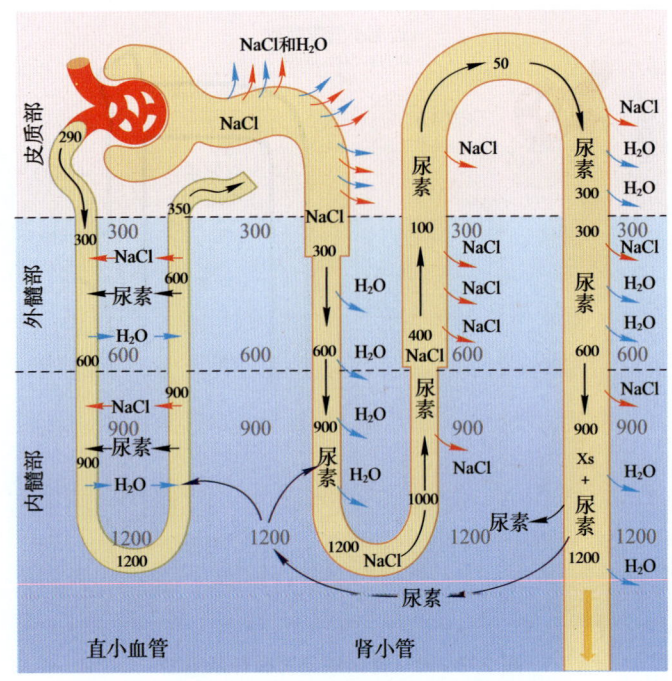

图 2-8-11　尿液浓缩机制示意图
Xs 代表小管液中除尿素外未被重吸收的溶质，图中数字代表此处的渗透压［单位：mOsm/（kg·H₂O）］

尿。由于肾髓质内渗透压最高为 1 200 mOsm/（kg·H₂O），所以人类可排出尿液的最高渗透压不超过 1 200 mOsm/（kg·H₂O）。尿液浓缩的生理意义在于在机体缺水的情况下，减少水的排出，以维持机体的水平衡。相反，当机体水过多时，血浆晶体渗透压降低，引起抗利尿激素分泌减少，集合管对水的通透性降低，水的重吸收减少，尿中代谢产物被稀释，可排出等渗尿，甚至低渗尿。尿液稀释的生理意义在于排出机体多余的水，以维持机体的水平衡。在某些疾病情况下，如尿崩症，由于缺乏抗利尿激素或者抗利尿激素受体，病人每天可排出大量低渗尿。

（刘梅芳）

## 第四节　尿生成的调节

机体通过影响肾小球滤过、肾小管和集合管的重吸收与分泌实现尿生成的调节，包括自身调节、体液调节及神经调节。

### 一、肾内自身调节

#### （一）小管液中溶质的浓度

小管液中溶质形成渗透压，是对抗肾小管重吸收水分的力量。如果小管液中溶质浓度增大，渗透压随之升高，抑制肾小管对水的重吸收，尿量增多。这种由于渗透压升高而对抗肾小管重吸收水分所引起的尿量增多现象，称为**渗透性利尿**（osmotic diuresis）。例如糖尿病患者的多尿，就是由于血糖超过肾糖阈，小管液中的葡萄糖不能完全重吸收，从而使小管液中溶质的浓度增加，渗透压增高，抑制了水的重吸收。临床上常采用甘露醇、山梨醇等能被肾小球滤过而不被肾小管重吸收的物质，提高小管液中溶质的浓度，达到利尿和消除水肿的目的。

### (二)球-管平衡

近端小管的重吸收率与肾小球滤过率两者之间有着紧密的联系。即不论肾小球滤过率增大或减小，近端小管的重吸收率始终占肾小球滤过率的65%~70%，这种现象称为**球-管平衡**（glomerulotubular balance）。这与近端小管对$Na^+$的**定比重吸收**（constant fraction reabsorption）有关，近端小管对$Na^+$的重吸收量是滤过量的65%~70%。球-管平衡的生理意义使得终尿量不会因肾小球滤过率的增减而出现大幅度的变动。

## 二、体液调节

### (一)抗利尿激素

**1. 抗利尿激素的合成和释放** 抗利尿激素（antidiuretic hormone，ADH）又称**血管升压素**（vasopressin，VP），是一种九肽神经激素，大部分由下丘脑视上核的神经细胞合成，小部分由室旁核合成，并经下丘脑-垂体束纤维的轴浆运输到神经垂体储存。当视上核神经细胞受到刺激发生兴奋时，电信号沿下丘脑-垂体束传至末梢，使抗利尿激素释放进入血液循环。

微课2-8-8 抗利尿激素

**2. 抗利尿激素的生理作用** 抗利尿激素的主要功能是提高集合管上皮细胞对水的通透性，从而增加水的重吸收，使尿量减少（图2-8-12）。此外，抗利尿激素也能增加髓袢升支粗段对NaCl的主动重吸收和内髓部集合管对尿素的通透性，从而提高肾髓质组织间液的渗透压梯度，有利于尿的浓缩。

**3. 抗利尿激素合成和释放的调节** 调节抗利尿激素合成和释放最有效的刺激是血浆晶体渗透压、循环血量及动脉血压改变。

（1）血浆晶体渗透压的改变：是生理条件下调节抗利尿激素合成、释放的重要因素。下丘脑视上核附近有**渗透压感受器**（osmoreceptor），它对血浆晶体渗透压的改变十分敏感，只要血浆晶体渗透压有1%~2%的轻微改变，即产生效应。

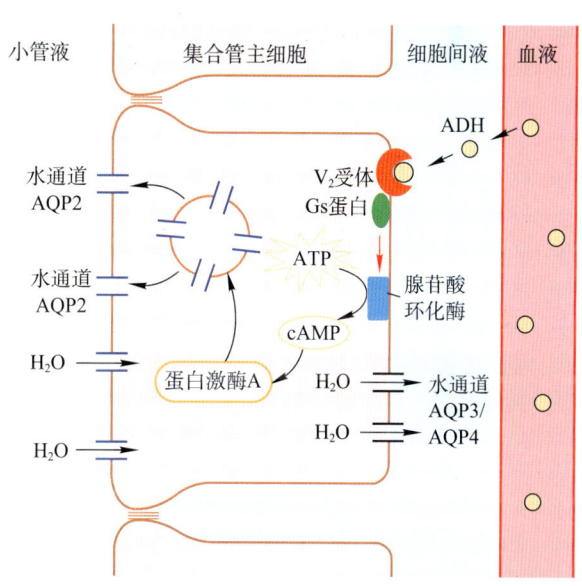

图2-8-12 抗利尿激素的作用机制示意图

当机体大量出汗、严重呕吐或腹泻等情况造成体内缺水时，血浆晶体渗透压升高，对渗透压感受器的刺激增强，下丘脑-神经垂体系统合成、释放的抗利尿激素增多，集合管对水的重吸收增强，尿量减少，尿液浓缩，体内的水分得以保存。相反，大量饮水后，体内水分增加，血浆晶体渗透压降低，对渗透压感受器的刺激减弱，抗利尿激素的合成和释放减少，集合管对水的重吸收减少，尿量增多，体内多余的水分得以排出，这种大量饮用清水引起尿量增多，称为**水利尿**（water diuresis），临床常用来检测肾稀释功能。正常人一次快速饮用1 000 mL清水后，在15~30 min内尿量开始增多，1 h末尿量达峰值，随后逐渐减少，通常在2~3 h排尿量可恢复至饮水前水平。如果饮用等量生理盐水，血浆晶体渗透压基本不变，不会出现尿量立即增多的情况（图2-8-13）。

（2）循环血量的改变：可通过左心房和胸腔大静脉**容量感受器**（volume receptor）影响抗利尿激素的合成和释放。当循环血量增多时，左心房和胸腔大静脉扩张，容量感受器受到刺激而发生兴奋，迷走神经传入冲动增多，反射性地抑制抗利尿激素的合成和释放，使尿量增加，排出多余的水

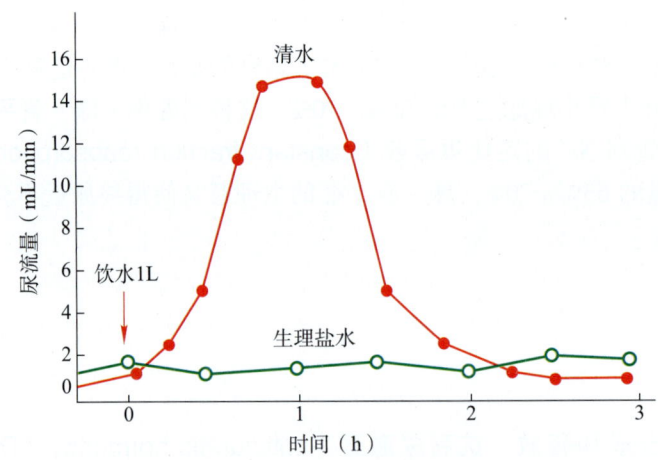

图 2-8-13 饮清水和饮生理盐水对尿量的影响

分，使循环血量得以恢复。反之，当循环血量减少时，对左心房和大静脉容量感受器的刺激减弱，迷走神经传入冲动减少，则抗利尿激素的合成和释放增多，使尿量减少而有利于血容量的恢复。

（3）动脉血压的改变：动脉血压升高时，通过刺激颈动脉窦的压力感受器，可以反射性地抑制 ADH 释放。下丘脑病变累及视上核和室旁核或下丘脑-垂体束时，ADH 的合成和释放发生障碍，可出现明显的尿量增多。

（二）醛固酮

**1. 醛固酮的生理作用** 醛固酮（aldosterone）是肾上腺皮质球状带分泌的一种盐皮质激素。它的主要作用是促进远曲小管和集合管对 $Na^+$ 的主动重吸收，同时促进 $K^+$ 的排出，所以醛固酮具有保 $Na^+$ 排 $K^+$ 的作用。

微课 2-8-9 醛固酮

拓展阅读 2-8-6 醛固酮的发现历史

醛固酮进入远曲小管和集合管的上皮细胞后，与胞质受体结合，形成激素-受体复合物；后者通过核膜进入核内，通过基因调节，生成特异性 mRNA，进而导致醛固酮诱导蛋白的合成。这些诱导蛋白可能就是：①管腔膜的 $Na^+$ 通道蛋白，从而增加管腔膜的 $Na^+$ 通道数量；②线粒体中合成 ATP 酶，为上皮细胞钠泵活动提供更多的能量；③基底侧膜上的钠泵，加速将细胞内的 $Na^+$ 泵出和膜外 $K^+$ 泵入细胞，提高细胞内 $K^+$ 浓度，有利于 $K^+$ 分泌（图 2-8-14）。由于 $Na^+$ 重吸收增加，造成了小管腔内的负电位，促进 $K^+$ 的分泌、$Cl^-$ 和水的重吸收。

**2. 醛固酮分泌的调节**

（1）肾素-血管紧张素-醛固酮系统：肾素主要由球旁细胞分泌，是一种蛋白水解酶，可催化血管紧张素原生成变为有活性的血管紧张素Ⅰ（10肽）。在血液和组织中有血管紧张素转换酶，特别是肺组织中最为丰富，它可使血管紧张素Ⅰ降解，生成血管紧张素Ⅱ（8肽）。血管紧张素Ⅱ可被氨基肽酶进一步水解为血管紧张素Ⅲ（7肽）。血管紧

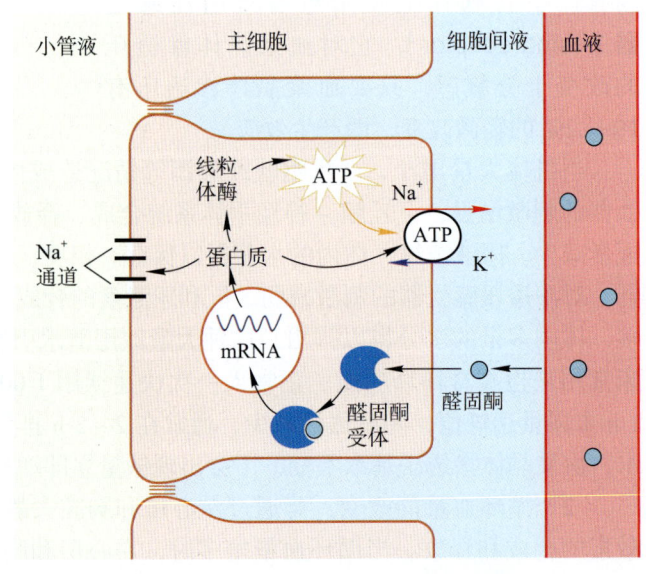

图 2-8-14 醛固酮的作用机制示意图

张素Ⅲ刺激醛固酮分泌的作用强于血管紧张素Ⅱ，缩血管作用只有血管紧张素Ⅱ的1/5。但血中血管紧张素Ⅲ浓度较低，因此，在机体内刺激醛固酮合成和分泌的因素中，起主要作用的是血管紧张素Ⅱ。肾素、血管紧张素和醛固酮在血浆中的水平通常保持一致，构成一个相关联的功能系统，称为肾素 – 血管紧张素 – 醛固酮系统。

肾素 – 血管紧张素 – 醛固酮系统的活动主要取决于肾素的释放，肾素的释放受多方面因素的调节。肾脏内有两种感受器与肾素分泌调节有关：一是入球小动脉处的牵张感受器，其次是致密斑感受器。当动脉血压下降，循环血量减少时，肾内入球小动脉的压力也下降，血流量减少，于是对入球小动脉壁的牵张刺激减弱，激活牵张感受器，肾素释放增加。同时，由于入球小动脉的压力降低和血流量减少，肾小球滤过率减少，滤过的 $Na^+$ 量减少，通过致密斑的 $Na^+$ 量也因此减少，激活致密斑感受器，使肾素释放量增加。

此外，球旁细胞外的小动脉壁内有交感神经末梢支配，肾交感神经兴奋时肾素的释放量增加。血中肾上腺素和去甲肾上腺素也可直接刺激球旁细胞，促进肾素的释放。

（2）血 $K^+$ 和血 $Na^+$ 的浓度：血 $K^+$ 浓度升高或血 $Na^+$ 浓度降低时，可直接刺激肾上腺皮质球状带，促进醛固酮的合成和分泌，从而促进肾保 $Na^+$ 排 $K^+$，以恢复血 $Na^+$ 和血 $K^+$ 的浓度；反之，血 $K^+$ 浓度降低或血 $Na^+$ 浓度升高时，醛固酮分泌则减少，保 $Na^+$ 排 $K^+$ 作用减弱，从而维持血 $Na^+$ 和血 $K^+$ 水平相对恒定。实验证明，醛固酮的分泌对血 $K^+$ 浓度改变更为灵敏。

（三）心房钠尿肽

**心房钠尿肽**（atrial natriuretic peptide，ANP）是心房肌合成的激素，由 28 个氨基酸残基组成，有明显的促进 NaCl 和水的排出的作用，其作用机制可能包括：①抑制集合管对 NaCl 的重吸收。心房钠尿肽与集合管上皮细胞管周膜上的受体结合，引起管腔膜上的钠通道关闭，抑制 $Na^+$ 的重吸收，增加 NaCl 的排出。②使入球和出球小动脉舒张（以前者为主），肾小球滤过率增加。③抑制肾素、醛固酮及抗利尿激素的分泌。因此，心房钠尿肽是体内调节水盐代谢、维持血容量及保持内环境相对稳定的重要激素之一。

### 三、神经调节

肾交感神经参与调节尿生成，主要通过以下 3 方面实现：①作用于肾血管平滑肌 α- 肾上腺素能受体引起血管收缩，特别是入球小动脉收缩明显，使进入肾小球毛细血管的血流减少，肾小球有效滤过压下降，滤过率降低。②作用于近端小管和髓袢细胞膜上的 $α_1$- 肾上腺素能受体，增加近端小管和髓袢上皮细胞对 $Na^+$、$Cl^-$ 及水的重吸收。③作用于球旁细胞的 β- 肾上腺素能受体，增强肾素 – 血管紧张素 – 醛固酮系统的活动，进而促进肾小管对 NaCl 和水的重吸收。

## 第五节 血浆清除率

**血浆清除率**（plasma clearance，$C$）指两肾在单位时间内（每分钟）将一定毫升血浆中所含的某种物质完全清除出去，这种被完全清除的某物质血浆毫升数，称为该物质的清除率。血浆清除率能够反映肾对不同物质的清除能力，从而了解肾对各种物质的排泄功能。因此它是一种常用的测量肾功能的重要方法。

### 一、血浆清除率的计算方法

某物质的血浆清除率在计算时，需要首先测量尿中某物质的浓度（$U$，mmol/L），每分钟尿量

($V$, L/min)和血浆中该物质的浓度($P$, mmol/L)3个数值。因为尿中该物质均来自血浆，所以 $U \cdot V = P \cdot C$，

即
$$C = \frac{U \times V}{P}$$

血浆清除率能反映肾对不同物质的排泄能力，是一个较好的肾功能测定方法。实际上，物质的清除率只是一个推算的数值，肾不可能将某一部分血浆中的某种物质完全清除掉，但可以表明肾所清除某物质的量相当于多少毫升血浆中的含量。

## 二、测定血浆清除率的意义

血浆清除率不仅可以反映肾对不同物质的清除能力，也可以反映肾对各种物质重吸收和分泌的能力。

### （一）测定肾小球滤过率

肾每分钟清除出某物质的量（$U \cdot V$），应为每分钟肾小球滤过量与肾小管、集合管的重吸量和分泌量的代数和。如果血浆中某物质可以自由地被滤过，设肾小球滤过率为$F$，肾小囊囊腔原尿中该物质的浓度与血浆中的浓度一致，为$P$，重吸收量为$R$，分泌量为$E$。则 $U \cdot V = F \cdot P - R + E$。若该物质既不被重吸收，也不被分泌（$R = 0$，$E = 0$），则 $U \cdot V = F \cdot P$，便可计算出肾小球滤过率$F$。

**1. 菊粉清除率**　菊粉是存在于植物根中天然果聚糖。人和动物体内都不含有这种多糖，且对机体无毒性，它进入人体内也不被分解，可被肾小球自由滤过，但不被肾小管重吸收和分泌，完全随尿排出，所以它的血浆清除率就是肾小球滤过率。根据 $U \cdot V = F \cdot P$，所以

$$F = \frac{U \times V}{P} = C$$

测定的方法是从静脉滴注一定量的菊粉以保持血浆浓度恒定为 1 mg/100 mL，然后分别测定每分钟尿量和尿中菊粉浓度，即可按血浆清除率的公式算出肾小球滤过率。如测得每分钟尿量（$V$）为 1 mL/min，尿中菊粉浓度（$U$）为 125 mg/100 mL，其清除率的计算如下：所以

$$C = \frac{U \times V}{P} = \frac{1 \text{ mL/min} \times 125 \text{ mg/100 mL}}{1 \text{ mg/100 mL}} = 125 \text{ mL/min}$$

所以，根据菊粉的清除率可推知肾小球滤过率为 125 mL/min。

**2. 内生肌酐清除率**　由于菊粉清除率试验操作复杂，临床上改用较为简便的内生肌酐清除率试验。所谓**内生肌酐**（endogenous creatinine），指体内组织磷酸肌酸转化而来，它经肾小球自由滤过，在肾小管中很少被重吸收，但在近曲小管有少量分泌，可忽略不计。因此内生肌酐清除率与菊粉清除率相近，可以代表肾小球滤过率。测定方法为试验前 2~3 天，被试者要避免强烈运动或体力劳动，禁食肉类，以免从食物中摄入过多的外来肌酐。在这种情况下，受试者血浆中的肌酐浓度（平均在 1 mg/L）及在一昼夜内肌酐的尿中排出总量都比较稳定，只需从第三天清晨起收集 24 h 的尿，合并起来计算其尿量，并测定混合尿中的肌酐浓度。抽取少量静脉血，测定血浆中的肌酐浓度，按下列公式可计算出 24 h 的肌酐清除率：

$$\text{肌酐清除率} = \frac{\text{尿肌酐浓度（mg/L）} \times \text{尿量（L/24 h）}}{\text{血浆肌酐浓度（mg/L）}}$$

我国成人内生肌酐清除率平均为 128 L/24 h。

### （二）测定肾血浆流量

肾血浆流量也可用清除率进行测定，但所需的物质是在经过肾循环一周后，通过滤过和分泌可以完全被清除掉，即在肾动脉中该物质有一定浓度，但在肾静脉中其浓度接近于 0，则该物质每分钟的

尿中排出量（$U \cdot V$），应等于每分钟通过肾的血浆中所含的量。设每分钟通过肾的血浆量为 $X$，血浆中该物质浓度为 $P$，即 $U \cdot V = X \cdot P$，则该物质的清除率即为每分钟通过肾的血浆量。符合这一条件的有**碘锐特（diodrast）**或**对氨基马尿酸（para-aminohippuric acid，PAH）**的钠盐。

碘锐特或对氨基马尿酸注入静脉后，在血浆中维持较低的浓度（1～3 mg/100 mL），当血液流经肾一个周期后，碘锐特或对氨基马尿酸就几乎被肾清除掉，因此，肾静脉中的浓度接近于 0。因此，碘锐特或对氨基马尿酸每分钟由尿中排出的量，就等于每分钟通过肾的血浆中所含的量，故其血浆清除率即为每分钟肾的血浆流量。碘锐特或对氨基马尿酸的清除率平均为 660 mL/min，表明肾血浆流量亦为 660 mL/min，前述滤过分数就是根据肾小球滤过率和肾血浆流量来推算的。若 GFR 为 125 mL/min，滤过分数如下：

$$\text{滤过分数} = \frac{125/\text{min}}{660 \text{ mL/min}} \times 100\% \approx 19\%$$

根据肾血浆流量和血浆占全血比例还可以计算出肾血流量。如果血浆量占全血的 55%，则：

$$\text{肾血流量} = \frac{660}{55} \times 100\% = 1\,200 \text{ mL/min}$$

已知人体在安静平卧时每分钟心输出量约为 5 500 mL，由此可见，肾的血流量占心输出量的 1/5～1/4，是全身血液供应最丰富的器官之一。

### （三）推测肾小管功能

将各种物质的血浆清除率（$C_x$）与肾小球滤过率（$C_{in}$）进行比较，可判断肾小管各种物质的重吸收和分泌的情况。如某物质的血浆清除率比肾小球滤过率小，即 $C_x/C_{in} < 1$，表明该物质滤过之后被肾小管重吸收了；反之，$C_x/C_{in} > 1$，则表明肾小管分泌该物质。

## 第六节　尿的排放

尿生成是一个连续不断的过程，生成的尿液由集合管流出，汇入乳头管到达肾盂，通过输尿管的周期性蠕动被输送入膀胱储存，当膀胱内储存的尿液达到一定量时引起反射性排尿反射，将尿液经尿道排放于体外。因此，排尿是间歇性的。

### 一、膀胱和尿道的神经支配

膀胱是一个中空的肌性器官，主要是由平滑肌，即逼尿肌构成。膀胱和尿道连接处为内括约肌，属平滑肌组织；尿道外部为外括约肌，属骨骼肌。膀胱逼尿肌与尿道内、外括约肌由 3 组神经支配。①盆神经：起自骶髓 2～4 节侧角，其传出纤维属副交感神经。它的兴奋可使逼尿肌收缩，尿道内括约肌松弛，促进排尿。②腹下神经：起自脊髓胸 11～腰 2 侧角，其传出纤维属交感神经。它的兴奋是使逼尿肌松弛，尿道内括约肌收缩，抑制排尿。③阴部神经：起自骶髓 2～4 前角，属躯体神经，其活动受意识控制，当其兴奋时，使尿道外括约肌收缩，阻止排尿。反之，当阴部神经受到反射性抑制时，外括约肌松弛，有利于排尿。此外，3 组神经中也含有传入纤维。盆神经中有传入膀胱充盈感觉的纤维；传导膀胱痛觉的纤维在腹下神经中；尿道感觉的传入纤维在阴部神经中（图 2-8-15）。

### 二、排尿反射

排尿反射是自主神经和躯体神经共同参与完成的反射活动。当膀胱内尿量增加到 400～500 mL，内压超过 10 cmH₂O 时，膀胱壁牵张感受器兴奋，冲动沿盆神经传入纤维传入到达骶髓初级排尿中

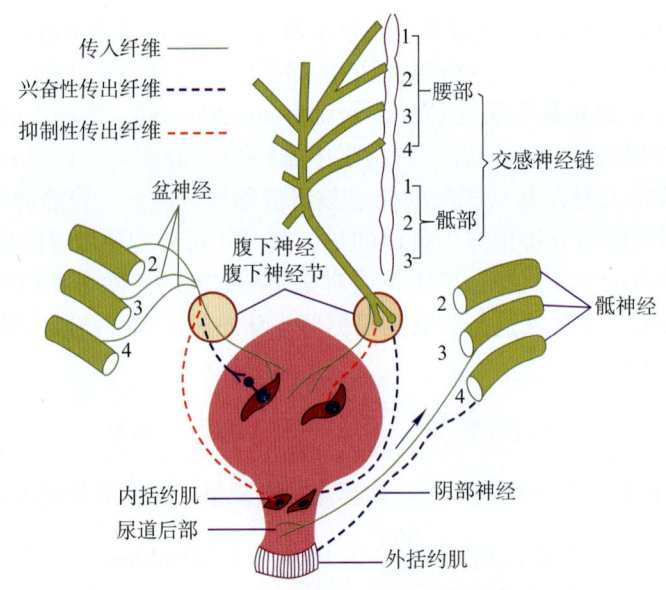

图 2-8-15 膀胱和尿道的神经支配

枢，同时上行至脑干和大脑皮层高级排尿反射中枢，产生尿意。如果条件许可，冲动沿盆神经传出，引起逼尿肌收缩，尿道内括约肌松弛，尿液进入后尿道，刺激后尿道感受器，冲动沿传入纤维再次传到初级排尿中枢，进一步加强其活动，并反射性地抑制阴部神经，使尿道外括约肌开放，于是尿液被排出体外。这种由尿液刺激尿道感受器进一步反射性加强排尿中枢活动的过程是一种正反馈，它能促使排尿反射活动反复加强，直至尿液排完为止。此外，排尿时，腹肌和膈肌的强力收缩，可使腹内压增高，有协助排尿活动的作用。

排尿是一个反射活动，反射弧的任意部位受损，都会导致排尿异常。当脊髓损伤，初级中枢与大脑皮层失去功能联系时，排尿则失去了意识控制，可出现尿失禁。当膀胱中尿液充盈过多而不能排出则为尿潴留，多半是由于腰骶部脊髓损伤使排尿反射初级中枢活动发生了障碍所致。尿路受阻也能造成尿潴留。当膀胱和尿道发生炎症、结石时，常伴有尿频、尿急及尿痛等症状。

（李美平）

## 思考题

1. 简述尿生成的基本过程。
2. 简述肾小管和集合管各段重吸收和分泌的特点。
3. 简述尿液浓缩的机制和生理意义。
4. 简述肾素－血管紧张素－醛固酮系统对尿生成的调节。
5. 什么是血浆清除率？测定血浆清除率有什么意义？

### 新形态教材网更多数字资源

思维导图　　教学课件　　微课　　自测题　　拓展阅读　　思政元素

# 第九章 内分泌

编者导学

**本章导航**

第一节　概述
第二节　下丘脑与垂体
第三节　甲状腺
第四节　甲状旁腺和甲状腺C细胞
第五节　肾上腺
第六节　胰岛
第七节　性腺与生殖

　　**内分泌系统**（endocrine system）是由经典固有的内分泌腺及分散存在于某些组织和器官中的内分泌细胞组成的一个重要的生理功能调节系统，该系统主要通过释放激素——这种高效能的生物活性物质来调节生殖、新陈代谢、生长发育、水电解质平衡、摄食等基本生理功能活动。该系统与神经系统相互作用，相互配合，共同协调各种功能活动，维持内环境稳态。内分泌领域的研究拓宽了我们对人体生理学认知的视野，推动了人类探索生命意义的进程。

## 第一节　概　　述

### 一、激素的概念和传递方式

#### （一）内分泌系统和激素的基本概念

　　具有内分泌功能的细胞称为**内分泌细胞**（endocrine cell），其构成的组织称为**内分泌组织**（endocrine tissue）。由内分泌组织构成并主要行使内分泌功能的器官称为**内分泌腺**（endocrine gland）。内分泌细胞、组织和器官通过分泌激素来发挥其生物学功能。

　　**激素**（hormone）是由内分泌腺或器官组织的内分泌细胞合成和分泌，以体液为媒介，在细胞间传递信息的高效能生物活性物质。激素通过其特有的传递方式和作用机制，参与调节机体的新陈代谢、生长发育和生殖等功能活动，对维持机体稳态发挥重要作用。

#### （二）激素的传递方式

　　根据激素来源及其信息递送过程的不同，细胞间主要的信息传递可以分为远距分泌、旁分泌、自分泌、神经分泌和内在分泌等方式（图2-9-1）。①**远距分泌**（telecrine）：大多数激素释放入血后经血液运输至远距离的靶细胞而发挥作用。②**旁分泌**（paracrine）：某些激素释放后可不经血液，仅通过局部组织液扩散直接作用于邻近细胞。③**自分泌**（autocrine）：指某些激素经局部组织液扩散又返回作用于该内分泌细胞自身。④**神经分泌**（neurocrine）：指具有内分泌功能的某些神经元所合成的激素，沿着轴突借轴浆流动运输到神经末梢释放后，通过旁分泌或远距分泌作用于靶细胞。⑤**内在分泌**（intracrine）：指某些激素不分泌到内分泌细胞外，不需要血液运输或组织液扩散而直接作用于该内分泌细胞。

## 二、激素的分类

激素的种类繁杂，其化学性质决定了其对靶细胞的作用方式。按其化学结构的不同，可将激素分为以下三类：第一类是胺类激素，多为氨基酸的衍生物，如**肾上腺素**（epinephrine，E/adrenaline，Adr）、**甲状腺激素**（thyroid hormone，TH）。第二类是肽类和蛋白质类激素，

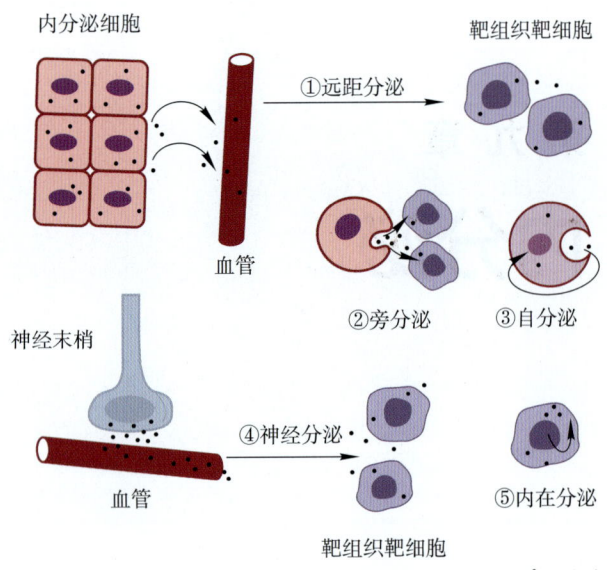

图 2-9-1　激素的运送与传递信息的主要方式

如**抗利尿激素**（antidiuretic hormone，ADH）是肽类激素、**胰岛素**（insulin，INS）是蛋白质类激素。因第一类和第二类激素的化学组成都含有氮元素，所以以往又将这两类激素称为含氮类激素。第三类是脂类激素，包括类固醇激素、固醇类激素和脂肪酸衍生物等，如**皮质醇**（cortisol）、性激素属于类固醇激素，1,25-二羟维生素 $D_3$（1,25-dihydroxy vitamin $D_3$）属于固醇类激素，**前列腺素 $E_2$**（prostaglandin $E_2$，$PGE_2$）属于脂肪酸衍生物。大部分胺类、多肽和蛋白质类激素发挥作用的机制是与细胞膜受体结合而对靶细胞产生调节效应。类固醇激素等亲脂性激素可直接进入靶细胞从而发挥作用。

机体内主要激素的来源见表 2-9-1。

表 2-9-1　机体内的主要激素及其来源

| 来源 | 激素 |
| --- | --- |
| 下丘脑 | 促甲状腺激素释放激素、促肾上腺皮质激素释放激素、促性腺激素释放激素、生长激素释放抑制激素（生长抑素）、生长激素释放激素、催乳素释放抑制激素、催乳素释放激素、血管升压素（抗利尿激素）、缩宫素 |
| 腺垂体 | 促甲状腺激素、促肾上腺皮质激素、卵泡刺激素、黄体生成素/间质细胞刺激素、生长激素、催乳素、促脂素、β-内啡肽 |
| 神经垂体 | 血管升压素/抗利尿激素、缩宫素 |
| 松果体 | 褪黑素、8-精缩宫素 |
| 甲状腺 | 三碘甲腺原氨酸、四碘甲腺原氨酸、降钙素 |
| 甲状旁腺 | 甲状旁腺激素 |
| 胸腺 | 胸腺素 |
| 胰岛 | 胰岛素、胰高血糖素、生长抑素、胰多肽、促胃液素、血管活性肠肽、淀粉素 |
| 肾上腺皮质 | 糖皮质激素、盐皮质激素、雄激素 |
| 肾上腺髓质 | 肾上腺素、去甲肾上腺素、肾上腺髓质素 |

续表

| 来源 | 激素 |
|---|---|
| 卵巢 | 雌激素、孕激素、抑制素、激活素、松弛素 |
| 睾丸 | 雄激素、抑制素、激活素 |
| 心、血管 | 心房钠尿肽、内皮素、一氧化氮、硫化氢 |
| 肝 | 胰岛素样生长因子-1（生长介素）、25-羟维生素$D_3$ |
| 胃肠道 | 促胃液素、缩胆囊素、促胰液素、血管活性肠肽 |
| 肾 | 促红细胞生成素、1,25-二羟维生素$D_3$ |
| 胎盘 | 人绒毛膜促性腺激素、人绒毛膜生长激素等 |
| 血浆 | 血管紧张素Ⅱ |
| 脂肪组织 | 瘦素 |
| 各种组织 | 前列腺素 |

## 三、激素的作用机制

### （一）含氮类激素的作用机制

含氮类激素一般不能通过细胞膜进入细胞，只能与细胞膜上受体的胞外域结合，启动细胞的跨膜信号转导过程产生调节效应。这种跨膜信号转导过程主要借助G蛋白耦联受体或酶耦联型受体等来实现（详见下篇第二章相关内容）。

### （二）类固醇激素的作用机制

这类激素分子量小，脂溶性高，可以透过细胞膜进入细胞内。激素与胞内受体结合成激素-受体复合物，转移到核内，以二聚体形式与靶基因上特定位置的**激素反应元件（hormone response element，HRE）**结合，促进特定基因的转录，进而增加特殊功能蛋白质的合成而引起相应的生物效应。甲状腺激素虽属含氮激素，但它可进入细胞，与核受体结合调节基因表达。近年发现，一些细胞膜上也存在某些类固醇激素受体或结合位点，如在神经元上发现糖皮质激素的膜受体。

## 四、激素作用的一般特征

机体内的激素虽然种类不同、作用方式不同、调节效应不同，但也表现出一些共同的作用特征。

### （一）信使作用

激素作为一种化学信使物质，介导细胞与细胞的信息传递，促进或抑制细胞的某些生物学效应。例如，生长激素促进生长发育，甲状腺激素促进代谢反应，胰岛素降低血糖水平。在这些作用中，激素既不为细胞添加成分，不提供能量，也不产生新的作用，只是通过调节原有的生理功能而发挥作用。

### （二）相对特异性

激素只选择作用于某些特定的靶器官、靶组织或靶细胞，此为激素作用的特异性。根据激素的作用机制，激素需要与靶细胞上受体特异识别结合后才能发挥生理效应，因此激素作用的特异性主要取决于受体的分布。有些激素作用的特异性很强，作用的靶细胞较局限，如促甲状腺激素主要作用于甲状腺细胞；促肾上腺皮质激素主要作用于肾上腺皮质细胞。有些激素的作用则比较广泛，如生长激素、甲状腺激素，受体存在于多种靶细胞上，因此它们几乎对全身组织细胞的代谢过程都发挥调节作用。

### （三）生物作用的高效性

一般生理状态下，激素在血液中的浓度很低，大多为 pmol/L～nmol/L 的数量级，但其生物学效应显著。原因在于激素与其受体结合后的信号转导过程中，会逐级放大效应从而发挥显著的高效能生理作用。例如，1 mol 胰高血糖素可使肝糖原分解产生 $3 \times 10^6$ mol 的葡萄糖。另外，在轴系调节系统中激素之间也可形成一个放大系统，例如，0.1 μg 的促肾上腺皮质激素释放激素，可使腺垂体释放 1 μg 的促肾上腺皮质激素，后者能引起肾上腺皮质分泌 40 μg 糖皮质激素，生物学作用放大了 400 倍。若内分泌腺分泌的激素有增多或减少，会引起机体功能明显异常，分别称为该内分泌腺功能亢进或减退。

### （四）相互作用

当多种激素共同参与某一生理活动的调节时，激素与激素之间往往存在着**协同作用**（synergism）或者**拮抗作用**（antagonism），这对维持生理功能的相对稳定十分重要。例如，生长激素、肾上腺素、糖皮质激素和胰高血糖素均升高血糖，虽然各自作用的环节不同，但在升血糖效应上有协同作用；相反，胰岛素则降低血糖，与上述激素的升血糖效应有拮抗作用。甲状旁腺激素与 1,25- 二羟维生素 $D_3$ 均可升高血钙，降钙素则有降低血钙的作用。激素之间的协同作用与拮抗作用可以发生在受体结合环节上，也可以发生在激素与受体结合后的信息传递过程，或者是细胞内信号转导或酶促反应的某个环节。

还有的激素本身并不能直接对某些器官、组织或细胞产生生理效应，但只有这种激素存在时，另一种激素才能发挥作用，这种现象称为**允许作用**（permissive action）。例如，糖皮质激素对血管平滑肌并无收缩作用，但其存在时，去甲肾上腺素才能充分发挥收缩血管的作用。其原因是糖皮质激素增加血管平滑肌细胞表面的肾上腺素受体的数量，促进受体介导的细胞内信号传递过程。再如，甲状腺激素对生殖器官的发育也有允许作用，在甲状腺激素分泌不足时，性激素的作用就不能正常发挥。此外，还有一些激素因为化学结构相似可竞争结合同一受体的结合位点，激素间的这种作用称为**竞争作用**（competitive action）。如盐皮质激素与孕激素有相似的结构，均可以与盐皮质激素受体结合，孕激素水平较高时，可以竞争性结合盐皮质激素受体，减弱盐皮质激素的作用。

拓展阅读 2-9-1　激素分泌的调控

## 第二节　下丘脑与垂体

### 一、下丘脑的内分泌功能

神经系统的活动能引起机体内分泌功能的改变。机体控制内分泌活动的主要部位是下丘脑，下丘脑通过分泌激素等生物活性物质或发出神经纤维进入垂体，在下丘脑与垂体间建立密切的结构和功能联系。

### 二、下丘脑促垂体区分泌的调节肽

位于下丘脑的促垂体区下丘脑内侧基底部，主要由正中隆起和弓状核等组成。此区域的神经元分泌的能够调节腺垂体分泌功能的激素，称为下丘脑调节激素。已明确结构的下丘脑调节激素大多为多肽类物质，故又称其为下丘脑调节肽。这些激素的命名是根据它所调节的腺垂体激素名称加上其功能，即促释放激素或释放抑制激素。目前已经明确结构的下丘脑调节肽有 7 种，包括：**促甲状腺**

激素释放激素（thyrotropin-releasing hormone, TRH）、促肾上腺皮质激素释放激素（corticotropin-releasing hormone, CRH）、促性腺激素释放激素（gonadortropin-releasing hormone, GnRH）、生长激素释放激素（growth hormone-releasing hormone, GHRH）、生长激素抑制激素/生长抑素（growth hormone-inhibiting hormone, RHIH/somatostatin, SS）、催乳素释放因子（prolactin-releasing factor, PRF）、催乳素释放抑制因子（prolactin release inhibiting factor, PIF）。在下丘脑神经元分泌的调节激素中，除了调节腺垂体激素分泌，有些还具有腺垂体外作用，功能广泛（表2-9-2）。

表 2-9-2 下丘脑分泌的主要调节激素

| 下丘脑激素的名称 | 化学本质 | 对靶腺激素分泌的作用 |
| --- | --- | --- |
| 促甲状腺激素释放激素（TRH） | 3肽 | 促进促甲状腺激素（TSH）及催乳素（PRL）分泌 |
| 促肾上腺皮质激素释放激素（CRH） | 41肽 | 促进促肾上腺皮质激素（ACTH）分泌 |
| 促性腺激素释放激素（GnRH） | 10肽 | 促进黄体生成素（LH）和卵泡刺激素（FSH）分泌 |
| 生长激素释放激素（GHRH） | 44肽 | 促进生长激素（GH）分泌 |
| 生长抑素（SS） | 14肽 | 抑制GH及TSH、ACTH、LH/FSH、PRL等分泌 |
| 催乳素释放因子（PRF） | 31肽 | 促进催乳素（PRL）分泌 |
| 催乳素释放抑制因子（PIF） | 多巴胺 | 抑制PRL分泌，促进GH分泌 |

## 三、下丘脑与垂体的结构功能联系

下丘脑通过垂体柄与垂体相连。垂体柄内有垂体门脉和下丘脑垂体束通过，下丘脑借助于二者分别与腺垂体和神经垂体建立结构和功能联系。

### （一）下丘脑-腺垂体系统

垂体上动脉自基底动脉环发出后进入下丘脑，在正中隆起处形成毛细血管网（第一级毛细血管），随后汇集成数条小静脉即**垂体门静脉**（portal vein of hypophysis），通过垂体柄下行至腺垂体，于腺垂体再次分成毛细血管网（第二级毛细血管），形成垂体门脉系统。下丘脑神经内分泌细胞的轴突末梢与垂体门脉系统的第一级毛细血管网接触，其释放的神经激素可通过第一级毛细血管进入垂体门脉系统，运送到腺垂体，再从第二级毛细血管网透出，作用于腺垂体的内分泌细胞。因此，垂体门脉系统完成了下丘脑与腺垂体之间的激素运送（图2-9-2）。第二级毛细血管网再汇合为垂体静脉，垂体静脉出腺垂体后，汇入邻近的静脉。下丘脑与腺垂体之间的结构联系构成了一个完整的功能单位。

腺垂体的内分泌细胞包括三类：嗜酸性细胞、嗜碱性细胞和嫌色细胞。嗜酸性细胞包括生长激素分泌细胞（占分泌细胞的50%）和催乳素分泌细胞；嗜碱性细胞包括促甲状腺激素、促肾上腺皮质激素和促性腺激素的分泌细胞；嫌色细胞可分泌多种细胞因子，通过旁分泌作

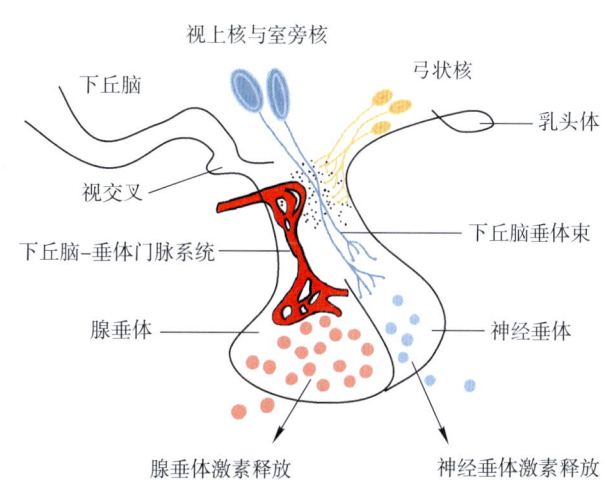

图 2-9-2 下丘脑和垂体间的结构与功能联系

用于临近腺细胞。

已知腺垂体分泌的激素主要有6种：**生长激素**（growth hormone，GH）、**催乳素**（prolactin，PRL）、**促甲状腺激素**（thyroid-stimulating hormone，TSH）、**促肾上腺皮质激素**（adrenocorticotropic hormone，ACTH）、**卵泡刺激素**（follicle stimulating hormone，FSH）和**黄体生成素**（luteinizing hormone，LH）。TSH、ACTH、FSH和LH四种激素属于促激素，参与构成经典的下丘脑-腺垂体-靶腺轴系统。以下主要介绍生长激素和催乳素。

**1. 生长激素** 人生长激素是由191个氨基酸残基构成的多肽，生长激素具有种属特异性，不同种属的生长激素化学结构及免疫特性有较大差别。人生长激素和人催乳素有较高的结构同源性，两者作用有一定的交叉重叠。

生长激素主要的生物学作用是促进生长和调节物质代谢，还是机体内重要的参与应激反应的激素。其作用机制主要是通过激活靶细胞上生长激素受体和诱导靶细胞产生**胰岛素样生长因子**（insulin like growth factor，IGF）来发挥生物学功能，具体包括：

（1）促进生长作用：生长激素促进全身的生长发育，一方面促进骨骼的生长，使身材高大；另一方面促进蛋白质合成使肌肉发达。生长激素可使肝合成一种**生长激素介质**（somatomedin，SM），也称胰岛素样生长因子的多肽。生长激素通过胰岛素样生长因子发挥其促生长作用，胰岛素样生长因子可以促进细胞摄取氨基酸，加速细胞蛋白质合成，促进全身多数器官细胞的数目和大小增加；促进软骨组织生长骨化，同时促进骨基质沉积，促进骨骼生长。生长激素对其他细胞如肝细胞、骨骼肌细胞和成纤维细胞也有促生长的作用，但对神经细胞的生长和发育没有明显影响。生长激素分泌低下的儿童，身材矮小，但智力正常，称为**侏儒症**（dwarfism）。相反，幼年时生长激素分泌量过多，则使身材发育过于高大，形成巨人症。如果成年后生长激素分泌过多，则将刺激肢端骨及面骨增生，出现**肢端肥大症**（acromegaly）。此类患者的内脏器官，如肝、肾等体积增大。适量的生长激素对维持机体正常生长起着重要作用。

（2）对代谢的影响：生长激素参与对物质代谢和能量代谢的调节，此作用与胰岛素样生长因子无关。生长激素促进蛋白质的合成，一方面促进氨基酸向细胞内转运，同时抑制蛋白质分解，加速多种组织器官的蛋白质合成，有利于机体的生长和修复。生长激素促进脂肪分解，增加脂肪酸氧化，同时使储存状态的脂肪进入细胞，将脂肪作为燃料供应能量，减少葡萄糖的消耗，使机体由糖提供能量转向由脂类提供能量。生长激素通过对抗胰岛素的作用使外周组织细胞对糖的摄取和利用减少，糖原分解增加，导致血糖升高。

生长激素的分泌主要受下丘脑生长激素释放激素和生长抑素的双重调节，通常以生长抑素作用占优势。胰岛素样生长因子对生长激素分泌有负反馈调节作用；在应激反应时，生长激素分泌增加；低血糖、运动、饥饿状态也促进生长激素的分泌。人在觉醒时生长激素分泌量较少，在慢波睡眠时相分泌增加，转入异相睡眠后，生长激素分泌又减少，故生长激素的分泌模式与慢波睡眠同步。

**2. 催乳素** 是由199个氨基酸组成的多肽，结构与生长激素相似，作用广泛，主要生理功能包括：

（1）促进泌乳：在卵巢激素作用的基础上，催乳素进一步促进乳腺发育；妊娠后，使已具备泌乳条件的乳腺开始分泌乳汁并维持泌乳。

（2）调节性腺功能：小剂量催乳素促进卵巢雌激素和孕激素的分泌，大剂量则抑制卵巢分泌功能。

（3）影响机体免疫功能：单核细胞和淋巴细胞表面有催乳素受体表达，因此催乳素可以促进B细胞分泌抗体，促进淋巴细胞增殖。

（4）参与应激反应：在应激状态下，血中催乳素程度可有不同程度的升高，是应激反应中腺垂体分泌的激素之一。

催乳素的分泌受催乳素释放因子和催乳素抑制因子的双重调节。吸吮乳头可以刺激传入神经，经脊髓至下丘脑神经中枢，使催乳素释放激素神经元兴奋，继而引起催乳素分泌，这是一种典型的神经内分泌反射调节方式。

腺垂体激素的作用和分泌调节总结于表 2-9-3。

表 2-9-3 腺垂体激素的主要作用和分泌调节

| 激素 | 靶器官/细胞 | 功能 | 分泌调节 |
| --- | --- | --- | --- |
| 生长激素（GH） | 肝、骨、骨骼肌 | 促进蛋白质合成，促进软骨骨化，参与对物质代谢和能量代谢的调节 | GHIH 抑制、GHRH 促进 GH 分泌 |
| 催乳素（PRL） | 乳腺、卵巢 | 促进乳腺发育并泌乳，参与应激反应 | PRH 促进、PIH 抑制 PRL 分泌 |
| 卵泡刺激素（FSH） | 卵巢颗粒细胞<br>睾丸支持细胞 | 促进卵泡发育，生成卵子并分泌雌激素<br>促进精子生成 | GnRH 促进 FSH 分泌 |
| 黄体生成素（LH） | 卵巢颗粒细胞<br>睾丸间质细胞 | 诱发排卵，促进黄体形成并分泌雌、孕激素<br>促进睾丸分泌雄激素 | GnRH 促进 LH 分泌 |
| 促肾上腺皮质激素（ACTH） | 肾上腺皮质 | 促进肾上腺皮质束状带和网状带细胞分泌肾上腺糖皮质激素、性激素 | CRH 促进 ACTH 分泌 |
| 促甲状腺激素（TSH） | 甲状腺滤泡 | 促进甲状腺的发育，促进甲状腺滤泡细胞分泌甲状腺激素 | TRH 促进 TSH 分泌 |

### （二）下丘脑-神经垂体系统

下丘脑视上核和室旁核等核团的神经元发出神经纤维，经垂体柄下行至神经垂体，终止于神经垂体内的毛细血管壁上，这些神经纤维构成下丘脑垂体束。神经垂体由神经纤维和神经胶质细胞组成，无腺细胞，不具有分泌功能。视上核与室旁核合成的血管升压素和缩宫素与同时合成的神经垂体激素运载蛋白形成复合物，经下丘脑垂体束运到神经垂体，并在此贮存，受到适宜刺激时，由神经垂体释放入血。因此，下丘脑的视上核、室旁核和神经垂体构成一个完整的分泌单位。

神经垂体释放的血管升压素与缩宫素，两者都是9肽，分子结构有相似之处，生理作用也有交叉。

**1. 血管升压素（vasopressin，VP）** 又称**抗利尿激素（antidiuretic hormone，ADH）**。其主要生理作用已在本书循环系统及泌尿系统生理学相关章节介绍过。

血管升压素的分泌受到多种因素调节，其中血浆晶体渗透压升高和血容量减少是刺激血管升压素分泌的最重要因素。疼痛、低血压、尼古丁、吗啡及巴比妥类药物也可促进其分泌。另外，血管升压素的分泌还受到生物节律的控制，清晨最高，以后逐渐降低，傍晚最低。

**2. 缩宫素（oxytocin，OT）** 又称催产素，主要作用是刺激妊娠晚期子宫平滑肌强烈收缩和哺乳期促进乳腺排乳。

缩宫素可使子宫平滑肌收缩，主要与缩宫素受体表达相关。由于妊娠末期缩宫素受体开始表达，因此妊娠末期及分娩时子宫对其敏感，可促进由子宫底向子宫颈方向的节律性收缩，有助于胎儿的娩出，而对未孕子宫作用较弱。雌激素能增加子宫对缩宫素的敏感性，孕激素的作用则相反。临床上，缩宫素可用于催生和产后止血。另外，缩宫素是分娩后刺激乳腺排放乳汁的重要因素。由于分娩后乳腺内缩宫素受体表达明显增加，缩宫素可作用于乳腺周围的肌上皮细胞，使其收缩促进贮存于乳腺中的乳汁排出，并能维持乳腺分泌乳汁。

缩宫素的分泌调节受下丘脑调控，属于典型的神经－内分泌调节（图 2-9-3）。有以下两个反射活动参与调节分泌：①射乳反射：哺乳期妇女乳腺对缩宫素敏感，婴儿吸吮乳头时通过刺激乳头感觉神经末梢，神经冲动传到下丘脑后，不仅引起催乳素释放，还刺激缩宫素的分泌，使乳腺肌上皮细胞收缩，促进泌乳。②催产反射：分娩时胎儿对子宫颈扩张的机械性刺激，可以正反馈地促进下丘脑神经元分泌缩宫素，引起子宫平滑肌收缩，进一步促进胎儿娩出，起到催产的作用。另外，恐惧、疼痛、发热、肾上腺素等因素还可以抑制缩宫素分泌。

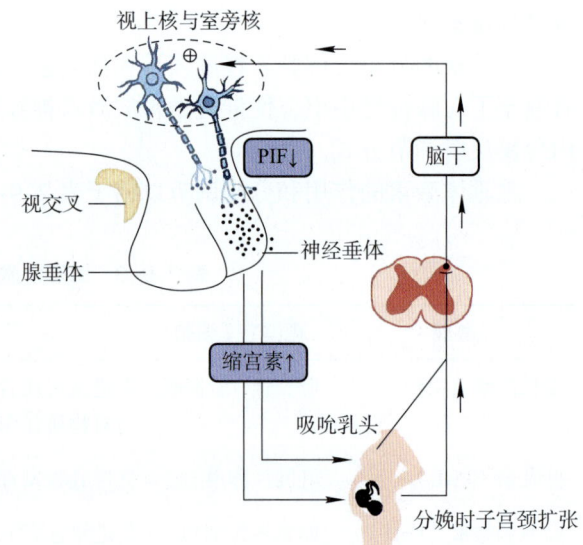

图 2-9-3　缩宫素－神经内分泌调节示意图
⊕：促进

## 第三节　甲　状　腺

甲状腺是人体内最大的内分泌腺，主要由 $3×10^6$ 个大小不等的圆形或椭圆形滤泡构成。滤泡由单层立方上皮细胞围成，是甲状腺激素合成与释放的部位，以胶质形式储存于滤泡腔内。滤泡上皮细胞的形态特征及滤泡腔中的胶质的量随甲状腺功能的不同而发生相应的变化。在甲状腺滤泡之间和滤泡上皮细胞之间有滤泡旁细胞，又称 C 细胞，可分泌**降钙素**（calcitonin，CT）。

### 一、甲状腺激素的合成与代谢

甲状腺激素（thyroid hormone，TH）主要包括**四碘甲腺原氨酸**（3,5,3′,5′-tetraiodothyronine，$T_4$，又称甲状腺素）、**三碘甲腺原氨酸**（3,5,3′-triiodothyronine，$T_3$）和极少量的**逆三碘甲腺原氨酸**（3,3′,5′-triiodothyronine，$rT_3$），它们都是酪氨酸碘化物。其中 $T_4$ 分泌量最大，$T_3$ 生物活性最强，$rT_3$ 不具备甲状腺激素的生物活性。

#### （一）甲状腺激素的合成

合成甲状腺激素的基本原料为碘和**甲状腺球蛋白**（thyroglobulin，TG），碘的摄入量对甲状腺功能的维持十分重要。甲状腺激素的合成过程包括四步（图 2-9-4）。**甲状腺过氧化酶**（thyroid peroxidase，TPO）是甲状腺激素合成的关键酶。

1. **甲状腺球蛋白的合成与储存**　甲状腺球蛋白在甲状腺滤泡上皮细胞合成，然后被释放到甲状腺滤泡中贮存。

2. **甲状腺滤泡聚碘与 $I^-$ 的活化**　甲状腺滤泡上皮细胞基底膜上存在着碘转运蛋白，依赖 $Na^+$-$K^+$-ATP 酶提供能量，将血液中的碘主动转运至甲状腺滤泡上皮细胞内，在甲状腺过氧化酶催化下，碘被氧化为活性形式。

3. **酪氨酸碘化**　在甲状腺滤泡上皮细胞与滤泡腔胶质交界处，活化的碘在甲状腺过氧化酶催化下使甲状腺球蛋白上的酪氨酸残基碘化，首先在酪氨酸苯环的 3 位加碘生成**一碘酪氨酸**（monoiodotyrosine，MIT），再在 5 位加碘形成**二碘酪氨酸**（diiodotyrosine，DIT）。

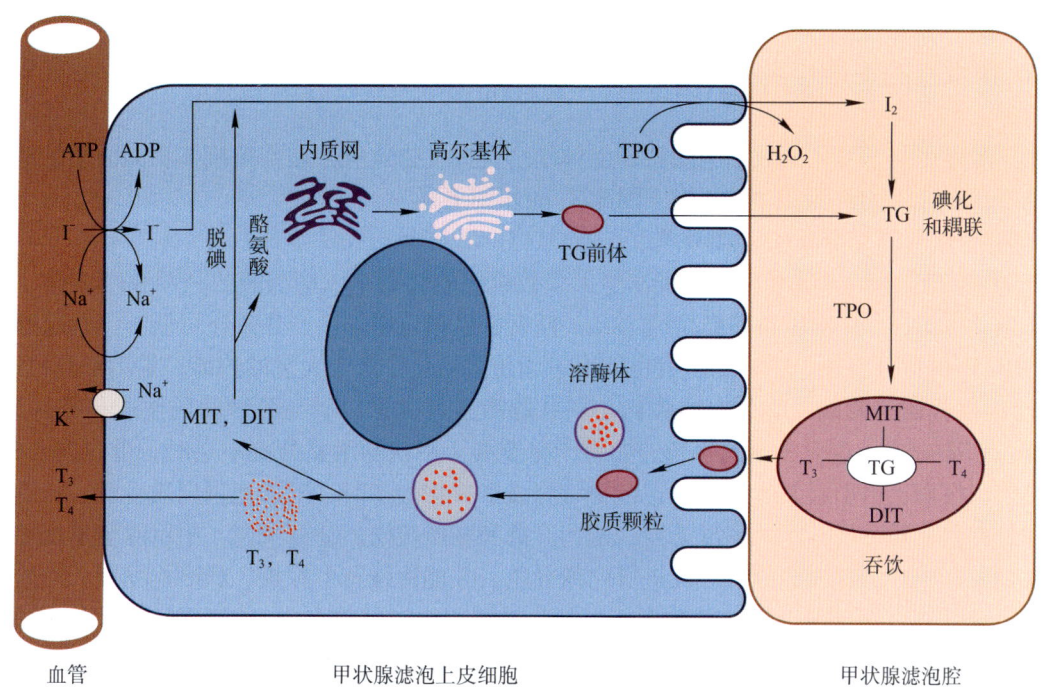

图 2-9-4 甲状腺激素的合成与分泌

**4. MIT 和 DIT 的耦联** 在甲状腺球蛋白分子上,两个分子的 DIT 在甲状腺过氧化酶催化下,耦联生成 $T_4$;一个分子的 MIT 与另一个分子的 DIT 发生耦联,形成 $T_3$。在一个甲状腺球蛋白分子上,$T_3$ 与 $T_4$ 之比一般为 1∶20,但这种比值常受碘含量的影响;当甲状腺内碘化活动增强时,DIT 增多,$T_4$ 含量也相应增加;在缺碘时,MIT 增多,则 $T_3$ 含量明显增加。TPO 对甲状腺激素的合成起关键作用,临床通过抑制甲状腺过氧化酶系统,治疗甲状腺功能亢进。

### (二)甲状腺激素的贮存、释放、运输与代谢

**1. 贮存** 在甲状腺滤泡上皮细胞中产生的甲状腺激素,与甲状腺球蛋白一起进入滤泡腔内以胶质形式贮存。滤泡腔中甲状腺激素的贮存量很大,可供机体利用 50~120 天。

**2. 释放** 当甲状腺受到促甲状腺激素刺激后,腺上皮细胞通过吞饮作用把滤泡腔内的甲状腺球蛋白吞入腺细胞内,形成吞噬体并与溶酶体融合。在溶酶体蛋白水解酶的作用下,甲状腺球蛋白水解,使 $T_3$、$T_4$ 及 DIT 和 MIT 得以释放。释放的 $T_3$ 和 $T_4$ 迅速进入血液。$T_4$ 每日分泌量为 80~100 mg,$T_3$ 为 4~6 mg,DIT 和 MIT 则在脱碘酶的作用下脱碘,脱下的碘再重新利用。

**3. 运输** $T_4$ 释放入血后,可与肝合成的**甲状腺结合球蛋白(thyroid-binding globulin,TBG)** 结合运输,也可以游离态的形式运输。两者之间能够互相转化,维持动态平衡。游离的甲状腺激素在血液中含量甚少,然而,正是这些游离的激素才能进入细胞发挥作用。$T_3$ 与血浆蛋白的亲和力小,主要以游离形式存在。正常成年人血清 $T_4$ 浓度为 51~142 nmol/L,$T_3$ 浓度为 1.2~3.4 nmol/L。

**4. 代谢** 血浆中 $T_4$ 半衰期约为 7 天,$T_3$ 半衰期为 1.5 天。一小部分 $T_4$ 与 $T_3$ 在肝内降解后,与葡萄糖醛酸或硫酸结合,经胆汁排入小肠。在小肠内 $T_4$、$T_3$ 的代谢产物被进一步分解后随粪便排出。大部分 $T_4$ 在外周组织脱碘酶的作用下,转变为 $T_3$;血液中的 $T_3$ 有 75% 由 $T_4$ 转化而来,其余来自甲状腺。$T_3$ 可再经脱碘变成二碘、一碘及不含碘的甲状腺氨酸。另外,还有少量的 $T_4$ 与 $T_3$ 在肾组织脱氨基和羧基,分别形成四碘甲状腺醋酸与三碘甲状腺醋酸,随尿排出。

## 二、甲状腺激素的生理作用

甲状腺激素可与全身大多数细胞的特异受体结合发挥生物效应,是维持机体功能活动的基础性激素。$T_3$ 与受体的亲和力约为 $T_4$ 的 10 倍,因此 $T_3$ 的作用更强。

微课2-9-1 甲状腺激素的生理作用

**1. 产热效应** 甲状腺激素可提高机体绝大多数组织的耗氧率,增加氧的利用和产热量。1 mg $T_4$ 可增加产热 4 300 kJ,基础代谢率提高约 28%,耗氧量也相应增加。产热效应可能与甲状腺激素增加 $Na^+$-$K^+$-ATP 酶的活性有关。甲状腺激素也能促进脂肪酸氧化,产生大量的热能,提高基础代谢率。

**2. 对物质代谢的影响** ①蛋白质代谢:甲状腺激素促进蛋白质与各种酶的生成,特别是肌肉、肝与肾的蛋白质合成,这对儿童的生长、发育十分重要。甲状腺激素分泌不足时,蛋白质合成减少,组织间黏蛋白沉积,可引起黏液性水肿;但甲状腺激素分泌过多时,则加速蛋白质分解,特别是促进骨骼肌和骨的蛋白质分解,因而消瘦无力、血钙升高和骨质疏松。②糖代谢:甲状腺激素能够促进小肠黏膜对糖的吸收,加速糖原分解,促进肝的糖异生,并能增强肾上腺素、胰高血糖素、皮质醇和生长激素的升糖作用。但同时,甲状腺激素还可加强外周组织对糖的利用,提高糖氧化相关酶的活性,促进糖氧化,又起到降低血糖的作用。甲状腺功能亢进时,血糖常先升高,甚至出现糖尿,但随后血糖又迅速降低。③脂肪代谢:甲状腺激素促进脂肪酸氧化,增强儿茶酚胺与胰高血糖素对脂肪的分解作用;既促进胆固醇的合成,又可通过肝加速胆固醇的降解,且分解的速度更快。所以,甲状腺功能亢进患者血中胆固醇含量低于正常。甲亢时,由于蛋白质、糖和脂肪的分解代谢增强,患者常感饥饿,食欲旺盛,且明显消瘦。

**3. 对生长发育的影响** 甲状腺激素是促进生长发育必需的激素。其在婴儿时期作用最明显,婴儿出生后 4 个月内其影响最大。它的作用主要是促进骨和脑组织的生长发育。甲状腺激素缺乏时,垂体分泌的生长激素也减少。所以,先天或幼年时缺乏甲状腺激素可引起**克汀病(cretism)**,又称**呆小症**。表现为骨生长停滞导致身材矮小,上下半身比例失调。又因神经细胞变小,突触和轴突、树突均减少,胶质细胞数量也减少,脑的发育明显障碍,造成智力低下。因此,对于甲状腺激素分泌不足的婴儿最好在出生后 3 个月以内及时补充,否则将错过治疗的最佳时机。

**4. 对神经系统的影响** 甲状腺激素除在胚胎和婴儿时期对中枢神经系统的发育起重要作用外,对已分化成熟的神经组织也有作用。甲状腺功能亢进时,中枢神经系统的兴奋性增高,出现失眠、易怒、注意力不集中及肌肉颤动等症状。相反,甲状腺功能低下时,中枢神经系统兴奋性降低,出现抑郁、记忆力下降、反应迟钝等现象。甲状腺激素还能增加交感神经系统的效应。

**5. 对心血管系统的影响** 甲状腺激素可使心率增快,促进心肌细胞肌质网释放 $Ca^{2+}$,增强心肌收缩力、心输出量与心脏做功量。甲状腺激素还能增加血管平滑肌细胞肾上腺素受体的数量和亲和力,提高心肌细胞对儿茶酚胺的敏感性。

此外,甲状腺激素对呼吸、血液、泌尿、运动和内分泌与生殖系统均有调节作用。

## 三、甲状腺功能的调节

**1. 下丘脑-腺垂体-甲状腺轴的调节** 腺垂体分泌的促甲状腺激素是调节甲状腺功能的主要激素。促甲状腺激素是一种糖蛋白,由 α 和 β 两个亚单位组成,其生物活性主要取决于 β 亚单位。血清中促甲状腺激素浓度为 0.4~4.2 mU/L,半衰期约 30 min。腺垂体促甲状腺激素分泌受下丘脑促甲状腺激素释放激素的控制,促甲状腺激素又控制甲状腺激素的分泌,从而形成下丘脑-腺垂体-甲状腺轴(图2-9-5)。寒冷等刺激或机体能量消耗的增加均可刺激下丘脑分泌促甲状腺激素释放激素,再通过促甲状腺激素与甲状腺滤泡上的受体结合，增加甲状腺激素的分泌。促甲状腺激素浓度在白天很低，入睡前出现高峰，整个夜晚，促甲状腺激素维持在较高水平。

**2. 甲状腺激素的反馈调节** 当血中游离的 $T_3$ 与 $T_4$ 浓度增高时，通过负反馈分别抑制促甲状腺激素释放激素和促甲状腺激素分泌从而控制外周甲状腺激素的水平。

**3. 自身调节** 甲状腺可根据机体碘的多少，调节其摄碘及分泌甲状腺激素的能力。血碘含量不足时，甲状腺的碘转运机制增强，并加强甲状腺激素的合成，以维持甲状腺激素浓度的正常。如果长期碘摄入不足，甲状腺激素合成减少，造成甲状腺功能低下。当血碘浓度增加时，甲状腺激素的合成有所增加；但当血碘浓度超过 1 mmol/L 时，甲状腺激素合成速度降低；若血碘浓度达到 10 mmol/L 时，甲状腺激素合成减少，即过量的碘可产生抗甲状腺效应，称为**碘阻滞效应**（iodine blocking effect）。如果持续加大供碘量，则抑制甲状腺激素合成的现象消失，激素的合成再次增加，即发生碘阻断的"脱逸现象"。因此，碘对甲状腺激素的合成非常重要。在甲状腺手术前，给患者服用大剂量碘，可抑制甲状腺功能，使腺体萎缩便于手术。

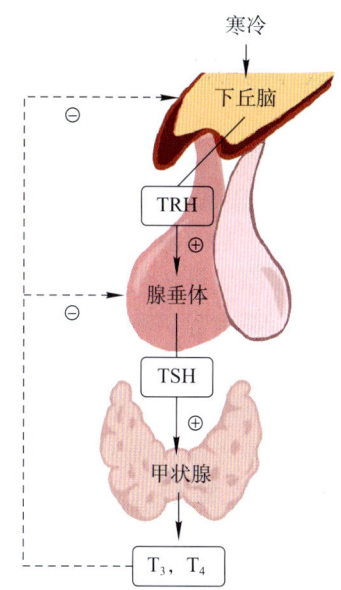

图 2-9-5　下丘脑 – 腺垂体 – 甲状腺轴的调节
⊕: 促进; ⊖: 抑制

**4. 自主神经对甲状腺功能的调节** 甲状腺接受交感神经和副交感神经双重支配。交感神经兴奋可使甲状腺激素合成增加；副交感神经兴奋则抑制甲状腺激素的分泌。

**5. 免疫调节** 甲状腺滤泡上皮细胞膜上存在许多免疫活性物质和细胞因子的受体，因此相关的免疫活性物质可以影响甲状腺激素的分泌和功能。

另外，雌激素促进甲状腺激素的分泌，而生长激素和糖皮质激素抑制其分泌。

## 第四节　甲状旁腺和甲状腺 C 细胞

人体内的钙调节激素主要包括**甲状旁腺激素**（parathyroid hormone，PTH）、降钙素和 1,25- 二羟维生素 $D_3$，此外雌激素、甲状腺激素、生长激素和胰岛素也参与机体钙、磷代谢的调节。钙磷稳态对于机体多种生理功能和代谢平衡具有重要意义。机体 90% 的钙和 86% 的磷都是以骨盐的形式存于骨骼和牙齿中，骨、肾和小肠是这些激素作用的主要靶器官。

### 一、甲状旁腺激素

甲状旁腺激素是由甲状旁腺主细胞合成并分泌。甲状旁腺激素由 84 个氨基酸残基组成，靶器官是骨和肾，主要生理功能是：①使破骨细胞数量增加，将骨质溶解，使 $Ca^{2+}$ 迅速转移入血，将离子态的钙和磷酸盐释放到血液中，升高血钙。②促进肾远曲小管和集合管对 $Ca^{2+}$ 的重吸收，减少尿钙排出，升高血钙；抑制肾小管对磷的重吸收，促进尿磷的排出，降低血磷。③通过催化 25-（OH）-$D_3$ 转变为 1,25- 二羟维生素 $D_3$ 间接促进钙的吸收，从而使血钙升高。

低血钙是刺激甲状旁腺激素分泌的最主要因素，血钙降低促进甲状旁腺激素合成分泌。甲状旁腺激素分泌也受其他因素调节，血磷升高、儿茶酚胺、组胺可以促进甲状旁腺激素分泌；降钙素使血钙降低，也可间接刺激甲状旁腺激素分泌；血镁浓度降低抑制甲状旁腺激素分泌。

## 二、降钙素

降钙素主要由甲状腺 C 细胞（又称滤泡旁细胞）合成分泌，由 32 个氨基酸残基组成，正常人血清中的 CT 浓度为 10~50 pg/mL，其半衰期不到 1 h。

降钙素的主要靶器官是骨和肾，主要生理功能：一方面抑制破骨细胞溶解骨质，减少骨钙、磷吸收；增强成骨细胞活动，促进骨中钙、磷沉积，使血中钙磷水平降低；另一方面对抗甲状旁腺激素的作用，抑制肾小管对钙、磷的重吸收，尿钙磷排出增多，从而降低血中钙磷水平。

降钙素的作用发生快，维持时间短，其分泌受血钙浓度调节，血钙增多时降钙素分泌增加；进食后，胃肠激素的分泌可刺激降钙素的分泌，其中促胃液素的作用最强。

## 三、维生素 $D_3$

维生素 $D_3$ 又称**胆钙化醇**（cholecalciferol），可以来源于肝、乳、鱼肝油等食物，也可以由皮肤中 7-脱氢胆固醇转化而来。维生素 $D_3$ 没有生物活性，在肝羟化酶的作用下形成 25-羟维生素 $D_3$，再经肾 1α-羟化酶作用转变为具有生物活性的 1,25-二羟维生素 $D_3$，也称**钙三醇**（calcitriol）。

1,25-二羟维生素 $D_3$ 具有脂溶性，靶器官主要为小肠、骨和肾。其主要功能是：促进小肠黏膜对钙、磷的吸收；促进骨钙代谢，包括骨钙动员溶解和骨钙沉积的双重作用；能与甲状旁腺激素协同促进肾小管对钙、磷的重吸收，使尿钙磷排泄减少。在对三个主要靶器官的共同作用下，主要发挥升高血钙和血磷的作用。

其分泌调节主要受血钙水平影响，血钙升高时，25-羟维生素 $D_3$ 转变为 1,25-二羟维生素 $D_3$ 减少，血钙降低；血钙降低时，肾内 1α-羟化酶活性增加，促进 1,25-二羟维生素 $D_3$，使血钙升高。此外，甲状旁腺激素可促进 1,25-二羟维生素 $D_3$ 生成；而 1,25-二羟维生素 $D_3$ 生成增多时也可以负反馈调节减少其自身生成。

机体需要的钙主要源于食物，在胃酸提供的酸性环境下，食物中的 $Ca^{2+}$ 在小肠上部吸收入血，1,25-二羟维生素 $D_3$ 促进此过程。$Ca^{2+}$ 入血后刺激降钙素的分泌，后者促进 $Ca^{2+}$ 在骨骼中沉积，雌激素、生长激素都可促进骨钙沉积。甲状旁腺激素则促进骨钙溶解，几种激素共同调节血中钙磷水平，维持机体钙磷代谢的平衡。

# 第五节 肾 上 腺

肾上腺从组织结构上可分为皮质和髓质两部分，但两者结构与功能均不相同，皮质是腺垂体激素的一个靶腺，主要分泌类固醇激素；髓质受交感神经节前纤维直接支配，主要分泌儿茶酚胺类激素。

肾上腺皮质自外向内依次分为球状带、束状带和网状带。球状带较薄，分泌盐皮质激素，主要为**醛固酮**（aldosterone，ALD）。束状带位于皮质中间，构成皮质的大部分，网状带位于皮质最内层，束状带和网状带分泌**糖皮质激素**（glucocorticoid，GC），网状带还分泌少量性激素。

## 一、肾上腺皮质激素

### （一）糖皮质激素

糖皮质激素在人体内主要是**皮质醇**（cortisol），糖皮质激素作用广泛，其主要作用是调节三大营养物质代谢并参与人体应激和防御反应。

1. **糖皮质激素的生物学作用**

（1）对物质代谢的影响：糖皮质激素可升高血糖，一方面促进蛋白质、脂肪、糖原分解，转变为葡萄糖；另一方面拮抗胰岛素的作用，抑制外周组织对葡萄糖的利用，抑制葡萄糖的转化，导致血糖升高。糖皮质激素使脂肪重新分布，提高四肢部位的脂肪酶活性，促进四肢脂肪分解，而腹、面、肩背部等靠近身体中轴部位的脂肪合成增加。肾上腺皮质功能亢进时可呈现脸和躯干部发胖而四肢消瘦的特殊体型，即"向心性肥胖"。糖皮质激素对肝内和肝外组织细胞蛋白质代谢作用不同，促进肝内蛋白质合成，增加血浆蛋白含量；抑制肝外组织细胞内蛋白质合成，如糖皮质激素分泌过多时，可抑制骨组织蛋白质合成，造成骨破坏，导致骨质疏松。糖皮质激素还可抑制抗体蛋白形成，产生免疫抑制。

（2）对水盐代谢的影响：糖皮质激素与醛固酮的作用有一定交叉，具有保钠、保水和排钾作用。又促进肾小球滤过功能，抑制抗利尿激素的分泌，有利于肾排水。

（3）对血细胞的影响：糖皮质激素增强骨髓造血功能，使血液中红细胞、血小板数量增加；促进骨髓中中性粒细胞进入血液循环，使外周血中中性粒细胞数量增加；促进淋巴细胞凋亡，使淋巴组织萎缩，增加淋巴细胞和嗜酸性粒细胞在脾和肺中的破坏，血中淋巴细胞和嗜酸性粒细胞数量减少，产生免疫抑制作用。

（4）对心血管系统的影响：糖皮质激素可以提高心肌、血管平滑肌对去甲肾上腺素的敏感性，增加心肌收缩力及血管的紧张度，维持正常血压。另外，它还能抑制前列腺素合成，降低毛细血管的通透性，既可以维持血容量，又可防止血细胞逸出到血管外，产生抗超敏作用。

（5）对消化系统的影响：糖皮质激素一方面促进胃腺分泌胃酸和胃蛋白酶原，另一方面增加胃腺细胞对神经及体液调节的反应性，使胃液分泌增多。

（6）在应激反应中的作用：环境中一切对机体有害的刺激，如麻醉、感染、失血、中毒、创伤、寒冷、恐惧等因素作用于机体时，腺垂体大量释放促肾上腺皮质激素，并使糖皮质激素分泌增加，调动各个系统，抵御上述刺激的危害，称为**应激反应**（stress reaction）。

2. **糖皮质激素的分泌调节**　糖皮质激素受腺垂体促肾上腺皮质激素的控制，促肾上腺皮质激素对维持肾上腺皮质的正常结构和糖皮质激素的分泌具有重要作用。促肾上腺皮质激素的分泌又受下丘脑促肾上腺皮质激素释放激素调节。当血中糖皮质激素分泌过多时，能反馈抑制促肾上腺皮质激素和促肾上腺皮质激素释放激素的分泌，促肾上腺皮质激素分泌过多时也能抑制促肾上腺皮质激素释放激素的分泌。正是由于下丘脑-腺垂体-肾上腺皮质功能轴的反馈调节，使血中糖皮质激素的含量维持在相对稳定的水平（称其为闭环调节）。但在应激情况下，中枢神经系统通过多种神经传导途径使下丘脑-腺垂体-肾上腺皮质功能轴活动加强，表现为皮质醇分泌量剧增，比正常分泌量高几倍，此时下丘脑-腺垂体-肾上腺皮质轴的负反馈调节暂时失效，称其为开环调节（图2-9-6）。

受视交叉上核生物钟的影响，下丘脑促肾上腺皮质激素释放激素的分泌具有昼夜节律，促肾上腺皮质激素和糖皮质激素分泌也相应有这种日周期节律。每日清晨觉醒前分泌达高峰，以后逐渐下降，至午夜时分泌达最低点，以后再逐渐上升。所以，临床应用此类药物时，在早晨8点给药一次，其他时间不给药，这样做产生的疗效更好，副作用更小。

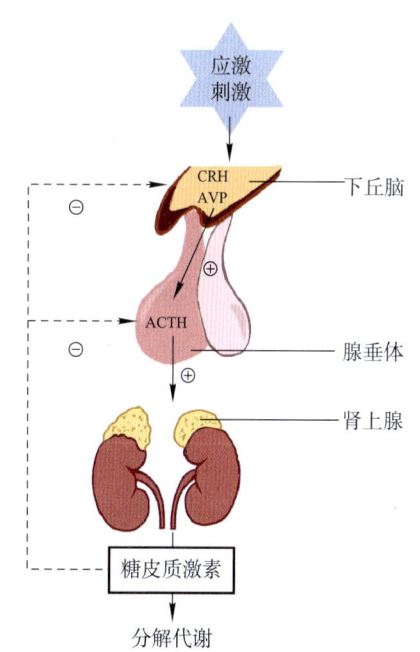

图2-9-6　糖皮质激素的分泌调节示意图
⊕：促进；⊖：抑制

## （二）盐皮质激素

肾上腺皮质球状带分泌的盐皮质激素主要包括醛固酮、11-去氧皮质酮（11-deoxycorticosterone）和11-去氧皮质醇（11-deoxycortisol）等，其中以醛固酮的生物活性最强。醛固酮作用的靶器官主要是肾。

醛固酮的主要生物学作用是促进肾远曲小管和集合管上皮细胞重吸收 $Na^+$ 和分泌 $K^+$，具有保 $Na^+$、排 $K^+$、保水作用，对水盐代谢的调节十分重要。其分泌受肾素-血管紧张素系统调节，血 $K^+$ 升高、血 $Na^+$ 降低、应激时促肾上腺皮质激素均可促进其分泌。

## （三）性激素

肾上腺皮质网状带和束状带均可分泌极少量雄激素，主要有脱氢表雄酮和雄烯二酮。肾上腺分泌少量的雄性激素对成年男性影响较小，是女性体内雄激素的主要来源，具有维持性欲和性行为的作用。若其分泌过量，可使女性男性化。

## 二、肾上腺髓质激素

肾上腺髓质位于肾上腺的中心，功能上相当于一个交感神经节后神经元，受内脏大神经节前纤维支配（属交感神经），形成交感-肾上腺髓质系统。肾上腺髓质的嗜铬细胞主要分泌肾上腺素和去甲肾上腺素，其对组织器官的多种生物学作用在血液循环章节中已经介绍，本章主要介绍其在应急反应中的作用。

一般情况下在机体遭遇紧急情况时，突如其来的恐惧、惊吓、焦虑、创伤或失血等情况，交感神经活动加强，肾上腺髓质分泌的激素也急剧增加，其结果出现心率加快、心肌收缩力加强、心输出量增加、血压升高、血流加快、内脏血管收缩、骨骼肌血管舒张、支气管舒张、血糖升高等反应。上述特定情况下由于交感神经-肾上腺髓质系统激活所引起的反应即为**应急反应（emergency reaction）**。应急反应有助于机体在不利情况下更好地适应环境急剧变化。

"应急"与"应激"两者间既有联系又有区别。当机体受到有害刺激时，通过中枢神经系统整合，神经和内分泌两个系统常同时发生反应，相辅相成，使机体对突然出现的环境变化做出反应。反应的不同之处在于前者的刺激突如其来，启动交感-肾上腺髓质系统，发挥作用快；后者的刺激是伤害性的，启动下丘脑-腺垂体-肾上腺皮质系统，影响面广。在应激反应中尚伴有生长激素、胰高血糖素、催乳素、血管升压素及醛固酮等多种激素分泌增多，使机体适应能力更加完善。应急反应中主要是肾上腺髓质细胞大量分泌儿茶酚胺类激素，以提高机体对环境变化的应变能力。

肾上腺髓质分泌儿茶酚胺主要受交感神经作用，交感神经兴奋时，节前纤维释放乙酰胆碱，作用于肾上腺髓质的嗜铬细胞膜上的 $N_1$ 受体，促进髓质激素释放。另外，促肾上腺皮质激素也可直接或者间接（通过糖皮质激素），提高嗜铬细胞内催化儿茶酚胺酶系的活性，促进激素的合成分泌。

# 第六节 胰　　岛

胰岛是胰腺的内分泌部，以小岛状细胞团散在分布于外分泌腺的腺泡中，其中内分泌细胞有A细胞、B细胞、D细胞、$D_1$ 细胞和PP细胞，主要为A细胞和B细胞。A细胞分泌**胰高血糖素**（glucagon），约占25%；B细胞分泌**胰岛素**（insulin），占60%~70%。另有少量D细胞分泌**生长抑素**（somatostatin，SS），PP细胞分泌**胰多肽**（pancreatic polypeptide，PP），$D_1$ 细胞分泌**血管活性肠肽**（vasoactive intestinal peptide，VIP）。

## 一、胰岛素

胰岛素是由 A（21 个氨基酸残基）和 B（30 个氨基酸残基）两条肽链共 51 个氨基酸组成的蛋白质。我国率先在 1965 年人工合成了结晶牛胰岛素，这项工作开辟了人工合成蛋白质的时代，在生命科学发展史上产生了重大的意义与影响。

### （一）胰岛素的生物学作用

胰岛素是维持血糖浓度稳定的关键激素，促进物质的合成代谢。胰岛素主要与胰岛素受体结合，激活细胞内耦联的胰岛素受体底物（IRS）蛋白，经过 IRS 下游信号转导引发级联反应发挥其生物学作用（图 2-9-7），主要靶器官为肝、脂肪和骨骼肌。

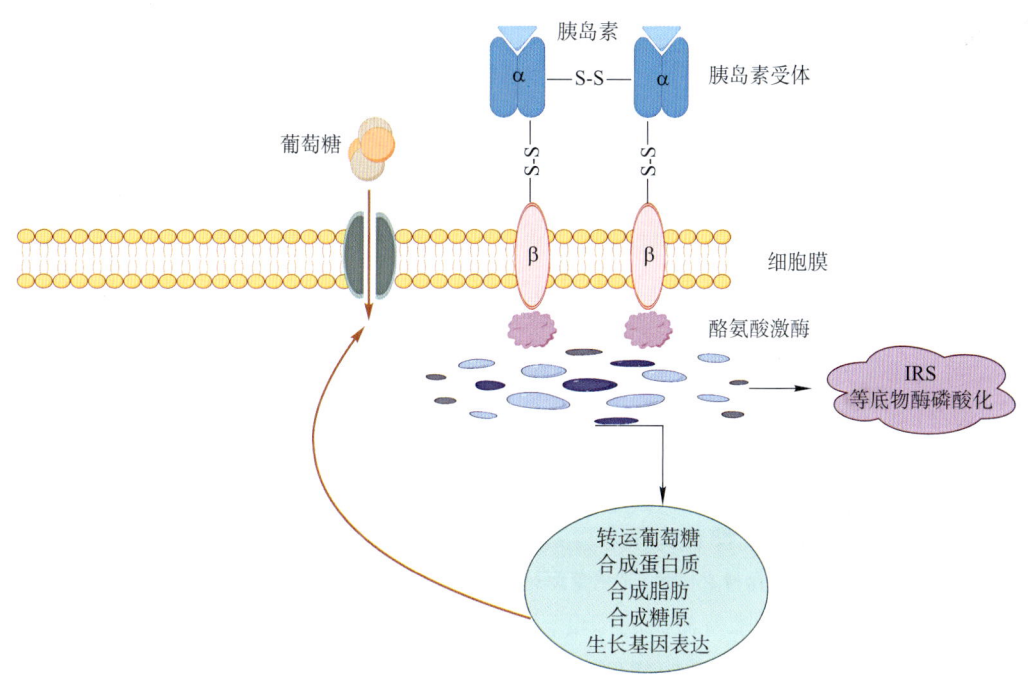

图 2-9-7　胰岛素受体及其作用机制

**1. 调节糖代谢**　胰岛素可以促进糖原合成、抑制糖原分解，维持血糖浓度。胰岛素可以抑制糖异生，血糖升高时胰岛素抑制肝糖异生途径的关键酶活性，减少糖异生途径转化为葡萄糖。另外，胰岛素还能促进外周组织对葡萄糖的转运和氧化利用，胰岛素作用于靶细胞细胞膜上的胰岛素受体，通过磷脂酰肌醇激酶及其信号通路使葡萄糖转运体数目增加，促进葡萄糖进入靶细胞，加速葡萄糖氧化生成 ATP。

**2. 脂肪代谢**　促进脂肪的合成与储存，胰岛素使葡萄糖进入脂肪细胞转化成 α-磷酸甘油和脂肪酸，磷酸甘油再和脂肪酸形成三酰甘油。此外，胰岛素还能抑制脂肪分解和利用。

**3. 蛋白质代谢**　促进蛋白质合成，胰岛素增加细胞内氨基酸含量，加强核糖体功能，促进蛋白质的合成；同时，抑制蛋白质分解，阻止氨基酸转化为糖，抑制肝糖异生。

此外，在机体的生长过程中，胰岛素与生长激素可共同发挥促生长的作用。

### （二）胰岛素分泌的调节

**1. 血糖水平**　血糖浓度升高时可以直接刺激 B 细胞分泌胰岛素，使其基础分泌水平提高 10~20 倍；餐后葡萄糖的大量入血促进胰岛素分泌，胰岛素促进糖原合成，降低血糖浓度。

2. **血液中氨基酸和脂肪酸** 多种氨基酸，如精氨酸、赖氨酸有刺激胰岛素分泌的作用；血液中脂肪酸和酮体大量增加时，也能促进胰岛素的分泌。

3. **胃肠激素** 多种胃肠激素促进胰岛素分泌，它们与胰岛素分泌之间的功能联系构成**肠-胰岛轴**（entero-insular axis），生理意义在于通过前馈调节机制调节胰岛素分泌。

4. **胰岛激素** 胰岛分泌的多种激素都可以通过旁分泌的方式刺激胰岛素分泌。胰高血糖素可以通过使血糖升高间接促进胰岛素的分泌。胰岛素还可通过自分泌方式对 B 细胞进行负反馈调节。

5. **神经调节** 胰岛 B 细胞受迷走神经和交感神经的双重支配。迷走神经兴奋时，可以与 B 细胞膜上的 M 受体结合，引起胰岛素分泌；交感神经兴奋时，可以与 B 细胞膜上的 α 受体结合，抑制胰岛素分泌。神经调节主要是维持胰岛 B 细胞对葡萄糖的敏感性。

微课 2-9-2 胰岛素的生理作用及分泌调节

### 二、胰高血糖素

胰高血糖素是含 29 个氨基酸残基的多肽，分子量约 3.5 kD。主要靶器官为肝。

#### （一）胰高血糖素的生物学作用

胰高血糖素的生物学作用在很多方面与胰岛素的作用相反，是促进物质分解代谢的激素。其能促进肝糖原分解和糖异生作用，使血糖明显升高；促进脂肪分解，使酮体增多；抑制肝内蛋白质合成，促进分解，使氨基酸加快进入肝细胞以转化成葡萄糖。同时，能够通过旁分泌促进胰岛内 B 细胞分泌胰岛素、D 细胞分泌生长抑素。

#### （二）胰高血糖素分泌的调节

血中葡萄糖浓度降低或氨基酸含量升高时胰高血糖素分泌增加；胰岛素可通过降低血糖浓度而使胰高血糖素的分泌增加，胰岛素也可以直接作用于邻近的 A 细胞，抑制胰高血糖素的分泌；胃肠激素中，促胃液素和缩胆囊素刺激胰高血糖素的分泌，促胰液素则抑制其分泌；交感神经兴奋促进胰高血糖素的分泌，迷走神经兴奋则抑制其分泌。

拓展阅读 2-9-2 胰高血糖素样肽-1 调节血糖的机制及药物研发进展

胰高血糖素与胰岛素共同维持血糖的浓度，调节机体物质代谢，在内分泌系统多种激素的作用下，使机体的代谢活动的调节保持平衡稳定。

## 第七节　性腺与生殖

### 一、睾丸的内分泌和男性生殖

男性生殖系统的主要功能是由睾丸产生精子、合成与分泌雄性激素，由附属生殖器官协助完成精子成熟、运输和释放等生理过程。睾丸由**曲细精管**（seminiferous tubule）和间质细胞组成，曲细精管是产生精子的部位，其上皮由**生精细胞**（spermatogenic cell）和**支持细胞**（sertoli cell）构成，各级生精细胞依附在支持细胞上。**间质细胞**（interstitial cell of Leydig）则分布于结缔组织中，具有合成和分泌雄激素等功能（图 2-9-8）。

#### （一）睾丸的生精功能

1. **精子的生成过程** 精子生成（spermatogenesis）指精原细胞（spermatogonium）发育为成熟精子的过程，简称为生精。男性从青春期开始产生精子，可以维持到老年。

精子的产生经过三个连续的过程：精原细胞有丝分裂、精母细胞减数分裂和精子形态变化为外形成熟精子的阶段。从精原细胞发育成为精子的整个过程平均约需 64 天。新产生的精子被释放进入曲

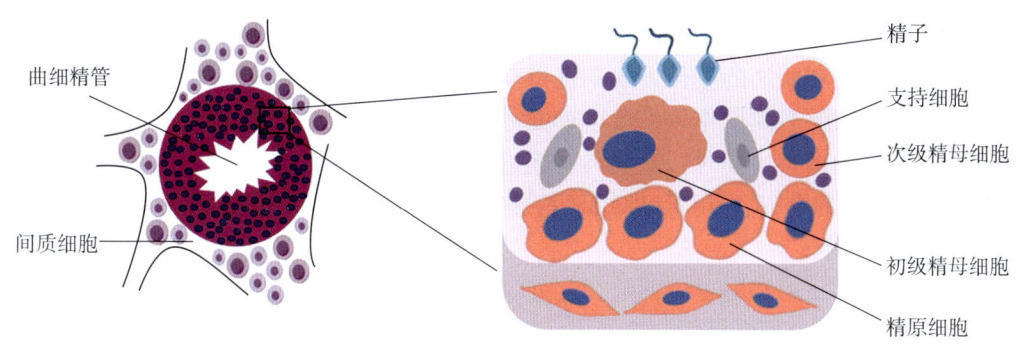

图 2-9-8　睾丸组织结构示意图

细精管管腔后，借助小管外周肌样细胞的收缩和管腔液的移动被运送至附睾内。精子在附睾内停留18~24天进一步发育成熟，并获得运动能力。射精时，贮存的精子与附睾、精囊、前列腺及尿道球腺的分泌液混合形成**精液（semen）**排出体外。一次正常的射精每毫升有4千万~1亿个精子。

**2. 支持细胞的作用**　支持细胞为生精细胞发挥其功能提供重要的辅助作用。①支持细胞在生精细胞间为各级生精细胞提供营养，并通过形成细胞间连接结构提供保护与支持的作用；②支持细胞参与构成**血睾屏障（blood-testis barrier）**，支持细胞间的紧密连接是血睾屏障的结构基础，阻止血液中有害物质对生精细胞的损伤，防止生精细胞产生的抗原物质进入血液引起自身免疫反应；③支持细胞分泌的**雄激素结合蛋白（androgen-binding protein，ABP）**、抑制素等物质协助睾酮运输，协助精子转运，为生精细胞分化和发育提供所需环境；④支持细胞可以吞噬已退化的生精细胞和细胞碎片等物质。

（二）睾丸内分泌功能

睾丸最重要的内分泌功能是分泌雄激素，由间质细胞合成和分泌的雄激素包括**睾酮（testosterone，T）**、**雄烯二酮（androstenedione）**和**脱氢表雄酮（dehydroepiandrosterone）**等。男性体内的雄激素绝大部分来自睾丸，少量来自肾上腺皮质网状带。游离状态的睾酮在其靶细胞内，可经5α-还原酶作用形成活性更强的双氢睾酮后再发挥作用。双氢睾酮是生物活性最强的雄激素。此外，支持细胞也分泌**抑制素（inhibin）**参与睾丸功能调节。

**1. 睾酮的合成、代谢和运输**　睾酮是由间质细胞以胆固醇为原料合成的类固醇激素。间质细胞内的胆固醇经侧链裂解生成孕烯醇酮，后者经过羟化，脱氢等过程转化为雄烯二酮，雄烯二酮经17-羟类固醇脱氢酶的作用转化为睾酮。游离形式的睾酮能够进入靶细胞发挥作用，其作用机制与其他类固醇激素一样，与细胞内受体结合形成类固醇-受体复合物，调节靶基因转录。游离状态的睾酮在其靶细胞内，可经5α-还原酶作用形成活性更强的双氢睾酮后再发挥作用。睾酮经肝代谢、灭活，代谢产物经尿液排出。

**2. 雄激素的生理作用**　睾酮与其他类固醇激素一样，与其受体结合，形成复合物进入细胞核，调节靶基因的基因转录。双氢睾酮与睾酮受体的结合能力更强，因此生物活性更高。雄激素的主要生理作用如下。

（1）影响胚胎的性别分化：胚胎分化出的睾丸间质细胞可以分泌雄激素，诱导男性内、外生殖器发育。如果胚胎期睾丸发育不良，可能会导致出现不同程度的男性假两性畸形。

（2）维持生精作用：睾酮进入曲细精管后与生精细胞的受体结合，促进生精细胞的分化和精子的生成过程。部分睾酮直接或转变为双氢睾酮后，作用生精上皮的雄激素受体，促进精子发育。

（3）促进男性第二性征发育：青春期男性在雄激素的影响下逐渐发育并维持男性的第二性征，如骨骼粗壮、肌肉发达、体毛生长、喉结突起、发音低沉、皮脂腺分泌增多等。雄激素对于男性的性欲维持是非常重要的。

(4）参与机体代谢等其他作用：促进蛋白质的合成，抑制分解，进而促进骨骼和肌肉的生长。睾酮也参与水和电解质的代谢，睾酮与皮质醇有类似作用，促进远曲小管和集合管对水重吸收导致水钠潴留。同时，睾酮具有促进红细胞的生成、增加免疫球蛋白的合成、升高基础代谢率等效应。

#### （三）睾丸功能的调节

睾丸功能主要受下丘脑和腺垂体调节，此外睾丸内各细胞间还通过调节因子的释放发挥局部调节作用。

**1. 下丘脑-腺垂体-睾丸轴**　下丘脑分泌促性腺激素释放激素促进腺垂体分泌卵泡刺激素和黄体生成素调节睾丸的激素分泌，即经典的下丘脑-腺垂体-睾丸轴，在睾丸功能的调节中发挥主要作用。其中黄体生成素与间质细胞膜上的黄体生成素受体结合，促进睾酮合成和分泌。卵泡刺激素则与支持细胞上受体结合，促进精子生成，促进支持细胞合成雄激素结合蛋白和抑制素。

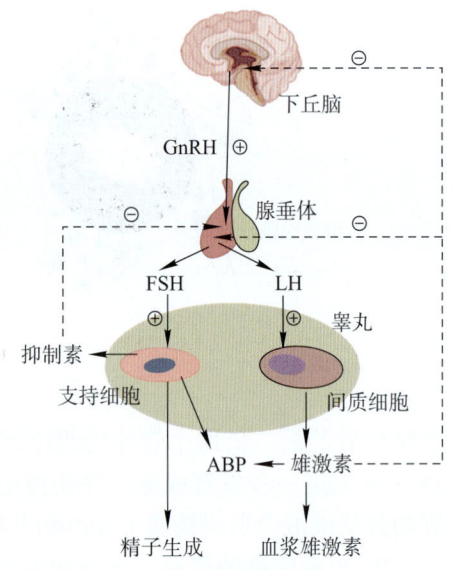

图 2-9-9　下丘脑-垂体-睾丸轴的功能联系示意图
⊕：促进；⊖：抑制

同时，睾丸分泌的雄激素则通过负反馈机制作用于下丘脑和腺垂体，当血中睾酮水平达到一定程度可以分别降低促性腺激素释放激素和黄体生成素的释放，从而维持睾丸分泌激素水平的动态平衡。抑制素则主要负反馈调节垂体卵泡刺激素的分泌，对促性腺激素释放激素和黄体生成素的释放没有影响（图 2-9-9）。

**2. 睾丸的局部调节**　睾丸的支持细胞与生精细胞、间质细胞、管周细胞之间存在极其密切的局部反馈调节。间质细胞上还发现有多种生长因子及受体，可能以旁分泌或自分泌的方式参与睾丸功能的局部调节。

## 二、卵巢的内分泌和女性生殖

女性生殖系统的主要功能是卵子发生、性激素分泌、妊娠和分娩。卵巢是女性的主要生殖器官和内分泌器官，卵泡是卵巢的基本结构和功能单位，具有产生卵子、合成分泌性激素的功能。

### （一）卵巢的卵子生成作用

出生后 6 个月，卵原细胞全部转变为初级卵母细胞并停滞于第一次减数分裂前期，细胞核呈泡状结构，称为**生发泡**（germinal vesicle）。青春期排卵前，在黄体生成素作用下恢复并完成第一次减数分裂，排出第一极体，成为次级卵母细胞，并开始第二次减数分裂，再次停留在分裂中期。如果卵子受精，则完成第二次减数分裂，排出第二极体；若未能受精，则卵细胞发生凋亡。卵子是在卵泡内生长、发育和成熟的。一个月经周期中，卵巢的周期活动分为卵泡期、排卵期和黄体期三个阶段。

拓展阅读 2-9-3　卵泡的生长与发育

### （二）卵巢的内分泌功能

卵巢作为内分泌腺主要分泌雌激素和孕激素，也分泌抑制素、少量的雄激素等其他激素。

**1. 卵巢性激素的合成与代谢**　卵泡的颗粒细胞、胞膜细胞和黄体细胞都参与分泌雌激素，孕激素则主要由黄体细胞分泌。排卵前的卵泡主要分泌雌激素，包括**雌二醇**（estradiol，E2）和**雌酮**（estrone，E1），E2 和 E1 的代谢产物是**雌三醇**（estriol，E3），其中 E2 的生物活性最强，E1 的活性最低。排卵后的卵泡分泌孕激素和雌激素，孕激素主要为**孕酮**（progesterone，P）。各类雌孕激素都是类固醇激素。

血液中的雌激素和孕激素需要与性激素结合蛋白或者血浆蛋白质结合后进行运输，少量以游离形式存在。雌激素和孕激素均主要在肝内代谢，代谢产物以葡萄糖醛酸或硫酸盐的形式经尿液或经胆汁随粪便排出，因此，肝功能障碍可导致体内雌激素过多。

血液中雌、孕激素的水平呈周期性波动。在卵泡期，雌激素水平随着卵泡的生长发育而上升，卵泡成熟时达高峰，然后稍有下降，再随黄体的发育而再次上升形成第二个高峰，然后逐渐下降，至黄体退化时迅速下降，而后进入新的波动周期。孕激素在整个卵泡期均处于极低水平，排卵后随黄体的形成和发育而明显上升，于排卵后 5~10 天的黄体高峰期形成峰值，以后略有下降，至黄体退化时迅速降低，再进入新的周期。

卵泡的颗粒细胞也可以分泌抑制素。随着卵泡的生长发育和成熟，抑制素的分泌水平逐步上升，排卵后有所下降，随黄体的发育成熟再次分泌大量的抑制素，其峰值较卵泡期明显升高，至黄体退化后迅速下降。

**2. 雌激素的生理作用**　雌激素通过与其受体结合来发挥促进女性生殖功能和第二性征的发育与维持的作用。人体内多个器官组织均有雌激素受体，因此雌激素对机体有广泛的生物学功能。

（1）对生殖器官的作用：①卵泡发育：雌激素协同卵泡刺激素，诱发并增加卵泡上的黄体生成素受体促进卵泡发育。排卵前雌激素的高峰，可诱导黄体生成素峰的出现，诱发排卵。②子宫：雌激素促进子宫发育、子宫内膜增生；促进排卵期宫颈口松弛扩张并分泌大量清亮、稀薄的黏液，有助于精子进入；雌激素还可促进子宫平滑肌细胞增生肥大，提高子宫平滑肌对缩宫素的敏感性，有助于分娩。③输卵管：雌激素可促进输卵管上皮细胞增生，促进输卵管的收缩和纤毛细胞的活动增强。④阴道：雌激素使阴道上皮细胞增生，表层细胞角化，糖原含量增加。糖原分解产物可使阴道分泌物呈酸性进而增强阴道的抗感染能力。⑤促进外生殖器的发育。

（2）对乳腺和第二性征的作用：雌激素能够促进乳腺导管和结缔组织的增生。雌激素可促使脂肪沉积、毛发分布及音调升高等第二性征出现。

（3）对代谢的影响：①促进成骨细胞的活动和钙磷沉积，加速骨的生长，促进骨的成熟，尤其是青春期后促进女性骨骺愈合；围绝经期后，雌激素水平下降女性更易出现钙质流失、骨质疏松。②促进高密度脂蛋白的合成并抑制低密度脂蛋白的产生，调节脂代谢。③促进水分向组织间隙移动，继发醛固酮分泌增多，进而导致体内钠、水潴留。

（4）对心血管系统作用：雌激素通过影响胆固醇代谢，防止动脉粥样硬化的发生；雌激素还能够促进血管内皮细胞的修复、抑制血管平滑肌细胞增殖并帮助维持血管正常的舒张功能。女性绝经后可导致心血管病发生率明显升高。

（5）对中枢神经系统影响：①促进神经细胞的生长、分化及调节可塑性；促进突触形成、调节神经递质合成释放。②对腺垂体分泌卵泡刺激素和黄体生成素有负反馈调节作用。③作用于下丘脑体温调节中枢，降低体温。

**3. 孕激素的生理作用**　孕激素必须在雌激素作用的基础上才能发挥作用，为受精卵着床和维持妊娠的提供基本条件。

（1）对生殖器官的作用：①在受精卵着床后，孕酮促进子宫内膜基质细胞转化为蜕膜细胞，为胚泡提供营养。②孕酮能减低子宫平滑肌兴奋性和对缩宫素的敏感性，防止子宫收缩，防止胚胎排出。③孕酮使宫颈黏液分泌减少，但黏度增加，阻止精子穿行。④孕酮抑制输卵管细胞的增生、分泌，减弱输卵管的节律性收缩。⑤降低阴道上皮细胞角化程度，抑制上皮细胞增生。

（2）对乳腺的作用：在雌激素作用的基础上，孕酮可进一步促进乳腺腺泡的发育，为泌乳作充分准备。

（3）抑制排卵：孕酮可以通过负反馈抑制卵泡刺激素和黄体生成素的分泌，进而抑制卵泡发育和排卵，防止二次受孕。

（4）对中枢神经系统的影响：作用于下丘脑体温调节中枢，使体温调定点提高，排卵后孕酮分泌增加可升高基础体温 0.5℃ 左右。女性的基础体温在卵泡期较低，排卵日最低，排卵后体温升高，临床上常将女性基础体温变化作为判定排卵的标志之一。

（5）其他作用：促进钠水排泄，降低血管和消化道平滑肌张力。因而，妊娠期妇女易诱发静脉曲张、痔疮和便秘等现象。

（三）卵巢周期性活动变化与月经周期

成熟女性在卵巢周期性的分泌雌、孕激素变化的情况下，伴随着子宫内膜也呈现周期性剥落和出血的现象，称为**月经**（menstruation）。以月经为特征的周期性变化，称为**月经周期**（menstrual cycle），健康女性的月经周期为 23~35 天，平均 28 天，可分为三个时期：**增生期**（proliferative phase）、**分泌期**（secretory phase）和**月经期**（menstrual phase）。月经期和增生期处于卵巢周期中的卵泡期，分泌期则对应于黄体期。月经周期是由于卵巢分泌激素的周期性波动引起的子宫内膜发生周期性变化（图 2-9-10）。由于卵巢功能的退化，45~55 岁绝经期的到来是由于卵巢功能的衰退，而下丘脑-垂体-卵巢轴的功能仍保持正常。

1. **增生期**　一般为月经周期的第 5~14 天。此期卵巢中卵泡处于快速生长发育和成熟阶段，并不断分泌雌激素。受雌激素的影响，子宫内膜在组织学上呈现特征性的增生改变，这种增生作用使子宫内膜得以修复并逐渐增厚，从 0.5 mm 增至 8~10 mm，血管、腺体增生，但腺体没有分泌现象。

2. **分泌期**　一般为月经周期的第 15~28 天。此期卵巢排卵后黄体形成，分泌大量孕激素和雌激素，受雌、孕激素共同的影响，内膜腺体出现分泌活动，组织学上可出现含糖原的分泌泡自腺体细胞核向腺腔移动，最后突破腺细胞顶端胞膜，分泌到腺腔的现象，称顶浆分泌。在分泌期，内膜腺体进行性弯曲，内膜螺旋动脉高度螺旋化，内膜的分泌活动在黄体高峰期也达高峰，为受精卵着床和发育做准备。

3. **月经期**　一般为月经周期开始的第 1~4 天，与增生期的早期有重叠。如果卵子未能受精，卵巢黄体萎缩退化，雌、孕激素水平迅速下降，子宫内膜螺旋血管痉挛收缩，内膜因缺血坏死、剥落和出血，从阴道排出，即月经来潮。正常情况下，月经一般持续 3~5 天，出血量平均约 50 mL；月经血中因含有内膜组织坏死后释放出来的纤溶酶，所以不凝固。

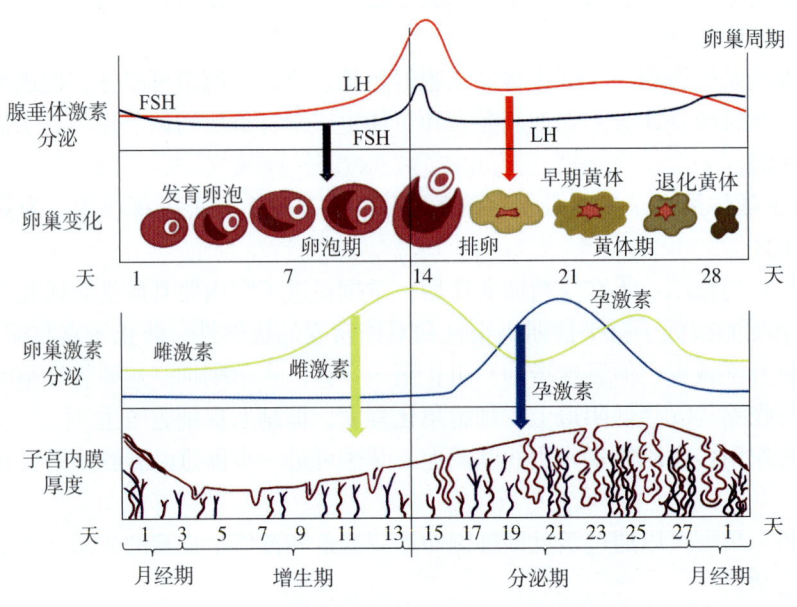

图 2-9-10　月经周期卵巢激素及子宫内膜周期性变化示意图

除子宫内膜外，阴道黏膜、宫颈黏膜、输卵管及乳房也都表现出一定程度的周期性变化。如果排卵后受精则黄体继续发育为妊娠黄体，分泌雌、孕激素，子宫内膜增厚形成蜕膜，月经周期停止，进入妊娠状态。

#### （四）卵巢功能的调节

**1. 下丘脑-腺垂体-卵巢轴的调节** 卵巢的功能活动受下丘脑-垂体-卵巢轴调节（图2-9-11）。下丘脑激素调节中枢分泌促性腺激素释放激素作用于垂体，垂体分泌卵泡刺激素和黄体生成素，促进卵巢中的卵泡发育和性激素的合成。在青春期前，下丘脑性激素调节中枢尚未发育成熟，且对卵巢激素的反馈抑制作用比较敏感，所以促性腺激素释放激素的分泌很少，因而腺垂体促性腺激素的分泌及卵巢的功能处于低水平的状态。进入青春期，下丘脑性激素调节中枢发育成熟，分泌促性腺激素释放激素的功能逐渐增强，促使腺垂体卵泡刺激素和黄体生成素的分泌也相应增加，作用于卵巢并使卵巢功能活动开始逐渐建立起周期性变化。

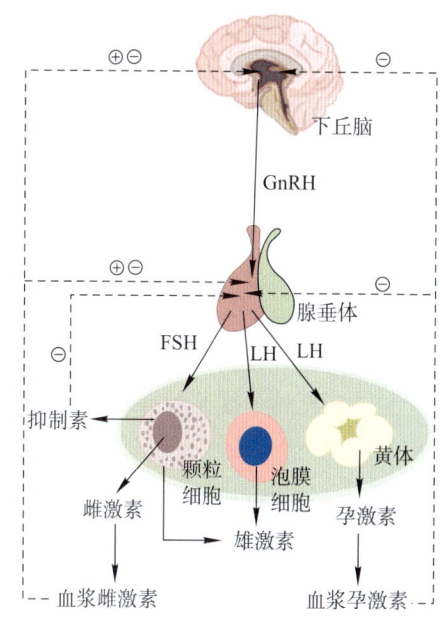

图2-9-11 下丘脑-垂体-卵巢轴调节示意图
⊕：促进；⊖：抑制

雌激素、孕激素和抑制素对下丘脑和垂体主要存在负反馈抑制调节作用，抑制素主要选择性地抑制卵泡刺激素的分泌。但在排卵前期雌激素对下丘脑和垂体存在正反馈作用，主要促进黄体生成素的释放。卵巢功能下降或者绝经后，体内性激素水平下降，黄体生成素和卵泡刺激素水平则明显升高。

**2. 月经周期的内分泌调控** 月经周期中，不同阶段下丘脑-腺垂体-卵巢轴的调节有不同的特点。卵泡期早期黄体萎缩，黄体分泌的雌激素和孕激素水平急剧下降，导致其对下丘脑及垂体分泌卵泡刺激素与黄体生成素的反馈性抑制作用明显减弱，所以下丘脑分泌促性腺激素释放激素脉冲性模式发生变化，垂体分泌卵泡刺激素增多。卵泡刺激素促进卵泡的发育，随着卵泡的发育雌激素和抑制素分泌增加，血中雌激素和抑制素水平上升，可负反馈抑制垂体卵泡刺激素和黄体生成素分泌，致使多数卵泡停止发育。此时，在之前高卵泡刺激素作用下，卵泡刺激素阈值最低的一个卵泡继续发育成为优势卵泡，其他卵泡退化闭锁。随着优势卵泡继续发育，分泌的雌激素水平进一步增高，至排卵前一天左右，血中雌激素浓度达到顶峰。高浓度的雌激素对下丘脑产生正反馈效应，增强下丘脑促性腺激素释放激素的释放，进而促使黄体生成素与卵泡刺激素的释放达到峰值，其中以黄体生成素最为明显，形成血中的**LH峰**（LH surge）（图2-9-10）。LH峰是引发排卵的关键因素。

排卵后，雌激素水平一过性下降，在黄体生成素的作用下黄体功能逐渐成熟，孕激素与雌激素水平逐渐上升，尤其是孕激素，一般在排卵后7~8天出现雌激素第二次高峰和孕激素的分泌高峰，其中雌激素第二次高峰的水平略低于卵泡晚期的第一次的峰值。黄体期高浓度的孕激素与雌激素对下丘脑和腺垂体发挥负反馈效应，抑制下丘脑促性腺激素释放激素和垂体黄体生成素及卵泡刺激素的分泌。如果排卵后，没有受精，在排卵后9~10天黄体开始退化，雌、孕激素分泌减少，对腺垂体负反馈效应减弱，卵泡刺激素与黄体生成素的分泌又开始增加，开始另一个新的月经周期。

**3. 卵巢功能的衰退** 一般情况下，40~50岁女性卵巢功能开始衰退。卵巢功能开始衰退到完全丧失后一年的时期，称为**围绝经期**（perimenopausal period），也称更年期。围绝经期中卵巢对黄体生成素的反应性下降，卵泡停滞在不同发育阶段不能排卵，雌激素分泌减少，子宫内膜不再呈现规律的周期变化，此后，卵巢功能进一步退化直至完全丧失而进入**绝经期**（menopause）。一般40岁以前出现的绝经即为卵巢早衰。

（崔 巍）

## 思考题

1. 简述下丘脑与垂体之间的结构和功能联系。
2. 参与机体钙、磷代谢调节的激素有哪些？其主要作用是什么？
3. 胰岛素的主要生理作用及调节机制有哪些？
4. 简述甲状腺激素分泌的主要调节方式。
5. 糖皮质激素分泌受经典的下丘脑－腺垂体－肾上腺皮质轴调节，试分析临床上应用糖皮质激素治疗的病人应如何避免突然停药之后产生的不良反应。
6. 简述月经周期过程中子宫内膜变化与卵泡发育之间的关系。
7. 简述精子发生过程和卵泡发育过程的调控。

## 新形态教材网更多数字资源

思维导图　　教学课件　　微课　　自测题　　拓展阅读　　思政元素

# 第十章 神经系统的功能

编者导学

**本章导航**

第一节 神经元的信息传递
第二节 神经中枢活动的一般规律
第三节 神经系统的感觉功能
第四节 神经系统对躯体运动的调节
第五节 神经系统对内脏活动的调节
第六节 脑的高级功能

人体内许多复杂而精细的生理功能依赖神经系统的调节。神经系统主要通过反射活动，协调机体内各器官和系统的功能活动，维持内环境稳态，并对体内、外环境变化做出即时适应性改变，以及实现脑的高级功能（如学习记忆、语言、意识、思维等）。神经系统主要是由数量庞大的神经细胞（又称神经元）和神经胶质细胞组成。神经元是神经系统的基本结构和功能单位，承担神经系统的主要功能活动。神经胶质细胞主要对神经元起支持、营养和保护作用。

## 第一节 神经元的信息传递

### 一、神经元和神经纤维

#### （一）神经元

神经元（neuron）具有接受刺激、整合信息和传递信息的功能。人类中枢神经系统内约有 $10^{11}$ 个神经元，分布于不同部位的神经元形态和大小有很大差异，但基本结构都包括胞体和突起两部分（图 2-10-1）。神经元胞体直径 4～150 μm，可呈圆形、锥体形和多角形等多种形状。神经元突起又可分为**轴突**（axon）和**树突**（dendrite）。通常一个神经元只有一条轴突，而可以有很多树突。神经元轴突长度可从几个微米到 1 m 左右，直径往往与其长度成正比，且全长较均匀一致。胞体发出轴突的部位膨大并向外突起，称为**轴丘**（axon hillock）。轴突从轴丘发出，起始部分无髓鞘包裹，称为**始段**（initial segment）。轴突在延长途中很少有分支，若有分支通常是从主干直角发出，形成侧支，而轴突末端通常会分成许多细小的分支，无髓鞘包裹，称为神经末梢，其末端常膨大呈球状、纽扣状或柄状，称为突触小结、突触小体、突触小扣或终扣，其内有贮存神经递质的突触囊泡高密度聚集。在一个神经元和另一个神经元或效应细胞形成的突触结构中，轴突末端通常构成突触前部分，是神经元信息传出的主要部位。神经元树突从胞体延伸出来，在向外生长的过程中又不断发出分支。树突的全长都可以与其他神经元轴突末梢形成突触，是神经元接受信息传入的主要部位。

## （二）神经纤维

轴突和感觉神经元的长树突统称为轴索，轴索外包有髓鞘或神经膜，称为**神经纤维**（nerve fiber）。神经纤维分为有髓神经纤维和无髓神经纤维，有髓神经纤维由轴索及其表面包绕的髓鞘，以及最外层包绕的神经膜构成，无髓鞘神经纤维仅由轴索及包绕其外面的神经膜构成。神经纤维的直径一般指包括轴索和髓鞘在内的总直径。神经纤维的主要功能是兴奋传导和物质运输。

**1. 神经纤维的分类** 对神经纤维进行分类，常采用以下两种分类法：一是根据神经纤维的电生理学特性将神经纤维分为 A、B、C 三类，其中 A 类纤维又分为 α、β、γ、δ 四个亚类，目前此分类方法多用于传出纤维；二是根据纤维的直径和来源将神经纤维分为 Ⅰ、Ⅱ、Ⅲ、Ⅳ 四类，其中 Ⅰ 类纤维又分为 $I_a$ 和 $I_b$ 两个亚类，目前此分类方法常用于传入纤维。比较上述两种分类方法，Ⅰ、Ⅱ、Ⅲ、Ⅳ 四类纤维分别相当于 Aα、Aβ、Aδ、C 类纤维，但又不完全等同（表2-10-1、表2-10-2）。

**2. 神经纤维传导兴奋的特征** 神经纤维的主要功能是传导兴奋。神经纤维传导的兴奋即动作电位，也称**神经冲动**（nerve impulse），简称冲动。神经纤维通过神经冲动的传导，完成神经元之间及神经元与效应器之间的信息传递。神经纤维传导兴奋具有以下特征：①生理完整性：神经纤维只有在其结构和功能都完整的情

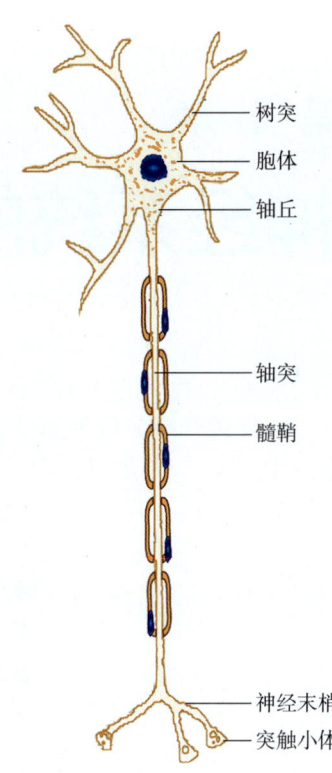

图2-10-1 神经元的结构模式图

表2-10-1 神经纤维的分类（一）

| 按电生理特征分类 | | 来源 | 直径（μm） | 传导速度（m/s） | 锋电位时间（m/s） | 按来源及直径分类 |
|---|---|---|---|---|---|---|
| A（有髓鞘） | $A_α$ | 肌梭、腱器官传入纤维，梭外肌传出纤维 | 13~22 | 70~120 | 0.4~0.5 | $I_a$、$I_b$ |
| | $A_β$ | 皮肤触压觉传入纤维 | 8~13 | 30~70 | 0.4~0.5 | Ⅱ |
| | $A_γ$ | 梭内肌传出纤维 | 4~8 | 15~30 | 0.4~0.5 | |
| | $A_δ$ | 皮肤痛温觉、触压觉传入纤维 | 1~4 | 12~30 | 0.4~0.5 | Ⅲ |
| B（有髓鞘） | | 自主神经节前纤维 | 1~3 | 3~15 | 1.2 | |
| C（无髓鞘） | sC | 自主神经节后纤维 | 0.3~1.3 | 0.7~2.3 | 2.0 | |
| | drC | 脊髓后根痛觉传入纤维 | 0.4~1.2 | 0.6~2.0 | 2.0 | Ⅳ |

表2-10-2 神经纤维的分类（二）

| 按来源及直径分类 | 来源 | 直径（μm） | 传导速度（m/s） | 按电生理特征分类 |
|---|---|---|---|---|
| $I_a$ | 肌梭传入纤维 | 12~22 | 70~120 | $A_α$ |
| $I_b$ | 腱器官传入纤维 | 12 左右 | 70 左右 | $A_α$ |
| Ⅱ | 皮肤触压、振动觉传入纤维 | 5~12 | 25~70 | $A_β$ |
| Ⅲ | 皮肤痛温觉、肌肉深压觉传入纤维 | 2~5 | 10~25 | $A_δ$ |
| Ⅳ | 无髓的痛温觉、机械感受器传入纤维 | 0.1~1.3 | 1 左右 | C |

况下才能传导兴奋。如果神经纤维因低温冷冻、局部应用麻醉剂或完全离断等因素破坏其完整性，可造成神经冲动的传导阻滞；②绝缘性：一条神经干内含有许多条神经纤维，但各条神经纤维同时传导兴奋时基本上互不干扰，如同相互绝缘。主要是因为细胞外液对电流的短路作用，使局部电流主要在同一条神经纤维上构成回路。神经纤维传导兴奋的绝缘性可使混合神经干内传入和传出纤维各自传送相关信息而互不干扰，保证神经调节的准确性；③双向性：在实验条件下，刺激神经纤维任何一点引发动作电位时，由于刺激点的两端均可产生局部电流，并向两个方向传播，所以神经冲动可沿神经纤维同时向两端传导。但在整体情况下，由于体内神经纤维总是作为反射弧的传入或传出部分，突触的极性决定神经纤维上的动作电位往往由胞体向末梢单方向传导，表现为传导的单向性；④相对不疲劳性：相对于突触传递而言，神经纤维能较持久地保持传导兴奋的能力，不易产生疲劳。因为神经纤维传导冲动所消耗的化学能比突触传递耗能少得多，且不涉及递质耗竭的问题。

**3. 神经纤维的传导速度**　不同种类的神经纤维，其传导兴奋的速度有很大的差异（表2-10-1、表2-10-2）。一般地说，神经纤维的传导速度与其直径、有无髓鞘及温度等因素有关。神经纤维直径越大，传导速度越快。有髓神经纤维传导速度比无髓纤维快很多，因为神经冲动在有髓神经纤维上的传导为跳跃式传导。在一定范围内，温度升高与传导速度呈正相关。低温或周围神经病变时传导速度减慢。测定神经传导速度有助于诊断神经纤维的疾患和估计神经损伤的预后。

**4. 神经纤维的轴浆运输**　轴突内的胞质称为轴浆，轴浆是经常流动的，且为双向性流动，轴浆的流动具有运输物质的作用，称为**轴浆运输**（axoplasmic transport）。如果结扎神经纤维，可见到结扎部位的两端都有物质堆积，且近胞体端的堆积大于远胞体端，表明轴浆运输是双向的，有自胞体向轴突末梢运输的顺向轴浆运输和自轴突末梢向胞体运输的逆向轴浆运输，以顺向轴浆运输为主。如果切断轴突，不仅轴突远端部分发生变性，轴突近端部分甚至胞体也将发生变性。可见，轴浆运输对维持神经元的结构和功能的完整性具有重要意义。

**5. 神经的营养性作用和神经营养因子**　神经末梢能经常性地释放某些营养因子，持续地调整其所支配组织的内在代谢活动，对组织的结构和功能状态施加持久性影响，这种作用称为神经的**营养性作用**（trophic action）。脊髓灰质炎患者的肌肉萎缩，主要就是因为支配相应肌肉的脊髓前角运动神经元变性死亡，对肌肉失去营养作用所致。反过来，神经元也需要其所支配组织或其他组织的营养性支持。由神经所支配的组织（如肌肉）和神经胶质细胞（主要是星形胶质细胞）产生的，且为维持神经元生长、功能与存活所必需的一类蛋白质或多肽分子，称为**神经营养因子**（neurotrophic factor或neurotrophin，NT）。经典的神经营养因子主要有**神经生长因子**（nerve growth factor，NGF）、**脑源性神经营养因子**（brain-derived neurotrophic factor，BDNF）、**神经营养因子-3**（neurotrophic factor-3，NT-3）和**神经营养因子-4/5**（neurotrophic factor-4/5，NT-4/5）等。

拓展阅读2-10-1　神经营养因子

## 二、突触传递

突触传递是神经系统中信息交流的一种重要方式。**突触**（synapse）是神经元之间，或神经元与其他类型细胞（如骨骼肌细胞）之间具有功能联系的一种特殊结构或区域，是信息传递的关键部位。传出神经元与效应细胞之间的突触又称**接头**（junction），如骨骼肌神经-肌接头。

### （一）突触的分类

根据突触传递信息媒介物性质的不同，可将突触分为**化学性突触**（chemical synapse）和**电突触**（electrical synapse）两大类，前者是以神经元所释放的化学物质（即神经递质）为信息传递媒介，后者是以电流为信息传递媒介。在哺乳类动物神经系统中，化学性突触传递最为普遍，研究也最为深入。化学性突触一般由突触前成分、突触间隙和突触后成分三部分组成，根据突触前、后成分之间有无紧密的解剖学关系，化学性突触又可分为**定向突触**（directed synapse）和**非定向突触**（non-directed synapse），前者突触前成分（神经末梢）释放的递质仅作用于突触后范围极为局限的部分膜结构，如神经元之间经典的突触和骨骼肌神经－肌接头；后者不具有经典的突触结构，其突触前末梢释放的递质可扩散至距离较远和范围较广的突触后成分，也称非突触性化学传递，如自主神经节后纤维（尤其是交感神经节后纤维）与效应细胞之间的接头。

根据突触发生部位，通常将化学性突触分为三类（图 2-10-2 A）：①轴突－树突式突触：为前一神经元的轴突与后一神经元的树突相接触而形成的突触。这类突触最为多见。②轴突－胞体式突触：为前一神经元的轴突与后一神经元的胞体相接触而形成的突触。这类突触也较常见。③轴突－轴突式突触：为前一神经元的轴突与另一神经元的轴突相接触而形成的突触，这类突触是构成突触前抑制和突触前易化的重要结构基础。此外，由于中枢存在大量的局部神经元构成的局部神经元回路，因而还存在树突－树突式突触、树突－胞体式突触、树突－轴突式突触、胞体－树突式突触、胞体－胞体式突触、胞体－轴突式突触，以及由两个化学性突触或化学性突触与电突触组合而成的串联性突触、交互性突触和混合性突触等（图 2-10-2 B—D）。

根据突触后成分功能活动的不同，还可将突触分为兴奋性突触和抑制性突触。

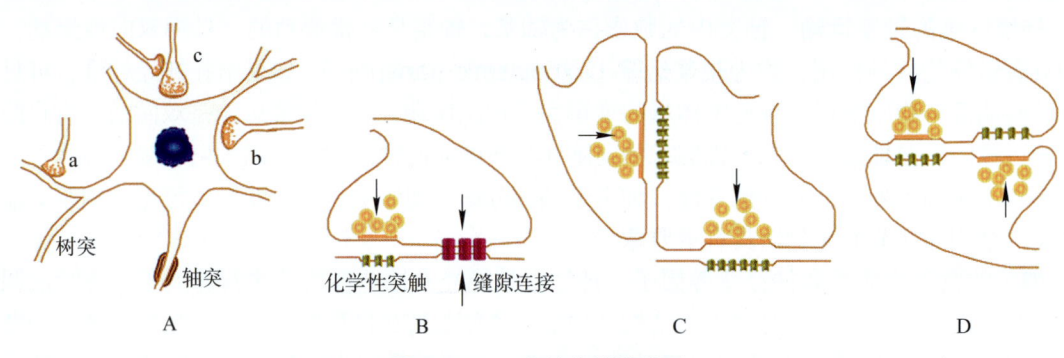

图 2-10-2　突触分类模式图
A. a. 轴突－树突式突触，b. 轴突－胞体式突触，c. 轴突－轴突式突触；
B. 混合性突触；C. 串联性突触；D. 交互性突触

### （二）突触的结构

**1. 经典突触的微细结构**　经典的突触由突触前膜、突触间隙和突触后膜三部分组成。突触前膜即前一个神经元轴突终末突触小体的膜，与突触前膜相对应的突触后神经元的胞体膜或突起膜为突触后膜，突触前、后膜之间存在的间隙为突触间隙。在突触前膜突触小体的轴浆内，含有较多的线粒体和大量聚集的突触囊泡，突触囊泡内含高浓度的神经递质。突触后膜上存在与前膜所释放递质相应的特异性受体或化学门控通道（图 2-10-3）。

**2. 非定向突触的结构**　非定向突触传递的典型例子是自主神经节后纤维（主要是交感神经节后纤维）与效应器细胞之间的接头。如在交感神经节后纤维的众多轴突末梢分支上，每隔约 5 μm 会出现一个含有大量小而具有致密中心的突触囊泡的膨大结构，称为**曲张体**（varicosity）。曲张体在分支上呈串珠状，内含有高浓度的去甲肾上腺素，不与突触后成分（如平滑肌细胞）形成经典的突触联系，而是沿着分支抵达效应器细胞的近旁（图 2-10-4）。在心脏，胆碱能神经与心肌之间的接头传递也属于此类突触传递。非定向突触传递也可见于中枢神经系统，如在大脑皮层内的直径很细的无髓鞘去甲肾上腺素能纤维，中枢 5-羟色胺能纤维，黑质多巴胺能纤维等。

**3. 电突触结构**　电突触的结构基础是缝隙连接，连接处相邻两个神经元细胞膜之间距离很近，两侧膜均不增厚，两侧近旁胞质中也无突触囊泡，两侧膜上的连接子端端相接，形成连通两个细胞质

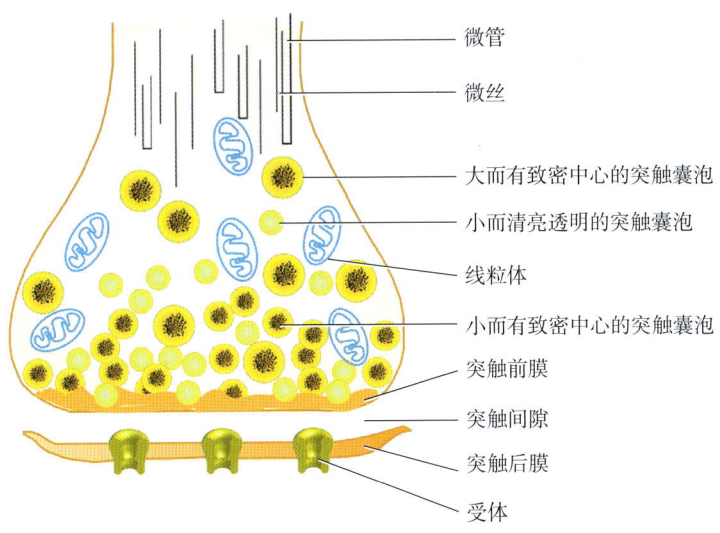

图 2-10-3 经典化学性突触结构模式图

的水相孔道，允许带电离子通过而传递电信息。

（三）经典突触的传递过程

**1. 突触传递的基本过程** 当突触前神经元兴奋，产生的动作电位传到神经末梢时，可引起突触前膜去极化，当突触前膜去极化达一定水平时，前膜上的电压门控钙通道开放，细胞外 $Ca^{2+}$ 进入末梢轴浆内，轴浆内 $Ca^{2+}$ 浓度瞬时升高，触发突触囊泡以出胞方式量子式释放其内的递质。递质释放在 0.2~0.5 ms 内即可完成，递质的释放量与进入轴浆内的 $Ca^{2+}$ 量呈正相关。这一过程结束后，轴浆内积聚的 $Ca^{2+}$ 主要经由 $Na^+$-$Ca^{2+}$ 反向转运体迅速被转运到细胞外，使轴浆内 $Ca^{2+}$ 浓度迅速恢复。神经递质释入突触间隙后，经扩散抵达突触后膜并作用于其上的特异性受体或化学门控通道，引起后膜对某些离子通透性的改变，使某些带电离子进出后膜，或是使某些带电离子进出后膜的量发生改

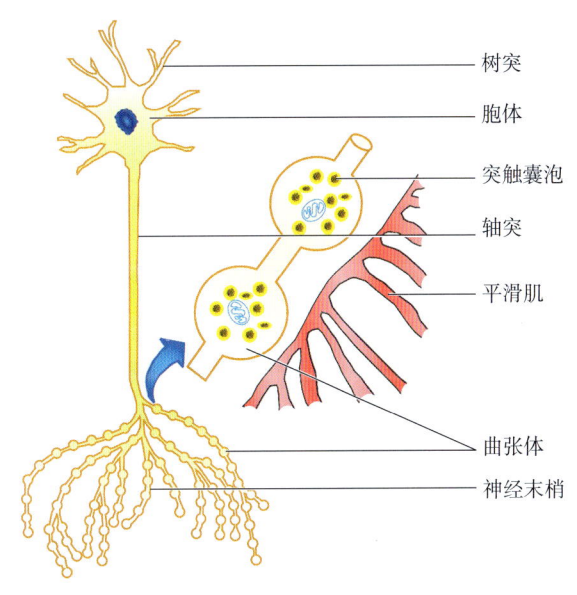

图 2-10-4 非定向突触结构模式图

变，进而引起突触后膜发生一定程度的去极化或超极化的电位变化，这种发生在突触后膜上的电位变化称为**突触后电位**（postsynaptic potential）。神经递质与受体或通道作用后立即被相应的酶水解或通过再摄取、膜循环方式移除。

经典突触的传递过程是一个"电-化学-电"的过程，通过突触前神经元的生物电活动，诱发突触前神经末梢化学递质的释放，最终导致突触后神经元的电活动变化。

**2. 突触后神经元的电活动** 根据突触后膜发生去极化或超极化，可将突触后电位分为兴奋性突触后电位和抑制性突触后电位。

（1）兴奋性突触后电位：突触传递在突触后膜引起的去极化突触后电位称为**兴奋性突触后电位**（excitatory postsynaptic potential，EPSP）。来自伸肌肌梭的传入冲动在脊髓前角伸肌运动神经元引起的去极化，是典型的兴奋性突触后电位，其形成机制是兴奋性递质作用于突触后膜的相应受体，使后膜对 $Na^+$ 和 $K^+$ 的通透性增大，尤其是 $Na^+$ 的通透性，由于 $Na^+$ 的内流大于 $K^+$ 的外流，故发生净内

向电流，导致细胞膜的局部去极化。兴奋性突触后电位是局部电位，不仅可以提高突触后神经元的兴奋性，使之容易发生兴奋，还可以通过总和达到阈电位水平后在突触后神经元轴突始段诱发动作电位。

（2）抑制性突触后电位：突触传递在突触后膜引起的超极化突触后电位称为**抑制性突触后电位**（inhibitory postsynaptic potential，IPSP）。来自伸肌肌梭的传入冲动在兴奋脊髓伸肌运动神经元的同时，可通过抑制性中间神经元抑制脊髓屈肌运动神经元。刺激伸肌肌梭的传入纤维，在屈肌运动神经元膜引起的超极化是典型的抑制性突触后电位，其形成机制是抑制性中间神经元释放的抑制性递质作用于突触后膜，主要使后膜上递质门控氯通道开放，$Cl^-$内流，导致突触后膜发生超极化，使该突触后神经元兴奋性降低。

### （四）神经-肌接头的传递过程

详见下篇第二章细胞的基本功能：神经-肌接头兴奋的传递。

### （五）非定向突触和电突触的传递过程

## 三、神经递质与受体

化学性突触传递包括定向和非定向突触传递，均以神经递质为信息传递的媒介物，而神经递质需要作用于相应的受体才能完成信息传递。因此，神经递质和受体是化学性突触传递最重要的物质基础。

微课 2-10-1　乙酰胆碱及其受体
微课 2-10-2　去甲肾上腺素和肾上腺素及其受体

### （一）神经递质

**神经递质**（neurotransmitter）指由突触前神经元合成并释放，能特异性地作用于突触后神经元或效应器细胞上的受体，并使突触后神经元或效应器细胞产生一定效应的信息传递物质。哺乳动物的神经递质种类很多，已知的达100多种，根据其化学结构，可将神经递质分成胆碱类、胺类、氨基酸类、肽类、嘌呤类、气体类和脂类等若干大类；根据神经递质存在部位的不同，可将神经递质分为外周神经递质和中枢神经递质；根据神经递质生理功能的不同，可将神经递质分为兴奋性神经递质和抑制性神经递质；根据神经递质分子大小的不同，可将神经递质分为神经肽和小分子神经递质。

除递质外，神经元还能合成和释放一些化学物质，这些化学物质并不在神经元之间直接起信息传递作用，但能增强或削弱递质的信息传递效应，这类对递质信息传递起调节作用的物质称为**神经调质**（neuromodulator）。调质所发挥的作用称为**调制作用**（modulation）。神经调质的来源并不限于神经元，神经胶质细胞或某些分泌细胞也可合成和释放。实际上，神经递质和神经调质之间有时并没有十分明显的界限，在某一特定突触起传递信息作用的神经递质也可在其他种类的突触作为调质起作用，而在某些情况下神经调质也可发挥神经递质的作用。

过去一直认为，一个神经元内只存在一种神经递质，且其全部末梢均释放同一种神经递质，这一观点目前已被修正，因为已发现可有两种或两种以上的神经递质（包括调质）共存于同一神经元内，这种现象称为**递质共存**（transmitter coexistence）。递质共存的意义在于协调某些生理功能活动。例如，猫唾液腺接受副交感神经和交感神经的双重支配。副交感神经内含乙酰胆碱和血管活性肠肽，前者能引起唾液分泌，后者则可舒张血管，增加唾液腺的血供，并增强唾液腺上胆碱能受体的亲和力，两者共同作用使唾液腺分泌大量稀薄的唾液。交感神经内含去甲肾上腺素和神经肽Y，前者有促进唾液分泌和减少血供的作用，后者则主要收缩血管，减少血供，两者共同作用使唾液腺分泌少量黏稠的唾液。

**1. 外周神经递质**　主要指由自主神经和躯体运动神经末梢所释放的递质，主要有乙酰胆碱和去甲肾上腺素。

（1）**乙酰胆碱**：是胆碱的乙酰酯，由胆碱和乙酰辅酶A在胆碱乙酰移位酶的催化下于胞质内合成，然后被输送到轴突末梢，储存于突触囊泡内。释放的乙酰胆碱在发挥作用后主要被胆碱酯酶迅速水解清除而终止其效应。在外周，支配骨骼肌的运动神经纤维、所有自主神经节前纤维、大多数副交感节后纤维（少数释放肽类或嘌呤类递质的纤维除外）、少数交感节后纤维（如支配多数小汗腺的纤维和支配骨骼肌血管的舒血管纤维）都是释放乙酰胆碱作为递质的。以乙酰胆碱为递质的神经纤维称为胆碱能纤维。

（2）**去甲肾上腺素**（norepinephrine，NE 或 noradrenaline，NA）：属于儿茶酚胺类物质，以酪氨酸为合成原料。胞质内酪氨酸首先在酪氨酸羟化酶和多巴脱羧酶的作用下形成多巴胺，然后多巴胺进入突触囊泡经多巴胺-β-羟化酶催化而生成去甲肾上腺素。在外周，多数交感节后纤维（除支配汗腺和骨骼肌血管的交感胆碱能纤维外）是以释放去甲肾上腺素作为递质的。以去甲肾上腺素为递质的神经纤维称为肾上腺素能纤维。

**2. 中枢神经递质**　有几十种，比较重要的中枢神经递质有乙酰胆碱、单胺类神经递质、氨基酸类神经递质、肽类神经递质和嘌呤类神经递质等。

（1）**乙酰胆碱**：以乙酰胆碱为递质的神经元称为胆碱能神经元。胆碱能神经元在中枢的分布极为广泛，脊髓前角运动神经元、丘脑后部腹侧的特异性感觉投射神经元、脑干网状结构上行激动系统、纹状体、前脑基底核、边缘系统的梨状区、杏仁核、海马等部位都有胆碱能神经元的分布。胆碱能神经元在传递特异感觉、维持机体觉醒状态，以及调节躯体运动、心血管活动、呼吸、体温、摄食、饮水与促进学习和记忆等生理活动中均起重要作用。此外，乙酰胆碱还参与镇痛与应激反应。

（2）**单胺类神经递质**：包括去甲肾上腺素、肾上腺素、多巴胺、5-羟色胺和组胺等。它们的共同特点是神经元胞体在中枢分布相对集中，而纤维投射范围非常广泛。

在中枢神经系统内，以去甲肾上腺素为递质的神经元称为去甲肾上腺素能神经元，以肾上腺素为递质的神经元称为肾上腺素能神经元。在不特意区分时，肾上腺素能神经元常包括去甲肾上腺素能神经元在内。以去甲肾上腺素或肾上腺素为递质的神经纤维称为肾上腺素能纤维。去甲肾上腺素能神经元胞体绝大多数位于低位脑干，尤其是中脑网状结构、脑桥的蓝斑以及延髓网状结构的腹外侧部分，其纤维投射分上行部分、下行部分和支配低位脑干部分。其上行部分投射到大脑皮层、边缘前脑和下丘脑，下行部分投射至脊髓后角的胶质区、侧角和前角。以肾上腺素为递质的肾上腺素能神经元胞体主要分布在延髓，其纤维投射也有上行和下行部分。去甲肾上腺素能神经元对睡眠与觉醒、学习与记忆、体温、情绪、摄食行为及躯体运动与心血管活动等多种功能均有作用，肾上腺素能神经元主要功能是参与血压和呼吸的调控。

（3）**氨基酸类神经递质**：在中枢神经系统中，大部分神经递质是氨基酸类，在中枢突触传递中起重要作用，主要包括谷氨酸、门冬氨酸、甘氨酸和γ-氨基丁酸，前两者为兴奋性氨基酸，后两者为抑制性氨基酸。**谷氨酸**（glutamic acid 或 glutamate，Glu）是脑和脊髓内主要的兴奋性递质，在大脑皮层和脊髓背侧部分含量相对较高，在中枢兴奋传递、学习与记忆、应激反应以及初级痛信息传递中起重要作用。**门冬氨酸**（aspartic acid 或 aspartate，Asp）多见于视皮层的锥体细胞和多棘星状细胞。目前关于门冬氨酸研究的资料较少。**γ-氨基丁酸**（γ-aminobutyric acid，GABA）是脑内主要的抑制性递质，在大脑皮层浅层和小脑皮层浦肯野细胞层含量最高，在调节内分泌活动、维持骨骼肌的正常兴奋性以及镇痛等方面起重要作用。**甘氨酸**（glycine，Gly）主要分布于脊髓和脑干。在脊髓，甘氨酸能神经元参与对感觉信息的调节和脊髓运动功能的调控。

**（二）受体**

神经递质作为传递信息的第一信使，必须选择性地作用于突触后膜或效应器细胞上的受体，才能发挥作用。**受体**（receptor）指位于细胞膜上或细胞内能与某些化学物质（如递质、调质、激素等）

特异结合并诱发特定生物学效应的特殊生物分子。位于细胞膜上的受体称为膜受体，是带有糖链的跨膜蛋白质分子。与神经递质结合的受体一般为膜受体，一般存在于突触后膜，实现神经元间或神经元与效应器间的信息传递。但也有分布于突触前膜的受体，称为突触前受体。突触前受体被激活后，可通过调制（抑制或易化）突触前末梢的递质释放来影响突触的传递效应。与受体特异性结合并能增强受体的生物活性的化学物质，称为受体的**激动剂（agonist）**。与受体特异性结合后不能改变受体的生物活性，反因占据受体而产生对抗激动剂效应的化学物质，称为受体的**拮抗剂（antagonist）或阻断剂（blocker）**。激动剂和拮抗剂二者统称为**配体（ligand）**，但在多数情况下配体主要是指激动剂。此外，各种神经递质受体都有若干种类，许多种类的受体又可进一步分为多个甚至多级亚型，构成多种所谓的受体家族或超家族。受体种类的不同和受体亚型的存在，使一种神经递质能选择性地作用于多种效应器细胞而产生多种多样的生物学效应。

**1. 胆碱受体** 能与乙酰胆碱特异性结合的受体称为**胆碱受体（cholinergic receptor）**。胆碱受体广泛分布于中枢和周围神经系统，中枢胆碱能系统参与神经系统几乎所有功能，周围胆碱能系统主要涉及自主神经系统和骨骼肌活动的调节。根据药理学特性，胆碱能受体可分为**毒蕈碱受体（muscarinic receptor）和烟碱受体（nicotinic receptor）**两类，分别简称为 M 受体和 N 受体。M 受体为 G 蛋白耦联受体，可分为 $M_1 \sim M_5$ 五种亚型。$M_1$ 受体在脑内含量丰富，$M_2$ 受体主要分布于心脏，$M_3$ 受体分布于多种平滑肌，$M_4$ 受体分布于多种平滑肌以及胰腺腺泡和胰岛组织，$M_5$ 受体分布情况不详。M 受体激活时的效应包括心脏活动抑制，支气管和胃肠平滑肌、膀胱逼尿肌、虹膜环行肌收缩，消化腺、汗腺分泌增加和骨骼肌血管舒张等。这些作用统称为毒蕈碱样作用（简称 M 样作用），可被 M 受体拮抗剂**阿托品（atropine）**阻断。N 受体是离子通道型受体，有 $N_1$ 和 $N_2$ 两种亚型，前者主要分布于中枢神经系统和自主神经节后神经元，故又称神经元型烟碱受体；后者主要分布于骨骼肌神经-肌接头处的终板膜上，故又称肌肉型烟碱受体。小剂量乙酰胆碱能兴奋自主神经节后神经元，也能收缩骨骼肌；而大剂量乙酰胆碱可能因 $N_1$ 受体脱敏、神经元过度去极化导致的钠通道失活等原因而产生自主神经节阻滞作用，所有这些作用统称为烟碱样作用（简称 N 样作用）。N 样作用不能被阿托品阻断，但能被筒箭毒碱阻断。

**2. 肾上腺素受体** 能与去甲肾上腺素和肾上腺素结合的受体称为**肾上腺素受体（adrenergic receptor）**。根据药理学特性，肾上腺素能受体可分为 α 型肾上腺素能受体（简称 α 受体）和 β 型肾上腺素能受体（简称 β 受体）两类，前者又有 $α_1$ 和 $α_2$ 受体 2 种亚型，后者又有 $β_1$、$β_2$ 和 $β_3$ 受体 3 种亚型，所有的肾上腺素能受体都属于 G 蛋白耦联受体。

肾上腺素能受体广泛分布于中枢和周围神经系统。在外周，多数交感节后纤维末梢支配的效应器细胞膜上都有肾上腺素能受体，但不一定两种受体都有，有的仅有 α 受体，有的仅有 β 受体，也有的兼有两种受体，而且受体的密度也有差异。例如，心肌主要存在 β 受体，血管平滑肌上有 α 和 β 两种受体，但在皮肤、肾、胃肠的血管平滑肌上以 α 受体为主，在骨骼肌和肝脏的血管平滑肌上以 β 受体为主。去甲肾上腺素和肾上腺素对各类肾上腺素能受体及其各种亚型的亲和力也不同，致使它们各自在不同浓度下对不同类型受体的激活程度和比例也不同。在外周，去甲肾上腺素对 α 受体的作用较强，对 β 受体的作用则较弱，而作为内分泌激素的肾上腺素对 α 受体和 β 受体的作用都很强。

一般而言，去甲肾上腺素和肾上腺素具有广泛且相似的生理作用，但由于各脑区和各效应器官所表达受体类型和密度的不同，以及去甲肾上腺素和肾上腺素对各类型受体亲和力的不同，致使去甲肾上腺素和肾上腺素的作用往往存在差异。在中枢，去甲肾上腺素激活肾上腺素能受体的效应涉及心血管活动、精神情绪活动、体温、摄食和觉醒等方面，而肾上腺素激活受体的效应主要参与心血管活动的调节。在外周，去甲肾上腺素与 α 受体（主要是 $α_1$ 受体）结合所产生的平滑肌效应主要是兴奋性的，包括血管、子宫、虹膜辐射状肌等的收缩，但也有抑制性的，如小肠舒张（主要是 $α_2$ 受体）。去甲肾上腺素与 β 受体（主要是 $β_2$ 受体）结合所产生的平滑肌效应主要是抑制性的，包括血管、子宫、小肠、支气管等的舒张，但与心肌 $β_1$ 受体结合产生的效应却是兴奋性的。$β_3$ 受体主要分布于脂肪组织，与脂肪分解有关。

酚妥拉明能阻断 α 受体，包括 $α_1$ 和 $α_2$ 受体，但主要是 $α_1$ 受体。哌唑嗪和育亨宾可分别选择性阻断 $α_1$ 和 $α_2$ 受体。普萘洛尔（心得安）能阻断 β 受体，但对 $β_1$ 和 $β_2$ 受体无选择性。阿替洛尔和美托洛尔主要阻断 $β_1$ 受体，丁氧胺主要阻断 $β_2$ 受体。

**3. 谷氨酸受体**　可分为促离子型受体和促代谢型受体两种类型，促离子型受体通常可再分为 NMDA 受体、KA 受体和 AMPA 受体。NMDA 受体对谷氨酸的反应较慢，但其耦联通道的电导相对较高，激活时对 $Na^+$、$K^+$、$Ca^{2+}$ 都能通透。KA 受体和 AMPA 受体对谷氨酸的反应较快，但其所耦联通道的电导较低，KA 受体激活时主要对 $Na^+$ 和 $K^+$ 通透，AMPA 受体激活时主要对 $Na^+$ 或 $Ca^{2+}$ 通透。促代谢型谷氨酸受体一般是通过降低胞内 cAMP 或升高胞内 $IP_3$ 和 DG 水平发挥作用。

**4. GABA 受体**　可分出 $GABA_A$、$GABA_B$ 和 $GABA_C$ 受体三种亚型。$GABA_A$ 和 $GABA_B$ 受体广泛分布于中枢神经系统，$GABA_C$ 受体主要存在于视网膜和视觉通路中。$GABA_A$ 和 $GABA_C$ 受体均属于促离子型受体，其耦联通道都是氯通道，激活时 $Cl^-$ 内流增加，可引起突触后膜超极化而产生抑制性突触后电位。$GABA_B$ 受体属于促代谢型受体，在突触前和突触后均有分布。突触前 $GABA_B$ 受体激活后，可通过相耦联的 G 蛋白增加 $K^+$ 外流，减少 $Ca^{2+}$ 内流，使递质释放减少，是突触前抑制发生的可能机制之一。突触后 $GABA_B$ 受体激活后，则可通过 G 蛋白抑制腺苷酸环化酶，激活钾通道，$K^+$ 外流增加，也可引起突触后膜超极化而产生抑制性突触后电位。

## 第二节　神经中枢活动的一般规律

### 一、反射活动与反射中枢

神经系统功能活动的基本方式是**反射**（reflex）。反射活动的基本过程是：感受器感受到一定的刺激后兴奋，兴奋以神经冲动的形式经传入神经传向中枢，中枢进行分析和整合后产生兴奋过程，中枢的兴奋经传出神经到达效应器，最终效应器发生某种活动的改变。突触是反射弧各个交接环节相互联络的基础，并借此将神经元的信息逐级传递下去，最终完成反射活动。中枢是反射弧中最为复杂的部位，不同反射的中枢范围可相差很大，在中枢只经过一次突触传递的反射，称为单突触反射。腱反射是体内唯一仅通过单突触反射即可完成的反射。而在中枢经过多次突触传递的反射，称为多突触反射。人和高等动物体内的大部分反射都属于多突触反射。需指出的是，在整体情况下，无论是简单的还是复杂的反射，传入冲动进入脊髓或脑干后，除在同一水平与传出部分发生联系并发出传出冲动外，还有上行冲动传到更高级的中枢部位进一步整合，后者再发出下行冲动来调整反射的传出冲动。因此，进行反射时，既有初级水平的整合，也有较高级水平的整合，在通过多级水平的整合后，反射活动将更具有复杂性和适应性。

### 二、中枢神经元的联系方式

在多突触反射中，中枢神经元彼此之间通过突触构成非常复杂而多样的联络方式，归纳起来主要有以下几种：单线式联系、辐散式和聚合式联系、链锁式和环式联系。

#### （一）单线式联系

单线式联系指一个突触前神经元仅与一个突触后神经元发生突触联系（图 2-10-5 A）。例如，视网膜中央凹处的一个视锥细胞通常只与一个双极细胞形成突触联系，而该双极细胞也只与一个神经节细胞形成突触联系，这种联系方式可使视锥系统具有较高的分辨能力。其实，绝对的单线式联系很少见，会聚程度较低的突触联系通常被视为单线式联系。

### （二）辐散式和聚合式联系

辐散式联系指一个神经元可通过其轴突末梢分支与多个神经元形成突触联系（图2-10-5 B）。辐散式联系的生理意义是：①将信息的影响范围成倍增加。如皮层一个大锥体细胞产生的神经冲动进入脊髓，可影响周围15~20个中间神经元的兴奋，如果条件适当，每个兴奋的中间神经元可再引起数百个前角运动神经元兴奋，而每个兴奋的前角运动神经元又可引起100~300根肌纤维兴奋，使信息的影响范围大大增加。②将信息扩散到神经系统的不同部位。如进入脊髓的传入神经元，其发出的分支除了与本节段的脊髓中间神经元及传出神经元发生联系外，还可通过其上升支或下降支与脊髓其他节段的中间神经元发生突触联系，从而将信息扩散到神经系统的不同部位。这种联系方式在传入通路中较多见。

聚合式联系指一个神经元可接受来自多个神经元轴突末梢的投射而建立突触联系（图2-10-5 C）。这种联系方式在传出通路中较为多见。如一个脊髓前角运动神经元，既能接受来源于脊髓背根的直接传入信息，同时也能接受来自脊髓内部其他中间神经元的信息以及来自大脑皮层或其他高位中枢经长距离下行到达脊髓前角的信息。聚合式联系的生理意义是：将来自不同神经元的兴奋和抑制在同一神经元上进行整合，从而引起后者产生兴奋或抑制。

### （三）链锁式和环式联系

在神经通路中，如果由中间神经元构成的辐散与聚合式联系同时存在，则可形成链锁式联系（图2-10-5 D）或环式联系（图2-10-5 E）。前者一般是神经元通过其侧支一个接一个依次连接形成，后者则是神经元通过其轴突侧支与中间神经元联系后再返回到该神经元形成。神经冲动通过链锁式联系，可扩大空间作用范围。环式联系在神经活动中的作用取决于中间神经元的性质，当兴奋通过兴奋性中间神经元构成突触联系时，其兴奋可得到加强或延长，起正反馈作用；如果有抑制性中间神经元参与，由于返回抑制作用，可使原来神经元活动减弱或停止，起负反馈作用。在环式联系中，有时即使最初的刺激已经停止，传出通路上冲动发放仍能继续一段时间，这种现象称为**后发放**或**后放电**（after discharge）。后发放现象也可见于各种神经反馈活动中。

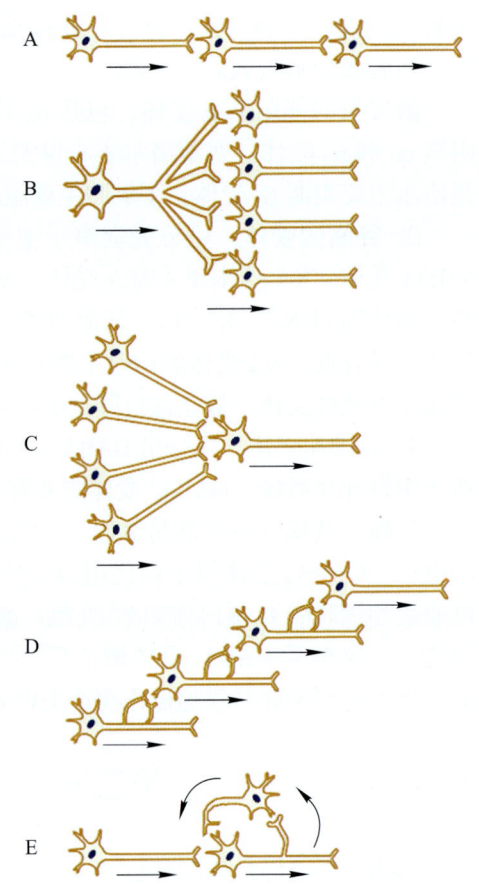

图2-10-5　中枢神经元的联系方式模式图
A. 单线式联系；B. 辐散式联系；C. 聚合式联系；D. 链锁式联系；E. 环式联系

## 三、反射中枢内兴奋传递的特征

神经冲动在反射中枢传递时，往往需要通过一次以上的突触接替，由于受突触结构和化学递质参与等因素的影响，中枢兴奋传递明显不同于神经纤维上的冲动传导。中枢内兴奋传递主要表现出以下特征。

### （一）单向传播

在反射活动中，兴奋经化学性突触传递，只能从突触前末梢传向突触后神经元，这一现象称为**单向传播**（one-way conduction）。这是因为递质通常由突触前末梢释放，而相应的受体主要位于突触后膜。化学性突触传递的单向传播具有重要意义，它限定了神经兴奋传导所携带的信息只能沿着指定的路线运行。

## （二）中枢延搁

兴奋经中枢传播时往往较慢，历时较长，这一现象称为**中枢延搁**（central delay）。这是因为神经冲动在反射中枢传递时，往往需要通过一次以上的突触接替，而且每次化学性突触传递时，都需要经历递质释放、递质在突触间隙内扩散、递质与后膜上受体结合、后膜离子通道开放等多个环节。兴奋通过一个化学性突触至少需要 0.5 ms。反射中枢传递兴奋经过的突触数目越多，兴奋传递所需的时间越长，中枢延搁越明显。在人类，完成一次膝反射的反应时间为 19~24 ms，中枢延搁为 0.6~0.9 ms，所以膝反射被认为是单突触反射。

## （三）兴奋的总和

在反射活动中，单根神经纤维传入冲动一般不能使中枢发出传出效应，需有若干神经纤维的传入冲动同时或几乎同时到达同一中枢，才可能产生传出效应。这是因为单根纤维单个传入冲动引起的兴奋性突触后电位是局部电位，去极化幅度较小（明显小于骨骼肌单个终板电位），一般不能引发突触后神经元产生动作电位。但若干传入纤维引起的多个兴奋性突触后电位可发生空间与时间总和，则容易达到阈电位水平而爆发动作电位。如果总和未到达阈电位，此时突触后神经元虽未出现兴奋，但膜电位去极化程度加大，更接近阈电位水平，表现为易化。

## （四）兴奋节律的改变

测量某一反射弧的传入神经（突触前神经元）和传出神经（突触后神经元）在兴奋传递过程中的放电频率，发现两者往往不同。这是因为突触后神经元常同时接受多个突触前神经元的突触传递，突触后神经元自身功能状态也可能不同，且反射中枢常经过多个中间神经元接替，因此最后传出冲动的频率取决于各种影响因素的综合效应。

## （五）后发放与反馈

如前所述，后发放可发生在兴奋通过环式联系的反射通路中。此外，后发放也见于各种神经反馈活动中。反射从感受器接受刺激至产生效应似乎是一个开环通路，但实际上常为一个闭合回路，因为效应器活动所引起的变化可再次作为刺激因素被感受器感受并引起反射效应，如此循环反复，因而具有自动控制能力。例如，随意运动发动后，中枢将不断收到由肌梭返回的关于肌肉运动的反馈信息，用以纠正和维持原先的反射活动。

## （六）对内环境变化敏感和易疲劳

因为突触间隙与细胞外液相通，因而内环境理化因素的变化，如缺氧、$CO_2$ 过多、麻醉剂及某些药物等均可影响化学性突触传递。另外，用高频电脉冲连续刺激突触前神经元，突触后神经元的放电频率将逐渐降低，而将同样的刺激施加于神经纤维，神经纤维的放电频率在较长时间内不会降低。说明突触传递相对容易发生疲劳，其原因可能与神经递质的耗竭有关。

## 四、中枢抑制

反射中枢的各类神经元通过在空间和时间上的多重复杂组合，可产生抑制和易化两种效应，分别称为**中枢抑制**（central inhibition）和**中枢易化**（central facilitation）。在任何反射中，中枢活动总是既有抑制又有易化，正因为如此，反射活动才得以协调进行。中枢抑制包括突触后抑制和突触前抑制。

### （一）突触后抑制

**突触后抑制**（postsynaptic inhibition）指由中枢内抑制性中间神经元释放抑制性递质，通过产生抑制性突触后电位对突触后神经元产生的抑制效应。突触后抑制有传入侧支性抑制和回返性抑制两种形式。

**1. 传入侧支性抑制**　传入冲动进入中枢后，一方面通过突触联系兴奋反射通路上的某一中枢神经元，另一方面通过侧支兴奋一个抑制性中间神经元，再通过后者的活动抑制另一个中枢神经元

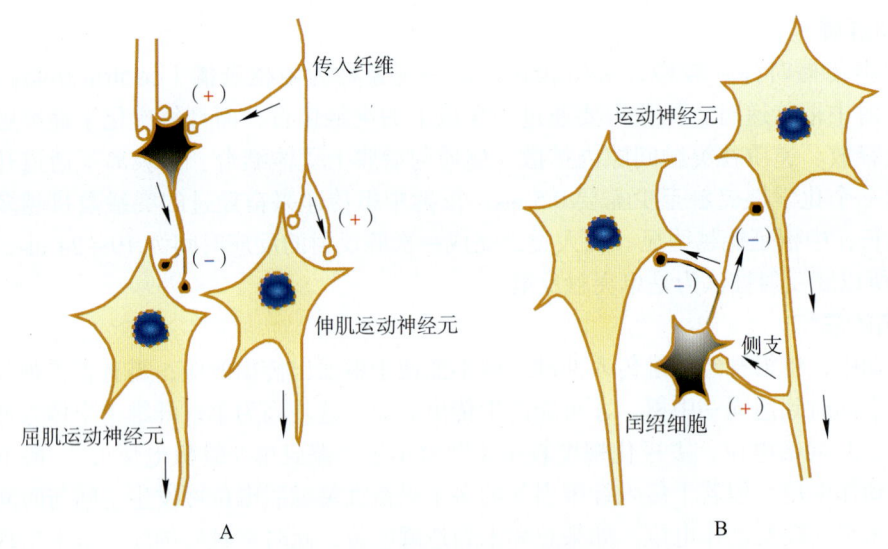

图 2-10-6　传入侧支性抑制和回返性抑制模式图
A. 传入侧支性抑制；B. 回返性抑制；(+)：兴奋 (-)：抑制

(图 2-10-6 A)，这种抑制称为**传入侧支性抑制**（afferent collateral inhibition），也称**交互性抑制**（reciprocal inhibition）。伸肌肌梭的传入冲动对与该肌相拮抗的屈肌运动神经元的抑制就是典型的传入侧支性抑制，其基本过程是：伸肌肌梭的传入纤维进入脊髓后，在直接兴奋伸肌运动神经元的同时发出侧支兴奋一个抑制性中间神经元，并通过该抑制性中间神经元抑制屈肌运动神经元，导致伸肌收缩而屈肌舒张。传入侧支性抑制的生理意义在于使不同中枢之间的活动得以协调。

2. **回返性抑制**　中枢神经元兴奋时，传出冲动沿轴突外传，同时又经轴突侧支兴奋一个抑制性中间神经元，后者释放抑制性递质，反过来抑制原先发生兴奋的神经元及同一中枢的其他神经元（图 2-10-6 B），这种抑制称为**回返性抑制**（recurrent inhibition）。例如，脊髓前角运动神经元的轴突支配骨骼肌发动运动，同时其轴突侧支与闰绍细胞构成突触联系，闰绍细胞再通过其短轴突（递质为甘氨酸）回返性地抑制原先发动运动的神经元和其他同类神经元。回返性抑制的生理意义在于及时终止神经元的活动，并使同一中枢内许多神经元的活动同步化。士的宁和破伤风毒素可破坏闰绍细胞的功能，阻断回返性抑制，导致骨骼肌痉挛。

（二）突触前抑制

如果一个神经元的轴突末梢与另一个兴奋性神经元的轴突末梢形成轴突-轴突式突触，前者（第一个神经元）兴奋时释放的递质就可影响后者（第二个神经元）兴奋时在其突触后的第三个神经元的胞体产生的兴奋性突触后电位。在以上突触联系模式中，如果第一个神经元兴奋时释放的递质能相对地降低了第二个神经元兴奋时在第三个神经元的胞体产生的兴奋性突触后电位，就称为**突触前抑制**（presynaptic inhibition）。如图 2-10-7 所示，在脊髓灰质后角，源自脊神经后根感觉神经纤维的轴突末梢 A 与脊髓第一级感觉上行投射神经元 C 构成轴突-胞体式突触，后角内中间神经元的轴突末梢 B 与末梢 A 构成轴突-轴突式突触，但与神经元 C 不

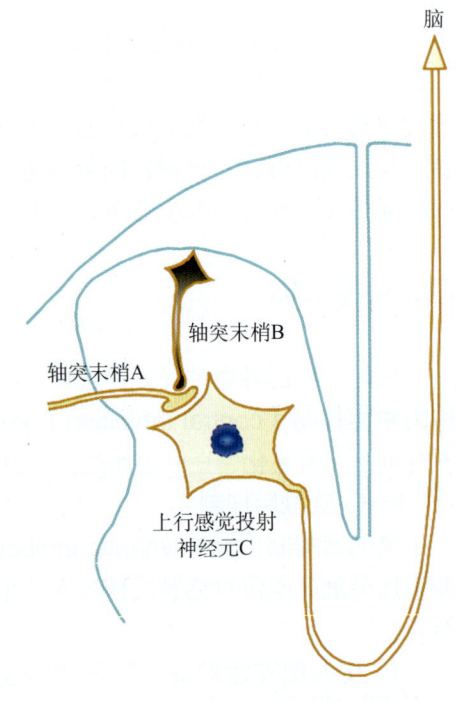

图 2-10-7　突触前抑制模式图

直接形成突触。若仅兴奋末梢 A，可引起神经元 C 产生兴奋性突触后电位；若仅兴奋末梢 B，神经元 C 不发生反应；若末梢 B 先兴奋，短时间后末梢 A 再兴奋，神经元 C 产生的兴奋性突触后电位将明显减小，使之不能产生兴奋而呈现抑制效应。可见突触前抑制是通过中间神经元的活动，使突触前膜发生去极化、释放的递质量减少来实现，是突触前膜向突触后膜传递信息的作用减弱所造成的传递抑制，因此突触后膜的兴奋性并没有改变。又因为这种抑制发生时，后膜产生的不是超极化，而是去极化，形成的不是抑制性突触后电位，只是减小了的兴奋性突触后电位，所以突触前抑制为去极化抑制。突触前抑制在中枢内广泛存在，尤其多见于感觉传入通路中，对调节感觉传入活动具有重要意义。

## 五、中枢易化 🅔

## 第三节　神经系统的感觉功能

感觉是客观物质世界在脑的主观反映。感觉的产生是感受器或感觉器官、神经传导通路和感觉中枢三部分共同活动的结果。本节主要介绍躯体感觉传导通路和痛觉。

### 一、脊髓的感觉传导功能

躯体深感觉（即本体感觉）和精细触-压觉的传入纤维进入脊髓后沿后索的薄束和楔束上行至延髓下部的薄束核和楔束核更换神经元（简称换元），换元后的第二级神经元发出纤维交叉至对侧组成内侧丘系，继续上行抵达丘脑的特异感觉接替核后外侧腹核并在此处更换第三级神经元。这条通路称为后索-内侧丘系传入系统。

浅感觉的传入纤维进入脊髓后在中央灰质后角换元，换元后的第二级神经元发出纤维经白质前连合交叉至对侧，在脊髓前外侧部上行，形成前外侧索传入系统。其中，传导痛觉和温度觉的纤维走行于外侧并形成脊髓丘脑侧束，传导粗略触-压觉的纤维走行于腹侧并形成脊髓丘脑前束。需要注意的是，有小部分传导粗略触-压觉的纤维不交叉至对侧，在同侧脊髓丘脑前束上行。前外侧索传入系统中大部分纤维终止于丘脑的特异感觉接替核，小部分纤维投射到丘脑中线区和髓板内的非特异投射核（图 2-10-8）。

由于传导痛觉、温度觉和粗略触-压觉的纤维先交叉后上行，传导本体感觉和精细触-压觉的纤维先上行后交叉，所以在一侧脊髓发生横断损伤的情况下，损伤平面以下，损伤同侧发生本体感觉和精细触-压觉障碍，损伤对侧（健侧）发生痛觉、温度觉和粗略触-压觉障碍。在脊髓空洞症患者，如果仅是较局限地破坏中央管前交叉的感觉传导路径，可出现痛觉、温度觉和粗略触-压觉障碍的分离现象，即出现病变节段以下双侧皮节的痛觉和温度觉障碍，而粗略触-压觉基本不受影响。这是因为痛觉、温度觉传入纤维进入脊髓后，在进入水平的 1~2 个节段内即全部换元并经前连合交叉到对侧，而粗略触-压觉传入纤维进入脊髓后则分成上行和下行纤维，并可在多个节段内分别换元再交叉到对侧。

### 二、丘脑及其感觉投射系统

丘脑是除嗅觉外的各种感觉传入通路的重要中继站，并能对感觉传入信息进行初步的分析和整合。根据丘脑各部分向大脑皮层投射特征的不同，可把**感觉投射系统**（sensory projection system）分为**特异性投射系统**（specific projection system）和**非特异性投射系统**（nonspecific projection system）（图 2-10-9）。

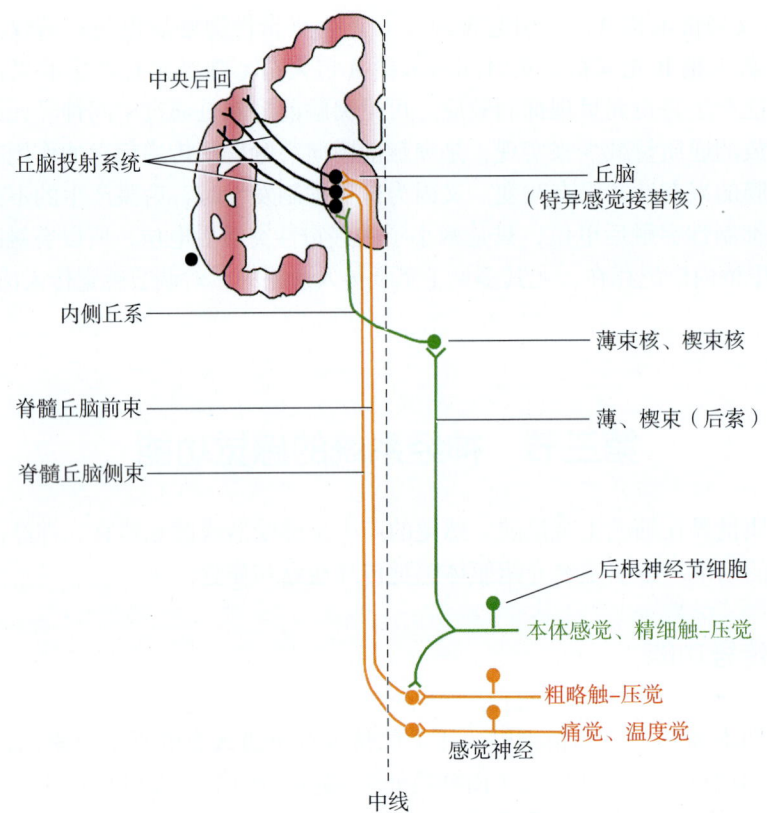

图 2-10-8 躯体感觉传导通路模式图

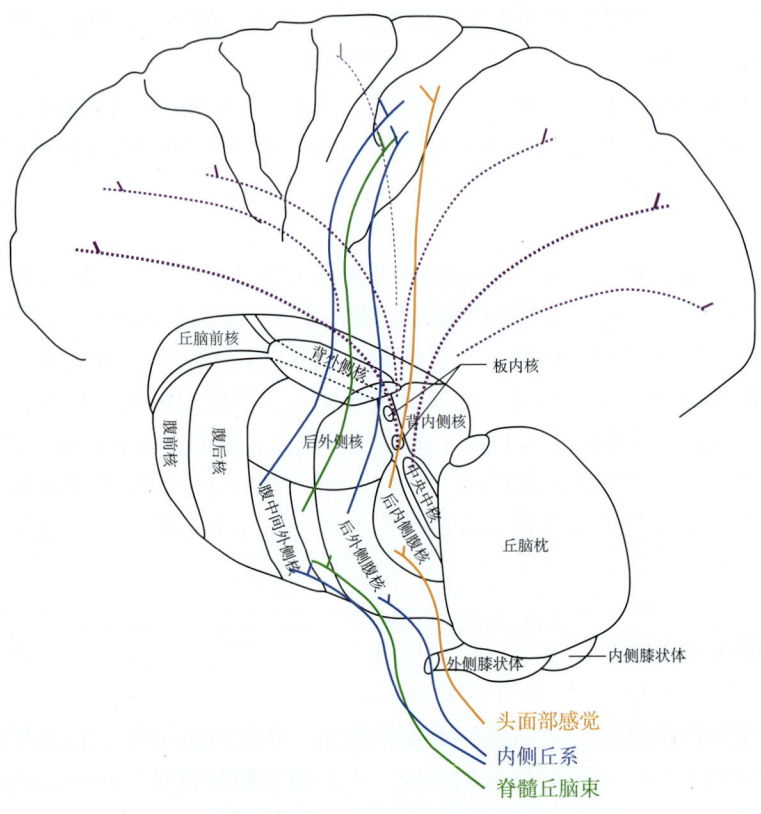

图 2-10-9 感觉投射系统模式图

实线：特异性投射系统；虚线：非特异性投射系统

特异性投射系统指丘脑特异感觉接替核和联络核及其投射至大脑皮层的神经通路。它们投向大脑皮层的特定区域，具有点对点的投射关系。投射纤维主要终止于皮层的第四层，其末梢形成丝球样结构，与该层内神经元构成突触联系，引起特定感觉。另外，这些投射纤维还通过若干中间神经元接替，与运动区或感觉运动皮层内的大锥体细胞构成突触联系，从而激发大脑皮层发出传出冲动。联络核在结构上大部分也与大脑皮层有特定的投射关系，因此也归入该系统。

非特异性投射系统指丘脑非特异投射核及其投射至大脑皮层的神经通路。该系统一方面弥散性投射到大脑皮层的广泛区域，且在投射途径中经多次换元，因而与皮层不具有点对点的投射关系；另一方面，该系统接受由感觉传导通路第二级神经元经过脑干网状结构多次换元后的纤维传入。由于该系统没有专一的感觉传导功能，因而不能引起各种特定感觉。该系统的上行纤维进入皮层后分布于各层内，以游离末梢的形式与皮层神经元的树突构成突触联系，起维持和改变大脑皮层兴奋状态的作用。

特异性投射系统与非特异性投射系统虽各自具有形态与功能上的特征，但二者又具有密不可分的关系。特异性投射系统产生特定感觉，有赖于非特异性投射系统提高皮层的兴奋水平及其所保持的醒觉状态；而非特异性传入冲动又来源于特异性投射系统的感觉传入信息。正常情况下，由于这二者之间的相互作用与配合，才能使大脑皮层既能处于觉醒状态，又能产生各种特定感觉。假如非特异性投射系统的功能缺失，人和动物将处于昏迷状态，各种特定感觉也将不可能形成。非特异性投射系统的功能缺失是脑外伤和脑疾病患者感觉和意识障碍的基础，也是某些麻醉药产生麻醉作用的部分机制。

## 三、大脑皮层的感觉分析功能

各种感觉传入冲动最后到达大脑皮层，通过精细的分析、综合而产生相应的感觉。皮层的不同区域在感觉功能上具有不同的分工，丘脑后腹核携带的躯体感觉信息经特异性投射系统所投射的大脑皮层特定区域称为**躯体感觉区**（somatosensory area），主要包括体表感觉区和本体感觉区。

（一）体表感觉区

体表感觉代表区有第一感觉区和第二感觉区两个感觉区，第一感觉区更为重要。

**1. 第一感觉区**　位于中央后回，其感觉投射规律为：①躯干和四肢部分的感觉为交叉性投射，即躯体一侧的传入冲动向对侧皮层投射，但头面部感觉的投射是双侧性的；②投射区域的大小与感觉分辨精细程度有关，分辨愈精细的部位，代表区愈大，如手，尤其是拇指和示指的代表区面积很大，而躯干的代表区却很小；③投射区域具有一定的分野，下肢膝以上的代表区在中央后回的顶部，膝以下的代表区在半球内侧面，上肢的代表区在中央后回的中部，头面部的代表区在中央后回的底部。总体安排是倒置的，但在头面部的代表区内部，其安排却是正立的（图2-10-10）。

**2. 第二感觉区**　位于大脑外侧沟的上壁，由中央后回底部延伸到脑岛的区域。其面积远较第一感觉区小。在第二感觉区，头部的代表区位于和中央后回底部相连的区域，足部的代表区则位于外侧沟上壁的最深处。身体各部分的定位不如中央后回那么完善和具体。切除人脑第二感觉区不会引起显著的感觉障碍。此外，第二感觉区还接受痛觉传入的投射。

（二）本体感觉区

中央前回是运动区，也是本体感觉代表区。在猫、兔等较低等的哺乳动物，体表感觉区与运动区基本重合在一起，称为感觉运动区。在猴、猩猩等灵长类动物，体表感觉区和运动区逐渐分离，分别位于中央后回和中央前回，但这种分化也是相对的。应该指出，运动区主要接受从小脑和基底神经节传来的反馈投射，这可能与随意运动的形成有关。

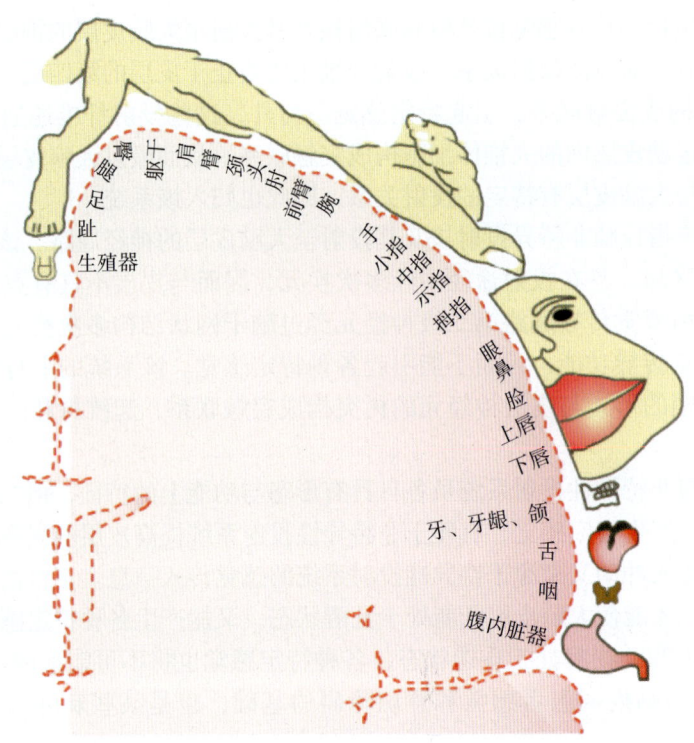

图 2-10-10 大脑皮层体表感觉代表区模式图

## 四、痛觉

**痛觉**（pain sensation）是与实际或潜在组织损伤相关联的不愉快的主观体验，常伴有情绪反应、防卫反应和自主神经反应。痛觉感受器不存在适宜刺激，任何形式（机械、温度、化学）的刺激只要达到对机体伤害的程度均可使痛觉感受器兴奋，因此痛觉感受器又称伤害性感受器。痛觉感受器不易发生适应，属于慢适应感受器，因而痛觉可成为机体遭遇危险的警报信号，对机体具有保护意义。

### （一）皮肤痛

当皮肤受到伤害性刺激时，可产生两种性质不同的痛觉，即快痛和慢痛。**快痛**是一种发生快、定位明确、性质尖锐的"刺痛"，一般不伴有明显的情绪改变，但常伴有防卫性反应。**慢痛**是一种发生慢、持续时间长、定位不明确的"烧灼"痛，一般在刺激作用后 0.5~1.0 s 才能被感觉到，常伴有明显的不愉快情绪反应和自主神经反应（心血管与呼吸等方面的反应）。快痛主要由有髓 $A_δ$ 类神经纤维传导，经特异性投射系统主要投射到大脑皮层第一感觉区。慢痛主要由无髓 C 类神经纤维传导，主要投射到扣带回。临床上，用普鲁卡因等局麻药所做的神经封闭治疗就是为了阻断痛觉冲动的传导，从而达到镇痛目的。

### （二）内脏痛和牵涉痛

**1. 内脏痛** 是临床常见症状，常由机械性牵拉、痉挛、缺血和炎症等刺激所引起。内脏痛具有以下特点：①定位不准确，这是内脏痛最主要的特点，如腹痛时病人常不能说清楚发生疼痛的明确位置，因为痛觉感受器在内脏的分布要比在躯体的分布稀疏得多；②发生缓慢，持续时间较长，且常呈渐进性增强，但有时也可迅速转为剧烈疼痛；③中空内脏器官（如胃、肠、胆囊和胆管等）壁上的感受器对扩张性刺激和牵拉性刺激十分敏感，而对针刺、切割、烧灼等通常易引起皮肤痛的刺激却不敏感；④常伴有情绪和自主神经活动的改变。内脏痛特别能引起不愉快的情绪活动，并伴有恶心、呕吐和心血管及呼吸活动改变，这可能与内脏痛信号可到达引起情绪和自主神经反应的中枢部位有关。

**2. 牵涉痛（referred pain）** 指某些内脏疾病引起远隔体表部位发生疼痛或痛觉过敏的现象。例如，心肌缺血时，常发生心前区、左肩和左臂尺侧疼痛；胃溃疡和胰腺炎时，可出现左上腹和肩胛间疼痛；胆囊炎、胆石症发作时常有右肩胛区疼痛；阑尾炎早期常有上腹部或脐周疼痛；肾或输尿管结石可引起腹股沟区疼痛等。由于牵涉痛的体表放射部位比较固定，因而牵涉痛在临床上常提示某些疾病的发生，对某些内脏疾病的诊断具有一定价值。

发生牵涉痛时，疼痛往往发生在与患病内脏具有相同胚胎节段和皮节来源的体表部位，它们都受同一脊髓节段的背根神经支配。即患病内脏的传入神经纤维和发生牵涉痛的皮肤部位的传入神经纤维由同一背根进入脊髓。关于牵涉痛的发生机制，通常用会聚学说和易化学说加以解释（图2-10-11）。会聚学说认为，来自内脏和体表的痛觉传入纤维在感觉传导通路的某处（如

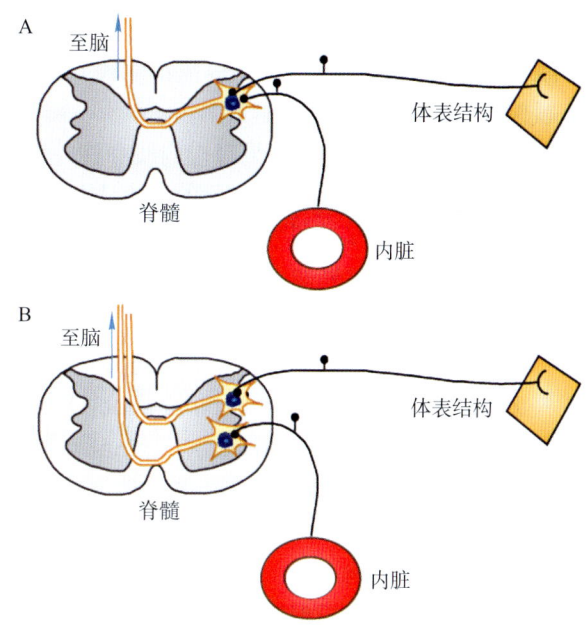

图 2-10-11 **牵涉痛产生机制模式图**
A. 汇聚学说；B. 易化学说

脊髓、丘脑或皮层）相会聚，终止于共同的神经元，即两者通过一共同的通路上传。当内脏痛觉纤维受到强烈刺激，冲动经此通路上传时，由于中枢更习惯于识别体表信息，因而常将内脏痛误判为体表痛。易化学说则认为，来自内脏和体表的感觉传入纤维，若投射到脊髓背角同一区域内相邻近的不同神经元，由患病内脏传来的冲动可提高邻近躯体感觉神经元的兴奋性，从而对体表传入冲动产生易化作用，使平常不至于引起疼痛的刺激信号变为致痛信号，从而产生牵涉痛。

（贾淑伟）

## 第四节　神经系统对躯体运动的调节

躯体运动是生命活动的基本功能之一，躯体的各种运动和姿势都需要骨骼肌在神经系统的控制和协调下完成。一旦骨骼肌失去神经系统的控制和协调，就会出现相应的躯体运动障碍。控制躯体运动的中枢从低级到高级，包括脊髓、脑干网状结构、小脑、基底神经节和大脑皮层。

### 一、脊髓对躯体运动的调节

脊髓是调节躯体运动的最基本的中枢，其功能包括传导功能和反射功能。通过脊髓能完成一些比较简单的躯体运动反应，而脊髓单独存在时完成的简单运动反射，称为**脊髓反射**（如牵张反射等）。

#### （一）脊髓前角运动神经元和运动单位

**1. 脊髓前角运动神经元**　在脊髓灰质前角中存在着大量的与运动有关的 α、β 和 γ 运动神经元。α 运动神经元支配梭外肌，既接受来自躯干、四肢皮肤、肌肉和关节等外周传入的信息，也接受从大脑皮层、基底神经节、小脑、脑干等高位中枢下传的冲动。这些会聚于此的神经冲动在 α 运动神经元经过整合后，最终由 α 运动神经元发出传出冲动到达它们所支配的骨骼肌而完成随意运动。因此，α 运动神经元被认为是躯体运动反射的**最后公路**（final common path）。

γ运动神经元支配梭内肌，只接受来自大脑皮层和脑干等高位中枢的下行调控。γ运动神经元胞体跟α运动神经元相比较小，但兴奋性较α运动神经元高，常以较高频率持续放电。γ运动神经元调节肌梭对牵拉刺激的敏感性。

β运动神经元发出的纤维对梭内肌和梭外肌纤维都有支配，但其功能尚不十分清楚。

**2. 运动单位** α运动神经元的轴突末梢分成许多小支，每一小支支配一根骨骼肌的梭外肌纤维。当一个α运动神经元产生兴奋时，会引起它所支配的所有肌纤维同时收缩。由一个α运动神经元及其支配的全部肌纤维所组成的功能单位，称为**运动单位**（motor unit）。

### （二）脊休克与脊动物

当脊髓部位突然发生横断，失去与高位中枢的联系，导致断面以下脊髓暂时丧失反射活动能力而进入无反应状态称为**脊休克**（spinal shock）。发生脊休克的动物，其脊髓与高位中枢断离，处于无反应状态，这样的动物称为**脊动物**（spinal animal）。脊休克的主要表现为断面以下躯体和内脏反射均减退或消失，骨骼肌紧张性减退或消失，外周血管扩张，血压下降，括约肌功能障碍及发汗反射消失等。

脊休克只是暂时现象，这些脊髓反射可以在不同程度上得到恢复，比较简单、原始的反射先恢复如腱反射，而复杂的反射则较晚恢复如对侧伸肌反射；恢复的速度与物种的进化程度有关，如两栖类动物恢复只需要数分钟，人类恢复则需要数周乃至数月。但是，离断面以下的知觉和随意运动能力将永久丧失。

### （三）脊髓对姿势反射的调节

姿势指身体所表现的一定体位形式，它涉及大脑、骨骼肌、关节感受器的反射性调节及内耳平衡器等身体部位的配合，使全身形成平衡的姿势和动作。人体的躯体运动是在身体保持一定姿势的前提下进行的，而肌紧张是维持姿势反射的基础。**姿势反射**（postural reflex）就是中枢神经系统通过对骨骼肌的肌紧张或相应运动的调节，保持或改变身体在空间的姿势。牵张反射和对侧伸肌反射是在脊髓发生的较为低级的维持姿势和身体平衡的反射。

**1. 牵张反射** 有完整神经支配的骨骼肌，当受到外力牵拉而伸长时，能反射性地引起受牵拉的同一肌肉收缩，这种反射称为**牵张反射**（stretch reflex）。

（1）牵张反射的反射弧（图2-10-12）：牵张反射的感受器是位于骨骼肌内的肌梭。肌梭属于一种长度感受器，能够感受肌肉长度变化。肌梭的外形呈梭状，其外有结缔组织囊，囊内含6～12根肌

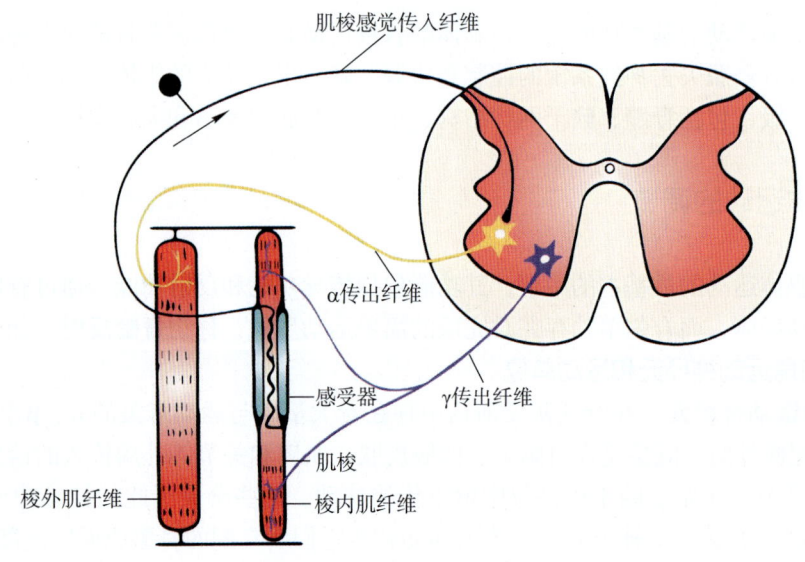

图2-10-12　牵张反射模式图

纤维，称为**梭内肌纤维**，梭内肌纤维的感受装置位于中间，收缩成分位于两端。

肌梭的传入神经纤维有两类：Ⅰ$_a$类纤维和Ⅱ类纤维，两类纤维的传入冲动都抵达位于脊髓前角的α运动神经元，α运动神经元发出α传出纤维支配骨骼肌的**梭外肌纤维**（肌梭结缔组织囊外的肌纤维）。

当外力牵拉骨骼肌时，位于骨骼肌内的肌梭受到牵拉刺激，Ⅰ$_a$类纤维的传入冲动增加，使支配该肌肉的脊髓前角α运动神经元兴奋，α运动神经元发出α传出纤维支配梭外肌纤维，使其收缩，产生牵张反射。

位于脊髓前角的γ运动神经元发出的γ传出纤维支配梭内肌纤维，当γ传出纤维传出冲动增加时，梭内肌纤维两端收缩成分缩短，中间感受装置受牵拉，引起Ⅰ$_a$传入神经纤维放电增加，使支配同一块肌肉的α神经元兴奋，引起梭外肌收缩，这一反射途径被称为**γ-环路**（γ-loop）。

除肌梭外，骨骼肌中还有一种能感受肌肉张力的感受器，称为**腱器官**（tendon organ）。它分布于肌腱胶原纤维之间，与梭外肌纤维呈串联关系。腱器官的传入神经为Ⅰ$_b$类纤维，Ⅰ$_b$类传入纤维进入脊髓后与脊髓的抑制性中间神经元形成突触联系，进而对支配同一肌肉的α运动神经元起抑制作用，可防止牵张反射过强而拉伤肌肉，因此具有保护意义。

（2）牵张反射的类型：包括腱反射和肌紧张两种类型。

1）**腱反射**（tendon reflex）：指快速牵拉肌腱时发生的牵张反射。如当膝关节处于屈曲状态，快速叩击股四头肌肌腱引起股四头肌收缩而使膝关节伸直的膝反射。腱反射的感受器是肌梭，中枢在脊髓前角，效应器主要是收缩较快的快肌纤维，中枢的突触接替只有一次，是单突触反射。临床上，如果腱反射亢进，则提示是高位中枢病变；如果腱反射减弱或消失，则提示反射弧病变。

2）**肌紧张**（muscle tone）：指缓慢持续牵拉肌腱时发生的牵张反射。表现为受牵拉的肌肉发生轻微而持续的收缩，但不表现为明显的动作。例如，人在直立时，伸肌对抗重力牵拉而发生的牵张反射，可以维系人体保持直立的姿势。因此，肌紧张是维持身体姿势最基本的反射活动，也是随意运动的基础。肌紧张常表现为同一肌肉的不同运动单位交替进行收缩，故能持久进行而不易疲劳。肌紧张的感受器也是肌梭，中枢也在脊髓前角，效应器主要是收缩较慢的慢肌纤维，肌紧张中枢的突触接替不止一个，所以是一种多突触反射。

**2. 屈肌反射与对侧伸肌反射**　当脊动物一侧肢体的皮肤受到伤害性刺激时，可反射性引起受刺激侧肢体关节的屈肌收缩而伸肌舒张，使肢体屈曲，称为**屈肌反射**（flexor reflex）。屈肌反射具有躲避伤害的保护意义，但不属于姿势反射。当刺激强度进一步加大，除引起同侧肢体屈曲外，还可引起对侧肢体的伸展，以维持身体的平衡，称为**对侧伸肌反射**（crossed-extensor reflex）。对侧伸肌反射是一种姿势反射。

## 二、脑干网状结构对肌紧张的调节

### （一）脑干网状结构的易化区和抑制区

电刺激脑干网状结构的不同区域，可发现脑干网状结构分别存在着易化和抑制肌紧张及肌肉运动的区域（图2-10-13），分别称为**易化区**（facilitatory area）和**抑制区**（inhibitory area）。

**1. 易化区**　能使肌紧张及运动加强的区域称为易化区。脑干网状结构的易化区较大，主要位于延髓网状结构的背外侧部分、脑桥被盖、中脑中央灰质及被盖，以及下丘脑和丘脑中线核群等部位。此区接受延髓的前庭核、小脑前叶两侧部和后叶中间部等传入冲动的兴奋作用。易化区神经元有自发放电活动，其下行冲动兴奋脊髓前角的γ运动神经元。

**2. 抑制区**　能使肌紧张及运动减弱的区域称为抑制区。脑干网状结构的抑制区较小，主要位于延髓网状结构的腹内侧部分。此区接受大脑皮层运动区、纹状体、小脑前叶蚓部等的传入冲动。抑制

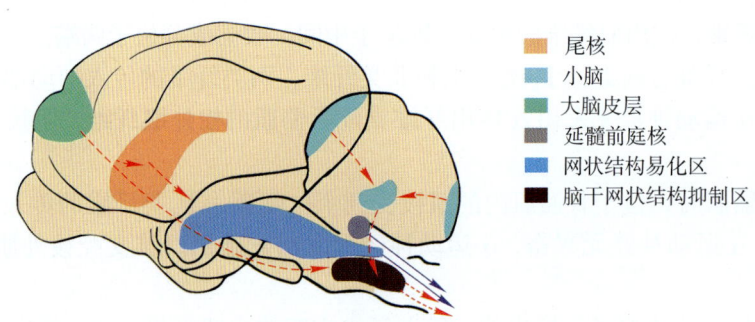

图 2-10-13　网状结构的抑制区和易化区模式图
蓝色实线箭头表示下行易化作用路径，红色虚线箭头表示下行抑制作用路径

区神经元没有自发放电，其主要受来自于其他区域的传入冲动的驱动，其下行冲动抑制脊髓前角的γ运动神经元。

一般情况下，在肌紧张的调节中易化区的活动稍强，抑制区的活动相对较弱，但两者在一定水平上保持相对平衡，以维持正常的肌紧张。

### （二）去大脑僵直

在麻醉动物，于中脑上、下丘之间切断脑干，肌紧张出现明显亢进，表现为四肢伸直、脊柱挺硬、头尾昂起，呈角弓反张状态，这一现象称为**去大脑僵直**（decerebrate rigidity）。去大脑僵直模型是研究脑干对于肌紧张调节作用的动物模型。去大脑僵直是由于在中脑上、下丘之间切断脑干以后，来自大脑皮层、纹状体等高位中枢对脑干网状结构抑制区的神经支配被阻断，导致抑制肌紧张的活动减弱，而易化肌紧张的活动占绝对优势，导致易化区和抑制区的平衡被打破，因此出现伸肌紧张性明显亢进的表现。临床上，如果患者出现去大脑僵直，往往提示病变已严重侵犯脑干，是预后不良的信号。

## 三、小脑对躯体运动的调节

小脑与大脑皮层形成神经回路，同时还与脑干及脊髓有大量的纤维联系，在维持身体平衡、调节肌紧张、协调和形成随意运动中起重要作用。根据小脑的传入、传出纤维联系，可将小脑分为前庭小脑、脊髓小脑和皮层小脑三个功能部分（图 2-10-14）。

### （一）前庭小脑

前庭小脑主要由绒球小结叶构成，其功能主要是参与身体姿势平衡功能的调节，以及通过调节眼外肌参与眼球运动。

研究发现，切除绒球小结叶的猴，或第四脑室附近肿瘤压迫绒球小结叶的患者，都表现为站立不稳、步态困难、容易跌倒等症状。切除绒球小结叶的动物，可出现**位置性眼震颤**（positional nystagmus），即当头部固定于某一特定位置时出现的眼震颤。

### （二）脊髓小脑

脊髓小脑由蚓部和半球的中间部构成，其主要功能是协调随意运动和调节肌紧张。

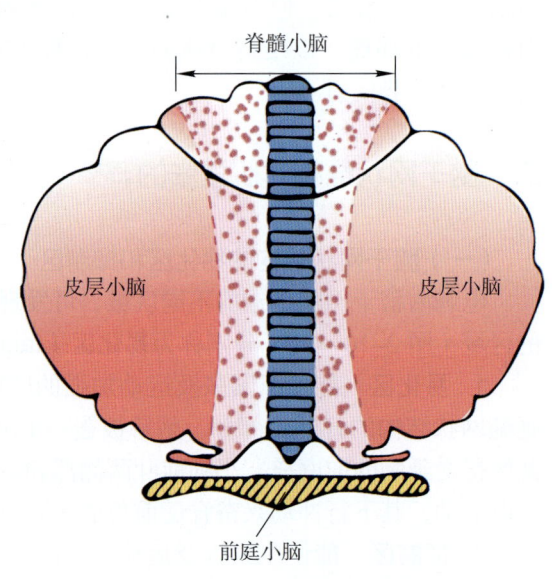

图 2-10-14　小脑分区模式图

脊髓小脑可以对大脑皮层运动中枢发动的随意运动进行适时的协调，纠正运动偏差，使其符合运动的实际情况。临床上，当脊髓小脑受到损伤时，会出现**小脑性共济失调**（cerebellar ataxia），表现为肌张力减退、四肢无力和共济失调。如**意向性震颤**（intention tremor），患者的肢体在动作进行中不断的抖动以至无法把握动作方向，且越接近目标时抖动越厉害；患者行走时摇摇晃晃，呈酩酊蹒跚状，容易跌倒；不能进行快速重复轮替动作（如手掌不能反复交替转动）。这些动作协调障碍统称为小脑性共济失调。

脊髓小脑还能调节肌紧张，其对肌紧张的调节既有易化作用，又有抑制作用，取决于小脑的部位。小脑前叶蚓部有抑制肌紧张的作用，小脑前叶两侧部和半球的中间带则有加强肌紧张的作用，它们分别是通过加强脑干网状结构抑制区和易化区的活动实现的。

### （三）皮层小脑

皮层小脑指小脑半球的外侧部，它主要参与随意运动的形成和运动程序的编制。例如，在学习完成某项精巧的运动时（如体操或者乐器演奏），在开始阶段动作往往不协调，但在学习过程中，大脑皮层与小脑之间不断通过环路进行联系和反馈，使运动逐步协调起来，并在皮层小脑将成熟的运动程序储存，这样未来再次进行这项精巧运动时，就可以从皮层小脑直接提取成熟的运动程序。

## 四、基底神经节对躯体运动的调节

**基底神经节**（basal ganglia）是皮层下一些神经核团的总称，包括尾状核、壳核、苍白球、丘脑底核和中脑黑质（图 2-10-15）。尾状核和壳核在发生上较新称为**新纹状体**，苍白球在发生上较古老称为旧纹状体。基底神经节的功能与参与调控随意运动、调节肌紧张和处理本体感受传入冲动信息等有关。临床上，基底神经节病变会产生相应的运动障碍性疾病。

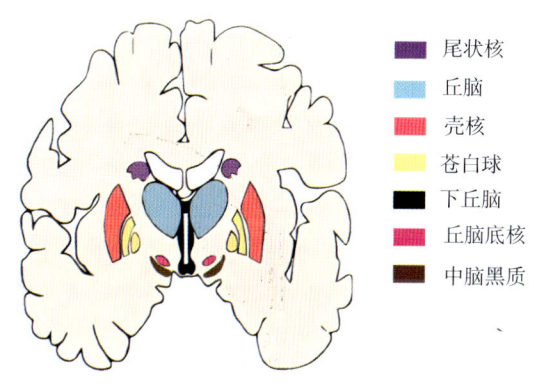

图 2-10-15　基底神经节模式图

📖 拓展阅读 2-10-2　基底神经节的直接通路和间接通路及其应用

基底神经节的新纹状体接受大脑皮层广泛区域的纤维投射（这个作用是兴奋性的，释放的递质是谷氨酸），之后通过**直接通路**（direct pathway）和**间接通路**（indirect pathway）投射纤维到苍白球内侧部，苍白球内侧部再经过丘脑腹前核和腹外侧核接替（这个作用是抑制性的，释放的递质是γ-氨基丁酸）后，投射回大脑皮层的运动前区和前额叶，参与运动调控。

## 五、大脑皮层对躯体运动的调节

大脑皮层是调节躯体运动的最高级中枢，也是最复杂的部位。它接受感觉信息的传入，并根据机体对环境变化的反应，策划和发动随意运动。大脑皮层中与躯体运动调控有密切关系的区域，称为**大脑皮层运动区**（cortical motor area），大脑皮层运动区的损伤将导致随意运动的障碍。

### （一）大脑皮层运动区的功能特征

大脑皮层运动区包括主要运动区、辅助运动区和第二运动区等部位。

大脑皮层主要运动区位于中央前回、中央旁小叶前部和运动前区，是控制躯体运动最重要的区域。主要运动区对机体随意运动的控制具有以下特征：①交叉支配，即一侧运动皮层支配对侧躯体的骨骼肌运动。但在头面部，只有面神经支配的下部面肌和舌下神经支配的舌肌主要受对侧支配，其他肌肉如咀嚼肌及脸上部肌肉是双侧支配的。②功能定位倒置安排，即运动皮层的一定区域支配躯体一定部位的肌肉，呈倒立分布，下肢代表区在运动区顶部，上肢代表区在运动区中间部，而头面部肌肉代表区在运动区底部，但头面部代表区的内部安排还是正立的。③皮层代表区的大小与运动的精细、复杂程度有关，即运动越精细、越复杂的肌肉，其运动区上代表区面积越大，如手的功能最为精细，其所占的代表区面积也是最大的（图 2-10-16）。

参与躯体运动调节的还有辅助运动区和第二运动区。辅助运动区位于主要运动区内侧部，刺激该区一般引起双侧运动反应。第二运动区分布在中央前回与岛叶之间，即第二体感区的位置，刺激该区也能引起双侧运动反应。

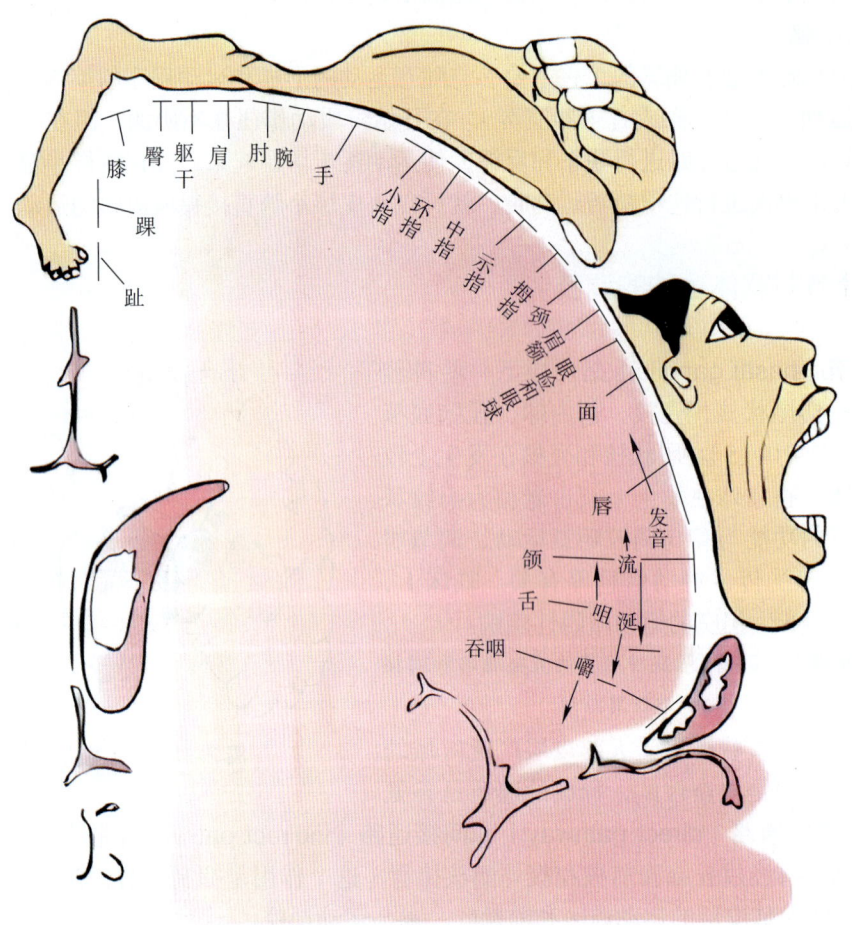

图 2-10-16　大脑皮层运动区模式图

### （二）运动传导通路

大脑皮层主要通过**皮层脊髓束（corticospinal tract）**和**皮层脑干束（corticobulbar tract）**控制肌肉的活动，发动随意运动。

**1. 皮层脊髓束**　是由皮层发出，经内囊、中脑大脑脚底、脑桥基底部、延髓锥体进入脊髓，最后终止于脊髓前角运动神经元的传导束。皮层脊髓束又分皮层脊髓侧束和皮层脊髓前束。皮层脊髓侧束支配四肢远端肌肉的活动，参与调节精细的、技巧性的运动；皮层脊髓前束支配躯干和四肢近端肌肉，参与姿势的维持和粗略的运动。

**2. 皮层脑干束**　是由皮层发出，经内囊到达脑干内各脑神经运动神经元的传导束，其主要支配头面部的随意运动。

运动传导通路损伤，在临床上常会出现弛缓性瘫痪（软瘫）和痉挛性麻痹（硬瘫）两种表现，两者都有随意运动的丧失。但弛缓性瘫痪是脊髓或脑运动神经元损伤，临床表现上包括随意运动的丧失和牵张反射减退或消失，肌肉松弛，常见于脊髓灰质炎；痉挛性麻痹则是脑内高位中枢损伤，临床表现上包括随意运动的丧失和牵张反射亢进，常见于脑卒中如内囊出血。

## 第五节 神经系统对内脏活动的调节

内脏活动不受意识控制，主要接受自主神经系统的调控，而中枢神经系统在内脏反射活动的整合中发挥重要的作用。

### 一、自主神经系统的结构和功能特点

自主神经系统接受内脏的感觉信息，经传入神经传送冲动到中枢整合后，再由传出神经支配心肌、内脏平滑肌和腺体，调节内脏活动，维持内环境稳态。自主神经系统支配内脏活动的传出神经系统有交感神经系统和副交感神经系统两种，其接受中枢神经系统的控制。

#### （一）结构特点

交感神经系统和副交感神经系统均由节前神经元和节后神经元组成。但交感神经起自脊髓胸、腰段（$T_1 \sim L_3$）侧角的神经元，副交感神经起自脑干的脑神经核和脊髓骶段（$S_2 \sim S_4$）侧角的神经元。交感神经节位于椎旁节和椎前节内，离效应器官较远，节前纤维短而节后纤维长；副交感神经节通常位于效应器官壁内，节前纤维长而节后纤维短。交感神经分布广泛，故兴奋时产生的效应较广泛，几乎支配所有内脏器官；副交感神经分布相对较局限，故兴奋时的效应则相对局限，如皮肤和骨骼肌内的血管、汗腺、竖毛肌、肾上腺髓质和肾只有交感神经支配。

此外，交感神经和副交感神经的节前纤维神经递质均为乙酰胆碱。大多数交感神经的节后纤维神经递质是去甲肾上腺素，但舒血管和支配汗腺的交感神经的节后纤维神经递质是乙酰胆碱。而副交感神经的节后纤维神经递质是乙酰胆碱。

#### （二）功能特点

交感神经和副交感神经通过释放神经递质与相应的受体结合，发挥对内脏器官活动的调节作用（表 2-10-3）。

表 2-10-3 自主神经系统胆碱受体和肾上腺素受体的分布及生理功能

| 效应器 | | 胆碱能系统 | | 肾上腺素能系统 | |
|---|---|---|---|---|---|
| | | 受体 | 效应 | 受体 | 效应 |
| 心脏 | 窦房结 | M | 心率减慢 | $\beta_1$ | 心率加快 |
| | 房室传导系统 | M | 传导减慢 | $\beta_1$ | 传导加快 |
| | 心肌 | M | 收缩力减弱 | $\beta_1$ | 收缩力增强 |
| 血管 | 冠状血管 | M | 舒张 | $\alpha_1$ | 收缩 |
| | | | | $\beta_2$ | 舒张（为主） |
| | 骨骼肌血管 | M | 舒张[1] | $\alpha_1$ | 收缩 |
| | | | | $\beta_2$ | 舒张（为主） |
| | 皮肤黏膜、脑和唾液血管 | M | 舒张 | $\alpha_1$ | 收缩 |

续表

| 效应器 | | 胆碱能系统 | | 肾上腺素能系统 | |
|---|---|---|---|---|---|
| | | 受体 | 效应 | 受体 | 效应 |
| 支气管 | 平滑肌 | M | 收缩 | $\beta_2$ | 舒张 |
| | 腺体 | M | 促进分泌 | $\alpha_1$ | 抑制分泌 |
| | | | | $\beta_2$ | 促进分泌 |
| 胃肠 | 胃平滑肌 | M | 收缩 | $\beta_2$ | 舒张 |
| | 小肠平滑肌 | M | 收缩 | $\alpha_2$ | 舒张(2) |
| | | | | $\beta_2$ | 舒张 |
| | 括约肌 | M | 舒张 | $\alpha_1$ | 收缩 |
| | 腺体 | M | 促进分泌 | $\alpha_2$ | 抑制分泌 |
| | 胆囊和胆道 | M | 收缩 | $\beta_2$ | 舒张 |
| 膀胱 | 逼尿肌 | M | 收缩 | $\beta_2$ | 舒张 |
| | 三角肌和括约肌 | M | 舒张 | $\alpha_1$ | 收缩 |
| 输尿管 | 输尿管和平滑肌 | M | 收缩(2) | $\alpha_1$ | 收缩 |
| 子宫 | 子宫平滑肌 | M | 可变(3) | $\alpha_1$ | 收缩（有孕） |
| | | | | $\beta_2$ | 舒张（无孕） |
| 眼 | 瞳孔括约肌 | M | 收缩（缩瞳） | | |
| | 瞳孔开大肌 | | | $\alpha_1$ | 收缩（扩瞳） |
| | 睫状肌 | M | 收缩（视近物） | $\beta_2$ | 舒张（视远物） |
| 唾液腺 | 唾液腺 | M | 分泌大量稀薄液 | $\alpha_1$ | 分泌少量黏稠液 |
| 皮肤 | 汗腺 | M | 促进温热性发汗(1) | $\alpha_1$ | 促进精神性发汗 |
| | 竖毛肌 | | | $\alpha_1$ | 收缩 |
| 内分泌 | 胰岛 | M | 促进胰岛素释放 | $\alpha_2$ | 抑制胰岛素释放，促进胰高血糖素释放 |
| | | M | 抑制胰高血糖素释放 | $\beta_2$ | 促进胰岛素和胰高血糖素释放 |
| | 肾上腺髓质 | $N_1$ | 促进肾上腺素和去甲肾上腺素释放(4) | | |
| | 甲状腺 | M | 抑制甲状腺激素释放 | $\alpha_1$、$\beta_2$ | 促进甲状腺激素释放 |
| 代谢 | 糖酵解 | | | $\beta_2$ | 加强糖酵解 |
| | 脂肪分解 | | | $\beta_3$ | 加强脂肪分解 |

注：(1) 为交感节后胆碱能纤维支配。
(2) 可能是突触前受体调制递质的释放所致。
(3) 因月经周期、循环中雌激素、孕激素及其他因素而发生变动。
(4) 为交感节前纤维直接支配。

交感神经系统和副交感神经系统对内脏活动的调节特点包括以下几点。

**1. 紧张性活动** 在安静时，自主神经系统经常发放低频神经冲动，使效应器官处于一种微弱的持续的活动状态，称为**紧张性作用**（tonic action）。自主神经的紧张性作用可通过切断神经后观察其效应器官的活动来验证。例如，切断心迷走神经后心率加快，这说明在正常情况下心迷走神经发放神经冲动抑制心脏活动。

**2. 双重支配，相互拮抗**　大多数组织器官接受交感神经和副交感神经的双重支配，且两者的作用往往相互拮抗。例如，交感神经抑制胃肠运动及其腺体分泌，迷走神经则增强胃肠运动并促进其腺体分泌；心交感神经加强心脏活动，心迷走神经则抑制心脏活动。但在某些器官，交感神经和副交感神经对效应器官的作用也可以是一致的，例如，交感和副交感神经都能促进唾液腺分泌，但分泌的唾液性状不同，交感神经促使分泌的唾液少而黏，副交感神经促使分泌的唾液则多而稀。

**3. 受效应器官所处的功能状态影响**　在某些器官，自主神经对效应器官的作用是兴奋还是抑制，取决于效应器官当时所处的功能状态。例如，子宫无孕时，交感神经兴奋使其舒张；而子宫有孕时，交感神经兴奋则使其收缩。这是因为不同状态下的子宫表达不同的受体，无孕的子宫平滑肌上表达的是 $β_2$ 受体，而有孕的子宫平滑肌上表达的是 $α_1$ 受体。

**4. 功能意义不同**　交感神经系统和副交感神经系统在机体或外界环境不同的情况被激活，承担不同的功能意义。例如，在机体遭遇失血、窒息或寒冷环境等情况下，交感神经系统兴奋，产生广泛的生理效应，表现为心率加快、皮肤与腹腔内脏血管收缩、血压升高、骨骼肌血管舒张、支气管扩张、肝糖原分解及血糖升高等，从而动员机体许多器官的潜在功能以适应机体或环境的急剧变化。当机体处于安静或睡眠状态时，副交感神经系统活动增强，表现为心肌收缩减弱、心率减慢、胃肠活动加强且腺体分泌增多、糖原合成增加、血糖下降等，从而动员机体器官以完成保护机体、休整恢复、促进消化、积蓄能量、加强排泄和生殖功能等。

## 二、各级中枢对内脏活动的调节

### （一）脊髓对内脏活动的调节

在脊动物的研究中发现，脊休克恢复后，排尿反射、排便反射、发汗反射、阴茎勃起反射和血管张力反射活动都逐渐恢复，这说明脊髓是某些内脏反射活动的初级中枢。在正常生理状况下，脊髓本身对于这些内脏反射活动的调节受高位中枢的调控，而当脊髓离断后，由于缺乏高位中枢的调控，这些反射常不能很好地适应正常生理功能的需要。例如，脊髓离断的患者虽然有排尿排便能力，但因失去了大脑皮层的意识控制，会出现尿便失禁的情况。所以脊髓对某些内脏反射活动的调节功能是初级的。

### （二）脑干对内脏活动的调节

延髓是生命活动的基本中枢，因为心血管活动和呼吸运动的基本中枢部位均位于延髓，若患者延髓部位受到创伤常常直接影响心跳和呼吸，严重者甚至直接导致死亡。恶心、呕吐、咳嗽、唾液分泌等内脏反射的基本中枢也位于延髓。此外，中脑是瞳孔对光反射的中枢。

### （三）下丘脑对内脏活动的调节

下丘脑是较高级的内脏活动调节中枢。下丘脑不仅与边缘系统、脑干网状结构有结构和功能联系，共同调节内脏的活动，而且下丘脑通过垂体门脉系统和下丘脑-垂体束调节腺垂体和神经垂体的内分泌活动，把内脏活动和生理功能联系起来，通过调节体温、营养摄取、水平衡、生物节律、内分泌、情绪反应等功能活动间接影响内脏活动。

**1. 调节体温**　下丘脑有体温调节的基本中枢，位于视前区-下丘脑前部（PO/AH），此处的温度敏感神经元既能感受局部的温度变化，又能整合其他地方传入的温度信息，从而调节机体的产热与散热活动，维持体温的相对恒定。动物实验发现，在间脑以上水平横切大脑皮层，体温可以保持相对恒定；但在下丘脑以下部分横切脑干，体温则不能维持。

**2. 调节营养摄取**　人体的营养摄取主要通过摄食活动进行，下丘脑有人体的摄食中枢和饱中枢，分别位于下丘脑外侧区和下丘脑腹内侧核。动物研究发现，电刺激下丘脑外侧区可引起摄食活动，而电刺激下丘脑腹内侧核，则摄食活动停止。

3. **调节水平衡**　人体的水平衡是通过摄入与排出的水分的平衡实现的。摄入水分主要通过渴觉引起，当机体血浆晶体渗透压升高或循环血量减少时，可使机体产生渴感而引发摄水行为。与摄食中枢一样，饮水中枢（又称渴中枢）也位于下丘脑外侧区。动物研究发现，损毁动物下丘脑外侧区，动物除拒绝摄食以外，饮水量也明显减少。另外，排出水分主要由肾的活动来完成，而下丘脑前部有渗透压感受器，能根据血液中的渗透压的变化来调节抗利尿激素的分泌，以控制肾对水的排出（详见下篇第八章尿的生成与排出）。

4. **控制生物节律**　生物节律是生物体内一种无形的"时钟"，机体内的许多生理活动，例如睡眠、觉醒、体温、激素分泌等，都常按一定的时间顺序发生周期性变化。其中表现为以 24 h 为一个周期的节律性波动，称为日节律或昼夜节律，控制日节律的关键部位位于下丘脑视交叉上核。动物研究发现，损毁动物的下丘脑视交叉上核，动物的各种内源性的行为，如睡眠和觉醒，以及激素分泌的日节律均被破坏或消除。

5. **调节内分泌功能**　下丘脑内某些神经内分泌细胞能合成、分泌多种调节性多肽，经垂体门脉系统调节腺垂体内分泌激素的合成、贮存和分泌，从而影响内脏活动（详见下篇第九章内分泌）。

6. **调节自主神经系统活动**　下丘脑通过其传出纤维到达脑干和脊髓，改变自主神经系统节前神经元的紧张性，从而影响内脏活动。例如，在动物实验中，刺激下丘脑后部和外侧部可引起血压上升、心率加快。

7. **调节情绪**　情绪指人类和动物对环境刺激所表达的一种特殊的心理体验，并伴有一系列的躯体行为表现和内脏功能变化。下丘脑对情绪有着重要的调节作用，例如，电刺激清醒动物下丘脑的腹内侧区，可诱发防御反应；电刺激下丘脑外侧区，可引起攻击、格斗行为；电刺激下丘脑背侧区，则引起逃避行为。

（四）大脑皮层对内脏活动的调节

1. **边缘系统**　大脑半球内侧面皮层与脑干连接部和胼胝体旁的环周结构（包括海马、海马旁回、扣带回等）称为边缘叶。边缘叶和大脑皮层的岛叶、颞极、眶回，以及皮层下的杏仁核、隔区、下丘脑、丘脑前核等结构，统称为**边缘系统**（limbic system）。边缘系统是内脏活动调节的重要中枢，参与调节呼吸、血压、心率、瞳孔、消化和吸收、生殖、情绪等多方面内脏活动。

2. **新皮层**　指在系统发生上出现较晚、分化程度最高的大脑半球外侧面结构。新皮层是调控内脏活动的高级中枢。例如，动物实验中，电刺激新皮层 4 区的内侧面，引起直肠与膀胱活动的变化；刺激其外侧面，可产生呼吸及血管活动的变化；刺激其底部，可导致消化道活动及唾液分泌的变化。如果切除动物新皮层，很多自主性功能如血压、体温等调节均发生异常。

## 第六节　脑的高级功能

大脑除了能够产生感觉及对躯体和内脏活动进行精密调节以外，还能完成更为复杂的诸如情绪、学习与记忆、思维与语言等一系列高级功能。

### 一、脑电图和皮层诱发电位

在无明显刺激情况下，大脑皮层自发产生的节律性电位变化，称为**自发脑电活动**（spontaneous electrical activity of brain）。用脑电图仪在头皮表面记录到的自发脑电活动，称为**脑电图**（electroencephalogram，EEG）。通过人工刺激感受器、感觉传入神经或脑的某一部位时在大脑皮层一定部位引导出来的电位变化,则称为**皮层诱发电位**(evoked cortical potential)。脑电图的表现及其产生机制,在一定程度上有助于对睡眠和觉醒机制的理解,以及对于某些脑部疾病的诊断和疗效判断;皮层诱发电位的表现及其机制则有助于对感觉功能、神经系统疾病、行为和心理活动的研究。

(一)脑电图

根据频率,脑电图的基本波形划分为 α、β、θ 和 δ 波四种(图 2-10-17),这四种波形会在不同的条件下出现(表 2-10-4)。

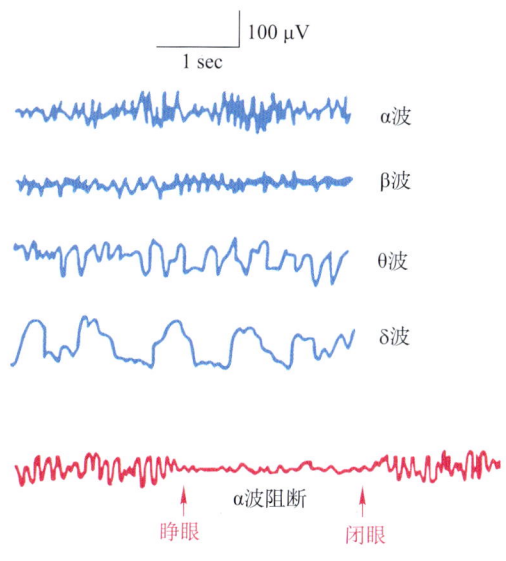

图 2-10-17 正常脑电图的记录及波形示意图

表 2-10-4 脑电图四种波形特点及意义

| 波形 | 频率(Hz) | 幅度(μV) | 波形特点 | 显著部位 | 生理意义 |
| --- | --- | --- | --- | --- | --- |
| α | 8~13 | 20~100 | 慢波,梭形,幅度由小到大、再由大到小,反复变化 | 枕叶 | 成人清醒、安静、闭眼时出现,睁眼、进行紧张性思维、接受其他刺激时消失(α波阻断) |
| β | 14~30 | 5~20 | 快波 | 额叶、顶叶 | 成人觉醒活动时出现 |
| θ | 4~7 | 100~150 | 慢波 | 颞叶、顶叶 | 少年正常时、成人困倦时出现 |
| δ | 0.5~3 | 20~200 | 慢波 | 额叶 | 婴幼儿正常时,成人熟睡、极度疲劳、麻醉时出现 |

脑电波是由皮层大量神经元同步发生的突触后电位经总和以后形成的,其结构基础是皮层排列整齐的锥体细胞,其顶树突相互平行,并垂直于皮层表面,因此其同步活动产生的突触后电位总和后形成较强的电场,改变皮层表面电位。脑电波的幅度代表了同步发生突触后电位的数量多寡,频率则反映了波形周期性变化的快慢,一般情况下,低频代表皮层反应状态低(如睡眠、麻醉状态),高频则代表皮层觉醒程度高。

(二)皮层诱发电位

皮层诱发电位一般可分为主反应、次反应和后发放三部分。主反应为先正后负的电位变化,出现在一定的潜伏期之后,潜伏期的长短取决于刺激部位与皮层间的距离、神经纤维的传导速度和所经过的突触数目等因素,主反应在大脑皮层的投射有特定的中心区。次反应是尾随主反应之后的扩散性续发反应，可见于皮层的广泛区域，无特定的投射中心区，与刺激亦无锁时关系。后发放则为在主反应和次反应之后的一系列正相周期性电位波动。皮层诱发电位的波幅较小，常被自发脑电淹没而无法辨认。应用电子计算机将皮层诱发电位叠加和平均处理，能使皮层诱发电位突显出来，经叠加和平均处理后的电位称为**平均诱发电位**（average evoked potential）。临床常用的有体感诱发电位、听觉诱发电位和视觉诱发电位。

## 二、觉醒与睡眠

**觉醒**（wakefulness）与**睡眠**（sleep）是人体两种不同的功能状态，人们只有在觉醒状态下才能进行活动。充足的睡眠则对恢复脑力和体力、保证机体正常生理活动等有着至关重要的作用。

### （一）觉醒

觉醒指大脑皮层保持一定的兴奋水平而处于某种程度的清醒状态。觉醒状态的维持与中脑网状结构上行激动系统的唤醒作用有关。动物实验中发现，如果刺激动物的中脑网状结构可以唤醒睡眠中的动物，而如果破坏动物的中脑网状结构则会让动物立即进入昏睡状态。临床上应用巴比妥类药物治疗失眠、促进睡眠，就是通过阻断上行激动系统的活动实现的。

### （二）睡眠

因工作、年龄及个体情况不同，每一个人的睡眠时间都不同，但一般情况，新生儿需要的睡眠时间最长，长达 18~20 h；老年人最少，只有 5~7 h；成年人一般需要 7~9 h。

微课 2-10-3　脑的高级功能：睡眠

**1. 睡眠时相**　在睡眠过程中，机体会发生一系列变化。根据睡眠过程中脑电图、肌电图和眼电图等活动的特征，睡眠被分为两种时相：

（1）**非快速眼球运动睡眠**（no rapid eye movement sleep，NREM）：又称**慢波睡眠**（slow-wave sleep，SWS），脑电图呈现高波幅的慢波，无快速眼球运动，肌反射减弱，但肌肉没有完全松弛，仍有较多的肌紧张，心率和呼吸频率减慢，血压降低且稳定，偶尔做梦，唤醒阈值较低。在此阶段生长激素释放明显增多，因此该阶段睡眠有利于消除疲劳、恢复体力，以及促进儿童的生长发育。

（2）**快速眼球运动睡眠**（rapid eye movement sleep，REM）：又称**快波睡眠**（fast-wave sleep，FW）或**异相睡眠**（paradoxical sleep，PS），脑电波和觉醒期的脑电波类似，呈现低波幅快波，出现快速眼球运动，肌肉几乎完全松弛，部分肢体会偶有抽动情况发生，心率和呼吸频率加快，血压可升高或降低，且心率、呼吸频率和血压的变化不规则，做梦较多，唤醒阈值较高。在此阶段，生长激素分泌减少，脑内蛋白合成增加，能增强记忆功能，促进学习与记忆，以及恢复精力，同时对于幼儿可以促进其神经系统的发育和成熟。

睡眠是非快速眼球运动睡眠和快速眼球运动睡眠两个不同时相周期性交替的过程。一般情况，非快速眼球运动睡眠持续 80~120 min 后转入快速眼球运动睡眠，快速眼球运动睡眠持续 20~30 min 后，又转入非快速眼球运动睡眠，整个睡眠过程中有 4~5 次交替。两种睡眠时相状态均可直接转为觉醒状态，但由觉醒转入睡眠时，一般只能先进入非快速眼球运动睡眠，而不能直接进入快速眼球运动睡眠。

**2. 睡眠的产生机制**　睡眠是中枢神经系统主动活动的过程，而不是简单的抑制。

非快速眼球运动睡眠的控制中枢比较复杂，包括位于延髓网状结构的脑干睡眠诱导区（又称上行抑制系统）、位于下丘脑和丘脑的间脑睡眠诱导区及位于视前区和 Broca 斜带区的前脑睡眠区。此外，腹外侧视前区也在非快速眼球运动睡眠中起到重要的作用。

快速眼球运动睡眠的产生关键部位位于脑桥网状结构及其邻近区。此外，在脑桥被盖、蓝斑和中脑中缝核还存在快速眼球运动睡眠关闭神经元（REM-OFF 神经元）。因此，快速眼球运动睡眠的维持取决于两者的相互协调。

## 三、学习与记忆

学习与记忆是一切认知活动的基础。**学习**（learning）指人和动物从外界环境获取新信息并形成新经验和行为习惯的过程，**记忆**（memory）指大脑将获取的信息进行编码、储存及提取的过程。学习和记忆是密切相关的神经活动过程。

🅔 **拓展阅读** 2-10-3　光遗传学

### （一）学习

学习有两种形式，即**非联合型学习**（non-associative learning）和**联合型学习**（associative learning）。

**1. 非联合型学习**　这种形式的学习只要单一刺激地重复进行即可产生，相对比较简单。**习惯化**（habituation）和**敏感化**（sensitization）均属于非联合型学习。**习惯化**指机体对反复温和的刺激引起的反应逐渐减弱的过程，通过习惯化使人们能避免对许多无意义信息的应答。例如，一种单调的声音持续存在，人们逐渐就不会再对其存在产生任何反应。**敏感化**指在受到较强的伤害性刺激之后，机体对之前的弱刺激引起的反应明显增强的过程，通过敏感化有助于人们警觉避开伤害性刺激。例如，尖锐物体让机体某部位受伤，那之后受伤的部位被轻轻触摸一下也将引起明显的疼痛。

**2. 联合型学习**　这种形式的学习是两种刺激或一种行为与一种刺激之间在时间上很接近地重复发生，最后在脑内逐渐形成联系的过程。人类的学习方式多数是联合型学习。联合型学习可分为两种类型：**经典条件反射**（classical conditioning）和**操作性条件反射**（operant conditioning）。

（1）经典条件反射：是在非条件反射的基础上，在大脑皮层参与下建立的高级反射活动。条件反射建立后如不反复强化，就会逐渐减弱，甚至消失，这称为条件反射的消退。条件反射建立的基本条件是条件反射与非条件反射在时间上反复、多次结合。例如，进食食物可以引起狗分泌唾液，所以食物是引起唾液分泌的非条件刺激。而单独给狗铃声不会引起狗分泌唾液，所以铃声与唾液分泌无关，是无关刺激。但是如果先给予铃声再给予食物，反复多次以后，再单独给予铃声，铃声刺激也会引起狗分泌唾液，此时铃声就由不能引起唾液刺激的无关刺激转变为条件刺激，而这种由条件刺激引起的反射性唾液分泌就是条件反射。

（2）操作性条件反射：是将一种行为反应与一种刺激联系起来，个体必须主动采取某种行动才能完成。例如，动物必须通过踩杠杆的方式才能获得食物，这一反射就是操作性条件反射。

### （二）记忆

根据信息在脑中储存和回忆的方式，记忆被分为**陈述性记忆**（declarative memory）和**非陈述性记忆**（nondeclarative memory）两类。

**1. 陈述性记忆**　是与特定时间、地点和任务有关的事实或事件的记忆。在生活中，我们记得许多事件，比如昨天上了一节生理学课、明天要在阶梯教室进行生理学考试等，这些都是陈述性记忆。它与主观意识有关，容易形成也容易遗忘。它依赖于记忆信息在海马、内侧颞叶及其他脑区内的滞留时间。

**2. 非陈述性记忆**　是与实际操作和实践有关的记忆，是一个需要反复尝试、缓慢积累的记忆过程，主要通过熟练的行为活动来表达，而不是文字。例如学习体操、滑冰、开车等技巧性动作的记忆，都属于非陈述性记忆。它与主观意识无关，也不涉及记忆信息在海马的滞留时间，也不容易遗忘。陈述性记忆可转化为非陈述性记忆。

此外，根据记忆保留的时间，记忆被划分为**短时程记忆**（short-term memory）和**长时程记忆**

(long-term memory)两类。短时程记忆,其记忆保留数秒至几分钟,如打电话时的拨号,拨完后记忆随即消失。短时程记忆能转变为长时程记忆。长时程记忆,其记忆保留数天至数年甚至一生,如与自己和最接近的人密切相关的信息,可终生保持。

(三)学习和记忆的机制

1. **学习和记忆的脑区** 学习和记忆在脑内有一定的功能定位。目前已知中枢神经系统有多个脑区参与学习和记忆过程,包括大脑皮层联络区、海马及其邻近结构、杏仁核、丘脑及脑干网状结构等。例如,海马与短时程记忆向长时程记忆转变、操作式条件反射建立、空间位置的学习记忆等有关。

2. **突触可塑性** 是学习和记忆的神经生理学基础。突触可塑性包括习惯化、敏感化、**长时程增强**(long-term potentiation,LTP)和**长时程抑制**(long-term depression,LTD)等形式,它们发生在中枢神经系统的许多部位,尤其是与学习和记忆功能有关的海马等脑区。突触结构,如新突触形成,和生理功能的改变,如通道敏感性或受体数目的变化,都可以引起突触间传递效能的变化。而记忆涉及原有突触联系的传递活动的增强。

3. **脑内蛋白质和递质的合成** 较长时间的记忆与脑内蛋白质的合成有关。动物实验证明,在每次学习训练后的 5 min 内,如果使动物接受麻醉、电击或低温处理,或给予阻断蛋白质合成的药物,则长时程记忆消失。此外,脑内某些中枢神经递质含量变化也与学习和记忆有关。例如,乙酰胆碱是加强学习记忆的重要递质,给予拟胆碱药可改善有健忘症的老年人的记忆功能,而长期服用抗胆碱药的健康人则可引起记忆减退。其他神经递质如儿茶酚胺、γ-氨基丁酸、血管升压素、缩宫素、脑啡肽等都可影响脑的学习和记忆功能。

## 四、大脑皮层的语言中枢和功能的一侧优势

(一)大脑皮层的语言中枢

语言是人类独有的一种认知功能。人类左半球大脑皮层存在特殊的语言功能区,这些区域受损将引起相应的语言功能障碍(图 2-10-18)。大脑皮层与听说读写相关的区域称为语言中枢。颞上回后部的损伤可引起**感觉失语症**(sensory aphasia),患者能讲话、书写,也能看懂文字,能听见别人说话但是听不懂。位于中央前回底部前方的 Broca 区的损伤可致**运动失语症**(motor aphasia),患者能看懂文字和听懂别人的说话,能发音但却不会讲话,不能用词语进行口头表达。角回受损的患者可产生**失读症**(alexia),患者能看见但却看不懂文字,其他语言功能活动均正常。损伤额中回后部接近中央前回手部代表区的部位可产生**失写症**(agraphia),患者能听懂别人的说话,能看懂文字,自己会讲话,手可以动但却不会书写。损伤左侧颞叶后部或 Wernicke 区可引起**流畅失语症**(fluent aphasia),患者说话正常,但言不达意,言语中充满杂乱语和自创词,对别人的说话和文字的理解能

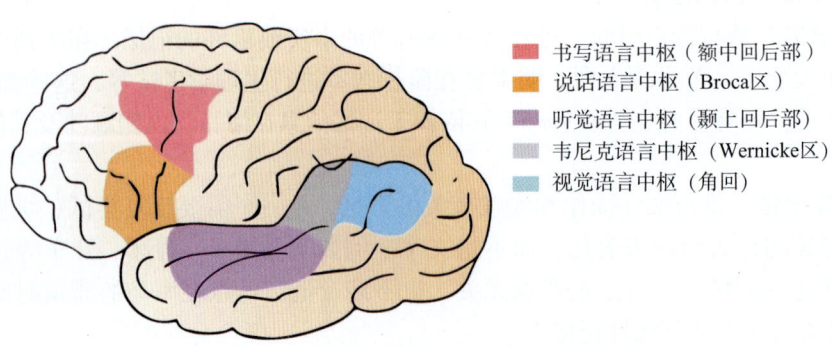

图 2-10-18 大脑皮层与语言功能有关的区域模式图

力也有明显缺陷。临床上，严重的失语症可同时出现多种语言功能活动的障碍。

### （二）大脑皮层功能的一侧优势现象

人类两侧大脑半球的功能是不对称的，脑的高级功能向一侧半球集中的现象称为一侧优势。对于大多数右利手的成人，语言活动功能主要集中在其大脑左半球；右侧半球则认为在非语词性认识功能上占优势，如对空间的辨认、对深度的知觉和触觉及音乐欣赏等。一般将语言活动功能占优势的半球称为优势半球或主要半球。这种优势现象仅为人类所特有，自10~12岁时逐步建立。它的出现除与一定的遗传因素有关外，主要在后天生活实践中逐渐形成。左利手的人，其优势半球可在右侧或左侧大脑半球。

人类两侧大脑皮层的功能虽然各有优势，但又是相关的，两半球之间通过胼胝体进行功能的各种联系和协调，一侧皮层的学习活动功能可传送到另一侧皮层。如在动物试验中，动物的右侧肢体学会了一种技巧运动，左侧肢体虽然没有经过训练，但在一定程度上也会完成这种技巧运动，但如果事先切断动物的胼胝体，此现象就不会发生。

（刘羽丹）

### 思考题

1. 简述经典突触的传递过程。
2. 简述肾上腺素能受体的分类（根据药理学特性）及其阻断剂的种类。
3. 简述中枢抑制的形式和机制。
4. 简述特异性投射系统和非特异性投射系统及二者之间的关系。
5. 简述牵张反射的反射途径。
6. 简述下丘脑的主要功能。
7. 简述睡眠的过程及意义。

### 新形态教材网更多数字资源

思维导图　　教学课件　　微课　　自测题　　拓展阅读　　思政元素

# 第十一章 感觉器官的功能

编者导学

**本章导航**
第一节 概述
第二节 视觉器官
第三节 位听觉器官

感觉（sensation）是脑对客观物质世界的主观反映，是机体赖以生存的重要功能之一。人或动物通过感觉认识客观世界，并能不断地适应内、外环境的变化。感觉的产生需要感受器或感觉器官、感觉传入通路和感觉中枢三者共同完成。体内有多种感受器，某些在结构和功能上高度分化的感受细胞及其附属结构则构成感觉器官，如眼、耳、鼻、舌及皮肤等。

## 第一节 概 述

### 一、感受器与感觉器官

**感受器**（receptor）指分布在体表或组织内的一些专门感受机体内、外环境变化的结构或装置。感受器的结构具有多样性，最简单的是游离神经末梢，如痛觉和温度觉感受器；有的神经末梢周围包绕一些结缔组织构成被膜样结构，如环层小体、鲁菲尼小体和肌梭等；还有一些感受器是结构和功能上都高度分化的感受细胞，如视网膜中的视杆细胞和视锥细胞及耳蜗中的毛细胞等。某些感受细胞及其附属结构构成专门感受某一特定感觉的**感觉器**（sensory organ）。人和高等动物最主要的感觉器官有眼、耳、鼻、舌等，它们均位于头部，称为特殊感觉器官。

感受器有多种分类方法。根据感受器的分布部位，分为内感受器和外感受器，内感受器又分为本体感受器和内脏感受器；根据感受器所接受的刺激性质，分为机械感受器、温度感受器、化学感受器和光感受器等。此种分类法也有不足之处，如机械性感受器可包括皮肤触-压觉感受器、听觉感受器、平衡觉感受器和压力感受器等。目前，常用的分类方法综合考虑刺激及其效应或感觉，如视觉、听觉、嗅觉、触-压觉、平衡觉、动脉压力等感受器。

## 二、感受器的一般生理特性

### （一）感受器的适宜刺激

每种感受器都有自己最敏感、最容易接受的刺激形式，这种形式的刺激称为该感受器的**适宜刺激**（adequate stimulus）。例如，视网膜感光细胞的适宜刺激是一定波长的电磁波，耳蜗毛细胞的适宜刺激是一定频率的机械振动等。感受器并非仅对适宜刺激有反应，对某些非适宜刺激也有反应，但所需的刺激强度通常要比适宜刺激大得多。故体内的感受器总是优先接受其适宜刺激。

### （二）感受器的换能作用

感受器是一种生物换能器，能将作用于它们的特定形式的刺激能量转换为传入神经的动作电位，这种能量转换称为感受器的**换能作用**（transducer function）。传入神经末梢的电位变化称为**发生器电位**（generator potential）。感受器细胞的电位变化称为**感受器电位**（receptor potential）。感受器电位通常由跨膜离子电流引起膜去极化而产生，但感光细胞则为膜超极化所致。感受器电位或发生器电位在本质上是相同的，均属局部电位。感受器电位或发生器电位可通过改变其幅度、持续时间和传播方向，真实地转导外界刺激信号所携带的信息。当这些过渡性电位变化使该感受器的传入神经纤维产生动作电位时，这一感受器或感觉器官的换能作用才完成。

### （三）感受器的编码作用

感受器在将外界刺激转换为传入神经动作电位时，不仅仅是发生了能量形式的转换，更重要的是将刺激所包含的环境变化的信息也转移到了动作电位的序列之中，这种作用称为感受器的**编码**（coding）功能。由于每一种刺激的性质和强度两种主要参数不同，因此编码作用主要包括性质编码和强度编码。

刺激性质的编码取决于接受的感受器类型、传导冲动的专用通路及最终到达大脑皮层的特定部位。各种感受器所产生的传入神经冲动都是一些在波形上十分相似的动作电位，本质上并没有差别。因此，不同性质的刺激不可能通过动作电位的波形特征或幅度高低来编码。实验和临床经验证明，不同性质的刺激要引起不同感觉，是由于刺激作用于某种特定的感受器，所产生的神经传入冲动经特定的感觉传入通路到达大脑皮层的特定部位，因此引起特殊性质的感觉。刺激强度的编码由感受器电位的幅度和时程，以及被激活的感受器数目来反映。

### （四）感受器的适应现象

当某一恒定强度的刺激持续作用于一个感受器时，其传入神经纤维上的冲动频率会逐渐降低，该现象称为感受器的**适应**（adaptation）。通常根据感受器出现适应的快慢，分为快适应感受器和慢适应感受器两类。皮肤触觉感受器（如环层小体、麦斯纳小体等）属于快适应感受器。它们受到刺激时，仅在刺激作用后的短时间内有传入冲动发放，此后尽管刺激持续存在，但神经冲动的频率迅速降低，甚至消失。这类感受器对于刺激的变化十分敏感，适于传递快速变化的信息，有利于机体接受新的刺激。鲁菲尼小体、梅克尔盘、肌梭、关节囊感受器、颈动脉窦压力感受器和颈动脉体化学感受器等都属于慢适应感受器。这类感受器一般仅在刺激开始后不久传入冲动频率稍有下降，以后便在较长时间内稳定于某一水平，直至刺激被撤除为止。感受器的慢适应有利于对机体某些功能状态（如姿势、血压等）进行持久而恒定的调节，或向中枢持续发放有害刺激的信息，以保护机体。例如，引起疼痛的刺激往往是潜在的伤害性刺激，如果其感受器适应快，那在一定程度上就会失去报警和保护意义。适应并非疲劳，因为某一强度的刺激产生适应后，若再增加该刺激的强度，又可引起传入冲动的增加。

## 第二节 视觉器官

**视觉**（vision）是人从外界获得信息最主要的途径，至少 70% 的外界信息来自视觉。眼是引起视觉的外周感觉器官。

人眼的适宜刺激是可见光（380~760 nm 的电磁波）。外界物体发出的光线经眼的折光系统成像于视网膜上（见图 1-9-1），眼的感光换能系统将视网膜像所含的视觉信息转变为生物电信号，并在视网膜中对这些信号进行初步处理，然后由视神经传入视觉中枢作进一步分析、处理，最终形成视觉。

### 一、眼的折光与调节

#### （一）眼的折光系统

视觉形成的首要步骤是外界物体在视网膜上形成真实而清晰的物像。外界物体发出或反射的光线通过眼的折光系统（角膜、房水、晶状体和玻璃体）的折射，在视网膜上形成物像。入眼光线的折射主要发生在角膜前表面。根据人眼各折光体的光学参数，应用几何光学的一般原理，可画出光线在眼内的行进途径和成像情况，但十分复杂。为了简便，有人设计出一种与正常眼折光系统等效的简单模型，称为**简化眼**（reduced eye）。这种假想模型为一单球面折光体，前后径为 20 mm，折射界面的曲率半径为 5 mm，即节点在折射界面后方 5 mm 处，后主焦点恰好位于该折光体的后极，相当于人眼视网膜的位置。光线由空气进入球形界面时折射一次，折射率为 1.333。

正常人眼在安静状态、不作任何调节时，其折光系统的后主焦点恰好落在视网膜上，由远处物体发出的平行光线可在视网膜上形成清晰的像。简化眼和正常安静时的人眼一样，也正好能使平行光线聚焦于视网膜上（图 2-11-1）。

利用简化眼模型可方便地计算出不同远近的物体在视网膜上成像的大小。

正常人眼的视力有一个限度，该限度只能用能看清楚的最小视网膜像的大小来表示，因为物像的大小与物体本身的大小及物体与眼之间的距离均有关。人眼所能看清楚的最小视网膜像的大小约相当于视网膜中央凹处一个视锥细胞的平均直径。在光照良好的情况下，如果视网膜上的物像小于 4.5 μm，一般不能产生清晰的视觉。

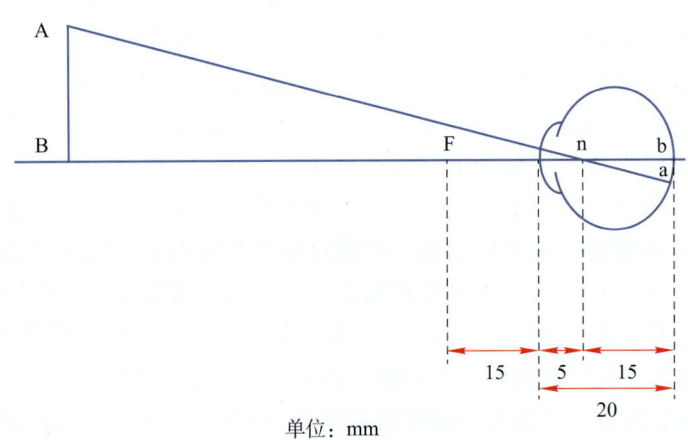

图 2-11-1 简化眼及其成像示意图

F 为前焦点，n 为节点，△AnB 和 △anb 是两个相似直角三角形；如果物距（近似于 Bn）和物体大小（AB）为已知，则可根据相似三角形对应边的比例关系计算出视网膜上物像的大小（ab），也可计算出两三角形对顶角（即视角）的大小

## （二）眼的调节

当眼在看远物（6 m 以外）时，物体发出或反射到达眼的光线已基本平行，这些平行光线经过正常眼的折光系统后，不需作任何调节即可在视网膜上形成清晰的图像。通常将人眼不作任何调节时所能看清楚物体的最远距离称为**远点**（far point）。在理论上，远点可无限远，但离眼太远的物体发出的光线太弱，这些光线在空间和眼内传播时被散射或吸收，在到达视网膜时不足以兴奋感光细胞；或远处物体在视网膜上形成的物像过小，低于感光细胞分辨能力，所以眼看不清楚离眼太远的物体。

当眼看近物（6 m 以内）时，从物体发出或反射的光线达到眼时，则呈现某种程度的辐散，光线通过眼的折光系统将成像在视网膜之后。光线到达视网膜时尚未聚焦，因而只能产生一个模糊的视觉形象。正常眼在看近物时也非常清楚，这是因为眼在看近物时已进行了调节的缘故。

**1. 眼的近反射**　眼在注视 6 m 以内的近物或被视物体由远移近时，眼将发生一系列调节，包括晶状体变凸（最主要）、瞳孔缩小和视轴会聚，这一系列调节称为眼的**近反射**（near reflex）。

（1）晶状体变凸：当眼视远物时，睫状肌处于松弛状态，此时悬韾带有一定的紧张度，晶状体受悬韾带的牵引，形状相对扁平；当眼视近物时，可反射性地引起睫状肌收缩，悬韾带松弛，晶状体因其自身的弹性而向前、后凸出（前凸更显著），折光能力增强，从而使物像前移而成像于视网膜上（图 2-11-2）。

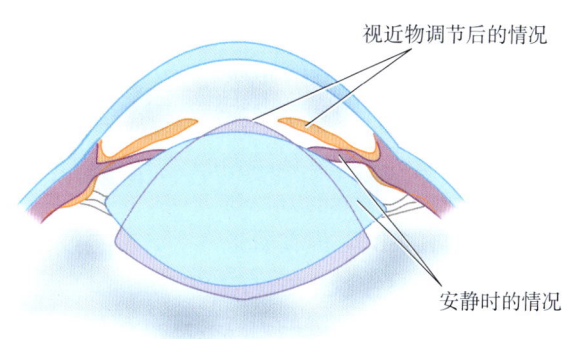

图 2-11-2　睫状体位置和晶状体形态在眼的调节中发生改变示意图

眼视近物时晶状体形状的改变是通过反射实现的。模糊的视觉图像信息传到视觉皮层，并进行分析、整合，形成指令依次下传至中脑正中核、动眼神经缩瞳核，再经动眼神经传到睫状神经节，最后经睫状神经引起睫状肌收缩，悬韾带松弛，晶状体变凸。物体距眼睛越近，入眼光线的辐散程度越大，晶状体变凸的程度更大，物像才能聚焦于视网膜上。

晶状体的弹性变形有一定限度，因此眼视近物的调节能力也有一定范围。晶状体的最大调节能力可用**近点**（near point）来表示，近点距眼越近，说明晶状体的弹性越好，即眼的调节能力愈强。随着年龄的增长，晶状体的弹性逐渐减弱，导致眼的调节能力降低，近点逐渐变远。例如，10 岁儿童的近点平均约为 9 cm，20 岁左右的成人约为 11 cm，60 岁时可增大至 83 cm。老年人晶状体弹性减小，硬度增加，眼的调节能力降低，该现象称为**老视**（presbyopia）。老视眼看远物时与正常眼无异，但看近物时可用适度的凸透镜矫正。

（2）瞳孔缩小：正常人眼的瞳孔直径在 1.5～8.0 mm 之间变动。当看近物时，可反射性地引起双侧瞳孔缩小，称为**瞳孔近反射**（pupillary near reflex）或**瞳孔调节反射**（pupillary accommodation reflex）。由动眼神经缩瞳核发出的副交感纤维也支配虹膜环行肌，使之收缩，引起瞳孔缩小。瞳孔缩小可减少折光系统的球面像差和色像差，使视网膜成像更为清晰。

（3）视轴会聚：当双眼注视某一近物或被视物由远移近时，两眼视轴向鼻侧会聚的现象，称为辐辏反射（convergence reflex）或视轴会聚，其意义在于物像可落在两眼视网膜的对称点上，产生单一的清晰的视觉，避免形成复视。

2. **瞳孔对光反射** 瞳孔在强光照射时缩小，而在光线变弱时散大的反射称为**瞳孔对光反射**（pupillary light reflex），它与视近物无关，可调节进入眼内的光量，使视网膜不会因光量过强而受到损害，也不会因光线过弱而影响视觉。光照一侧眼的视网膜时，双侧眼的瞳孔均缩小，故又称**互感性对光反射**（consensual light reflex）。强（或弱）光照射视网膜时产生的冲动沿视神经传到中脑的顶盖前区，然后到达双侧的动眼神经缩瞳核，再沿动眼神经中的副交感纤维传到睫状神经节，最后经睫状神经到达睫状体，使瞳孔缩小（或散大）。瞳孔对光反射的中枢在中脑，因此临床上常用它判断麻醉深度和病情。

### （三）眼的折光异常

正常眼无需作任何调节就可使平行光线聚焦于视网膜上，看清远处的物体，也能看清 6 m 以内不小于近点的物体（经过调节），这种眼称为**正视眼**（emmetropia）（图 2-11-3 A）。若眼的折光能力异常或眼球的形态异常，平行光线不能聚焦于未调节眼的视网膜上，则称**屈光不正**（ametropia），又称非正视眼，包括近视、远视和散光。

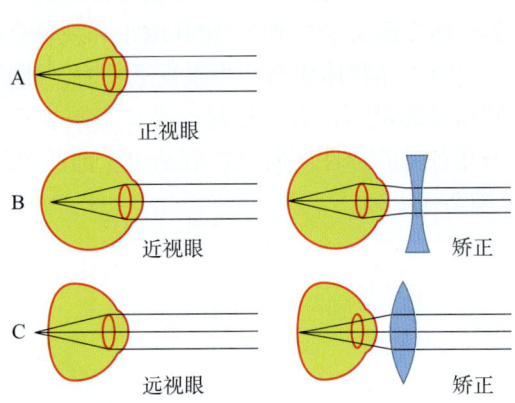

图 2-11-3 正视眼、近视眼和远视眼及其矫正的示意图

A. 正视眼；B. 近视眼及其矫正；C. 远视眼及其矫正

1. **近视**（myopia） 看不清远物，只能看清距眼较近的物体，是由于眼球前后径过长（轴性近视）或折光系统的折光能力过强（屈光性近视）所致。近视眼看远物时，远物发出的平行光线聚焦在视网膜的前方，在视网膜上形成的像是模糊的（图 2-11-3 B）。但在看近物时，近物发出的辐散光线不需调节或只作较小程度的调节，就能聚焦成像在视网膜上。因此，近视眼的近点和远点都移近。近视眼可用凹透镜矫正，使入眼的平行光线适当辐散后聚焦在视网膜上。

2. **远视**（hyperopia） 由于眼球的前后径过短（轴性远视）或折光系统的折光能力过弱（屈光性远视），远物的平行光线聚焦在视网膜的后方，不能在视网膜上形成清晰的物像（图 2-11-3 C），需经眼的调节以增加折光能力才能看清远物。因此，远视眼的近点比正视眼远。在看近物时，则需作更大程度的调节才能看清物体。远视眼看近物、远物都需要进行调节，故易发生调节疲劳，尤其是进行近距离作业或长时间阅读时，可因调节疲劳而产生头痛。远视眼可用凸透镜矫正。

3. **散光** 正常眼的角膜表面呈正球面，球面各经线上的曲率都相等，因而到达角膜表面的平行光线经折射后均能聚焦于视网膜上。**散光**（astigmatism）主要是由于角膜表面不同经线的曲率不等所致。入射光线经曲率较大的角膜表面折射，聚焦于视网膜之前；经曲率正常的角膜表面折射，聚焦于视网膜上；经曲率较小的角膜表面折射，聚焦于视网膜之后。因此，平行光线经过曲率不等的角膜表面折射后不能聚焦于同一平面上，造成视物不清或物像变形。此外，散光也可因晶状体表面曲率不等，或晶状体位置异常而产生。眼外伤造成的角膜表面畸形可产生不规则散光。规则散光可用柱面镜矫正。

## 二、眼的感光换能系统功能

视觉信息要通过视觉系统（视网膜、视觉传导通路和大脑皮层）的处理才能转换成主观感觉。视网膜的作用是感光换能和视觉信息编码。

（一）感光细胞的功能特点

**1. 感光细胞及其特征** 感光细胞层含有**视杆细胞**（rod cell）和**视锥细胞**（cone cell）两种感光细胞，它们是特殊分化的神经上皮细胞，可分为外段、内段和突触部（终足）三部分（图2-11-4）。

📺 微课2-11-1 眼的感光换能系统功能（一）
📺 微课2-11-2 眼的感光换能系统功能（二）

外段是视色素集中的部位，在感光换能中起重要作用。视杆细胞的外段呈圆柱状，绝大部分空间被重叠成层、排列整齐的圆盘状结构所占据，这些圆盘状结构称为**膜盘**（membranous disc）。视锥细胞的外段呈圆锥状，胞内也有类似的膜盘。膜盘是一些由脂质双分子层构成的膜性扁平囊状物，膜盘膜中镶嵌的蛋白质绝大部分是能够产生光化学反应的**视色素**（visual pigment）。

视杆细胞仅有一种视色素，称为**视紫红质**（rhodopsin）。每个人的视杆细胞外段中有近千个膜盘，每个膜盘中约含有100万个视紫红质分子。因此，单个视杆细胞就可以对入射光线发生反应。视杆细胞对光

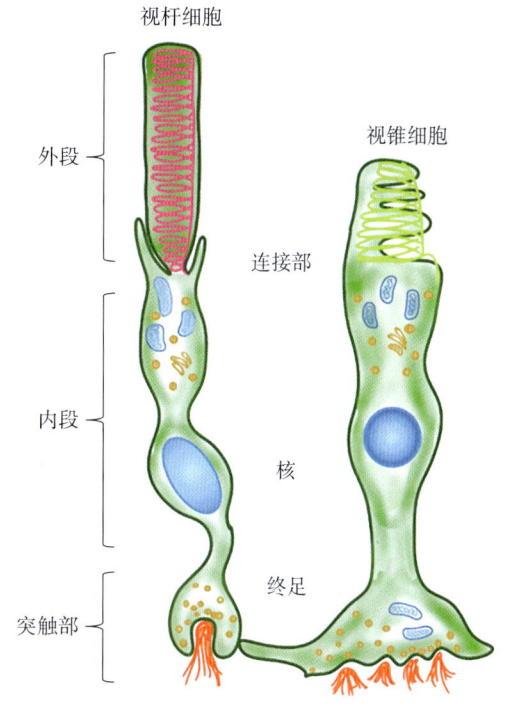

图2-11-4 哺乳动物视杆细胞和视锥细胞模式图

的反应慢，利于更多的光反应得以总和，这样就提高了单个视杆细胞的光敏感度，使视网膜能感受到单个光量子的强度。人和绝大多数哺乳动物的视锥细胞都含有三种不同的视色素，统称为视锥色素，分别存在于三种不同的视锥细胞中。它们是产生光感和色觉的物质基础。

两种感光细胞在视网膜中的分布很不均匀。在黄斑中央凹的中心只有视锥细胞，且密度最高，越向周边，视锥细胞的分布越少。在视网膜的周边部主要是视杆细胞。视网膜由黄斑向鼻侧约3 mm处有一直径约1.5 mm的淡红色圆盘状结构，称为**视神经乳头**（optic papilla），又称视神经盘。这是视神经纤维汇集穿出眼球的部位，是视神经的始端。该处无感光细胞分布，是视野中的**盲点**（blind spot）。通常用双眼视物，一侧眼视野中的盲点可被对侧眼的视野所补偿，因此不会感觉到盲点的存在。

**2. 视网膜细胞的联系** 两种感光细胞都通过突触部与双极细胞形成化学性突触，双极细胞再和神经节细胞发生突触联系，神经节细胞发出的轴突构成视神经。已知视杆细胞与双极细胞和神经节细胞之间存在会聚联系；视锥细胞与双极细胞和神经节细胞之间的会聚程度较少。在中央凹处常可见到一个视锥细胞仅与一个双极细胞联系，该双极细胞也只同一个神经节细胞联系，呈现一对一"单线联系"方式，这是中央凹具有高视敏度的结构基础。

（二）视网膜的感光换能系统

视网膜中存在两种感光换能系统，即视杆系统和视锥系统。视杆系统又称**晚光觉**或**暗视觉**（scotopic vision）系统，由视杆细胞和与它们相联系的双极细胞、神经节细胞等组成。它们对光的敏感度较高，司暗光觉，但无色觉，对被视物细节的分辨能力较弱。视锥系统又称**昼光觉**或**明视觉**（photopic vision）系统，由视锥细胞和与它们相联系的双极细胞、神经节细胞等组成。它们对光的敏感度较低，司昼光觉，可辨别颜色，且对被视物体的细节分辨能力较强。光感受器以视锥细胞为主的动物，如鸡、鸽、松鼠等只在白昼活动，故为"夜盲"；视网膜中只有视杆细胞的动物，如猫头鹰等在夜间活动，故夜光觉敏锐。

（三）视杆细胞的感光换能机制

视紫红质是由1分子**视蛋白**（opsin）和1分子**视黄醛**（retinene）组成的结合蛋白质。视蛋白是

G蛋白耦联受体。视黄醛由维生素A转变而来。当光照视网膜后，11-顺视黄醛转变为全反型视黄醛，并与视蛋白分离，视蛋白被激活，活化的视蛋白激活与其耦联的G蛋白，活化的G蛋白再激活下游的效应酶，诱发视杆细胞产生感受器电位。在这一过程中，视紫红质失去颜色，称为漂白。

视紫红质的光化学反应是可逆的，一个光量子被其吸收后即可导致视紫红质分解，效率非常高。视紫红质的再合成始于全反型视黄醛转变为11-顺视黄醛，该过程需要一种存在于色素上皮中的异构酶。全反型视黄醛必须从视杆细胞中释放出来，被色素上皮细胞摄取，再由异构酶将之转化为11-顺视黄醛，最后返回到视杆细胞，形成视紫红质（图2-11-5）。

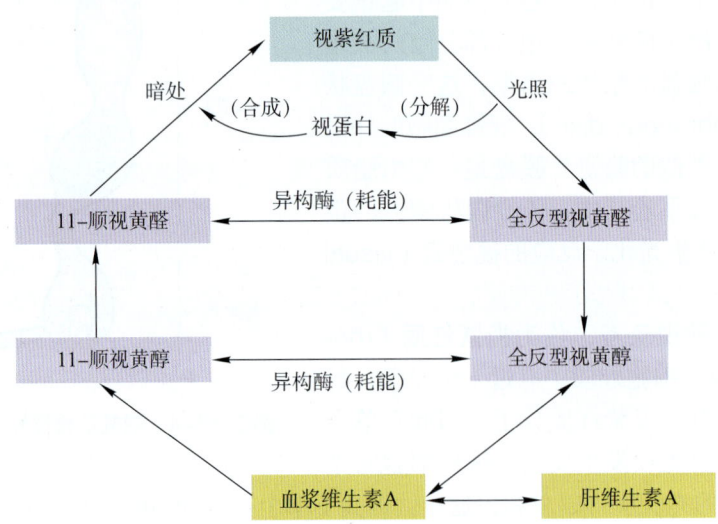

图2-11-5　视紫红质的光化学反应模式图

全反型视黄醛也可先转变为全反型视黄醇（维生素A的一种形式），然后在异构酶的作用下转变为11-顺视黄醇，最后再转变为11-顺视黄醛，与视蛋白结合，形成视紫红质。另外，储存于色素上皮中的维生素A（全反型视黄醇）也可以转变为11-顺视黄醛。维生素A可用于视紫红质的合成与补充。视网膜中过多的视黄醇也可逆转成为维生素A，这对视网膜适应不同的光强度特别重要。

人在暗处视物时，视紫红质的合成过程大于分解过程，视紫红质数量增多，从而使视网膜对弱光较敏感，这是人在暗处能不断视物的基础。相反，在亮光处视物时，视紫红质的分解大于合成，使视杆细胞几乎失去感受光刺激的能力，此时的视觉依靠视锥系统来完成。在视紫红质分解、再合成过程中，有一部分视黄醛被消耗，需要通过由食物进入血液循环（相当部分储存于肝）中的维生素A来补充。因此，如果长期维生素A摄入不足，会影响人的暗视觉，引起**夜盲症**（nyctalopia）。

拓展阅读2-11-1　食物中除维生素A外的其他成分对视力的影响

**（四）视锥系统的感光换能和颜色视觉**

视锥细胞的视色素也是由视蛋白和视黄醛结合而成。由于视蛋白分子结构的微小差异，决定了与之结合的视黄醛分子对某种波长的色光最为敏感。不同的视锥细胞含有不同的视锥色素，分别对红、绿、蓝三种色光敏感。

**1. 色觉和色觉学说**　视锥细胞具有辨别颜色的能力。**色觉**（color vision）指不同波长的可见光刺激视锥细胞，在脑内产生的一种主观感觉，是一种复杂的物理心理现象。正常人眼可分辨波长380～760 nm的150种左右的颜色，每种颜色都与一定波长的光线相对应。关于颜色视觉产生的机制，目前广为接受的是**三色学说**（trichromatic theory）和**对比色学说**（opponent color theory）。

（1）三色学说：该学说认为在视网膜上存在三种不同的视锥细胞，分别含有对红、绿、蓝三种波长色光敏感的视色素。当某一种波长的光线作用于视网膜时，可按一定的比例使三种不同的视锥细胞发生兴奋，该信息传至中枢，就产生某一种颜色的感受。如果三种色光按各种不同的比例适当混合，就会产生任何颜色的色觉。

三色学说现已被许多实验所证实。用不超过单个视锥细胞直径的细小单色光束逐个检查视锥细胞的光谱吸收曲线，发现其峰值分别在 564 nm、534 nm 和 420 nm 处，相当于红、绿、蓝三色光的波长。用微电极记录单个视锥细胞的感受器电位，也观察到不同单色光引起的超极化型感受器电位，其幅度、峰值在不同的视锥细胞出现的情况也符合三色学说。此外，色盲的遗传学研究也支持三色学说。

（2）对比色学说：三色学说虽能说明许多色觉现象和色盲产生的原因，但不能解释颜色对比现象。如将蓝色块置在黄色背景上，感觉到这个蓝色块显得特别蓝，黄色背景也特别黄，该现象称为颜色对比，而黄色和蓝色则互为对比色或互补色。Hering 于 1892 年提出了对比色学说（也称四色学说）。该学说认为，在红、绿、蓝、黄四种颜色中，红色与绿色，蓝色与黄色分别形成对比色，任何颜色都是由这四种颜色按不同比例混合而成。对比色学说也得到一些实验研究的支持。例如，用微电极记录金鱼视网膜水平细胞的跨膜电位，发现有些水平细胞用黄光刺激时出现最大的去极化，而用蓝光刺激时则出现最大的超极化。另有些水平细胞分别用红光和绿光刺激时，也出现类似的拮抗反应。可见，色觉的形成十分复杂，三色学说所描述的是颜色信息在感光细胞水平的编码，而对比色学说则阐述了颜色信息在感光细胞之后神经通路中的编码机制。

**2. 色觉障碍**　主要有色盲和色弱两种形式。**色盲**（color blindness）是一种对全部或某些颜色缺乏分辨能力的色觉障碍，分为全色盲和部分色盲。全色盲极为少见，表现为只能分辨光线的明暗，呈单色视觉。部分色盲又分为红色盲、绿色盲、蓝色盲，其中以红、绿色盲最为多见。

色盲属遗传缺陷疾病，男性居多。这是因为编码红敏色素和绿敏色素的基因均位于 X 染色体上，而编码蓝敏色素的基因位于第 7 对常染色体上。当男性从母亲那里得到的一条 X 染色体有缺陷时，就会导致不正常的红绿色觉；而女性只有在双亲的 X 染色体均有缺陷时才会发生红绿色觉异常。大多数绿色盲者是由于绿敏色素基因丢失，或是该基因为一杂合基因所取代，而其余部分则来自红敏色素基因。大多数红色盲者的红敏色素基因被相应的杂合基因所取代。

**色弱**（color weakness）是另一种常见的色觉障碍，通常由后天因素引起。是患者的某种视锥细胞的反应能力减弱，使患者对某种颜色的识别能力较正常人稍差，即辨色能力不足。

## 三、与视觉有关的几种生理现象

### （一）视力

视力又称**视敏度**（visual acuity），指眼能分辨物体两点间最小距离的能力，即眼对物体细微结构的分辨能力。视力通常用视角的倒数来表示。**视角**（visual angle）指物体上两点的光线投入眼内，通过节点相交时所形成的夹角。视角的大小与视网膜物像的大小成正比。常用视敏度来表示视觉系统空间分辨率的大小。我们平时测的视力是指中央凹的视敏度。

### （二）暗适应和明适应

当人长时间在明亮环境中突然进入暗处时，最初看不清任何东西，经过一定时间后，视觉敏感度逐渐增高，才能看清在暗处的物体，这种现象称为**暗适应**（dark adaptation）。相反，当人长时间在暗处，突然进入明亮处时，最初感到耀眼的光亮，不能看清物体，稍待片刻后才能恢复视觉，这种现象称为**明适应**（light adaptation）。

暗适应的时间较长，需 25~30 min，是人眼在暗处的视敏度逐渐提高的过程。在亮处视杆细胞中的视紫红质大量分解，剩余量很少，对光的敏感度下降，所以刚进入暗处时不能视物。进入暗处一定时间后，视紫红质的合成逐渐增多，对暗光的敏感度逐渐提高，在暗处的视觉恢复。

明适应的进程很快，通常在数秒钟内即可完成。其机制是视杆细胞在暗处蓄积了大量的视紫红质，遇到强光时迅速分解，因而产生耀眼的光感。只有在较多的视杆色素迅速分解之后，对光相对不敏感的视锥色素才能在亮处感光而恢复视觉。

### （三）视野

单眼注视正前方一点不动时，该眼所能看到的空间范围，称为**视野**（visual field）。视野的最大界限用能看到的最大范围与视轴所成的夹角大小来表示。所谓视轴是指用单眼固定注视外界某一点，该点与视网膜黄斑中央凹处的假想连接线。视野的大小可受所视物体颜色的影响。在同一光照条件下，白色视野最大，其次是黄色、蓝色、红色，绿色视野最小。另外，由于面部结构（鼻和额）阻挡视线，也影响视野的大小及形状。正常人颞侧视野大于鼻侧视野，下方视野大于上方视野。视野的大小也可能与各类感光细胞在视网膜中的分布范围有关。检查视野可帮助诊断视网膜或视觉传导通路的病变，因为这些部位的病变往往会伴有特殊形式的视野缺损。

## 第三节　位听觉器官

听觉和位觉（平衡觉）外周感觉器官由外耳、中耳和内耳的耳蜗组成，含有听觉感受器和位觉感受器（前庭器）。

人听觉器官的适宜刺激是由声源振动引起空气产生的疏密波，即声波。频率范围是 20～20 000 Hz。声波通过外耳和中耳的传递到达耳蜗，经耳蜗的感音换能作用，转变为听神经纤维上的神经冲动，后者上传到大脑皮层的听觉中枢，产生听觉。听觉对动物适应环境和人类认识自然有重要意义，有声语言更是人类认识自然、交流思想、互通往来的重要工具。

人耳所能感受的声波强度通常用声压表示，声压的可感受范围是 0.000 2～1 000 dyn/cm$^2$。对于每一种频率的声波，人耳都有一个刚能引起听觉的最小强度，称为**听阈**（hearing threshold）。在听阈以上继续增加声压，听觉的感受也相应增强，当声压增加到某一限度时，将引起鼓膜的疼痛感觉，此时的声压为人耳所能忍受的最强声压，称为**最大可听阈**（maximal hearing threshold）。正常人耳所能感受到的声波频率和强度都应在听阈的范围之内，其中最敏感的频率范围是 1 000～3 000 Hz 之间。

位觉感受器位于内耳，其中的三个半规管、椭圆囊和球囊合称为前庭器官，是人体感知自身运动状态和头部空间位置的感受器，对维持身体平衡起重要作用。

### 一、外耳和中耳的传音作用

#### （一）外耳的功能

耳郭不仅有收集声波的作用，而且还可帮助判断声源的方向。外耳道是声波传导的通道，其最佳共振频率约为 3 800 Hz。

#### （二）中耳的功能

中耳由鼓膜、听骨链、鼓室和咽鼓管等结构组成。中耳的主要功能是将声波振动能量准确高效地传给内耳淋巴，其中鼓膜和听骨链在声音传递过程中还起增压作用。

鼓膜面积为 50～90 mm$^2$，厚约 0.1 mm，呈顶点朝向中耳的浅漏斗状，其顶点在鼓室内与锤骨柄相连。鼓膜是一个压力承受装置，很像电话机受话器中的振膜，本身无固有振动，却具有较好的频率响应和较小的失真度，能与声波同步振动，将声波如实传递给听骨链。

听骨链由锤骨、砧骨和镫骨三块听小骨依次连接而成。锤骨柄附着于鼓膜内面中心处，镫骨脚板与卵圆窗膜相贴，砧骨居中，三块听小骨构成一个能量传递效率最高的杠杆系统。

声波由鼓膜经听骨链到达卵圆窗时，其振幅稍减小而声压增大。这是因为：①鼓膜的有效振动面积为 55 mm²，而卵圆窗的面积只有 3.2 mm²，两者之比为 17.2∶1。如果听骨链传递声波时的总压力不变，则作用于卵圆窗膜上的压强为鼓膜上压强的 17.2 倍。②听骨链杠杆的长臂与短臂之比为 1.3∶1，故通过听骨链传递，杠杆短臂一侧的压力将增大 1.3 倍。综合以上两方面的作用，声波在整个中耳传递过程中将增压 22.4 倍，振幅减小 1/4。这就是中耳的增压减幅效应，该效应既可提高传音的效率，又可避免对卵圆窗膜和内耳造成损伤。

咽鼓管是连接鼓室和鼻咽部的通道，其鼻咽部的开口常处于闭合状态，在咀嚼、吞咽、打哈欠或打喷嚏时开放。咽鼓管具有平衡鼓室内压和外界大气压的作用，若因炎症而阻塞，鼓室内压将由于空气被吸收而降低，导致鼓膜内陷而引起耳痛、耳鸣等症状，影响听力。当人们乘坐飞机或潜水时，如果咽鼓管不及时开放，同样可因鼓室两侧出现巨大的压力差而产生鼓膜剧烈疼痛，严重者可造成鼓膜破裂。

## 二、内耳（耳蜗）的感音换能作用

内耳又称迷路，由骨迷路和膜迷路组成。骨迷路与膜迷路之间充满外淋巴，膜迷路内充满内淋巴，内、外淋巴互不相通。迷路在功能上可分为**耳蜗（cochlea）**和**前庭器官（vestibular apparatus）**两部分。其中，耳蜗的功能是感音换能。

（一）耳蜗的感音换能作用

**1. 基底膜的振动和行波理论**　当声波振动通过听骨链到达卵圆窗膜时，压力变化立即传给耳蜗内的淋巴液和膜性结构。如果卵圆窗膜内移，前庭阶外淋巴和蜗管内淋巴压力将相继升高，导致前庭膜和基底膜下移，最后鼓阶的外淋巴压迫圆窗膜，使圆窗膜外移；而当卵圆窗膜外移时，整个耳蜗内的淋巴液和膜性结构又作相反方向的移动，如此反复，形成振动。振动从基底膜的底部（靠近卵圆窗膜处）开始，按照物理学中的**行波（travelling wave）**原理沿基底膜向蜗顶方向传播，就像人在抖动一条绸带时，有行波沿绸带向其远端传播一样。不同频率的声波引起的行波都是从基底膜的底部开始，但声波频率不同，行波传播的距离和最大振幅出现的部位有所不同。声波频率越高，行波传播越近，最大振幅出现的部位越靠近蜗底；相反，声波频率越低，行波传播越远，最大振幅出现的部位越靠近蜗顶。因此，每一声波频率在基底膜上都有一个特定的行波传播范围和最大振幅区，位于该区的毛细胞受到的刺激最强，与这部分毛细胞相联系的听神经纤维的传入冲动也就最多。这样，来自基底膜不同区域的听神经纤维冲动传到听觉中枢的不同部位，就可产生不同音调的感觉。动物实验和临床资料也都证实，耳蜗底部受损时主要影响高频听力，而耳蜗顶部受损时则主要影响低频听力。

**2. 耳蜗的感音换能机制**　毛细胞顶部有机械门控通道，属非选择性阳离子通道，生理状态下，$K^+$ 内流是其最主要的离子流。如图 2-11-6 所示，当声波刺激引起基底膜振动时，由于盖膜与基底膜的附着点不在同一个轴上，盖膜与基底膜便沿着各自的轴上、下移动，于是在盖膜和基底膜之间产生剪切运动，使外毛细胞纤毛受到剪切力的作用而发生弯曲或偏转。当基底膜上移时，短纤毛向长纤毛侧弯曲，引起通道开放，大量 $K^+$ 内流，产生去极化感受器电位；而当基底膜下移时，长纤毛向短纤毛侧弯曲，引起通道关闭，$K^+$ 内流终止而产生超极化感受器电位。

当内毛细胞（也包括前庭器官中的毛细胞）产生去极化感受器电位后，细胞基底膜侧膜上的电压门控钙离子通道被激活开放，引起 $Ca^{2+}$ 内流，使细胞内 $Ca^{2+}$ 浓度升高，触发递质释放，进而引起听神经纤维产生动作电位，并向听觉中枢传递。由此，耳蜗毛细胞将其顶端的机械运动转化为其下部的神经突触活动和电变化，即耳蜗的感音换能作用。

（二）耳蜗的生物电现象

**1. 耳蜗内电位**　当耳蜗未受刺激时，如果以鼓阶外淋巴的电位为参考零电压，则可测得蜗管内淋巴的电位为 +80 mV 左右，这一电位称为**耳蜗内电位（endocochlear potential，EP）**或内淋巴电位

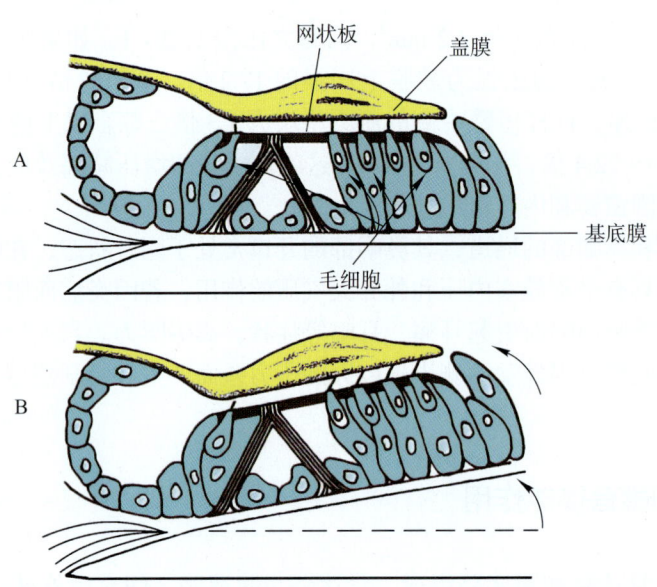

图 2-11-6 盖膜和基底膜之间的剪切运动引起外毛细胞纤毛弯曲示意图
A. 静止时纤毛位置；B. 基底膜在振动中上移时，剪切运动引起纤毛弯曲向蜗管外侧

(endolymphatic potential)；此时毛细胞的静息电位为 –70～–80 mV。由于毛细胞顶部浸浴在内淋巴中，而周围和底部则浸浴在外淋巴中，故毛细胞顶端膜内、外的电位差可达 150～160 mV，而毛细胞周围和底部膜内、外的电位差仅约 80 mV，这是毛细胞电位与一般细胞电位的不同之处。

**2. 耳蜗微音器电位** 当耳蜗受到声音刺激时，在耳蜗及其附近结构可记录到一种与声波的频率和幅度完全一致的电位变化，称为**耳蜗微音器电位**(cochlear microphonic potential，CM)。实验证明，耳蜗微音器电位是多个毛细胞在接受声音刺激时所产生的感受器电位的复合表现，其电位随刺激强度的增加而增大。耳蜗微音器电位无真正的阈值，没有潜伏期和不应期，不易疲劳，不发生适应现象，并在人和动物的听域范围内能重复声波的频率。与听神经干动作电位不同，耳蜗微音器电位具有一定的位相性，即当声音的位相倒转时，耳蜗微音器电位的位相也发生倒转，而听神经干动作电位则不能。

**3. 听神经动作电位** 是耳蜗对声波刺激进行换能和编码的总结果，作用是向听觉中枢传递信息。

## 三、内耳前庭器官的位觉

### （一）前庭器官的感受装置和适宜刺激

**1. 前庭器官的感受细胞** 前庭器官的感受细胞也是毛细胞，其结构和功能与耳蜗毛细胞相类似。每个毛细胞顶部有两种纤毛，一种是动纤毛，为最长的一条，位于一侧边缘处；另一种是静纤毛，相对较短，呈阶梯状排列。毛细胞的底部分布有感觉神经末梢。各类毛细胞的适宜刺激都是与纤毛的生长面呈平行方向的机械力的作用。当纤毛都处于自然状态时，测得细胞的静息电位为 –80 mV，同时毛细胞底部的传入神经纤维有一定频率的持续放电；此时如果用外力使静纤毛向动纤毛一侧弯曲或偏转时，细胞膜即发生去极化，当去极化达阈电位（–60 mV）水平时，传入神经纤维放电将频率增高，表现为兴奋效应；相反，如果用外力使动纤毛向静纤毛一侧弯曲或偏转时，则细胞膜发生超极化（–120 mV），传入神经纤维放电频率降低，表现为抑制效应。这是前庭器官中所有毛细胞感受外界刺激的一般规律。前庭器官中毛细胞纤毛通过与耳蜗内毛细胞相同的换能机制，使相应的传入神经纤维冲动发放频率发生改变，将这些信息传到中枢后，引起特殊的运动觉和位置觉，并出现相应的躯体和内脏功能的反射性变化。

人体两侧内耳各有前、外、后三个**半规管**（semicircular canal）（图1-10-14），分别代表空间的三个平面。当头前倾30°时，外半规管与地面平行，故又称水平半规管，其余两个半规管则与地面垂直。每个半规管在与椭圆囊连接处均有一个膨大的部分，称为**壶腹**（ampulla）。壶腹内有一镰状隆起，称为**壶腹嵴**（crista ampullaris），其上有高度分化的感觉上皮，由毛细胞和支持细胞所组成。毛细胞顶部的纤毛埋植在一种胶质性的圆顶形壶腹嵴帽之中。毛细胞上动纤毛与静纤毛的相对位置是固定的。

**2. 前庭器官的适宜刺激和生理功能**

（1）半规管：半规管壶腹嵴的适宜刺激是正、负角加速度运动。当人体直立并绕身体纵轴旋转时，水平半规管受到的刺激最大。当人体向左旋转时，左侧水平半规管中的内淋巴将向壶腹方向流动，能使静纤毛向动纤毛一侧弯曲，使左侧毛细胞兴奋而产生较多的神经冲动；而此时右侧水平半规管中的内淋巴的流动方向则是离开壶腹，使静纤毛向相反方向弯曲，引起右侧毛细胞抑制而产生的传入冲动减少。人脑根据来自两侧半规管传入信息的不同，来判定是否开始旋转及旋转方向。而当旋转突然停止时，由于内淋巴的惯性作用，两侧壶腹中毛细胞纤毛的弯曲方向和冲动发放情况正好与旋转开始时相反，毛细胞又受到新的刺激。当头部以冠状轴为轴心进行旋转时，前半规管和后半规管受到的刺激最大。人体三对半规管所在平面互相垂直，因此可以感受空间任何方向的角加速度运动。

（2）椭圆囊和球囊：**椭圆囊**（utricle）和**球囊**（saccule）内各有一个特殊的结构，分别称为椭圆囊斑和球囊斑，毛细胞位于囊斑上，其纤毛埋植在胶质状的位砂膜中。椭圆囊斑和球囊斑的适宜刺激是直线变速运动。当人体直立不动时，椭圆囊斑的平面与地面平行，位砂膜位于毛细胞纤毛的上方，而球囊斑的平面则与地面垂直，位砂膜悬于纤毛的外侧。在椭圆囊和球囊的囊斑上，几乎每个毛细胞的排列方向都不相同，这种排列有利于分辨人体在囊斑平面上所进行的变速运动的方向。不同毛细胞综合活动的结果，可反射性地引起躯干和四肢不同肌肉的紧张度发生改变，从而使机体在各种姿势和运动情况下保持身体的平衡。

**（二）前庭反应**

**1. 前庭姿势调节反射** 来自前庭器官的传入冲动，除能引起运动觉和位置觉外，还可引起各种姿势调节反射。如乘车时车突然向前开动或加速时，由于惯性作用，身体将后仰，但在出现后仰之前，椭圆囊中的位砂由于惯性使毛细胞的纤毛向后弯曲，反射性地引起躯干部屈肌和下肢伸肌紧张增强，使身体前倾以保持身体平衡；当乘电梯上升时，球囊中的位砂使毛细胞的纤毛向下方弯曲，可反射性地抑制伸肌而发生下肢屈曲，而乘电梯下降时，则反射性地兴奋伸肌而发生下肢伸直。由此可见，这些姿势反射都与引起反射的刺激相对抗，其意义在于使机体尽可能保持在原有空间位置上，以维持一定的姿势和身体平衡。

**2. 前庭自主神经反应** 当前庭器官受到过强或过久的刺激时，可通过前庭神经核与网状结构的联系而引起自主神经功能失调，导致皮肤苍白、恶心、呕吐、出汗、心率加快、血压下降、呼吸加快及唾液分泌增多等现象，称为**前庭自主神经反应**（vestibular autonomic reaction）。前庭感受器过分敏感的人，即使一般的前庭刺激也会引起自主神经反应。晕船反应就是由于船身上下颠簸及左右摇摆使前、后半规管的感受器受到过度刺激而造成的。

**3. 眼震颤**（nystagmus） 指身体做正、负角加速度运动时出现的眼球不自主的节律性运动，是前庭反应中最特殊的一种。在生理情况下，两侧水平半规管受到刺激（如绕身体纵轴旋转）时可引起水平方向的眼震颤，前半规管受到刺激（如侧身翻转）时可引起垂直方向的眼震颤，后半规管受到刺激（如前、后翻滚）时可引起旋转性眼震颤。

（袁良杰）

## 思考题

1. 为什么维生素 A 缺乏会导致夜盲症？导致夜盲还有其他原因吗？
2. 简述耳蜗的微音器电位及其产生机制。

## 新形态教材网更多数字资源

思维导图　　教学课件　　微课　　自测题　　拓展阅读　　思政元素

# 参考文献

[1] 邵水金，朱大诚. 解剖生理学. 3版. 北京：人民卫生出版社，2021.
[2] 邵水金. 人体解剖学. 5版. 北京：中国中医药出版社，2021.
[3] 朱大诚，赵春玲. 生理学. 2版. 北京：中国医药科技出版社，2022.
[4] 王效杰，徐国成. 系统解剖学. 4版. 北京：高等教育出版社，2022.
[5] 朱大诚，徐颖. 生理学. 3版. 北京：中国中医药出版社，2023.
[6] 廖华. 系统解剖学. 5版. 北京：高等教育出版社，2023.
[7] 刘黎青，朱大诚. 基础医学概论. 2版. 北京：中国中医药出版社，2023.
[8] 刘黎青，葛钢锋. 组织学与胚胎学. 4版. 北京：人民卫生出版社，2021.
[9] 张卫光，张雅芳，武艳. 系统解剖学. 5版. 北京：北京大学医学出版社，2022.
[10] 丁文龙，刘学政. 系统解剖学. 9版. 北京：人民卫生出版社，2018.
[11] 李继承，曾园山. 组织学与胚胎学. 9版. 北京：人民卫生出版社，2018.
[12] 黎晖，李新华. 正常人体解剖学. 北京：科学出版社，2023.
[13] 金东洙，金昌洙，常成. 系统解剖学. 北京：中国科学技术出版社，2017.
[14] 李新华，于远望. 解剖生理学. 4版. 北京：中国中医药出版社，2023.
[15] 丁文龙，王海杰. 系统解剖学. 3版. 北京：人民卫生出版社，2018.
[16] 申国明，黎晖. 正常人体解剖学. 3版. 北京：人民卫生出版社，2021.
[17] 周华，杨向群. 人体解剖生理学. 8版. 北京：人民卫生出版社，2022.
[18] 郭青龙，李卫东. 人体解剖生理学. 3版. 北京：中国医药科技出版社，2019.
[19] 朱大诚. 高级生理学. 北京：人民卫生出版社，2022.
[20] 吴襄. 近代生理学发展简史. 北京：高等教育出版社，1996.
[21] 王志均，陈孟勤. 中国生理学史. 北京：北京医科大学、中国协和医科大学联合出版社，1993.
[22] 王庭槐. 生理学. 9版. 北京：人民卫生出版社，2018.
[23] 王建祥，肖志坚. 邓家栋临床血液学. 2版. 上海：上海科学技术出版社，2020.
[24] 向秋玲. 生理学. 4版. 北京：高等教育出版社，2023.
[25] 姚泰，赵志奇. 人体生理学. 4版. 北京：人民卫生出版社，2015.
[26] 裴建明，朱妙章. 大学生理学. 6版. 北京：高等教育出版社，2024.
[27] 陈竺，陈赛娟. 威廉姆斯血液学. 9版. 北京：人民卫生出版社，2020.
[28] 孙红，彭聿平. 人体生理学. 3版. 北京：高等教育出版社，2016.
[29] 赵铁建，朱大诚. 生理学. 11版. 北京：中国中医药出版社，2021.
[30] 郭健，杜联. 生理学. 2版. 北京：人民卫生出版社，2021.
[31] 鲁友明，胡志安. 生理学. 北京：科学出版社，2022.
[32] 赵铁建，郭健. 神经生理学. 2版. 北京：人民卫生出版社，2018.
[33] 左明雪. 人体解剖生理学. 3版. 北京：高等教育出版社，2015.
[34] 闫剑群. Human Physiology. 北京：人民卫生出版社，2020.

# 中英文名词对照索引

## 郑重声明

高等教育出版社依法对本书享有专有出版权。任何未经许可的复制、销售行为均违反《中华人民共和国著作权法》，其行为人将承担相应的民事责任和行政责任；构成犯罪的，将被依法追究刑事责任。为了维护市场秩序，保护读者的合法权益，避免读者误用盗版书造成不良后果，我社将配合行政执法部门和司法机关对违法犯罪的单位和个人进行严厉打击。社会各界人士如发现上述侵权行为，希望及时举报，我社将奖励举报有功人员。

反盗版举报电话　（010）58581999　58582371
反盗版举报邮箱　dd@hep.com.cn
通信地址　北京市西城区德外大街4号　高等教育出版社知识产权与法律事务部
邮政编码　100120

读者意见反馈

为收集对教材的意见建议，进一步完善教材编写并做好服务工作，读者可将对本教材的意见建议通过如下渠道反馈至我社。

咨询电话　400-810-0598
反馈邮箱　gjdzfwb@pub.hep.cn
通信地址　北京市朝阳区惠新东街4号富盛大厦1座　高等教育出版社总编辑办公室
邮政编码　100029

防伪查询说明

用户购书后刮开封底防伪涂层，使用手机微信等软件扫描二维码，会跳转至防伪查询网页，获得所购图书详细信息。

防伪客服电话　（010）58582300